2012

辽宁统计年鉴

LIAONING STATISTICAL YEARBOOK

辽宁省统计局 编

中国统计出版社
China Statistics Press

图书在版编目（CIP）数据

辽宁统计年鉴. 2012 / 辽宁省统计局编. -- 北京 : 中国统计出版社, 2012.9

ISBN 978-7-5037-6661-9

Ⅰ. ①辽… Ⅱ. ①辽… Ⅲ. ①统计资料－辽宁省－2012－年鉴 Ⅳ. ①C832.31-54

中国版本图书馆 CIP 数据核字(2012)第 202436 号

辽宁统计年鉴-2012

作　　者/辽宁省统计局
责任编辑/佘竞雄
封面设计/李雪燕
出版发行/中国统计出版社
通信地址/北京市西城区月坛南街 57 号　邮政编码/100826
办公地址/北京市丰台区西三环南路甲 6 号　邮政编码/100073
电　　话/邮购（010）63376907　书店（010）68783172
网　　址/http://csp.stats.gov.cn
印　　刷/河北天普润印刷厂
经　　销/新华书店
开　　本/880×1230 毫米　1/16
字　　数/1080 千字
印　　张/35.75
版　　别/2012 年 9 月第 1 版
版　　次/2012 年 9 月第 1 次印刷
定　　价/390.00 元

本书附同版本 CD-ROM 一张，光盘内容以书面文字为准。
如有印装差错，由本社发行部调换。

《辽宁统计年鉴—2012》编委会和编辑出版人员

编辑委员会

主　　编　张　晶

副 主 编　张兆臣　吴惠民　魏洪江　姜海波　胡亚军

郑　坚　孙武军

编辑委员　（以姓氏笔划为序）

马建伟　王志坚　王洪奇　毛伟忠　田　冰

付成忠　乔智媛　张旭东　张建华　张振刚

李长坤　杨万波　郜树威　徐　平

编辑工作人员

总 编 辑　张兆臣

副总编辑　张旭东　徐　凡

编辑人员　琚慧敏　徐蓉蓉　刘锦程

编者说明

一、《辽宁统计年鉴—2012》（以下简称《年鉴》）是一部信息高度密集的大型资料性年刊。本书收录了全省和各市、县、区 2011 年经济、社会、科技等方面的统计数据，以及重要年份和改革开放以来的主要统计数据。

二、全书分为二十三个部分，即：1. 行政区划和自然资源；2. 综合；3. 国民经济核算；4. 人口；5. 就业人员和职工工资；6. 固定资产投资；7. 能源；8. 财政；9. 物价；10. 人民生活；11. 城市概况；12. 环境保护；13. 农业；14. 工业；15. 建筑业；16. 运输和邮电；17. 国内贸易；18. 对外经济贸易；19. 旅游；20. 金融业；21. 教育和科技；22. 文化、体育、卫生；23. 其他社会活动。另附辽宁省与有关省市经济指标对比及各市、县、区主要经济指标。

三、《年鉴》中所使用的计量单位均采用国际统一标准计量单位。

四、《年鉴》中的资料大部分来自年度统计报表，部分数据使用年度快报数。全国分省资料来自国家统计局出版的有关统计资料。

五、《年鉴》中部分数据的合计数或相对数由于单位取舍不同产生的计算误差均未作机械调整。

六、《年鉴》中凡带续表的资料，如有注解均加在最后一张续表下面，请使用时注意。

七、《年鉴》表中的符号使用说明："…"表示数据不足本表最小单位数；"空格"表示该项统计指标数据不详或无该项数据；"#"表示其中的主要项。

目　录

一、行政区划和自然资源
Chapter 1　Administrative Division and Natural Resources

二、综合
Chapter 2　General Survey

三、国民经济核算
Chapter 3　National Economy Accounting

四、人口
Chapter 4　Population

五、就业人员和职工工资

Chapter 5 Explanatory Notes on Main Statistical Indicators Employment and Wage

六、固定资产投资

Chapter 6 Investment in Fixed Assets

七、能源

Chapter 7 Explanatory Notes on Main Statistical Indicators Energy

八、财政
Chapter 8　Government Finance

九、物价
Chapter 9　Price Indices

十、人民生活

Chapter 10 People's Living Conditions

十一、城市概况
Chapter 11 General Survey of Cities

十二、环境保护
Chapter 12 Environment Protection

十三、农业
Chapter 13 Agriculture

十四、工业
Chapter 14 Industry

十五、建筑业
Chapter 15 Construction

十六、运输和邮电
Chapter 16　Transport, Post and Telecommunication Services

十七、国内贸易
Chapter 17　Domestic Trade

十八、对外经济贸易
Chapter 18　Foreign Trade and Economy Cooperation

十九、旅游
Chapter 19 Tourism

二十、金融业
Chapter 20 Financial intermediation

二十一、教育和科技
Chapter 21 Education, Science and Technology

二十二、文化、体育和卫生
Chapter 22 Culture, Sports and Public Health

二十三、其他社会活动
Chapter 23 Others Social Activities

附录

Appendix

一、行政区划和自然资源

Chapter 1 Administrative Division and Natural Resources

1-1 行政区划

(2011年末)

地　区	县级市	县	自治县	区	镇	乡	街道
全　省	**17**	**19**	**8**	**56**	**607**	**290**	**611**
沈　阳	1	3		9	57	20	137
大　连	3	1		6	37	20	104
鞍　山	1	1	1	4	62	3	40
抚　顺		1	2	4	24	23	36
本　溪			2	4	21	5	32
丹　东	2		1	3	59	5	26
锦　州	2	2		3	50	31	34
营　口	2			4	35	3	34
阜　新		1	1	5	41	24	30
辽　阳	1	1		5	30	7	24
盘　锦		2		2	27	1	28
铁　岭	2	3		2	68	21	14
朝　阳	2	2	1	2	62	69	36
葫芦岛	1	2		3	34	58	36

1-2 县区一览表

地　区	县(市)	区
沈　阳	新民市、辽中县、康平县、法库县	和平、沈河、大东、皇姑、铁西、东陵、苏家屯、沈北新区、于洪
大　连	瓦房店市、普兰店市、庄河市、长海县	中山、西岗、沙河口、甘井子、旅顺口、金州
鞍　山	海城市、台安县、岫岩县(满)	铁东、铁西、立山、千山
抚　顺	抚顺县、新宾县(满)、清原县(满)	新抚、东洲、望花、顺城
本　溪	本溪县(满)、桓仁县(满)	平山、溪湖、明山、南芬
丹　东	东港市、凤城市、宽甸县(满)	元宝、振兴、振安
锦　州	凌海市、北镇市、义县、黑山县	古塔、凌河、太和
营　口	大石桥市、盖州市	站前、西市、老边、鲅鱼圈
阜　新	阜新县(蒙)、彰武县	海州、新邱、太平、细河、清河门
辽　阳	辽阳县、灯塔市	白塔、文圣、宏伟、弓长岭、太子河
盘　锦	盘山县、大洼县	双台子、兴隆台
铁　岭	调兵山市、开原市、铁岭县、西丰县、昌图县	银州、清河
朝　阳	北票市、凌源市、朝阳县、建平县、喀左县(蒙)	双塔、龙城
葫芦岛	兴城市、绥中县、建昌县	连山、南票、龙港

1-3 自然状况及资源

指　标	2011年
一、自然状况	
1.经纬度	
东经	118°53′ ~125°46′
北纬	38°43′ ~43°26′
2.气候	
平均降水量	627毫米
平均气温	8.9摄氏度
平均日照时数	2617小时
二、土地资源	
土地总面积	14.84万平方公里
山地	8.6万平方公里
平地	4.9万平方公里
其他	1.3万平方公里
农业用地面积	1123.0万公顷
1.耕地面积	408.5万公顷
2.园地面积	59.7万公顷
3.林地面积	569.9万公顷
4.牧草地面积	34.9万公顷
5.其他农业用地	50.0万公顷
建设用地面积	151.98万公顷
1.居民点和工矿用地面积	115.2万公顷
2.交通用地面积	9.1万公顷
3.水利设施用地	14.8万公顷
未利用地面积	218.5万公顷
三、海洋、水产资源	
海岸线总长度	2738公里
大陆岸线长度	2110公里
岛屿岸线长度	628公里
海水养殖面积	751.387千公顷
滩涂面积	128.161千公顷
海上面积	553.87千公顷
其他	69.356千公顷
内陆水域养殖面积	201.599千公顷
水库面积	104.98千公顷
池塘面积	48.158千公顷
其他面积	48.461千公顷
四、水资源	
省内流域面积	14.55万平方公里
#辽河	6.35万平方公里
鸭绿江	1.66万平方公里
沿海诸河	5.75万平方公里
地表水:	
河川径流量	260.52亿立方米
#辽河	83.98亿立方米
鸭绿江	77.48亿立方米
沿海诸河	97.39亿立方米
地下水:	
资源量	111.92亿立方米
水资源总量	294.78亿立方米

注：本表土地资源数据，由于第二次国土资源调查数据国土资源部没有确定，因此除土地总面积(仅总值数)、建设用地面积(仅总值数)为2011年数据外，其他均为2008年数据。

1-4 主要城市平均气温

(2011年) 单位：摄氏度

城　市	1月	2月	3月	4月	5月	6月	7月	8月	9月	10月	11月	12月	年平均
沈　阳	-17.6	-5.8	0.9	9.2	17.4	21.4	25.0	24.1	16.6	10.4	0.5	-10.2	7.7
大　连	-6.8	-1.8	3.7	10.0	17.1	19.4	22.4	23.7	19.4	14.2	7.3	-1.7	10.6
鞍　山	-11.1	-2.7	3.1	10.9	18.8	22.6	26.1	25.6	18.9	13.5	3.8	-6.0	10.3
抚　顺	-18.7	-6.9	-0.3	8.1	16.2	20.4	24.9	23.4	15.3	9.6	-0.2	-12.2	6.6
本　溪	-15.5	-5.0	0.9	9.2	17.2	20.6	25.0	23.8	16.3	10.5	1.9	-9.0	8.0
丹　东	-10.1	-2.6	1.5	8.4	15.4	18.8	23.5	23.7	18.1	11.5	5.5	-5.6	9.0
锦　州	-8.7	-2.8	2.9	10.8	18.6	21.7	24.4	25.4	19.7	14.0	3.1	-6.0	10.3
营　口	-10.6	-3.7	2.5	9.8	17.3	21.7	25.2	25.1	18.6	13.4	3.5	-6.1	9.7
阜　新	-13.0	-5.9	0.7	9.8	17.5	21.5	23.9	23.3	16.0	10.4	-0.3	-10.6	7.8
辽　阳	-14.0	-4.1	2.1	10.2	18.3	21.8	25.6	25.1	17.9	12.1	2.6	-7.8	9.2
盘　锦	-10.9	-4.4	1.7	9.6	17.4	21.2	24.5	24.6	18.0	12.6	1.7	-7.3	9.1
铁　岭	-16.5	-6.3	0.7	9.5	17.3	21.2	25.1	23.9	16.9	11.6	0.4	-10.6	7.8
朝　阳	-11.4	-3.6	2.7	11.2	18.6	22.3	23.8	23.6	17.0	11.5	1.6	-8.3	9.1
葫芦岛	-9.7	-3.8	2.8	10.6	18.1	20.9	23.9	24.1	18.2	12.7	3.3	-6.7	9.5

1-5 主要城市平均相对湿度

(2011年) 单位：%

城　市	1月	2月	3月	4月	5月	6月	7月	8月	9月	10月	11月	12月	年平均
沈　阳	70	67	47	52	53	75	82	85	70	76	72	64	68
大　连	54	67	49	51	49	76	85	83	62	64	66	54	63
鞍　山	52	52	36	44	46	68	73	77	57	59	60	49	56
抚　顺	73	72	57	55	57	78	80	85	74	74	73	68	71
本　溪	65	62	45	48	49	74	75	78	64	63	65	57	62
丹　东	51	63	54	60	68	87	86	88	70	71	64	50	68
锦　州	34	41	30	39	44	72	80	74	51	52	53	48	52
营　口	57	63	52	57	61	76	79	83	66	69	66	56	65
阜　新	47	50	37	41	47	71	84	83	64	60	59	51	58
辽　阳	63	63	43	48	48	72	76	80	65	67	67	58	63
盘　锦	49	58	45	53	57	76	83	82	65	69	64	55	63
铁　岭	64	64	46	47	53	74	81	85	66	65	66	58	64
朝　阳	38	39	28	36	41	69	79	82	58	49	50	47	51
葫芦岛	45	55	40	45	50	78	85	84	64	65	56	52	60

1-6 主要城市降水量

(2011年) 单位：毫米

城市	1月	2月	3月	4月	5月	6月	7月	8月	9月	10月	11月	12月	全年
沈阳	0.4	2.1	5.5	35.6	40.4	68.3	87.2	152.3	14.9	34.9	37.1	1.0	479.7
大连	1.4	7.4		22.3	42.2	212.6	183.5	280.7	91.8	9.1	47.6	4.0	902.6
鞍山	0.5	2.2	2.3	56.2	28.9	93.1	130.2	341.9	28.5	39.3	48.1	1.7	772.9
抚顺	1.1	4.2	7.0	36.0	61.2	94.9	93.7	127.3	20.2	32.2	48.9	0.8	527.5
本溪	1.2	2.8	3.0	61.8	41.9	91.2	158.2	375.7	29.4	43.0	49.5	2.1	859.8
丹东	0.1	5.3	2.0	50.7	105.1	143.5	116.5	324.9	97.0	23.0	72.7	2.9	943.7
锦州				18.2	50.7	97.4	114.7	125.4	8.3	17.0	15.2		446.9
营口		0.3	1.2	43.6	29.9	102.4	94.2	321.8	50.8	31.4	36.8	0.7	713.1
阜新		0.3		13.5	25.0	68.2	78.8	73.7	17.7	8.1	9.0		294.3
辽阳	0.3	1.7	2.2	47.5	33.1	101.3	129.8	298.3	32.7	25.6	47.4	0.8	720.7
盘锦	0.1		1.4	30.6	25.9	152.6	175.9	125.8	15.2	51.9	17.4	0.4	597.2
铁岭	0.2	6.0	4.5	26.8	66.8	88.8	138.9	87.3	11.4	21.7	36.1	0.1	488.6
朝阳				12.3	26.3	126.9	168.9	56.9	3.2	3.6	12.4		410.5
葫芦岛				18.2	19.1	120.2	276.1	142.2	15.7	11.4	17.0	0.2	620.1

1-7 主要城市日照时数

(2011年) 单位：小时

城市	1月	2月	3月	4月	5月	6月	7月	8月	9月	10月	11月	12月	全年
沈阳	232.7	188.6	286.7	238.3	255.5	192.1	189.5	186.3	251.3	203.1	172.6	222.3	2619.0
大连	229.9	168.6	298.7	244.3	300.7	227.7	157.4	166.7	242.8	194.4	150.7	193.6	2575.5
鞍山	239.5	190.9	304.6	256.3	300.7	231.6	216.4	221.2	255.7	211.6	162.8	208.2	2799.5
抚顺	202.5	175.5	276.4	251.3	255.3	204.8	218.1	226.0	255.8	192.4	173.6	204.7	2636.4
本溪	233.5	193.4	304.5	250.2	296.7	225.3	202.4	198.5	236.3	206.7	159.2	216.9	2723.6
丹东	245.0	165.6	284.3	223.5	250.2	147.0	140.9	174.7	232.1	217.8	177.4	206.3	2464.8
锦州	244.2	197.7	286.8	257.6	311.4	205.2	150.6	187.6	279.3	219.5	178.3	200.9	2719.1
营口	227.0	181.3	289.1	234.8	296.9	206.7	188.0	191.9	243.1	210.1	162.6	211.5	2643.0
阜新	242.4	180.4	283.3	237.7	283.7	194.0	145.4	208.5	269.0	213.3	178.4	187.4	2623.5
辽阳	203.7	142.5	245.0	219.8	243.8	176.8	148.0	139.8	230.4	162.2	153.5	200.8	2266.3
盘锦	254.8	183.7	290.4	261.1	322.1	226.1	202.6	227.2	296.7	217.6	180.2	232.8	2895.3
铁岭	233.8	171.2	249.5	236.8	245.0	201.4	189.3	205.3	258.2	215.9	171.2	195.0	2572.6
朝阳	229.9	146.5	273.1	260.4	289.2	218.2	154.3	208.3	269.9	221.1	164.3	164.7	2599.9
葫芦岛	231.5	168.6	253.6	225.2	288.6	177.5	151.0	165.4	261.0	203.9	162.7	211.0	2500.0

主要统计指标解释

森林面积　指生长着乔木和竹林，郁闭度在 0.3 以上(不包括 0.3)的林地面积，即有林地面积。它是反映森林资源总面积的重要指标。森林面积包括天然林面积和人工林面积。但不包括灌木林地和疏林面积。

森林覆盖率　通常是指森林面积占土地总面积之比，一般用百分数表示。但国家规定在计算森林覆盖率时，森林面积还包括灌木林面积、农田林网树占地面积以及四旁树木的覆盖面积。森林覆盖率，是反映一个国家或地区森林资源和绿化水平的重要指标。计算公式:

森林覆盖率(%)=（森林面积／土地总面积）×100%

本《年鉴》内所列森林覆盖率是按有林地面积计算的。

活立木总蓄积量　指全部土地上树木蓄积的总量。包括森林蓄积、疏林蓄积、散生木蓄积和四旁树蓄积。

森林蓄积量　指森林面积上生长着的林木树干材积总量。它是反映一个国家或地区森林资源总规模和水平的重要指标。

草地面积　指牧区和农区用于放牧牲畜或割草，植被盖度在 5%以上的草原、草坡、草山等面积。包括天然的和人工种植或改良的草地面积。

矿产保有储量　指探明的矿产储量(包括工业储量和远景储量)扣除已开采部分和地下损失量后的年底实有储量。它反映全省矿产资源的现状。

二、综合

Chapter 2　General Survey

2-1 全省法人、产业活动单位数

(2011年末) 单位：个

指标名称	法人单位数	单产业法人	多产业法人	产业活动单位数	多产业法人单位所属产业
合　计	**388504**	**378130**	**10374**	**448099**	**69969**
一、按行业门类分组					
农、林、牧、渔业	13024	12965	59	13760	795
采矿业	5949	5899	50	6133	234
制造业	92279	91366	913	93702	2336
电力、燃气及水的生产和供应业	1890	1776	114	2948	1172
建筑业	20190	19643	547	22161	2518
交通运输、仓储和邮政业	10843	10548	295	13634	3086
信息传输、计算机服务和软件业	9239	9101	138	12053	2952
批发和零售业	95344	93650	1694	108092	14442
住宿和餐饮业	6064	5880	184	7170	1290
金融业	2371	1867	504	11443	9576
房地产业	14517	14191	326	15342	1151
租赁和商务服务业	26686	26328	358	29497	3169
科学研究、技术服务和地质勘查业	13454	13289	165	14736	1447
水利、环境和公共设施管理业	3098	3034	64	3544	510
居民服务和其他服务业	7170	7086	84	8520	1434
教育	11481	10442	1039	17544	7102
卫生、社会保障和社会福利业	10239	9909	330	14003	4094
文化、体育和娱乐业	3867	3805	62	4381	576
公共管理和社会组织	40799	37351	3448	49436	12085
国际组织					
二、按登记注册类型分组					
内资	378676	368666	10010	434436	65770
国有	48774	44639	4135	74159	29520
集体	19953	19140	813	26413	7273
股份合作	3885	3772	113	5492	1720
联营	512	506	6	616	110
国有联营	86	85	1	116	31
集体联营	210	208	2	239	31
国有与集体联营	77	76	1	92	16
其他联营	139	137	2	169	32
有限责任公司	44647	43643	1004	49701	6058
国有独资公司	540	475	65	986	511
其他有限责任公司	44107	43168	939	48715	5547
股份有限公司	5020	4597	423	11316	6719
私营	215025	213025	2000	221978	8953
私营独资	80829	80462	367	82317	1855
私营合伙	5698	5655	43	5845	190
私营有限责任公司	120546	119050	1496	125424	6374
私营股份有限公司	7952	7858	94	8392	534
其他内资	40860	39344	1516	44761	5417
港澳台商投资	2289	2179	110	3680	1501
与港澳台商合资经营	1096	1060	36	1342	282
与港澳台商合作经营	99	95	4	129	34
港澳台商独资	982	920	62	1728	808
港澳台商投资股份有限公司	108	100	8	474	374
其他港、澳、台商投资	4	4		7	3
外商投资	7539	7285	254	9983	2698
中外合资经营	3151	3053	98	3610	557
中外合作经营	346	335	11	409	74
外资企业	3807	3676	131	5461	1785
外商投资股份有限公司	223	209	14	489	280
其他外商投资	12	12		14	2

2-2 平均每天主要社会经济活动

指　　标	单位	2005年	2008年	2009年	2010年	2011年
一、全省每天创造财富						
地区生产总值(现价)	亿元	22.05	37.45	41.68	50.57	60.90
农业总产值	亿元	4.58	6.79	7.41	8.51	9.96
地区财政收入	亿元	5.17	10.18	12.64	18.43	21.52
地方财政一般预算收入	亿元	1.85	3.72	4.36	5.49	7.24
布	万米	156.00	129.00	137.00	197.26	197.26
纸及纸板	万吨	0.20	0.20	0.20	0.20	0.21
卷　烟	亿支	1257.00	0.70	0.70	0.70	0.75
啤　酒	万升	5058.00	643.80	676.70	679.50	717.81
原　煤	万吨	17.52	17.57	18.15	18.20	19.19
发 电 量	亿千瓦小时	2.48	3.12	3.18	3.55	3.75
原　油	万吨	3.45	3.29	2.74	2.60	2.74
钢	万吨	8.38	11.15	13.10	14.25	14.86
水　泥	万吨	7.34	11.16	12.89	13.11	15.87
二、全省每天消费量						
城乡居民消费总额	万元	82164.40	134726.00	159249.30	186564.40	219277.30
每人平均消费额	元	19.70	31.80	37.50	43.90	51.55
三、其他经济活动量						
货物运输总量	万吨	267.80	347.78	382.30	447.41	521.45
旅客运输总量	万人	166.02	248.57	263.48	280.11	272.13
港口货物吞吐量	万吨	82.76	133.61	152.09	186.17	214.72
房屋建筑竣工面积	万平方米	22.40	35.37	34.88	37.27	41.67
# 住宅	万平方米	13.05	18.85	19.60	20.56	25.10
邮寄函件	万件	34.15	22.82	20.51	21.92	24.11
四、人口变动和婚姻						
出　生	人	899	917	883	1020	862
死　亡	人	667	756	797	1272	827
结　婚	对	704	880	1046	882	1021
离　婚	对	218	253	278	273	305

注：2007年及以前卷烟产量的计量单位为万箱、啤酒产量的计量单位为万吨。

2-3 国民经济和

指　　标	单位	总量指标				
		2005年	2008年	2009年	2010年	2011年
人口与就业						
人　　口						
年底总人口	万人	4189.2	4246.1	4256.0	4251.7	4255.0
男性人口	万人	2123.4	2146.9	2149.9	2144.7	2143.6
女性人口	万人	2065.8	2099.2	2106.1	2107.0	2111.4
就　　业						
从业人员数	万人	2120.3	2198.2	2277.1	2317.5	2364.9
# 职工人数	万人	609.6	585.6	572.1	572.8	557.2
城镇登记失业人数	万人	60.4	39.0	41.6	39.5	39.4
宏观经济						
地区生产总值(现价)	亿元	8047.3	13668.6	15212.5	18457.3	22226.7
第一产业	亿元	882.4	1302.0	1414.9	1631.1	1915.6
第二产业	亿元	3869.4	7158.8	7906.3	9976.8	12152.2
第三产业	亿元	3295.5	5207.7	5891.3	6849.4	8159.0
人均地区生产总值	元	19074	31739	35149	42355	50760
固定资产投资						
全社会固定资产投资总额	亿元	4234.1	10019.1	12292.6	16043.0	17726.3
#国有经济	亿元	1245.5	2496.8	2845.6	3875.5	3718.6
集体经济	亿元	526.3	442.1	480.7	504.4	457.9
私营个体	亿元	819.8	3140.7	4108.3	5437.5	6637.7
其他经济	亿元	1642.5	3939.4	4858.0	6225.7	6912.1
财　　政						
地方财政一般预算收入	亿元	675.3	1356.1	1591.2	2004.8	2643.2
地方财政一般预算支出	亿元	1204.4	2153.4	2682.4	3195.8	3905.9
物价总指数(上年=100)						
商品零售价格总指数	%	100.1	105.3	99.8	103.2	105.0
居民消费价格总指数	%	101.4	104.6	100.0	103.0	105.2
利用外资						
签订利用外资协议额	亿美元	110.2	203.0	281.8	256.4	196.4
实际外商直接投资额	亿美元	35.9	120.2	154.4	207.5	242.7
产　　业						
农　　业						
耕地面积	千公顷	3655.2	4085.3			
乡村从业人员	万人	1113.5	1164.7	1180.4	1208.5	1223.1
农林牧渔业总产值(现价)	亿元	1671.6	2476.9	2704.6	3106.5	3633.6
主要农产品产量						
粮　　食	万吨	1745.8	1860.3	1591.0	1765.4	2035.5
棉　　花	吨	2685.0	2401.0	956.0	655.0	736.0
油　　料	万吨	36.8	83.5	55.3	99.6	119.8
甜　　菜	万吨	6.2	7.5	6.2	4.9	7.8
水　　果	万吨	329.3	422.5	477.2	521.6	574.4
肉　　类	万吨	346.1	373.3	389.2	406.7	408.2
水 产 品	万吨	425.3	494.9	534.7	429.1	453.9
工　　业						
主要工业产品产量						
布	亿米	5.7	4.7	5.0	7.2	7.2
机制纸及纸板	万吨	83.4	56.9	77.2	88.5	76.2
糖	万吨	4.2	2.0	5.6	6.1	24.2

社会发展总量与速度指标

速度指标(%)						
指数(2011为以下各年)				平均增长速度		
2005年	2008年	2009年	2010年	2006-2010年	2003-2011年	2006-2011年
101.6	100.2	100.0	100.1	0.3	0.3	0.3
101.0	99.8	99.7	99.9	0.2	0.2	0.2
102.2	100.6	100.3	100.2	0.4	0.4	0.4
111.5	107.6	103.9	102.0	1.8	1.7	1.8
91.4	95.2	97.4	97.3	-1.2	-2.3	-1.5
65.2	101.0	94.7	99.7	-8.1	-7.0	-6.9
215.8	144.9	128.1	112.2	14.0	13.2	13.7
136.5	116.2	112.7	106.5	5.1	6.1	5.3
246.7	154.1	133.3	114.1	16.7	15.6	16.2
201.9	140.0	124.9	111.0	12.7	12.1	12.4
208.0	142.5	126.7	111.7	13.2	12.7	13.0
492.9	208.2	169.7	130.0	30.5	33.0	30.5
389.8	194.6	170.7	125.3	25.5	25.1	25.4
103.8	123.6	113.7	108.4	-0.9	13.6	0.6
885.8	231.2	176.8	133.5	46.0	46.0	43.8
420.6	175.5	142.3	111.0	30.5	32.7	27.1
391.4	194.9	166.1	131.8	24.3	23.4	25.5
324.3	181.4	145.6	122.2	21.6	21.2	21.7
120.5	108.1	108.4	105.0	2.8	2.2	3.2
120.6	108.4	108.4	105.2	2.8	2.8	3.2
178.2	96.7	69.7	76.6	18.4	11.8	10.1
676.0	201.9	157.2	117.0	42.0	22.5	37.5
109.8	105.0	103.6	101.2	1.7	2.3	1.6
138.1	116.5	112.8	106.6	5.3	6.2	5.5
116.6	109.4	127.9	115.3	0.2	3.4	2.6
27.4	30.7	77.0	112.4	-24.6	-14.4	-19.4
325.4	143.4	216.6	120.2	22.0	8.7	21.7
125.8	104.0	125.8	159.2	-4.6	-16.5	3.9
174.4	136.0	120.4	110.1	9.6	10.5	9.7
117.9	109.3	104.9	100.4	3.3	4.7	2.8
106.7	91.7	84.9	105.8	0.2	2.2	1.1
126.3	153.2	144.0	100.0	4.8	4.1	4.0
91.4	133.9	98.7	86.1	1.2	4.3	-1.5
576.2	1210.0	432.1	396.7	7.7	21.5	33.9

2-3 续表 1

指　　标	单位	总量指标				
		2005年	2008年	2009年	2010年	2011年
家用电冰箱	万台	120.4	139.3	96.2	87.8	102.2
彩色电视机	万台	550.2	500.2	441.4	576.9	557.5
原　　煤	万吨	6395.0	6415.5	6624.2	6641.6	7005.1
原　　油	万吨	1261.0	1199.3	1000.0	950.0	1000.0
发 电 量	亿千瓦小时	904.2	1139.0	1162.5	1295.1	1369.9
钢	万吨	3059.1	4068.6	4783.2	5202.7	5424.8
成品钢材	万吨	3235.9	4285.3	4943.4	5669.4	5761.1
水　　泥	万吨	2680.7	4074.4	4704.8	4785.8	5791.1
全部规模以上工业企业主要指标						
固定资产原价	亿元	8202.5	12731.7	15419.8	18742.1	19977.7
利润总额	亿元	356.0	658.2	1382.0	2371.4	2511.2
建　筑　业						
建筑业企业人数	万人	91.7	109.3	132.6	165.8	171.7
建筑业总产值	亿元	1482.0	2505.2	3384.6	4690.3	6218.3
施工房屋面积	万平方米	10224.9	14616.8	18760.5	26807.0	34906.3
竣工房屋面积	万平方米	5111.1	6707.5	9228.4	13003.3	16692.1
交 通 运 输						
货运量合计	万吨	97748	126939	139541	163303	190329
铁　　路	万吨	14271	17400	18262	18622	18716
公　　路	万吨	74799	92938	105088	127361	151773
水　　运	万吨	5730	9267	9651	10434	11632
空　　运	万吨	9.4	10.4	9.5	10.2	8.9
管　　道	万吨	2939	7323	6531	6876	8199
客运量合计	万人	60599	90729	96172	102241	99328.4
铁　　路	万人	9503	11958	13336	13298	12016.4
公　　路	万人	49917	77510	81585	87699	86013
水　　运	万人	650	597	543	490	549
空　　运	万人	529	664	708	754	750
沿海主要港口货物吞吐量	万吨	30208	48768	55513	67952	78374
邮 电 通 信 业						
邮电业务总量	亿元	450.7	819.7	948.5	1159.9	472.2
函　　件	亿件	1.3	0.8	0.8	0.8	0.9
报刊期发数	万份	339.0	375.1	356.1	383.7	554.6
国 内 商 业						
社会消费品零售总额	亿元	2999.0	4917.5	5812.6	6809.6	8003.6
对 外 贸 易						
进出口总额	亿美元	410.1	724.4	629.2	806.7	959.6
进口额	亿美元	175.7	303.8	294.8	375.5	449.2
出口额	亿美元	234.4	420.5	334.4	431.2	510.4
国 际 旅 游						
接待旅游人数	万人	130.2	241.9	293.2	361.8	410.3
旅游外汇收入	亿美元	7.4	15.3	18.6	22.6	27.1
金　　融						
金融机构各项存款余额	亿元	11967.0	18223.2	22758.6	27372.5	30832.4
金融机构各项贷款余额	亿元	7958.1	11794.6	15549.6	18689.8	22831.7
教育、科技、文化						
教　　育						
专任教师数						
普通高等学校	万人	4.4	5.3	5.6	5.7	5.9
中等学校	万人	17.5	17.5	17.7	17.7	17.7
小　　学	万人	16.4	15.1	15.0	14.7	14.5

速度指标(%)						
指数(2011为以下各年)				平均增长速度		
2005年	2008年	2009年	2010年	2006-2010年	2003-2011年	2006-2011年
84.9	73.4	106.2	116.4	-6.1	7.9	-2.7
101.3	111.5	126.3	96.6	1.0	3.6	0.2
109.5	109.2	105.8	105.5	0.8	3.4	1.5
79.3	83.4	100.0	105.3	-5.5	-3.3	-3.8
151.5	120.3	117.8	105.8	7.5	7.3	7.2
177.3	133.3	113.4	104.3	11.2	12.1	10.0
178.0	134.4	116.5	101.6	11.9	11.9	10.1
216.0	142.1	123.1	121.0	12.3	11.7	13.7
243.6	156.9	129.6	106.6	18.0	13.2	16.0
705.4	381.5	181.7	105.9	46.1	36.2	38.5
187.2	157.1	129.5	103.6	12.6	6.8	11.0
419.6	248.2	183.7	132.6	25.9	24.9	27.0
341.4	238.8	186.1	130.2	21.3	12.5	22.7
326.6	248.9	180.9	128.4	20.5	11.5	21.8
194.7	149.9	136.4	116.5	10.8	9.6	11.7
131.1	107.6	102.5	100.5	5.5	4.0	4.6
202.9	163.3	144.4	119.2	11.2	10.1	12.5
203.0	125.5	120.5	111.5	12.7	15.9	12.5
94.4	85.3	93.4	87.0	1.6	1.0	-1.0
279.0	112.0	125.5	119.2	18.5	10.8	18.6
163.9	109.5	103.3	97.2	11.0	6.9	8.6
126.4	100.5	90.1	90.4	7.0	2.4	4.0
172.3	111.0	105.4	98.1	11.9	7.9	9.5
84.5	92.0	101.1	112.0	-5.5	-1.4	-2.8
141.8	113.0	105.9	99.5	7.3	5.6	6.0
259.4	160.7	141.2	115.3	17.6	18.8	17.2
104.8	57.6	49.8	40.7	20.8	7.4	0.8
67.7	110.0	110.0	110.0	-9.3	-7.1	-6.3
163.6	147.9	155.7	144.5	2.5	3.3	8.6
266.9	162.8	137.7	117.5	17.8	15.1	17.8
234.0	132.5	152.5	119.0	14.5	17.9	15.2
255.7	147.9	152.4	119.6	16.4	19.0	16.9
217.7	121.4	152.6	118.4	13.0	17.1	13.8
315.1	169.6	139.9	113.4	22.7	17.9	21.1
366.2	177.1	145.7	119.9	25.0	19.4	24.2
257.6	169.2	135.5	112.6	18.0	16.8	17.1
286.9	193.6	146.8	122.2	18.6	15.5	19.2
133.5	110.8	104.9	103.1	5.3	6.3	4.9
101.3	101.3	100.1	100.1	0.2	0.5	0.2
88.7	96.3	97.0	99.0	-2.2	-2.1	-2.0

2-3 续表 2

指　　标	单位	总量指标				
		2005年	2008年	2009年	2010年	2011年
在校学生数						
普通高等学校	万人	65.9	82.0	85.2	88.0	90.2
中等学校	万人	283.6	273.4	263.1	251.9	234.6
小　　学	万人	266.6	236.7	225.6	218.3	216.8
科　　技						
科技活动人数	万人	18.6	20.4	23.5	21.9	23.8
研究与发展经费支出	亿元	125.3	194.2	241.1	287.5	363.8
技术市场成交额	亿元	86.5		119.8	130.7	159.7
家庭、生活、环境						
家　　庭						
家庭总户数	万户	1400.2	1452.7	1473.3	1488.8	1498.7
城镇居民平均每户家庭人口	人	2.8	2.7	2.7	2.7	2.6
农村居民平均每户家庭人口	人	3.4	3.3	3.2	3.2	3.2
婚　　姻						
结 婚 数	万对	25.7	32.1	38.2	32.2	37.3
离 婚 数	万对	8.0	9.2	10.1	10.0	11.1
居　　住						
城市居民人均住宅建筑面积	平方米	22.0	25.7	26.6	26.9	27.3
农村居民人均住房面积	平方米	25.1	26.4	27.0	27.3	29.0
生　　活						
城镇居民人均可支配收入	元	9107.6	14392.7	15761.4	17712.6	20466.8
农村居民人均纯收入	元	3690.2	5576.0	5958.0	6908.0	8297.5
城乡储蓄存款余额	亿元	6950.2	10127.3	12030.9	13690.3	15529.6
工资和福利						
职工工资总额	亿元	862.9	1396.4	1552.5	1771.8	2171.6
在岗职工平均工资	元	17331	27729	31104	35057	38713
卫　　生						
医疗机构数	个	3457	3701	3711	3879	4001
医　　生	万人	7.9	9.1	9.2	9.4	9.9
医疗床位数	万张	17.8	18.3	19.2	20.4	21.7
市政建设						
自来水供应量	亿吨	28.3	29.5	28.9	26.2	26.6
排水管道长度	公里	10519	12192	13350	14070	14906
城市煤气和天然气供气量	亿立方米	10.0	12.0	11.4	12.1	13.4
公共汽(电)车总数	辆	17548	19490	19457	20146	21025
道路长度	公里	10556	12111	12866	14238	14468
园林绿地面积	公顷	74583	78841	84145	92751	95968
环境、灾害						
工业固体废物综合利用量	万吨	4267.8	7581.8	8240.7	8417.5	10747.8
火灾发生数	起	25478	5134	3785	5601	4080
火灾损失	万元	4766	3930	2773	3587	16046.6
交通事故发生数	起	10334	7210	6973	6758	6446
交通事故损失	万元	5906.0	3758.0	3145.6	3061.8	2745.2

注：1.本表总量指标中的价值量指标除邮电业务总量指标外均按当年价格计算。
　　2.本表速度指标中，地区生产总值和三次产业及人均生产总值、农林牧渔业总产值、邮电业务总量指标均按可比价格计算。

速度指标(%)						
指数(2011为以下各年)				平均增长速度		
2005年	2008年	2009年	2010年	2006-2010年	2003-2011年	2006-2011年
136.9	110.0	105.9	102.5	6.0	8.0	5.4
82.7	85.8	89.2	93.1	-2.3	-1.8	-3.1
81.3	91.6	96.1	99.3	-3.9	-3.8	-3.4
128.0	116.7	101.3	108.7	3.3	4.7	4.2
290.3	187.3	150.9	126.5	18.1	21.4	19.4
184.6		133.3	122.2	8.6	13.6	10.8
107.0	103.2	101.7	100.7	1.2	1.2	1.1
94.3	97.8	97.8	97.8	-0.7	-1.5	-1.0
94.1	97.0	100.0	100.6	-1.3	-1.0	-1.0
145.1	116.2	97.6	115.8	4.6	5.3	6.4
138.8	120.7	109.9	111.0	4.6	11.7	5.6
124.0	106.1	102.5	101.4	4.1	3.9	3.6
115.5	109.8	107.4	106.2	1.7	2.6	2.4
224.7	142.2	129.9	115.5	14.2	13.5	14.4
224.9	148.8	139.3	120.1	13.4	13.0	14.5
223.4	153.3	129.1	113.4	14.5	14.3	14.3
251.7	155.5	139.9	122.6	15.5	14.6	16.6
223.4	139.6	124.5	110.4	15.1	14.3	14.3
115.7	108.1	107.8	103.1	2.3	1.8	2.5
125.3	108.8	107.6	105.3	3.5	2.3	3.8
121.9	118.6	113.0	106.4	2.8	2.5	3.4
94.0	90.2	92.0	101.5	-1.5	-0.6	-1.0
141.7	122.3	111.7	105.9	6.0	5.9	6.0
134.0	111.7	117.5	110.7	3.9	4.3	5.0
119.8	107.9	108.1	104.4	2.8	3.4	3.1
137.1	119.5	112.5	101.6	6.2	4.3	5.4
128.7	121.7	114.1	103.5	4.5	5.1	4.3
251.8	141.8	130.4	127.7	14.6	14.7	16.6
16.0	79.5	107.8	72.8	-26.1	-17.1	-26.3
336.7	408.3	578.7	447.3	-5.5	18.7	22.4
62.4	89.4	92.4	95.4	-8.1	-3.2	-7.6
46.5	73.0	87.3	89.7	-12.3	-5.1	-12.0

2-4 国民经济主要比例关系

单位：%

指　　标	2005年	2006年	2007年	2008年	2009年	2010年	2011年
地区生产总值产业比例							
第一产业	11.0	10.1	10.2	9.5	9.3	8.8	8.7
第二产业	48.1	49.1	49.7	52.4	52.0	54.1	55.2
第三产业	41.0	40.8	40.2	38.1	38.7	37.1	36.1
就业人数产业比例							
第一产业	34.1	33.7	32.4	31.9	30.6	30.4	29.6
第二产业	28.1	27.7	27.6	27.5	27.2	27.7	27.3
第三产业	37.8	38.6	40.0	40.6	42.2	42.0	43.1
固定资产投资总额资金来源比例							
国家预算	4.1	4.5	7.0	4.5	4.2	2.9	5.2
国内贷款	12.2	11.3	15.0	11.5	13.9	15.5	15.2
利用外资	2.9	2.3	2.4	3.7	2.9	1.8	1.7
自　　筹	69.3	70.9	72.0	72.2	71.6	73.8	68.9
其　　他	11.5	11.0	3.6	8.1	7.4	6.0	9.0
农业总产值中五业比例							
农　　业	38.3	38.8	39.4	36.2	33.8	36.7	36.0
林　　业	2.7	2.8	2.8	2.8	2.6	2.7	3.0
牧　　业	38.1	35.6	39.0	42.5	43.3	40.9	41.9
渔　　业	18.3	19.9	15.3	15.1	16.3	15.8	15.4
农林牧渔服务业	2.6	2.9	3.5	3.4	4.0	3.9	3.8
工业总产值中分行业比例							
国有企业	12.7	11.6	11.5	14.8	9.6	8.5	6.2
集体企业	3.4	3.0	2.8	2.4	2.6	2.5	2.2
其他经济类型企业	83.9	85.5	85.8	82.8	87.8	89.0	91.6
货运周转总量比例							
铁　　路	35.1	29.5	22.1	19.0	16.7	15.4	14.7
公　　路	12.2	11.6	9.7	19.1	19.9	21.3	22.3
水　　运	51.1	57.7	67.3	61.2	62.8	62.8	62.4
民　　航	0.1	0.1	0.1	0.1	0.1	0.1	0.1
管　　道	1.5	1.1	0.8	0.6	0.5	0.5	0.6
客运周转总量比例							
铁　　路	56.7	55.2	54.2	52.2	51.4	50.3	51.5
公　　路	31.2	31.7	32.7	36.2	37.2	38.3	37.5
水　　运	1.2	1.2	1.0	0.9	0.7	0.6	0.7
民　　航	10.9	11.9	12.1	10.7	10.6	10.7	10.3

2-5　按总人口平均的国民经济主要指标

指　　标	单位	2005年	2006年	2007年	2008年	2009年	2010年	2011年
地区生产总值(现价)	元／人	19074	21914	26054	31736	35239	42355	52258
农业总产值(现价)	元／人	3998	4384	5041	5843	6362	7303	8543
固定资产投资总额	元／人	10127	13547	17615	23636	28916	37715	41677
地方财政收入	元／人	1615	1947	2565	3199	3743	4713	6214
地方财政支出	元／人	2881	3388	4180	5080	6310	7513	9183
耕地面积	亩／人	1.3	1.5	1.5	1.5			
粮食产量	公斤／人	417.6	410.7	434.7	438.9	374.3	415.0	478.6
油料产量	公斤／人	8.8	9.1	6.2	19.7	13.0	23.4	28.2
棉花产量	公斤／人	0.1	0.1	0.1	0.1	0.02	0.02	0.02
猪牛羊肉产量	公斤／人	57	55	56	60	63	65	96
水产品产量	公斤／人	101.7	83.7	85.6	116.8	125.8	100.9	106.7
水果产量	公斤／人	78.8	81.8	93.8	99.7	112.3	122.6	135.0
布产量	米／人	13.6	11.9	18.2	11.0	11.8	16.9	16.9
纸及纸板产量	公斤／人	19.9	16.1	22.0	13.4	18.2	20.8	17.9
卷烟产量	支／人	11.0	11.4	12.1	614.0	612.0	624.0	645.4
钢产量	公斤／人	732	908	981	960	1125	1223	1275
煤产量	公斤／人	1530	1645	1504	1514	1558	1561	1647
发电量	千瓦小时／人	2162	2413	2642	2687	2735	3045	3221
原油产量	公斤／人	302	292	293	283	235	223	235
水泥产量	公斤／人	641	775	922	961	1107	1125	1362
社会消费品零售总额	元／人	7173	8178	9548	11601	13673	16008	18817
出口总额	美元／人	561	674	837	992	787	1014	1200
高等学校在校学生	人／万人	157.7	171.6	184.3	193.5	201.0	207.0	212.1
普通中学在校学生	人／万人	553.6	540.0	525.0	510.0	489.0	467.0	551.6
医院床位数	张／万人	42.5	42.9	42.6	43.2	45.1	48.0	51.0
卫生技术人员数	人／万人	49.9	45.2	51.1	51.4	52.2	53.7	55.8
＃＃医生	人／万人	21.8	22.4	21.5	21.4	21.6	22.0	23.3
城乡储蓄余额	元／人	16591	18291	18760	23891	28301	32184	36512

注：2005年及以后各年医生数为执业医师和执业助理医师。

主要统计指标解释

可比价格 指在不同时期的价值指标对比时，扣除了价格变动的因素，以确切反映物量的变化。按可比价格计算有两种方法：一种是直接用产品产量乘某一年的不变价格计算；另一种是用价格指数换算。

不变价格 指用同类产品的年平均价格作为固定价格，来计算各年产品价值。按不变价格计算的产品价值消除了价格变动因素，不同时期对比可以反映生产的发展速度。新中国成立后，随着工农业产品价格水平的变化，国家统计局先后五次制定了全国统一的工业产品不变价格和农业产品不变价格，从 1949 年到 1957 年使用 1952 年工(农)业产品不变价格，从 1957 年到 1971 年使用 1957 年不变价格，从 1971 年到 1981 年使用 1970 年不变价格，从 1981 年到 1990 年使用 1980 年不变价格，从 1990 年开始使用 1990 年不变价格。

平均每年增长速度 在我国计算平均增长速度有两种方法，一种是习惯上经常使用的“水平法”，又称几何平均法，是以间隔期最后一年的水平同基期水平对比来计算平均每年增长(或下降)速度。另一种是“累计法”，又称代数平均法或方程法，是以间隔期内各年水平的总和同基期水平对比来计算平均每年增长(或下降)速度。

在一般正常情况下，两种方法计算的平均每年增长速度比较接近，但在经济发展不平衡，出现大起大落时，两种方法计算的结果差别较大。

本《年鉴》内所列的平均每年增长速度均用“水平法”计算。从某年到某年平均增长速度的年份，均不包括基期年在内。如建国四十三年的平均增长速度是以 1949 年为基期计算的，则写为 1950—1992 年平均增长速度，余类推。

各个计划时期 表内所用各个“时期”代表的年份如下：恢复时期为 1950 年到 1952 年；第一个五年计划时期(简称一五时期)为 1953 年到 1957 年；第二个五年计划时期(简称二五时期)为 1958 年到 1962 年；第三个五年计划时期(简称三五时期)为 1966 年到 1970 年；第四个五年计划时期(简称四五时期)为 1971 年到 1975 年；第五个五年计划时期(简称五五时期)为 1976 年到 1980 年；第六个五年计划时期(简称六五时期)为 1981 年到 1985 年；第七个五年计划时期(简称七五时期)为 1986 年到 1990 年；第八个五年计划时期(简称八五时期)为 1991 到 1995 年；第九个五年计划时期(简称九五时期)为 1996 年到 2000 年。

企业(单位)登记注册类型 是以在工商行政管理机关登记注册的各类企业为划分对象，以工商行政管理部门对企业登记注册的类型为依据，将企业登记注册类型分为内资企业、港澳台商投资企业和外商投资企业三大类。内资企业包括国有企业、集体企业、股份合作企业、联营企业、有限责任公司、股份有限公司、私营公司和其他企业；港澳台商投资企业和外商投资企业分别包括合资经营企业、合作经营企业、独资经营企业和股份有限公司。对不在工商行政管理部门进行登记注册的行政机关、事业单位和社会团体，主要按其经费来源和管理方式进行划分。

国有企业 指企业全部资产归国家所有，并按《中华人民共和国企业法人登记管理条例》规定登记注册的非公司制的经济组织。不包括有限责任公司中的国有独资公司。

集体企业 指企业资产归集体所有，并按《中华人民共和国企业法人登记管理条例》规定登记注册的经济组织。

股份合作企业 指以合作制为基础，由企业职工共同出资入股，吸收一定比例的社会资产投资组建，实行自主经营，自负盈亏，共同劳动，民主管理，按劳分配与按股分红相结合的一种集体经济组织。

联营企业 指两个及两个以上相同或不同所有制性质的企业法人或事业单位法人，按自愿、平等、互利的原则，共同投资组成的经济组织。联营企业包括国有联营企业、集体联营企业、国有与集体联营企业和其他联营企业。

有限责任公司 指根据《中华人民共和国公司登记管理条例》规定登记注册，由两个以上、五十个以下的股东共同出资，每个股东以其所认缴的出资额对公司承担有限责任，公司以其全部资产对其债务承担责任的经济组织。有限责任公司包括国有独资公司以及其他有限责任公司。

(1)国有独资公司：指国家授权的投资机构或者国家授权的部门单独投资设立的有限责任公司。

(2)其他有限责任公司：指国有独资公司以外的有限责任公司。

股份有限公司 指根据《中华人民共和国公司登记管理条例》规定登记注册，其全部注册资本由等额股份构成并通过发行股票筹集资本，股东以其认购的股份对公司承担有限责任，公司以其全部资产对其债务承担责任的经济组织。

私营企业 指由自然人投资设立或由自然人控股，以雇佣劳动为基础的营利性经济组织。包括按照《公司法》、《合伙企业法》、《私营企业暂行条例》规定登记注册的私营有限责任公司、私营股份有限公司、私营合伙企业和私营独资企业。

(1)私营独资企业：指按《私营企业暂行条例》的规定，由一名自然人投资经营，以雇佣劳动为基础，投资者对企业债务承担无限责任的企业。

(2)私营合伙企业：指按《合伙企业法》或《私营企业暂行条例》的规定，由两个以上自然人按照协议共同投资、共同经营、共负盈亏，以雇佣劳动为基础，对债务承担无限责任的企业。

(3)私营有限责任公司：指按《公司法》、《私营企业暂行条例》的规定，由两个以上自然人投资或由单个自然人控股的有限责任公司。

(4)私营股份有限公司：指按《公司法》的规定，由五个以上自然人投资，或由单个自然人控股的股份有限公司。

其他内资企业 指上述企业之外的其他内资经济组织。

政府对生产单位的单方面收入转移，因此视为负生产税处理，包括政府亏损补贴、粮食系统价格补贴、外贸企业出口退税收入等。

固定资产折旧 固定资产折旧是指一定时期内为弥补固定资产损耗按照核定的固定资产折旧率提取的固定资产折旧，或按国民经济核算统一规定的折旧率虚拟计算的固定资产折旧。它反映了固定资产在当期生产中的转移价值。各种类型企业和企业化管理的事业单位的固定资产折旧指实际计提并计入成本费用中的折旧费；不计提折旧的单位，如政府机关、非企业化管理的事业单位和居民住房的固定资产折旧则是按照统一规定的折旧率和固定资产原值计算的虚拟折旧。原则上，固定资产折旧应按固定资产的重置价值来计算，但是我国目前尚不具备对全社会固定资产进行重估的基础，所以暂时只能采用上述方法来计算。

营业盈余 营业盈余是指常住单位创造的增加值扣除劳动者报酬、生产税净额和固定资产折旧后的余额。它相当于企业的营业利润加上生产补贴，但要扣除从利润中开支的工资和福利等。

三、国民经济核算

Chapter 3　National Economy Accounting

3-1 生产总值

单位：亿元

年 份	生产总值	第一产业	第二产业			第三产业	人均生产总值(元)
				工业	建筑业		
1978	229.2	32.4	162.9	155.2	7.7	33.9	680
1979	245.0	40.7	166.4	158.0	8.4	37.9	717
1980	281.0	46.1	192.3	182.7	9.6	42.6	811
1981	288.6	49.1	187.5	174.0	13.5	51.9	823
1982	315.1	54.7	199.7	185.6	14.1	60.7	884
1983	364.0	72.2	219.7	202.2	17.5	72.1	1012
1984	438.2	80.4	268.2	243.3	24.9	89.6	1203
1985	518.6	74.9	328.1	299.2	28.9	115.6	1413
1986	605.3	92.9	357.8	326.0	31.8	154.6	1633
1987	719.1	109.5	417.0	375.6	41.4	192.6	1917
1988	881.0	141.9	492.5	444.4	48.1	246.6	2285
1989	1003.8	141.9	545.1	492.6	52.5	316.9	2574
1990	1062.7	168.6	540.8	482.9	57.9	353.3	2698
1991	1200.1	180.8	590.1	526.8	63.3	429.2	3027
1992	1473.0	194.6	741.9	661.2	80.7	536.5	3693
1993	2010.8	260.8	1039.3	920.6	118.8	710.8	5015
1994	2461.8	319.0	1259.1	1109.8	149.2	883.8	6103
1995	2793.4	392.2	1390.0	1233.4	156.6	1011.2	6880
1996	3157.7	474.1	1537.7	1379.1	158.6	1145.9	7730
1997	3582.5	474.4	1743.9	1567.6	176.3	1364.2	8725
1998	3881.7	531.5	1855.2	1664.1	191.2	1495.1	9415
1999	4171.7	520.8	2001.5	1795.7	205.8	1649.4	10086
2000	4669.1	503.4	2344.4	2114.9	229.5	1821.2	11177
2001	5033.1	544.4	2440.6	2190.1	250.4	2048.1	12015
2002	5458.2	590.2	2609.9	2332.0	277.9	2258.2	13000
2003	6002.5	615.8	2898.9	2556.8	342.1	2487.9	14270
2004	6672.0	798.4	3061.6	2680.4	381.2	2812.0	15835
2005	8047.3	882.4	3869.4	3401.8	467.6	3295.5	19074
2006	9304.5	939.4	4566.8	4017.0	549.8	3798.3	21914
2007	11164.3	1133.4	5544.2	4892.5	651.7	4486.7	26057
2008	13668.6	1302.0	7158.8	6359.4	799.4	5207.7	31739
2009	15212.5	1414.9	7906.3	6925.6	980.7	5891.3	35149
2010	18457.3	1631.1	9976.8	8789.3	1187.5	6849.4	42355
2011	22226.7	1915.6	12152.1	10696.5	1455.6	8159.0	50760

注：1.2000年以后的人均生产总值按常住人口计算。
2.2004年以前数据未与经济普查数据衔接，下同。
3.2005年—2008年数据已根据2008年第二次经济普查数据进行了修订，下同。

3-2 生产总值指数

(上年=100) 单位：%

年 份	生产总值	第一产业	第二产业	工业	建筑业	第三产业	人均生产总值
1978	110.7	96.9	115.4	116.6	92.6	103.4	109.3
1979	104.9	106.9	103.3	103.2	106.5	111.2	103.6
1980	109.2	103.8	110.0	110.0	109.4	109.9	107.6
1981	98.4	98.1	94.0	92.8	123.5	119.4	97.2
1982	105.3	106.6	102.5	101.8	113.5	113.8	103.7
1983	113.3	128.3	108.8	109.1	104.4	115.2	112.3
1984	116.8	105.0	119.5	120.1	109.3	119.5	115.4
1985	113.3	84.0	118.7	118.2	127.8	120.5	112.4
1986	108.3	111.7	103.5	103.1	109.6	120.5	107.2
1987	114.1	106.0	111.4	111.5	110.4	124.8	112.7
1988	111.7	106.9	111.7	111.5	114.9	113.7	108.7
1989	103.1	95.7	101.6	102.0	95.4	109.3	101.9
1990	100.9	114.5	97.0	96.6	104.0	104.8	100.1
1991	106.1	104.2	104.0	103.2	110.9	110.2	105.4
1992	112.1	104.2	113.6	114.7	104.4	113.6	111.4
1993	114.9	110.7	116.6	116.1	120.4	114.3	114.3
1994	111.2	102.1	113.8	128.1	109.3	111.1	111.2
1995	107.1	104.9	107.1	107.8	100.1	107.8	106.4
1996	108.6	112.6	107.8	108.6	99.1	108.4	107.9
1997	108.9	101.3	110.5	110.9	106.1	109.2	108.7
1998	108.3	113.0	107.6	107.6	108.2	107.9	107.9
1999	108.2	105.1	108.5	108.6	106.7	108.9	107.9
2000	108.9	98.4	110.7	110.8	109.3	109.6	108.6
2001	109.0	106.7	107.5	107.4	108.7	111.5	108.7
2002	110.2	108.4	109.8	109.8	110.3	111.3	110.0
2003	111.5	107.2	112.3	111.6	117.5	111.7	111.3
2004	112.8	107.9	116.0	115.2	121.3	110.7	112.6
2005	112.7	107.9	114.4	114.9	111.0	112.1	112.6
2006	114.2	106.3	117.1	117.5	114.4	112.9	113.5
2007	115.0	104.0	117.8	118.6	111.7	114.5	114.0
2008	113.4	106.3	116.1	117.2	108.3	111.6	112.8
2009	113.1	103.1	115.6	114.4	125.6	112.1	112.5
2010	114.2	105.8	116.8	116.9	116.2	112.5	113.4
2011	112.2	106.5	114.0	114.3	112.3	111.0	111.7

注：本表按可比价计算。

3-3 生产总值指数

(1952年=100)

单位：%

年 份	生产总值	第一产业	第二产业			第三产业	人均生产总值
				工业	建筑业		
1952	100.0	100.0	100.0	100.0	100.0	100.0	100.0
1957	212.8	113.8	297.2	293.7	327.8	174.9	171.9
1965	251.2	134.7	353.4	365.0	183.0	203.4	172.3
1970	382.9	168.5	588.5	616.3	201.4	260.9	237.3
1975	578.8	192.8	955.5	986.6	486.7	359.7	335.3
1978	665.8	173.9	1178.8	1248.7	378.1	380.1	373.7
1979	698.4	185.9	1217.7	1288.7	402.7	422.7	387.2
1980	762.7	193.0	1339.5	1417.5	440.5	464.5	416.6
1981	750.5	189.3	1259.1	1315.5	544.1	554.6	405.0
1982	790.3	201.8	1290.6	1339.2	617.5	631.2	419.9
1983	895.4	258.9	1404.1	1461.0	644.7	727.1	471.6
1984	1045.8	271.8	1677.9	1754.7	704.6	868.9	544.2
1985	1184.9	228.4	1991.7	2074.0	900.5	1047.0	611.7
1986	1283.2	255.1	2061.4	2138.3	987.0	1261.6	655.7
1987	1464.1	270.4	2296.4	2384.2	1089.6	1574.5	739.0
1988	1635.4	289.0	2565.1	2658.4	1252.0	1790.2	803.3
1989	1686.1	276.6	2606.1	2711.6	1194.4	1956.7	818.6
1990	1701.3	316.7	2528.0	2619.4	1242.2	2050.6	819.4
1991	1805.1	330.0	2629.1	2703.2	1377.6	2259.8	863.6
1992	2023.5	343.9	2986.6	3100.6	1438.2	2567.1	962.1
1993	2325.0	380.7	3482.4	3599.8	1731.6	2934.2	1099.7
1994	2585.4	388.7	3963.0	4611.3	1892.6	3259.9	1222.9
1995	2768.9	407.7	4244.3	4971.0	1894.5	3514.2	1301.1
1996	3007.2	459.1	4575.4	5398.5	1877.4	3809.4	1403.9
1997	3274.8	465.1	5055.8	5986.9	1992.0	4159.9	1526.0
1998	3546.7	525.6	5440.1	6442.0	2155.3	4488.5	1646.6
1999	3837.5	552.4	5902.5	6996.0	2299.7	4888.0	1776.7
2000	4179.0	543.6	6534.1	7751.5	2513.6	5357.2	1929.5
2001	4555.1	580.0	7024.2	8325.1	2732.3	5973.3	2097.4
2002	5019.7	628.7	7712.6	9141.0	3013.7	6648.3	2307.1
2003	5596.0	673.8	8657.8	10203.6	3541.3	7423.3	2567.8
2004	6312.0	726.9	10041.4	11757.9	4294.1	8214.6	2891.3
2005	7113.6	784.3	11487.4	13509.8	4766.5	9208.6	3255.6
2006	8123.8	833.7	13451.7	15874.0	5452.8	10396.5	3695.1
2007	9342.3	867.1	15846.1	18826.6	6090.8	11904.0	4212.4
2008	10594.2	921.7	18397.3	22064.8	6596.3	13284.8	4751.6
2009	11982.0	950.3	21267.3	25242.1	8285.0	14892.3	5345.6
2010	13683.4	1005.4	24840.2	29508.0	9627.2	16753.8	6061.9
2011	15352.8	1070.8	28317.8	33727.6	10811.3	18596.7	6771.1

注:本表按可比价计算。

3-4 生产总值构成

单位：%

年 份	生产总值	第一产业	第二产业	工业	建筑业	第三产业
1952	100	29.0	48.3			22.7
1953	100	23.3	49.5			27.2
1957	100	20.3	59.3			20.4
1965	100	19.6	60.7			19.7
1970	100	20.8	62.4			16.8
1975	100	18.1	66.9			15.0
1978	100	14.1	71.1	95.3	4.7	14.8
1979	100	16.6	67.9	94.9	5.1	15.5
1980	100	16.4	68.4	95.0	5.0	15.2
1981	100	17.0	65.0	92.8	7.2	18.0
1982	100	17.4	63.4	92.9	7.1	19.2
1983	100	19.9	60.3	92.1	7.9	19.8
1984	100	18.3	61.2	90.7	9.3	20.5
1985	100	14.4	63.3	91.2	8.8	22.3
1986	100	15.3	59.1	91.1	8.9	25.6
1987	100	15.2	58.0	90.1	9.9	26.8
1988	100	16.1	55.9	90.2	9.8	28.0
1989	100	14.1	54.3	90.4	9.6	31.6
1990	100	15.9	50.9	89.3	10.7	33.2
1991	100	15.1	49.2	89.3	10.7	35.7
1992	100	13.2	50.4	89.1	10.9	36.4
1993	100	13.0	51.7	88.6	11.4	35.3
1994	100	13.0	51.1	88.2	11.8	35.9
1995	100	14.0	49.8	88.7	11.3	36.2
1996	100	15.0	48.7	89.7	10.3	36.3
1997	100	13.2	48.7	89.9	10.1	38.1
1998	100	13.7	47.8	89.7	10.3	38.5
1999	100	12.5	48.0	89.7	10.3	39.5
2000	100	10.8	50.2	90.2	9.8	39.0
2001	100	10.8	48.5	89.7	10.3	40.7
2002	100	10.8	47.8	89.4	10.6	41.4
2003	100	10.3	48.3	88.2	11.8	41.4
2004	100	12.0	45.9	87.5	12.5	42.1
2005	100	11.0	48.1	87.9	12.1	41.0
2006	100	10.1	49.1	88.0	12.0	40.8
2007	100	10.2	49.7	88.2	11.8	40.2
2008	100	9.5	52.4	88.8	11.2	38.1
2009	100	9.3	52.0	87.6	12.4	38.7
2010	100	8.8	54.1	88.1	11.9	37.1
2011	100	8.6	54.7	88.0	12.0	36.7

注：1999年初进行了第三产业快速调查，本表中1997、1998年生产总值使用的是快速调查数，以前年度未进行调整。

3-5 分行业增加值

单位：亿元

行 业	2005年	2006年	2007年	2008年	2009年	2010年	2011年
总 计	**8047.26**	**9304.51**	**11164.28**	**13668.58**	**15212.49**	**18457.27**	**22226.70**
第一产业	**882.41**	**939.43**	**1133.4**	**1302.02**	**1414.9**	**1631.08**	**1915.57**
农林牧渔业	882.41	939.43	1133.4	1302.02	1414.9	1631.08	1915.57
第二产业	**3869.4**	**4566.83**	**5544.14**	**7158.84**	**7906.34**	**9976.82**	**12152.15**
工业	3401.8	4017.02	4892.45	6359.43	6925.63	8789.27	10696.54
建筑业	467.6	549.81	651.69	799.41	980.71	1187.55	1455.61
第三产业	**3295.45**	**3798.25**	**4486.74**	**5207.72**	**5891.25**	**6849.37**	**8158.98**
交通运输、仓储和邮政业	493.75	572.26	665.63	734.13	790.56	926.81	1143.17
批发和零售业	820.35	919.43	1078.67	1257.5	1410.33	1651.66	1960.33
住宿和餐饮业	180.81	202.49	231.54	275.86	318.8	369.61	436.13
金融业	232.85	303.41	386.34	455.07	560.2	639.27	755.57
房地产业	256.77	318.54	410.43	500.81	605.27	733.37	876.12
其他服务业	1310.92	1482.12	1714.13	1984.35	2206.09	2528.65	2987.66

3-6 三次产业贡献率

单位：%

年 份	生产总值	第一产业	第二产业	#工业	第三产业
1991	100	13.8	41.2		45.0
1992	100	6.4	64.2		29.4
1993	100	12.1	63.3	55.6	24.6
1994	100	2.7	63.3	59.0	34.0
1995	100	8.6	55.7	55.6	35.7
1996	100	18.0	50.2	50.7	31.8
1997	100	1.9	64.7	61.9	33.4
1998	100	17.7	50.2	46.3	32.1
1999	100	7.4	56.0	52.8	36.6
2000	100	-2.0	65.4	61.3	36.6
2001	100	8.0	42.2	37.4	49.8
2002	100	8.6	47.5	42.6	43.9
2003	100	6.5	51.0	43.2	42.5
2004	100	6.4	57.0	47.5	36.6
2005	100	6.5	53.0	48.2	40.5
2006	100	2.1	53.6	46.6	44.3
2007	100	2.7	57.4	52.8	39.9
2008	100	4.3	60.1	56.5	35.6
2009	100	2.0	60.7	50.0	37.3
2010	100	3.2	61.6	54.7	35.2
2011	100	4.7	62.1	55.6	33.2

注：产业贡献率指各产业增加值增量与GDP增量之比。

3-7　三次产业对生产总值增长的拉动

单位：百分点

年　份	生产总值	第一产业	第二产业	#工业	第三产业
1991	6.1	0.8	2.5		2.7
1992	12.1	0.8	7.8		3.6
1993	14.9	1.8	9.4	8.3	3.7
1994	11.2	0.3	7.1	6.6	3.8
1995	7.1	0.6	4.0	3.9	2.5
1996	8.6	1.6	4.3	4.4	2.7
1997	8.9	0.2	5.8	5.5	3.0
1998	8.3	1.5	4.2	3.8	2.7
1999	8.2	0.6	4.6	4.3	3.0
2000	8.9	-0.2	5.8	5.5	3.3
2001	9.0	0.7	3.8	3.4	4.5
2002	10.2	0.9	4.8	4.3	4.5
2003	11.5	0.7	5.9	5.0	4.9
2004	12.8	0.8	7.3	6.1	4.7
2005	12.7	0.8	6.7	6.1	5.2
2006	14.2	0.3	7.6	6.6	6.3
2007	15.0	0.4	8.6	7.9	6.0
2008	13.4	0.5	8.1	7.6	4.8
2009	13.1	0.3	7.9	6.5	4.9
2010	14.2	0.5	8.7	7.8	5.0
2011	12.2	0.6	7.6	6.8	4.1

注：产业拉动指GDP增长速度与各产业贡献率之乘积。

3-8　各地区生产总值和指数

地　区	2005年	2006年	2007年	2008年	2009年	2010年	2011年
生产总值(亿元)							
沈　阳	2084.13	2519.63	3159.69	3780.87	4268.51	5017.54	5915.71
大　连	2119.82	2541.71	3078.76	3803.35	4349.51	5158.16	6150.63
鞍　山	1005.21	1122.08	1299.59	1536.96	1730.47	2125.01	2398.76
抚　顺	386.83	452.03	526.56	637.41	698.64	895.16	1113.37
本　溪	343.29	399.91	484.92	625.70	688.39	860.37	1044.59
丹　东	302.22	356.81	430.36	522.42	607.52	728.89	888.67
锦　州	348.58	432.42	516.60	629.20	727.30	912.63	1116.93
营　口	375.64	447.77	552.49	674.73	806.96	1002.45	1224.65
阜　新	143.99	162.09	198.79	243.93	287.97	378.87	480.26
辽　阳	304.27	363.18	433.29	523.12	608.26	735.43	888.67
盘　锦	444.36	517.92	575.59	682.13	676.87	926.32	1119.92
铁　岭	264.23	323.93	403.97	516.60	605.71	722.13	873.84
朝　阳	211.77	253.07	333.84	446.01	518.09	656.41	813.02
葫芦岛	299.52	335.35	379.41	414.56	445.58	531.45	650.06
指数(%,上年=100)							
沈　阳	116.0	116.7	120.5	116.3	114.1	114.1	112.3
大　连	114.2	116.5	117.4	116.5	115.0	115.2	113.5
鞍　山	116.2	115.6	115.7	116.8	117.2	116.0	111.0
抚　顺	113.8	115.1	116.1	116.0	114.1	117.0	113.7
本　溪	115.1	116.1	114.5	115.0	118.3	116.0	113.6
丹　东	116.4	116.1	116.2	116.1	116.6	115.8	113.6
锦　州	114.1	114.9	114.8	114.4	116.0	116.2	113.2
营　口	120.4	118.8	121.3	120.3	120.3	117.8	113.9
阜　新	114.3	112.3	116.6	114.8	116.2	117.5	113.7
辽　阳	117.0	116.0	116.7	116.0	116.2	116.0	113.5
盘　锦	106.4	106.1	108.9	111.0	110.0	117.8	113.9
铁　岭	118.1	120.1	120.0	120.0	118.0	116.0	113.8
朝　阳	116.6	117.9	121.9	120.5	117.6	116.6	113.8
葫芦岛	113.8	110.1	108.0	110.0	110.0	115.5	112.1

3-9 各地区生产总值

(2011年)

地区	生产总值(亿元)	第一产业	第二产业			第三产业
				工业	建筑业	
沈阳	5915.71	279.06	3026.88	2725.77	301.11	2609.77
大连	6150.63	395.72	3204.18	2816.01	388.17	2550.73
鞍山	2398.76	110.55	1281.01	1162.00	119.01	1007.20
抚顺	1113.37	70.48	673.51	575.49	98.02	369.38
本溪	1044.59	53.12	657.03	599.01	58.02	334.44
丹东	888.67	119.70	457.15	387.03	70.12	311.82
锦州	1116.93	173.37	554.02	493.61	60.41	389.54
营口	1224.65	90.76	673.80	603.65	70.15	460.09
阜新	480.26	110.02	213.47	178.41	35.06	156.77
辽阳	888.67	56.44	561.19	530.17	31.02	271.04
盘锦	1119.92	94.33	762.17	700.76	61.41	263.42
铁岭	873.84	172.42	460.13	414.42	45.71	241.29
朝阳	813.02	170.69	416.64	351.64	65.00	225.69
葫芦岛	650.06	84.53	312.01	261.02	50.99	253.52

3-9 续表

地区	人均生产总值(元)	构成(%)			指数(%,上年=100)			
		第一产业	第二产业	第三产业	生产总值	第一产业	第二产业	第三产业
沈阳	72648	4.72	51.17	44.11	112.3	106.5	114.0	111.0
大连	91295	6.43	52.10	41.47	113.5	106.5	118.6	108.5
鞍山	68224	4.61	53.40	41.99	111.0	106.7	110.0	112.9
抚顺	52245	6.33	60.49	33.18	113.7	106.5	115.4	112.3
本溪	60552	5.09	62.90	32.01	113.6	106.4	114.3	113.4
丹东	36841	13.47	51.44	35.09	113.6	106.8	113.7	116.2
锦州	35784	15.52	49.60	34.88	113.2	106.8	116.5	111.8
营口	50309	7.41	55.02	37.57	113.9	106.7	114.9	113.8
阜新	26480	22.91	44.45	32.64	113.7	106.9	117.0	114.4
辽阳	48594	6.35	63.15	30.50	113.5	106.7	113.6	114.9
盘锦	79584	8.42	68.06	23.52	113.9	106.7	116.0	110.7
铁岭	28647	19.73	52.66	27.61	113.8	106.7	114.5	117.6
朝阳	26927	20.99	51.25	27.76	113.8	106.9	115.8	115.3
葫芦岛	24789	13.00	48.00	39.00	112.1	106.5	115.6	109.8

3-10 生产总值(支出法)

单位：亿元

年 份	生产总值	最终消费支出	资本形成总额	货物和服务净流出	消费率(%)	投资率(%)
1978	229.20	109.37	62.33	57.50	47.72	27.19
1980	281.00	157.43	56.82	66.75	56.02	20.22
1981	288.61	177.41	53.80	57.40	61.47	18.64
1982	315.07	185.21	67.87	61.99	58.78	21.54
1983	364.02	208.15	86.81	69.06	57.18	23.85
1984	438.17	236.89	127.59	73.69	54.06	29.12
1985	518.59	276.19	174.24	68.16	53.26	33.60
1986	605.33	314.75	215.95	74.63	52.00	35.67
1987	719.12	371.81	256.83	90.48	51.70	35.71
1988	881.24	459.39	335.39	86.24	52.14	38.07
1989	1003.81	543.60	356.47	103.74	54.15	35.51
1990	1062.74	574.24	392.74	95.76	54.03	36.96
1991	1200.10	640.51	452.62	106.97	53.37	37.72
1992	1472.95	769.94	561.81	141.20	52.27	38.14
1993	2010.82	962.51	901.26	147.05	47.87	44.82
1994	2461.78	1239.61	1024.66	197.51	50.35	41.62
1995	2793.37	1501.84	1046.60	244.93	53.76	37.47
1996	3148.23	1728.74	1076.26	343.23	54.91	34.19
1997	3582.46	1943.35	1146.95	491.66	54.42	32.02
1998	3881.73	2128.05	1225.99	527.69	54.82	31.58
1999	4171.69	2330.53	1284.31	556.85	55.87	30.79
2000	4669.06	2587.52	1471.61	609.93	55.42	31.52
2001	5033.08	2828.09	1625.50	579.49	56.19	32.30
2002	5458.22	3031.47	1835.54	591.21	55.54	33.63
2003	6002.54	3102.51	2333.67	566.36	51.69	38.88
2004	6672.00	3248.30	3161.08	262.62	48.69	47.38
2005	8047.26	3688.94	4580.40	-222.08	45.84	56.92
2006	9304.52	4054.93	5519.65	-270.06	43.58	59.32
2007	11164.30	4717.14	6646.09	-198.93	42.25	59.53
2008	13668.59	5595.95	8547.81	-475.17	40.94	62.54
2009	15212.49	6311.05	9412.02	-510.58	41.49	61.87
2010	18457.27	7374.14	11521.78	-438.65	39.95	62.42
2011	22226.70	8867.21	13930.21	-570.72	39.89	62.67

3-11 生产总值结构(支出法)

年 份	资本形成总额		最终消费支出			
	固定资本形成总额	存货增加	居民消费支出	农村居民	城镇居民	政府消费支出
一、绝对数(亿元)						
1983	71.55	15.26	162.51	67.86	94.65	45.64
1984	92.63	34.96	188.42	80.66	107.76	48.47
1985	130.91	43.33	225.51	90.99	134.52	50.68
1986	158.58	57.37	257.88	100.04	157.84	56.87
1987	210.23	46.60	296.93	113.00	183.93	74.88
1988	260.30	75.09	379.61	131.15	248.46	79.78
1989	241.89	114.58	434.09	148.43	285.66	109.51
1990	262.39	130.35	450.76	140.60	310.16	123.48
1991	323.66	128.96	502.22	156.02	346.20	138.29
1992	405.18	156.63	614.28	200.54	413.74	155.66
1993	731.60	169.66	770.19	240.22	529.97	192.32
1994	887.99	136.67	965.96	302.29	663.67	273.65
1995	884.95	161.65	1177.59	350.38	827.21	324.25
1996	920.66	155.60	1327.68	408.76	918.92	401.06
1997	976.45	170.50	1485.79	425.90	1059.89	458.06
1998	1069.57	156.42	1578.49	462.27	1116.22	549.56
1999	1115.82	168.49	1707.30	491.98	1215.32	623.23
2000	1293.92	177.69	1867.36	535.84	1331.52	720.16
2001	1444.15	181.35	2001.97	566.95	1435.02	826.12
2002	1627.56	207.98	2141.47	590.27	1551.20	890.00
2003	2102.10	231.57	2172.06	487.16	1684.90	930.45
2004	2925.14	235.94	2316.03	486.35	1829.68	932.27
2005	4279.75	300.65	2719.91	553.24	2166.67	969.03
2006	5272.12	247.53	2940.79	612.97	2327.82	1114.14
2007	6297.19	348.90	3399.14	653.15	2745.99	1318.00
2008	8098.60	449.21	4172.81	766.60	3406.21	1423.14
2009	8906.44	505.58	4720.31	867.91	3852.40	1590.74
2010	11079.59	442.19	5672.33	1006.04	4666.29	1701.81
2011	13474.62	455.59	6846.44	1167.53	5678.91	2020.77
二、比重(%)						
1983	92.87	7.13	80.20	40.99	59.01	19.80
1984	82.42	17.58	78.07	41.76	58.24	21.93
1985	72.60	27.40	79.54	42.81	57.19	20.46
1986	75.13	24.87	81.65	40.35	59.65	18.35
1987	73.43	26.57	81.93	38.79	61.21	18.07
1988	81.86	18.14	79.86	38.06	61.94	20.14
1989	77.61	22.39	82.63	34.55	65.45	17.37
1990	67.86	32.14	79.85	34.19	65.81	20.15
1991	66.81	33.19	78.50	31.19	68.81	21.50
1992	71.51	28.49	78.41	31.07	68.93	21.59
1993	72.12	27.88	79.78	32.65	67.35	20.22
1994	74.41	25.59	80.02	31.19	68.81	19.98
1995	86.66	13.34	77.92	31.29	68.71	22.08
1996	84.55	15.45	78.41	29.75	70.25	21.59
1997	85.54	14.46	76.80	30.79	78.03	23.20
1998	85.13	14.87	76.44	29.99	70.01	23.56
1999	87.24	12.76	74.18	29.29	70.71	25.82
2000	86.88	13.12	73.26	28.82	71.18	26.74
2001	88.84	11.16	70.79	28.32	71.68	29.21
2002	88.67	11.33	70.64	27.56	72.44	29.36
2003	90.08	9.92	70.01	22.43	77.57	29.99
2004	92.54	7.46	71.30	21.00	79.00	28.70
2005	93.44	6.56	73.73	20.34	79.66	26.27
2006	95.52	4.48	72.52	20.84	79.16	27.48
2007	94.75	5.25	72.06	19.22	80.78	27.94
2008	94.74	5.26	74.57	18.37	81.63	25.43
2009	94.63	5.37	74.79	18.39	81.61	25.21
2010	96.16	3.84	76.92	17.74	82.26	23.08
2011	96.73	3.27	77.21	17.05	82.95	22.79

3-12 三大需求对生产总值增长的贡献率和拉动

年 份	最终消费支出		资本形成总额		货物和服务净出口	
	贡献率(%)	拉动(百分点)	贡献率(%)	拉动(百分点)	贡献率(%)	拉动(百分点)
1991	62.3	3.8	37.0	2.3	0.7	
1992	62.1	7.5	36.3	4.4	1.7	0.2
1993	40.2	6.0	60.1	8.9	-0.3	
1994	56.3	6.3	52.7	5.9	-9.0	-1.0
1995	80.4	5.7	-14.1	-1.0	33.7	2.4
1996	51.4	4.4	9.3	0.8	39.3	3.4
1997	50.2	4.5	19.4	1.7	30.4	2.7
1998	54.5	4.5	30.0	2.5	15.5	1.3
1999	65.5	5.4	16.2	1.3	18.3	1.5
2000	56.8	5.1	35.1	3.1	8.2	0.7
2001	61.6	5.5	35.2	3.2	3.2	0.3
2002	53.0	5.4	37.1	3.8	9.9	0.5
2003	31.6	3.6	67.5	7.8	0.9	0.1
2004	33.8	4.1	58.6	7.0	7.6	0.9
2005	33.9	4.3	73.0	9.3	-6.9	-0.9
2006	34.4	4.9	73.1	10.4	-7.5	-1.1
2007	36.1	5.4	74.1	11.1	-10.3	-1.5
2008	41.7	5.6	75.7	10.1	-17.4	-2.3
2009	41.5	5.4	76.6	10.0	-18.1	-2.4
2010	39.6	5.6	71.7	10.2	-11.3	-1.6
2011	41.3	5.0	70.4	8.6	-11.7	-1.4

注：1.贡献率指三大需求增量与支出法国内生产总值增量之比。
2.拉动指国内生产总值增长速度与三大需求贡献率的乘积。

3-13 居民消费水平

年 份	居民消费水平(元/人)			城镇与农村消费水平对比
	全体居民	农村居民	城镇居民	
1978	267	173	476	2.75：1
1980	355	235	573	2.44：1
1981	400	264	632	2.39：1
1982	410	270	641	2.37：1
1983	443	301	669	2.22：1
1984	510	362	735	2.03：1
1985	605	414	880	2.12：1
1986	686	454	1012	2.23：1
1987	780	508	1160	2.28：1
1988	985	589	1530	2.60：1
1989	1113	662	1722	2.60：1
1990	1144	622	1849	2.97：1
1991	1267	687	2045	2.98：1
1992	1540	884	2407	2.72：1
1993	1921	1065	3021	2.84：1
1994	2397	1348	3704	2.75：1
1995	2900	1566	4540	2.90：1
1996	3250	1826	4975	2.73：1
1997	3619	1906	5665	2.97：1
1998	3828	2073	5897	2.84：1
1999	4128	2209	6366	2.84：1
2000	4490	2403	6903	2.88：1
2001	4789	2540	7366	2.90：1
2002	5095	2643	7874	2.98：1
2003	5159	2630	7147	2.72：1
2004	5492	2621	7748	2.71：1
2005	6447	3175	8749	2.76：1
2006	6926	3508	9317	2.66：1
2007	7934	3727	10845	2.91：1
2008	9690	4409	13265	3.01：1
2009	10906	5039	14786	2.93：1
2010	13016	5955	17488	2.94：1
2011	15635	7221	20560	2.85：1

3-14 居民消费水平指数

单位：%

年 份	以上年为100			以1952年为100		
	全体居民	农村居民	城镇居民	全体居民	农村居民	城镇居民
1978	108.5	97.6	116.3	170.1	143.4	160.2
1980	107.2	119.1	95.2	210.2	187.3	173.4
1981	108.1	109.1	105.5	227.4	204.2	182.9
1982	101.1	100.8	100.2	229.8	205.9	183.2
1983	106.1	108.6	103.1	243.9	223.6	188.9
1984	111.8	115.9	107.1	272.6	259.1	202.3
1985	106.3	104.7	105.8	289.7	271.3	214.1
1986	107.6	105.7	108.5	311.7	286.6	232.2
1987	106.3	105.1	106.7	331.2	301.1	247.8
1988	107.6	104.6	108.9	356.3	314.8	269.7
1989	122.3	157.4	99.9	435.8	495.7	269.4
1990	83.7	56.8	109.9	364.9	281.7	296.1
1991	105.3	104.5	105.5	384.3	294.4	312.5
1992	112.4	112.9	111.5	431.8	332.5	348.3
1993	108.7	108.9	107.6	469.4	361.9	374.8
1994	108.8	108.9	107.7	476.4	330.8	454.7
1995	106.2	102.3	107.3	505.9	338.4	423.8
1996	106.3	106.1	105.9	537.8	359.0	448.8
1997	110.7	110.2	110.4	595.3	395.6	495.5
1998	107.7	109.9	106.3	641.2	434.8	526.7
1999	108.4	107.0	108.6	749.6	465.2	572.0
2000	108.4	107.9	108.2	695.0	502.0	618.9
2001	107.6	106.1	107.8	747.9	532.6	667.2
2002	108.4	107.2	108.4	810.7	571.0	723.2
2003	105.3	109.1	103.6	853.7	622.9	749.2
2004	106.5	99.7	108.4	909.1	621.0	812.2
2005	111.6	114.2	107.5	1014.6	709.2	873.1
2006	106.6	108.6	106.0	1081.5	770.2	925.5
2007	110.1	100.1	112.4	1190.7	770.9	1040.3
2008	116.9	112.2	117.2	1392.0	865.0	1219.2
2009	112.2	114.0	111.1	1561.8	986.1	1354.5
2010	113.4	112.5	112.4	1771.1	1109.4	1522.5
2011	114.3	107.4	117.2	2024.4	1191.5	1784.3

主要统计指标解释

国内生产总值 是按市场价格计算的国内生产总值的简称。它是一个国家(地区)所有常住单位在一定时期内生产活动的最终成果。国内生产总值有三种表现形态，既价值形态、收入形态和产品形态。从价值形态看，它是所有常住单位在一定时期内所生产的全部货物和服务价值超过同期投入的全部非固定资产货物和服务价值的差额，即所有常住单位的增加值之和；从收入形态看，它是所有常住单位在一定时期内所创造并分配给常住单位和非常住单位的初次分配收入之和；从产品形态看，它是最终使用的货物和服务减去进口货物和服务。在实际核算中，国内生产总值的三种表现形态表现为三种计算方法，即生产法、收入法和支出法。三种方法分别从不同的方面反映国内生产总值及构成。

国民生产总值 是按市场价格计算的国民生产总值的简称。它是一个国家(或地区)所有常住单位在一定时期内收入初次分配的最终成果。一国常住单位从事生产活动所创造的增加值在初次分配过程中主要分配给该国的常住单位，但也有一部分以生产税及进口税(扣除生产和进口补贴)、劳动者报酬和财产收入等形式分配给该国的非常住单位，同时，国外生产所创造的增加值也有一部分以生产税及进口税(扣除生产和进口补贴)、劳动者报酬和财产收入等形式分配给该国的常住单位。从而产生了国民生产总值概念，它等于国内生产总值加上来自国外的初次分配收入净额。与国内生产总值不同，国内生产总值是一个生产概念，而国民生产总值则是个收入概念。

三次产业 根据社会生产活动历史发展的顺序对产业结构的划分，产品直接取自自然界的部门称为第一产业，对初级产品进行再加工的部门称为第二产业。为生产和消费提供各种服务的部门称为第三产业。它是世界上通用的产业结构分类，但各国的划分不尽一致。我国的三次产业划分是:

第一产业：农林牧渔业(包括农业、林业、畜牧业和渔业)。

第二产业：工业(包括采掘业、制造业、电力煤气及水的生产和供应业)、建筑业。

第三产业：除第一、第二产业以外的其他各业。包括农林牧渔服务业、地质勘查业及水利管理业、交通运输仓储及邮电通信业、批发和零售贸易及餐饮业、金融保险业、房地产业、社会服务业、卫生体育和社会福利业、教育文化艺术及广播电影电视业、科学研究和综合技术服务业、国家机关政党机关和社会团体、其他行业。

最终消费 最终消费是指常住单位在一定时期内对于货物和服务的全部最终消费支出，也就是常住单位为满足物质、文化和精神生产的需要，从本国经济领土和国外购买的货物和服务的支出。它不包括非常住单位在本国经济领土内的消费支出。最终消费分为居民消费和政府消费。

居民消费 居民消费指常住住户在一定时期内对于货物和服务的全部最终消费支出。居民消费除了包括直接以货币形式购买的货物和服务的消费支出外，还包括以其他方式获得的货物和服务的消费支出。

政府消费 政府消费指政府部门为全社会提供的公共服务的消费支出和免费或以较低的价格向居民住户提供的货物和服务的净支出，前者等于政府服务的产出价值减去政府单位所获得的经营收入的价值，政府服务的产出价值等于它的经营性业务支出加上固定资产折旧；后者等于政府部门免费或以较低价格向居民住户提供的货物和服务的市场价值减去向住户收取的价值。

资本形成总额 资本形成总额指常住单位在一定时期内对固定资产和存货的投资支出合计，包括固定资产形成总额和存货增加。

(1)固定资产形成总额：指从常住单位在一定时期内购置、转入和资产自用的固定资产，扣除固定资产的销售和转出后的价值。可分为有形固定资本形成总额和无形固定资产形成总额。

(2)存货增加：存货增加指常住单位在一定时期内存货实物量变动的市场价值，即期末价值减期初价值的差额。存货增加可以是正值，也可以是负值，正值表示存货上升，负值表示存货下降。它包括生产单位购进的原材料、燃料和储备物资等存货，以及生产单位生产的产成品、在制品和半成品等存货等。

货物和服务净出口 指货物和服务出口减货物和服务进口的差额。出口包括常住单位向非常住单位出售或无偿转让的各种货物和服务的价值；进口包括常住单位从非常住单位购买或无偿得到的各种货物和服务的价值。由于服务活动的提供与使用同时发生，因此服务的进出口业务并不发生出入境现象，一般把常住单位从国外得到的服务作为进口，非常住单位从本国得到的服务作为出口。货物的出口和进口都按离岸价格计算。

劳动者报酬 劳动者报酬是指劳动者因从事生产活动所获得的全部报酬。它包括劳动者获得的各种形式工资、奖金和津贴，即包括货币形式的，也包括实物形式的，它还包括劳动者所享受的公费医疗和医药卫生费、上下班交通补贴和单位支付的社会保险费等。单位支付的社会保险费，就是单位直接支付给负责社会保险的政府单位(一般指劳动部门)的社会保险金或为本单位职工离退休、发生死亡、伤残、医疗保险等而支付的保险费。对于个体经济来说，其所有者所获得的劳动报酬和经营利润不易区分，这两部分统一作为劳动者报酬处理。

生产税净额 生产税净额是指生产税减生产补贴后的差额。生产税指政府对生产单位生产、销售和从事经营活动以及因从事生产活动使用某些生产要素，如固定资产、土地、劳动力所征收的各种税、附加费和规费。具体包括销售锐金及附加、增值税、管理费中开支的各种税、应交纳的养路费、排污费和水电费附加、烟酒专卖上缴政府的专项收入等。生产补贴与生产税相反，是政府对生产单位的单方面收入转移，因此视为负生产税处理，包括政策亏损补贴、粮食系统价格补贴、外贸企业出口退税收入等。

固定资产折旧 固定资产折旧是指一定时期内为弥补固定资产损耗按照核定的固定资产折旧率提取的固定资产折旧，或按国民经济核算统一规定的折旧率虚拟计算的固定资产折旧。它反映了固定资产在当期生产中的转移价值。各种类型企业和企业化管理的事业单位的固定资产折旧指实际计提并计入成本费用中的折旧费；不计提折旧的单位，如政府机关、非企业化管理的事业单位和居民住房的固定资产折旧则是按照统一规定的折旧率和固定资产原值计算的虚拟折旧。原则上，固定资产折旧应按固定资产的重置价值来计算，但是我国目前尚不具备对全社会固定资产进行重估价的基础，所以暂时只能采用上述方法来计算。

营业盈余 营业盈余是指常住单位创造的增加值扣除劳动者报酬、生产税净额和固定资产折旧后的余额。它相当于企业的营业利润加上生产补贴，但要扣除从利润中开支的工资和福利等。

四、人口

Chapter 4 Population

4-1 人口数

单位：万人

年 份	年末总人口	按性别分	
		男	女
1978	3394.0	1735.3	1658.7
1980	3486.9	1779.2	1707.7
1981	3534.8	1803.2	1731.6
1982	3592.1	1832.0	1760.1
1983	3629.1	1852.9	1776.2
1984	3654.8	1866.6	1788.2
1985	3686.2	1883.2	1803.0
1986	3726.0	1904.1	1821.9
1987	3777.4	1930.4	1847.0
1988	3825.5	1955.5	1870.0
1989	3876.0	1979.5	1896.5
1990	3917.3	1999.1	1918.2
1991	3938.5	2009.8	1928.7
1992	3957.9	2018.9	1939.0
1993	3982.9	2031.6	1951.3
1994	4007.2	2043.6	1963.6
1995	4034.0	2056.9	1977.1
1996	4056.8	2067.5	1989.3
1997	4077.1	2076.9	2000.2
1998	4090.4	2083.1	2007.3
1999	4103.2	2088.4	2014.8
2000	4135.3	2103.3	2032.0
2001	4147.0	2109.1	2037.9
2002	4155.4	2111.6	2043.8
2003	4161.6	2113.2	2048.4
2004	4172.8	2117.3	2055.5
2005	4189.2	2123.4	2065.8
2006	4210.4	2132.5	2077.9
2007	4231.7	2141.5	2090.2
2008	4246.1	2146.9	2099.2
2009	4256.0	2149.9	2106.1
2010	4251.7	2144.7	2107.0
2011	4255.0	2143.6	2111.4

注：本表至4-6表为公安户籍统计数。

4-2 人口构成

单位：%

年 份	总人口	按性别分	
		男	女
1978	100	51.2	48.8
1980	100	51.0	49.0
1981	100	51.0	49.0
1982	100	51.0	49.0
1983	100	51.1	48.9
1984	100	51.1	48.9
1985	100	51.1	48.9
1986	100	51.1	48.9
1987	100	51.1	48.9
1988	100	51.1	48.9
1989	100	51.1	48.9
1990	100	51.0	49.0
1991	100	51.0	49.0
1992	100	51.0	49.0
1993	100	51.0	49.0
1994	100	51.0	49.0
1995	100	51.0	49.0
1996	100	51.0	49.0
1997	100	50.9	49.1
1998	100	50.9	49.1
1999	100	50.9	49.1
2000	100	50.9	49.1
2001	100	50.9	49.1
2002	100	50.8	49.2
2003	100	50.1	49.9
2004	100	50.7	49.3
2005	100	50.7	49.3
2006	100	50.6	49.4
2007	100	50.6	49.4
2008	100	50.6	49.4
2009	100	50.5	49.5
2010	100	50.4	49.6
2011	100	50.4	49.6

4-3 人口出生率、死亡率、自然增长率

单位：‰

年 份	出生率	死亡率	自然增长率
1978	18.0	5.3	12.7
1980	14.1	5.4	8.7
1981	16.6	5.3	11.3
1982	18.9	5.4	13.5
1983	13.4	5.0	8.4
1984	10.8	5.0	5.8
1985	11.9	5.3	6.6
1986	14.8	5.2	9.6
1987	17.3	5.3	12.0
1988	15.4	5.2	10.2
1989	14.6	5.2	9.4
1990	14.5	5.7	8.8
1991	9.9	5.2	4.7
1992	10.2	5.4	4.8
1993	10.0	5.6	4.4
1994	10.7	5.8	4.9
1995	9.9	5.5	4.4
1996	9.5	5.8	3.7
1997	8.9	5.7	3.2
1998	7.9	5.8	2.1
1999	8.0	6.0	2.0
2000	10.7	6.7	4.0
2001	7.1	5.3	1.8
2002	7.5	5.4	2.1
2003	6.2	5.6	0.6
2004	7.7	6.5	1.2
2005	7.8	5.8	2.0
2006	7.8	5.5	2.3
2007	8.2	5.8	2.4
2008	7.9	6.5	1.4
2009	7.6	6.8	0.8
2010	8.8	10.9	-2.1
2011	7.4	7.1	0.3

4-4 各地区年末总户数及总人口

单位：万户、万人

地　区	总户数		总人口		男性人口		女性人口	
	2010年	2011年	2010年	2011年	2010年	2011年	2010年	2011年
全　省	**1488.8**	**1498.7**	**4251.7**	**4255.0**	**2144.7**	**2143.6**	**2107.0**	**2111.4**
沈　阳	251.3	255.1	719.6	722.7	358.4	359.5	361.2	363.2
大　连	207.6	209.2	586.4	588.5	294.2	294.8	292.2	293.7
鞍　山	117.9	118.7	351.8	351.6	178.1	177.7	173.7	173.9
抚　顺	83.3	83.7	220.9	220.1	110.8	110.2	110.1	109.9
本　溪	56.7	57.1	154.6	154.3	77.6	77.4	77.0	76.9
丹　东	82.8	83.6	241.4	241.1	121.5	121.2	119.9	119.9
锦　州	103.8	104.0	308.3	308.3	155.2	155.0	153.1	153.3
营　口	87.2	88.5	235.5	235.5	119.7	119.2	115.8	116.3
阜　新	67.0	66.7	192.4	192.1	96.1	95.9	96.3	96.2
辽　阳	69.0	68.4	183.4	182.4	93.1	92.5	90.3	89.9
盘　锦	47.6	47.5	131.3	131.2	66.2	66.1	65.1	65.1
铁　岭	105.0	105.8	305.1	304.9	155.1	154.9	150.0	150.0
朝　阳	112.5	113.4	339.2	341.0	174.3	174.9	164.9	166.1
葫芦岛	97.1	97.0	281.8	281.3	144.4	144.3	137.4	137.0

4-5 各地区人口自然变动情况

地　区	平均人口(万人)		人口出生率(‰)		人口死亡率(‰)		人口自然增长率(‰)	
	2010年	2011年	2010年	2011年	2010年	2011年	2010年	2011年
全　省	**4253.8**	**4253.3**	**8.8**	**7.4**	**10.9**	**7.1**	**-2.2**	**0.3**
沈　阳	718.1	721.2	7.6	7.7	8.2	7.9	-0.6	-0.2
大　连	585.6	587.5	7.0	7.7	8.2	5.5	-1.2	2.2
鞍　山	351.9	351.7	8.9	8.1	10.6	7.0	-1.7	1.1
抚　顺	221.8	220.5	6.1	6.0	11.8	7.7	-5.7	-1.7
本　溪	155.0	154.5	6.9	5.9	11.3	6.2	-4.4	-0.3
丹　东	242.0	241.2	6.8	5.9	11.9	6.4	-5.1	-0.5
锦　州	309.3	308.3	8.3	6.3	13.8	5.6	-5.5	0.7
营　口	235.3	235.5	10.6	8.9	12.2	10.4	-1.6	-1.5
阜　新	192.3	192.2	6.7	6.7	9.7	8.6	-3.0	-1.9
辽　阳	183.4	182.9	10.7	7.1	11.4	9.6	-0.7	-2.5
盘　锦	130.6	131.2	10.4	7.1	6.0	7.8	4.4	-0.7
铁　岭	305.6	305.0	9.8	6.3	11.5	5.5	-1.7	0.8
朝　阳	340.9	340.1	13.0	9.0	14.5	7.4	-1.5	1.6
葫芦岛	282.0	281.5	12.2	7.9	16.1	7.2	-3.9	0.7

4-6 各地区分年龄人口数

(2011年)

单位：万人

地　区	总人口	18岁以下	18-35岁	35-60岁	60岁以上
全　省	**4255.0**	**595.7**	**1033.6**	**1885.9**	**739.8**
沈　阳	722.7	90.9	181.5	321.6	128.7
大　连	588.5	71.4	148.4	257.8	110.9
鞍　山	351.6	51.1	82.9	156.6	61.0
抚　顺	220.1	25.5	50.8	104.7	39.1
本　溪	154.3	16.3	37.8	72.4	27.8
丹　东	241.1	32.2	54.4	110.7	43.8
锦　州	308.3	43.5	70.2	136.5	58.1
营　口	235.5	31.6	64.5	100.5	38.9
阜　新	192.1	30.0	44.9	85.9	31.3
辽　阳	182.4	26.4	41.7	81.7	32.6
盘　锦	131.2	19.9	31.8	59.3	20.2
铁　岭	304.9	46.0	71.1	137.0	50.8
朝　阳	341.0	59.6	82.0	147.1	52.3
葫芦岛	281.3	51.3	71.6	114.1	44.3

4-7 全省历年人口变动抽样调查推算数

年　份	总人口(万人)	出生率(‰)	死亡率(‰)	自然增长率(‰)	文盲率(%)	家庭户规模(人/户)
1990	3946	15.60	6.01	9.59	11.51	3.59
1991	3990	12.10	6.64	5.46		3.60
1992	4016	12.57	6.11	6.46		3.57
1993	4042	12.43	6.11	6.32		3.53
1994	4067	12.26	6.03	6.23	10.46	3.48
1995	4092	12.17	6.15	6.02	9.31	3.49
1996	4116	12.15	6.20	5.95	8.86	3.44
1997	4138	11.78	6.38	5.40	8.21	3.31
1998	4157	11.39	6.81	4.58	8.17	3.27
1999	4171	10.38	7.05	3.33	7.18	3.24
2000	4184	8.46	6.06	2.40	5.79	3.15
2001	4194	7.74	6.10	1.64	5.16	3.12
2002	4203	7.38	6.04	1.34	5.16	3.14
2003	4210	6.90	5.83	1.07	4.74	3.10
2004	4217	6.51	5.60	0.91	4.03	3.13
2005	4221	7.32	6.06	1.26	4.75	2.92
2006	4271	6.40	5.30	1.10	4.17	2.95
2007	4298	6.89	5.36	1.53	3.76	2.91
2008	4315	6.32	5.22	1.10	3.45	2.85
2009	4341	6.06	5.09	0.97	3.29	2.87
2010	4375	6.68	6.26	0.42	2.18	2.78
2011	4383	5.71	6.05	-0.34	2.37	2.72

注:文盲率是指15岁及15岁以上人口中，文盲和半文盲人口所占比例。

4-8 全省历年人口变动抽样调查年龄构成指数

单位：%

年 份	0-14岁占总人口比重	15-64岁占总人口比重	65岁及以上占总人口比重	总负担系数	负担少儿系数	负担老年系数
1990	23.22	71.10	5.68	40.65	32.66	7.99
1991	23.33	70.48	6.19	41.88	33.10	8.78
1992	22.78	70.62	6.60	41.60	32.25	9.35
1993	22.00	71.21	6.79	40.44	30.90	9.54
1994	22.26	71.20	6.54	40.45	31.27	9.18
1995	21.37	71.61	7.02	40.15	29.96	10.19
1996	20.61	72.47	6.92	37.98	28.44	9.54
1997	19.12	73.63	7.25	36.62	25.95	10.67
1998	18.51	73.94	7.55	35.24	25.03	10.21
1999	18.48	73.71	7.81	35.67	25.07	10.60
2000	17.68	74.44	7.88	34.34	23.75	10.59
2001	17.68	74.44	7.88	34.34	23.75	10.59
2002	15.70	76.20	8.10	31.23	20.60	10.63
2003	15.90	75.60	8.50	32.27	21.03	11.24
2004	14.50	76.60	8.90	30.55	18.93	11.62
2005	14.18	76.08	9.74	31.44	18.64	12.80
2006	12.61	76.85	10.54	30.13	16.41	13.72
2007	12.68	76.69	10.63	30.40	16.54	13.86
2008	12.03	76.56	11.41	30.62	15.72	14.90
2009	11.14	77.43	11.43	29.15	14.38	14.77
2010	11.42	78.27	10.31	27.76	14.59	13.17
2011	11.09	78.26	10.65	27.78	14.17	13.61

主要统计指标解释

人口数 指一定时点、一定地区范围内的有生命的个人的总和。

年度统计的年末人口数是指每年 12 月 31 日 24 时的人口数。

出生率(又称粗出生率) 指在一定时期内(通常为一年)平均每千人所出生的人数的比率，一般用千分率表示。计算公式:

出生率=（年出生人数／年平均人数） × 1000‰

出生人数是指活产婴儿，即胎儿脱离母体时(不管怀孕月数)，有过呼吸或其他生命现象。

年平均人数是指年初、年末人口数的平均数，也可用年中人口数代替。

死亡率(又称粗死亡率) 指在一定时期内(通常为一年)某地区的死亡人数与同期平均人数(或期中人数)之比，一般用千分率表示。计算公式:

死亡率=（年死亡人数／年平均人数） × 1000‰

人口自然增长率 指在一定时期内(通常为一年)人口自然增加数(出生人数减死亡人数)与该时期内平均人数(或期中人数)之比，一般用千分率表示。计算公式:

人口自然增长率=（本年出生人数-本年死亡人数／年平均人数） × 1000‰

人口自然增长率=人口出生率-人口死亡率

五、就业人员和职工工资

Chapter 5 Explanatory Notes on Main Statistical Indicators Employment and Wage

5-1 就业基本情况

指　　标	单位	2005年	2006年	2007年	2008年	2009年	2010年	2011年
年末就业人员	**万人**	**2120.3**	**2128.1**	**2180.7**	**2198.2**	**2277.1**	**2317.5**	**2364.9**
第一产业	万人	722.1	716.2	705.7	700.7	697.5	703.6	699.9
第二产业	万人	596	590.2	601.4	605	619.2	641.5	645.1
第三产业	万人	802.2	821.7	873.6	892.5	960.4	972.4	1019.9
按城乡分就业人员								
城镇就业人员	万人	1006.8	995.2	1027	1033.5	1096.6	1109	1141.8
国有单位	万人	352	345.6	336.8	338.1	313.7	312.1	303.8
城镇集体单位	万人	106.9	99	90.6	83.9	74.6		34.1
其 他 内 资	万人	116.6	117.1	118	128.2	149.3	154.9	165.7
外商投资单位	万人	39.7	42.8	44.1	44.7	41	41.8	53.0
港澳台投资单位	万人	10.3	10.1	11.5	10.8	11.5	11.9	15.1
其　　他	万人	4.5	4.1	3.9	5	6.5	6.9	7.9
私营企业	万人	189.5	184.6	202.9	206.1	240.7		303.3
个　　体	万人	187.2	191.9	219.2	216.6	259.2		259.0
乡村就业人员	万人	1113.5	1132.9	1153.6	1164.7	1180.5	1208.5	1223.1
在岗职工人数	万人	609.6	596.7	582.4	585.6	572.1	572.8	557.2
国有单位	万人	342.1	335.8	327.7	327.2	303.2	300.4	294.6
城镇集体单位	万人	105.7	97.9	89.6	82.3	72.9	68.5	32.1
其他单位	万人	161.8	163	165.1	176.1	196.1	204	230.5
城镇当年就业(再就业)人数	万人	119.8	120.4	122.4	112.6	114	115.6	105.4
城镇登记失业人数	万人	60.4	53.9	44.5	39	41.6	39.5	39.4
#失业女性	万人	35.3	28.1	23.4	18.6	19.4	20.5	
城镇登记失业率	%	5.7	5.1	4.4	3.8	3.9	3.7	3.7

5-2 按三次产业分的就业人员

(年末数)

年　份	就业人员合计(万人)				构成(%,以合计为100)		
		第一产业	第二产业	第三产业	第一产业	第二产业	第三产业
1978	1254.1	595.3	433.4	225.4	47.4	34.6	18.0
1980	1441.7	597.1	564.7	279.9	41.4	39.2	19.4
1985	1769.1	634.3	726.4	408.4	35.9	41.0	23.1
1986	1799.2	640.4	735.3	423.5	35.6	40.9	23.5
1987	1835.4	630.7	770.7	434.0	34.4	42.0	23.6
1988	1858.6	625.1	784.2	449.3	33.6	42.2	24.2
1989	1874.8	638.2	777.1	459.5	34.0	41.5	24.5
1990	1897.3	646.0	778.2	473.1	34.0	41.0	25.0
1991	1938.3	666.3	788.5	483.5	34.4	40.7	24.9
1992	1957.8	652.6	797.4	507.8	33.3	40.7	26.0
1993	2006.1	640.3	827.4	538.4	31.9	41.3	26.8
1994	2009.3	627.7	773.3	608.3	31.2	38.5	30.3
1995	2027.8	632.7	787.5	607.6	31.2	38.8	30.0
1996	2031.8	644.7	751.8	635.3	31.7	37.0	31.3
1997	1967.1	639.7	716.7	610.7	32.5	36.4	31.1
1998	1958.8	657.9	684.7	616.2	33.6	35.0	31.4
1999	1994.4	651.5	658.3	684.6	32.7	33.0	34.3
2000	2052.0	685.4	649.6	717.0	33.4	31.7	34.9
2001	2069.3	686.7	625.9	756.7	33.2	30.2	36.6
2002	2025.3	697.6	580.6	747.1	34.4	28.7	36.9
2003	2018.9	700.8	568.8	749.3	34.7	28.2	37.1
2004	2097.3	721.2	586.8	789.3	34.4	28.0	37.6
2005	2120.3	722.1	596.0	802.2	34.1	28.1	37.8
2006	2128.1	716.2	590.2	821.7	33.7	27.7	38.6
2007	2180.7	705.7	601.4	873.6	32.4	27.6	40.1
2008	2198.2	700.7	605.0	892.5	31.9	27.5	40.6
2009	2277.1	697.5	619.2	960.4	30.6	27.2	42.2
2010	2317.5	703.6	641.5	972.4	30.3	27.7	42.0
2011	2364.9	699.9	645.1	1019.9	29.6	27.3	43.1

5-3 各地区按三次产业分的就业人员

(2011年末)

地　区	就业人员合计(万人)				构成(%,以合计为100)		
		第一产业	第二产业	第三产业	第一产业	第二产业	第三产业
全　省	**2364.9**	**699.9**	**645.1**	**1019.9**	**29.6**	**27.3**	**43.1**
沈　阳	357.8	78.6	98.2	181.0	22.0	27.4	50.6
大　连	437.2	67.6	140.8	228.7	15.5	32.2	52.3
鞍　山	166.2	48.5	58.4	59.3	29.2	35.1	35.7
抚　顺	111.5	30.8	29.4	51.3	27.6	26.3	46.0
本　溪	71.4	14.6	24.3	32.5	20.4	34.0	45.5
丹　东	125.8	45.1	32.3	48.3	35.9	25.7	38.4
锦　州	160.3	68.0	32.8	59.5	42.4	20.5	37.1
营　口	152.8	37.4	40.5	74.9	24.5	26.5	49.0
阜　新	106.8	38.8	24.3	43.7	36.3	22.8	40.9
辽　阳	89.9	31.5	27.6	30.8	35.1	30.7	34.2
盘　锦	100.4	42.1	27.1	31.3	41.9	27.0	31.2
铁　岭	145.8	59.8	31.3	54.7	41.0	21.5	37.5
朝　阳	186.1	79.5	46.5	60.2	42.7	25.0	32.3
葫芦岛	136.5	57.1	30.1	49.3	41.8	22.0	36.1

5-4 各地区分行业城镇单位就业人数

(2011年末)

单位：人

行　业	沈阳	大连	鞍山	抚顺	本溪	丹东	锦州
总　计	**1099881**	**1098148**	**520055**	**282065**	**264336**	**267972**	**268457**
农、林、牧、渔业	5139	9898	7838	5300	2206	3062	15225
采矿业	21184	2212	4775	34860	19781	6729	6378
制造业	312114	476123	205178	85535	90160	69781	55509
电力、燃气及水的生产和供应业	34013	18665	14295	14130	9038	8959	13816
建筑业	63925	66617	75540	27529	30070	32927	23904
交通运输、仓储及邮政业	45096	61526	12533	7832	10075	12588	13055
信息转输、计算机服务和软件业	19514	29836	4032	2295	2407	5305	3405
批发和零售业	58949	63849	17084	7471	8459	7914	11621
住宿和餐饮业	17489	26301	4333	1119	1441	3413	1376
金融业	47410	53901	17074	9881	9967	8024	13252
房地产业	27466	35891	7831	3263	6552	8109	3556
租赁和商务服务业	51928	17637	8439	2660	1318	2755	3606
科学研究、技术服务和地质勘查业	52711	20111	13573	5308	2255	9134	8341
水利、环境和公共设施管理业	37979	14778	14365	8138	7345	10228	5580
居民服务和其他服务业	6031	4023	3454	1136	440	654	1464
教育	124378	82351	42242	24355	22349	31429	35821
卫生、社会保障和社会福利业	68266	42976	25274	13014	17576	16656	18008
文化、体育和娱乐业	16835	9689	3236	2038	1824	2610	2658
公共管理和社会组织	89454	61764	38959	26201	21073	27695	31882
国际组织							

5-4 续表

单位：人

行　　业	营口	阜新	辽阳	盘锦	铁岭	朝阳	葫芦岛
总　　计	**266258**	**195712**	**176286**	**474385**	**231074**	**264648**	**222181**
农、林、牧、渔业	1212	3559	4025	177522	18735	4231	2941
采矿业	3353	52888	3076	108442	44998	15153	6319
制造业	103720	22869	60984	38671	21442	47881	80206
电力、燃气及水的生产和供应业	9009	7901	4130	5026	10155	8359	13492
建筑业	19163	14129	23794	27964	21036	37007	6796
交通运输、仓储及邮政业	19987	3645	3577	5095	6973	6217	10119
信息转输、计算机服务和软件业	2320	2984	1696	2385	2818	3025	2322
批发和零售业	4933	4909	3063	12000	3187	10427	3268
住宿和餐饮业	3550	778	1367	2511	511	1058	1285
金融业	9613	8829	5697	8535	9320	13098	9590
房地产业	3370	2199	1543	4055	1924	2904	1536
租赁和商务服务业	3288	2394	2580	17634	3251	2583	2367
科学研究、技术服务和地质勘查业	3227	2765	2493	4920	4982	3754	3613
水利、环境和公共设施管理业	6422	4500	7389	8945	5834	5251	5489
居民服务和其他服务业	260	382	263	297	573	3281	323
教育	28451	25329	17475	16156	29176	42703	28638
卫生、社会保障和社会福利业	12549	11096	9145	7052	11989	15188	10770
文化、体育和娱乐业	2888	1929	1643	1857	1794	1625	1441
公共管理和社会组织	28943	22627	22346	25318	32376	40903	31666
国际组织							

5-5 各地区城镇单位就业人员

(年末数)

单位：万人

地　区	2010年			2011年		
	单位全部就业人员	全部职工	其他就业人员	单位全部就业人员	全部职工	其他就业人员
全　省	**597.6**	**572.8**	**24.7**	**579.6**	**557.2**	**22.4**
沈　阳	109.9	103.6	6.3	110.0	104.3	5.7
大　连	96.3	89.3	7.0	109.8	104.5	5.4
鞍　山	51.2	49.5	1.7	52.0	49.4	2.6
抚　顺	40.3	39.7	0.7	28.2	27.5	0.7
本　溪	32.3	31.5	0.9	26.4	25.1	1.3
丹　东	24.6	23.9	0.7	26.8	26.3	0.5
锦　州	32.2	31.5	0.6	26.8	26.0	0.8
营　口	20.8	20.4	0.4	26.6	26.4	0.2
阜　新	25.6	24.9	0.7	19.6	18.3	1.3
辽　阳	18.9	18.7	0.2	17.6	17.5	0.1
盘　锦	50.3	47.6	2.7	47.4	46.3	1.1
铁　岭	27.2	26.8	0.5	23.1	22.5	0.6
朝　阳	25.2	24.2	1.0	26.5	25.4	1.1
葫 芦 岛	25.4	24.2	1.1	22.2	21.3	0.9

5-6 各地区个体从业人员

单位：户、万人

地区	2005年		2010年		2011年	
	户数	从业人数	户数	从业人数	户数	从业人数
全省	**1274219**	**288.3**	**1529646**	**346.2**	**1612104**	**364.4**
沈阳	191639	56.9	226732	59.6	226122	55.6
大连	250925	42.1	263602	38.0	287637	41.7
鞍山	91430	24.6	82488	15.1	94666	14.4
抚顺	73769	23.9	109156	28.2	106519	34.5
本溪	38906	12.2	58628	13.1	57295	12.9
丹东	79254	20.3	82526	18.8	85987	18.6
锦州	89065	18.5	127751	29.1	126290	29.6
营口	72557	11.6	120031	47.1	130721	62.1
阜新	59160	16.2	69636	13.5	70521	15.8
辽阳	47225	16.3	62023	15.6	73490	12.9
盘锦	42745	8.6	62249	11.4	68572	9.9
铁岭	87135	14.0	104566	26.2	109648	23.3
朝阳	80647	13.4	76368	15.5	86046	16.9
葫芦岛	69762	9.6	83890	15.0	88590	16.2

5-7 各地区私营企业从业人员

单位：户、万人

地区	2005年		2010年		2011年	
	户数	从业人数	户数	从业人数	户数	从业人数
全省	**165217**	**252.1**	**307733**	**371.1**	**337170**	**402.6**
沈阳	47703	54.2	80729	64.7	86199	74.2
大连	56056	90.2	85317	144.0	96583	163.9
鞍山	11482	11.0	22293	14.8	22260	15.3
抚顺	5294	14.6	11827	10.8	13804	11.6
本溪	3821	7.4	7116	7.3	7488	7.7
丹东	6556	9.9	13535	11.2	16526	12.2
锦州	6243	6.9	12840	12.5	13320	12.8
营口	6218	8.6	20090	28.0	20972	28.9
阜新	2834	9.6	7745	12.1	9143	12.6
辽阳	4744	11.2	9856	12.4	10921	13.7
盘锦	3108	6.2	8389	13.3	8991	10.0
铁岭	3891	7.1	10202	12.2	10852	10.6
朝阳	3644	10.0	8757	15.6	9968	15.8
葫芦岛	3623	5.2	9037	12.3	10143	13.4

5-8 分行业在岗职工人数(一)

单位：万人

行业	2006年	2007年	2008年	2009年	2010年	2011年
总计	**476.0**	**473.0**	**485.7**	**485.0**	**493.4**	**557.2**
农、林、牧、渔业	28.8	29.8	30.9	27.2	27.6	26.1
采矿业	29.8	29.6	33.3	35.3	35.0	32.8
制造业	140.5	138.9	140.4	139.2	140.0	164.6
电力、燃气及水的生产和供应业	16.5	16.8	16.7	16.0	16.3	16.7
建筑业	28.8	26.7	27.2	28.2	29.1	44.2
交通运输、仓储及邮政业	32.7	32.7	32.7	31.0	29.5	32.4
信息转输、计算机服务和软件业	4.9	5.4	5.9	5.9	6.7	8.2
批发和零售业	15.7	13.8	14.9	16.6	16.4	21.1
住宿和餐饮业	5.6	6.1	6.2	6.4	6.0	7.0
金融业	13.9	14.2	14.7	15.0	15.3	17.3
房地产业	6.0	5.6	6.0	7.0	8.4	11.0
租赁和商务服务业	7.7	7.9	9.9	8.3	10.4	12.3
科学研究、技术服务和地质勘查业	9.2	9.3	9.7	10.4	11.3	13.1
水利、环境和公共设施管理业	10.7	11.0	10.3	10.2	11.0	12.7
居民服务和其他服务业	2.0	1.8	1.9	2.2	2.8	2.9
教育	50.0	50.2	49.1	49.4	50.7	53.3
卫生、社会保障和社会福利业	21.8	21.8	23.1	23.3	24.2	26.8
文化、体育和娱乐业	4.9	4.8	4.8	5.3	4.9	5.1
公共管理和社会组织	46.4	46.7	47.7	48.1	47.7	49.2
国际组织						

注：本表到17表2011年均为含劳务派遣人数。

5-9 分行业在岗职工人数(二)

单位：万人

行业	2010年			2011年		
	在岗职工	#国有单位	#集体单位	在岗职工	#国有单位	#集体单位
总计	**493.4**	**271.6**	**29.6**	**557.2**	**294.6**	**32.1**
农、林、牧、渔业	27.6	26.6	0.1	26.1	25.0	0.1
采矿业	35.0	8.3	1.2	32.8	14.6	1.4
制造业	140.0	29.4	11.9	164.6	31.0	12.5
电力、燃气及水的生产和供应业	16.3	9.9	0.2	16.7	9.6	0.4
建筑业	29.1	10.1	6.0	44.2	13.4	7.6
交通运输、仓储及邮政业	29.5	21.6	0.8	32.4	23.4	0.7
信息转输、计算机服务和软件业	6.7	2.1		8.2	2.4	
批发和零售业	16.4	3.7	1.8	21.1	3.9	1.8
住宿和餐饮业	6.0	1.6	0.3	7.0	2.0	0.3
金融业	15.3	6.5	2.3	17.3	7.2	2.4
房地产业	8.4	2.4	0.2	11.0	3.2	0.2
租赁和商务服务业	10.4	4.7	2.0	12.3	6.1	1.6
科学研究、技术服务和地质勘查业	11.3	9.2	0.3	13.1	10.4	0.3
水利、环境和公共设施管理业	11.0	10.3	0.2	12.7	11.7	0.3
居民服务和其他服务业	2.8	2.0	0.3	2.9	2.0	0.4
教育	50.7	49.3	0.2	53.3	51.2	0.5
卫生、社会保障和社会福利业	24.2	21.9	1.4	26.8	24.2	1.4
文化、体育和娱乐业	4.9	4.5		5.1	4.6	
公共管理和社会组织	47.7	47.5	0.1	49.2	48.8	0.1
国际组织						

5-10 各地区在岗职工人数

单位：人

地区	2010年				2011年			
	合计	国有单位	城镇集体单位	其他单位	合计	国有单位	城镇集体单位	其他单位
全省	**4934115**	**2715820**	**295513**	**1922782**	**5571577**	**2945802**	**320882**	**2304893**
沈阳	935114	475621	55529	403964	1042560	523817	53714	465029
大连	871718	273741	23045	574932	1044607	292460	27286	724861
鞍山	392355	276108	40657	75590	493700	309352	53613	130735
抚顺	260972	114252	16031	130689	274579	113248	17126	144205
本溪	223603	176454	20453	26696	251172	178454	21373	51345
丹东	204199	125267	13243	65689	262680	139026	16563	107091
锦州	235007	155234	17767	62006	260283	166120	22358	71805
营口	192284	105488	10743	76053	264097	120274	16231	127592
阜新	168403	129343	16263	22797	183207	135835	13819	33553
辽阳	164414	82605	16978	64831	175220	86538	14116	74566
盘锦	467304	253823	4127	209354	463210	329461	5003	128746
铁岭	216689	127444	20478	68767	225132	131198	21084	72850
朝阳	229738	136978	11207	81553	254080	141154	10241	102685
葫芦岛	214841	125988	28992	59861	213270	115085	28355	69830

5-11 各地区分行业在岗职工人数

(2011年末)

单位：万人

行业	沈阳	大连	鞍山	抚顺	本溪	丹东	锦州
总计	**1042560**	**1044607**	**493700**	**274579**	**251172**	**262680**	**260283**
农、林、牧、渔业	4896	9716	7822	5300	2205	3062	15094
采矿业	20321	2212	4654	34754	19780	6680	6378
制造业	301989	468542	201530	84119	88884	69398	54924
电力、燃气及水的生产和供应业	33406	18009	13232	14115	8735	8924	13777
建筑业	54999	60356	69624	27278	26089	30537	22516
交通运输、仓储及邮政业	43793	60304	11341	7831	9745	12569	13030
信息转输、计算机服务和软件业	19343	29601	3959	1633	2294	5300	3397
批发和零售业	57762	59395	16693	7391	8440	7752	10207
住宿和餐饮业	16983	24497	4257	1095	1369	3353	1367
金融业	34882	36400	15683	8163	7428	7542	10982
房地产业	26046	34038	7481	3191	6411	7915	3382
租赁和商务服务业	50949	16811	8328	2629	1231	2741	3589
科学研究、技术服务和地质勘查业	52010	18397	9983	5088	2159	9125	8107
水利、环境和公共设施管理业	34427	13581	12997	7166	5647	9710	5128
居民服务和其他服务业	5746	3811	3438	1090	433	617	1423
教育	118272	78936	38469	24088	22052	31224	35478
卫生、社会保障和社会福利业	64810	40537	23530	12585	16324	16260	17450
文化、体育和娱乐业	16433	8951	3205	2023	1737	2548	2645
公共管理和社会组织	85493	60513	37474	25040	20209	27423	31409
国际组织							

5-11 续表

单位：万人

行　业	营口	阜新	辽阳	盘锦	铁岭	朝阳	葫芦岛
总　计	**264097**	**183207**	**175220**	**463210**	**225132**	**254080**	**213270**
农、林、牧、渔业	1212	3552	4025	174475	18637	4185	2808
采矿业	3349	52758	3003	107624	44998	14917	6244
制造业	103627	22411	60885	37956	21154	47300	77718
电力、燃气及水的生产和供应业	9009	6876	4064	4886	9674	8359	13477
建筑业	19018	11954	23781	26733	18751	35230	6749
交通运输、仓储及邮政业	19965	3640	3570	4964	6941	6211	9464
信息转输、计算机服务和软件业	2318	1970	1696	2331	2728	3001	2317
批发和零售业	4899	4141	3015	11985	3163	10312	3236
住宿和餐饮业	3533	758	1367	2511	511	1058	1284
金融业	8234	6529	5691	6278	8377	9515	7399
房地产业	3370	1994	1424	4035	1909	2820	1029
租赁和商务服务业	3281	2283	2546	17634	3250	2581	2354
科学研究、技术服务和地质勘查业	3177	2560	2472	4889	4943	3730	3310
水利、环境和公共设施管理业	6422	3846	7319	7007	4701	4241	5159
居民服务和其他服务业	260	358	227	293	573	3257	323
教育	28367	24273	17337	16105	29111	41413	27529
卫生、社会保障和社会福利业	12332	10083	8976	6874	11666	14597	10630
文化、体育和娱乐业	2872	1768	1643	1853	1778	1615	1334
公共管理和社会组织	28852	21453	22179	24777	32267	39738	30906
国际组织							

5-12 分细行业在岗职工人数

(2011年末) 单位：人

项　目	在岗职工人数合计	国有经济单位	城镇集体经济单位	其他经济单位
全省总计	**5571577**	**2945802**	**320882**	**2304893**
按隶属关系分组				
中　央		689833		
省　属		309619		
市　属		715564		
县及县以下		1192267		
其　他		38519		
按企、事业和机关分组				
企　业	3952532	1393362	295742	2263428
#地　方		761906		
事　业	1189877	1126256	23867	39754
#地　方		1092058		
机　关	429168	426184	1273	1711
#地　方		402005		
按国民经济行业分组				
农、林、牧、渔业	261452	250088	1366	9998
农业	213529	211315	67	2147
林业	15966	15774	132	60
畜牧业	6295	4988	9	1298
渔业	8250	1168	783	6299
农、林、牧、渔服务业	17412	16843	375	194
采矿业	328248	146423	14065	167760
煤炭开采和洗选业	162917	57017	4539	101361
石油和天然气开采业	107636	62772		44864
黑色金属矿采选业	26284	13770	4590	7924
有色金属矿采选业	18276	7160	1640	9476
非金属矿采选业	12131	5128	2876	4127
其他采矿业	1004	576	420	8
制造业	1645988	310466	124593	1210929
农副食品加工业	63434	7534	2575	53325
食品制造业	21399	2360	184	18855
饮料制造业	22361	1273	255	20833
烟草制品业	2539	565	155	1819
纺织业	28221	943	1408	25870
纺织服装、鞋、帽制造业	69090	1030	2220	65840
皮革、毛皮、羽毛(绒)及其制品业	6411	174	341	5896
木材加工及木、竹、藤、棕、草制品业	12431	272	740	11419
家具制造业	16819	225	163	16431
造纸及纸制品业	12436	900	1055	10481
印刷业和记录媒介的复制	10244	2531	3025	4688
文教体育用品制造业	4045	19	583	3443
石油加工、炼焦及核燃料加工业	72502	11366	9573	51563

5-12 续表 1

单位：人

项目	在岗职工人数合计	国有经济单位	城镇集体经济单位	其他经济单位
化学原料及化学制品制造业	103129	19014	9444	74671
医药制造业	21509	3077	1013	17419
化学纤维制造业	8488	16	1547	6925
橡胶制品业	20801	230	2803	17768
塑料制品业	29058	696	3177	25185
非金属矿物制品业	71992	5608	10227	56157
黑色金属冶炼及压延加工业	254888	175181	8439	71268
有色金属冶炼及压延加工业	40105	2430	4732	32943
金属制品业	85126	6481	8863	69782
通用设备制造业	175520	14822	15365	145333
专用设备制造业	104886	18011	9626	77249
交通运输设备制造业	196330	26082	17360	152888
电气机械及器材制造业	82477	2626	6301	73550
通信设备、计算机及其他电子设备制造业	74752	2963	673	71116
仪器仪表及文化、办公用机械制造业	24341	2745	1433	20163
工艺品及其他制造业	9656	1231	1058	7367
废弃资源和废旧材料回收加工业	998	61	255	682
电力、燃气及水的生产和供应业	166543	95727	4283	66533
电力、热力的生产和供应业	118546	59627	2799	56120
燃气生产和供应业	15012	9440	187	5385
水的生产和供应业	32985	26660	1297	5028
建筑业	442088	133709	75569	232810
房屋和土木工程建筑业	349995	114082	57823	178090
建筑安装业	68633	18739	16909	32985
建筑装饰业	17812	264	437	17111
其他建筑业	5648	624	400	4624
交通运输、仓储和邮政业	324272	233599	7412	83261
铁路运输业	104719	101135	1088	2496
道路运输业	70104	50698	3930	15476
城市公共交通业	36079	14565	343	21171
水上运输业	44098	16597	20	27481
航空运输业	15029	9687		5342
管道运输业	3535	1912		1623
装卸搬运和其他运输服务业	20482	13106	1427	5949
仓储业	11101	7280	604	3217
邮政业	19125	18619		506
信息传输、计算机服务和软件业	82203	23862	247	58094
电信和其他信息传输服务业	55481	22459	103	32919
计算机服务业	3663	1027	131	2505
软件业	23059	376	13	22670
批发和零售业	211455	38637	18191	154627
批发业	103887	25965	11628	66294
零售业	107568	12672	6563	88333

5-12 续表 2

单位：人

项　　目	在岗职工人数合计	国有经济单位	城镇集体经济单位	其他经济单位
住宿和餐饮业	70340	19792	2852	47696
住宿业	37827	11616	2200	24011
餐饮业	32513	8176	652	23685
金融业	173103	72381	23639	77083
银行业	139423	65850	22898	50675
证券业	3561	881		2680
保险业	25930	3816	92	22022
其他金融活动	4189	1834	649	1706
房地产业	110199	31830	2341	76028
租赁和商务服务业	123346	60885	16047	46414
租赁业	854	72	40	742
商务服务业	122492	60813	16007	45672
科学研究、技术服务和地质勘查业	131351	103896	3032	24423
研究与试验发展	36843	30070	192	6581
专业技术服务业	67805	51001	1782	15022
科技交流和推广服务业	14558	11264	591	2703
地质勘查业	12145	11561	467	117
水利、环境和公共设施管理业	127351	117099	2966	7286
水利管理业	21305	20831	243	231
环境管理业	62696	57781	1157	3758
公共设施管理业	43350	38487	1566	3297
居民服务和其他服务业	29224	19512	3695	6017
居民服务业	14215	10085	1957	2173
其他服务业	15009	9427	1738	3844
教育	533053	511633	4554	16866
卫生、社会保障和社会福利业	268316	241897	14277	12142
卫生	247590	222076	13807	11707
社会保障业	11054	10860	40	154
社会福利业	9672	8961	430	281
文化、体育和娱乐业	50730	46301	332	4097
新闻出版业	10276	9564	48	664
广播、电视、电影和音像业	17668	16638	47	983
文化艺术业	16810	16589	205	16
体育	2973	2894	5	74
娱乐业	3003	616	27	2360
公共管理和社会组织	492315	488065	1421	2829
中国共产党机关	22294	22294		
国家机构	453960	453530	229	201
人民政协和民主党派	3880	3385		495
群众社团、社会团体、宗教组织	9611	8675	721	215

5-13 国有单位分行业在岗职工人数

单位：万人

行业	2006年	2007年	2008年	2009年	2010年	2011年
总计	**292.5**	**289.4**	**292.8**	**271.2**	**271.6**	**294.6**
农、林、牧、渔业	27.9	28.8	30.1	26.4	26.6	25.0
采矿业	17.3	17.1	20.8	8.2	8.3	14.6
制造业	35.4	33.8	34.2	30.7	29.4	31.0
电力、燃气及水的生产和供应业	11.0	10.8	10.4	9.5	9.9	9.6
建筑业	9.3	8.7	9.2	9.2	10.1	13.4
交通运输、仓储及邮政业	27.7	27.5	25.5	23.6	21.6	23.4
信息转输、计算机服务和软件业	2.0	1.9	2.1	2.0	2.1	2.4
批发和零售业	5.2	4.1	3.8	4.6	3.7	3.9
住宿和餐饮业	1.8	1.6	1.4	1.4	1.6	2.0
金融业	6.4	6.0	6.6	6.6	6.5	7.2
房地产业	3.0	2.7	2.5	2.3	2.4	3.2
租赁和商务服务业	5.3	5.7	6.0	4.7	4.7	6.1
科学研究、技术服务和地质勘查业	7.9	8.1	8.2	8.7	9.2	10.4
水利、环境和公共设施管理业	10.2	10.4	9.8	9.6	10.3	11.7
居民服务和其他服务业	1.2	1.1	1.2	1.4	2.0	2.0
教育	49.8	49.9	48.5	48.5	49.3	51.2
卫生、社会保障和社会福利业	20.3	20.3	20.5	21.0	21.9	24.2
文化、体育和娱乐业	4.6	4.5	4.5	4.9	4.5	4.6
公共管理和社会组织	46.3	46.5	47.6	47.9	47.5	48.8
国际组织						

5-14 各地区国有单位分行业在岗职工人数

(2011年末)

单位：人

行业	沈阳	大连	鞍山	抚顺	本溪	丹东	锦州
总计	**523817**	**292460**	**309352**	**113248**	**178454**	**139026**	**166120**
农、林、牧、渔业	3834	1921	6459	5270	2000	2980	15093
采矿业	264	2171	1929	5845	12933	3088	4360
制造业	38285	28489	116989	11260	58700	4403	5375
电力、燃气及水的生产和供应业	19601	7604	9903	5444	5936	7860	9937
建筑业	15846	9322	33132	847	10782	11670	7721
交通运输、仓储及邮政业	26900	15085	8564	6580	4972	6766	9032
信息转输、计算机服务和软件业	9219	524	86	87	1589	2702	2808
批发和零售业	11278	2058	3297	1714	3768	2022	2618
住宿和餐饮业	3924	3246	559	661	549	1015	345
金融业	19694	13869	3794	1525	5579	3451	5633
房地产业	7757	2222	1996	1144	3593	1368	1335
租赁和商务服务业	13394	4890	5783	2552	1056	1168	2146
科学研究、技术服务和地质勘查业	41419	11053	6397	3066	2076	7697	7716
水利、环境和公共设施管理业	33978	9444	11729	6513	4980	9328	4721
居民服务和其他服务业	3521	1144	504	414	380	345	856
教育	114039	74805	37012	23265	21931	29153	35416
卫生、社会保障和社会福利业	60427	36608	20933	10000	15698	14856	17011
文化、体育和娱乐业	14944	7492	3026	2021	1734	2439	2645
公共管理和社会组织	85493	60513	37260	25040	20198	26715	31352
国际组织							

5-14 续表

单位：人

行　业	营口	阜新	辽阳	盘锦	铁岭	朝阳	葫芦岛
总　计	**120274**	**135835**	**86538**	**329461**	**131198**	**141154**	**115085**
农、林、牧、渔业	1184	3531	3991	174003	18466	4174	2719
采矿业	46	49061	386	62772	508	1035	1449
制造业	11885	1822	11164	2701	1920	2325	9597
电力、燃气及水的生产和供应业	6829	6112	1499	1433	2706	6419	4444
建筑业	1910	1926	5297	10953	7922	4983	2925
交通运输、仓储及邮政业	16965	2703	1858	2313	6502	5680	8775
信息转输、计算机服务和软件业	1551	982	117	374	695	1144	1669
批发和零售业	2130	1286	786	861	962	1337	1456
住宿和餐饮业	413	472	282	568	355	711	295
金融业	3230	2985	654	1661	3485	3935	2886
房地产业	891	879	1063	421	1804	1223	980
租赁和商务服务业	1487	1415	1292	17228	2972	1796	567
科学研究、技术服务和地质勘查业	3079	2494	2238	3805	4835	3364	3256
水利、环境和公共设施管理业	6037	3536	6833	6074	4620	4223	5083
居民服务和其他服务业	240	316	207	101	570	3237	302
教育	22576	23933	17328	15031	28798	40841	27106
卫生、社会保障和社会福利业	10045	9300	7773	4570	10107	13454	9453
文化、体育和娱乐业	2103	1662	1591	1697	1777	1570	1275
公共管理和社会组织	27673	21420	22179	22895	32194	39703	30848
国际组织							

5-15 城镇集体单位分行业在岗职工人数

单位：万人

行　业	2006年	2007年	2008年	2009年	2010年	2011年
总　计	**37.2**	**34.4**	**32**	**30.3**	**29.6**	**32.1**
农、林、牧、渔业	0.3	0.2	0.2	0.2	0.1	0.1
采矿业	1.8	1.7	1.4	1.2	1.2	1.4
制造业	15.6	14.8	13.6	12.7	11.9	12.5
电力、燃气及水的生产和供应业	0.4	0.4	0.4	0.3	0.2	0.4
建筑业	8.2	7.1	6.3	5.9	6.0	7.6
交通运输、仓储及邮政业	1.5	1.4	0.9	0.9	0.8	0.7
信息转输、计算机服务和软件业	0.1	0.1				
批发和零售业	2.1	1.8	1.5	1.5	1.8	1.8
住宿和餐饮业	0.3	0.3	0.3	0.3	0.3	0.3
金融业	2.7	2.6	2.5	2.3	2.3	2.4
房地产业	0.2	0.2	0.2	0.2	0.2	0.2
租赁和商务服务业	1.5	1.4	2.1	1.9	2.0	1.6
科学研究、技术服务和地质勘查业	0.3	0.3	0.3	0.4	0.3	0.3
水利、环境和公共设施管理业	0.3	0.3	0.3	0.2	0.2	0.3
居民服务和其他服务业	0.3	0.3	0.3	0.3	0.3	0.4
教育	0.2	0.2	0.2	0.2	0.2	0.5
卫生、社会保障和社会福利业	1.2	1.2	1.3	1.5	1.4	1.4
文化、体育和娱乐业						
公共管理和社会组织	0.1	0.1	0.1	0.1	0.1	0.1
国际组织						

5-16 各地区集体单位分行业在岗职工人数

(2011年末)　　单位：人

行　业	沈阳	大连	鞍山	抚顺	本溪	丹东	锦州
总　计	**53714**	**27286**	**53613**	**17126**	**21373**	**16563**	**22358**
农、林、牧、渔业	7	829	234	30	47	14	
采矿业	27		900	1661	3487	877	1738
制造业	17482	9820	22023	4561	9675	4506	9474
电力、燃气及水的生产和供应业	190	14	499	1966	49	265	186
建筑业	12329	5596	18887	5023	4124	4933	3967
交通运输、仓储及邮政业	1249	705	1583	237	726	298	713
信息转输、计算机服务和软件业	15		31		12	156	
批发和零售业	7314	1914	1995	743	549	938	945
住宿和餐饮业	524	705	222	128	18	304	423
金融业	4261		1833	970	1001	738	2117
房地产业	386	371	206	495	233	253	64
租赁和商务服务业	4222	3475	942	72	175	184	1400
科学研究、技术服务和地质勘查业	1132	731	178	5		137	332
水利、环境和公共设施管理业	141	218	528	95	463	40	383
居民服务和其他服务业	1218	290	1082	493	53	36	425
教育	904	845	383	8	121	1742	2
卫生、社会保障和社会福利业	2241	1759	1908	637	626	1064	169
文化、体育和娱乐业	72	14	64	2	3	25	
公共管理和社会组织			115		11	53	20
国际组织							

5-16 续表　　单位：人

行　业	营口	阜新	辽阳	盘锦	铁岭	朝阳	葫芦岛
总　计	**16231**	**13819**	**14116**	**5003**	**21084**	**10241**	**28355**
农、林、牧、渔业	28	21		40	105	11	
采矿业	993	2860	683		351	396	92
制造业	7871	2751	5009	1825	10138	1390	18068
电力、燃气及水的生产和供应业	64		145	494			411
建筑业	2284	2658	3294	1087	4285	3874	3228
交通运输、仓储及邮政业	115	578	402	218	225	32	331
信息转输、计算机服务和软件业					1		32
批发和零售业	388	1555	471	275	448	253	403
住宿和餐饮业	7	141	125	134	78	27	16
金融业	209	1159	1272	533	3797	3196	2553
房地产业	12	168	99	21	23	10	
租赁和商务服务业	1755	511	1197	90	136	101	1787
科学研究、技术服务和地质勘查业	85	51	96	138	85	8	54
水利、环境和公共设施管理业	60	310	486	85	81		76
居民服务和其他服务业	20	42	10	7	3	6	10
教育	3	263	5		278		
卫生、社会保障和社会福利业	1166	665	822	56	1050	937	1177
文化、体育和娱乐业	10	83					59
公共管理和社会组织	1161	3					58
国际组织							

5-17 其他经济单位分行业在岗职工人数

单位：万人

行业	2006年	2007年	2008年	2009年	2010年	2011年
总计	**146.4**	**149.2**	**160.9**	**183.5**	**192.3**	**230.5**
农、林、牧、渔业	0.7	0.7	0.6	0.6	0.9	1.0
采矿业	10.6	10.9	11.1	25.9	25.5	16.8
制造业	89.6	90.3	92.6	95.8	98.7	121.1
电力、燃气及水的生产和供应业	5.2	5.7	5.9	6.2	6.1	6.7
建筑业	11.3	10.9	11.7	13.0	13.0	23.3
交通运输、仓储及邮政业	3.6	3.8	6.3	6.4	7.2	8.3
信息转输、计算机服务和软件业	2.8	3.3	3.8	3.9	4.6	5.8
批发和零售业	8.4	7.9	9.6	10.6	10.9	15.5
住宿和餐饮业	3.5	4.2	4.5	4.7	4.1	4.8
金融业	4.8	5.6	5.5	6.1	6.5	7.7
房地产业	2.8	2.7	3.3	4.6	5.8	7.6
租赁和商务服务业	0.9	0.8	1.8	1.7	3.7	4.6
科学研究、技术服务和地质勘查业	1.0	0.9	1.2	1.4	1.8	2.4
水利、环境和公共设施管理业	0.2	0.3	0.3	0.4	0.4	0.7
居民服务和其他服务业	0.4	0.4	0.4	0.4	0.5	0.6
教育	0.1	0.1	0.5	0.6	1.2	1.7
卫生、社会保障和社会福利业	0.3	0.3	1.3	0.8	0.9	1.2
文化、体育和娱乐业	0.3	0.3	0.3	0.3	0.4	0.4
公共管理和社会组织				0.1	0.1	0.3
国际组织						

5-18 城镇登记失业人数及失业率

(年末数)

年份	城镇登记失业人数(万人)	#女性	女性占城镇登记失业人数(%)	失业率(%)
1980	44.7			
1985	19.7			1.9
1986	20.2			2.0
1987	25.4			2.4
1988	25.8			2.4
1989	28.3			3.3
1990	23.7			2.7
1991	24.9			2.2
1992	26.7			2.4
1993	28.5			2.6
1994	30.0			2.5
1995	30.4			2.6
1996	40.8	22.5	55.1	3.6
1997	43.5	23.4	53.8	3.7
1998	40.0	21.0	52.5	3.4
1999	39.8	21.5	54.0	3.5
2000	40.8	21.6	52.9	3.7
2001	55.5	29.2	52.6	4.8
2002	75.5	39.1	51.8	6.8
2003	72.0	46.0	63.9	6.7
2004	68.2	44.2	64.8	6.3
2005	60.4	35.3	58.4	5.7
2006	53.9	28.1	52.1	5.1
2007	44.5	23.4	52.6	4.4
2008	39.0	18.6	47.7	3.8
2009	41.6	19.4	46.6	3.9
2010	39.5	20.5	51.9	3.7
2011	39.4	19.7	50.0	3.7

5-19 各地区城镇登记失业人数及失业率

地 区	年末城镇登记失业人数(万人)						城镇登记失业率(%)					
	2006年	2007年	2008年	2009年	2010年	2011年	2006年	2007年	2008年	2009年	2010年	2011年
全 省	**53.9**	**44.5**	**39.0**	**41.6**	**39.5**	**39.4**	**5.1**	**4.4**	**3.8**	**3.9**	**3.7**	**3.7**
沈 阳	11.8	8.1	7.6	7.7	7.8	7.6	5.1	3.3	3.3	3.1	3.1	3.1
大 连	6.0	5.0	5.3	6.7	7.2	8.0	2.8	2.2	2.4	2.8	2.7	2.9
鞍 山	5.2	4.4	3.2	3.2	2.0	2.0	5.0	4.3	3.3	3.1	2.0	2.0
抚 顺	5.1	4.1	3.8	4.1	4.0	3.7	5.5	4.5	4.4	4.5	4.3	4.2
本 溪	3.7	3.4	3.1	3.0	2.9	2.7	5.4	5.2	5.0	4.5	4.0	4.2
丹 东	2.8	2.4	2.4	2.4	2.2	2.3	5.5	4.8	4.9	4.5	4.1	4.2
锦 州	3.7	3.5	1.7	1.7	1.8	1.3	5.0	4.7	4.1	3.7	3.9	3.8
营 口	2.5	1.8	1.7	2.2	1.6	1.7	4.8	3.3	3.2	3.5	2.6	3.1
阜 新	2.2	2.1	2.1	1.8	1.7	2.0	5.5	5.0	5.1	4.3	4.0	3.9
辽 阳	2.1	2.0	1.7	1.5	1.2	1.0	4.8	4.5	4.0	3.3	2.7	2.6
盘 锦	1.4	1.3	1.3	1.8	1.9	1.8	3.1	2.8	2.9	3.6	3.7	2.9
铁 岭	2.0	1.9	1.6	1.8	1.8	1.9	3.9	3.6	3.4	3.9	3.9	3.6
朝 阳	2.7	1.9	1.4	1.4	1.5	1.7	5.8	4.2	3.2	2.8	2.8	3.8
葫芦岛	2.7	2.6	2.3	2.2	2.0	1.7	4.9	4.7	4.4	3.9	3.6	3.7

5-20 职工工资总额及指数

年份、地区	绝对数(亿元)				指数(%,上年=100)			
	合计	国有经济单位	城镇集体经济单位	其他经济单位	合计	国有经济单位	城镇集体经济单位	其他经济单位
1990	217.8	158.1	55.3	4.4	112.3	113.6	108.2	122.2
1991	242.1	174.8	61.6	5.7	111.2	110.6	111.4	129.5
1992	282.0	204.1	70.1	7.8	116.5	116.8	113.8	136.8
1993	342.5	248.5	79.1	14.9	121.5	121.8	112.8	191.0
1994	439.7	319.4	90.4	29.9	128.4	128.5	114.3	200.7
1995	496.9	368.1	97.2	31.6	113.0	115.2	107.5	105.7
1996	525.3	394.2	94.6	36.5	105.7	107.1	97.3	115.4
1997	544.5	408.1	92.4	44.0	103.6	103.5	97.6	120.6
1998	521.3	384.9	71.7	64.7	95.7	94.3	197.6	147.0
1999	529.6	388.9	62.1	78.6	101.6	101.0	86.6	121.5
2000	553.1	404.2	57.1	91.8	104.4	103.9	91.9	116.8
2001	595.9	425.3	51.9	118.7	107.7	105.2	90.9	129.3
2002	635.9	437.8	43.7	154.4	106.7	102.9	84.1	130.1
2003	680.6	455.6	41.3	183.7	107.0	104.1	94.5	118.9
2004	759.8	501.0	40.8	218.1	111.6	110.0	98.8	118.7
2005	862.9	566.4	39.7	256.8	113.6	113.1	97.3	117.7
2006	973.0	631.9	44.0	297.1	112.8	111.6	110.8	115.7
2007	1143.0	745.1	46.4	351.5	117.5	117.9	105.5	118.3
2008	1396.4	892.0	53.7	450.7	122.2	119.7	115.8	128.2
2009	1552.5	912.5	56.4	583.6	111.2	102.3	105.0	129.5
2010	1771.8	1013.0	63.4	695.5	114.1	111.0	112.3	119.2
2011	2171.6	1186.5	83.5	901.6	122.6	117.1	131.7	129.6
沈　阳	459.5	263.5	14.5	181.5	117.1	110.7	101.3	129.5
大　连	514.3	183.0	9.8	321.5	132.1	116.7	139.7	142.4
鞍　山	166.9	120.9	10.9	35.1	123.2	112.1	151.1	172.0
抚　顺	100.7	40.6	4.0	56.1	105.6	97.8	122.2	110.9
本　溪	93.6	73.5	4.3	15.8	122.6	111.7	122.0	225.7
丹　东	70.9	44.9	4.0	22.0	131.6	114.0	160.0	183.5
锦　州	91.4	54.6	5.8	30.9	127.9	113.4	180.8	154.6
营　口	84.0	43.9	3.5	36.6	138.6	118.6	167.1	170.5
阜　新	61.3	49.7	3.3	8.2	139.7	134.8	133.0	179.2
辽　阳	67.3	28.0	7.0	32.2	119.7	116.7	140.9	118.5
盘　锦	140.9	77.5	1.2	62.2	107.4	229.9	128.1	64.4
铁　岭	74.6	36.5	3.8	34.3	118.4	117.3	123.5	118.7
朝　阳	92.0	46.4	6.1	39.6	131.7	104.0	216.6	176.8
葫芦岛	67.6	36.9	5.3	25.3	114.7	107.3	87.2	137.6

5-21 在岗职工平均工资及指数

年份、地区	在岗职工平均工资(元)				指数(上年=100)			
	合计	国有经济单位	城镇集体经济单位	其他经济单位	合计	国有经济单位	城镇集体经济单位	其他经济单位
1990	2180	2388	1740	2300	111.0	111.7	108.6	108.6
1991	2371	2582	1904	2741	108.8	108.1	109.4	119.2
1992	2715	2975	2134	3265	114.5	115.2	112.1	119.1
1993	3305	3593	2568	4071	121.7	120.8	120.3	124.7
1994	4269	4766	2940	5717	129.2	132.6	114.5	140.4
1995	4877	5434	3333	6349	114.2	114.0	113.4	111.1
1996	5269	5894	3462	6648	108.0	108.5	103.9	104.7
1997	5591	6226	3583	7266	106.1	105.6	103.5	109.3
1998	7161	7604	4972	8285	128.1	122.1	138.8	114.0
1999	7895	8370	5161	9122	110.2	110.1	103.8	110.1
2000	8811	9221	5721	10196	111.6	110.2	110.9	111.8
2001	10145	10609	6354	11258	115.1	115.1	111.1	110.4
2002	11659	12239	7094	12214	114.9	115.4	111.6	108.5
2003	13008	13603	7629	13665	111.6	111.1	107.5	111.9
2004	14922	15716	8466	15301	114.7	115.5	111.0	112.0
2005	17331	18360	9161	17550	116.1	116.8	108.2	114.7
2006	19624	20681	10888	19797	113.2	112.6	118.9	112.8
2007	23202	24748	12242	22834	118.2	119.7	112.4	115.3
2008	27729	29456	15365	27163	119.5	119.0	125.5	119.0
2009	31104	32572	17369	31266	112.2	110.6	113.0	115.1
2010	35057	36371	20237	35527	112.7	111.7	116.5	113.6
2011	38713	40553	24591	38462	110.4	111.5	121.5	108.3
沈　阳	45306	52049	27711	39834	109.1	104.2	112.2	116.8
大　连	49730	62882	36699	44872	111.5	110.8	120.7	114.0
鞍　山	33730	39501	20182	26037	102.5	106.5	117.9	99.0
抚　顺	36191	35786	23070	38058	103.0	102.6	116.7	102.2
本　溪	36845	41188	19951	29203	115.8	118.4	129.4	119.1
丹　东	27055	32315	24445	20612	104.6	104.5	135.9	115.4
锦　州	33500	33035	25206	36667	113.8	109.5	148.8	117.1
营　口	31902	36332	22141	28903	104.3	103.6	118.3	109.9
阜　新	33110	36859	20710	24125	130.6	133.2	140.8	121.1
辽　阳	36161	31255	31215	43619	112.9	110.8	119.2	113.8
盘　锦	30397	23546	23102	48107	108.5	179.0	110.4	103.7
铁　岭	32640	27777	18600	44737	116.7	117.6	130.2	112.1
朝　阳	31402	33086	30861	29711	104.9	102.9	124.4	110.3
葫芦岛	31498	31939	18509	36093	121.0	120.4	105.1	122.5

注:1978—1997年为全部职工平均工资.

5-22 按登记注册类型分在岗职工平均工资

单位：元

年份、地区	合计	国有经济单位	城镇集体经济单位	股份合作单位	联营单位	有限责任公司	股份有限公司	其他经济单位	港澳台商投资单位	外商投资单位
1995	4877	5434	3333							
1996	5269	5894	3462							
1997	5591	6226	3583							
1998	7161	7604	4972	5381	5547	7875	7946	5684	9133	9951
1999	7895	8370	5161	5817	6578	8534	8517	6380	10060	11487
2000	8811	9221	5721	6422	6460	9816	10003	4828	10539	12109
2001	10145	10609	6354	6584	8877	10826	11441	5643	12505	12766
2002	11659	12239	7094	8122	9173	11206	13960	9186	12805	14277
2003	13008	13603	7629	8685	8810	12839	16165	8422	13846	15060
2004	14922	15716	8466	10132	10439	14489	19009	9828	15902	15821
2005	17331	18360	9161	11364	10646	17148	21874	10163	17164	17448
2006	19624	20681	10888	13261	11843	19056	25312	10053	18959	19556
2007	23202	24748	12242	14640	15471	22074	29851	12089	21520	21826
2008	27729	29456	15365	18305	19166	26826	34466	17202	25307	26388
2009	31104	32572	17369	19927	20288	29670	39677	19546	29123	29626
2010	35057	36371	20237	23099	22486	33368	46281	23092	31241	34121
2011	38713	40553	24591	27409	27636	36064	51237	25964	36018	38513
沈　阳	45306	52049	27711	30038	37789	41063	39592	37435	33747	39115
大　连	49730	62882	36699	38924	33129	44017	70220	33049	37623	42366
鞍　山	33730	39501	20182	28471	18636	23162	39803	21318	37903	21352
抚　顺	36191	35786	23070	20320	15000	36971	44918	33116	35323	25276
本　溪	36845	41188	19951	22476	20475	27131	26259	28333	43273	35839
丹　东	27055	32315	24445	16921	17033	20969	23917	19507	22395	20502
锦　州	33500	33035	25206	32680	16667	26493	53139	16046	49686	27759
营　口	31902	36332	22141	33857	31668	27691	38707	24479	30571	26192
阜　新	33110	36859	20710	23132	18356	22533	31039	15134	14525	38599
辽　阳	36161	31255	31215	21183	60622	34128	61480	13092	38904	26442
盘　锦	30397	23546	23102	25673	23273	27663	63688	17060	41366	43600
铁　岭	32640	27777	18600	28761	25733	48956	27616	34899	46907	30682
朝　阳	31402	33086	30861	23502	33180	29374	37304	17366	28164	34585
葫芦岛	31498	31939	18509	21079	22240	37415	40848	33379	18768	35351

注:1995-1997年为全部职工平均工资。

5-23 分细行业在岗职工平均工资

单位：元

项　目	在岗职工合计	国有经济单位	城镇集体经济单位	其他经济单位
全省总计	**38713**	**40553**	**24591**	**38462**
按隶属关系分组				
中　央		56062		
省　属		48700		
市　属		38546		
县及县以下		30443		
其　他		48857		
按企、事业和机关分组				
企　业	38253	40580	24355	38746
#地　方		28232		
事　业	39719	40589	27923	22287
#地　方		39630		
机　关	40271	40370	21196	
#地　方		39892		
按国民经济行业分组				
农、林、牧、渔业	11550	10614	23521	33826
农业	8468	8272	15791	27659
林业	25534	25572	24959	17200
畜牧业	13528	10134	11500	25713
渔业	33906	20016	20746	38213
农、林、牧、渔服务业	25804	25727	30592	23136
采矿业	49244	48463	23408	52150
煤炭开采和洗选业	45793	43812	21317	47986
石油和天然气开采业	63494	56276		73677
黑色金属矿采选业	38816	49570	24806	27981
有色金属矿采选业	28611	32134	24203	26638
非金属矿采选业	25483	25698	24697	25831
其他采矿业	27939	34719	18000	25125
制造业	36462	42305	20938	36534
农副食品加工业	28265	40255	18550	26927
食品制造业	23314	21040	15797	23664
饮料制造业	30758	16487	15690	31754
烟草制品业	95214	54096	136592	99855
纺织业	20092	19850	17440	20239
纺织服装、鞋、帽制造业	25010	33008	14398	25241
皮革、毛皮、羽毛(绒)及其制品业	29286	27806	20630	29766
木材加工及木、竹、藤、棕、草制品业	29462	17397	30298	29688
家具制造业	22552	24637	16377	22578
造纸及纸制品业	21614	20471	15468	22322
印刷业和记录媒介的复制	28215	26802	21544	33266
文教体育用品制造业	24741	27947	15093	26228
石油加工、炼焦及核燃料加工业	56396	61223	19757	62052

5-23 续表 1

单位：元

项 目	在岗职工合计	国有经济单位	城镇集体经济单位	其他经济单位
化学原料及化学制品制造业	39265	30786	21853	43582
医药制造业	29758	32839	12450	30215
化学纤维制造业	28130	19188	61936	20467
橡胶制品业	34664	24272	32633	35076
塑料制品业	34954	24642	24946	36515
非金属矿物制品业	26787	26772	19281	28178
黑色金属冶炼及压延加工业	42731	44778	22305	40081
有色金属冶炼及压延加工业	27449	22336	20544	28891
金属制品业	31167	52712	16668	31027
通用设备制造业	34855	41493	17535	36033
专用设备制造业	38602	41619	19583	40122
交通运输设备制造业	47698	42777	23480	51211
电气机械及器材制造业	31438	37839	20484	32142
通信设备、计算机及其他电子设备制造业	34990	30239	18533	35342
仪器仪表及文化、办公用机械制造业	28468	35349	19944	28132
工艺品及其他制造业	22601	23904	16730	23209
废弃资源和废旧材料回收加工业	34087	16721	10213	44479
电力、燃气及水的生产和供应业	46754	50399	21731	43067
电力、热力的生产和供应业	53820	64249	21971	44244
燃气生产和供应业	30946	27987	12701	36869
水的生产和供应业	28399	27224	22394	36308
建筑业	31182	38567	26546	29105
房屋和土木工程建筑业	31094	38276	26527	28850
建筑安装业	33174	41036	26390	32277
建筑装饰业	27016	20924	28529	27065
其他建筑业	27065	28550	34148	26289
交通运输、仓储和邮政业	44053	44234	16763	46002
铁路运输业	54394	55158	13703	41899
道路运输业	23947	23267	18734	27526
城市公共交通业	28465	21975	21209	33063
水上运输业	51959	44885	22650	56145
航空运输业	85933	74955		106544
管道运输业	45055	33998		58034
装卸搬运和其他运输服务业	47157	52282	12004	43996
仓储业	33113	31646	18234	38998
邮政业	43494	43802		32248
信息传输、计算机服务和软件业	61650	52628	23549	65788
电信和其他信息传输服务业	55951	52204	29806	58645
计算机服务业	55151	55891	18844	56866
软件业	78222	68500	20308	78451
批发和零售业	32112	38954	21625	31619
批发业	39743	46778	23754	39752
零售业	24852	22920	17906	25647

5-23 续表 2

单位：元

项　　目	在岗职工合计	国有经济单位	城镇集体经济单位	其他经济单位
住宿和餐饮业	26242	28648	20609	25618
住宿业	26841	27056	22251	27155
餐饮业	25531	31080	15539	24050
金融业	69494	77680	38255	71571
银行业	71850	78686	38353	78398
证券业	111381	167264		93237
保险业	52132	42470	45769	53898
其他金融活动	61926	74481	33747	59327
房地产业	32740	31331	22271	33672
租赁和商务服务业	28988	26665	21298	34835
租赁业	20104	21689	34564	19156
商务服务业	29051	26672	21268	35091
科学研究、技术服务和地质勘查业	54990	54890	49626	56074
研究与试验发展	58089	56970	17850	64395
专业技术服务业	58864	60502	55337	53881
科技交流和推广服务业	39158	36273	53117	48431
地质勘查业	43174	43405	35560	49179
水利、环境和公共设施管理业	28202	28684	17661	24750
水利管理业	31252	31407	20959	28322
环境管理业	24518	24669	18673	23964
公共设施管理业	31962	33179	16425	25332
居民服务和其他服务业	28760	30698	24054	25141
居民服务业	24032	23683	23830	25808
其他服务业	33034	37623	24309	24758
教育	45240	45593	32790	36867
卫生、社会保障和社会福利业	41463	42537	29754	33885
卫生	41937	43061	30257	34451
社会保障业	40536	40878	24200	20792
社会福利业	30562	31733	14359	18990
文化、体育和娱乐业	40765	41529	18331	33958
新闻出版业	49577	48072	21468	74081
广播、电视、电影和音像业	42956	43225	19404	39555
文化艺术业	35875	36124	16240	28313
体育	40174	40420	30600	23500
娱乐业	24810	40290	24769	20981
公共管理和社会组织	39976	40172	20504	16357
中国共产党机关	43319	43319		
国家机构	40012	40025	20934	32109
人民政协和民主党派	42140	46225		14182
群众社团、社会团体、宗教组织		37529	22458	19770

5-24 各地区在岗职工平均工资

单位：元

地区	2010年				2011年			
	合计	国有单位	集体单位	其他单位	合计	国有单位	集体单位	其他单位
全　　省	**35057**	**36371**	**20237**	**35527**	**38713**	**40553**	**24591**	**38462**
沈　　阳	41525	49968	24706	34118	45306	52049	27711	39834
大　　连	44617	56729	30412	39356	49730	62882	36699	44872
鞍　　山	32913	37080	17123	26302	33730	39501	20182	26037
抚　　顺	35148	34872	19773	37251	36191	35786	23070	38058
本　　溪	31823	34791	15416	24525	36845	41188	19951	29203
丹　　东	25863	30911	17988	17862	27055	32315	24445	20612
锦　　州	29450	30164	16943	31325	33500	33035	25206	36667
营　　口	30592	35068	18720	26299	31902	36332	22141	28903
阜　　新	25354	27670	14712	19929	33110	36859	20710	24125
辽　　阳	32028	28211	26196	38315	36161	31255	31215	43619
盘　　锦	28028	13152	20922	46371	30397	23546	23102	48107
铁　　岭	27959	23626	14290	39896	32640	27777	18600	44737
朝　　阳	29947	32169	24800	26946	31402	33086	30861	29711
葫 芦 岛	26041	26517	17604	29452	31498	31939	18509	36093

5-25 分行业在岗职工工资总额

单位：万元

行业	2010年				2011年			
	合计	国有单位	集体单位	其他单位	合计	国有单位	集体单位	其他单位
总　　计	**17310261**	**9860507**	**609805**	**6839949**	**21715637**	**11865251**	**834721**	**9015665**
农、林、牧、渔业	277348	245674	2899	28776	301319	265099	3237	32984
采矿业	1437951	211882	21362	1204708	1606814	703659	33614	869541
制造业	4494150	1145822	211501	3136827	5991715	1317555	257035	4417126
电力、燃气及水的生产和供应业	698934	452178	4886	241870	771742	479497	9066	283178
建筑业	905240	358154	136234	410853	1639692	544472	252843	842378
交通运输、仓储及邮政业	1143523	858800	12134	272589	1418950	1025582	12483	380884
信息转输、计算机服务和软件业	368994	101120	361	267513	480544	124866	575	355104
批发和零售业	482200	133076	32904	316220	672184	150366	38938	482880
住宿和餐饮业	131429	39006	6512	85910	182172	54609	5937	121626
金融业	930380	451937	77086	401357	1184190	555412	90799	537980
房地产业	236121	66743	4815	164563	349806	95389	5530	248888
租赁和商务服务业	282876	136686	35280	110910	360044	162509	35922	161614
科学研究、技术服务和地质勘查业	543848	426126	12148	105574	707005	556603	14838	135564
水利、环境和公共设施管理业	291374	276611	4327	10437	354786	332004	5230	17553
居民服务和其他服务业	69651	53132	5713	10806	85924	61949	8886	15090
教育	2132586	2093213	5700	33673	2361880	2293052	14192	54637
卫生、社会保障和社会福利业	899909	840895	33239	25775	1091322	1009339	42084	39900
文化、体育和娱乐业	183081	171867	452	10762	208516	193796	603	14117
公共管理和社会组织	1800667	1797587	2254	827	1947030	1939494	2912	4624

5-26 各地区在岗职工工资总额

单位：万元

地区	2010年				2011年			
	合计	国有单位	集体单位	其他单位	合计	国有单位	集体单位	其他单位
全省	**17310261**	**9860507**	**609805**	**6839949**	**21715637**	**11865251**	**834721**	**9015665**
沈阳	3853139	2333191	138538	1381410	4594936	2634634	144834	1815468
大连	3849830	1547295	67733	2234802	5142861	1830015	97788	3215057
鞍山	1289331	1020406	70153	198772	1669034	1209451	108798	350786
抚顺	919875	397633	31582	490660	1007425	405964	40327	561133
本溪	716592	619702	31331	65559	935552	734896	42696	157960
丹东	528188	386672	24031	117485	709296	449072	39989	220236
锦州	694798	469693	30809	194296	913515	546399	57847	309268
营口	593218	365260	19974	207984	840214	438638	35090	366486
阜新	429145	359433	24602	45109	613164	497479	33243	82442
辽阳	547420	237653	48281	261486	672850	280023	70467	322360
盘锦	1299816	332658	8630	958527	1408540	774759	11526	622255
铁岭	616259	303433	30210	282616	746225	364852	38276	343096
朝阳	688980	440104	27818	221057	920490	463886	60653	395950
葫芦岛	572164	335865	56113	180186	675522	369167	53187	253168

5-27 分行业在岗职工平均工资

单位：元

行业	2010年				2011年			
	全部	国有	集体	其他	全部	国有	集体	其他
总计	**35057**	**36371**	**20237**	**35527**	**38713**	**40553**	**24591**	**38462**
农、林、牧、渔业	10109	9289	19235	34413	11550	10614	23521	33826
采矿业	41419	25224	17669	47981	49244	48463	23408	52150
制造业	32256	39447	17654	31911	36462	42305	20938	36534
电力、燃气及水的生产和供应业	43069	45710	20571	39662	46754	50399	21731	43067
建筑业	28545	34198	21180	27746	31182	38567	26546	29105
交通运输、仓储及邮政业	38833	39341	15086	40008	44053	44234	16763	46002
信息转输、计算机服务和软件业	56870	48011	15301	61376	61650	52628	23549	65788
批发和零售业	28635	34737	17958	28294	32112	38954	21625	31619
住宿和餐饮业	21708	24356	19417	20865	26242	28648	20609	25618
金融业	61507	70523	33177	62767	69494	77680	38255	71571
房地产业	28395	27510	21353	29054	32740	31331	22271	33672
租赁和商务服务业	26905	28308	17604	30130	28988	26665	21298	34835
科学研究、技术服务和地质勘查业	48882	46840	45841	59869	54990	54890	49626	56074
水利、环境和公共设施管理业	27105	27290	18585	27386	28202	28684	17661	24750
居民服务和其他报务业	25196	27615	18701	20202	28760	30698	24054	25141
教育	42266	42656	24642	29197	45240	45593	32790	36867
卫生、社会保障和社会福利业	37552	38799	23735	28938	41463	42537	29754	33885
文化、体育和娱乐业	37218	37962	17240	29437	40765	41529	18331	33958
公共管理和社会组织	37842	37936	19716	9846	39976	40172	20504	16357

5-28 各地区分行业在岗职工平均工资

(2011年) 单位：元

行　　业	沈阳	大连	鞍山	抚顺	本溪	丹东	锦州
总　　计	**45306**	**49730**	**33730**	**36191**	**36845**	**27055**	**33500**
农、林、牧、渔业	30110	37598	13329	19277	24470	17350	9451
采矿业	47874	36177	25725	45044	43280	19708	42000
制造业	39566	41148	34827	36714	37148	18998	35209
电力、燃气及水的生产和供应业	52987	54241	46861	44110	32678	49819	41959
建筑业	27632	45549	28245	23808	31574	28717	31581
交通运输、仓储及邮政业	41663	60686	22130	20032	22960	21884	31851
信息转输、计算机服务和软件业	72259	76899	47351	53789	41533	17515	44849
批发和零售业	34135	39426	24482	28944	24587	24775	23243
住宿和餐饮业	25044	32058	17420	16807	16017	18429	19262
金融业	88791	106406	55399	48773	58561	36687	60433
房地产业	36918	37584	26967	24322	28219	18830	32100
租赁和商务服务业	34523	36990	23610	20519	27250	19042	20670
科学研究、技术服务和地质勘查业	64188	81718	53508	54134	45061	25040	39797
水利、环境和公共设施管理业	32715	35877	28166	23850	27584	28173	31962
居民服务和其他报务业	25352	38261	19483	24801	25506	22907	26497
教育	54632	65054	38169	42437	43676	36509	34917
卫生、社会保障和社会福利业	54963	59877	31820	32856	41708	29642	31474
文化、体育和娱乐业	49415	53236	33116	34895	34276	30695	27180
公共管理和社会组织	47659	60126	37143	37828	38822	34948	33476

5-28 续表 单位：元

行　　业	营口	阜新	辽阳	盘锦	铁岭	朝阳	葫芦岛
总　　计	**31902**	**33110**	**36161**	**30397**	**32640**	**31402**	**31498**
农、林、牧、渔业	19626	15799	9565	8066	10132	27131	14966
采矿业	27264	42548	32567	63499	52172	25218	25976
制造业	27558	20488	41631	42431	21137	30649	32465
电力、燃气及水的生产和供应业	54904	30215	60739	42418	40498	48106	40459
建筑业	27777	22950	32418	32623	31486	29708	21280
交通运输、仓储及邮政业	30880	22308	23817	23504	22191	23993	20545
信息转输、计算机服务和软件业	59651	38967	48807	47287	48127	47299	51267
批发和零售业	27155	29267	30720	23309	20348	25101	32223
住宿和餐饮业	20284	16596	18203	26567	12851	17253	18542
金融业	53636	48116	47726	56938	32407	44641	49579
房地产业	28762	20383	26535	25533	20645	23545	33594
租赁和商务服务业	24351	23917	28131	10390	21024	22551	17574
科学研究、技术服务和地质勘查业	35671	32408	35830	37223	27364	33242	31148
水利、环境和公共设施管理业	22933	22081	21642	23542	22924	22646	15436
居民服务和其他报务业	35379	24813	25383	29737	29157	9144	29500
教育	38778	40742	39135	35632	33341	35857	33769
卫生、社会保障和社会福利业	32717	27943	31887	26078	28429	31377	28073
文化、体育和娱乐业	27762	27640	26785	30832	26286	30966	27468
公共管理和社会组织	35540	30951	34736	32237	32391	32718	31270

5-29 国有单位分行业职工工资总额

单位：万元

行　业	2005年	2006年	2007年	2008年	2009年	2010年	2011年
总　计	**5663648**	**6318724**	**7451021**	**8614665**	**9125030**	**10129558**	**11865251**
农、林、牧、渔业	165328	177394	205179	209295	229049	251731	265099
采矿业	377738	447602	516551	819843	208675	221642	703659
制造业	844955	953740	1058849	1143282	1216148	1249490	1317555
电力、燃气及水的生产和供应业	277648	307249	356931	367542	365902	468089	479497
建筑业	180592	204294	214970	242402	303917	371666	544472
交通运输、仓储及邮政业	578076	667600	762695	741406	809326	884354	1025582
信息转输、计算机服务和软件业	74410	79161	77464	81674	93996	102840	124866
批发和零售业	100200	106541	103330	102246	149227	142834	150366
住宿和餐饮业	23192	27106	26148	25707	29716	39897	54609
金融业	245496	244036	265188	365367	395474	473440	555412
房地产业	51261	50613	52707	54283	56972	69316	95389
租赁和商务服务业	75498	87439	94424	117169	132464	145834	162509
科学研究、技术服务和地质勘查业	173947	203572	246864	283124	357649	432281	556603
水利、环境和公共设施管理业	133126	148241	170072	196485	247954	282774	332004
居民服务和其他报务业	16037	23791	20962	25211	34276	53274	61949
教育	943131	1029385	1323509	1579923	1897978	2101899	2293052
卫生、社会保障和社会福利业	377100	439672	507023	593094	726596	850639	1009339
文化、体育和娱乐业	97680	103938	119276	138153	182261	174210	193796
公共管理和社会组织	928233	1017348	1328879	1528459	1687451	1813348	1939494

5-30 城镇集体单位分行业职工工资总额

单位：万元

行　业	2005年	2006年	2007年	2008年	2009年	2010年	2011年
总　计	**397224**	**439975**	**464149**	**513765**	**564377**	**633720**	**834721**
农、林、牧、渔业	2908	2844	3646	2861	3349	2965	3237
采矿业	15767	20473	24057	21292	20853	23021	33614
制造业	153506	168188	180203	201521	208171	222885	257035
电力、燃气及水的生产和供应业	5239	4166	5611	7470	6423	4994	9066
建筑业	92867	100747	99303	110885	122143	140216	252843
交通运输、仓储及邮政业	11235	17839	18582	11415	13073	12678	12483
信息转输、计算机服务和软件业	2958	3142	2715	269	373	363	575
批发和零售业	19890	21838	22459	17662	21646	34000	38938
住宿和餐饮业	4115	3904	3939	4016	5548	6566	5937
金融业	47110	48801	50868	56847	70345	80549	90799
房地产业	2748	2163	2625	4082	3747	4932	5530
租赁和商务服务业	14976	18886	20345	34439	32696	35710	35922
科学研究、技术服务和地质勘查业	3378	5364	5386	8015	10649	12338	14838
水利、环境和公共设施管理业	1981	2386	2999	3054	3919	4436	5230
居民服务和其他报务业	4675	3771	4109	4836	5954	5985	8886
教育	1841	2013	2084	3007	4489	5803	14192
卫生、社会保障和社会福利业	10835	12175	13456	20045	28518	33568	42084
文化、体育和娱乐业	299	244	174	344	476	452	603
公共管理和社会组织	898	1031	1588	1706	2005	2259	2912

5-31　其它单位分行业职工工资总额

单位：万元

行　业	2005年	2006年	2007年	2008年	2009年	2010年	2011年
总　计	**2567766**	**2971070**	**3515195**	**4393707**	**5835691**	**6954732**	**9015665**
农、林、牧、渔业	9893	13501	15924	19108	15728	28976	32984
采矿业	226289	264767	299490	354712	1047349	1218527	869541
制造业	1473858	1647495	1929735	2340636	2686378	3187697	4417126
电力、燃气及水的生产和供应业	137013	140629	173102	192945	229511	251388	283178
建筑业	132729	199601	217824	286419	374188	418731	842378
交通运输、仓储及邮政业	70581	85284	100362	198480	233744	281841	380884
信息转输、计算机服务和软件业	107501	121501	148811	207003	232379	269227	355104
批发和零售业	125977	142394	161097	215881	279667	320051	482880
住宿和餐饮业	47257	46820	53718	67996	82665	86156	121626
金融业	126333	178225	260294	260667	334872	415993	537980
房地产业	40647	51863	55500	81550	123943	166214	248888
租赁和商务服务业	17477	15586	20312	43583	46380	111637	161614
科学研究、技术服务和地质勘查业	35036	42056	52034	78131	83136	105741	135564
水利、环境和公共设施管理业	2686	3653	6891	7233	8896	10466	17553
居民服务和其他报务业	6175	5539	6207	6964	8324	10872	15090
教育	942	1375	1976	13591	18957	33791	54637
卫生、社会保障和社会福利业	3073	4399	6543	12391	21354	25825	39900
文化、体育和娱乐业	4179	6292	5266	6049	7532	10768	14117
公共管理和社会组织	120	91	110	370	689	834	4624

主要统计指标解释

劳动力资源总数 指在劳动年龄内，具有劳动能力，在正常情况下，可能或实际参加社会劳动的人口数。

从业人员 指从事一定社会劳动并取得劳动报酬或经营收入的全部劳动力。包括:

(1)全部职工

(2)城镇私营企业从业人员

(3)城镇个体劳动者

(4)农村社会劳动者

(5)其他社会劳动者

这一指标反映了一定时期内全部劳动力资源的实际利用情况，是研究国情国力的重要指标。

各单位的从业人员是指在各级国家机关、政党机关、社会团体及企业、事业单位中工作，并取得劳动报酬的全部人员。包括职工、再就业的离退休人员、民办教师以及在各单位中工作的外方人员和港、澳、台方人员。

各单位的从业人员反映了各单位实际参加生产或工作的全部劳动力。

在岗职工 是指在本单位工作并由单位支付劳动报酬的在岗职工。

在岗职工可分为在岗长期职工和在岗临时职工。包括由单位派出学习、劳务及病伤产假并由单位支付劳动报酬的人员。

使用的农村劳动力 指国有经济、城镇集体经济、联营经济、股份制经济、外商和港、澳、台投资经济、其他经济单位的职工中，现仍保留农村户籍关系的人员。

在岗长期职工 指用工期限在一年以上(含一年)的职工。包括原固定职工、合同制职工、长期临时工以及国有单位使用的城镇集体所有制单位的人员和其他使用期限在一年以上的原计划外用工。

在岗临时职工 指用工期限不超过一年的职工。包括各单位根据国家有关规定招用的，签订一年以内的劳动合同或使用期不超过一年的临时性、季节性用工。

其他从业人员 指劳动统计制度规定不作职工统计，但实际参加社会劳动并取得劳动报酬的人员。

各单位的其他从业人员是指单位中除职工以外的全部参加本单位生产或工作并取得劳动报酬的人员。包括再就业的离退休人员、民办教师以及在各单位中工作的外方人员和港、澳、台方人员。

离岗职工(离开本单位仍保留劳动关系的职工) 指由于各种原因已离开本人的生产或工作岗位，并已不在本单位从事其他工作，但仍与用人单位保留劳动关系的职工。

城镇集体经济单位职工 指在城镇集体经济单位及其管理部门工作，并由其支付工资的各类人员。

其他经济单位职工 指在联营经济、股份制经济、外商投资经济、港、澳、台投资经济单位工作，并由其支付工资的各类人员。

城镇个体劳动者 指经工商行政管理部门核准登记，领取营业执照，参加生产经营活动，户口在城镇的全部人员。

农村社会劳动者 指农村人口中经常参加合作经济组织〔包括乡(镇)办企业事业单位〕和家庭副业生产劳动的劳动力。凡是由合作经济组织分配劳动任务或承包各种生产任务，并从中直接取得实物、现金收入和从承包的生产任务中获得实物、现金收入的劳动力，不管从事何种劳动，都要统计为农村社会劳动者。国家从乡(村)调用的建勤民工；由集体经费支付工资或补贴的乡(村)脱产管理干部；乡(村)劳动力到国有经济单位或城镇集体经济单位工作，其收入交给合作经济组织，并从中取得实物或现金收入的合同工、临时工、亦工亦农人员；自行外出，但户口没有转出的劳动力，都应包括在内。

城镇登记失业人员 指有非农业户口，在一定的劳动年龄内(16岁以上及男50岁以下、女45岁以下)，有劳动能力，无业而要求就业，并在当地就业服务机构进行求职登记的人员。

城镇登记失业率 是城镇登记失业人数与城镇从业人数与城镇失业人数之和的比。计算公式为:

城镇登记失业率=（城镇登记失业人数／城镇从业人数+城镇登记失业人数）×100%

从业人员劳动报酬 指各单位在一定时期内直接支付给本单位全部从业人员的劳动报酬总额。包括职工工资总额和本单位其他从业人员劳动报酬两部分。

在岗职工工资总额 指各单位在一定时期内直接支付给本单位全部在岗职工的劳动报酬总额。

在岗工资总额的计算原则应以直接支付给在岗职工的全部劳动报酬为根据。各单位支付给在岗职工的劳动报酬以及其他根据有关规定支付的工资，不论是计入成本的还是不计入成本的，不论是按国家规定列入计征奖金税项目的，还是未列入计征奖金税项目的，不论是以货币形式支付的还是以实物形式支付的，均包括在在岗职工工资总额内。

计时工资 指按计时工资标准(包括地区生活费补贴)和工作时间支付给个人的劳动报酬，以及根据国家法律、法规和政策规定，因病、工伤、产假、计划生育假、婚丧假、事假、探亲假、定期休假、停工学习、执行国家或社会义务等原因按计时工资标准或计时工资标准的一定比例支付的工资。

计件标准工资 是指实行计件工资制的单位按照批准的计件单价和规定的劳动定额或工作量应支付给计件工人的劳动报酬。

计件超额工资 是计件工资的一部分，指计件工人超额完成定额任务后所得的工资。即计件工人实得的全部计件工资减去应得的计件标准工资后的数额。某些企业的工人由于从事生产的工作物等级高于本人工资等级，因而其计件标准工资高于本人标准工资，其计件超额工资也应是全部工资减去应得的计件标准工资后的数额。

奖金 指支付给职工的超额劳动报酬和增收节支的劳动报酬。

津贴和补贴 指为了补偿职工特殊或额外的劳动消耗和因其他特殊原因支付给职工的津贴，以及为了保证职工工资水平不受物价影响支付给职工的物价补贴。

离岗生活费(离开本单位仍保留劳动关系的职工生活费) 指离开本单位仍保留劳动关系的职工，在离开本单位仍保留劳动关系期间从单位领取的生活费。

其他从业人员劳动报酬 指各单位在一定时期内直接支付给本单位其他从业人员的全部劳动报酬。

在岗职工平均工资 指企业、事业、机关单位的在岗职工在一定时期内平均每人所得的货币工资额。它表明一定时期在岗职工工资收入的高低程度，是反映在岗职工工资水平的主要指标。计算公式为:

在岗职工平均工资=（报告期实际支付的全部在岗职工工资总额／报告期全部在岗职工平均人数）

在岗职工平均实际工资 指扣除物价变动因素后的在岗职工平均工资。计算公式为:

在岗职工平均实际工资=（报告期在岗职工平均工资／报告期在岗职工生活费价格指数）

六、固定资产投资

Chapter 6 Investment in Fixed Assets

6-1 全社会固定资产投资

指　标	2005年	2006年	2008年	2009年	2010年	2011年
投资总额(亿元)	**4234.1**	**5689.6**	**10019.1**	**12292.6**	**16043.0**	**17726.3**
1.按经济类型分						
国有经济	1245.5	1700.3	2496.8	2845.6	3875.5	3718.6
集体经济	526.3	185.3	442.1	480.7	504.4	457.9
私营个体经济	819.8	1486.6	3140.7	4108.3	5437.5	6637.7
其他经济	1642.5	2317.5	3939.4	4858.0	6225.7	6912.1
2.按投资渠道分						
建设项目投资	2792.3	3835.7	6821.2	8964.6	11640.6	11927.7
房地产开发投资	874.3	1142.2	2060.8	2640.6	3465.8	4487.6
3.按资金来源分						
国家预算内资金	173.7	258.8	448.1	518.3	472.5	928.4
国内贷款	516.8	641.0	1153.7	1705.1	2485.7	2691.3
利用外资	124.5	132.4	372.4	350.5	280.9	293.8
自筹投资	2935.8	4034.1	7238.2	8803.6	11843.5	12215.6
其他投资	483.2	623.4	806.7	915.1	960.4	1597.2
4.按构成分						
建筑安装工程	2490.0	3437.6	6208.1	7891.1	10348.8	11597.3
设备、工具、器具购置	1050.2	1367.4	2574.2	3007.6	3756.0	3740.9
其他费用	693.9	884.7	1236.9	1393.9	1938.3	2388.1
5.按建设性质分						
#新建	1655.6	2320.2	4691.7	5666.6	8174.8	9281.0
改建	635.9	1014.9	1277.2	1344.6	1217.0	1852.4
扩建	715.4	741.1	1238.8	1764.5	2206.5	1266.9
6.按产业分						
第一产业	143.8	155.6	325.1	322.6	358.3	537.0
第二产业	2012.8	2644.4	4833.1	5833.7	7498.1	7468.9
第三产业	2077.5	2889.7	4860.8	6136.3	8186.7	9720.4
7.按城乡分						
城镇	3672.9	4977.8	8882.0	11605.2	15106.3	16415.3
农村	561.2	711.8	1137.1	687.4	936.7	1311.0
8.按主要行业分						
#农业	143.8	155.6	325.1	322.6	358.3	537.0
工业	1959.6	2560.4	4764.4	5704.5	7302.6	7221.3
#能源工业	250.9	435.9	541.2	726.8	972.3	767.1
运输邮电业	308.8	561.3	804.2	757.6	1080.8	907.5
本年新增固定资产(亿元)	**2864.7**	**3394.5**	**6087.6**	**7508.6**	**10150.4**	**10071.2**
房屋建筑面积(万平方米)						
施工面积	15881.9	19863.9	29420.1	33861.3	49050.4	60774.2
#住宅	8595.4	10863.3	15741.3	18429.9	24867.6	31734.3
竣工面积	8177.5	10241.7	12909.2	12731.0	13603.7	15210.7
#住宅	4762.5	5960.0	6879.9	7152.5	7504.3	9161.0

注：从2011年开始统计范围为500万元及以上的建设项目投资。

6-2 按登记注册类型分全社会固定资产投资

年 份	总计	国有经济	集体经济	私营个体	其他经济
投资额(亿元)					
1985	142.18	110.41	15.73	16.04	
1986	178.16	138.66	16.98	22.51	
1987	220.11	172.87	23.25	23.99	
1988	269.77	212.25	25.13	32.39	
1989	253.49	201.31	17.95	34.23	
1990	262.88	217.94	22.13	22.81	
1991	317.96	261.15	21.61	35.19	
1992	436.85	362.88	43.19	30.78	
1993	718.25	476.47	98.54	36.66	106.58
1994	887.98	592.97	98.62	41.11	155.28
1995	884.95	584.39	95.46	49.53	155.57
1996	876.07	548.54	102.83	59.83	164.88
1997	953.69	603.76	97.36	54.22	198.35
1998	1052.57	651.21	119.26	95.20	186.90
1999	1102.32	662.95	111.44	132.84	195.10
2000	1267.69	649.42	154.14	149.10	315.02
2001	1420.96	690.71	158.49	179.08	392.68
2002	1605.55	648.90	173.54	240.19	542.92
2003	2082.70	712.23	229.49	336.18	804.81
2004	3000.11	928.20	341.26	589.66	1140.99
2005	4234.06	1245.53	526.28	819.75	1642.50
2006	5689.64	1700.33	185.30	1486.56	2317.45
2007	7435.23	2051.43	278.71	2091.58	3013.50
2008	10019.07	2496.84	442.12	3140.67	3939.44
2009	12292.59	2845.55	480.72	4108.29	4858.03
2010	16043.03	3875.48	504.36	5437.46	6225.73
2011	17726.29	3718.57	457.93	6637.67	6912.12
比上年增长速度(%)					
1985	47.1	50.7	48.3	25.2	
1986	25.3	25.6	8.0	40.3	
1987	23.6	24.7	36.9	6.6	
1988	22.6	22.8	8.1	35.0	
1989	-6.0	-5.2	-28.6	5.7	
1990	3.7	8.3	23.3	-33.4	
1991	21.0	19.8	-2.4	54.3	
1992	37.4	39.0	99.9	-12.5	
1993	64.4	31.3	128.2	19.1	
1994	23.6	24.5	0.1	12.2	45.7
1995	-0.3	-1.4	-3.2	20.5	0.6
1996	-1.0	-6.1	7.7	20.8	6.0
1997	8.9	10.1	-5.3	-9.4	20.3
1998	10.4	7.9	21.3	75.6	-5.8
1999	4.7	1.8	-8.4	39.5	4.4
2000	15.0	-2.0	38.3	12.2	61.5
2001	12.1	6.4	2.8	20.1	24.7
2002	13.0	-6.1	9.5	34.1	38.3
2003	29.7	9.8	32.2	40.0	48.2
2004	44.0	30.3	48.7	75.4	41.8
2005	41.1	34.2	54.2	39.0	44.0
2006	34.4	36.5	-64.8	81.3	41.1
2007	30.7	20.6	50.4	40.7	30.0
2008	34.8	21.7	58.6	50.2	30.7
2009	22.7	14.0	8.7	30.8	23.3
2010	30.5	36.2	4.9	32.4	28.2
2011	30.0	25.3	8.4	33.5	11.0

6-3 按资金来源和构成分全社会固定资产投资

年 份	按资金来源分				按构成分		
	国家投资	国内贷款	利用外资	自筹和其他资金	建筑安装工程	设备工具器具购置	其他费用
投资额(亿元)							
1985	21.14	29.97	1.07	90.00	91.21	38.47	12.50
1987	30.61	49.31	12.09	128.11	133.02	63.91	23.18
1988	25.11	60.90	15.93	167.83	167.49	74.09	28.19
1989	19.04	45.95	22.61	165.89	153.01	69.11	31.37
1990	17.32	54.30	21.61	169.65	162.77	73.21	26.90
1991	16.98	81.18	31.04	188.76	192.75	92.58	32.63
1992	17.20	113.21	25.05	281.39	275.78	108.42	52.65
1993	22.50	149.72	66.74	479.30	462.57	178.46	77.22
1994	16.41	186.28	119.81	565.49	546.98	234.77	106.24
1995	21.78	178.34	112.43	572.40	536.18	223.31	125.46
1996	19.67	151.26	92.58	612.56	531.29	212.99	131.79
1997	29.35	163.36	133.47	627.50	583.67	231.47	138.55
1998	36.63	190.03	94.61	731.30	642.00	273.72	136.85
1999	71.10	216.50	70.62	744.10	718.77	248.24	135.31
2000	72.25	252.22	73.23	869.98	801.57	301.08	165.04
2001	112.21	264.50	53.44	990.80	885.71	325.90	209.34
2002	108.29	279.92	72.16	1145.18	969.71	348.08	287.76
2003	89.35	372.14	58.55	1562.66	1222.23	472.60	387.87
2004	114.00	390.01	90.00	2406.10	1791.86	728.97	479.29
2005	173.74	516.84	124.49	3418.99	2490.04	1050.16	693.86
2006	258.78	640.95	132.44	4657.47	3437.55	1367.37	884.72
2007	363.11	967.00	203.91	5901.21	4703.50	1703.47	1028.26
2008	448.05	1153.72	372.41	8044.89	6208.05	2574.14	1236.88
2009	518.33	1705.09	350.45	9718.72	7891.13	3007.54	1393.92
2010	472.50	2485.74	280.91	12803.88	10348.82	3755.95	1938.26
2011	928.42	2691.33	293.75	13812.79	11597.33	3740.88	2388.08
构成(%)							
1985	14.9	21.1	0.7	63.3	64.1	27.1	8.8
1987	13.9	22.4	5.5	58.2	60.4	29.0	10.6
1988	9.3	22.6	5.9	62.2	62.1	27.5	10.4
1989	7.5	18.1	8.9	65.5	60.4	27.3	12.3
1990	6.6	20.7	8.2	64.5	61.9	27.8	10.3
1991	5.3	25.5	9.8	59.4	60.6	29.1	10.3
1992	3.9	25.9	5.7	64.5	63.1	24.8	12.1
1993	3.1	20.8	9.3	66.8	64.4	24.8	10.8
1994	1.8	21.0	13.5	63.7	61.6	26.4	12.0
1995	2.5	20.2	12.7	64.6	60.6	25.2	14.2
1996	2.2	17.3	10.6	69.9	60.6	24.3	15.1
1997	3.1	17.1	14.0	65.8	61.2	24.3	14.5
1998	3.5	18.1	9.0	69.4	61.0	26.0	13.0
1999	6.5	19.6	6.4	67.5	65.2	22.5	12.3
2000	5.7	19.9	5.8	68.6	63.2	23.8	13.0
2001	7.9	18.6	3.8	69.7	62.3	22.9	14.8
2002	6.7	17.4	4.5	71.4	60.4	21.7	17.9
2003	4.3	17.9	2.8	75.0	58.7	22.7	18.6
2004	3.8	13.0	3.0	80.2	59.7	24.3	16.0
2005	4.1	12.2	2.9	80.8	58.8	24.8	16.4
2006	4.5	11.3	2.3	81.9	60.4	24.0	15.5
2007	4.9	13.0	2.7	79.4	63.3	22.9	13.8
2008	4.5	11.5	3.7	80.3	62.0	25.7	12.3
2009	4.2	13.9	2.9	79.0	64.2	24.5	11.3
2010	2.9	15.5	1.8	79.8	64.5	23.4	12.1
2011	5.2	15.2	1.7	77.9	65.4	21.1	13.5

6-4 全社会固定资产投资及构成

(2011年)

指　　标	总计	建设项目投资	房地产开发投资	农村集体单位投资	农村私人投资
一、绝对数					
1.投资总额(亿元)	17726.3	11927.8	4487.6	1016.1	294.8
#住宅	3691.6	101.5	3410.5	2.2	177.5
(1)按资金来源分					
国家预算内投资	928.4	917.2		11.2	
国内贷款	2691.3	1908.4	673.1	108.7	1.0
债券	1.6	1.2		0.4	
利用外资	293.8	155.1	134.6	4.1	
自筹投资	12215.6	8707.3	2333.5	881.6	293.2
其他投资	1595.6	238.6	1346.3	10.2	0.6
(2)按构成分					
建筑安装工程	11597.3	7183.7	3606.7	608.5	198.4
设备工器具购置	3740.9	3264.1	120.0	313.9	43.0
其他费用	2388.1	1480.0	760.9	93.7	53.5
2.本年新增固定资产(亿元)	10071.2	6871.4	2138.8	769.2	291.9
3.房屋建筑面积(万平方米)					
施工面积	60774.2	19809.0	34364.3	2116.7	4484.2
竣工面积	15210.7	4205.0	6322.8	550.3	4132.6
#住宅	9161.0	250.4	5225.2	10.5	3674.9
二、构成(%)					
(1)按资金来源分					
国家预算内投资	5.2	7.7		1.1	
国内贷款	15.2	16.0	15.0	10.7	0.3
债券					
利用外资	1.7	1.3	3.0	0.4	
自筹投资	68.9	73.0	52.0	86.8	99.4
其他投资	9.0	2.0	30.0	1.0	0.2
(2)按构成分					
建筑安装工程	65.4	60.2	80.4	59.9	67.3
设备工具器具购置	21.1	27.4	2.7	30.9	14.6
其他费用	13.5	12.4	17.0	9.2	18.1

6-5 各地区全社会固定资产投资

(2011年)

单位：万元

地 区	总计	建设项目投资	房地产开发投资	农村集体单位投资	农村私人投资
全 省	**177262865**	**119277557**	**44875610**	**10161447**	**2948251**
沈 阳	45770940	27274451	16847242	1484247	165000
大 连	45800585	31196327	11074630	3264628	265000
鞍 山	13800096	8793222	3326220	1164780	515874
抚 顺	7953128	6289610	1127365	298204	237949
本 溪	5864154	4940637	831247	36270	56000
丹 东	7082509	5104753	1572929	224827	180000
锦 州	6679611	5036145	1144960	312044	186462
营 口	9107935	5426981	2660598	670356	350000
阜 新	4010916	2641015	470736	797032	102133
辽 阳	5065735	3501803	1095311	212873	255748
盘 锦	7943686	6485280	1096440	221966	140000
铁 岭	7642189	5032525	1937310	495677	176677
朝 阳	5958805	4358193	885029	537963	177620
葫芦岛	4582576	3196615	805593	440580	139788

注：分市数据由各市提供。

6-6 各地区按经济类型分全社会固定资产投资

(2011年)

单位：万元

地 区	总计	国有经济	集体经济	私营个体		联营经济	股份制经济	外商投资经济	港澳台商投资经济	其他经济
					#农户					
全 省	**177262865**	**37185740**	**4579342**	**66376766**	**2948251**	**28015**	**47790324**	**7539267**	**10314286**	**3449125**
沈 阳	45770940	8364642	793808	12800595	165000	2844	14764882	3898332	4491097	654740
大 连	45800585	12810211	2717893	14099462	265000		10736629	1952951	2846200	637239
鞍 山	13800096	1609940	302034	6549162	515874	2000	3728011	486637	748185	374127
抚 顺	7953128	1732425	79892	3287569	237949	2950	2401259	97015	174600	177418
本 溪	5864154	2003931	90395	1831505	56000	705	1757001	27650	44001	108966
丹 东	7082509	1146867	135155	3257434	180000	10880	2154867	154527	126371	96408
锦 州	6679611	1039847	142391	1633798	186462		2499326	280451	409403	674395
营 口	9107935	1723881	89572	5251215	350000		1394433	337070	273084	38680
阜 新	4010916	1734215	4555	1341731	102133		858780	26314	39710	5611
辽 阳	5065735	1095799	26895	2508222	255748		824177	128418	421953	60271
盘 锦	7943686	1166677		3422390	140000	8636	2568741	64085	211408	501749
铁 岭	7642189	619712	40531	3572031	176677		3152381	17406	155703	84425
朝 阳	5958805	1127427	15216	3918048	177620		803885	18654	75575	
葫芦岛	4582576	736422	95185	1865702	139788		1259019	21635	209815	394798

6-7 各地区按隶属关系和构成分全社会固定资产投资

(2011年)　　单位：万元

地　区	总计	按隶属关系分		按构成分		
		中央项目	地方项目	建安工程投资	设备工器具购置	其他费用
全　省	**177262865**	**8037545**	**169225320**	**115973311**	**37408769**	**23880785**
沈　阳	45770940	1736885	44034055	29189002	9258412	7323526
大　连	45800585	2247675	43552910	35140358	5429149	5231078
鞍　山	13800096	567838	13232258	6920636	3021967	3857493
抚　顺	7953128	444381	7508747	4653224	2595574	704330
本　溪	5864154	111077	5753077	3100802	1783338	980014
丹　东	7082509	116330	6966179	4281053	2193719	607737
锦　州	6679611	125947	6553664	3674274	1791490	1213847
营　口	9107935	296177	8811758	7035177	1135652	937106
阜　新	4010916	130482	3880434	2407043	1316340	287533
辽　阳	5065735	55592	5010143	2917923	1878645	269167
盘　锦	7943686	1165977	6777709	5635349	1373268	935069
铁　岭	7642189	109114	7533075	4404251	2696806	541132
朝　阳	5958805	187533	5771272	3109259	2376340	473206
葫芦岛	4582576	72983	4509593	3486864	585252	510460

6-8 各地区按主要行业分全社会固定资产投资

单位：亿元

年份、地区	合计	农林牧渔业	采矿业	制造业	电力、燃气及水的生产和供应业	建筑业	交通运输仓储和邮政业	信息传输、计算机服务和软件业	批发和零售业	住宿和餐饮业
2003	2082.70	93.65	101.75	576.18	98.38	61.98	208.95		91.02	
2004	3000.11	94.28	147.42	942.49	110.20	63.66	237.76	50.60	100.99	47.96
2005	4234.06	143.83	226.44	1588.86	144.32	53.14	308.81	41.28	132.04	44.19
2006	5689.64	155.55	256.09	2088.88	215.46	83.96	561.26	97.21	141.67	60.86
2007	7435.23	197.99	334.92	2839.84	342.66	55.61	592.75	67.05	200.15	91.85
2008	10019.07	325.14	400.48	3917.72	446.24	68.67	804.23	116.42	243.21	119.82
2009	12292.59	322.59	388.20	4637.55	678.73	129.24	757.62	132.56	393.60	177.41
2010	16043.03	358.28	635.72	5838.22	828.65	195.49	1080.82	146.51	323.93	210.19
2011	17726.29	536.95	547.44	5975.61	698.28	247.58	907.53	105.46	532.03	323.74
沈　阳	4577.09	81.24	6.96	1374.70	142.08	44.07	265.83	28.94	252.01	96.89
大　连	4580.06	193.52	18.56	1141.61	180.61	58.39	294.60	58.89	59.57	98.60
鞍　山	1380.01	84.43	33.13	605.03	29.12	11.93	29.79	1.68	70.48	40.76
抚　顺	795.31	21.95	40.95	333.62	11.96	35.32	25.94	0.30	39.90	19.62
本　溪	586.42	14.94	56.79	212.21	17.24	2.59	71.34	0.55	17.99	14.55
丹　东	708.25	27.40	57.22	248.42	31.07	20.48	30.59	0.88	21.40	13.23
锦　州	667.96	19.22	29.56	288.48	21.37	22.03	36.68		4.37	6.16
营　口	910.79	9.54	4.91	367.19	19.85	3.84	64.40		16.89	13.27
阜　新	401.09	15.12	18.88	131.69	86.61	2.06	22.74	0.26	11.46	0.53
辽　阳	506.57	5.90	65.15	185.95	13.81	20.22	4.83	1.35	4.52	10.71
盘　锦	794.37	16.59	78.90	316.33	22.16	16.54	19.75	11.78	18.32	0.10
铁　岭	764.22	13.45	31.50	413.92	42.12	1.24	16.51		9.71	2.60
朝　阳	595.88	68.86	101.37	183.09	67.12	2.41	9.49	0.12	4.33	2.64
葫芦岛	458.26	23.23	11.47	192.16	16.51	13.24	6.89	0.86	10.28	5.15

6-8 续表

单位：亿元

年份、地区	金融业	房地产业	租赁和商务服务业	科学研究、技术服务和地质勘查业	水利、环境和公共设施管理业	居民服务和其他服务业	教育	卫生、社会保障和社会福利业	文化、体育和娱乐业	公共管理和社会组织
2003	4.57	516.43	5.38	14.92	16.85	101.63		11.90	68.44	110.68
2004	4.13	797.30	25.86	25.27	168.33	13.27	68.24	19.46	32.90	49.84
2005	17.49	981.30	38.87	27.16	274.38	13.58	89.60	23.31	36.05	49.41
2006	10.36	1318.95	58.39	36.75	318.23	27.19	92.43	30.07	60.16	76.17
2007	20.81	1701.06	87.66	49.30	541.95	41.37	101.18	44.66	57.92	66.50
2008	47.20	2306.87	128.74	63.31	684.55	39.87	110.70	54.25	64.34	77.31
2009	41.06	2861.99	158.40	95.04	899.34	59.94	129.12	84.35	132.16	213.68
2010	32.53	3755.53	340.84	122.30	1377.03	89.87	132.68	86.84	186.60	301.00
2011	56.68	4884.53	410.43	107.78	1489.28	156.53	178.05	92.99	184.26	291.14
沈　阳	9.99	1729.86	105.52	31.19	113.70	121.99	47.76	37.42	55.08	31.88
大　连	16.23	1176.31	166.09	45.43	782.92	5.93	75.05	7.34	55.62	144.78
鞍　山	2.11	355.51	30.46	6.25	20.76	11.23	14.58	15.96	3.33	13.45
抚　顺	0.40	137.05	39.42	1.68	41.49	1.28	6.56	4.44	19.56	13.89
本　溪	3.84	84.77	10.75	1.60	35.24	2.30	6.26	3.82	3.23	26.41
丹　东	1.50	157.29	6.94	0.35	54.68	3.97	5.50	2.93	11.38	13.02
锦　州		151.44	13.75	0.80	45.54	1.39	4.72	4.30	4.19	13.95
营　口	1.64	281.44	16.54	11.20	66.70	8.39	2.36	6.94	7.40	8.28
阜　新		69.62	2.06	0.66	29.36	0.01	1.46	1.34	2.36	4.88
辽　阳		120.33	1.59	2.08	45.28	1.05	1.75	3.39	9.80	8.85
盘　锦		115.00	16.00	1.09	151.53	0.00	0.22	0.05	9.46	0.56
铁　岭		211.48	0.30	0.40	12.19	0.96	5.62	1.37	0.20	0.64
朝　阳		98.80	1.26	0.46	35.54	2.44	4.50	2.71	1.87	8.88
葫芦岛	20.99	87.78	0.04	4.72	50.89	0.76	1.56	1.19	1.34	9.20

6-9 各地区全社会住宅投资

单位：亿元

年份、地区	合计	城镇	#房地产	农村	#农户
2000	317.00	252.03	181.29	64.98	53.19
2001	323.49	275.79	227.57	47.71	43.55
2002	376.31	323.76	275.89	52.55	45.06
2003	439.70	388.10	343.47	51.60	43.37
2004	608.55	535.75	494.28	72.80	53.49
2005	751.79	685.11	614.54	66.68	57.44
2006	1041.86	929.38	838.90	112.48	92.59
2007	1380.53	1256.50	1165.89	124.03	101.26
2008	1768.62	1639.17	1579.21	129.45	121.15
2009	2128.39	1984.13	1933.92	144.26	142.35
2010	2724.15	2562.10	2481.35	162.05	158.73
2011	3691.60	3511.95	3410.49	179.65	177.49
沈　阳	1274.61	1266.36	1260.96	8.25	8.25
大　连	916.34	900.23	869.69	16.11	15.90
鞍　山	242.12	236.44	234.19	5.68	5.68
抚　顺	98.90	95.68	88.20	3.22	3.10
本　溪	55.91	53.37	50.85	2.53	2.53
丹　东	128.92	126.44	125.67	2.48	2.48
锦　州	228.04	212.67	114.54	15.37	14.78
营　口	217.11	209.11	209.11	8.00	8.00
阜　新	28.81	18.59	37.56	10.21	10.21
辽　阳	105.33	86.03	82.91	19.30	19.30
盘　锦	88.83	79.47	79.47	9.36	8.54
铁　岭	158.34	150.27	150.14	8.07	8.07
朝　阳	80.73	80.13	72.52	0.60	0.30
葫芦岛	81.81	73.03	64.55	8.78	8.71

6-10 各地区全社会施工、竣工房屋面积

单位：万平方米

年 份	施工房屋建筑面积		竣工房屋建筑面积	
		#住宅		#住宅
1990	4353.9		3049.0	2112.1
1991	5267.0		3640.4	2678.8
1992	6123.7		3772.8	2531.6
1993	7379.4		3972.3	2633.3
1994	7756.6		4058.2	2614.5
1995	6844.0	4002.8	3648.6	2477.7
1996	6172.0	3652.3	3536.0	2407.3
1997	5705.7	3447.4	3254.1	2314.4
1998	5816.4	3321.1	3469.5	2144.5
1999	6347.2	3850.9	4002.4	2686.2
2000	7986.4	5449.2	5202.0	3920.1
2001	8877.8	5871.3	5519.0	4033.8
2002	10359.3	6552.0	6309.8	4221.1
2003	11820.7	7017.8	6949.9	4352.1
2004	13594.0	7865.5	7799.1	4846.6
2005	15881.9	8595.4	8177.5	4762.5
2006	19863.9	10863.3	10241.7	5960.0
2007	25805.9	13503.7	11279.3	6189.6
2008	29420.1	15741.3	12909.2	6879.9
2009	33861.3	18429.9	12731.0	7152.5
2010	49050.4	24867.6	13603.7	7504.3
2011	60774.2	31734.3	15210.7	9161.0
沈 阳	15614.4	7823.9	3301.7	1685.6
大 连	10718.7	5163.1	1603.9	826.8
鞍 山	5480.8	3014.9	669.6	440.1
抚 顺	2484.8	920.0	629.9	291.2
本 溪	2026.8	877.3	629.0	264.1
丹 东	2340.1	1185.5	360.2	243.3
锦 州	2431.7	1103.4	707.1	110.0
营 口	4810.2	2420.1	1189.9	584.6
阜 新	1487.0	821.0	528.0	168.0
辽 阳	1402.7	750.6	267.9	162.3
盘 锦	991.9	828.5	176.5	161.0
铁 岭	3472.2	1838.4	940.1	552.9
朝 阳	2064.8	989.8	483.7	243.7
葫芦岛	1664.5	988.5	258.1	212.5

6-11 按构成和建设性质分的城镇固定资产投资

单位：亿元

年份、地区	投资额	按构成分			按建设性质分	
		建筑安装工程	设备、工器具购置	其他费用	#新建	#改、扩建
2000	1067.10	676.69	246.37	144.04	249.66	489.24
2001	1203.74	772.27	257.44	174.03	278.91	545.87
2002	1364.04	839.45	276.04	248.55	307.31	600.27
2003	1777.57	1065.42	375.51	336.64	511.82	687.51
2004	2600.80	1579.60	593.60	427.60	807.55	941.98
2005	3672.87	2167.63	882.14	623.09	1388.41	1224.34
2006	3015.85	1164.71	797.28	1976.40	888.65	689.09
2007	6576.05	4176.03	1459.18	940.84	3073.58	1657.19
2008	8881.95	5526.65	2229.01	1126.29	4144.82	2203.95
2009	11605.17	7473.49	2813.46	1318.22	5399.68	2946.08
2010	15106.33	9775.50	3477.08	1853.75	7724.28	3236.78
2011	16415.32	10790.42	3384.03	2240.86	8548.16	2872.64
沈　阳	4412.17	2846.54	868.96	696.67	1703.78	845.84
大　连	4227.10	3244.80	474.39	507.90	2521.31	444.00
鞍　山	1211.94	626.68	257.08	328.18	644.78	228.07
抚　顺	741.70	433.93	237.84	69.94	464.04	124.59
本　溪	577.19	306.43	174.64	96.12	238.22	243.60
丹　东	667.77	395.75	212.05	59.97	363.42	141.12
锦　州	618.11	341.71	163.51	112.89	359.50	110.04
营　口	808.76	626.66	92.99	89.10	467.97	62.89
阜　新	311.18	191.70	94.16	25.32	250.42	11.56
辽　阳	459.71	264.09	170.88	24.74	216.23	89.74
盘　锦	758.17	539.74	133.32	85.11	509.68	137.88
铁　岭	696.98	411.92	233.18	51.88	341.02	152.53
朝　阳	524.32	261.88	218.82	43.63	182.63	246.30
葫芦岛	400.22	298.60	52.22	49.41	285.16	34.48

6-12 按资金来源和隶属关系分的城镇固定资产投资

单位：亿元

年份、地区	按资金来源分					按隶属关系分	
	国家预算内资金	国内贷款	利用外资	自筹资金	其他投资	中央项目	地方项目
2000	65.63	245.25	69.30	511.43	175.48	283.93	783.07
2001	107.69	256.03	51.33	592.83	195.86	302.20	901.54
2002	100.68	265.02	65.80	726.20	206.34	269.85	1094.19
2003	82.89	345.98	49.35	1051.91	247.44	250.90	1526.67
2004	105.02	359.85	79.61	1676.65	379.67	363.65	2237.14
2005	164.74	489.57	117.64	2447.25	453.67	476.68	3196.19
2006	252.39	618.77	127.01	3376.11	603.56	606.17	4371.67
2007	355.49	917.52	199.76	4394.80	708.48	861.29	5714.76
2008	422.62	1117.03	367.31	6198.79	776.20	1073.03	7808.91
2009	510.98	1677.54	348.16	8159.79	908.70	815.50	10789.67
2010	465.62	2417.01	278.85	10996.13	948.72	994.90	14111.43
2011	917.24	2581.58	289.69	11040.79	1586.02	799.57	15615.75
沈　阳	157.30	720.48	150.89	3523.10	831.65	173.69	4238.48
大　连	656.15	1201.79	102.25	2308.11	715.27	222.28	4004.81
鞍　山	37.75	163.17	11.96	1085.59	142.41	56.78	1155.16
抚　顺	30.39	107.41	3.53	603.60	31.06	44.03	697.67
本　溪	3.54	47.57	5.66	484.43	83.51	11.11	566.08
丹　东	21.95	112.28	3.97	671.80	54.32	11.20	656.57
锦　州	12.76	84.43	6.64	560.35	71.58	12.12	605.99
营　口	1.65	110.88	39.37	738.77	38.60	29.40	779.36
阜　新	12.95	36.65	0.04	341.48	11.51	70.57	240.60
辽　阳	1.53	14.90	2.46	433.62	74.40	6.59	453.12
盘　锦	1.57	163.59	46.84	655.03	68.09	116.60	641.57
铁　岭	4.05	69.23	0.57	669.38	101.01	19.24	677.74
朝　阳	21.47	54.66		470.31	34.33	18.75	505.57
葫芦岛	7.51	133.48	0.10	361.02	32.34	7.19	393.03

注：本表资金来源分市数据为本年到位资金。

6-13 按行业分的城镇固定资产投资额

(2011年) 单位：万元

行业	投资额	建筑安装工程投资	设备工器具购置	其他费用
全省合计	**164153167**	**107904237**	**33840305**	**22408625**
农、林、牧、渔业	**2655814**	**1353610**	**803967**	**498237**
农业	962952	558063	235967	168922
林业	202677	84042	11099	107536
畜牧业	652306	224973	277396	149937
渔业	650243	369416	230655	50172
农、林、牧、渔服务业	187636	117116	48850	21670
采矿业	**4827510**	**2351381**	**2178031**	**298098**
煤炭开采和洗选业	567573	190783	352092	24698
石油和天然气开采业	1080968	837369	180110	63489
黑色金属矿采选业	1898122	711651	1068573	117898
有色金属矿采选业	246787	125530	109009	12248
非金属矿采选业	985376	465700	443049	76627
其他采矿业	48684	20348	25198	3138
制造业	**54688918**	**28369250**	**20822966**	**5496702**
农副食品加工业	3246418	1719694	1191144	335580
食品制造业	1105572	537881	487093	80598
饮料制造业	659761	351953	272942	34866
烟草制品业	4368	1606	2751	11
纺织业	539036	253233	211448	74355
纺织服装、鞋、帽制造业	651396	338709	246384	66303
皮革、毛皮、羽毛(绒)及其制品业	224926	56474	131433	37019
木材加工及木、竹、藤、棕、草制品业	771392	411975	301854	57563
家具制造业	449540	263378	154813	31349
造纸及纸制品业	628535	222759	345107	60669
印刷业和记录媒介的复制	411650	155637	218658	37355
文教体育用品制造业	70055	32562	30931	6562
石油加工、炼焦及核燃料加工业	1790613	1044039	519230	227344
化学原料及化学制品制造业	2881599	1616347	998581	266671
医药制造业	1327486	673699	486327	167460
化学纤维制造业	425135	225438	175082	24615
橡胶制品业	724535	335361	311296	77878
塑料制品业	1508557	788402	548847	171308
非金属矿物制品业	5681956	2690022	2135131	856803
黑色金属冶炼及压延加工业	2628572	1240849	1073579	314144
有色金属冶炼及压延加工业	1660471	667699	837823	154949
金属制品业	3031390	1755692	951402	324296

6-13 续表 1

单位：万元

行　业	投资额	建筑安装工程投资	设备工器具购置	其他费用
通用设备制造业	8557513	4546493	3500063	510957
专用设备制造业	4544523	2706528	1488670	349325
交通运输设备制造业	5041832	2601421	1865606	574805
电气机械及器材制造业	3421230	1806511	1290932	323787
通信设备、计算机及其他电子设备制造业	1472695	685091	658206	129398
仪器仪表及文化、办公用机械制造业	497256	271815	180115	45326
工艺品及其他制造业	447432	212820	116248	118364
废弃资源和废旧材料回收加工业	283474	155162	91270	37042
电力、燃气及水的生产和供应业	**6669618**	**3092683**	**2772586**	**804349**
电力、热力的生产和供应业	4730546	1948724	2266975	514847
燃气生产和供应业	953147	543939	296954	112254
水的生产和供应业	985925	600020	208657	177248
建筑业	**2141251**	**1615477**	**352349**	**173425**
房屋和土木工程建筑业	1704324	1317645	232467	154212
建筑安装业	64293	38812	23707	1774
建筑装饰业	74267	48308	22663	3296
其他建筑业	298367	210712	73512	14143
交通运输、仓储和邮政业	**8601729**	**5881436**	**1439138**	**1281155**
铁路运输业	548254	443519	24531	80204
道路运输业	3181098	2078298	410325	692475
城市公共交通业	1257915	662201	398972	196742
水上运输业	1613163	1294097	197338	121728
航空运输业	136392	88833	21690	25869
管道运输业	136414	125014	8300	3100
装卸搬运和其他运输服务业	76468	48778	24798	2892
仓储业	1645930	1139057	350089	156784
邮政业	6095	1639	3095	1361
信息传输、计算机服务和软件业	**1046901**	**794537**	**203432**	**48932**
电信和其他信息传输服务业	286938	131115	132694	23129
计算机服务业	112883	81301	7434	24148
软件业	647080	582121	63304	1655
批发和零售业	**4925353**	**3353012**	**868218**	**704123**
批发业	1978985	1296500	481504	200981
零售业	2946368	2056512	386714	503142
住宿和餐饮业	**2969173**	**2064074**	**420508**	**484591**
住宿业	2243468	1567407	319938	356123
餐饮业	725705	496667	100570	128468

6-13 续表 2 单位：万元

行业	投资额	建筑安装工程投资	设备工器具购置	其他费用
金融业	**566805**	**473899**	**28607**	**64299**
银行业	153233	120633	21638	10962
证券业	137614	96270	614	40730
保险业	19236	12105	980	6151
其他金融活动	256722	244891	5375	6456
房地产业	**47040827**	**37776284**	**1338504**	**7926039**
租赁和商务服务业	**4022261**	**3092103**	**382888**	**547270**
租赁业	93335	26550	65365	1420
商务服务业	3928926	3065553	317523	545850
科学研究、技术服务和地质勘查业	**1050982**	**640581**	**230084**	**180317**
研究与试验发展	348954	170069	115425	63460
专业技术服务业	337973	247985	75516	14472
科技交流和推广服务业	322429	185122	36293	101014
地质勘查业	41626	37405	2850	1371
水利、环境和公共设施管理业	**14267792**	**11777303**	**796596**	**1693893**
水利管理业	856652	670300	63253	123099
环境管理业	683542	467164	71658	144720
公共设施管理业	12727598	10639839	661685	1426074
居民服务和其他服务业	**1451001**	**511401**	**200289**	**739311**
居民服务业	214676	148372	49371	16933
其他服务业	1236325	363029	150918	722378
教育	**1758492**	**926054**	**206282**	**626156**
卫生、社会保障和社会福利业	**894835**	**507087**	**248840**	**138908**
卫生	633213	368443	230180	34590
社会保障业	9744	9011	550	183
社会福利业	251878	129633	18110	104135
文化、体育和娱乐业	**1788613**	**1107684**	**317965**	**362964**
新闻出版业	47375	43268	3407	700
广播、电视、电影和音像业	39739	12380	18923	8436
文化艺术业	314085	262046	26379	25660
体育	390640	214664	25867	150109
娱乐业	996774	575326	243389	178059
公共管理和社会组织	**2785292**	**2216381**	**229055**	**339856**
中国共产党机关	1560	1560		
国家机构	2017451	1581314	148158	287979
群众社团、社会团体、宗教组织	91235	62399	25381	3455
基层群众自治组织	675046	571108	55516	48422

6-14 按行业、隶属关系和注册类型分城镇固定资产投资

(2011年) 单位：万元

行业	投资额	中央	地方	内资	港澳台商投资	外商投资	个体经营
全省合计	**164153167**	**7995664**	**156157503**	**145731878**	**10283086**	**7456399**	**681804**
农、林、牧、渔业	**2655814**	**8600**	**2647214**	**2377314**		**22520**	**255980**
农业	962952		962952	857958		9730	95264
林业	202677	8600	194077	188997		9820	3860
畜牧业	652306		652306	633891		2970	15445
渔业	650243		650243	509832			140411
农、林、牧、渔服务业	187636		187636	186636			1000
采矿业	**4827510**	**901929**	**3925581**	**4821210**	**1000**	**1100**	**4200**
煤炭开采和洗选业	567573	1015	566558	563373			4200
石油和天然气开采业	1080968	810786	270182	1080968			
黑色金属矿采选业	1898122	78528	1819594	1897122	1000		
有色金属矿采选业	246787	11600	235187	245687		1100	
非金属矿采选业	985376		985376	985376			
其他采矿业	48684		48684	48684			
制造业	**54688918**	**1899078**	**52789840**	**49969080**	**1613054**	**2869985**	**236799**
农副食品加工业	3246418	14334	3232084	2977122	192537	35134	41625
食品制造业	1105572		1105572	1070694	2050	28198	4630
饮料制造业	659761		659761	575653	7519	57393	19196
烟草制品业	4368	600	3768	4368			
纺织业	539036		539036	517376	15210	4850	1600
纺织服装、鞋、帽制造业	651396		651396	603856	5850	25000	16690
皮革、毛皮、羽毛(绒)及其制品业	224926		224926	215926	9000		
木材加工及木、竹、藤、棕、草制品业	771392		771392	687868	15863	16208	51453
家具制造业	449540		449540	422504	8000	11636	7400
造纸及纸制品业	628535		628535	594725		30850	2960
印刷业和记录媒介的复制	411650		411650	411650			
文教体育用品制造业	70055		70055	64545		3110	2400
石油加工、炼焦及核燃料加工业	1790613	729415	1061198	1787393	300	2920	
化学原料及化学制品制造业	2881599	45700	2835899	2727370	8050	139069	7110
医药制造业	1327486	136722	1190764	1292121	8850	26515	
化学纤维制造业	425135		425135	252945	3500	168690	
橡胶制品业	724535		724535	417770	123504	183261	
塑料制品业	1508557	7500	1501057	1285486	200767	22304	
非金属矿物制品业	5681956	9100	5672856	5292965	88822	264664	35505
黑色金属冶炼及压延加工业	2628572	414229	2214343	2621502	6820	250	
有色金属冶炼及压延加工业	1660471	18988	1641483	1169215	456388	33742	1126
金属制品业	3031390	103867	2927523	2810542	24243	188555	8050

6-14 续表 1

单位：万元

行业	投资额						
		中央	地方	内资	港澳台商投资	外商投资	个体经营
通用设备制造业	8557513	19742	8537771	8267892	55020	216811	17790
专用设备制造业	4544523	10243	4534280	4320578	49679	170306	3960
交通运输设备制造业	5041832	363095	4678737	4086306	112442	836384	6700
电气机械及器材制造业	3421230	10050	3411180	3224088	69542	127600	
通信设备、计算机及其他电子设备制造业	1472695	13500	1459195	1183134	98440	191121	
仪器仪表及文化、办公用机械制造业	497256		497256	389113	46158	61985	
工艺品及其他制造业	447432	1993	445439	426320	4500	8008	8604
废弃资源和废旧材料回收加工业	283474		283474	268053		15421	
电力、燃气及水的生产和供应业	**6669618**	**2687815**	**3981803**	**6318667**	**259122**	**91829**	
电力、热力的生产和供应业	4730546	2118343	2612203	4491187	165119	74240	
燃气生产和供应业	953147	567872	385275	922744	17814	12589	
水的生产和供应业	985925	1600	984325	904736	76189	5000	
建筑业	**2141251**	**43301**	**2097950**	**2139501**		**790**	**960**
房屋和土木工程建筑业	1704324	43301	1661023	1704324			
建筑安装业	64293		64293	62543		790	960
建筑装饰业	**74267**		**74267**	**74267**			
其他建筑业	298367		298367	298367			
交通运输、仓储和邮政业	**8601729**	**672141**	**7929588**	**7838538**	**458081**	**304610**	**500**
铁路运输业	548254	166773	381481	331222	217032		
道路运输业	3181098	50610	3130488	3143805	30193	7100	
城市公共交通业	1257915		1257915	1256387		1028	500
水上运输业	1613163	103600	1509563	1538323	6800	68040	
航空运输业	136392	9902	126490	134310		2082	
管道运输业	136414		136414	29074	107340		
装卸搬运和其他运输服务业	76468		76468	76468			
仓储业	1645930	341256	1304674	1322854	96716	226360	
邮政业	6095		6095	6095			
信息传输、计算机服务和软件业	**1046901**	**125900**	**921001**	**872926**	**104571**	**69404**	
电信和其他信息传输服务业	286938	125900	161038	283180		3758	
计算机服务业	112883		112883	110101	2782		
软件业	647080		647080	479645	101789	65646	
批发和零售业	**4925353**	**48758**	**4876595**	**4386114**	**304829**	**203318**	**31092**
批发业	1978985	47358	1931627	1828198	96201	41536	13050
零售业	2946368	1400	2944968	2557916	208628	161782	18042
住宿和餐饮业	**2969173**	**88612**	**2880561**	**2643903**	**159131**	**96678**	**69461**
住宿业	2243468	88612	2154856	1989206	149581	85933	18748
餐饮业	725705		725705	654697	9550	10745	50713

6-14 续表 2

单位：万元

行　　业	投资额	中央	地方	内资	港澳台商投资	外商投资	个体经营
金融业	**566805**	**28663**	**538142**	**563304**	**1**		**3500**
银行业	153233	22133	131100	153232	1		
证券业	137614	2980	134634	137614			
保险业	19236	3550	15686	17236			2000
其他金融活动	256722		256722	255222			1500
房地产业	**47040827**	**1015178**	**46025649**	**36589891**	**6715555**	**3735181**	**200**
租赁和商务服务业	**4022261**	**131975**	**3890286**	**3590093**	**401093**	**25975**	**5100**
租赁业	93335		93335	91185		2150	
商务服务业	3928926	131975	3796951	3498908	401093	23825	5100
科学研究、技术服务和地质勘查业	**1050982**	**25697**	**1025285**	**991887**	**50358**	**5339**	**3398**
研究与试验发展	348954	25697	323257	343615		5339	
专业技术服务业	337973		337973	336573			1400
科技交流和推广服务业	322429		322429	270073	50358		1998
地质勘查业	41626		41626	41626			
水利、环境和公共设施管理业	**14267792**	**189900**	**14077892**	**14129005**	**125023**		**13764**
水利管理业	856652	16350	840302	856652			
环境管理业	683542		683542	683542			
公共设施管理业	12727598	173550	12554048	12588811	125023		13764
居民服务和其他服务业	**1451001**	**1400**	**1449601**	**1409279**	**2960**	**14470**	**24292**
居民服务业	214676	1400	213276	195784	2960	2970	12962
其他服务业	1236325		1236325	1213495		11500	11330
教育	**1758492**	**58658**	**1699834**	**1710744**	**29148**		**18600**
卫生、社会保障和社会福利业	**894835**	**13580**	**881255**	**888637**		**3200**	**2998**
卫生	633213	13580	619633	627015		3200	2998
社会保障业	9744		9744	9744			
社会福利业	251878		251878	251878			
文化、体育和娱乐业	**1788613**	**20700**	**1767913**	**1706493**	**59160**	**12000**	**10960**
新闻出版业	47375		47375	47375			
广播、电视、电影和音像业	39739		39739	39739			
文化艺术业	314085		314085	314085			
体育	390640	20700	369940	390640			
娱乐业	996774		996774	914654	59160	12000	10960
公共管理和社会组织	**2785292**	**33779**	**2751513**	**2785292**			
中国共产党机关	1560		1560	1560			
国家机构	2017451	33779	1983672	2017451			
群众社团、社会团体、宗教组织	91235		91235	91235			
基层群众自治组织	675046		675046	675046			

6-15 各地区按主要行业分城镇固定资产投资

单位：万元

年份、地区	合计	农林牧渔业	采矿业	制造业	电力、燃气及水的生产和供应业	建筑业	交通运输仓储和邮政业	信息传输、计算机服务和软件业	批发和零售业	住宿和餐饮业
2003	17775685	234325	915589	4699166	943523	111335	1929401		796023	
2004	26007969	253367	1288067	7734975	1087657	250849	2194541	503526	970188	416317
2005	36728695	341531	1829455	13593118	1386721	246171	2805633	411454	1190215	379739
2006	49778419	383657	2120810	17907431	2077061	578028	5264691	963092	1276364	561116
2007	65760474	548289	2815200	24505157	3363528	386305	5478029	657518	1876047	850319
2008	88819463	867756	3106769	34622302	4321872	464902	7483593	1149446	2245410	1108692
2009	116051706	1485099	3417380	44368986	6524871	1126099	7214713	1321260	3887762	1726569
2010	151063279	2163769	5643295	55032705	7870743	1717387	10482028	1464595	3098954	1965858
2011	164153167	2655814	4827510	54688918	6669618	2141251	8601729	1046901	4925353	2969173
沈阳	44121693	468501	41016	12870238	1411756	427856	2618624	289407	2383436	964014
大连	42270957	1011087	111592	9928572	1650861	487951	2911923	585916	589519	786457
鞍山	12119442	371892	293657	5507655	263739	12356	195217	14449	577267	388910
抚顺	7416975	115044	291425	3197691	115159	340394	257438	2950	395514	196236
本溪	5771884	89154	557241	2100753	172392	25897	717613	5538	179888	145468
丹东	6677682	68903	493534	2398205	308283	199082	302917	8765	206756	128906
锦州	6181105	101404	231246	2737840	191896	219020	341860		35675	61573
营口	8087579	10066	30120	3122288	188147	42165	548152		59761	95993
阜新	3111751	80780	109582	816400	838527	19229	192232	2508	51347	
辽阳	4597114	7054	589671	1728523	131135	142963	42390	12834	39596	100910
盘锦	7581720	96775	789023	3023353	216830	51784	212851	117773	183222	986
铁岭	6969835	21115	242193	3856212	346258	23187	125652		91757	26041
朝阳	5243222	179732	1001446	1717747	671151	20050	69017	500	39963	26368
葫芦岛	4002208	34307	45764	1683441	163484	129317	65843	6261	91652	47311

6-15 续表 单位：万元

年份、地区	金融业	房地产业	租赁和商务服务业	科学研究、技术服务和地质勘查业	水利、环境和公共设施管理业	居民服务和其他服务业	教育	卫生、社会保障和社会福利业	文化、体育和娱乐业	公共管理和社会组织
2003	43986	5014438	53077	143409	105645	960830		108821	637396	1078721
2004	41271	7424980	241364	252248	1654275	101378	610905	188193	324261	468059
2005	173555	9232250	370072	268299	2591290	110551	851655	214137	330560	402289
2006	101482	12236920	571007	345972	3016699	187220	888807	284697	532540	480825
2007	208014	15938297	861383	458820	4992339	354511	964571	390367	536500	575280
2008	471310	21885701	1239833	608542	6180492	327680	1048700	510951	580516	594996
2009	410232	27246609	1574604	945500	8834138	547760	1258501	833296	1288585	2039742
2010	325279	35995812	3336478	1219997	13134381	827292	1319221	848511	1812590	2804384
2011	566805	47040827	4022261	1050982	14267792	1451001	1758492	894835	1788613	2785292
沈　阳	99870	17216080	1036543	311884	1061443	1208754	477606	373108	549578	311979
大　连	162250	11590698	1660910	441985	7539144	57698	749029	59483	543281	1402601
鞍　山	21056	3511610	298024	52733	161154	45057	134488	151041	7994	111143
抚　顺	3953	1232584	388769	16777	405756	12840	65569	44354	195576	138946
本　溪	38350	847726	104772	15966	352440	23002	62628	38185	32279	262592
丹　东	15040	1572929	57440	3463	545558	39694	54960	29254	113834	130159
锦　州		1394138	137513	8037	441898	6324	47201	41211	41928	142341
营　口	16409	2812383	139732	110090	719111	23938	22948	69409	73989	2878
阜　新		678050	20117	6389	210363		14200	12424	19930	39673
辽　阳		1142592	15136	19778	420492		16630	32226	92564	62620
盘　锦		1149998	159405	10860	1468564		1950	500	92236	5610
铁　岭		2027937		4000	118426	9595	55297	13717	2000	6448
朝　阳		986273	3500	4580	325803	23899	45011	27063	18674	82445
葫芦岛	209877	877829	400	44440	497640	200	10975	2860	4750	85857

6-16 城镇固定资产投资各行业资金来源和新增固定资产

(2011年)

单位：万元

行 业	本年资金来源合计	国家预算内资金	国内贷款	利用外资	自筹资金
全省合计	**195620588**	**9705693**	**30205049**	**3742895**	**129066117**
农、林、牧、渔业	**2862218**	**95042**	**389532**	**42000**	**2214656**
农业	999712	8899	128499	42000	786896
林业	200761	55401	2500		139580
畜牧业	744067	80	131127		603585
渔业	715118	3935	108535		549258
农、林、牧、渔服务业	202560	26727	18871		135337
采矿业	**5196452**	**76300**	**137108**	**43432**	**4917158**
煤炭开采和洗选业	688272		11800		676272
石油和天然气开采业	1167674		4500	43432	1119742
黑色金属矿采选业	2002224	300	44865		1955059
有色金属矿采选业	248815	21000	4415		216924
非金属矿采选业	1033262	55000	67328		900102
其他采矿业	56205		4200		49059
制造业	**63480032**	**228258**	**7297862**	**1160133**	**53311798**
农副食品加工业	3986674	53730	379875	45468	3450054
食品制造业	1326848	6635	138079	66800	1092064
饮料制造业	654111		20630	2800	617771
烟草制品业	88741				88741
纺织业	584823		87850		489063
纺织服装、鞋、帽制造业	699112	350	78615	1000	582237
皮革、毛皮、羽毛(绒)及其制品业	228047		9190		94424
木材加工及木、竹、藤、棕、草制品业	919933	12500	104978	22708	768464
家具制造业	484064		40055		442559
造纸及纸制品业	652332	4000	140880	18000	478602
印刷业和记录媒介的复制	429204	2000	32988		390786
文教体育用品制造业	77160		2100		75060
石油加工、炼焦及核燃料加工业	1860374	59835	317472	83000	1305764
化学原料及化学制品制造业	3320603	20780	458051	176438	2343554
医药制造业	1547008	300	102174		1412772
化学纤维制造业	481011		159310		321701
橡胶制品业	778832	143	131245	4300	643144
塑料制品业	1572471		107645	27150	1431365
非金属矿物制品业	6312013	606	639665	80250	5540832
黑色金属冶炼及压延加工业	3285905		207230		3076235
有色金属冶炼及压延加工业	1879174		72294	21440	1771740
金属制品业	4219935	3010	1036349	59106	3036546

6-16 续表 1

单位：万元

行　业	本年资金来源合计	国家预算内资金	国内贷款	利用外资	自筹资金
通用设备制造业	10030445	2450	1042028	44299	8754538
专用设备制造业	5054918	8361	530743	55746	4344421
交通运输设备制造业	5704119	44550	621572	272231	4668154
电气机械及器材制造业	4113824	1740	494458	59362	3477903
通信设备、计算机及其他电子设备制造业	1816196		175813	87004	1462770
仪器仪表及文化、办公用机械制造业	565555		101830	16985	438690
工艺品及其他制造业	486521	1455	42290		442496
废弃资源和废旧材料回收加工业	320079	5813	22453	16046	269348
电力、燃气及水的生产和供应业	**8359703**	**725610**	**1956338**	**97272**	**5266987**
电力、热力的生产和供应业	5516154	481675	1579745	42642	3169646
燃气生产和供应业	1659034	15347	25066	774	1595384
水的生产和供应业	1184515	228588	351527	53856	501957
建筑业	**3237108**	**303860**	**837402**	**2300**	**2006632**
房屋和土木工程建筑业	2475736	243514	536492		1639299
建筑安装业	84155		500	2300	81355
建筑装饰业	133653		11660		121510
其他建筑业	543564	60346	288750		164468
交通运输、仓储和邮政业	**9610751**	**1343489**	**2936507**	**29880**	**4304204**
铁路运输业	522742	56820	73540		339382
道路运输业	3480875	818981	494578		1394407
城市公共交通业	1225759	407446	736580		81233
水上运输业	1697962	29121	790965		802324
航空运输业	146003	7556	29700		108447
管道运输业	129080				129080
装卸搬运和其他运输服务业	82393		1000		81393
仓储业	2318707	23565	810144	29880	1360708
邮政业	7230				7230
信息传输、计算机服务和软件业	**1155601**		**107401**		**1038000**
电信和其他信息传输服务业	317293		30000		287293
计算机服务业	114389		26000		78189
软件业	723919		51401		672518
批发和零售业	**6339280**	**76411**	**578070**	**326837**	**5301352**
批发业	2410200	13106	240638	8980	2114660
零售业	3929080	63305	337432	317857	3186692
住宿和餐饮业	**3218007**	**110384**	**173200**	**9924**	**2853865**
住宿业	2424808	110384	145400	9924	2094526
餐饮业	793199		27800		759339

6-16 续表 2

单位：万元

行　　业	本年资金来源合计	国家预算内资金	国内贷款	利用外资	自筹资金
金融业	**584284**	**124715**	**74800**		**383407**
银行业	169040		14500		153178
证券业	137626	124715			12911
保险业	19411				19411
其他金融活动	258207		60300		197907
房地产业	**58809090**	**354949**	**8349432**	**1920617**	**29543711**
租赁和商务服务业	**5302676**	**600994**	**998710**		**3488012**
租赁业	93885	2000	18600		71865
商务服务业	5208791	598994	980110		3416147
科学研究、技术服务和地质勘查业	**1265825**	**71348**	**57933**		**1104486**
研究与试验发展	370251	16900	27045		298306
专业技术服务业	489384	54132	18238		415364
科技交流和推广服务业	365396	316	11200		351472
地质勘查业	40794		1450		39344
水利、环境和公共设施管理业	**16237036**	**4533249**	**4027543**	**85500**	**6978912**
水利管理业	933389	131506	211943		471054
环境管理业	693798	88233	136840		468325
公共设施管理业	14609849	4313510	3678760	85500	6039533
居民服务和其他服务业	**1531758**	**33179**	**1068146**	**13000**	**408267**
居民服务业	223699	31979	15250		172430
其他服务业	1308059	1200	1052896	13000	235837
教育	**1971902**	**229343**	**309420**		**1370066**
卫生、社会保障和社会福利业	**1149983**	**105129**	**92885**		**918295**
卫生	875673	85975	48265		713759
社会保障业	9768		1700		7268
社会福利业	264542	19154	42920		197268
文化、体育和娱乐业	**2218780**	**105766**	**601562**	**12000**	**1479855**
新闻出版业	140887		20000		120887
广播、电视、电影和音像业	43950		1300		42650
文化艺术业	370100	73939	24295		271866
体育	461170	22027	162507		276636
娱乐业	1202673	9800	393460	12000	767816
公共管理和社会组织	**3090102**	**587667**	**211198**		**2176454**
中国共产党机关	1560	1560			
国家机构	2287796	577644	211198		1438971
群众团体、社会团体和宗教组织	117728	4490			58438
基层群众自治组织	683018	3973			679045

6-16 续表 3

单位：万元

行　业	其他资金	投资额	新增固定资产	固定资产交付使用率(%)
全省合计	**22900834**	**164153167**	**90101829**	**54.9**
农、林、牧、渔业	**120988**	**2655814**	**2066201**	**77.8**
农业	33418	962952	671473	69.7
林业	3280	202677	146786	72.4
畜牧业	9275	652306	500946	76.8
渔业	53390	650243	558875	85.9
农、林、牧、渔服务业	21625	187636	188121	100.3
采矿业	**22454**	**4827510**	**2964006**	**61.4**
煤炭开采和洗选业	200	567573	377314	66.5
石油和天然气开采业		1080968	270657	25
黑色金属矿采选业	2000	1898122	1393372	73.4
有色金属矿采选业	6476	246787	205893	83.4
非金属矿采选业	10832	985376	679164	68.9
其他采矿业	2946	48684	37606	77.2
制造业	**1481981**	**54688918**	**34722047**	**63.5**
农副食品加工业	57547	3246418	2244224	69.1
食品制造业	23270	1105572	689512	62.4
饮料制造业	12910	659761	459799	69.7
烟草制品业		4368	9741	223
纺织业	7910	539036	392250	72.8
纺织服装、鞋、帽制造业	36910	651396	511686	78.6
皮革、毛皮、羽毛(绒)及其制品业	124433	224926	219600	97.6
木材加工及木、竹、藤、棕、草制品业	11283	771392	502149	65.1
家具制造业	1450	449540	287266	63.9
造纸及纸制品业	10850	628535	441945	70.3
印刷业和记录媒介的复制	3430	411650	324328	78.8
文教体育用品制造业		70055	51600	73.7
石油加工、炼焦及核燃料加工业	94303	1790613	1023760	57.2
化学原料及化学制品制造业	321780	2881599	1844861	64
医药制造业	31762	1327486	1134359	85.5
化学纤维制造业		425135	70556	16.6
橡胶制品业		724535	302816	41.8
塑料制品业	6311	1508557	917601	60.8
非金属矿物制品业	50660	5681956	3529825	62.1
黑色金属冶炼及压延加工业	2440	2628572	1175887	44.7
有色金属冶炼及压延加工业	13700	1660471	1264118	76.1
金属制品业	84924	3031390	2208356	72.8

6-16 续表 4

单位：万元

行　业	其他资金	投资额	新增固定资产	固定资产交付使用率(%)
通用设备制造业	187130	8557513	5431190	63.5
专用设备制造业	115647	4544523	2965236	65.2
交通运输设备制造业	97612	5041832	2368039	47
电气机械及器材制造业	80361	3421230	2090817	61.1
通信设备、计算机及其他电子设备制造业	90609	1472695	1259598	85.5
仪器仪表及文化、办公用机械制造业	8050	497256	293928	59.1
工艺品及其他制造业	280	447432	545027	121.8
废弃资源和废旧材料回收加工业	6419	283474	161973	57.1
电力、燃气及水的生产和供应业	**313496**	**6669618**	**3052749**	**45.8**
电力、热力的生产和供应业	242446	4730546	2260625	47.8
燃气生产和供应业	22463	953147	281645	29.5
水的生产和供应业	48587	985925	510479	51.8
建筑业	**86914**	**2141251**	**1429403**	**66.8**
房屋和土木工程建筑业	56431	1704324	1152650	67.6
建筑安装业		64293	50227	78.1
建筑装饰业	483	74267	32417	43.6
其他建筑业	30000	298367	194109	65.1
交通运输、仓储和邮政业	**996671**	**8601729**	**4192201**	**48.7**
铁路运输业	53000	548254	17845	3.3
道路运输业	772909	3181098	1394054	43.8
城市公共交通业	500	1257915	532279	42.3
水上运输业	75552	1613163	1061840	65.8
航空运输业	300	136392	64746	47.5
管道运输业		136414	14600	10.7
装卸搬运和其他运输服务业		76468	49163	64.3
仓储业	94410	1645930	1053079	64
邮政业		6095	4595	75.4
信息传输、计算机服务和软件业	**10200**	**1046901**	**576606**	**55.1**
电信和其他信息传输服务业		286938	261626	91.2
计算机服务业	10200	112883	106163	94
软件业		647080	208817	32.3
批发和零售业	**56610**	**4925353**	**2250995**	**45.7**
批发业	32816	1978985	1122388	56.7
零售业	23794	2946368	1128607	38.3
住宿和餐饮业	**70634**	**2969173**	**1194100**	**40.2**
住宿业	64574	2243468	644744	28.7
餐饮业	6060	725705	549356	75.7

6-16 续表 5

单位：万元

行业	其他资金	投资额	新增固定资产	固定资产交付使用率(%)
金融业	**1362**	**566805**	**504351**	**89**
银行业	1362	153233	111295	72.6
证券业		137614	11440	8.3
保险业		19236	11310	58.8
其他金融活动		256722	370306	144.2
房地产业	**18640381**	**47040827**	**22398101**	**47.6**
租赁和商务服务业	**214960**	**4022261**	**1772265**	**44.1**
租赁业	1420	93335	80144	85.9
商务服务业	213540	3928926	1692121	43.1
科学研究、技术服务和地质勘查业	**32058**	**1050982**	**537061**	**51.1**
研究与试验发展	28000	348954	199658	57.2
专业技术服务业	1650	337973	97804	28.9
科技交流和推广服务业	2408	322429	222666	69.1
地质勘查业		41626	16933	40.7
水利、环境和公共设施管理业	**611832**	**14267792**	**8073340**	**56.6**
水利管理业	118886	856652	292222	34.1
环境管理业	400	683542	470400	68.8
公共设施管理业	492546	12727598	7310718	57.4
居民服务和其他服务业	**9166**	**1451001**	**583466**	**40.2**
居民服务业	4040	214676	156439	72.9
其他服务业	5126	1236325	427027	34.5
教育	**63073**	**1758492**	**726459**	**41.3**
卫生、社会保障和社会福利业	**33674**	**894835**	**503195**	**56.2**
卫生	27674	633213	424348	67
社会保障业	800	9744	10894	111.8
社会福利业	5200	251878	67953	27
文化、体育和娱乐业	**19597**	**1788613**	**684118**	**38.2**
新闻出版业		47375	39187	82.7
广播、电视、电影和音像业		39739	37353	94
文化艺术业		314085	177519	56.5
体育		390640	35340	9
娱乐业	19597	996774	394719	39.6
公共管理和社会组织	**114783**	**2785292**	**1871165**	**67.2**
中国共产党机关		1560	1560	100
国家机构	59983	2017451	1137589	56.4
群众团体、社会团体和宗教组织	54800	91235	71370	78.2
基层群众自治组织		675046	660646	97.9

6-17 各地区城镇固定资产投资施工、竣工房屋面积

单位：万平方米

年份、地区	施工房屋建筑面积	#住宅	竣工房屋建筑面积	#住宅
2000	5693.4	3553.2	3017.0	2092.1
2001	6120.1	3869.7	2991.0	2116.3
2002	7237.3	4429.0	3209.8	2116.1
2003	8254.7	4809.1	3667.4	2214.0
2004	10437.4	5653.5	4711.0	2646.9
2005	12381.8	6329.8	5032.3	2539.0
2006	15104.0	7805.5	6164.4	2950.1
2007	20932.3	10350.5	6847.7	3130.4
2008	23875.5	12389.6	7988.8	3568.3
2009	29221.2	14886.9	8397.8	3638.4
2010	44138.5	21222.0	9245.7	3865.9
2011	54173.3	27752.4	10527.7	5475.6
沈　阳	15184.8	7743.9	3096.7	1605.6
大　连	10045.4	5153.4	1669.4	930.0
鞍　山	5140.4	2914.4	580.0	388.6
抚　顺	2405.3	884.8	579.8	247.3
本　溪	2003.2	859.4	605.8	246.1
丹　东	2310.8	1163.1	505.1	213.5
锦　州	2236.6	1009.9	518.7	216.7
营　口	4508.3	2320.1	1008.7	484.6
阜　新	1248.1	789.7	386.4	215.1
辽　阳	1107.6	626.4	125.7	88.1
盘　锦	1416.6	786.7	239.3	129.0
铁　岭	3244.0	1689.2	731.4	407.0
朝　阳	1798.2	904.9	327.9	173.8
葫芦岛	1524.0	906.6	152.9	130.3

6-18 各地区按行业分城镇固定资产投资新增固定资产

单位：万元

年份、地区	合计	农林牧渔业	采矿业	制造业	电力、燃气及水的生产和供应业	建筑业	交通运输仓储和邮政业	信息传输、计算机服务和软件业	批发和零售业	住宿和餐饮业
2005	23785868	278332	1466943	9828630	956830	188933	1416108	359388	923303	401408
2006	27641611	354483	1944056	11027672	948659	324995	1756914	394289	1059344	421746
2007	36316002	477202	2100599	14261494	2353587	285779	2493073	319701	1445176	584539
2008	50566948	770661	2355216	21893841	2192069	406054	2328227	618041	1799541	973428
2009	68569660	1151381	2295717	29092046	3411559	938757	4058862	864654	3229421	1261212
2010	94292140	1384973	4126137	35728460	3762066	1134045	4108876	958593	1883003	1080068
2011	90101829	2066201	2964006	34722047	3052749	1429403	4192201	576606	2250995	1194100
沈　阳	21248503	404807	68257	7497769	549294	253649	852978	187008	892198	415828
大　连	21041992	878535	56592	6581763	372739	285974	1255277	236800	203081	279769
鞍　山	4293739	163948	110978	1945549	90082	10276	90643	1312	201272	125860
抚　顺	4843709	76619	231586	1767837	57337	181287	82772	450	212006	28610
本　溪	4117119	48681	450824	1739863	179779	13497	234246	5538	173274	62919
丹　东	3786630	58378	354263	1297668	74932	59842	190325	11300	185913	78896
锦　州	3479045	83599	228144	1802701	132691	79179	35156		30460	47815
营　口	4900102	8320	10223	1878156	168028	18437	651036		24427	123405
阜　新	2191209	43515	93850	986044	316021	9077	136277		48844	
辽　阳	2992757	2838	531867	1198299	93058	261778	39890	10234	35596	10800
盘　锦	5075478	96075	5400	2117064	143971	51784	199997	112964	110163	14000
铁　岭	6007309	20378	113318	3444068	111167	169573	345128		56136	
朝　阳	3217558	79858	629954	987152	560423	3050	68848		39145	4368
葫芦岛	2906679	100650	78750	1478114	203227	32000	9628	11000	38480	1830

6-18 续表

单位：万元

年份、地区	金融业	房地产业	租赁和商务服务业	科学研究、技术服务和地质勘查业	水利、环境和公共设施管理业	居民服务和其他服务业	教育	卫生、社会保障和社会福利业	文化、体育和娱乐业	公共管理和社会组织
2005	98925	4623591	297858	206698	1313070	106320	608380	180826	213179	317146
2006	53810	5801680	348341	166703	1450509	134351	588452	177265	336290	352052
2007	93356	6552689	392885	330772	2710649	250160	708908	282776	290804	381853
2008	219398	9863600	747145	477847	3731698	317367	669226	334031	390321	479237
2009	215985	11230393	848711	581705	5841711	485911	726414	594542	511926	1228753
2010	125389	13411205	1640555	322560	6987561	276354	14752804	620434	779497	1209560
2011	504351	22398101	1772265	537061	8073340	583466	726459	503195	684118	1871165
沈　阳	68290	7544854	492069	166525	651939	415421	131291	222457	215245	218624
大　连	39535	4504500	1007874	237910	3716565	48891	141368	41707	211163	941949
鞍　山	4800	1307006	500	18825	86291	37220	10300	49201	4250	35426
抚　顺	2800	1390076	146716	12652	307040	6510	58365	43070	115539	122437
本　溪	38350	778074	15290	50600	47952	21107	62485	43018	20848	130774
丹　东	4576	1025333	29200	3284	286802	21720	17222	16925	21624	48427
锦　州		664727	9467	8037	157212	6278	30513	18056	15725	129285
营　口		1453572	26759	19500	426728	11730	63982	7512	8287	
阜　新		387003		2910	102224		9086		3197	53161
辽　阳		322120	4750	78	331906		15468	25226	49564	59285
盘　锦		701870	36240	10860	1466564				8526	
铁　岭		1524672		1300	152906	520	46788	14071	2000	5284
朝　阳		487605	3400	4580	212927	14069	70313	9642		42224
葫芦岛	346000	306689			126284		69278	12310	8150	84289

6-19 按构成和建设性质分的建设项目投资

单位：亿元

年份、地区	投资额	按构成分			按建设性质分	
		建筑安装工程	设备、工器具购置	其他费用	#新建	#改、扩建
2000	784.42	462.30	239.86	82.25	249.66	489.24
2001	873.10	529.57	252.15	91.38	278.91	545.87
2002	969.01	560.24	268.07	140.70	307.31	600.27
2003	1279.14	733.57	368.64	176.92	511.82	687.51
2004	1875.04	1082.72	584.61	207.70	807.55	941.98
2005	2792.27	1570.08	868.22	353.97	1388.41	1224.34
2006	3835.65	2250.14	1153.40	432.10	1976.40	1577.74
2007	5078.47	3009.83	1442.12	626.52	3073.58	1657.19
2008	6821.15	3956.06	2193.86	671.23	4144.82	2203.95
2009	8964.61	5388.60	2777.61	798.39	5399.68	2946.08
2010	11640.57	7100.08	3422.75	1117.75	7724.28	3236.78
2011	11927.76	7183.68	3264.08	1480.00	8548.16	2872.64
沈　阳	2727.45	1505.82	799.61	422.02	1703.78	845.84
大　连	3119.63	2353.81	461.64	304.19	2521.31	444.00
鞍　山	879.32	363.59	248.57	267.17	644.78	228.07
抚　顺	628.96	343.72	236.75	48.49	464.04	124.59
本　溪	494.06	242.07	173.56	78.44	238.22	243.60
丹　东	510.48	256.26	206.13	48.08	363.42	141.12
锦　州	503.61	258.81	160.60	84.20	359.50	110.04
营　口	542.70	413.02	90.10	39.57	467.97	62.89
阜　新	264.10	153.06	94.01	17.03	250.42	11.56
辽　阳	350.18	164.67	170.72	14.79	216.23	89.74
盘　锦	648.53	452.98	122.98	72.56	509.68	137.88
铁　岭	503.25	245.82	231.35	26.08	341.02	152.53
朝　阳	435.82	190.34	216.41	29.07	182.63	246.30
葫芦岛	319.66	239.72	51.64	28.30	285.16	34.48

6-20 按资金来源和隶属关系分的建设项目投资

单位：亿元

年份、地区	按资金来源分					按隶属关系分	
	国家预算内资金	国内贷款	利用外资	自筹资金	其他投资	中央项目	地方项目
2000	65.13	184.98	64.15	420.69	67.25	277.40	524.80
2001	107.51	192.97	46.36	479.35	54.48	300.40	580.27
2002	99.49	190.62	59.92	572.13	53.56	266.19	709.54
2003	82.59	229.86	44.51	853.85	80.37	245.37	1045.80
2004	104.88	251.74	71.32	1372.45	74.65	358.04	1516.99
2005	164.74	374.16	108.90	2016.02	128.44	474.18	2318.09
2006	252.39	480.22	102.80	2852.19	148.06	603.41	3232.23
2007	355.49	761.77	121.88	3656.50	182.82	856.53	4221.94
2008	422.62	858.00	260.66	5125.31	154.56	1059.69	5761.46
2009	510.98	1255.05	268.94	6813.10	116.54	787.41	8177.20
2010	465.62	1862.49	209.53	8916.68	186.25	930.91	10709.66
2011	917.25	1908.44	155.06	8707.26	239.75	702.25	11225.51
沈　阳	157.30	540.34	31.73	2427.09	159.09	127.60	2599.85
大　连	656.15	831.47	83.53	1861.31	100.97	202.22	2917.42
鞍　山	37.75	91.72	8.67	858.81	52.97	43.05	836.28
抚　顺	30.39	81.87	2.45	517.12	0.71	43.27	585.69
本　溪	3.54	40.28	1.28	447.19	6.28	11.11	482.96
丹　东	21.95	102.92	2.54	557.75	9.88	11.20	499.27
锦　州	12.76	78.76	6.64	476.61	20.66	10.82	492.79
营　口	1.65	73.21	11.65	518.48	8.95	23.40	519.30
阜　新	12.95	35.65		301.18	1.34	70.57	193.53
辽　阳	1.53	11.72	2.46	344.10	26.87	5.56	344.62
盘　锦	1.57	138.49	30.70	516.68	46.54	116.60	531.93
铁　岭	4.05	47.16	0.57	594.24	7.37	10.91	492.34
朝　阳	21.47	53.37		407.25	13.54	18.75	417.07
葫芦岛	7.51	126.45		302.91	4.86	7.19	312.47

注：本表资金来源分市数据为本年到位资金。

6-21 按行业分的建设项目投资额

(2011年) 单位：万元

行业	投资额	#新建	#扩建	#改建	建筑安装工程投资	设备工器具购置	其他费用
全省合计	**119277557**	**85481635**	**16857525**	**11868853**	**71836795**	**32640756**	**14800006**
农、林、牧、渔业	**2655814**	**1570364**	**681995**	**160410**	**1353610**	**803967**	**498237**
农业	962952	632695	311665	7186	558063	235967	168922
林业	202677	139301	55246	3950	84042	11099	107536
畜牧业	652306	388211	254823	7688	224973	277396	149937
渔业	650243	294256	51184	105173	369416	230655	50172
农、林、牧、渔服务业	187636	115901	9077	36413	117116	48850	21670
采矿业	**4827510**	**2365975**	**1199783**	**1127133**	**2351381**	**2178031**	**298098**
煤炭开采和洗选业	567573	189565	55129	313794	190783	352092	24698
石油和天然气开采业	1080968	986478	1766	92724	837369	180110	63489
黑色金属矿采选业	1898122	602721	640215	566849	711651	1068573	117898
有色金属矿采选业	246787	71327	134614	40846	125530	109009	12248
非金属矿采选业	985376	495050	340209	112920	465700	443049	76627
其他采矿业	48684	20834	27850		20348	25198	3138
制造业	**54688918**	**37336844**	**8975552**	**5484776**	**28369250**	**20822966**	**5496702**
农副食品加工业	3246418	2020516	948539	191274	1719694	1191144	335580
食品制造业	1105572	684649	310379	90282	537881	487093	80598
饮料制造业	659761	321089	217510	70622	351953	272942	34866
烟草制品业	4368	1027		600	1606	2751	11
纺织业	539036	302201	151991	44778	253233	211448	74355
纺织服装、鞋、帽制造业	651396	347308	219541	39318	338709	246384	66303
皮革、毛皮、羽毛(绒)及其制品业	224926	190711	8465	16700	56474	131433	37019
木材加工及木、竹、藤、棕、草制品业	771392	472123	125610	112065	411975	301854	57563
家具制造业	449540	320299	72341	35270	263378	154813	31349
造纸及纸制品业	628535	413829	97044	73858	222759	345107	60669
印刷业和记录媒介的复制	411650	212148	40176	73729	155637	218658	37355
文教体育用品制造业	70055	41530	5350	17796	32562	30931	6562
石油加工、炼焦及核燃料加工业	1790613	1370221	312868	104171	1044039	519230	227344
化学原料及化学制品制造业	2881599	2044451	476536	214926	1616347	998581	266671
医药制造业	1327486	991911	255696	58398	673699	486327	167460
化学纤维制造业	425135	332896	17000	75239	225438	175082	24615
橡胶制品业	724535	319205	235849	110754	335361	311296	77878
塑料制品业	1508557	1065218	320682	86556	788402	548847	171308
非金属矿物制品业	5681956	3750483	1141944	606619	2690022	2135131	856803
黑色金属冶炼及压延加工业	2628572	1326915	389702	847293	1240849	1073579	314144
有色金属冶炼及压延加工业	1660471	1234124	213162	160523	667699	837823	154949
金属制品业	3031390	2165829	425025	270232	1755692	951402	324296

6-21 续表 1

单位：万元

行　　业	投资额	#新建	#扩建	#改建	建筑安装工程投资	设备工器具购置	其他费用
通用设备制造业	8557513	5479588	1503059	935937	4546493	3500063	510957
专用设备制造业	4544523	3372427	554362	382570	2706528	1488670	349325
交通运输设备制造业	5041832	4230902	227156	345338	2601421	1865606	574805
电气机械及器材制造业	3421230	2345306	467770	313178	1806511	1290932	323787
通信设备、计算机及其他电子设备制造业	1472695	1126999	120321	44715	685091	658206	129398
仪器仪表及文化、办公用机械制造业	497256	345974	28274	61282	271815	180115	45326
工艺品及其他制造业	447432	269915	62530	82789	212820	116248	118364
废弃资源和废旧材料回收加工业	283474	237050	26670	17964	155162	91270	37042
电力、燃气及水的生产和供应业	**6669618**	**5206453**	**833418**	**445409**	**3092683**	**2772586**	**804349**
电力、热力的生产和供应业	4730546	3573219	644578	332106	1948724	2266975	514847
燃气生产和供应业	953147	881315	54437	14700	543939	296954	112254
水的生产和供应业	985925	751919	134403	98603	600020	208657	177248
建筑业	**2141251**	**1636409**	**98827**	**197409**	**1615477**	**352349**	**173425**
房屋和土木工程建筑业	1704324	1357174	74473	122010	1317645	232467	154212
建筑安装业	64293	26059	13783	16504	38812	23707	1774
建筑装饰业	74267	23903		40434	48308	22663	3296
其他建筑业	298367	229273	10571	18461	210712	73512	14143
交通运输、仓储和邮政业	**8601729**	**6240412**	**975338**	**896907**	**5881436**	**1439138**	**1281155**
铁路运输业	548254	423066	1210	119953	443519	24531	80204
道路运输业	3181098	2157110	251538	585367	2078298	410325	692475
城市公共交通业	1257915	1155583	7641	68943	662201	398972	196742
水上运输业	1613163	1043203	375884	63445	1294097	197338	121728
航空运输业	136392	66668	44620	25104	88833	21690	25869
管道运输业	136414	136414			125014	8300	3100
装卸搬运和其他运输服务业	76468	53388	126	8483	48778	24798	2892
仓储业	1645930	1204080	292019	25612	1139057	350089	156784
邮政业	6095	900	2300		1639	3095	1361
信息传输、计算机服务和软件业	**1046901**	**750329**	**81790**	**148011**	**794537**	**203432**	**48932**
电信和其他信息传输服务业	286938	84210	73163	113688	131115	132694	23129
计算机服务业	112883	94980	5871	7132	81301	7434	24148
软件业	647080	571139	2756	27191	582121	63304	1655
批发和零售业	**4925353**	**3418808**	**461146**	**910110**	**3353012**	**868218**	**704123**
批发业	1978985	1041514	279925	533707	1296500	481504	200981
零售业	2946368	2377294	181221	376403	2056512	386714	503142
住宿和餐饮业	**2969173**	**2135837**	**542383**	**237208**	**2064074**	**420508**	**484591**
住宿业	2243468	1743343	342740	106280	1567407	319938	356123
餐饮业	725705	392494	199643	130928	496667	100570	128468

6-21 续表 2 单位：万元

行 业	投资额	#新建	#扩建	#改建	建筑安装工程投资	设备工器具购置	其他费用
金融业	**566805**	**437700**	**39147**	**76905**	**473899**	**28607**	**64299**
银行业	153233	81619	19383	39178	120633	21638	10962
证券业	137614	124715	3168	9731	96270	614	40730
保险业	19236	3550		15686	12105	980	6151
其他金融活动	256722	227816	16596	12310	244891	5375	6456
房地产业	**2165217**	**1812793**	**271504**	**74975**	**1708842**	**138955**	**317420**
租赁和商务服务业	**4022261**	**3512514**	**65409**	**330810**	**3092103**	**382888**	**547270**
租赁业	93335	17612	7623	8124	26550	65365	1420
商务服务业	3928926	3494902	57786	322686	3065553	317523	545850
科学研究、技术服务和地质勘查业	**1050982**	**754718**	**119410**	**88195**	**640581**	**230084**	**180317**
研究与试验发展	348954	205911	64289	25608	170069	115425	63460
专业技术服务业	337973	247400	33620	28205	247985	75516	14472
科技交流和推广服务业	322429	268487	18501	28676	185122	36293	101014
地质勘查业	41626	32920	3000	5706	37405	2850	1371
水利、环境和公共设施管理业	**14267792**	**11453091**	**1768189**	**949071**	**11777303**	**796596**	**1693893**
水利管理业	856652	665164	88509	93673	670300	63253	123099
环境管理业	683542	488551	32454	154586	467164	71658	144720
公共设施管理业	12727598	10299376	1647226	700812	10639839	661685	1426074
居民服务和其他服务业	**1451001**	**1078190**	**120319**	**207977**	**511401**	**200289**	**739311**
居民服务业	214676	127345	29652	31069	148372	49371	16933
其他服务业	1236325	950845	90667	176908	363029	150918	722378
教育	**1758492**	**1452217**	**180171**	**81718**	**926054**	**206282**	**626156**
卫生、社会保障和社会福利业	**894835**	**513860**	**151742**	**86324**	**507087**	**248840**	**138908**
卫生	633213	263922	143208	84024	368443	230180	34590
社会保障业	9744	7220	1674		9011	550	183
社会福利业	251878	242718	6860	2300	129633	18110	104135
文化、体育和娱乐业	**1788613**	**1514445**	**121390**	**129943**	**1107684**	**317965**	**362964**
新闻出版业	47375	47375			43268	3407	700
广播、电视、电影和音像业	39739	14836	6850	9600	12380	18923	8436
文化艺术业	314085	233115	59051	21919	262046	26379	25660
体育	390640	371603		16550	214664	25867	150109
娱乐业	996774	847516	55489	81874	575326	243389	178059
公共管理和社会组织	**2785292**	**2290676**	**170012**	**235562**	**2216381**	**229055**	**339856**
中国共产党机关	1560	1560			1560		
国家机构	2017451	1600226	128371	221362	1581314	148158	287979
群众社团、社会团体、宗教组织	91235	47229	15256	11300	62399	25381	3455
基层群众自治组织	675046	641661	26385	2900	571108	55516	48422

6-22 按行业、隶属关系和注册类型分建设项目投资

(2011年)

单位：万元

行业	投资额						
		中央	地方	内资	港澳台商投资	外商投资	个体经营
全省合计	**119277557**	**7022478**	**112255079**	**111128238**	**3745297**	**3722218**	**681804**
农、林、牧、渔业	**2655814**	**8600**	**2647214**	**2377314**		**22520**	**255980**
农业	962952		962952	857958		9730	95264
林业	202677	8600	194077	188997		9820	3860
畜牧业	652306		652306	633891		2970	15445
渔业	650243		650243	509832			140411
农、林、牧、渔服务业	187636		187636	186636			1000
采矿业	**4827510**	**901929**	**3925581**	**4821210**	**1000**	**1100**	**4200**
煤炭开采和洗选业	567573	1015	566558	563373			4200
石油和天然气开采业	1080968	810786	270182	1080968			
黑色金属矿采选业	1898122	78528	1819594	1897122	1000		
有色金属矿采选业	246787	11600	235187	245687		1100	
非金属矿采选业	985376		985376	985376			
其他采矿业	48684		48684	48684			
制造业	**54688918**	**1899078**	**52789840**	**49969080**	**1613054**	**2869985**	**236799**
农副食品加工业	3246418	14334	3232084	2977122	192537	35134	41625
食品制造业	1105572		1105572	1070694	2050	28198	4630
饮料制造业	659761		659761	575653	7519	57393	19196
烟草制品业	4368	600	3768	4368			
纺织业	539036		539036	517376	15210	4850	1600
纺织服装、鞋、帽制造业	651396		651396	603856	5850	25000	16690
皮革、毛皮、羽毛(绒)及其制品业	224926		224926	215926	9000		
木材加工及木、竹、藤、棕、草制品业	771392		771392	687868	15863	16208	51453
家具制造业	449540		449540	422504	8000	11636	7400
造纸及纸制品业	628535		628535	594725		30850	2960
印刷业和记录媒介的复制	411650		411650	411650			
文教体育用品制造业	70055		70055	64545		3110	2400
石油加工、炼焦及核燃料加工业	1790613	729415	1061198	1787393	300	2920	
化学原料及化学制品制造业	2881599	45700	2835899	2727370	8050	139069	7110
医药制造业	1327486	136722	1190764	1292121	8850	26515	
化学纤维制造业	425135		425135	252945	3500	168690	
橡胶制品业	724535		724535	417770	123504	183261	
塑料制品业	1508557	7500	1501057	1285486	200767	22304	
非金属矿物制品业	5681956	9100	5672856	5292965	88822	264664	35505
黑色金属冶炼及压延加工业	2628572	414229	2214343	2621502	6820	250	
有色金属冶炼及压延加工业	1660471	18988	1641483	1169215	456388	33742	1126
金属制品业	3031390	103867	2927523	2810542	24243	188555	8050

6-22 续表 1

单位：万元

行　　业	投资额						
		中央	地方	内资	港澳台商投资	外商投资	个体经营
通用设备制造业	8557513	19742	8537771	8267892	55020	216811	17790
专用设备制造业	4544523	10243	4534280	4320578	49679	170306	3960
交通运输设备制造业	5041832	363095	4678737	4086306	112442	836384	6700
电气机械及器材制造业	3421230	10050	3411180	3224088	69542	127600	
通信设备、计算机及其他电子设备制造业	1472695	13500	1459195	1183134	98440	191121	
仪器仪表及文化、办公用机械制造业	497256		497256	389113	46158	61985	
工艺品及其他制造业	447432	1993	445439	426320	4500	8008	8604
废弃资源和废旧材料回收加工业	283474		283474	268053		15421	
电力、燃气及水的生产和供应业	**6669618**	**2687815**	**3981803**	**6318667**	**259122**	**91829**	
电力、热力的生产和供应业	4730546	2118343	2612203	4491187	165119	74240	
燃气生产和供应业	953147	567872	385275	922744	17814	12589	
水的生产和供应业	985925	1600	984325	904736	76189	5000	
建筑业	**2141251**	**43301**	**2097950**	**2139501**		**790**	**960**
房屋和土木工程建筑业	1704324	43301	1661023	1704324			
建筑安装业	64293		64293	62543		790	960
建筑装饰业	74267		74267	74267			
其他建筑业	298367		298367	298367			
交通运输、仓储和邮政业	**8601729**	**672141**	**7929588**	**7838538**	**458081**	**304610**	**500**
铁路运输业	548254	166773	381481	331222	217032		
道路运输业	3181098	50610	3130488	3143805	30193	7100	
城市公共交通业	1257915		1257915	1256387		1028	500
水上运输业	1613163	103600	1509563	1538323	6800	68040	
航空运输业	136392	9902	126490	134310		2082	
管道运输业	136414		136414	29074	107340		
装卸搬运和其他运输服务业	76468		76468	76468			
仓储业	1645930	341256	1304674	1322854	96716	226360	
邮政业	6095		6095	6095			
信息传输、计算机服务和软件业	**1046901**	**125900**	**921001**	**872926**	**104571**	**69404**	
电信和其他信息传输服务业	286938	125900	161038	283180		3758	
计算机服务业	112883		112883	110101	2782		
软件业	647080		647080	479645	101789	65646	
批发和零售业	**4925353**	**48758**	**4876595**	**4386114**	**304829**	**203318**	**31092**
批发业	1978985	47358	1931627	1828198	96201	41536	13050
零售业	2946368	1400	2944968	2557916	208628	161782	18042
住宿和餐饮业	**2969173**	**88612**	**2880561**	**2643903**	**159131**	**96678**	**69461**
住宿业	2243468	88612	2154856	1989206	149581	85933	18748
餐饮业	725705		725705	654697	9550	10745	50713

6-22 续表 2

单位：万元

行业	投资额	中央	地方	内资	港澳台商投资	外商投资	个体经营
金融业	**566805**	**28663**	**538142**	**563304**	**1**		**3500**
银行业	153233	22133	131100	153232	1		
证券业	137614	2980	134634	137614			
保险业	19236	3550	15686	17236			2000
其他金融活动	256722		256722	255222			1500
房地产业	**2165217**	**41992**	**2123225**	**1986251**	**177766**	**1000**	**200**
租赁和商务服务业	**4022261**	**131975**	**3890286**	**3590093**	**401093**	**25975**	**5100**
租赁业	93335		93335	91185		2150	
商务服务业	3928926	131975	3796951	3498908	401093	23825	5100
科学研究、技术服务和地质勘查业	**1050982**	**25697**	**1025285**	**991887**	**50358**	**5339**	**3398**
研究与试验发展	348954	25697	323257	343615		5339	
专业技术服务业	337973		337973	336573			1400
科技交流和推广服务业	322429		322429	270073	50358		1998
地质勘查业	41626		41626	41626			
水利、环境和公共设施管理业	**14267792**	**189900**	**14077892**	**14129005**	**125023**		**13764**
水利管理业	856652	16350	840302	856652			
环境管理业	683542		683542	683542			
公共设施管理业	12727598	173550	12554048	12588811	125023		13764
居民服务和其他服务业	**1451001**	**1400**	**1449601**	**1409279**	**2960**	**14470**	**24292**
居民服务业	214676	1400	213276	195784	2960	2970	12962
其他服务业	1236325		1236325	1213495		11500	11330
教育	**1758492**	**58658**	**1699834**	**1710744**	**29148**		**18600**
卫生、社会保障和社会福利业	**894835**	**13580**	**881255**	**888637**		**3200**	**2998**
卫生	633213	13580	619633	627015		3200	2998
社会保障业	9744		9744	9744			
社会福利业	251878		251878	251878			
文化、体育和娱乐业	**1788613**	**20700**	**1767913**	**1706493**	**59160**	**12000**	**10960**
新闻出版业	47375		47375	47375			
广播、电视、电影和音像业	39739		39739	39739			
文化艺术业	314085		314085	314085			
体育	390640	20700	369940	390640			
娱乐业	996774		996774	914654	59160	12000	10960
公共管理和社会组织	**2785292**	**33779**	**2751513**	**2785292**			
中国共产党机关	1560		1560	1560			
国家机构	2017451	33779	1983672	2017451			
群众社团、社会团体、宗教组织	91235		91235	91235			
基层群众自治组织	675046		675046	675046			

6-23 各地区按主要行业分建设项目投资

单位：亿元

年份、地区	合计	农林牧渔业	采矿业	制造业	电力、燃气及水的生产和供应业	建筑业	交通运输仓储和邮政业	信息传输、计算机服务和软件业	批发和零售业	住宿和餐饮业
2003	1291.17	23.43	91.56	469.92	94.35	11.13	192.94		79.60	
2004	1880.05	25.34	128.81	773.50	108.77	25.08	219.45	50.35	97.02	41.63
2005	2798.62	34.15	182.95	1359.31	138.67	24.62	280.56	41.15	119.02	37.97
2006	3835.65	38.37	212.08	1790.74	207.71	57.80	526.47	96.31	127.64	56.11
2007	5078.47	54.83	281.52	2450.52	336.35	38.63	547.80	65.75	187.60	85.03
2008	6821.15	86.78	310.68	3462.23	432.19	46.49	748.36	114.94	224.54	110.87
2009	8964.61	148.51	341.74	4436.90	652.49	112.61	721.47	132.13	388.78	172.66
2010	11640.57	216.38	564.33	5503.27	787.07	171.74	1048.20	146.46	309.90	196.59
2011	11927.76	265.58	482.75	5468.89	666.96	214.13	860.17	104.69	492.54	296.92
沈　阳	2727.45	46.85	4.10	1287.02	141.18	42.79	261.86	28.94	238.34	96.40
大　连	3119.63	101.11	11.16	992.86	165.09	48.80	291.19	58.59	58.95	78.65
鞍　山	879.32	37.19	29.37	550.77	26.37	1.24	19.52	1.44	57.73	38.89
抚　顺	628.96	11.50	29.14	319.77	11.52	34.04	25.74	0.30	39.55	19.62
本　溪	494.06	8.92	55.72	210.08	17.24	2.59	71.76	0.55	17.99	14.55
丹　东	510.48	6.89	49.35	239.82	30.83	19.91	30.29	0.88	20.68	12.89
锦　州	503.61	10.14	23.12	273.78	19.19	21.90	34.19		3.57	6.16
营　口	542.70	1.01	3.01	312.23	18.81	4.22	54.82		5.98	9.60
阜　新	264.10	8.08	10.96	81.64	83.85	1.92	19.22	0.25	5.13	
辽　阳	350.18	0.71	58.97	172.85	13.11	14.30	4.24	1.28	3.96	10.09
盘　锦	648.53	9.68	78.90	302.34	21.68	5.18	21.29	11.78	18.32	0.10
铁　岭	503.25	2.11	24.22	385.62	34.63	2.32	12.57		9.18	2.60
朝　阳	435.82	17.97	100.14	171.77	67.12	2.01	6.90	0.05	4.00	2.64
葫芦岛	319.66	3.43	4.58	168.34	16.35	12.93	6.58	0.63	9.17	4.73

6-23 续表 单位：亿元

年份、地区	金融业	房地产业	租赁和商务服务业	科学研究、技术服务和地质勘查业	水利、环境和公共设施管理业	居民服务和其他服务业	教育	卫生、社会保障和社会福利业	文化、体育和娱乐业	公共管理和社会组织
2003	4.40	15.05	5.31	14.34	10.56	96.08		10.88	63.74	107.87
2004	4.13	21.75	24.14	25.22	165.43	10.14	61.09	18.82	32.43	46.81
2005	17.36	48.97	37.01	26.83	259.13	11.06	85.17	21.41	33.06	40.23
2006	10.15	81.50	57.10	34.60	301.67	18.72	88.88	28.47	53.25	48.08
2007	20.80	96.25	86.14	45.88	499.23	35.45	96.46	39.04	53.65	57.53
2008	47.13	127.77	123.98	60.85	618.05	32.77	104.87	51.10	58.05	59.50
2009	41.02	84.10	157.46	94.55	883.41	54.78	125.85	83.33	128.86	203.97
2010	32.53	133.83	333.65	122.00	1313.44	82.73	131.92	84.85	181.26	280.44
2011	56.68	216.52	402.23	105.10	1426.78	145.10	175.85	89.48	178.86	278.53
沈　阳	9.99	36.88	103.65	31.19	106.14	120.88	47.76	37.31	54.96	31.20
大　连	16.23	51.61	166.09	44.20	753.91	5.77	74.90	5.95	54.33	140.26
鞍　山	2.11	18.54	29.80	5.27	16.12	4.51	13.45	15.10	0.80	11.11
抚　顺	0.40	10.52	38.88	1.68	40.58	1.28	6.56	4.44	19.56	13.89
本　溪	3.84	1.65	10.48	1.60	35.24	2.30	6.26	3.82	3.23	26.26
丹　东	1.50		5.74	0.35	54.56	3.97	5.50	2.93	11.38	13.02
锦　州		24.92	13.75	0.80	44.19	0.63	4.72	4.12	4.19	14.23
营　口	1.64	15.18	13.97	11.01	71.91	2.39	2.29	6.94	7.40	0.29
阜　新		20.73	2.01	0.64	21.04		1.42	1.24	1.99	3.97
辽　阳		4.73	1.51	1.98	42.05		1.66	3.22	9.26	6.26
盘　锦		5.36	15.94	1.09	146.86		0.20	0.05	9.22	0.56
铁　岭		9.06		0.40	11.84	0.96	5.53	1.37	0.20	0.64
朝　阳		10.12	0.35	0.46	32.58	2.39	4.50	2.71	1.87	8.24
葫芦岛	20.99	7.22	0.04	4.44	49.76	0.02	1.10	0.29	0.48	8.59

6-24 建设项目投资各行业资金来源和新增固定资产

(2011年) 单位：万元

行 业	本年资金来源合计	国家预算内资金	国内贷款	利用外资	自筹资金
全省合计	**139969740**	**9705693**	**22534040**	**1822278**	**101307400**
农、林、牧、渔业	**2862218**	**95042**	**389532**	**42000**	**2214656**
农业	999712	8899	128499	42000	786896
林业	200761	55401	2500		139580
畜牧业	744067	80	131127		603585
渔业	715118	3935	108535		549258
农、林、牧、渔服务业	202560	26727	18871		135337
采矿业	**5196452**	**76300**	**137108**	**43432**	**4917158**
煤炭开采和洗选业	688272		11800		676272
石油和天然气开采业	1167674		4500	43432	1119742
黑色金属矿采选业	2002224	300	44865		1955059
有色金属矿采选业	248815	21000	4415		216924
非金属矿采选业	1033262	55000	67328		900102
其他采矿业	56205		4200		49059
制造业	**63480032**	**228258**	**7297862**	**1160133**	**53311798**
农副食品加工业	3986674	53730	379875	45468	3450054
食品制造业	1326848	6635	138079	66800	1092064
饮料制造业	654111		20630	2800	617771
烟草制品业	88741				88741
纺织业	584823		87850		489063
纺织服装、鞋、帽制造业	699112	350	78615	1000	582237
皮革、毛皮、羽毛(绒)及其制品业	228047		9190		94424
木材加工及木、竹、藤、棕、草制品业	919933	12500	104978	22708	768464
家具制造业	484064		40055		442559
造纸及纸制品业	652332	4000	140880	18000	478602
印刷业和记录媒介的复制	429204	2000	32988		390786
文教体育用品制造业	77160		2100		75060
石油加工、炼焦及核燃料加工业	1860374	59835	317472	83000	1305764
化学原料及化学制品制造业	3320603	20780	458051	176438	2343554
医药制造业	1547008	300	102174		1412772
化学纤维制造业	481011		159310		321701
橡胶制品业	778832	143	131245	4300	643144
塑料制品业	1572471		107645	27150	1431365
非金属矿物制品业	6312013	606	639665	80250	5540832
黑色金属冶炼及压延加工业	3285905		207230		3076235
有色金属冶炼及压延加工业	1879174		72294	21440	1771740
金属制品业	4219935	3010	1036349	59106	3036546

6-24 续表 1

单位：万元

行　业	本年资金来源合计	国家预算内资金	国内贷款	利用外资	自筹资金
通用设备制造业	10030445	2450	1042028	44299	8754538
专用设备制造业	5054918	8361	530743	55746	4344421
交通运输设备制造业	5704119	44550	621572	272231	4668154
电气机械及器材制造业	4113824	1740	494458	59362	3477903
通信设备、计算机及其他电子设备制造业	1816196		175813	87004	1462770
仪器仪表及文化、办公用机械制造业	565555		101830	16985	438690
工艺品及其他制造业	486521	1455	42290		442496
废弃资源和废旧材料回收加工业	320079	5813	22453	16046	269348
电力、燃气及水的生产和供应业	**8359703**	**725610**	**1956338**	**97272**	**5266987**
电力、热力的生产和供应业	5516154	481675	1579745	42642	3169646
燃气生产和供应业	1659034	15347	25066	774	1595384
水的生产和供应业	1184515	228588	351527	53856	501957
建筑业	**3237108**	**303860**	**837402**	**2300**	**2006632**
房屋和土木工程建筑业	2475736	243514	536492		1639299
建筑安装业	84155		500	2300	81355
建筑装饰业	133653		11660		121510
其他建筑业	543564	60346	288750		164468
交通运输、仓储和邮政业	**9610751**	**1343489**	**2936507**	**29880**	**4304204**
铁路运输业	522742	56820	73540		339382
道路运输业	3480875	818981	494578		1394407
城市公共交通业	1225759	407446	736580		81233
水上运输业	1697962	29121	790965		802324
航空运输业	146003	7556	29700		108447
管道运输业	129080				129080
装卸搬运和其他运输服务业	82393		1000		81393
仓储业	2318707	23565	810144	29880	1360708
邮政业	7230				7230
信息传输、计算机服务和软件业	**1155601**		**107401**		**1038000**
电信和其他信息传输服务业	317293		30000		287293
计算机服务业	114389		26000		78189
软件业	723919		51401		672518
批发和零售业	**6339280**	**76411**	**578070**	**326837**	**5301352**
批发业	2410200	13106	240638	8980	2114660
零售业	3929080	63305	337432	317857	3186692
住宿和餐饮业	**3218007**	**110384**	**173200**	**9924**	**2853865**
住宿业	2424808	110384	145400	9924	2094526
餐饮业	793199		27800		759339

6-24 续表 2

单位: 万元

行　业	本年资金来源合计	国家预算内资金	国内贷款	利用外资	自筹资金
金融业	**584284**	**124715**	**74800**		**383407**
银行业	169040		14500		153178
证券业	137626	124715			12911
保险业	19411				19411
其他金融活动	258207		60300		197907
房地产业	**3158242**	**354949**	**678423**		**1784994**
租赁和商务服务业	**5302676**	**600994**	**998710**		**3488012**
租赁业	93885	2000	18600		71865
商务服务业	5208791	598994	980110		3416147
科学研究、技术服务和地质勘查业	**1265825**	**71348**	**57933**		**1104486**
研究与试验发展	370251	16900	27045		298306
专业技术服务业	489384	54132	18238		415364
科技交流和推广服务业	365396	316	11200		351472
地质勘查业	40794		1450		39344
水利、环境和公共设施管理业	**16237036**	**4533249**	**4027543**	**85500**	**6978912**
水利管理业	933389	131506	211943		471054
环境管理业	693798	88233	136840		468325
公共设施管理业	14609849	4313510	3678760	85500	6039533
居民服务和其他服务业	**1531758**	**33179**	**1068146**	**13000**	**408267**
居民服务业	223699	31979	15250		172430
其他服务业	1308059	1200	1052896	13000	235837
教育	**1971902**	**229343**	**309420**		**1370066**
卫生、社会保障和社会福利业	**1149983**	**105129**	**92885**		**918295**
卫生	875673	85975	48265		713759
社会保障业	9768		1700		7268
社会福利业	264542	19154	42920		197268
文化、体育和娱乐业	**2218780**	**105766**	**601562**	**12000**	**1479855**
新闻出版业	140887		20000		120887
广播、电视、电影和音像业	43950		1300		42650
文化艺术业	370100	73939	24295		271866
体育	461170	22027	162507		276636
娱乐业	1202673	9800	393460	12000	767816
公共管理和社会组织	**3090102**	**587667**	**211198**		**2176454**
中国共产党机关	1560	1560			
国家机构	2287796	577644	211198		1438971
群众社团、社会团体、宗教组织	117728	4490			58438
基层群众自治组织	683018	3973			679045

6-24 续表 3

单位：万元

行　　业	其他资金	投资额	新增固定资产	固定资产交付使用率(%)
全省合计	**4600329**	**119277557**	**68713502**	**57.6**
农、林、牧、渔业	**120988**	**2655814**	**2066201**	**77.8**
农业	33418	962952	671473	69.7
林业	3280	202677	146786	72.4
畜牧业	9275	652306	500946	76.8
渔业	53390	650243	558875	85.9
农、林、牧、渔服务业	21625	187636	188121	100.3
采矿业	**22454**	**4827510**	**2964006**	**61.4**
煤炭开采和洗选业	200	567573	377314	66.5
石油和天然气开采业		1080968	270657	25.0
黑色金属矿采选业	2000	1898122	1393372	73.4
有色金属矿采选业	6476	246787	205893	83.4
非金属矿采选业	10832	985376	679164	68.9
其他采矿业	2946	48684	37606	77.2
制造业	**1481981**	**54688918**	**34722047**	**63.5**
农副食品加工业	57547	3246418	2244224	69.1
食品制造业	23270	1105572	689512	62.4
饮料制造业	12910	659761	459799	69.7
烟草制品业		4368	9741	223.0
纺织业	7910	539036	392250	72.8
纺织服装、鞋、帽制造业	36910	651396	511686	78.6
皮革、毛皮、羽毛(绒)及其制品业	124433	224926	219600	97.6
木材加工及木、竹、藤、棕、草制品业	11283	771392	502149	65.1
家具制造业	1450	449540	287266	63.9
造纸及纸制品业	10850	628535	441945	70.3
印刷业和记录媒介的复制	3430	411650	324328	78.8
文教体育用品制造业		70055	51600	73.7
石油加工、炼焦及核燃料加工业	94303	1790613	1023760	57.2
化学原料及化学制品制造业	321780	2881599	1844861	64.0
医药制造业	31762	1327486	1134359	85.5
化学纤维制造业		425135	70556	16.6
橡胶制品业		724535	302816	41.8
塑料制品业	6311	1508557	917601	60.8
非金属矿物制品业	50660	5681956	3529825	62.1
黑色金属冶炼及压延加工业	2440	2628572	1175887	44.7
有色金属冶炼及压延加工业	13700	1660471	1264118	76.1
金属制品业	84924	3031390	2208356	72.8

6-24 续表 4

单位：万元

行　　业	其他资金	投资额	新增固定资产	固定资产交付使用率(%)
通用设备制造业	187130	8557513	5431190	63.5
专用设备制造业	115647	4544523	2965236	65.2
交通运输设备制造业	97612	5041832	2368039	47.0
电气机械及器材制造业	80361	3421230	2090817	61.1
通信设备、计算机及其他电子设备制造业	90609	1472695	1259598	85.5
仪器仪表及文化、办公用机械制造业	8050	497256	293928	59.1
工艺品及其他制造业	280	447432	545027	121.8
废弃资源和废旧材料回收加工业	6419	283474	161973	57.1
电力、燃气及水的生产和供应业	**313496**	**6669618**	**3052749**	**45.8**
电力、热力的生产和供应业	242446	4730546	2260625	47.8
燃气生产和供应业	22463	953147	281645	29.5
水的生产和供应业	48587	985925	510479	51.8
建筑业	**86914**	**2141251**	**1429403**	**66.8**
房屋和土木工程建筑业	56431	1704324	1152650	67.6
建筑安装业		64293	50227	78.1
建筑装饰业	483	74267	32417	43.6
其他建筑业	30000	298367	194109	65.1
交通运输、仓储和邮政业	**996671**	**8601729**	**4192201**	**48.7**
铁路运输业	53000	548254	17845	3.3
道路运输业	772909	3181098	1394054	43.8
城市公共交通业	500	1257915	532279	42.3
水上运输业	75552	1613163	1061840	65.8
航空运输业	300	136392	64746	47.5
管道运输业		136414	14600	10.7
装卸搬运和其他运输服务业		76468	49163	64.3
仓储业	94410	1645930	1053079	64.0
邮政业		6095	4595	75.4
信息传输、计算机服务和软件业	**10200**	**1046901**	**576606**	**55.1**
电信和其他信息传输服务业		286938	261626	91.2
计算机服务业	10200	112883	106163	94.0
软件业		647080	208817	32.3
批发和零售业	**56610**	**4925353**	**2250995**	**45.7**
批发业	32816	1978985	1122388	56.7
零售业	23794	2946368	1128607	38.3
住宿和餐饮业	**70634**	**2969173**	**1194100**	**40.2**
住宿业	64574	2243468	644744	28.7
餐饮业	6060	725705	549356	75.7

6-24 续表 5

单位：万元

行　　业	其他资金	投资额	新增固定资产	固定资产交付使用率(%)
金融业	**1362**	**566805**	**504351**	**89.0**
银行业	1362	153233	111295	72.6
证券业		137614	11440	8.3
保险业		19236	11310	58.8
其他金融活动		256722	370306	144.2
房地产业	**339876**	**2165217**	**1009774**	**46.6**
租赁和商务服务业	**214960**	**4022261**	**1772265**	**44.1**
租赁业	1420	93335	80144	85.9
商务服务业	213540	3928926	1692121	43.1
科学研究、技术服务和地质勘查业	**32058**	**1050982**	**537061**	**51.1**
研究与试验发展	28000	348954	199658	57.2
专业技术服务业	1650	337973	97804	28.9
科技交流和推广服务业	2408	322429	222666	69.1
地质勘查业		41626	16933	40.7
水利、环境和公共设施管理业	**611832**	**14267792**	**8073340**	**56.6**
水利管理业	118886	856652	292222	34.1
环境管理业	400	683542	470400	68.8
公共设施管理业	492546	12727598	7310718	57.4
居民服务和其他服务业	**9166**	**1451001**	**583466**	**40.2**
居民服务业	4040	214676	156439	72.9
其他服务业	5126	1236325	427027	34.5
教育	**63073**	**1758492**	**726459**	**41.3**
卫生、社会保障和社会福利业	**33674**	**894835**	**503195**	**56.2**
卫生	27674	633213	424348	67.0
社会保障业	800	9744	10894	111.8
社会福利业	5200	251878	67953	27.0
文化、体育和娱乐业	**19597**	**1788613**	**684118**	**38.2**
新闻出版业		47375	39187	82.7
广播、电视、电影和音像业		39739	37353	94.0
文化艺术业		314085	177519	56.5
体育		390640	35340	9.0
娱乐业	19597	996774	394719	39.6
公共管理和社会组织	**114783**	**2785292**	**1871165**	**67.2**
中国共产党机关		1560	1560	100.0
国家机构	59983	2017451	1137589	56.4
群众社团、社会团体、宗教组织	54800	91235	71370	78.2
基层群众自治组织		675046	660646	97.9

6-25 各地区按行业分建设项目新增固定资产

单位：万元

年份、地区	合计	农林牧渔业	采矿业	制造业	电力、燃气及水的生产和供应业	建筑业	交通运输仓储和邮政业	信息传输、计算机服务和软件业	批发和零售业	住宿和餐饮业
2005	19464179	278332	1466943	9828630	956830	188933	1416108	359388	923303	401408
2006	22422137	354483	1944056	11027672	948659	324995	1756914	394289	1059344	421746
2007	30472909	477202	2100599	14261494	2353587	285779	2493073	319701	1445176	584539
2008	41978223	770661	2355216	21893841	2192069	406054	2328227	618041	1799541	973428
2009	58021883	1151381	2295717	29092046	3411559	938757	4058862	864654	3229421	1261212
2010	81599523	1384973	4126137	35728460	3762066	1134045	4108876	958593	1883003	1080068
2011	68713502	2066201	2964006	34722047	3052749	1429403	4192201	576606	2250995	1194100
沈 阳	13847681	404807	68257	7497769	549294	253649	852978	187008	892198	415828
大 连	16704467	878535	56592	6581763	372739	285974	1255277	236800	203081	279769
鞍 山	2986733	163948	110978	1945549	90082	10276	90643	1312	201272	125860
抚 顺	3602833	76619	231586	1767837	57337	181287	82772	450	212006	28610
本 溪	3346465	48681	450824	1739863	179779	13497	234246	5538	173274	62919
丹 东	2761297	58378	354263	1297668	74932	59842	190325	11300	185913	78896
锦 州	2938862	83599	228144	1802701	132691	79179	35156		30460	47815
营 口	3683558	8320	10223	1878156	168028	18437	651036		24427	123405
阜 新	1910309	43515	93850	986044	316021	9077	136277		48844	
辽 阳	2676918	2838	531867	1198299	93058	261778	39890	10234	35596	10800
盘 锦	4394308	96075	5400	2117064	143971	51784	199997	112964	110163	14000
铁 岭	4506258	20378	113318	3444068	111167	169573	345128		56136	
朝 阳	2741953	79858	629954	987152	560423	3050	68848		39145	4368
葫芦岛	2611860	100650	78750	1478114	203227	32000	9628	11000	38480	1830

6-25 续表

单位：万元

年份、地区	金融业	房地产业	租赁和商务服务业	科学研究、技术服务和地质勘查业	水利、环境和公共设施管理业	居民服务和其他服务业	教育	卫生、社会保障和社会福利业	文化、体育和娱乐业	公共管理和社会组织
2005	98925	301902	297858	206698	1313070	106320	608380	180826	213179	317146
2006	53810	582206	348341	166703	1450509	134351	588452	177265	336290	352052
2007	93356	709596	392885	330772	2710649	250160	708908	282776	290804	381853
2008	219398	1274875	747145	477847	3731698	317367	669226	334031	390321	479237
2009	215985	682616	848711	581705	5841711	485911	726414	594542	511926	1228753
2010	125389	718588	1640555	322560	6987561	276354	14752804	620434	779497	1209560
2011	504351	1009774	1772265	537061	8073340	583466	726459	503195	684118	1871165
沈　阳	68290	144032	492069	166525	651939	415421	131291	222457	215245	218624
大　连	39535	166975	1007874	237910	3716565	48891	141368	41707	211163	941949
鞍　山	4800		500	18825	86291	37220	10300	49201	4250	35426
抚　顺	2800	149200	146716	12652	307040	6510	58365	43070	115539	122437
本　溪	38350	7420	15290	50600	47952	21107	62485	43018	20848	130774
丹　东	4576		29200	3284	286802	21720	17222	16925	21624	48427
锦　州		124544	9467	8037	157212	6278	30513	18056	15725	129285
营　口		237028	26759	19500	426728	11730	63982	7512	8287	
阜　新		106103		2910	102224		9086		3197	53161
辽　阳		6281	4750	78	331906		15468	25226	49564	59285
盘　锦		20700	36240	10860	1466564				8526	
铁　岭		23621		1300	152906	520	46788	14071	2000	5284
朝　阳		12000	3400	4580	212927	14069	70313	9642		42224
葫芦岛	346000	11870			126284		69278	12310	8150	84289

6-26 各地区建设项目施工、竣工房屋面积

单位：万平方米

年份、地区	施工房屋建筑面积	#住宅	竣工房屋建筑面积	#住宅
2000	2125.80	822.50	1132.20	568.50
2001	2019.30	717.10	1018.70	493.50
2002	2368.00	625.40	1110.40	363.90
2003	2830.70	564.50	1417.80	378.20
2004	3633.90	424.80	1898.50	256.60
2005	5250.70	725.60	2516.20	343.40
2006	6525.20	1110.60	3275.60	503.70
2007	9317.20	995.40	3717.70	445.30
2008	8970.97	653.96	4162.71	303.62
2009	10642.16	360.00	4366.03	243.64
2010	17307.47	544.66	4748.32	174.51
2011	19809.01	1107.47	4204.95	250.35
沈　阳	4983.55	89.74	1113.38	
大　连	3852.00	234.82	726.52	132.22
鞍　山	1203.96	19.25	103.16	
抚　顺	1255.02	23.47	294.70	19.71
本　溪	904.54	96.83	275.03	4.57
丹　东	917.82	26.04	258.18	1.14
锦　州	1144.04	56.09	267.41	
营　口	1678.35	53.76	455.83	3.01
阜　新	542.13	232.25	234.34	79.14
辽　阳	284.24	17.19	20.23	4.12
盘　锦	476.89		93.76	
铁　岭	1172.71	4.06	241.64	
朝　阳	753.08	72.50	114.42	1.34
葫芦岛	640.67	181.48	6.35	5.10

6-27 各地区城镇500万元以上施工、投产项目个数

年份、地区	施工项目(个)	新开工项目(个)	全部建成投产项目(个)	项目建成投产率(%)
2003	8200	6809	5420	66.1
2004	10485	8632	6244	59.6
2005	14339	10535	10068	70.2
2006	13477	10904	9670	71.8
2007	13193	10413	9157	69.4
2008	14749	12544	11710	79.4
2009	19388	16998	14519	74.9
2010	10263	8053	6684	65.1
2011	14690	10624	9063	61.7
沈　阳	3618	3244	2456	67.9
大　连	2188	1381	1431	65.4
鞍　山	1219	863	680	55.8
抚　顺	737	499	425	57.7
本　溪	762	582	428	56.2
丹　东	920	597	473	51.4
锦　州	764	634	585	76.6
营　口	799	588	425	53.2
阜　新	499	212	330	66.1
辽　阳	396	272	244	61.6
盘　锦	714	574	433	60.6
铁　岭	827	305	459	55.5
朝　阳	882	729	493	55.9
葫芦岛	365	144	201	55.1

6-28 按行业分城镇500万元以上施工、投产项目个数

(2011年)

行　　业	施工项目(个)	#新开工	全部建成投产项目(个)	项目建成投产率(%)
全省合计	**14690**	**10624**	**9063**	**61.7**
农、林、牧、渔业	**555**	**472**	**402**	**72.4**
农业	185	169	129	69.7
林业	38	33	28	73.7
畜牧业	128	105	80	62.5
渔业	148	126	123	83.1
农、林、牧、渔服务业	56	39	42	75.0
采矿业	**795**	**624**	**471**	**59.2**
煤炭开采和洗选业	124	110	70	56.5
石油和天然气开采业	51	45	35	68.6
黑色金属矿采选业	331	245	200	60.4
有色金属矿采选业	70	45	30	42.9
非金属矿采选业	210	170	129	61.4
其他采矿业	9	9	7	77.8
制造业	**8024**	**5642**	**5075**	**63.2**
农副食品加工业	628	486	401	63.9
食品制造业	182	136	115	63.2
饮料制造业	121	99	75	62.0
烟草制品业	2		1	50.0
纺织业	128	99	88	68.8
纺织服装、鞋、帽制造业	156	127	117	75.0
皮革、毛皮、羽毛(绒)及其制品业	65	45	53	81.5
木材加工及木、竹、藤、棕、草制品业	176	127	108	61.4
家具制造业	90	70	65	72.2
造纸及纸制品业	90	67	60	66.7
印刷业和记录媒介的复制	66	56	46	69.7
文教体育用品制造业	27	21	11	40.7
石油加工、炼焦及核燃料加工业	186	125	96	51.6
化学原料及化学制品制造业	444	282	279	62.8
医药制造业	175	84	110	62.9
化学纤维制造业	23	18	14	60.9
橡胶制品业	96	70	62	64.6
塑料制品业	273	214	178	65.2
非金属矿物制品业	884	710	575	65.0
黑色金属冶炼及压延加工业	234	154	132	56.4
有色金属冶炼及压延加工业	188	112	112	59.6
金属制品业	512	375	328	64.1

6-28 续表 1

行　业	施工项目(个)	#新开工	全部建成投产项目(个)	项目建成投产率(%)
通用设备制造业	1419	926	940	66.2
专用设备制造业	628	420	402	64.0
交通运输设备制造业	412	241	213	51.7
电气机械及器材制造业	496	353	309	62.3
通信设备、计算机及其他电子设备制造业	116	71	67	57.8
仪器仪表及文化、办公用机械制造业	80	54	38	47.5
工艺品及其他制造业	93	78	60	64.5
废弃资源和废旧材料回收加工业	34	22	20	58.8
电力、燃气及水的生产和供应业	**489**	**289**	**256**	**52.4**
电力、热力的生产和供应业	296	166	154	52.0
燃气生产和供应业	89	59	47	52.8
水的生产和供应业	104	64	55	52.9
建筑业	**326**	**284**	**191**	**58.6**
房屋和土木工程建筑业	261	224	147	56.3
建筑安装业	24	23	14	58.3
建筑装饰业	11	11	8	72.7
其他建筑业	30	26	22	73.3
交通运输、仓储和邮政业	**500**	**307**	**287**	**57.4**
铁路运输业	9	1	2	22.2
道路运输业	238	147	146	61.3
城市公共交通业	35	6	14	40.0
水上运输业	43	14	16	37.2
航空运输业	14	9	9	64.3
管道运输业	4	2	2	50.0
装卸搬运和其他运输服务业	14	12	7	50.0
仓储业	140	113	89	63.6
邮政业	3	3	2	66.7
信息传输、计算机服务和软件业	**75**	**56**	**43**	**57.3**
电信和其他信息传输服务业	32	20	19	59.4
计算机服务业	8	6	7	87.5
软件业	35	30	17	48.6
批发和零售业	**711**	**582**	**456**	**64.1**
批发业	349	293	224	64.2
零售业	362	289	232	64.1
住宿和餐饮业	**324**	**266**	**178**	**54.9**
住宿业	145	113	66	45.5
餐饮业	179	153	112	62.6

6-28 续表 2

行 业	施工项目(个)	#新开工	全部建成投产项目(个)	项目建成投产率(%)
金融业	**64**	**48**	**43**	**67.2**
银行业	33	22	22	66.7
证券业	6	5	5	83.3
保险业	6	6	4	66.7
其他金融活动	19	15	12	63.2
房地产业	**176**	**139**	**67**	**38.1**
租赁和商务服务业	**256**	**194**	**144**	**56.3**
租赁业	11	10	9	81.8
商务服务业	245	184	135	55.1
科学研究、技术服务和地质勘查业	**126**	**85**	**72**	**57.1**
研究与试验发展	38	17	17	44.7
专业技术服务业	45	35	24	53.3
科技交流和推广服务业	35	26	25	71.4
地质勘查业	8	7	6	75.0
水利、环境和公共设施管理业	**1253**	**892**	**722**	**57.6**
水利管理业	121	87	78	64.5
环境管理业	68	40	40	58.8
公共设施管理业	1064	765	604	56.8
居民服务和其他服务业	**118**	**103**	**75**	**63.6**
居民服务业	67	61	42	62.7
其他服务业	51	42	33	64.7
教育	**222**	**146**	**135**	**60.8**
卫生、社会保障和社会福利业	**151**	**106**	**94**	**62.3**
卫生	119	81	74	62.2
社会保障业	5	4	4	80.0
社会福利业	27	21	16	59.3
文化、体育和娱乐业	**155**	**118**	**82**	**52.9**
新闻出版业	7	5	2	28.6
广播、电视、电影和音像业	6	5	5	83.3
文化艺术业	45	34	23	51.1
体育	26	14	12	46.2
娱乐业	71	60	40	56.3
公共管理和社会组织	**370**	**271**	**270**	**73.0**
中国共产党机关	1	1	1	100.0
国家机构	315	224	230	73.0
群众社团、社会团体、宗教组织	16	14	11	68.8
基层群众自治组织	38	32	28	73.7

6-29 农村集体固定资产投资主要指标

指　标	2005年	2006年	2008年	2009年	2010年	2011年
一、投资总额（万元）	**4282949**	**5644176**	**9354679**	**4592962**	**6873125**	**10161447**
1.按资金来源分						
国家资金	89942	63915	254329	73487	68731	111776
国内贷款	201299	181178	328961	275578	687313	1087275
引进外资	68527	54327	50977	22965	20619	40646
自筹资金	3657638	5146360	8415699	4156631	5979619	8816071
其他资金	265543	198396	304713	64301	116843	105679
2.按构成分						
建筑安装工程	2386314	3204560	5471020	2572513	3918798	6085415
设备、工具、器具购置	1454585	1838183	3175411	1638066	2474399	3138915
其他费用	442050	601433	708248	382383	479928	937117
3.按建设性质分						
#新　建	2671519	3437972	5468596	2669488	4505528	7328153
扩　建	793710	1262945	2118639	1142780	1417344	1666283
改　建	475781	520480	1002467	487367	449864	800207
二、新增固定资产（万元）	**3620628**	**4871711**	**8292248**	**4235129**	**4718290**	**7691591**
三、房屋建设面积（万平方米）						
施工面积	1202.6	1703.1	1948.7	706	843.7	2116.7
#住　宅	104.4	177.3	69.1	14.5	7.5	24.1
竣工面积	868.3	1035.3	1324.6	429.3	289.9	550.3
#住　宅	70.3	131.2	29	5.6	0.3	10.5

6-30 农村个人固定资产投资和建房

年份、地区	投资总额（万元）		竣工房屋建筑面积（万平方米）	
		#住宅		#住宅
2000	820527	531850	1750.0	1711.0
2001	829920	435463	2061.5	1841.1
2002	927219	450638	2273.0	2013.0
2003	1044548	433702	2273.0	2013.0
2004	1188251	534916	2207.8	2083.4
2005	1328935	574375	2276.9	2153.2
2006	1473789	925869	3042.0	2878.7
2007	1670728	1012628	3276.0	2981.0
2008	2016553	1211542	3595.8	3282.6
2009	2281262	1423481	3904.0	3508.5
2010	2493851	1587274	4068.1	3638.1
2011	2948251	1774916	4132.6	3674.9
沈　阳	165000	82500	80.0	80.0
大　连	265000	159000		
鞍　山	515874	56806	78.8	51.5
抚　顺	237949	31000	32.5	32.5
本　溪	56000	25333	18.0	18.0
丹　东	180000	24818		30.8
锦　州	186462	147832	123.3	88.3
营　口	350000	80000	100.0	100.0
阜　新	102133	102133	37.0	37.0
辽　阳	255748	192966	137.0	74.2
盘　锦	140000	85429	30.9	30.1
铁　岭	176677	80671	181.1	145.8
朝　阳	177620	3000	70.5	70.5
葫芦岛	139788	87065	87.1	81.7

注：本表为抽样调查推算数，分市数据由各市统计局提供。

6-31 房地产开发主要指标

指　　标	单位	2005年	2006年	2008年	2009年	2010年	2011年
土地购置							
本年土地购置面积	万平方米	2432.8	2316.9	2953.8	2086.8	3134.6	3446.3
本年完成投资额	**万元**	**8742525**	**11421948**	**20607952**	**26405639**	**34657562**	**44875610**
土地开发投资额	万元	901134	1393514	1254806	1316844		
配套工程投资	万元	204961	619007	1019087	709545	738642	630488
#住　　宅	万元	6145405	8388987	15792147	19339201	24813478	34104876
#经济适用房屋	万元	154200	574098	495296	637407	503756	
本年资金来源小计	**万元**	**9372018**	**13002851**	**22029829**	**32684449**	**50708103**	**55650848**
#国内贷款	万元	1267527	1728346	2769112	4737260	6483457	7671009
利用外资	万元	89308	242602	1140114	1149245	1742831	1920617
自筹资金	万元	4586225	5924162	11475416	15800648	27857536	27758717
房屋建筑面积							
施工面积	万平方米	7058.9	8615.5	14904.6	18579.1	26831.1	34364.3
竣工面积	万平方米	2443.9	2907.8	3826.1	4031.7	4497.4	6322.8
本年新开工面积	万平方米	3638.4	4531.4	6761.9	8305.4	12647.9	12444.3
#住　　宅	万平方米	3040	3797.7	5563.3	6639.9	9870.4	9910
#经济适用房屋	万平方米	79.9	390	214	281.6	252.8	
商品房屋销售额	**万元**	**7174340**	**9278590**	**15376463**	**21685950**	**30633172**	**35691155**
#住　　宅	万元	6205959	7909896	13338922	18834702	25876571	30092300
#经济适用房屋	万元	150932	340400	288019	300723	205561	
商品房屋销售面积	**万平方米**	**2564.5**	**3026.5**	**4091.2**	**5375.5**	**6800.5**	**7541.5**
#住　　宅	万平方米	2340.4	2749.9	3731.2	4864.2	6013.5	6624.1
#经济适用房屋	万平方米	71.5	151.7	137.5	138.3	67.1	

6-32 房地产开发企业(单位)的土地购置

年份、地区	本年购置土地面积(万平方米)	本年土地成交价款(万元)
2000	1019.3	
2001	1107.1	
2002	1384.7	
2003	1668.7	1395759
2004	2256.9	1779227
2005	2432.8	2034432
2006	2316.9	2065722
2007	3323.6	2899565
2008	2953.8	3080834
2009	2086.9	2936827
2010	3134.6	4878841
2011	3446.3	5312808
沈　阳	755.9	1735144
大　连	611.2	1277539
鞍　山	76.2	117405
抚　顺	213.9	268770
本　溪	144.7	181570
丹　东	18.4	18893
锦　州	176.5	144541
营　口	556.1	679326
阜　新	86.7	127575
辽　阳	71.7	107032
盘　锦	254.5	194872
铁　岭	158.1	143643
朝　阳	38.1	69744
葫芦岛	284.3	246754

6-33 按用途分的房地产开发建设投资

单位：万元

年份、地区	本年完成投资额	住宅	#经济适用房屋	办公楼	商业营业用房	其他
2000	2649062	1812920	250726	155384	445326	235432
2001	3230692	2275667	289402	155329	511287	288409
2002	3883147	2758906	317602	182161	632742	309338
2003	4863947	3434716	234820	131670	866730	430831
2004	7207433	4942767	170802	221662	1253815	789189
2005	8742525	6145405	154200	258764	1502775	835581
2006	11421948	8388987	574098	376442	1539711	1116808
2007	14975793	11658892	509414	391338	1946253	979310
2008	20607952	15792147	495296	668581	3006798	1140426
2009	26405639	19339201	637407	867569	4321470	1877399
2010	34657562	24813478	503756	1029344	5886469	2928271
2011	44875610	34104876		929622	6753253	3087859
沈　阳	16847242	12609589		507643	2727908	1002102
大　连	11074630	8696887		179658	1301199	896886
鞍　山	3326220	2341921		62815	694890	226594
抚　顺	1127365	870398		3550	167319	86098
本　溪	831247	508484		25757	110794	186212
丹　东	1572929	1256672		17549	231225	67483
锦　州	1144960	903685		31175	161936	48164
营　口	2660598	2036269		20504	389954	213871
阜　新	470736	385223		2176	53211	30126
辽　阳	1095311	829097		30750	178142	57322
盘　锦	1096440	794719		19268	219221	63232
铁　岭	1937310	1501417		16518	301896	117479
朝　阳	885029	725041		10698	119213	30077
葫芦岛	805593	645474		1561	96345	62213

6-34 按构成分房地产开发建设投资

单位：万元

年份、地区	建筑安装工程	设备、工具器具购置	其他费用	
				#土地购置费
2000	1966063	65137	617862	347314
2001	2351326	52831	826535	516854
2002	2724912	79696	1078539	581343
2003	3198149	68635	1597163	1024229
2004	4918594	89875	2198964	1267595
2005	5912043	139201	2691281	1682273
2006	7657084	113123	3651741	2021204
2007	11662016	170600	3143177	1971841
2008	15705901	351522	4550529	3002435
2009	20848847	358489	5198303	3606763
2010	26754213	543356	7359993	5080384
2011	36067442	1199549	7608619	5225988
沈　阳	13407273	693459	2746510	2017447
大　连	8909978	127523	2037129	1143977
鞍　山	2630955	85118	610147	430350
抚　顺	902104	10848	214413	164367
本　溪	643628	10805	176814	118454
丹　东	1394843	59203	118883	75343
锦　州	828939	29055	286966	161830
营　口	2136397	28855	495346	489362
阜　新	386369	1462	82905	80039
辽　阳	994209	1689	99413	62388
盘　锦	867583	103379	125478	69752
铁　岭	1660967	18374	257969	154663
朝　阳	715376	24073	145580	85810
葫芦岛	588821	5706	211066	172206

6-35　房地产开发企业(单位)的资金来源

单位：万元

年份、地区	本年资金来源小计	国内贷款	利用外资	自筹资金	其他资金	#定金及预收款
2000	2837089	645522	55167	971842	1159178	910460
2001	3532286	689515	54351	124710	1545785	1179279
2002	4180547	800959	63316	1658685	1644787	1234539
2003	5582992	1332891	55561	2273464	1917688	1578904
2004	8490919	1366702	82619	3496051	3544047	2740905
2005	9372018	1267527	89308	4586225	3428958	2531636
2006	13002851	1728346	242602	5924162	5107741	3266026
2007	18703917	2598871	924053	8429379	6751614	4520319
2008	22029829	2769112	1140114	11475416	6645187	4543873
2009	32684449	4737260	1149245	15800648	10997296	7506860
2010	50708103	6483457	1742831	27857536	14624279	9666914
2011	55650848	7671009	1920617	27758717	18300505	10950702
沈　阳	20678636	1801369	1191566	10960108	6725593	4759983
大　连	14501406	3703160	187225	4468057	6142964	3440932
鞍　山	3909618	714585	32850	2267813	894370	432626
抚　顺	1434346	255314	10746	864803	303483	190658
本　溪	1261470	72900	43861	372400	772309	202298
丹　东	1692786	93646	14344	1140436	444360	364298
锦　州	1403417	56714		837412	509291	298093
营　口	3153309	376693	277212	2202939	296465	233463
阜　新	514998	9913	440	402942	101703	22508
辽　阳	1402232	31780		895199	475253	218890
盘　锦	2011363	251027	161349	1383546	215441	138641
铁　岭	1908502	220695		751334	936473	330368
朝　阳	851404	12930		630553	207921	121214
葫芦岛	927361	70283	1024	581175	274879	196730

6-36 房地产开发建设房屋建筑面积和竣工率

年份、地区	施工房屋面积（万平方米）	竣工房屋面积（万平方米）	房屋建筑面积竣工率（%）	竣工房屋价值（万元）
2000	3301.8	1618.9	49.0	1507495
2001	3971.2	1842.7	46.4	1818229
2002	4754.1	1984.3	41.7	2061219
2003	5314.1	2139.7	40.3	2301203
2004	6294.6	2303.6	36.6	2805817
2005	7058.9	2443.9	34.6	2931979
2006	8615.5	2907.8	33.8	3885888
2007	11615.1	3129.9	26.9	4453006
2008	14904.6	3826.1	25.7	6399392
2009	18579.1	4031.7	21.7	7524878
2010	26831.1	4497.4	16.8	9711392
2011	34364.3	6322.8	18.4	15176420
沈　阳	10201.3	1983.3	19.4	4725864
大　连	6193.4	942.9	15.2	3277876
鞍　山	3936.5	476.9	12.1	974968
抚　顺	1150.2	285.1	24.8	922985
本　溪	1098.6	330.8	30.1	766654
丹　东	1393.0	246.9	17.7	648359
锦　州	1092.6	251.2	23.0	466368
营　口	2829.9	552.8	19.5	759095
阜　新	705.9	152.1	21.5	221983
辽　阳	823.3	105.5	12.8	204414
盘　锦	939.7	145.5	15.5	377509
铁　岭	2071.3	489.8	23.6	1133035
朝　阳	1045.2	213.5	20.4	427195
葫芦岛	883.3	146.5	16.6	270115

6-37 各地区房地产开发企业基本情况

年份、地区	开发公司个数（个）					年末从业人员人数（人）
		#国有经济	#集体经济	#外商投资经济	#港澳台投资经济	
2000	1417	293	161	73	109	42098
2001	1545	209	106	79	103	44612
2002	1635	158	81	70	94	47284
2003	1800	127	61	78	93	49497
2004	2303	121	65	105	126	53579
2005	2744	134	77	136	157	51692
2006	2771	113	56	150	165	56411
2007	2981	104	50	163	184	57032
2008	4841	142	96	261	254	70435
2009	3920	130	59	203	226	73829
2010	4181	126	57	211	245	79346
2011	3647	97	39	155	229	76248
沈　阳	797	21	2	82	92	18467
大　连	965	24	12	32	64	21989
鞍　山	356	11	5	17	27	5898
抚　顺	138	6	2	1	10	2394
本　溪	106	9	1		2	3262
丹　东	156	3	8	11	2	2376
锦　州	96		2		4	2587
营　口	239	6	1	3	8	4052
阜　新	157	3		5	2	2343
辽　阳	125	4		1	3	1777
盘　锦	78		1	1	8	1613
铁　岭	138	7	1		2	2820
朝　阳	151	2		1	3	3195
葫芦岛	145	1	4	1	2	3475

6-38 各地区房地产开发经营情况

单位：万元

年份、地区	主营业务收入	土地转让收入	商品房屋销售收入	房屋出租收入	其他收入	主营业务税金及附加	利润总额
2000	2339911	33981	2156412	10251	139267	129169	3473
2001	2573462	15737	2408399	13501	135825	141554	-10552
2002	2882505	27624	2763036	13909	77936	173135	-22649
2003	3675534	43475	3518507	15173	98379	217110	-32804
2004	5347879	91369	5075229	76381	104900	339651	88536
2005	6144218	20145	6025782	31680	66611	376911	198983
2006	7223740	41758	7036720	42193	103069	486136	282916
2007	8761740	68877	8575020	20793	97050	636021	488180
2008	11731198	102669	11439215	52501	136813	792186	1087841
2009	15404024	25404	15193794	44263	140563	1064018	1269888
2010	20597959	73968	20159693	135406	228891	1421464	1865672
2011	22947376	190599	22177928	204193	374656	1710041	2753903
沈　阳	7890435	1032	7677218	55252	156933	606434	884538
大　连	6328901	188184	5949096	62639	128983	516974	1497347
鞍　山	2376234	857	2350440	21827	3110	161448	55073
抚　顺	654462	526	632210	20825	902	41050	65996
本　溪	353257		339093	4463	9701	23071	16789
丹　东	808622		804877	441	3304	43056	22303
锦　州	438260		389604	7721	40935	34995	18350
营　口	1184090		1161598	12401	10091	75203	62211
阜　新	293208		290245	138	2825	19621	3530
辽　阳	315173		303788	9555	1829	28493	40713
盘　锦	533300		520381	1499	11420	42845	27916
铁　岭	855325		845181	6620	3524	48644	38077
朝　阳	462504		461932	460	113	34939	17497
葫芦岛	453605		452266	353	986	33267	3566

6-39 按用途分的商品房屋实际销售面积

单位：万平方米

年份、地区	商品房销售面积	住宅	#经济适用房	办公楼	商业营业用房	其他
2000	948.7	804.4	146.8	20.3	114.3	9.7
2001	1165.7	994.7	179.2	27.1	128.4	15.5
2002	1277.5	1120.4	133.3	20.7	127.7	8.7
2003	1499.1	1320.3	110.4	25.9	133.6	19.3
2004	2013.5	1798.4	72.3	17.2	164.0	33.9
2005	2564.5	2340.4	71.4	16.1	182.6	25.3
2006	3026.4	2749.9	151.7	24.1	201.6	50.8
2007	3830.4	3545.6	114.4	19.1	220.4	45.3
2008	4091.2	3731.2	137.5	35.9	268.0	56.1
2009	5375.5	4864.2	138.3	30.1	394.0	87.2
2010	6800.5	6013.5	67.1	64.7	510.0	212.2
2011	7541.5	6624.1		52.4	583.5	281.5
沈阳	2165.2	1947.8		10.5	164.7	42.1
大连	909.9	833.4		5.7	47.4	23.4
鞍山	606.2	517.1		2.7	47.6	38.8
抚顺	307.8	287.8		1.3	17.4	1.3
本溪	399.8	242.0		5.6	48.0	104.2
丹东	434.4	402.0		0.9	24.7	6.7
锦州	416.7	365.0		17.1	28.5	6.1
营口	613.1	545.6		2.6	48.1	16.8
阜新	165.2	146.4			16.5	2.3
辽阳	200.6	174.6		0.4	24.1	1.5
盘锦	346.1	315.8			28.5	1.8
铁岭	447.0	382.7		1.9	42.5	20.0
朝阳	376.3	322.9		3.7	35.3	14.4
葫芦岛	153.2	140.8			10.3	2.1

6-40 按用途分的商品房屋实际销售额

单位：万元

年份、地区	商品房销售额	住宅	#经济适用房	办公楼	商业营业用房	其他
2000	1969468	1514151	213338	81327	350835	23155
2001	2478449	1988320	261222	78822	387466	23841
2002	2732993	2231000	199616	83089	398162	20742
2003	3434521	2813999	185315	87307	488483	44732
2004	4866124	4165674	138291	50524	564718	85208
2005	7174340	6205959	150932	61993	829475	76913
2006	9278590	7909896	340400	131269	1073899	163526
2007	13368797	11893975	278991	90342	1208087	176393
2008	15376463	13338922	288019	171558	1647920	218063
2009	21685950	18834702	300723	187058	2356123	308067
2010	30633172	25876571	205561	524527	3328874	903200
2011	35691155	30092300		307547	4078586	1212722
沈　阳	12740225	10932828		75524	1482336	249537
大　连	7326603	6608200		74233	523539	120631
鞍　山	2525647	1873960		16298	328946	306443
抚　顺	1261164	1147477		6617	103237	3833
本　溪	1450433	828969		50534	275954	294976
丹　东	1467340	1302334		3844	136983	24179
锦　州	1342671	1128465		51313	142130	20763
营　口	2331095	1950722		12573	293948	73852
阜　新	510504	403739			97373	9392
辽　阳	734875	586185		775	144810	3105
盘　锦	1276827	1115108			154436	7283
铁　岭	1287207	1043820		5900	173091	64396
朝　阳	927162	732466		9936	159550	25210
葫芦岛	509402	438027			62253	9122

6-41 房地产开发企业(单位)施工、销售情况

(2011年)

指 标	单位	合计	住宅	#90平米以下住房	144平米以上住房	别墅、高档公寓	办公楼	商业营业用 房	其他
房屋施工面积	万平方米	34364.3	26644.9	13360.1	3037.8	1132.9	608.6	4977.2	2133.5
#新开工面积	万平方米	12444.3	9910.0	5086.2	1025.4	340.3	112.7	1581.5	840.1
房屋竣工面积	万平方米	6322.8	5225.2	3069.7	468.1	159.2	72.4	721.4	303.8
#不可销售面积	万平方米	425.6	273.1	243.5	0.6	0.0	9.3	90.1	53.2
竣工房屋价值	亿元	1517.6	1188.9	658.7	122.5	59.1	24.0	227.8	77.0
出租房屋面积	万平方米	60.8	3.9	0.2			0.4	56.6	
商品房销售面积	万平方米	7541.5	6624.1	3518.0	704.4	147.8	52.4	583.5	281.5
#现房销售面积	万平方米	2377.2	1957.9	1125.7	294.4	86.6	27.8	284.3	107.2
期房销售面积	万平方米	5164.3	4666.2	2392.2	410.1	61.2	24.7	299.3	174.2
商品房销售额	亿元	3569.1	3009.2	1489.3	470.9	126.4	30.8	407.9	121.3
#现房销售额	亿元	1065.6	801.1	414.5	158.1	63.9	19.4	186.8	58.3
期房销售额	亿元	2503.5	2208.2	1074.8	312.9	62.5	11.4	221.1	62.9

6-42 房地产开发企业(单位)投资、资金和土地情况

单位：万元

指 标	2005年	2006年	2008年	2009年	2010年	2011年
计划总投资	26772808	36503869	75407081	91859648	144692113	184107428
自开始建设累计完成投资	13817096	22272502	42097592	55564174	83464409	113205599
本年完成投资	8742525	11421948	20607952	26405639	34657562	44875610
土地开发投资额	901134	1393514	1254806	1316844		
配套工程投资额	204961	619007	1019087	709545	738642	630488
按构成分:						
建筑工程	5570254	7130483	14396878	18662694	24417347	32471278
安装工程	341789	526601	1309023	2186153	2336866	3596164
设备工器具购置	139201	113123	351522	358489	543356	1199549
其他费用	2691281	3651741	4550529	5198303	7359993	7608619
#旧建筑物购置费	18890	217520	202965	173395	296701	252364
土地购置费	1682273	2021204	3002435	3606763	5080384	5225988
按工程用途分:						
住 宅	6145405	8388987	15792147	19339201	24813478	34104876
经济适用房	154200	574098	495296	637407	503756	
别墅、高档公寓	306288	488660	1232710	1528912	1915220	2067588
办公楼	258764	376442	668581	867569	1029344	929622
商业营业用房	1502775	1539711	3006798	4321470	5886469	6753253
其 他	835581	1116808	1140426	1877399	2928271	3087859
本年新增固定资产	4321689	5219474	8588725	10547777	12692617	21388327
本年购置土地面积(万平米)	2432.8	2316.9	2953.8	2086.9	3134.6	3446.3
本年土地成交价款	2034432	2065722	3080834	2936827	4878841	5312808

主要统计指标解释

全社会固定资产投资 固定资产投资是社会固定资产再生产的主要手段。通过建造和购置固定资产的活动，国民经济不断采用先进技术装备，建立新兴部门，进一步调整经济结构和生产力的地区分布，增强经济实力，为改善人民物质文化生活创造物质条件。这对我国的社会主义现代化建设具有重要意义。

固定资产投资额是以货币表现的建造和购置固定资产活动的工作量，它是反映固定资产投资规模、速度、比例关系和使用方向的综合性指标。全社会固定资产投资包括国有经济单位投资、城乡集体经济单位投资、各种经济类型的单位投资和城乡居民个人投资。按照我国现行计划管理体制，国有经济单位固定资产投资总额分为基本建设、更新改造、商品房屋建设投资和其他固定资产投资四个部分；城乡集体经济单位投资包括城镇集体所有制单位投资和农村集体所有制单位投资；各种经济类型的单位投资包括联营经济、股份制经济、中外合资经营、中外合作经营、外资、与大陆合资经营、与大陆合作经营、港澳台独资及其他经济类型的单位投资。城镇居民个人投资包括城市、县城、镇、工矿区所辖范围内的个人建房和农村个人建房及购买生产性固定资产的投资。

基本建设投资 基本建设是国有企业、事业单位以扩大生产能力或工程效益为主要目的的新建、扩建工程及有关工作。包括工厂、矿山、铁路、桥梁、港口、农田水利、商店、住宅、学校、医院等工程的建造和机器设备、车辆、船舶、飞机等的购置。

基本建设投资额是以货币表现的基本建设完成的工作量，是反映一定时期内基本建设规模和建设进度的综合性指标。它是根据工程的实际进度按预算价格(预算价格是编制施工图预算时所用的价格)计算的工作量，没有形成工程实体的建筑材料和没有开始安装的设备，都不计算投资完成额。

更新改造投资 更新改造是指国有企业、事业单位对原有设施进行固定资产更新和技术改造，以及相应配套的工程和有关工作(不包括大修理和维护工程)。更新改造投资是以货币表现的更新改造完成的工作量。根据我国现行统计制度，基本建设和更新改造的划分是：(1)列入基本建设计划的项目作为基本建设投资，列入更新改造计划的项目作为更新改造投资；(2)更新改造计划与基本建设计划结合安排的项目及未列入计划的项目，根据工程性质分别作为基本建设投资或更新改造投资。属于对企业、事业单位原有设施进行技术改造或更新的项目和增建主要生产车间、分厂等，其新增生产能力或效益尚未达到大中型标准的项目，以及由于城市环境保护和安全生产的需要而进行的迁建工程，作为更新改造投资。

其他固定资产投资 是指按照国家规定不纳入基本建设和更新改造计划管理，其总投资在五万元以上的固定资产投资。具体包括：国有经济单位用油田维护费和石油开发基金进行的油田维护和开发工程；煤炭、铁矿、森林工业等采掘采伐业用维检费进行的开拓延伸工程；交通部门用公路养路费对原有公路、桥梁进行改建的工程；商业部门用简易建筑费建造的仓库工程。

固定资产投资的资金来源 根据固定资产投资的资金来源不同，分为上年末结余资金、本年资金来源小计和各项应付款。其中本年资金来源小计又分为国家预算内资金、国内贷款、股票、债券、利用外资、自筹资金和其他资金来源七种：

(1)国家预算内资金指国家预算、地方财政、主管部门和国家专业投资公司拨给或委托银行贷给建设单位的基本建设拨款和中央基本建设基金，拨给企业单位的更新改造拨款，以及中央财政安排的专项拨款中用于基本建设的资金。

(2)国内贷款指报告期企、事业单位向银行及非银行金融机构借入的用于固定资产投资的各种国内借款。国内贷款包括：银行利用自有资金及吸收的存款发放的贷款、上级主管部门拨入的国内贷款、国家专项贷款(包括煤代油贷款、劳改煤矿专项贷款等)，地方财政专项资金安排的贷款、国内储备贷款、周转贷款等。

(3)股票是股份制企业通过发行股票筹集到的，用于固定资产投资的资金。

(4)债券是企业(公司)或金融机构通过发行各种债券筹集到的用于固定资产投资的资金，包括由银行代理国家专业投资公司发行的重点企业债券和重点建设债券。

(5)利用外资指报告期收到的用于固定资产投资的国外资金，包括统借统还、自借自还的国外贷款，中外合资项目中的外资，以及无偿捐赠等。其中，国家统借统还的外资，是指由我国政府出面同外国政府、团体或金融组织签订贷款协议、并负责偿还本息的国外贷款。

(6)自筹资金指建设单位报告期收到的，用于进行固定资产投资的上级主管部门、地方和本单位自筹资金。

(7)其他资金来源指报告期收到的除以上各种拨款、借款、自筹资金之外，其他用于固定资产投资的资金。

固定资产投资按国民经济行业分 建设项目归哪个行业，按其建成投产后的主要产品或主要用途及社会经济活动性质来确定。基本建设按建设项目划分国民经济行业，更新改造、国有经济单位其他固定资产投资及城镇集体投资根据整个企业、事业单位所属的行业来划分。一般情况下，一个建设项目或一个企业、事业单位只能属于一种国民经济行业。为了更准确地反映国民经济各行业之间的比例关系，联合企业(总厂)所属分厂属于不同行业的，原则上按分厂划分行业。

固定资产投资按建设性质分 建设项目的性质一般分为新建、扩建、改建、迁建、恢复。基本建设按建设项目划分建设性质，更新改造、国有经济单位其他固定资产投资及城镇集体投资按整个企业、事业单位的建设情况确定建设性质。目前基本建设和更新改造是根据我国现行的计划管理体制区分的，所以基本建设和更新改造都可以分别按新建、扩建等划分。

(1)新建一般是指从无到有、“平地起家”新开始建设单位。有的单位原有的基础很小，经过建设后其新增加的固定资产价值超过原有固定资产价值(原值)三倍以上的也算新建。

(2)扩建一般是指为扩大原有产品的生产能力，在厂内或其他地点增建主要生产车间(或主要工程)、独立的生产线或总厂之下的分厂的企业；事业单位和行政单位在原单位增建业务用房(如学校增建教学用房、医院增建门诊部或病床用房、行政机关增建办公楼等)也作为扩建。

(3)改建一般是指现有企业、事业单位为了技术进步，提高产品质量，增加花色品种，促进产品升级换代、降低消耗和成本，加强资源综合利用和三废治理、劳保安全等，采用新技术、新工艺、新设备、新材料等对现有设施、工艺条件进行技术改造或更新(包括相应配套的辅助性生产、生活福利设施)。有的企业为充分发挥现有生产能力，进行填平补齐而增建不增加本单位主要产品生产能力的车间等，也属于改建。

固定资产投资按用途分 固定资产投资按工程的经济用途分为用于第一产业、第二产业、第三产业和住宅四部分的建设，是研究不同用途的固定资产投资之间比例关系的重要指标。基本建设投资、国有经济单位其他固定资产投资及城镇集体投资的用途按单项工程确定，现有企业、事业单位更新改造投资的用途按更新改造项目确定。

固定资产投资按构成分 固定资产投资活动按其工作内容和实现方式分为建筑安装工程，设备、工具、器具购置，其他费用三个部分。

(1)建筑安装工程(建筑工作量)指各种房屋、建筑物的建造工程和各种设备、装置的安装工程。包括各种房屋建造工程，各种用途设备基础和各种工业窑炉的砌筑工程；为施工而进行的各种准备工作和临时工程以及完工后的清理工作等；铁路、道路的铺设，矿井的开凿及石油管道的架设等；水利工程；防空地下建筑等特殊工程；以及各种机械设备的安装工程；为测定安装工程质量，对设备进行的试行工作。在安装工程中，不包括被安装设备本身的价值。

(2)设备、工具、器具购置指购置或自制达到固定资产标准的设备、工具、器具的价值，固定资产的标准按财务部门规定。新建单位、扩建单位的新建车间按照设计和计划要求购置或自制的全部设备、工具、器具，不论是否达到固定资产标准均计入“设备、工具、器具购置中”。

(3)其他费用指除建筑安装工程和设备、工具、器具购置以外的投资完成额。它包括两种性质的费用，一种是属于增加固定资产的费用，主要有：建设单位管理费，土地、青苗等补偿费和安置补助费、勘察设计费，研究实验费、农林单位牲畜购置费、各种经济林木的营造费、办公和生活家具、器具购置费、引进技术和进口设备项目的其他费用、联合试运转费等；一种是属于不增加固定资产的费用，主要有：施工机械转移费、生产职工培训费、农业开荒费用及报废工程损失费等。

基本建设项目按大中小型划分 基本建设划分大中小型项目原则上应按照上级批准的设计任务书或初步设计所确定的总规模或总投资划分，没有正式批准设计任务书或初步设计的，按国家或省、自治区、直辖市年度基本建设投资计划中所列的总规模或总投资划分。上述两条均不具备的，按本年计划施工工程的建设总规模或总投资划分。生产单一产品的工业项目，按产品的设计能力划分的；生产多种产品的工业项目，按其主要产品的设计能力划分。品种繁多，难以按生产能力划分的，按全部计划投资额划分。划分标准以国家颁发的《大中小型建设项目划分标准》依据。国家曾在 1958 年、1962 年、1977 年和 1979 年先后五次修订《大中小型建设项目划分标准》，因此各历史时期的大中型项目数不完全可比。

施工项目 指报告期内曾进行建筑或安装工程施工活动的建设项目。包括报告期内新开工项目、报告期以前开工跨入报告期继续施工的项目以及报告期施过工并在报告期内全部建设投产或停缓建的项目。

全部建成投产项目 工业项目是指设计文件规定形成生产能力的主体工程及其相应配套的辅助设施全部建成，经负荷试运转，证明具备生产设计规定合格产品的条件，并经过验收鉴定合格或达到竣工验收标准，与生产性工程配套的生产福利设施可以满足近期正常生产的需要，正式移交生产的建设项目。非工业项目是指设计文件规定的主体工程和相应的配套工程全部建成，能够发挥设计规定的全部效益，经验收鉴定合格或达到竣工验收标准，正式移交使用的建设项目。

新增生产能力 指通过固定资产投资活动而增加的设计能力或工程效益，它是用实物形态表示的固定资产投资的成果。新增生产能力的计算，是以能独立发挥生产能力或效益的单项工程(或项目)为对象，当单项工程(或项目)建成，经有关部门鉴定合格，正式移交投入生产，即可计算新增生产能力。

新增生产能力或工程效益有以下几种表现形式:

(1)以建设项目或单项工程建成后的年产能力表示。如煤炭开采、石油开采等。

(2)以建设项目或单项工程建成后处理原料的能力表示。如选矿工程的年处理矿石能力，洗煤厂年洗原煤能力等。

(3)以新增的主要设备数量或容量表示。如棉纺绽枚数、发电机组容量等。

(4)以建筑物容积、容量、面积或长度表示。如水库容量、铁路公路里程等。

新增生产能力的数量一般按设计能力计算。设计能力是指设计文件中规定的在正常情况下能够达到的生产能力，而不论投产后的实际产量如何。以设备数量、建筑物容积、面积、长度等表示的新增生产能力(或效益)，则按建成的实际数量计算。

施工和竣工房屋建筑面积 房屋建筑面积是从房屋外墙线算起的各层平面面积的总和，包括房屋结构(如柱、墙)占用的面积和地下室面积。多层建筑按各自然层面积总和计算，包括房屋内的楼隔层，突出墙面的眺望间、门斗、有柱雨罩的面积。不包括突出墙面结构的构件、艺术装饰等所占的面积，如台阶等。凹阳台、挑阳台按其水平投影面积一半计算建筑面积。

竣工面积 指在报告期内房屋建筑按照设计要求已全部完工，达到住人和使用条件，经验收鉴定合格，正式移交使用单位的建筑面积。

房屋建筑面积竣工率 指一定时间内房屋竣工面积占同期房屋施工面积的比率。它是从房屋建筑施工速度的角度反映投资效果和建筑业经济效益的指标。

新增固定资产 指通过投资活动所形成的新的固定资产价值。包括已经建成投入生产或交付使用的工程价值和达到固定资产标准的设备、工具、器具的价值及有关应摊入的费用。它是以价值形式表示的固定资产投资成果的综合性指标，可以综合反映不同时期、不同部门、不同地区的固定资产投资成果。

建设项目投资率 指一定时期内全部建成投入生产项目个数占同期正式施工项目个数的比率。它是从项目建设速度的角度反映投资效果的指标。

固定资产交付使用率 指一定时期新增固定资产与同期完成投资额的比率。它是反映各个时期固定资产动用速度，衡量建设过程中投资效果的一个综合性指标。

未完工程占用率 指年末未完工程累计完成投资额占全年实际完成投资额的比率。它反映未完工程的相对规模，并可从资金占用的角度反映固定资产投资效果。由于未完工程是指已经开工，但尚未建成交付使用的工程，有个跨年度问题，因此未完工程占用率会出现大于1的情况。

七、能源

Chapter 7 Energy Explanatory Notes on Main Statistical Indicators

7-1 能源生产总量及构成

年 份	能源生产总量(万吨标准煤)	占能源生产总量的%			
		原煤	原油	天然气	水电
1978	3890.7	78.9	14.0	5.6	1.5
1980	3765.8	70.8	20.2	6.3	2.7
1985	4953.2	66.2	26.6	4.1	3.1
1986	5011.4	63.4	29.1	4.0	3.5
1987	5094.9	60.5	32.1	4.1	3.3
1988	5410.9	60.6	33.5	4.0	2.0
1989	5766.6	61.7	33.3	4.0	2.0
1990	5958.9	61.1	32.8	3.9	2.2
1991	6082.4	61.4	32.3	3.9	2.4
1992	6233.4	61.8	31.8	4.5	1.9
1993	6327.2	62.8	32.1	4.6	0.5
1994	6384.8	61.6	33.6	4.4	0.4
1995	6239.3	59.5	35.6	4.1	0.8
1996	6610.8	63.0	32.5	3.6	0.9
1997	6638.7	63.3	32.4	3.8	0.5
1998	6422.5	64.3	32.3	2.9	0.5
1999	5649.5	60.4	36.2	3.0	0.4
2000	5380.5	59.1	37.2	3.3	0.3
2001	5376.8	59.4	36.8	3.3	0.5
2002	5809.8	63.6	33.2	2.8	0.4
2003	6288.3	66.7	30.3	2.6	0.4
2004	6749.9	70.3	27.1	1.9	0.7
2005	6219.8	67.4	29.0	2.5	1.1
2006	6513.4	69.8	26.9	2.4	0.9
2007	6311.2	69.2	28.0	1.9	0.9
2008	6257.5	69.7	27.4	1.8	1.1
2009	6037.8	73.3	23.7	1.8	1.2
2010	6769.5	73.9	22.2	1.6	1.9

7-2 能源消费总量及构成

年 份	能源消费总量(万吨标准煤)	占能源消费总量的%			
		煤炭	石油	天然气	水电
1978	5261.5	64.6	30.2	4.2	1.0
1980	5272.1	67.8	25.8	4.5	1.9
1985	6325.1	78.7	15.2	3.7	2.4
1986	6360.3	79.4	14.6	3.2	2.8
1987	6475.8	81.5	12.7	3.2	2.6
1988	6824.6	83.0	12.3	3.1	1.6
1989	7000.1	83.1	12.8	3.3	0.8
1990	7170.8	82.2	12.8	3.3	1.7
1991	7218.0	83.0	11.7	3.3	2.0
1992	7191.6	83.7	10.7	3.9	1.7
1993	8695.5	74.6	21.8	3.3	0.3
1994	9204.6	76.0	20.9	2.9	0.2
1995	9381.7	77.1	19.6	2.7	0.6
1996	9417.6	79.6	17.3	2.5	0.6
1997	9191.6	82.0	14.9	2.7	0.4
1998	8873.7	82.5	14.6	2.6	0.3
1999	8869.9	80.5	16.7	2.6	0.2
2000	9877.2	77.5	19.8	2.5	0.2
2001	10356.9	73.8	23.7	2.2	0.3
2002	10333.5	77.8	19.8	2.2	0.2
2003	11430.7	78.6	18.8	2.3	0.3
2004	12454.0	79.2	19.0	1.5	0.3
2005	12883.3	71.3	24.1	1.5	0.6
2006	14228.0	71.4	24.3	1.2	0.4
2007	15757.9	73.2	22.6	1.2	0.4
2008	16925.7	73.1	22.7	1.3	0.4
2009	18172.5	73.0	22.5	1.2	0.4
2010	19856.4	67.9	27.3	1.3	0.6

7-3 能源生产弹性系数

年 份	能源消费比上年增长 (%)	电力消费比上年增长 (%)	生产总值比上年增长 (%)	能源生产弹性系数	电力生产弹性系数
1985	10.3	8.8	13.3	0.84	0.72
1990	3.3	3.6	1.1	3.30	3.60
1991	2.1	3.0	6.1	0.50	0.70
1992	0.5	9.5	12.1	0.40	0.80
1993	11.0	5.2	14.9	0.75	0.35
1994	0.9	-2.2	11.2	0.08	
1995	-2.1	1.3	7.1		0.18
1996	6.0	8.4	8.6	0.70	0.98
1997	0.4	8.9	8.9	0.45	1.00
1998	-3.3	-8.5	8.3		
1999	-12.0	-3.5	8.2		
2000	-4.8	5.3	8.9		0.59
2001	-0.1	2.5	9.0		0.27
2002	8.1	14.5	10.2	0.79	1.42
2003	8.2	10.7	11.5	0.71	0.93
2004	7.3	4.2	12.8	0.57	0.33
2005	0.3	4.0	12.3	0.02	0.33
2006	1.9	10.8	13.8	0.14	0.78
2007	-5.6	10.2	14.5		0.70
2008	-0.9	2.4	13.4		0.18
2009	-3.5	4.9	13.1		0.37
2010	12.1	12.2	14.2	0.85	0.86

7-4 能源消费弹性系数

年 份	能源消费比上年增长 (%)	电力消费比上年增长 (%)	生产总值比上年增长 (%)	能源消费弹性系数	电力消费弹性系数
1985	6.8	7.6	13.3	0.55	0.62
1990	1.4	2.6	1.1	1.40	2.60
1991	0.6	6.0	6.1	0.10	1.30
1992	1.0	10.0	12.1	0.10	0.90
1993	11.0	10.6	14.9	0.75	0.72
1994	8.2	-1.8	11.2	0.73	-
1995	2.5	4.8	7.1	0.35	0.68
1996	0.4	8.4	8.6	0.04	0.98
1997	-2.5	7.6	8.9	-	0.85
1998	-3.5	-5.2	8.3	-	-
1999	0.1	12.1	8.2	0.14	1.47
2000	14.1	4.8	8.9	1.58	0.54
2001	1.3	2.0	9.0	0.14	0.22
2002	-0.2	6.0	10.2	-	0.59
2003	7.2	5.5	11.5	0.63	0.48
2004	12.4	16.5	12.8	0.96	1.28
2005	12.0	5.0	12.3	0.97	0.40
2006	10.8	10.6	13.8	0.78	0.77
2007	9.9	10.7	14.5	0.68	0.74
2008	7.6	3.9	13.1	0.58	0.30
2009	7.4	5.4	13.1	0.56	0.41
2010	9.6	15.3	14.2	0.68	1.08

7-5 分行业主要能源品种消费量

(2010年)

行业	煤炭消费量(万吨)	焦炭消费量(万吨)	原油消费量(万吨)	汽油消费量(万吨)	煤油消费量(万吨)	柴油消费量(万吨)	燃料油消费量(万吨)	天然气消费量(亿立方米)	电力消费量(亿千瓦小时)
消费总量	**16908.43**	**3162.88**	**6558.91**	**593.17**	**23.34**	**963.90**	**356.43**	**19.02**	**1715.27**
农、林、牧、渔业	**70.16**			**53.40**		**68.63**			**22.89**
采矿业	**1699.93**	**15.85**	**78.12**	**6.50**	**0.83**	**56.61**	**51.39**	**3.88**	**166.91**
煤炭开采和洗选业	1472.16	0.05		0.75	0.81	6.34			27.83
石油和天然气开采业	105.14		78.12	1.51		5.94	51.37	3.88	23.62
黑色金属矿采选业	22.43	4.71		2.45		26.00			74.46
有色金属矿采选业	65.32	10.46		0.52	0.02	1.68	0.02		30.61
非金属矿采选业	34.88	0.63		1.27		16.47			10.35
其他采矿业						0.18			0.03
制造业	**6902.31**	**3144.48**	**6450.79**	**94.38**	**6.29**	**138.95**	**153.95**	**12.95**	**909.31**
农副食品加工业	125.74	2.01		5.19	0.22	12.67	0.97		27.97
食品制造业	30.75	5.58		1.51	0.03	1.73	0.01		7.31
饮料制造业	46.58	0.14		1.28		1.48			6.20
烟草制品业	0.03			0.01		0.41			0.28
纺织业	27.29	4.85		1.16	0.02	0.90	0.01		11.25
纺织服装、鞋、帽制造业	25.85	1.07		3.22	0.16	2.44	0.02	0.01	13.97
皮革、毛皮、羽毛(绒)及其制品业	2.09			0.31		0.24	0.03		0.65
木材加工及木、竹、藤、棕、草制品业	21.09	0.01		3.45	0.13	2.43		0.02	4.87
家具制造业	13.69	0.20		1.00	0.06	0.81			5.51
造纸及纸制品业	74.31	1.37		1.49	0.38	1.46	0.05	0.07	8.04
印刷业和记录媒介的复制	3.27			0.90	0.01	0.41	0.08		1.15
文教体育用品制造业	1.60	0.02		0.14	0.01	0.08			0.27
石油加工、炼焦及核燃料加工业	474.26	1.26	5490.84	1.03	0.03	1.06	90.15	0.34	57.00
化学原料及化学制品制造业	603.23	14.53	959.91	5.73	0.52	9.56	28.15	6.24	67.78
医药制造业	69.31			1.74		0.86	0.40	0.03	5.78
化学纤维制造业	50.53	1.40		0.05		0.19	0.18		17.15
橡胶制品业	52.61	5.19		1.92	0.05	2.34	0.07		12.75
塑料制品业	39.36	1.04	0.01	4.96	0.08	2.73	0.73		14.80
非金属矿物制品业	1030.98	230.05		8.48	0.27	20.61	23.09	4.39	132.61
黑色金属冶炼及压延加工业	3767.05	2629.97		3.73	0.18	20.94	1.24	0.32	298.33
有色金属冶炼及压延加工业	116.21	37.94		1.69		3.47	1.41	0.01	68.89
金属制品业	34.56	8.34		9.71	0.14	6.84	0.12	0.25	27.98
通用设备制造业	113.03	170.29	0.02	10.83	0.82	20.49	1.69	0.23	44.81
专用设备制造业	36.36	21.51	0.01	7.16	0.06	7.42	1.17	0.11	19.64
交通运输设备制造业	77.16	5.19		6.53	2.96	13.30	4.02	0.48	25.64
电气机械及器材制造业	44.27	2.14		6.82	0.13	2.53	0.06	0.45	12.10
通信设备、计算机及其他电子设备制造业	4.55	0.17		1.36		0.32			9.05
仪器仪表及文化、办公用机械制造业	3.28	0.01		2.27		0.17			4.37
工艺品及其他制造业	12.17	0.20		0.61	0.02	0.63			2.72
废弃资源和废旧材料回收加工业	1.10			0.10	0.01	0.43	0.30		0.46
电力、燃气及水的生产和供应业	**7660.38**	**2.54**		**2.83**	**0.01**	**2.03**	**1.84**	**0.10**	**236.66**
电力、热力的生产和供应业	7655.70	0.51		1.96		1.77	1.84		214.97
燃气生产和供应业	0.92	2.03		0.36	0.01	0.08		0.10	2.80
水的生产和供应业	3.76			0.51		0.18			18.89
建筑业	**22.69**			**11.08**	**0.56**	**57.32**	**1.39**		**20.27**
房屋和土木工程建筑业	13.62			8.09	0.51	51.59	1.00		18.80
建筑安装业	4.59			1.59	0.05	2.99	0.39		0.27
建筑装饰业	1.71			0.85		0.98			1.00
其他建筑业	2.77			0.55		1.76			0.20
交通运输、仓储和邮政业	**67.03**	**0.01**	**30.00**	**282.50**	**15.03**	**529.10**	**146.86**	**0.05**	**33.00**
铁路运输业	66.71	0.01		0.52		18.93			25.77
道路运输业	0.32			118.29		265.47			
城市公共交通业				161.76		226.00		0.05	0.96
水上运输业				0.19		13.40	119.06		
航空运输业					15.00		25.80		
管道运输业			30.00						1.80
装卸搬运和其他运输服务业				1.00	0.03	4.00	2.00		0.76
仓储业				0.29		0.90			3.09
邮政业				0.45		0.40			0.62
批发、零售业和住宿、餐饮业	**57.83**			**14.52**	**0.10**	**5.60**	**0.32**	**0.98**	**57.18**
其他行业	50.00			42.45	0.52	71.88	0.68	0.21	88.75
城乡居民生活	378.10			85.51		33.78		0.85	180.30

注：能源消费总量中电、热按当量值计算。

7-6 能源加工转换效率

单位：%

年 份	总效率	发电及电站供热	炼焦	炼油
1985	79.1	37.2	94.5	98.6
1990	82.7	48.1	97.1	98.0
1991	82.2	49.1	98.5	98.9
1992	81.0	48.3	97.5	86.3
1993	80.6	48.1	83.0	99.0
1994	75.2	46.0	72.6	97.0
1995	80.2	50.3	98.6	97.4
1996	77.6	46.0	90.6	98.0
1997	75.9	43.8	91.7	97.8
1998	76.9	44.9	96.0	99.6
1999	76.0	44.8	97.1	95.6
2000	75.3	41.9	93.2	96.7
2001	73.5	43.8	92.8	89.9
2002	76.8	42.8	98.1	98.0
2003	73.3	39.9	98.1	96.2
2004	72.4	38.2	92.3	96.6
2005	74.7	42.1	98.9	92.4
2006	74.1	43.0	96.7	93.6
2007	75.4	43.3	97.3	95.5
2008	75.9	43.5	97.8	95.0
2009	75.6	43.4	98.1	94.4
2010	77.4	46.2	97.3	95.2

7-7 平均每天能源消费量

能源品种	单位	2005年	2006年	2007年	2008年	2009年	2010年
煤 炭	万吨	35.80	38.93	41.71	42.05	43.92	46.32
焦 炭	万吨	4.66	5.36	6.30	6.69	7.66	8.67
原 油	万吨	14.82	15.22	16.15	16.29	16.09	17.97
燃料油	万吨	0.52	0.63	0.61	1.04	0.82	0.98
汽 油	万吨	0.97	1.07	1.21	1.12	1.27	1.63
煤 油	万吨	0.07	0.09	0.10	0.07	0.06	0.06
柴 油	万吨	1.46	1.61	1.90	2.13	2.22	2.64
天然气	亿立方米	0.04	0.03	0.04	0.04	0.05	0.05
电 力	亿千瓦小时	3.04	3.36	3.72	3.87	4.08	4.70

注：能源消费量包括加工转换量。

7-8 综合能源平衡表

单位：万吨标准煤

指　　标	2005年	2006年	2008年	2009年	2010年
一、可供本地区消费的能源量	**12883.32**	**14228.02**	**16925.68**	**18172.45**	**19856.39**
1.年初库存量	1066.82	1298.89	1456.92	1572.4	1474.5
2.一次能源生产量	6219.88	6513.36	6257.47	6037.79	6769.52
3.回收能	80.92	89.4	1014.33	1362.78	1015.19
4.外省(区、市)调入量	11124.33	11401.45	13665.53	12946.55	14076.39
5.进口量	1188.15	1450.23	2187.54	2947.55	3099.7
6.我轮、机在外国加油量	24.78	30.92	51.8	47.8	59.43
7.本省(区、市)调出量(一)	-5018.42	-4895.41	-5749.84	-4336.85	-3933.12
8.出口量(-)	-353.65	-415.45	-381.4	-795.18	-974.54
9.外轮、机在我国加油量(-)	-108.77	-32.35	-95.19	-93.91	-92.16
10.年末库存量(-)	-1340.71	-1213.01	-1481.48	-1516.5	-1638.51
二、加工转换投入(-)产出(+)量	**-4060.09**	**-4432.55**	**-4537.95**	**-4661.2**	**-4496.71**
1.火力发电	-2389.89	-2689.79	-2886.08	-2916.9	-2813.32
2.供热	-372.14	-438.6	-516.8	-521.81	-475.59
3.洗选煤	-673.11	-731.23	-672.78	-698.5	-700.73
4.炼焦	-18.28	-63.31	-47.39	-43.22	-61.7
5.炼油	-577.62	-488.98	-407.06	-447.83	-233.92
6.制气	-28.99	-20.32	513.73	363.66	-2.01
三、损失量	**118.82**	**126.46**	**87.25**	**103.73**	**203.89**
#运输和输配损失	118.82	126.46	87.25	103.73	203.89
四、终端消费量	**8704.41**	**9669.01**	**12300.47**	**13407.52**	**15155.78**
(一)第一产业	215.59	235.33	244.14	249.85	266.73
(二)第二产业	6176.6	6845.28	8885.83	9833.29	11112.25
工业	6093.39	6751.67	8775.85	9708.3	10966.99
建筑业	83.21	93.61	109.98	124.99	145.26
(三)第三产业	1323.69	1517.86	1960	2088.74	2348.51
交通运输、仓储及邮电通讯业	1031.92	1147.07	1374.72	1445.64	1597.03
批发和零售贸易业、餐饮业	85.04	90.55	135.16	154.11	170.34
其他	206.73	280.23	450.12	488.99	581.15
(四)生活消费	988.53	1070.54	1210.5	1235.64	1428.3
城镇	772.71	867.12	993.67	1023.37	1175.58
乡村	215.81	203.42	216.84	212.27	252.72
五、平衡差额					

注：电、热按当量值计算。

主要统计指标解释

能源生产总量 指一定时期内全省一次能源生产量的总和，是观察全省能源生产水平、规模、构成和发展速度的总量指标。一次能源生产量包括原煤、原油、天然气、水电及其他动力能(如风能、地热能等)发电量。不包括低热值燃料生产量、生物质能、太阳能等的利用和由一次能源加工转换而成的二次能源产量。

能源消费总量 指一定时期内全省物质生产部门、非物质生产部门和生活消费的各种能源的总和，是观察能源消费水平、构成和增长速度的总量指标，能源消费总量包括原煤和原油及其制品、天然气、电力。不包括低热值燃料、生物质能和太阳能等的利用。能源消费总量分为三部分，即终端能源消费量、能源加工转换损失量和损失量。

(1)终端能源消费量指一定时期内全省物质生产部门、非物质生产部门和生活消费的各种能源在扣除了用于加工转换二次能源消费量和损失量以后的数量。

(2)能源加工转换损失量指一定时期内全省投入加工转换的各种能源数量之和与产出各种能源产品之和的差额。它是观察能源在加工转换过程中损失量变化的指标。

(3)能源损失量指一定时期内能源在输送、分配、储存过程中发生的损失和由客观原因造成的各种损失量。不包括各种气体能源放空、放散量。

能源生产弹性系数 是研究能源生产量的增长与国民经济增长之间关系的指标。计算公式:

能源生产弹性系数=（能源生产总量年平均增长速度／国民经济年平均增长速度）

国民经济年平均增长速度，可根据不同的目的或需要，用国内生产总值等指标来计算，本资料是采用国内生产总值指标计算的。

电力生产弹性系数 是研究电力生产量的增长与国民经济增长之间关系的指标。一般来说，电力的发展应当快于国民经济的发展，也就是说电力应超前发展。计算公式:

电力生产弹性系数=（电力生产量年平均增长速度／国民经济年平均增长速度）

能源消费弹性系数 是反映能源消费增长速度与国民经济增长速度之间的比例关系的指标。计算公式:

能源消费弹性系数=（能源消费量年平均增长速度／国民经济年平均增长速度）

电力消费弹性系数 是反映电力消费增长速度与国民经济增长速度之间比例关系的指标。计算公式:

电力消费弹性系数=（电力消费量年平均增长速度／国民经济年平均增长速度）

能源加工转换效率 指一定时期内能源经过加工转换后，产出的各种能源产品的数量与同期内投入加工转换的各种能源数量的比率。它是观察能源加工转换装置和生产工艺先进与落后、管理水平高低等的重要指标。计算公式:

能源加工转换效率=（加工转换产出量／加工转换投入量）×100%

八、财政

Chapter 8 Government Finance

8-1 地区财政收入

单位：亿元

年 份	地区财政收入合计	预算内收入	中央	地方	预算外收入	中央	地方
1981	146.8	97.5	18.0	79.5	49.3	9.6	39.7
1982	155.1	96.9	17.0	79.9	58.2	15.7	42.5
1983	185.3	114.6	46.7	67.9	70.7	20.7	50.0
1984	215.3	127.7	50.6	77.1	87.6	27.0	60.6
1985	288.4	162.2	77.0	85.2	126.2	37.3	88.9
1986	309.2	172.9	74.0	98.9	136.3	34.6	101.7
1987	338.4	185.6	77.6	108.0	152.8	45.8	107.0
1988	366.0	192.8	76.9	115.9	173.2	53.3	119.9
1989	400.5	212.2	78.3	133.9	188.3	62.2	126.1
1990	399.2	196.8	67.5	129.3	202.4	65.1	137.3
1991	491.5	256.8	95.3	161.5	234.7	90.2	144.5
1992	519.5	229.3	77.7	151.6	290.2	136.8	153.4
1993	387.3	292.8	79.1	213.7	94.5	6.8	87.7
1994	443.8	336.8	183.1	153.7	107.0	8.3	98.7
1995	500.6	369.1	184.7	184.4	131.5	11.5	120.0
1996	558.7	410.6	198.9	211.7	148.1	7.6	140.5
1997	584.1	458.9	230.7	228.2	125.2	8.6	116.6
1998	682.9	551.3	251.4	299.9	131.6	13.1	118.5
1999	727.3	579.2	265.0	314.2	148.1	18.5	129.6
2000	830.4	659.1	323.5	335.6	171.3	15.6	155.7
2001	1010.1	816.4	386.9	429.5	193.7	22.6	171.1
2002	1119.1	914.4	423.3	491.1	204.7	20.5	184.2
2003	1283.0	1063.2	491.2	572.0	219.8	25.1	194.7
2004	1572.9	1335.4	631.6	703.8	237.5	26.2	211.3
2005	1888.8	1639.5	723.9	915.6	249.3	10.5	238.8
2006	2332.8	2068.4	898.3	1170.1	264.4	11.9	252.5
2007	3153.8	2824.8	1137.2	1687.6	329.0	12.2	316.8
2008	3716.3	3452.6	1262.6	2190.0	263.7	19.8	243.9
2009	4615.2	4363.9	1460.5	2903.3	251.4	37.9	213.5
2010	6728.2	6546.0	1991.3	4554.7	182.2	33.4	148.8
2011	7824.2	7719.4	2196.3	5523.1	104.8	8.8	96.0

注：1.本表中地区财政收入、预算内收入及中央预算内收入均不含债务类收入。
2.2003年以前中央预算内收入为国地税上缴中央收入合计，2003年后为人民银行国库收入。

8-2 历年地方财政一般预算收入

单位：亿元

年 份	地方财政收入合计	各项税收	国有资本经营收入	国有企业计划亏补	其他各项收入
1980	86.9	41.6	43.3		2.0
1985	85.2	102.3	1.4	-20.2	1.7
1986	98.9	107.1	1.4	-13.3	3.7
1987	108.0	115.5	1.4	-14.8	5.9
1988	115.9	128.4	1.7	-24.9	10.7
1989	133.9	145.6	1.6	-29.7	16.4
1990	129.3	140.3	2.0	-31.0	18.0
1991	161.5	155.7	1.6	-30.2	34.4
1992	151.6	158.6	1.5	-24.5	16.0
1993	213.7	220.0	1.9	-24.8	16.6
1994	153.7	147.5	0.8	-17.3	22.7
1995	184.4	174.0	0.6	-18.0	27.8
1996	211.7	195.8	0.7	-17.1	32.3
1997	228.2	215.1	1.0	-16.6	28.7
1998	264.6	233.5	2.6	-13.1	41.6
1999	279.6	247.5	2.5	-11.2	40.8
2000	295.6	266.4	3.7	-9.7	35.2
2001	370.4	320.0	3.5	-4.7	51.6
2002	399.7	333.0	6.7	-3.5	63.5
2003	447.0	361.4	9.1	-3.3	79.8
2004	529.6	411.5	13.0	-2.9	108.0
2005	675.3	528.4	24.5	-3.0	125.4
2006	817.7	626.2	40.9	-3.0	153.6
2007	1082.7	815.7	57.8	-	209.2
2008	1356.1	1017.1	92.9	-	246.1
2009	1591.2	1184.0	145.7	-	261.5
2010	2004.8	1516.7	131.2	-	356.9
2011	2643.2	1974.9	142.8	-	2643.2

注：1.本表财政收入为当年财政决算数据。
2.各项税收1983年利改税以后含企业所得税，1994年以后为新税制收入。
3.国有资产经营收益1998年以前指国企上缴利润，1983年前含企业上缴的基本折旧。
4.其他各项收入指行政性收费、罚没收入、海域场地矿区使用费收入、专项收入和其他各项收入。
5.国有资本经营收入2007年以前为“国有资产经营收益”。

8-3 地方财政一般预算收入

单位：亿元

项　目	2006年	2007年	2008年	2009年	2010年	2011年
合　计	**817.67**	**1082.69**	**1356.08**	**1591.22**	**2004.84**	**2643.15**
一、各项税收小计	**626.21**	**815.67**	**1017.10**	**1183.98**	**1516.65**	**1974.85**
增值税	124.40	149.11	172.76	163.56	188.84	218.32
营业税	205.37	252.01	304.00	363.94	453.75	556.20
企业所得税	74.00	108.06	142.44	125.09	174.06	227.16
个人所得税	35.63	45.78	51.73	48.94	64.20	76.94
资源税	18.74	24.26	28.25	32.65	46.45	68.12
城市维护建设税	43.87	51.58	58.71	57.69	71.62	102.79
房产税	29.80	29.86	35.38	41.09	45.91	55.87
印花税	9.62	12.66	16.38	16.67	22.81	27.71
城镇土地使用税	16.83	49.42	66.03	85.18	108.05	145.75
土地增值税	11.54	18.24	24.78	47.99	77.59	128.80
车船税	2.23	3.02	11.11	9.80	12.28	14.98
耕地占用税	5.29	5.97	24.33	69.56	96.43	140.40
契税	48.32	64.74	78.15	116.89	152.94	209.84
烟叶税	0.23	0.46	0.53	0.83	0.53	0.83
其他税收收入	0.44	0.51	2.07	4.10	1.20	1.13
二、非税收入小计	**191.46**	**267.03**	**338.98**	**407.24**	**488.18**	**668.30**
专项收入	34.50	50.85	50.67	45.67	55.02	99.28
行政事业性收费收入	81.14	96.54	117.17	93.76	131.92	158.64
罚没收入	29.82	32.91	35.91	41.89	60.10	69.96
国有资本经营收入	35.95	57.79	92.93	145.66	131.19	142.77
国有资源有偿使用收入	6.81	25.63	39.03	69.46	97.84	171.42
其他收入	3.25	3.32	3.27	10.80	12.10	26.23

8-4 地区各项税收及附加收入

单位：亿元

税种分类	2005年	2006年	2008年	2009年	2010年	2011年
收入合计	**1270.34**	**1456.21**	**2295.04**	**2651.89**	**3504.61**	**4482.42**
一、税收合计	**1244.35**	**1428.10**	**2256.94**	**2605.57**	**3445.44**	**4391.32**
1.增值税	517.03	572.17	861.83	816.22	1091.61	1473.75
#国内增值税	455.11	499.23	694.15	677.09	821.27	914.36
2.消费税	67.39	92.17	112.76	392.64	495.03	493.87
#国内消费税	62.80	84.46	99.56	366.23	443.31	435.76
3.营业税	164.69	205.37	303.99	363.94	453.83	556.25
4.个人所得税	82.02	89.09	129.32	122.36	160.51	192.36
5.外商外国企业所得税	31.46	38.43		82.30	128.22	158.05
6.企业所得税	160.64	162.29	373.50	222.42	303.72	407.03
7.资源税	12.05	18.65	28.33	32.73	46.43	68.08
8.投资方向调节税	0.20	0.35	0.45	0.05		
9.城市维护建设税	39.92	43.86	58.71	74.35	95.09	125.00
10.房产税	24.83	29.80	35.38	41.08	45.92	55.87
11.印花税	7.51	9.62	16.38	16.67	22.81	27.71
12.城镇土地使用税	9.76	16.84	66.03	85.18	108.05	145.75
13.土地增值税	5.95	11.54	24.78	47.99	77.59	128.80
14.车船使用税	1.68	2.23	11.11	9.80	12.28	14.98
15.屠宰税						
16.筵席税						
17.农业税	0.53					
18.农业特产税	0.63	0.33				
19.耕地占用税	3.69	5.29	24.33	69.56	96.43	140.40
20.契税	38.93	48.36	78.12	116.89	152.94	209.84
21.车辆购置税	22.64	26.68	39.19	44.72	66.46	78.35
22.烟叶税			0.53	0.83	0.53	0.83
23.关税	52.80	55.03	90.02	61.89	86.80	112.80
24.其他税收			2.18	3.95	1.20	1.60
二、其他收入	**25.99**	**28.11**	**38.10**	**46.32**	**59.17**	**91.10**
1.教育费附加	17.35	19.49	27.13	33.52	42.95	55.90
2.文化事业建设费	0.91	1.05	1.27	1.27	1.53	1.87
3.地方教育费收入	5.41	5.90	8.72	10.74	13.15	32.58
4.矿区使用费	0.33	0.31				
5.罚没收入	1.43	0.72	0.30	0.20	0.85	0.45
6.其他收入	0.56	0.64	0.68	0.58	0.69	0.30

注：1.本表按1994年新税制改革以来的地区实际税收收入整理。
2.增值税和消费税含海关代征，不含出口退税绝对值；国内增值税和国内消费税不含海关代征，含出口退税绝对值。

8-5 各地区地方财政一般预算收入

(2011年)　　单位：万元

项　目	沈阳	大连	鞍山	抚顺	本溪	丹东	锦州
合　计	**6201243**	**6511266**	**2070167**	**1065018**	**1024325**	**1038212**	**1036682**
一、各项税收小计	4911402	5148541	1445166	812431	755283	770926	778320
增值税	464531	560418	192243	100334	78748	63979	71967
营业税	1629897	1593363	353866	199356	122830	193899	266170
企业所得税	666246	716329	144807	80875	47926	69460	60365
个人所得税	201518	266469	37713	27988	36647	18663	25974
资源税	13594	42544	59000	43855	60285	48481	24069
城市维护建设税	279805	267778	73839	39143	29448	29469	40504
耕地占用税	271657	143117	77324	132959	228969	95142	72923
契税	528733	661261	169696	66781	30132	84427	49020
烟叶税	-	-	-	-	-	2206	-
其他税收收入	855421	897262	336678	121140	120298	165200	167328
二、非税收入小计	1289841	1362725	625001	252587	269042	267286	258362
专项收入	209537	156755	73265	30674	35903	24902	27332
行政事业性收费收入	193381	272204	103741	96274	67059	78545	42836
罚没收入	108885	102775	34372	24621	46709	30098	28823
国有资本经营收入	414171	285397	368679	69317	52077	46665	14047
国有资源有偿使用收入	342125	453471	31910	31129	65443	80559	115977
其他收入	21742	92123	13034	572	1851	6517	29347

8-5　续表　　单位：万元

项　目	营口	阜新	辽阳	盘锦	铁岭	朝阳	葫芦岛
合　计	**1402407**	**501433**	**1001688**	**1122844**	**1050245**	**869238**	**703055**
一、各项税收小计	1121312	383111	737293	862839	782095	659277	480700
增值税	84930	53179	116981	167845	62575	100412	65070
营业税	304585	95856	153676	214947	139985	143382	150204
企业所得税	84944	33388	79814	49987	52638	58848	33480
个人所得税	19799	13055	22116	35476	14280	36301	13323
资源税	7419	22556	135584	16670	48570	149778	8823
城市维护建设税	52798	18459	40440	64221	33899	29003	29100
耕地占用税	48469	62244	56384	43825	116644	21148	33154
契税	202936	29577	37595	79854	69709	33975	54662
烟叶税	-	2021	-	-	2697	1410	-
其他税收收入	315432	52776	94703	190014	241098	85020	92884
二、非税收入小计	281095	118322	264395	260005	268150	209961	222355
专项收入	35822	19338	47720	36430	22976	40109	21897
行政事业性收费收入	122251	38219	70796	48013	98112	53322	64929
罚没收入	35304	25383	25967	16850	36998	60386	38719
国有资本经营收入	16463	8572	39035		45514	14221	53022
国有资源有偿使用收入	60662	21346	77678	157525	60460	24286	43674
其他收入	10593	5464	3199	1187	4090	17637	114

8-6 地方财政一般预算支出

单位：亿元

行　业	2006年	2007年	2008年	2009年	2010年	2011年
合　计	**1422.75**	**1764.28**	**2153.43**	**2682.39**	**3195.82**	**3905.85**
一般公共服务	233.81	271.16	307.65	329.16	352.40	415.23
国　防	3.42	5.89	5.38	7.49	7.58	11.43
公共安全	99.26	126.77	147.58	154.16	191.29	210.29
教　育	193.14	252.13	306.36	346.73	405.39	544.09
科学技术	27.72	38.69	49.02	57.49	68.90	87.20
文化体育与传媒	23.58	24.80	29.94	76.25	56.76	68.60
社会保障和就业	322.99	402.98	469.97	518.07	579.84	657.36
医疗卫生	46.30	66.60	83.90	163.32	151.36	182.07
环境保护	21.16	28.07	48.18	55.71	77.44	74.20
城乡社区事务	143.47	171.78	217.22	289.66	360.31	442.58
农林水事务	101.81	121.80	149.29	240.71	289.00	329.20
交通运输	17.76	26.92	37.25	106.60	140.29	220.53
工业商业金融等事务	112.78	150.22	221.28	211.64	441.88	298.81
其他支出	75.57	76.48	80.40	125.40	73.38	364.26

8-7 各地区地方财政一般预算支出

(2011年)

单位：万元

行　业	沈阳	大连	鞍山	抚顺	本溪	丹东	锦州
合　计	**6392904**	**7349406**	**2320676**	**1653299**	**1396448**	**1573292**	**1573647**
一般公共服务	748952	724630	240665	160501	213493	151163	169117
国　防	17186	28745	3909	5148	34	2010	545
公共安全	375490	369725	119168	82262	86312	80010	86929
教　育	958986	968528	334779	241447	179262	227506	226728
科学技术	203333	331652	20051	15848	21555	12109	17634
文化体育与传媒	107963	110802	34586	11591	25631	22999	22439
社会保障和就业	1094365	1092240	444635	419848	255917	287435	337697
医疗卫生	324651	337096	122989	69109	56309	75962	89916
环境保护	142001	82567	24893	50378	29627	30263	28236
城乡社区事务	909305	794891	503894	188653	281487	236602	164594
农林水事务	295954	443116	118942	118973	96256	185743	212227
交通运输	161390	267253	30598	22288	21443	25509	56854
工业商业金融等事务	553217	923571	185310	126222	72306	111657	83106
其他支出	500111	874590	136257	141031	56816	124324	77625

8-7 续表

单位：万元

行　业	营口	阜新	辽阳	盘锦	铁岭	朝阳	葫芦岛
合　计	**1831559**	**1283599**	**1231030**	**1441252**	**1678158**	**1731393**	**1467945**
一般公共服务	199930	94591	142419	200027	280196	200489	149583
国　防	5173	1332	1836	4030	1126	2246	17039
公共安全	97336	61976	69492	60911	80709	93521	99674
教　育	253291	152678	165264	152942	248435	222306	175694
科学技术	29962	8796	18499	14022	31322	18205	16857
文化体育与传媒	23603	13086	16935	14723	21043	40037	16525
社会保障和就业	308885	293756	222207	188062	185454	348525	278033
医疗卫生	116705	73198	64804	53233	89019	130142	82957
环境保护	21336	37543	14185	27832	53928	58941	28157
城乡社区事务	340144	116103	194997	217390	256733	131276	84760
农林水事务	117904	116481	79166	139101	175926	230778	174093
交通运输	32617	22824	24816	15887	21608	32529	20807
工业商业金融等事务	139645	96204	73050	127232	146	86326	58435
其他支出	145028	195031	143360	225860	232513	136072	265331

主要统计指标解释

财政总收入 指国家财政参与社会产品分配所取得的收入，是实现国家职能的财力保证。财政收入所包括的内容几经变化，目前主要包括:

（1）税收收入 包括增值税、营业税、企业所得税、个人所得税、资源税、固定资产投资方向调节税、城市维护建设税、房产税、印花税、城镇土地使用税、土地增值税、车船税、耕地占用税、契税、烟叶税、其他税收收入。

（2）非税收入 包括专项收入、行政事业性收费收入、罚没收入、国有资本经营收入、国有资源有偿使用收入、其他收入。

财政总支出 国家财政将筹集起来的资金进行分配使用，以满足经济建设和各项事业的需要，主要包括以下各项支出:

（1）一般公共服务 反映政府提供一般公共服务的支出。

（2）公共安全 反映政府维护社会公共安全方面的支出，有关事务包括武装警察、公安、国家安全、检察、法院、司法行政、监狱、劳教、国家保密、缉私警察等。

（3）教育支出 反映政府教育事务支出。有关具体教育事务包括教育行政管理、学前教育、小学教育、初中教育、普通高中教育、普通高等教育、初等职业教育、中专教育、技校教育、职业高中教育、高等职业教育、广播电视教育、留学生教育、特殊教育、干部继续教育、教育机关服务等。

（4）科学技术 反映政府用于科学技术方面的支出。

（5）文化体育与传媒 反映政府在文化、文物、体育、广播电视、新闻出版等方面的支出。

（6）社会保障和就业 反映政府在社会保障与就业方面的支出。有关事项包括社会保障与就业管理事务、民政管理事务、财政对社会保险基金的补助、补充全国社会保障基金、行政事业单位离退休、企业改革补助、就业补助、抚恤、退役安置、社会福利、残疾人事业、城市居民最低生活保障、其他城镇社会救济、农村社会救济、自然灾害生活补助、红十字事务等。

（7）医疗卫生 反映政府医疗卫生方面的支出。具体包括医疗卫生管理事务支出、医疗服务支出、医疗保障支出、疾病预防控制支出、卫生监督支出、妇幼保健支出、农村卫生支出等。

（8）环境保护 反映政府环境保护支出。具体包括: 环境保护管理事务支出、环境监测与监察支出、污染治理支出、自然生态保护支出、天然林保护工程支出、退耕还林支出、风沙荒漠治理支出、退牧还草支出、已垦草原退耕还草支出。

（9）城乡社区事务 反映政府城乡社区事务支出。具体包括: 城乡社区管理事务支出、城乡社区规划与管理支出、城乡社区公共设施支出、城乡社区住宅支出、城乡社区环境卫生支出、建设市场管理与监督支出等

（10）农林水事务 反映政府农林水事务方面的支出。具体包括农业、林业、水利、扶贫支出、农业综合开发支出等。

（11）交通运输 反映政府交通运输方面的支出。包括公路运输支出、水路运输支出、铁路运输支出、民用航空运输支出等。

（12）工业商业金融等事务 反映政府工业、商业、金融等事务支出。具体包括: 采掘业支出、制造业支出、电力支出、信息产业支出、旅游业支出、涉外发展支出、粮油事务支出、商业流通事务支出、物资储备支出、金融保险支出、烟草事务支出、安全生产支出、国有资产监督支出、中小企业发展支出、清洁生产支出等。

（13）其他支出 反映不能划分到上述功能科目的其他政府支出。包括预备费、年初预留、住房改革支出以及其他支出。

中央财政和地方财政 财政是国家为了实现其职能，凭借政治权力，对一部分社会产品进行分配和再分配的经济活动。中央财政和地方财政，是指财政体制上划分中央政府和地方政府以及地方各级政府之间财政管理权限的一项根本制度，它是经济管理体制的重要组成部分，它在财政管理体制中居于主导地位。它具体规定了各级政府筹集资金、支配使用资金的权力、范围和责任，使各级政府在财政管理上有责有权。这对于正确处理中央和地方之间，以及地方各级之间的分配关系，充分发挥各级政府的积极性，更好地完成国家财政收支任务，促进社会主义建设的发展有着极其重要的意义。中央财政收入和地方财政收入，是指中央和地方各级负责组织征收的收入，不是按财政体制计算的收入分成数。其收入中还包括了国外借款。

预算外资金 是指不纳入国家财政预算，由各地方、各部门、各企业、事业、行政单位，按国家规定范围自行筹集和使用的资金。它是国家财政预算内资金的补充财力。

九、物价

Chapter 7 Price Indices

9-1 各种价格指数

(上年=100)　　单位：%

年　份	居民消费价格指数	城市居民消费价格指数	农村居民消费价格指数	商品零售价格指数	工业生产者出厂价格指数	工业生产者购进价格指数	固定资产投资指数
1980		104.4		105.9			
1985	110.7	111.4	106.7	110.0			
1986	106.7	107.0	105.0	106.0			
1987	108.6	109.8	105.6	109.0			
1988	119.3	119.6	115.9	119.3	122.4	133.9	
1989	118.2	117.2	120.1	118.4	121.2	133.3	
1990	103.3	103.1	104.1	102.7	103.8	117.6	105.9
1991	105.6	106.0	104.2	104.1	119.2	108.1	108.2
1992	106.7	108.1	102.3	106.0	112.1	116.6	120.9
1993	115.2	116.7	110.9	113.5	138.4	149.9	136.4
1994	124.3	126.1	120.9	120.6	119.9	118.2	117.4
1995	116.1	116.1	116.0	114.0	109.9	114.2	104.9
1996	107.9	108.2	106.8	105.4	102.8	103.7	102.2
1997	103.1	103.8	102.1	101.0	100.1	103.1	102.3
1998	99.3	99.8	98.7	97.6	95.8	99.3	99.8
1999	98.6	98.7	98.3	96.1	102.0	99.0	100.0
2000	99.9	100.0	99.7	98.4	108.8	103.9	101.1
2001	100.0	99.9	100.2	99.4	98.6	100.0	100.4
2002	98.9	98.9	98.7	97.4	97.8	98.3	100.7
2003	101.7	101.2	103.7	98.9	103.6	105.1	102.5
2004	103.5	102.8	106.3	101.9	107.1	112.1	104.8
2005	101.4	100.8	104.0	100.1	105.1	108.1	102.8
2006	101.2	101.1	101.6	101.3	104.1	104.2	102.1
2007	105.1	104.6	107.0	104.4	104.4	104.8	104.3
2008	104.6	104.4	105.5	105.3	110.9	111.5	109.1
2009	100.0	100.0	100.3	99.8	94.0	93.3	97.0
2010	103.0	102.8	104.0	103.2	107.4	108.6	103.3
2011	105.2	105.1	105.5	105.0	106.5	108.3	106.6

9-2 各种价格定基指数

单位：%

年　份	居民消费价格指数(1984=100)	城市居民消费价格指数(1978=100)	农村居民消费价格指数(1984=100)	商品零售价格总指数(1978=100)	工业生产者出厂价格指数(1988=100)	工业生产者购进价格指数(1988=100)	固定资产投资指数(1990=100)
1979		101.7		101.4			
1980		106.2		105.4			
1981		112.3		108.8			
1982		113.9		110.1			
1983		115.8		111.8			
1984		120.0		116.2			
1985	110.7	133.7	106.7	127.8			
1986	118.1	143.1	112.0	135.5			
1987	128.3	157.1	118.3	147.7			
1988	153.0	187.9	137.1	176.2			
1989	180.9	220.2	164.7	208.6	121.2	133.3	
1990	186.8	227.0	171.4	214.3	125.8	156.8	
1991	197.3	240.6	178.6	223.0	150.0	169.5	108.2
1992	210.5	260.1	182.7	236.4	168.1	197.6	130.9
1993	242.5	303.6	202.7	268.3	232.7	296.2	178.6
1994	301.4	382.8	245.0	323.6	279.0	350.1	209.6
1995	350.0	444.4	284.2	368.9	306.6	399.8	219.9
1996	377.6	480.8	303.5	388.8	315.2	414.6	224.7
1997	389.3	499.1	309.9	392.7	315.5	427.4	229.9
1998	386.6	498.1	305.9	383.3	302.2	424.5	229.4
1999	381.2	491.6	305.0	368.4	308.3	420.2	229.4
2000	380.8	491.6	304.1	362.5	335.4	436.6	231.9
2001	380.8	491.1	304.7	360.3	330.7	436.6	232.9
2002	376.6	485.7	300.7	350.9	323.4	429.2	234.5
2003	383.0	494.0	311.9	347.0	335.1	451.1	240.6
2004	396.4	507.8	331.5	353.6	358.9	505.7	252.1
2005	401.9	511.9	344.8	354.0	377.2	546.7	259.2
2006	406.7	517.5	350.3	358.6	392.7	569.7	264.6
2007	427.4	541.3	374.8	374.4	409.9	596.9	275.9
2008	447.2	565.0	395.5	394.4	454.6	665.5	301.0
2009	447.2	565.0	396.7	393.6	427.3	621.0	291.9
2010	460.6	580.8	412.6	406.2	458.9	674.4	301.6
2011	484.6	610.4	435.3	426.5	488.7	730.3	321.5

9-3 居民消费价格分类指数

(2011年，上年=100) 单位：%

项　　目	全　省	城　市	农　村
居民消费价格总指数	**105.2**	**105.1**	**105.5**
一、食品	**111.0**	**110.8**	**111.7**
1.粮食	111.5	111.7	111.1
2.淀粉及制品	116.5	123.0	106.2
3.干豆类及豆制品	103.6	104.0	102.1
4.油脂	115.0	114.7	115.8
5.肉禽及其制品	125.7	126.0	124.3
6.蛋	115.0	114.6	116.2
7.水产品	112.5	112.6	111.8
8.菜	94.0	93.4	96.9
鲜　　菜	91.7	91.4	93.4
9.调 味 品	106.8	107.4	105.2
10.糖	111.6	110.1	114.4
11.茶及饮料	104.3	104.7	101.9
12.干鲜瓜果	112.1	111.4	116.9
13.糕点饼干面包	109.7	111.0	104.4
14.液体乳及乳制品	104.1	104.2	102.8
15.在外用膳食品	107.3	107.5	106.1
16.其他食品	108.1	108.5	106.5
二、烟酒	**101.8**	**101.9**	**101.5**
1.烟草	100.4	100.4	100.5
2.酒	104.2	104.6	102.8
三、衣着	**101.9**	**101.7**	**102.7**
1.服　　装	102.4	102.4	102.6
2.衣着材料	109.6	108.8	111.0
3.鞋袜帽	99.9	99.6	101.5
4.衣着加工服务费	113.0	115.9	107.2
四、家庭设备用品及维修服务	**103.0**	**103.2**	**101.8**
1.耐用消费品	100.8	101.1	99.7
2.室内装饰品	100.4	100.4	100.1
3.床上用品	111.4	112.3	106.3
4.家庭日用杂品	102.4	102.2	103.2
5.家庭服务及加工维修服务	106.7	106.9	105.4
五、医疗保健和个人用品	**103.4**	**103.4**	**103.4**
1.医疗保健	102.8	102.7	103.1
2.个人用品及服务	104.7	104.8	104.3
六、交通和通信	**100.1**	**100.0**	**100.1**
1.交通	102.3	102.5	101.6
2.通信	97.9	97.8	98.5
七、娱乐教育文化用品及服务	**100.0**	**99.7**	**101.3**
1.文娱用耐用消费品及服务	92.1	91.4	95.2
2.教育	101.2	100.8	102.9
3.文化娱乐类	101.0	101.1	100.2
4.旅游	104.7	105.1	100.3
八、居住	**105.9**	**106.0**	**105.2**
1.建房及装修材料	104.8	105.1	104.3
2.住房租金	105.7	105.8	104.8
3.自有住房	106.8	106.9	106.4
4.水、电、燃料	104.4	104.4	104.1

9-4 居民消费价格分类指数

(2011年，2010年平均价格=100)

单位：%

项　目	全 省	城 市	农 村
居民消费价格总指数	**107.0**	**107.2**	**106.3**
一、食品	**114.9**	**115.4**	**112.9**
1.粮食	113.0	113.6	111.9
2.淀粉及制品	118.7	125.8	107.3
3.干豆类及豆制品	103.2	103.6	101.7
4.油脂	118.4	118.4	118.3
5.肉禽及其制品	132.2	133.4	127.4
6.蛋	111.4	110.6	113.7
7.水产品	112.5	112.7	110.9
8.菜	104.3	105.8	97.3
鲜　菜	104.2	105.8	95.6
9.调 味 品	108.9	110.0	106.2
10.糖	114.1	113.6	115.2
11.茶及饮料	106.1	106.7	102.3
12.干鲜瓜果	115.6	115.4	117.1
13.糕点饼干面包	111.2	112.6	105.6
14.液体乳及乳制品	105.5	105.9	103.0
15.在外用膳食品	111.3	111.6	108.3
16.其他食品	112.0	112.6	109.4
二、烟酒	**102.9**	**103.1**	**102.2**
1.烟草	100.4	100.4	100.5
2.酒	106.8	107.7	104.4
三、衣着	**104.8**	**104.8**	**104.4**
1.服　装	106.7	107.2	104.3
2.衣着材料	112.7	112.9	112.2
3.鞋袜帽	99.9	99.1	103.4
4.衣着加工服务费	115.8	118.7	110.3
四、家庭设备用品及维修服务	**104.2**	**104.7**	**102.2**
1.耐用消费品	101.0	101.5	99.2
2.室内装饰品	101.0	101.4	99.4
3.床上用品	113.7	115.1	106.2
4.家庭日用杂品	104.3	104.2	104.7
5.家庭服务及加工维修服务	109.3	109.6	107.6
五、医疗保健和个人用品	**104.4**	**104.5**	**103.9**
1.医疗保健	103.8	103.8	103.6
2.个人用品及服务	105.7	105.9	104.9
六、交通和通信	**99.8**	**99.8**	**99.8**
1.交通	102.6	102.8	101.6
2.通信	97.2	97.0	97.8
七、娱乐教育文化用品及服务	**100.0**	**99.6**	**101.7**
1.文娱用耐用消费品及服务	88.7	87.8	93.3
2.教育	101.9	101.4	103.9
3.文化娱乐类	100.9	101.1	99.8
4.旅游	105.2	105.7	100.2
八、居住	**106.8**	**107.0**	**106.1**
1.建房及装修材料	106.8	107.4	105.6
2.住房租金	107.5	107.7	105.6
3.自有住房	107.4	107.5	106.7
4.水、电、燃料	104.9	104.8	105.3

9-5 各市居民消费

(2011年，上年=100)

市名称	居民消费价格指数	食品	#粮食	#油脂	#肉禽及其制品	#蛋类	#水产品	#菜类
全　　省	**105.2**	**111.0**	**111.5**	**115.0**	**125.7**	**115.0**	**112.5**	**94.0**
沈　　阳	105.4	110.1	115.0	116.0	125.1	114.6	113.2	91.4
大　　连	105.4	110.7	110.5	116.9	126.1	109.9	109.2	96.3
鞍　　山	104.5	110.6	105.0	109.0	124.7	120.4	112.5	94.8
抚　　顺	104.9	110.4	108.6	114.3	119.8	115.2	103.2	88.7
本　　溪	105.0	112.0	109.5	117.6	124.1	116.1	122.7	100.7
丹　　东	105.1	111.4	111.3	110.2	125.0	114.1	114.1	92.8
锦　　州	104.7	106.5	110.1	121.8	118.6	120.7	114.3	82.5
营　　口	105.0	109.8	107.4	112.5	122.0	114.8	108.7	103.1
阜　　新	105.0	111.2	112.2	120.8	125.5	116.7	113.1	98.8
辽　　阳	104.7	109.9	115.0	122.4	131.3	118.7	119.2	76.8
盘　　锦	104.9	112.1	113.3	109.8	130.4	117.8	110.5	91.5
铁　　岭	105.0	111.1	112.2	120.9	125.2	116.6	113.0	100.5
朝　　阳	104.9	112.2	107.7	112.5	131.2	105.8	111.5	99.6
葫 芦 岛	105.2	114.4	114.0	110.2	131.3	115.7	127.0	97.1

9-6 各市居民消费

(2011年，上年12月=100)

市名称	居民消费价格指数	食品	#粮食	#油脂	#肉禽及其制品	#蛋类	#水产品	#菜类
全　　省	**103.6**	**107.2**	**104.1**	**106.3**	**119.3**	**97.0**	**108.9**	**101.0**
沈　　阳	103.3	106.3	108.2	106.8	122.6	93.8	106.6	98.1
大　　连	104.4	110.6	104.8	105.3	120.2	96.1	114.0	110.2
鞍　　山	104.7	106.5	98.7	109.8	119.1	95.6	115.0	102.4
抚　　顺	102.1	104.5	102.3	99.3	111.5	100.6	96.9	101.5
本　　溪	103.4	109.6	103.4	106.0	118.7	103.0	117.9	108.6
丹　　东	103.0	106.2	105.1	105.6	122.4	96.1	94.9	88.8
锦　　州	104.3	107.4	105.4	119.4	112.3	105.9	104.2	106.6
营　　口	102.6	103.0	100.8	105.0	118.9	93.8	93.4	89.8
阜　　新	103.1	107.0	102.5	103.8	114.6	93.8	110.6	108.1
辽　　阳	104.9	109.5	101.8	108.0	122.4	95.0	112.7	94.4
盘　　锦	102.3	105.3	103.2	108.0	115.3	95.4	104.5	96.4
铁　　岭	102.8	106.6	102.5	103.8	114.4	93.8	110.3	108.7
朝　　阳	107.0	111.9	102.6	105.5	121.2	94.2	117.6	110.1
葫 芦 岛	103.7	111.0	103.8	105.8	120.7	97.0	126.7	111.0

价格分类指数

单位：%

			烟酒及用品	衣着	家庭设备及服务	医疗保健个人用品	交通和通讯	娱乐教育文化用品	居住
#茶和饮料	#干鲜瓜果	#奶及奶制品							
104.3	**112.1**	**104.1**	**101.8**	**101.9**	**103.0**	**103.4**	**100.1**	**100.0**	**105.9**
104.7	110.6	103.7	102.1	103.9	102.6	102.9	101.0	99.5	108.0
106.2	107.6	104.0	100.9	102.5	104.8	104.5	100.2	100.7	105.9
101.6	126.8	98.8	101.9	100.5	105.6	102.6	99.7	98.7	104.8
106.5	108.6	111.2	103.1	101.6	102.7	104.5	99.4	99.6	105.2
108.9	124.3	106.5	101.5	100.1	101.9	102.3	101.1	101.7	104.1
100.5	107.5	104.5	101.3	101.5	101.2	105.6	100.7	98.8	104.4
103.1	93.8	108.1	102.4	103.1	107.9	106.0	100.7	102.4	106.4
100.9	118.6	100.8	102.6	101.1	102.6	102.5	102.4	99.4	107.1
100.6	120.4	108.7	101.8	93.3	100.5	108.4	99.6	100.9	106.5
113.3	104.1	104.9	106.7	96.8	104.6	104.1	101.0	103.0	103.6
102.8	115.0	107.3	101.2	100.6	102.6	102.9	99.3	98.8	105.6
100.6	120.6	108.8	101.9	93.8	100.5	108.1	99.5	101.1	106.8
101.6	113.9	102.0	103.2	102.7	95.7	102.1	97.7	100.9	105.6
104.4	119.1	100.4	101.9	91.6	99.2	104.8	101.0	97.8	106.8

价格分类指数

单位：%

			烟酒及用品	衣着	家庭设备及用品	医疗保健个人用品	交通和通讯	娱乐教育文化用品	居住
#茶和饮料	#干鲜瓜果	#奶及奶制品							
103.9	**99.6**	**103.8**	**102.2**	**102.8**	**103.2**	**102.8**	**100.2**	**100.5**	**102.5**
102.7	92.1	106.5	102.8	104.2	101.5	100.9	100.6	102.0	102.3
106.5	103.0	101.1	102.4	97.0	108.0	106.1	101.2	99.3	100.6
103.5	97.3	97.2	102.5	111.7	107.9	101.7	99.3	99.5	106.2
109.2	95.6	108.1	104.2	101.6	102.2	103.8	98.4	98.0	101.0
107.9	109.2	104.3	101.6	102.2	102.3	102.4	101.1	100.3	96.8
102.4	106.3	105.9	100.1	102.8	101.7	104.2	101.0	98.9	100.9
102.6	117.5	100.1	105.6	101.1	105.7	105.2	100.1	98.8	106.4
103.0	86.8	100.4	102.4	105.8	101.8	102.2	105.2	99.8	101.1
100.0	111.9	112.5	102.5	96.9	100.3	106.2	100.9	101.6	100.2
109.2	112.6	104.4	103.3	100.9	100.8	104.2	102.6	102.4	104.0
100.7	99.8	110.5	100.8	100.0	102.2	102.1	99.2	97.0	104.2
100.0	109.5	112.6	102.5	96.9	100.3	105.9	100.9	101.8	100.2
103.4	114.2	103.4	103.9	107.6	102.6	105.4	100.0	108.6	103.4
106.7	101.9	98.9	102.7	95.2	98.2	105.6	98.1	97.9	101.9

9-7 农业生产资料价格指数

(上年=100) 单位：%

项 目	2005年	2006年	2007年	2008年	2009年	2010年	2011年
农业生产资料价格指数	**110.0**	**100.5**	**114.2**	**128.1**	**96.7**	**103.7**	**112.8**
1.农用手工工具		104.6	105.6	112.0	102.5	104.9	105.0
2.饲 料	106.4	101.8	109.6	120.9	104.7	112.8	108.1
3.产 品 畜		76.6	196.6	157.9	71.3	99.6	135.5
4.半机械化农具	101.6	100.2	102.1	107.2	100.4	102.9	102.2
5.机械化农具	98.6	100.0	102.0	106.5	101.4	103.4	103.3
6.化 学 肥 料	117.0	100.6	100.9	134.3	94.1	95.3	116.4
7.农药及农药械	102.5	101.6	102.0	108.7	103.1	99.0	102.9
8.农 机 用 油	115.6	114.3	105.5	114.8	87.3	112.5	111.7
9.其他农业生产资料	108.6	103.4	105.4	115.1	101.9	103.6	108.2
10.农业生产服务		109.1	118.1	121.1	112.6	108.4	108.2

9-8 各地区农村消费价格分类指数

(2011年，上年=100) 单位：%

项 目	昌图	绥中	瓦房店	辽中	海城	新宾	凤城	建平	北票
总 指 数	**106.2**	**104.8**	**105.4**	**105.3**	**105.5**	**105.2**	**105.4**	**105.4**	**105.7**
一、食品	111.7	110.3	112.9	110.3	108.9	112.9	111.7	113.2	113.5
二、烟酒及用品	99.8	101.2	100.6	105.9	99.8	100.4	103.9	103.0	103.1
三、衣着类	109.4	103.6	104.1	96.5	101.9	100.2	101.3	99.5	101.6
四、家庭设备及服务	105.2	100.9	101.7	99.0	101.9	99.4	100.5	102.5	104.8
五、医疗保健及个人用品	103.9	104.3	101.5	100.8	105.8	100.9	105.7	104.5	102.9
六、交通和通讯	101.2	100.3	100.5	101.0	101.0	100.3	98.2	99.6	98.8
七、娱乐教育文化	102.6	99.4	99.6	106.8	104.2	99.2	101.0	99.4	99.9
八、居住	103.6	104.0	103.9	107.3	107.0	106.3	105.2	104.5	104.9

9-9 工业生产者出厂价格分类指数

(上年=100)

单位：%

类　别	2005年	2006年	2008年	2009年	2010年	2011年
全部工业产品出厂价格总指数	**105.1**	**104.1**	**110.9**	**94.0**	**107.4**	**106.5**
一、按轻重工业分						
1.轻工业	101.7	100.4	106.3	98.8	102.9	104.7
以农产品为原料	100.0	100.3	108.9	98.5	103.8	105.5
以非农产品为原料	102.7	100.6	103.6	99.2	102.0	101.7
2.重工业	107.3	105.1	112.1	92.2	109.2	106.9
采掘工业	119.0	108.3	114.7	85.8	120.3	110.2
原料工业	107.5	107.7	114.0	91.9	115.2	111.7
加工工业	103.6	100.8	108.9	93.8	103.5	104.6
二、按两大部类分						
1.生产资料	106.5	104.7	111.3	93.2	108.2	107.0
采掘工业	119.1	108.0	115.8	87.6	119.1	110.2
原料工业	107.2	107.8	113.7	91.6	115.8	111.9
加工工业	103.7	100.9	108.1	95.0	103.2	104.7
2.生活资料	99.7	99.6	107.3	98.9	103.0	104.1
食品	99.8	100.3	110.9	97.6	104.3	106.8
衣着	99.6	101.7	102.6	101.8	100.8	102.3
一般日用品	100.0	100.5	103.2	97.9	101.5	102.1
耐用消费品	99.6	93.8	100.1	101.0	102.4	100.6
三、按工业部门分						
1.冶金工业	105.3	100.0	117.4	84.9	109.4	108.3
2.电力工业	103.3	102.9	101.8	102.4	102.2	100.8
3.煤炭及炼焦工业	122.8	106.7	120.1	109.0	112.8	109.6
4.石油工业	117.4	117.6	117.1	87.0	125.1	119.4
5.化学工业	109.6	100.5	108.9	94.3	108.4	106.0
6.机械工业	101.5	100.9	102.6	99.9	99.3	102.5
7.建筑材料工业	102.6	101.8	105.0	100.3	102.8	104.4
8.森林工业	101.3	101.0	102.9	99.6	104.1	104.6
9.食品工业	99.5	99.7	112.6	97.3	103.9	106.6
10.纺织工业	101.7	101.3	101.1	97.7	111.2	106.9
11.缝纫工业	100.8	101.0	101.4	101.2	100.5	102.3
12.皮革工业	95.6	102.8	107.3	104.7	103.3	99.2
13.造纸工业	102.2	99.4	107.3	98.0	103.5	103.2
14.文教艺术用品工业	99.5	98.8	100.3	98.5	102.1	99.3
15.其他工业	102.2	102.0	105.2	98.6	103.0	104.3

9-10 工业生产者购进价格分类指数

(上年=100) 单位：%

类 别	2005年	2006年	2008年	2009年	2010年	2011年
全部原材料、燃料、动力购进总指数	**108.1**	**104.2**	**111.5**	**93.3**	**108.6**	**108.3**
1.燃料、动力类	112.5	110.2	111.7	97.1	112.4	109.6
2.黑色金属材料类	108.2	97.3	120.6	85.5	106.8	108.7
3.有色金属材料和电线类	112.8	122.1	99.1	84.3	111.1	108.9
4.化工原料类	110.4	102.4	107.1	90.6	108.1	107.3
5.木材及纸浆类	101.1	100.4	106.9	99.0	101.2	104.6
6.建筑材料类	105.5	101.1	117.1	98.5	105.3	109.4
7.非金属矿类	103.2	101.3	108.1	97.5	104.4	103.0
8.农副产品类	103.9	103.2	115.0	95.6	110.8	114.6
9.纺织原料类	102.9	102.7	103.5	99.9	105.2	106.3

主要统计指标解释

商品零售价格指数 商品零售价格，是指工业、商业、餐饮业和其他零售企业向城乡居民、机关团体出售生活消费品和办公用品的价格。商品零售价格指数，是反映一定时期内商品零售价格变动趋势和变动程度的相对数，利用商品零售价格指数，可以全面掌握市场商品零售价格的变动状况，为国家制定经济政策提供参考依据，同时还可在此基础上编制出其他各种派生价格指数，为研究市场流通、进行国民经济核算提供科学依据。

商品零售价格指数的汇总计算公式为加权算术平均公式，权数资料来源于社会消费品销售额统计和重点调查资料。所选商品为十四个大类，必报商品为 304 种。

居民消费价格指数 居民消费价格，是指城乡居民支付生活消费品和服务项目消费的价格，是社会产品和服务项目的最终价格。居民消费价格指数，是反映一定时期内居民消费价格变动趋势和变动程度的相对数，利用居民消费价格指数，可以全面观察居民消费价格变动对居民生活的影响，为党政领导和决策部门掌握消费价格状况，研究和制定居民消费政策、价格政策、工资政策、货币政策以及进行国民经济核算提供科学依据。

居民消费价格指数还是反映通货膨胀程度的重要指标。

农产品收购价格指数 农产品收购价格，是指各种经济类型的工商企业和其他单位以及个人直接从农民个人和国有农业生产单位收购农产品的价格。农产品收购价格指数，是反映一定时期内农产品收购价格变动趋势和变动程度的相对数，利用这一指数，可以反映农产品收购价格的变动情况及其对农产品生产者、收购者货币收支的影响，为国家制定、检查农产品收购政策，研究收购价格水平，差价政策和比价政策提供科学依据。

农产品收购价格指数的计算公式为加权倒数平均公式，权数资料来源于农村住户主要农村产品出售量、农村住户出售畜禽及渔业产品情况、国家和社会其他农产品收购部门的收购金额或收购量资料、历年农产品收购金额资料等。所选商品为十一个大类，250 种商品。

农业生产资料价格指数 农业生产资料价格，是指工商企业、供销合作社和其他单位及个人向农民出售农业生产资料的价格，也是农业生产资料在流通领域中最后一个环节的价格。农业生产资料价格指数，是反映一定时期内农业生产资料价格变动趋势和变动程度的相对数。利用这一指数可以掌握农业生产资料价格的变动情况，为国家制定有关政策，保障农民利益，促进农业发展提供决策参考依据；同时，也为研究市场流通和新国民经济核算体系提供科学依据。1994 年以前，农业生产资料价格指数仅仅是商品零售价格指数的一个类别，此后，从商品零售价格指数中单列出来，独立编制。

农业生产资料价格指数的计算公式为加权算术平均公式。权数资料来源于供销合作社等部门的销售统计资料和农村住户调查资料中的农业生产资料购买数量和金额资料。所选商品为十个大类，49 种主要商品。

工业品出厂价格指数 是反映工业产品出厂价格水平变动趋势及变动程度的相对数，一般用百分数(%)表示。

原材料、燃料和动力购进价格指数 是反映工业企业作为生产投入，而从物资交易市场和能源、原材料生产企业购买原材料、燃料和动力产品时，所支付的价格水平变动趋势和程度的统计指标，是扣除工业企业物质消耗成本中的价格变动影响的重要依据。

十、人民生活

Chapter 10 People's Living Conditions

10-1 人民物质文化生活提高情况

项　　目	单位	2005年	2006年	2008年	2009年	2010年	2011年
就　　业							
每一农村劳动力负担人数	人	1.34	1.34	1.31	1.30	1.30	1.30
每一城镇就业者负担人数	人	2.03	2.01	1.97	1.95	1.95	2.03
收　　入							
农民家庭人均纯收入	元	3690.2	4090.4	5576.5	5958.0	6908.0	8296.5
城镇居民家庭人均可支配收入	元	9107.6	10369.6	14392.7	15761.4	17712.6	20466.8
在岗职工平均工资	元	17331.0	19624.0	27729.0	31104.0	35057.0	38713.4
消 费 水 平							
全省居民消费水平	元	6447	6926	9690	10906	13016	15635
农村居民	元	3175	3508	4409	5039	5955	7221
城镇居民	元	8749	9317	13265	14786	17488	20560
储　　蓄							
城乡居民年底储蓄存款余额	亿元	6950.2	7701.2	10127.3	12030.9	13690.3	15529.6
平均每人储蓄存款余额	元	16591.0	18291.0	23891.4	28300.8	32183.6	36511.9
住　　房							
农村平均每人住房面积	平方米	25.1	25.2	26.4	27.0	27.3	29.0
城市平均每人建筑面积	平方米	22.0	23.0	25.7	26.6	26.9	27.3
交 通、邮 电							
城市每万人拥有公共汽车	辆	8.9	9.7	10.6			
每人每年函件交寄	件	3.0	2.3	2.0	1.8	2.0	2.1
城 市 公 用 事 业							
自来水普及率	%	93.8	96.7	96.9	97.2	97.4	98.1
燃气普及率	%	88.1	92.3	92.4	93.7	94.2	95.2
文　　化							
每百户拥有彩色电视机							
城　　镇	台	122.1	123.5	119.3	121.8	123.1	115.7
农　　村	台	102.3	106.7	109.8	110.9	111.7	112.1
教　　育							
学龄儿童入学率	%	99.7	99.8	99.9	99.9	99.9	99.9
每万人口有大学生	人	157.7	171.6	193.5	200.8	206.9	212.1
卫　　生							
每万人拥有医院病床	张	42.5	42.9	43.1	45.1	48.0	51.0
每万人拥有医生	人	21.8	22.4	21.4	21.6	22.0	23.3

10-2 城乡居民家庭人均收入及恩格尔系数

年 份	城镇居民家庭人均可支配收入(元)	指数(1978=100)	农村居民家庭人均纯收入(元)	指数(1978=100)	城镇居民家庭恩格尔系数(%)	农村居民家庭恩格尔系数(%)
1978	363.3	100.0	185.2	100.0		63.8
1979			235.0	126.9		60.5
1980	493.9	136.0	273.0	147.4		56.3
1981	508.1	139.9	306.6	165.6		53.8
1982	529.4	145.7	334.3	180.5		54.7
1983	548.7	151.0	452.5	244.3		53.0
1984	636.1	175.1	477.4	257.8		54.9
1985	704.3	193.9	485.7	262.3	54.7	51.6
1986	881.9	242.8	533.2	287.9	53.6	51.0
1987	992.4	273.2	599.3	323.6	53.6	50.7
1988	1204.0	331.4	699.6	377.8	50.7	48.5
1989	1417.3	390.1	740.2	399.7	54.3	49.5
1990	1551.0	426.9	836.2	419.2	55.3	54.1
1991	1705.6	469.5	896.7	484.2	55.9	52.6
1992	1936.0	532.9	995.1	537.3	54.4	51.7
1993	2299.5	633.0	1161.0	626.9	50.5	55.1
1994	3047.0	838.7	1423.5	768.6	51.5	58.0
1995	3691.4	1016.1	1756.5	948.4	51.9	60.3
1996	4207.2	1158.1	2150.0	1160.9	50.1	56.5
1997	4518.1	1243.6	2301.5	1242.7	48.1	55.4
1998	4617.2	1270.9	2579.8	1393.0	44.6	52.8
1999	4898.6	1348.4	2501.0	1350.4	43.4	50.6
2000	5357.8	1474.8	2355.6	1271.9	40.7	46.5
2001	5797.0	1595.7	2557.9	1381.2	39.7	45.6
2002	6524.6	1795.9	2751.3	1485.6	38.8	45.0
2003	7240.6	1993.0	2934.2	1584.3	39.4	43.2
2004	8007.6	2204.1	3307.1	1785.7	40.4	46.4
2005	9107.6	2506.9	3690.2	1992.6	38.8	41.6
2006	10369.6	2854.3	4090.4	2208.6	38.8	41.2
2007	12300.4	3385.7	4773.4	2577.4	37.8	39.6
2008	14392.7	3961.7	5576.5	3011.0	39.0	40.6
2009	15761.4	4338.4	5958.0	3217.1	38.0	36.7
2010	17712.6	4875.5	6908.0	3730.0	35.1	38.2
2011	20466.8	5633.6	8297.5	4480.3	35.5	39.1

注：1.1978年可支配收入为推算数。
2.1978-1984年为全省城市数。

10-3 城镇居民家庭基本情况

指 标	单位	2005年	2006年	2008年	2009年	2010年	2011年
一、调查户数	**户**	**3650**	**3650**	**4300**	**4300**	**4300**	**4300**
二、平均每户家庭人口	**人**	**2.85**	**2.80**	**2.75**	**2.73**	**2.71**	**2.64**
三、平均每户就业人口	**人**	**1.40**	**1.39**	**1.39**	**1.40**	**1.38**	**1.30**
四、平均每户就业面	**%**	**49.12**	**49.60**	**50.50**	**51.28**	**50.92**	**49.24**
五、负担系数	**人**	**2.03**	**2.01**	**1.98**	**1.95**	**1.96**	**2.03**
六、平均每人全部年收入	**元**	**9837.20**	**11230.03**	**15836.25**	**17757.70**	**20014.57**	**22879.77**
#可支配收入	元	9107.55	10369.61	14392.69	15761.38	17712.58	20466.84
(一)工资性收入	元	6103.41	6611.44	9494.59	10420.60	11712.68	13093.86
1.工资及补贴收入	元	6003.75	6446.40	9283.71	10233.65	11563.68	12835.69
2.其它劳动收入	元	99.66	165.04	210.88	186.95	149.01	258.18
(二)经营净收入	元	486.03	688.16	1483.30	1553.18	1797.82	2285.41
(三)财产性收入	元	95.60	146.49	248.04	239.81	249.59	333.55
1.利息收入	元	13.12	15.41	42.94	42.01	49.71	59.60
2.股息与红利收入	元	9.45	13.82	58.23	41.41	34.23	33.01
3.保险收益	元	3.57	5.50	9.10	7.50	3.02	4.20
4.其它投资收入	元	13.14	40.82	64.46	62.40	65.71	81.66
5.出租房屋收入	元	55.29	65.78	69.11	75.05	79.84	99.24
6.知识产权收入	元	0.09	2.64	0.02	1.78	10.73	49.37
7.其它财产性收入	元	0.93	2.52	4.17	9.66	6.36	6.47
(四)转移性收入	元	3152.17	3783.94	4610.32	5544.11	6254.48	7166.95
1.养老金或离退休金	元	2573.62	3089.75	3865.03	4638.72	5379.14	6160.02
2.社会救济收入	元	35.68	32.80	53.02	50.57	45.48	65.27
3.辞退金	元	44.24	32.22	7.69	6.31	20.68	8.24
4.赔偿收入	元	5.32	22.48	15.92	12.11	3.63	5.70
5.保险收入	元	46.31	31.12	20.46	17.04	17.06	9.87
#失业保险金	元	42.51	26.08	9.92	9.18	11.32	7.37
6.赡养收入	元	82.20	118.99	196.29	224.46	172.73	201.86
7.捐赠收入	元	250.35	302.51	306.19	385.53	379.87	484.48
8.亲友搭伙费	元	13.07	13.72				
9.提取住房公积金	元	43.82	67.12	33.35	77.89	55.53	39.10
10.记帐补贴	元	42.51	51.69	79.30	102.67	142.68	135.49
11.其它转移性收入	元	15.05	21.53	33.06	28.81	37.68	56.92
七、平均每人出售财物收入	**元**	**164.41**	**244.47**	**267.81**	**222.36**	**349.45**	**274.92**
1.出售住房收入	元	161.11	231.88	257.75	217.88	306.42	242.69
2.出售其它物品收入	元	3.29	12.59	10.06	4.47	43.03	32.23
八、平均每人消费性支出	**元**	**7369.27**	**7987.49**	**11231.48**	**12324.58**	**13280.04**	**14789.61**
1.食品支出	元	2860.98	3102.13	4378.14	4680.85	4658.00	5254.96
2.衣着支出	元	740.83	846.91	1187.41	1338.84	1586.81	1854.63
3.家庭设备用品及服务	元	304.80	362.10	507.40	607.51	785.67	929.37
4.医疗保健支出	元	751.16	767.13	913.13	1018.44	1079.81	1208.30
5.交通和通信支出	元	744.02	797.64	1295.70	1493.17	1773.26	1899.06
6.教育和文化娱乐服务支出	元	849.53	853.92	1145.46	1283.68	1495.90	1614.52
7.居住支出	元	792.75	909.42	1270.95	1293.00	1314.79	1385.62
8.其它商品和服务支出	元	325.18	348.23	533.29	609.09	585.78	643.15

10-4 城镇居民家庭平均每人总收入

(2011年,按相对收入不等距九组分)　　单位：元

指　标	合计	最低10%		低10%	较低20%	中间20%	较高20%	高10%	最高10%	
			#更低5%							#更高5%
家庭总收入	**22879.77**	**8095.26**	**7119.00**	**11162.04**	**14790.74**	**19449.33**	**25514.13**	**33914.47**	**58719.15**	**73697.20**
可支配收入	20466.84	6503.17	5130.63	9783.96	13143.87	17357.38	22771.88	30282.55	53948.63	68122.34
(一)工资性收入	13093.86	5271.09	4427.17	7224.90	8762.35	11156.56	15592.11	20262.45	28558.19	34131.87
1.工资及补贴收入	12835.69	5146.07	4287.85	7154.21	8618.31	11031.43	15410.15	20019.87	27287.66	31856.90
2.其它劳动收入	258.18	125.02	139.33	70.70	144.04	125.12	181.95	242.58	1270.53	2274.98
(二)经营净收入	2285.41	393.68	209.92	723.88	1019.75	1296.38	1822.74	1803.24	11948.77	18960.20
(三)财产性收入	333.55	39.30	31.96	26.21	58.74	172.99	134.17	415.38	2186.52	3682.07
1.利息收入	59.60	8.03	5.86	10.95	18.86	31.16	58.52	90.26	280.12	423.18
2.股息与红利收入	33.01	0.06		0.11	0.77	9.80	11.19	13.01	279.22	515.76
3.保险收益	4.20	0.81		1.80	0.06	3.83	1.81	24.37	5.17	8.95
4.其它投资收入	81.66	0.35	0.59	0.13	2.03	22.31	13.13	48.42	708.47	1141.71
5.出租房屋收入	99.24	30.04	25.52	11.97	34.87	102.91	46.31	235.04	367.56	547.69
6.知识产权收入	49.37						0.50		501.44	972.34
7.其它财产性收入	6.47			1.24	2.14	2.98	2.72	4.28	44.54	72.44
(四)转移性收入	7166.95	2391.19	2449.94	3187.05	4949.90	6823.40	7965.12	11433.40	16025.65	16923.06
1.养老金或离退休金	6160.02	1681.46	1579.55	2616.89	4419.71	6281.66	7357.36	9554.55	12342.76	12024.60
2.社会救济收入	65.27	323.32	408.61	105.37	50.92	31.48	7.98	15.05	7.82	12.87
3.辞退金	8.24				3.74		3.38		69.30	36.25
4.赔偿收入	5.70	4.07		0.04	5.43		5.21		31.91	
5.保险收入	9.87	14.83	12.99	13.86	13.12	10.94	5.51	2.63	7.28	6.77
#失业保险金	7.37	14.77	12.86	13.86	8.96	4.54	5.11	1.27	5.45	3.22
6.赡养收入	201.86	95.45	162.24	86.76	80.75	91.55	99.99	574.14	760.74	1139.29
7.捐赠收入	484.48	157.63	171.28	190.97	223.49	226.46	325.55	808.71	2214.45	3008.96
8.提取住房公积金	39.10				0.77	2.25	1.25	197.00	201.70	339.64
9.记帐补贴	135.49	106.17	107.14	114.84	124.94	140.12	140.22	166.91	161.35	165.54
10.其它转移性收入	56.92	8.26	8.12	58.32	27.02	38.94	18.66	114.41	228.35	189.16
出售财物收入	**274.92**	**5.87**	**9.16**	**28.42**	**1.45**	**58.61**	**70.91**	**80.56**	**2419.71**	**3236.48**
1.出售住房收入	242.69					56.06	67.63	71.94	2150.71	2720.95
2.出售其它物品收入	32.23	5.87	9.16	28.42	1.45	2.54	3.29	8.62	269.00	515.54

10-5 各地区城市居民平均每人全年家庭总收入

(2011年)

单位：元

指　　标	全省	沈阳	大连	鞍山	抚顺	本溪	丹东	锦州
家庭总收入	**22879.77**	**26399.50**	**28435.66**	**23450.00**	**20012.98**	**22040.36**	**19021.65**	**22337.76**
可支配收入	20466.84	23326.20	24276.16	21297.11	18068.75	19752.32	17123.38	20170.85
(一)工资性收入	13093.86	14923.92	17947.29	12596.97	10738.96	12611.52	10154.94	12739.86
1.工资及补贴收入	12835.69	14764.98	17499.99	12235.42	10666.53	12388.42	10154.80	12650.77
2.其它劳动收入	258.18	158.95	447.30	361.55	72.43	223.10	0.14	89.09
(二)经营净收入	2285.41	3121.73	1690.06	1602.49	1353.30	1823.21	1572.23	3912.84
(三)财产性收入	333.55	253.63	494.70	671.53	384.34	484.30	169.16	195.11
1.利息收入	59.60	35.18	69.72	55.22	120.24	51.34	38.40	45.53
2.股息与红利收入	33.01	71.17	0.43	37.35	7.50	31.26		
3.保险收益	4.20	0.28	1.54	2.75		27.71		
4.其它投资收入	81.66	61.30	218.13	1.46	197.50	211.58	63.64	
5.出租房屋收入	99.24	84.14	201.61	84.73	59.10	160.92	63.67	149.58
6.知识产权收入	49.37			490.01				
7.其它财产性收入	6.47	1.56	3.27			1.49	3.45	
(四)转移性收入	7166.95	8100.21	8303.60	8579.01	7536.39	7121.34	7125.33	5489.95
1.养老金或离退休金	6160.02	7527.84	7056.27	6931.83	5964.34	5778.75	6535.28	4518.21
2.社会救济收入	65.27	47.51	18.38	50.98	125.07	77.70	45.26	
3.辞退金	8.24							
4.赔偿收入	5.70	1.35	0.72	16.15	0.88			
5.保险收入	9.87	9.93	11.70	2.48	21.25		11.68	4.63
#失业保险金	7.37	5.35	11.70	2.48	21.25		11.68	4.63
6.赡养收入	201.86	134.47	372.17	300.53	188.48	146.18	115.59	226.82
7.捐赠收入	484.48	249.51	452.58	988.90	1041.80	729.51	198.45	583.62
8.提取住房公积金	39.10	15.55	70.73	82.53	54.06	93.07	12.66	
9.记帐补贴	135.49	88.18	246.84	167.76	135.00	242.74	130.10	138.75
10.其它转移性收入	56.92	25.86	74.20	37.86	5.51	53.38	76.31	17.92
出售财物收入	**274.92**	**254.94**	**692.02**	**111.07**	**444.05**	**224.85**	**218.31**	**4.96**
1.出售住房收入	242.69	210.21	688.28		378.75	223.30	216.95	
2.出售其它物品收入	32.23	44.73	3.74	111.07	65.30	1.55	1.35	4.96

10-5 续表 单位：元

指 标	营口	阜新	辽阳	盘锦	铁岭	朝阳	葫芦岛
家庭总收入	**22767.93**	**16231.37**	**21956.45**	**27500.99**	**17023.08**	**16125.53**	**21638.07**
可支配收入	20893.72	14993.73	19469.21	24265.87	16203.39	14957.79	20159.00
(一)工资性收入	12983.26	9103.62	12972.00	17905.06	9406.93	9361.41	10421.19
1.工资及补贴收入	12895.57	8572.97	12927.17	17681.65	9397.24	8809.17	10348.69
2.其它劳动收入	87.69	530.64	44.83	223.41	9.68	552.25	72.50
(二)经营净收入	2858.74	1049.26	2564.59	2785.15	1053.59	895.53	3437.27
(三)财产性收入	290.50	138.01	181.82	499.12	92.60	114.77	380.17
1.利息收入	54.62	48.45	94.24	180.13	46.63	21.83	98.38
2.股息与红利收入	38.80		10.51	176.60	5.68	10.32	68.39
3.保险收益		2.27			3.62	0.13	50.66
4.其它投资收入	107.56		0.16	15.72	0.13	21.78	98.44
5.出租房屋收入	72.05	77.85	76.91	121.18	36.54	54.17	64.30
6.知识产权收入							
7.其它财产性收入	17.47	9.45		5.49		6.53	0.01
(四)转移性收入	6635.43	5940.47	6238.04	6311.66	6469.97	5753.81	7399.44
1.养老金或离退休金	5980.64	5383.03	5344.99	4853.74	5908.29	4433.20	5679.45
2.社会救济收入	9.40	219.03	46.34	207.26	90.47	225.40	23.58
3.辞退金	16.29					305.07	0.14
4.赔偿收入		19.08			0.22	35.96	
5.保险收入	23.10	5.34	4.59	11.25	6.38	27.15	18.70
#失业保险金	21.15				6.38	0.02	18.70
6.赡养收入	55.44	42.23	238.78	155.02	141.33	209.87	265.06
7.捐赠收入	390.20	175.41	466.81	703.70	169.63	385.50	912.81
8.提取住房公积金				223.31			74.43
9.记帐补贴	112.52	90.35	133.34	138.94	123.17	113.22	139.92
10.其它转移性收入	47.83	5.99	3.19	18.43	30.47	18.46	285.35
出售财物收入	**272.98**	**1.68**	**125.11**	**571.33**	**0.67**	**1.05**	**424.40**
1.出售住房收入	271.54			475.34			420.85
2.出售其它物品收入	1.44	1.68	125.11	95.98	0.67	1.05	3.55

10-6 各地区城镇居民平均每人全年可支配收入

单位：元

地区	2005年	2006年	2008年	2009年	2010年	2011年
全省	**9107.55**	**10369.61**	**14392.69**	**15761.38**	**17712.58**	**20466.84**
沈阳	10098.08	11651.43	17013.06	18474.61	20541.23	23326.20
大连	11994.38	13350.10	17500.48	19014.37	21292.56	24276.16
鞍山	9462.93	10760.94	15074.42	16530.15	18423.08	21297.11
抚顺	8005.17	9304.98	12434.22	13557.01	15302.92	18068.75
本溪	8105.36	9477.74	13310.59	14705.47	16774.92	19752.32
丹东	6880.58	7859.65	11640.78	12827.31	14535.99	17123.38
锦州	8862.22	9980.96	13962.50	15386.09	17375.10	20170.85
营口	9008.65	10135.11	14352.26	15858.03	18054.61	20893.72
阜新	6656.32	7598.21	10113.77	11116.52	12710.83	14993.73
辽阳	8407.53	9649.12	13262.40	14567.58	16570.34	19469.21
盘锦	11025.32	12205.45	17046.00	18563.20	21035.41	24265.87
铁岭	6526.33	7437.05	10907.22	12054.67	13730.03	16203.39
朝阳	6599.46	7440.18	10517.08	11553.65	12960.55	14957.79
葫芦岛	8579.37	9794.71	13941.53	15305.32	17371.22	20159.00

10-7 城镇居民家庭平均每人总支出

(2011年,按相对收入不等距九组分) 单位：元

指　　标	合计	最低10%	#更低5%	低10%	较低20%	中间20%	较高20%	高10%	最高10%	#更高5%
家庭总支出	**20055.99**	**8623.59**	**8283.95**	**10467.04**	**13102.41**	**16939.33**	**21261.00**	**28784.28**	**52195.49**	**66731.82**
(一)消费性支出	14789.61	6388.94	5720.40	7970.72	10020.69	12805.18	15536.84	20216.88	38069.86	49425.94
#服务性消费支出	3762.44	1620.46	1461.79	1933.24	2487.89	3053.43	3880.14	5416.04	10215.59	12466.54
1.食品	5254.96	2768.13	2430.52	3410.35	4183.09	5169.75	5739.67	6905.35	9674.07	11227.92
2.衣着	1854.63	615.83	520.86	887.60	1184.09	1493.20	2169.09	2836.70	4732.45	5834.96
3.居住	1385.62	831.25	776.63	952.04	1085.37	1196.52	1402.79	1949.20	2862.58	3311.71
4.家庭设备用品及服务	929.37	251.79	218.92	396.75	531.15	826.42	1064.18	1340.88	2574.74	3195.55
5.医疗保健	1208.30	577.40	567.74	611.02	795.08	1167.99	1237.23	1668.19	2943.68	3336.17
6.交通和通信	1899.06	471.37	395.40	619.90	825.43	1128.10	1642.89	2259.37	8711.79	14010.64
7.教育文化娱乐服务	1614.52	710.52	649.88	881.54	1078.22	1297.29	1659.77	2304.77	4346.60	5307.07
8.其它商品和服务	643.15	162.67	160.44	211.52	338.25	525.91	621.22	952.41	2223.94	3201.92
(二)财产性支出	106.97	4.67	1.85	38.61	26.71	44.87	126.58	209.29	441.63	724.20
1.非生产性贷款利息支出	77.43	1.80		38.31	20.67	35.55	99.22	190.44	249.07	373.65
2.其它财产性支出	29.54	2.87	1.85	0.30	6.04	9.32	27.35	18.85	192.56	350.55
(三)转移性支出	2529.52	693.37	626.28	1083.36	1520.88	2065.12	2875.20	4098.94	6830.10	7992.50
1.交纳所得税	156.04	2.75	4.07	12.41	16.44	53.72	142.59	306.53	848.59	1135.31
2.捐赠支出	1813.61	569.70	512.79	841.05	1152.19	1605.90	2162.77	2979.53	4127.06	4719.94
3.购买彩票	11.00	5.40	7.81	4.61	4.47	7.52	15.63	15.56	30.43	29.79
4.赡养支出	429.36	95.12	89.02	200.02	310.08	319.98	452.60	595.61	1289.48	1381.43
#在外就学子女费用	268.80	65.14	51.51	161.85	231.94	217.00	280.36	354.23	675.36	573.04
5.各种非储蓄性保险支出	90.78	11.87	7.28	13.48	26.94	57.61	72.05	156.23	430.25	620.45
#车辆保险支出	37.84				4.42	11.17	23.62	46.37	261.43	462.20
6. 其它转移性支出	28.73	8.53	5.31	11.80	10.75	20.40	29.57	45.47	104.29	105.57
(四)社会保障支出	2121.41	1483.17	1877.15	1250.83	1505.49	1898.11	2459.43	3158.49	3760.57	4274.01
1.个人交纳的养老基金	1023.79	1065.85	1474.36	772.83	865.12	990.85	1073.82	1202.89	1361.13	1609.95
2.个人交纳的住房公积金	705.34	120.30	99.05	209.22	307.92	511.60	964.61	1435.35	1839.83	2074.88
3.个人交纳的医疗基金	334.68	282.34	292.83	246.35	294.56	344.56	349.65	425.68	428.63	447.32
4.个人交纳的失业基金	51.72	13.90	10.18	19.88	34.96	47.92	66.94	80.25	109.74	117.99
5.其它社会保障支出	5.88	0.79	0.74	2.55	2.93	3.18	4.41	14.32	21.24	23.88
(五)购房与建房支出	508.41	53.44	58.27	123.52	28.65	126.04	262.95	1100.68	3092.54	4313.63
1.购房	508.20	53.44	58.27	123.52	28.64	125.84	262.87	1099.03	3092.54	4313.63
2.建房	0.21					0.20	0.08	1.65		

10-8 各地区城市居民平均每人全年家庭总支出

(2011年) 单位：元

指　标	全省	沈阳	大连	鞍山	抚顺	本溪	丹东	锦州
家庭总支出	**20055.99**	**23416.51**	**25668.66**	**22148.48**	**17954.01**	**20024.01**	**16927.76**	**18381.66**
(一)消费性支出	14789.61	18146.92	18846.40	14909.06	12440.24	13981.95	12725.15	13651.75
#服务性消费支出	3762.44	4956.27	5027.75	3526.04	3189.33	3717.35	2983.17	3594.78
1.食品	5254.96	5868.23	6964.87	5152.67	4629.36	5441.28	5535.41	5180.34
2.衣着	1854.63	2270.12	2193.84	1640.95	1398.56	1818.14	1365.52	1912.82
3.居住	1385.62	1502.46	1607.64	1825.93	1250.71	1114.37	1268.67	1603.34
4.家庭设备用品及服务	929.37	1043.84	1315.70	983.10	792.60	882.55	694.26	832.37
5.医疗保健	1208.30	1621.86	1420.13	1154.10	895.35	1043.41	914.37	910.41
6.交通和通信	1899.06	2743.70	2381.05	1861.92	1453.24	1533.83	1198.21	1305.65
7.教育文化娱乐服务	1614.52	2175.44	2097.82	1628.79	1483.04	1579.22	1323.01	1407.88
8.其它商品和服务	643.15	921.28	865.34	661.58	537.38	569.15	425.70	498.94
(二)财产性支出	106.97	88.77	321.46	237.84	30.72	56.56	76.71	18.10
1.非生产性贷款利息支出	77.43	63.32	286.25	50.83	18.22	51.22	46.79	18.06
2.其它财产性支出	29.54	25.45	35.21	187.01	12.50	5.34	29.92	0.04
(三)转移性支出	2529.52	2185.24	2475.50	2398.83	3108.41	3722.39	2225.76	2716.24
1.交纳所得税	156.04	189.77	348.40	138.03	75.78	83.37	25.62	148.22
2.捐赠支出	1813.61	1567.65	1427.31	1778.89	2383.99	2743.59	1590.22	1884.41
3.购买彩票	11.00	9.24	13.05	13.48	9.01	14.05	4.03	3.36
4.赡养支出	429.36	283.12	499.33	354.61	558.13	790.25	532.28	540.16
#在外就学子女费用	268.80	121.61	217.71	214.85	461.53	502.89	331.65	379.06
5.各种非储蓄性保险支出	90.78	115.81	162.93	64.45	50.68	55.38	56.18	119.28
#车辆保险支出	37.84	47.63	82.43	33.56	1.25	20.05	4.88	67.08
6. 其它转移性支出	28.73	19.64	24.48	49.37	30.83	35.74	17.42	20.81
(四)社会保障支出	2121.41	2795.35	3564.27	1847.10	1733.45	1961.93	1742.56	1879.94
1.个人交纳的养老基金	1023.79	1443.48	1664.58	878.05	760.10	904.37	953.39	687.42
2.个人交纳的住房公积金	705.34	710.11	1310.16	716.68	745.51	696.26	456.70	921.00
3.个人交纳的医疗基金	334.68	578.20	480.38	193.21	177.40	299.87	304.76	214.52
4.个人交纳的失业基金	51.72	57.65	95.95	59.08	48.43	59.18	25.42	53.46
5.其它社会保障支出	5.88	5.89	13.21	0.08	2.01	2.25	2.28	3.54
(五)购房与建房支出	508.41	200.23	460.48	2755.65	641.18	301.18	157.58	115.63
1.购房	508.20	200.23	459.40	2755.65	641.18	300.11	157.58	115.63
2.建房	0.21		1.09			1.07		

10-8 续表 单位：元

指标	营口	阜新	辽阳	盘锦	铁岭	朝阳	葫芦岛
家庭总支出	**17230.00**	**14357.19**	**18278.30**	**24310.88**	**15489.13**	**13630.21**	**16614.47**
(一)消费性支出	12994.43	11126.98	12651.18	15213.02	12039.06	10334.12	12132.26
#服务性消费支出	2846.99	2726.17	2746.15	4090.02	3148.06	2448.06	2852.75
1.食品	5306.77	4151.79	4756.98	4697.30	4097.18	3663.26	4054.28
2.衣着	1905.40	1432.56	1715.15	2253.21	1543.82	1374.06	1244.97
3.居住	1176.90	968.71	1159.77	1211.50	1290.59	1190.70	942.01
4.家庭设备用品及服务	896.73	543.60	800.22	956.84	767.29	585.95	807.11
5.医疗保健	927.53	1107.34	734.82	1279.01	1336.16	1216.35	1255.02
6.交通和通信	1138.55	1205.28	1901.61	2552.22	1276.88	1049.14	2201.78
7.教育文化娱乐服务	1153.12	1258.85	1201.54	1716.51	1241.49	923.31	1196.05
8.其它商品和服务	489.44	458.85	381.10	546.43	485.64	331.34	431.04
(二)财产性支出	60.08	52.17	27.13	85.10	94.39	83.14	40.04
1.非生产性贷款利息支出	36.15	39.29	22.06	58.37	79.95	70.01	39.97
2.其它财产性支出	23.93	12.89	5.08	26.73	14.44	13.12	0.06
(三)转移性支出	2503.09	2084.47	3163.36	4404.47	2314.56	2106.28	2313.03
1.交纳所得税	89.98	53.72	213.58	439.34	21.71	63.93	105.23
2.捐赠支出	1953.22	1580.64	2416.82	3109.78	1648.25	1424.56	1619.89
3.购买彩票	34.00	3.82	3.97	12.65	5.94	2.52	35.68
4.赡养支出	380.31	367.48	358.33	661.87	563.53	483.54	488.11
#在外就学子女费用	247.31	301.86	268.65	442.65	468.05	369.31	330.66
5.各种非储蓄性保险支出	22.88	50.79	92.77	158.54	46.28	93.49	43.84
#车辆保险支出		22.79	41.13	101.91	28.00	19.72	36.70
6. 其它转移性支出	22.71	28.03	77.90	22.29	28.84	38.24	20.28
(四)社会保障支出	1671.71	1093.56	2140.30	2656.84	674.81	990.59	1233.08
1.个人交纳的养老基金	811.64	668.95	888.98	1213.98	356.88	581.89	504.09
2.个人交纳的住房公积金	554.31	255.52	883.78	984.59	198.10	258.81	497.65
3.个人交纳的医疗基金	248.46	147.91	306.39	336.02	105.52	115.17	183.68
4.个人交纳的失业基金	41.31	14.82	59.18	101.12	11.03	29.22	41.30
5.其它社会保障支出	15.99	6.37	1.99	21.12	3.29	5.50	6.36
(五)购房与建房支出	0.69		296.32	1951.45	366.31	116.09	896.05
1.购房	0.58		296.32	1951.45	366.31	116.07	896.05
2.建房	0.11					0.02	

10-9 各地区城市居民平均每人全年消费支出

单位：元

地区	2005年	2006年	2008年	2009年	2010年	2011年
全省	**7369.27**	**7987.49**	**11231.48**	**12324.58**	**13280.04**	**14789.61**
沈阳	7862.83	8670.32	14667.90	16110.85	16961.44	18146.92
大连	9996.41	10533.92	14101.38	15329.83	16579.70	18846.40
鞍山	7631.91	8286.84	11136.03	12065.20	13709.68	14909.06
抚顺	6747.38	6852.56	8747.72	9265.29	10006.53	12440.24
本溪	6730.90	7693.69	10166.97	11218.02	12119.39	13981.95
丹东	5909.87	6087.77	9210.15	10380.10	11322.67	12725.15
锦州	7203.15	8059.65	9904.18	10795.09	11801.50	13651.75
营口	7254.28	7910.71	10448.16	11301.20	12223.26	12994.43
阜新	5413.73	5999.48	7509.61	8384.05	9047.36	11126.98
辽阳	6527.26	7253.89	9234.49	10459.60	11070.63	12651.18
盘锦	8858.99	9155.55	12631.38	13486.39	13923.00	15213.02
铁岭	5503.11	6211.93	8404.29	9366.00	10322.56	12039.06
朝阳	5329.45	5899.66	8111.40	8634.90	9318.12	10334.12
葫芦岛	6694.50	7549.15	9012.12	10051.28	10969.40	12132.26

10-10 城镇居民家庭平均每人消费支出

(2011年,按相对收入不等距九组分)　　单位：元

指　　标	合计	最低10%	#更低5%	低10%	较低20%	中间20%	较高20%	高10%	最高10%	#更高5%
消费支出	**14789.61**	**6388.94**	**5720.40**	**7970.72**	**10020.69**	**12805.18**	**15536.84**	**20216.88**	**38069.86**	**49425.94**
#服务性消费支出	3762.44	1620.46	1461.79	1933.24	2487.89	3053.43	3880.14	5416.04	10215.59	12466.54
一、食　　品	**5254.96**	**2768.13**	**2430.52**	**3410.35**	**4183.09**	**5169.75**	**5739.67**	**6905.35**	**9674.07**	**11227.92**
（一）粮油类	731.71	640.77	616.71	654.78	708.64	774.36	752.89	802.17	760.80	739.80
#粮　食	457.31	405.37	392.62	409.64	439.31	479.67	475.44	502.61	474.69	467.69
油脂类	139.25	119.62	115.89	126.33	137.53	147.81	141.64	147.84	146.99	149.77
（二）肉禽蛋水产品类	1407.26	777.26	649.29	947.91	1235.60	1513.02	1529.02	1826.48	2056.65	2306.21
1.肉类	744.26	445.74	370.86	538.33	690.11	820.61	830.64	938.09	877.23	873.23
2.禽类	128.76	81.24	62.42	92.69	121.32	135.57	143.53	161.63	157.81	162.45
3.蛋类	130.71	92.26	87.99	103.71	126.09	140.19	134.14	161.11	154.62	159.55
4.水产品类	403.53	158.01	128.02	213.18	298.07	416.65	420.71	565.66	866.99	1110.98
（三）蔬菜类	515.76	369.32	344.82	418.65	480.52	561.51	551.21	604.66	597.74	576.71
#鲜菜	460.09	338.88	318.93	379.42	433.32	501.80	486.64	536.63	518.42	492.58
（四）调味品	82.16	52.54	49.33	61.57	73.92	86.69	88.56	100.26	113.05	121.78
（五）糖烟酒饮料类	517.38	221.29	194.73	313.50	352.74	479.85	522.35	666.69	1310.30	1759.31
#烟草类	227.62	110.06	100.93	155.45	150.14	212.86	210.63	286.56	596.58	817.00
酒　类	146.26	54.97	41.29	81.16	100.86	135.05	151.46	184.46	381.32	521.26
饮　料	103.09	37.91	35.48	52.76	72.22	95.02	116.01	138.53	245.50	310.42
（六）干鲜瓜果类	562.50	258.51	218.81	333.64	442.35	572.57	637.49	793.58	982.62	1050.70
（七）糕点、奶及奶制品	306.41	136.94	105.89	194.18	226.22	311.44	360.04	460.18	505.11	582.05
#奶及奶制品	213.82	92.89	71.20	132.28	152.23	218.52	255.63	326.40	353.92	418.91
#鲜乳品	107.62	51.51	40.65	64.59	87.88	113.82	122.61	149.59	170.45	192.70
奶　粉	47.96	15.15	8.37	33.37	21.04	53.10	64.44	84.03	75.54	97.17
酸　奶	35.49	15.09	13.77	20.83	25.48	32.63	43.53	60.11	59.34	61.99
（八）其它食品	85.15	34.34	26.41	68.20	65.95	88.72	94.10	106.99	150.68	179.02
（九）饮食服务	1046.63	277.16	224.52	417.92	597.16	781.60	1204.01	1544.35	3197.11	3912.34
#在外饮食	1045.82	276.90	224.21	417.43	596.39	780.96	1203.36	1542.92	3195.21	3911.81
二、衣　　着	**1854.63**	**615.83**	**520.86**	**887.60**	**1184.09**	**1493.20**	**2169.09**	**2836.70**	**4732.45**	**5834.96**
#服　装	1295.08	404.16	340.37	591.57	791.96	1013.59	1531.69	2006.69	3433.36	4227.27
三、家庭设备用品及服务	**929.37**	**251.79**	**218.92**	**396.75**	**531.15**	**826.42**	**1064.18**	**1340.88**	**2574.74**	**3195.55**
#耐用消费品	320.74	45.18	35.83	98.40	163.11	285.35	375.22	455.83	1005.29	1358.21
室内装饰品	31.43	2.32	0.97	10.73	8.84	22.97	39.45	51.07	112.89	121.68
四、医疗保健	**1208.30**	**577.40**	**567.74**	**611.02**	**795.08**	**1167.99**	**1237.23**	**1668.19**	**2943.68**	**3336.17**
#药品费	479.06	264.88	245.71	332.56	373.80	488.70	488.23	666.20	862.04	934.53
医疗费	489.99	291.79	294.29	243.59	362.32	509.60	494.65	646.95	1023.95	1019.70
五、交通和通信	**1899.06**	**471.37**	**395.40**	**619.90**	**825.43**	**1128.10**	**1642.89**	**2259.37**	**8711.79**	**14010.64**
交　　通	1181.00	156.03	123.65	203.28	276.58	478.68	851.33	1269.90	7166.94	12084.20
通　　信	718.05	315.34	271.75	416.63	548.85	649.42	791.56	989.47	1544.85	1926.44
六、教育文化娱乐服务	**1614.52**	**710.52**	**649.88**	**881.54**	**1078.22**	**1297.29**	**1659.77**	**2304.77**	**4346.60**	**5307.07**
#文化娱乐用品	396.05	94.43	93.79	164.13	226.14	325.55	434.69	633.71	1149.54	1354.46
教　　育	**757.94**	**518.38**	**483.61**	**595.35**	**665.44**	**643.40**	**736.26**	**999.88**	**1421.05**	**1726.17**
七、居　　住	**1385.62**	**831.25**	**776.63**	**952.04**	**1085.37**	**1196.52**	**1402.79**	**1949.20**	**2862.58**	**3311.71**
#住　房	311.32	137.72	110.01	156.66	173.10	166.24	265.25	561.46	1092.36	1307.33
水电燃料及其它	981.52	666.64	643.51	760.60	867.11	965.03	1038.59	1235.81	1461.31	1569.38
八、其它商品和服务	**643.15**	**162.67**	**160.44**	**211.52**	**338.25**	**525.91**	**621.22**	**952.41**	**2223.94**	**3201.92**
#服　务	258.23	89.56	85.40	101.99	170.44	194.37	257.52	365.65	811.58	1061.99

10-11 城镇居民家庭平均每人消费支出构成

(2011年，按相对收入不等距九组分) 单位：%

指　　标	合计	最低10%	#更低5%	低10%	较低20%	中间20%	较高20%	高10%	最高10%	#更高5%
消费支出	**100.00**	**100.00**	**100.00**	**100.00**	**100.00**	**100.00**	**100.00**	**100.00**	**100.00**	**100.00**
一、食　　品	**35.53**	**43.33**	**42.49**	**42.79**	**41.74**	**40.37**	**36.94**	**34.16**	**25.41**	**22.72**
(一)粮油类	4.95	10.03	10.78	8.21	7.07	6.05	4.85	3.97	2.00	1.50
(二)肉禽蛋水产品类	9.52	12.17	11.35	11.89	12.33	11.82	9.84	9.03	5.40	4.67
(三)蔬菜类	3.49	5.78	6.03	5.25	4.80	4.39	3.55	2.99	1.57	1.17
(四)调味品	0.56	0.82	0.86	0.77	0.74	0.68	0.57	0.50	0.30	0.25
(五)糖烟酒饮料类	3.50	3.46	3.40	3.93	3.52	3.75	3.36	3.30	3.44	3.56
(六)干鲜瓜果类	3.80	4.05	3.83	4.19	4.41	4.47	4.10	3.93	2.58	2.13
(七)糕点、奶及奶制品	2.07	2.14	1.85	2.44	2.26	2.43	2.32	2.28	1.33	1.18
(八)其它食品	0.58	0.54	0.46	0.86	0.66	0.69	0.61	0.53	0.40	0.36
(九)饮食服务	7.08	4.34	3.92	5.24	5.96	6.10	7.75	7.64	8.40	7.92
二、衣　　着	**12.54**	**9.64**	**9.11**	**11.14**	**11.82**	**11.66**	**13.96**	**14.03**	**12.43**	**11.81**
#服　装	8.76	6.33	5.95	7.42	7.90	7.92	9.86	9.93	9.02	8.55
三、家庭设备用品及服务	**6.28**	**3.94**	**3.83**	**4.98**	**5.30**	**6.45**	**6.85**	**6.63**	**6.76**	**6.47**
#耐用消费品	2.17	0.71	0.63	1.23	1.63	2.23	2.42	2.25	2.64	2.75
室内装饰品	0.21	0.04	0.02	0.13	0.09	0.18	0.25	0.25	0.30	0.25
四、医疗保健	**8.17**	**9.04**	**9.92**	**7.67**	**7.93**	**9.12**	**7.96**	**8.25**	**7.73**	**6.75**
#药品费	3.24	4.15	4.30	4.17	3.73	3.82	3.14	3.30	2.26	1.89
医疗费	3.31	4.57	5.14	3.06	3.62	3.98	3.18	3.20	2.69	2.06
五、交通和通信	**12.84**	**7.38**	**6.91**	**7.78**	**8.24**	**8.81**	**10.57**	**11.18**	**22.88**	**28.35**
交　通	7.99	2.44	2.16	2.55	2.76	3.74	5.48	6.28	18.83	24.45
通　信	4.86	4.94	4.75	5.23	5.48	5.07	5.09	4.89	4.06	3.90
六、教育文化娱乐服务	**10.92**	**11.12**	**11.36**	**11.06**	**10.76**	**10.13**	**10.68**	**11.40**	**11.42**	**10.74**
#文化娱乐用品	2.68	1.48	1.64	2.06	2.26	2.54	2.80	3.13	3.02	2.74
教　育	5.12	8.11	8.45	7.47	6.64	5.02	4.74	4.95	3.73	3.49
七、居　　住	**9.37**	**13.01**	**13.58**	**11.94**	**10.83**	**9.34**	**9.03**	**9.64**	**7.52**	**6.70**
#住　房	2.10	2.16	1.92	1.97	1.73	1.30	1.71	2.78	2.87	2.65
水电燃料及其它	6.64	10.43	11.25	9.54	8.65	7.54	6.68	6.11	3.84	3.18
八、其它商品和服务	**4.35**	**2.55**	**2.80**	**2.65**	**3.38**	**4.11**	**4.00**	**4.71**	**5.84**	**6.48**
#服　务	1.75	1.40	1.49	1.28	1.70	1.52	1.66	1.81	2.13	2.15

10-12 城镇居民家庭平均每人购买的主要商品数量

(2011年，按相对收入不等距九组分)

品 名	单位	合计	最低10%	#更低5%	低10%	较低20%	中间20%	较高20%	高10%	最高10%	#更高5%
大 米	千克	39.08	43.70	43.07	41.26	40.63	41.66	38.11	33.83	30.36	29.08
面 粉	千克	20.07	21.30	22.90	19.45	20.74	22.00	20.02	18.25	15.98	12.52
猪 肉	千克	16.45	11.27	9.50	13.49	15.82	18.26	17.78	19.79	16.88	15.55
牛 肉	千克	3.53	2.01	1.79	2.42	3.23	4.07	4.03	4.34	4.10	4.11
羊 肉	千克	1.48	0.76	0.64	0.89	1.46	1.57	1.81	1.77	1.83	1.94
鸡	千克	4.80	3.75	3.11	3.90	4.76	5.26	5.30	5.42	4.47	4.35
鲜 蛋	千克	12.87	9.77	9.31	10.73	12.86	13.93	13.17	15.00	13.68	13.57
鱼	千克	9.96	6.72	6.12	7.64	9.73	11.16	10.84	11.83	10.36	10.16
虾	千克	1.84	0.74	0.57	0.98	1.54	2.03	2.02	2.78	2.86	3.09
鲜 菜	千克	139.89	121.42	118.31	130.86	138.56	150.16	142.78	152.45	133.32	119.20
白 酒	千克	2.50	2.09	1.79	2.15	2.71	3.20	2.29	2.34	2.07	2.03
果 酒	千克	0.25	0.10	0.08	0.12	0.18	0.25	0.31	0.35	0.50	0.66
啤 酒	千克	11.08	5.65	4.30	9.25	11.10	12.58	13.45	11.97	10.14	10.28
碳酸饮料	千克	2.86	1.47	1.23	1.98	2.71	3.09	3.39	3.77	3.12	2.72
瓶装饮用水	千克	8.50	3.45	2.14	5.96	4.89	8.25	11.91	11.89	14.41	15.54
茶 叶	千克	0.18	0.12	0.14	0.09	0.14	0.20	0.20	0.21	0.29	0.34
鲜 果	千克	47.40	28.88	25.20	34.40	42.77	50.88	52.30	59.71	61.69	61.30
鲜 瓜	千克	13.06	8.58	7.06	8.64	11.56	13.27	15.00	18.05	16.43	14.86
糕 点	千克	5.03	2.99	2.47	4.05	4.39	5.25	5.58	6.51	6.57	7.01
鲜乳品	千克	14.95	8.02	6.59	9.45	12.68	16.39	16.92	19.42	21.65	22.85
奶 粉	千克	0.32	0.15	0.10	0.26	0.17	0.36	0.40	0.55	0.45	0.59
酸 奶	千克	4.35	2.11	1.82	2.81	3.31	4.11	5.27	6.81	6.83	7.42
服 装	件	7.63	4.46	3.82	5.49	6.22	7.26	8.74	10.95	11.52	12.24
鞋 类	双	2.83	2.00	1.68	2.35	2.51	2.70	2.99	3.74	3.94	4.12

10-13 城镇居民家庭平均每百户年末耐用品拥有量

(2011年，按相对收入不等距九组分)

品　名	单位	合计	最低10%	#更低5%	低10%	较低20%	中间20%	较高20%	高10%	最高10%	#更高5%
摩托车	辆	5.36	8.49	9.64	7.68	6.01	3.58	5.44	3.77	4.15	2.92
助力车	辆	8.62	10.10	8.60	9.87	9.46	9.67	9.17	6.32	4.01	2.02
家用汽车	辆	11.15	2.06	0.97	1.88	3.92	7.33	10.58	15.76	43.53	58.05
洗衣机	台	91.74	83.26	85.34	86.93	89.61	90.98	93.45	96.73	100.38	102.96
电冰箱(柜)	台	96.46	85.98	84.29	86.97	93.14	96.68	99.49	100.05	110.06	111.28
彩色电视机	台	115.65	106.31	105.28	109.67	110.37	112.77	113.17	120.68	143.34	151.39
家用电脑	台	71.66	44.26	42.08	56.69	61.45	66.85	79.50	85.38	107.19	116.31
组合音响	套	19.82	8.95	7.14	12.93	13.54	18.14	20.76	30.54	37.44	43.67
摄像机	架	11.60	1.33	1.00	2.55	5.87	7.43	12.72	20.19	35.70	43.61
照相机	架	39.40	12.03	10.06	17.15	23.63	36.97	48.64	59.12	78.48	88.36
钢琴	架	2.67	0.23		0.73	0.99	1.55	3.69	3.08	9.13	11.48
其它中高档乐器	件	3.52	1.32	0.81	1.66	1.96	2.13	4.78	5.14	8.39	7.07
微波炉	台	56.81	25.39	23.81	41.97	46.96	54.75	67.34	73.84	81.80	87.20
空调器	台	28.05	4.76	4.13	9.30	13.08	25.88	30.16	40.86	78.76	92.96
淋浴热水器	台	73.12	46.39	41.89	54.61	63.34	73.58	82.63	89.13	95.44	99.72
消毒碗柜	台	7.32	1.04	0.47	2.41	1.84	4.96	7.67	11.76	26.11	31.42
洗碗机	台	0.83				0.16	0.34	1.07	0.25	4.47	5.71
健身器材	套	3.68	0.51	0.57	1.24	0.82	1.92	3.58	6.20	14.61	16.76
固定电话	部	73.76	60.09	58.38	62.69	70.38	74.12	77.76	83.01	84.04	86.87
移动电话	部	178.40	150.98	144.69	167.59	171.01	174.65	184.12	189.52	209.78	221.86

10-14 各地区城市居民家庭平均每百户耐用品拥有量

(2011年)

品 名	单位	全省	沈阳	大连	鞍山	抚顺	本溪	丹东	锦州
摩托车	辆	5.36	1.71	0.76	6.78	3.35	2.55	4.81	5.39
助力车	辆	8.62	7.81	0.57	10.57	0.91	1.46	9.62	23.53
家用汽车	辆	11.15	15.81	17.97	10.03	5.49	4.38	3.85	13.24
洗衣机	台	91.74	90.86	92.35	88.35	83.54	89.78	92.95	93.14
电冰箱(柜)	台	96.46	95.62	102.68	99.46	89.02	95.99	99.68	97.06
彩色电视机	台	115.65	118.67	111.85	117.89	116.16	115.33	120.83	120.59
家用电脑	台	71.66	75.05	89.87	63.69	71.04	69.71	69.23	80.39
组合音响	套	19.82	26.29	23.52	22.49	19.21	21.17	25.32	17.16
摄像机	架	11.60	19.24	17.02	6.78	7.01	9.85	9.29	9.31
照相机	架	39.40	54.86	60.61	32.79	35.67	39.05	33.33	35.29
钢琴	架	2.67	3.81	2.68	1.36	3.66	1.46	2.24	0.98
其它中高档乐器	件	3.52	3.24	7.07	1.90	3.35	3.65	4.81	2.94
微波炉	台	56.81	64.57	72.28	47.70	50.30	63.50	67.31	59.31
空调器	台	28.05	36.38	37.28	30.89	20.43	6.93	10.90	36.76
淋浴热水器	台	73.12	82.67	88.91	63.69	67.38	62.77	83.33	69.61
消毒碗柜	台	7.32	12.19	10.52	6.78	5.79	4.38	1.28	7.35
洗碗机	台	0.83	1.90	0.76	0.54	0.91	1.46		0.49
健身器材	套	3.68	5.71	6.31	2.17	2.74	2.55	1.60	3.92
固定电话	部	73.76	74.10	82.41	77.51	71.95	57.30	80.77	75.98
移动电话	部	178.40	177.90	199.24	165.85	196.34	197.45	197.44	164.22

10-14 续表

品 名	单位	营口	阜新	辽阳	盘锦	铁岭	朝阳	葫芦岛
摩托车	辆	4.81	13.43	9.66	4.00	5.29	12.05	5.85
助力车	辆	22.12	21.39	6.76	8.44	9.62	25.89	16.59
家用汽车	辆	9.13	7.96	10.14	18.22	7.69	5.80	9.27
洗衣机	台	90.87	96.02	91.79	95.11	96.15	93.75	94.63
电冰箱(柜)	台	94.23	95.52	98.07	97.33	96.15	95.09	94.63
彩色电视机	台	116.35	114.93	110.63	115.56	109.13	107.59	111.22
家用电脑	台	68.75	60.20	70.05	71.56	63.46	53.13	64.88
组合音响	套	19.23	11.44	22.22	18.22	9.62	11.16	9.76
摄像机	架	10.58	4.98	11.59	7.11	6.73	5.36	5.37
照相机	架	24.04	24.38	40.58	35.11	19.71	16.07	21.95
钢琴	架	6.25	1.00	2.90	3.11	0.48	0.89	1.46
其它中高档乐器	件	4.33	2.99	5.31	3.56	0.48	1.79	2.93
微波炉	台	53.37	45.77	50.24	41.78	38.94	36.61	39.51
空调器	台	28.85	16.42	34.78	27.56	14.42	24.11	22.93
淋浴热水器	台	69.71	68.66	66.67	84.44	65.87	53.13	50.24
消毒碗柜	台	8.65	1.49	7.73	7.11	3.37	1.34	2.93
洗碗机	台		0.50	0.97	0.44			
健身器材	套	1.44	2.49	2.42	2.22	3.37	2.68	3.90
固定电话	部	59.62	65.17	64.25	76.00	75.48	67.86	67.80
移动电话	部	167.31	196.02	170.53	165.33	151.92	165.63	155.12

10-15 城市居民家庭住房情况

指　　标	单位	2009年	2010年	2011年
1.房屋产权(合计)	%	100	100	100
租赁公房	%	9.27	8.67	7.80
租赁私房	%	2.13	2.01	3.63
原有私房	%	1.26	1.30	1.24
房改私房	%	42.41	43.19	43.03
商品房	%	43.88	43.40	42.90
其　它	%	1.06	1.43	1.39
2.住宅建筑式样(合计)	%	100	100	100
单栋住宅	%	0.12	0.14	0.20
四居室	%	1.48	1.43	1.40
三居室	%	18.81	19.00	18.14
二居室	%	62.78	62.63	61.54
一居室	%	13.26	13.24	14.65
普通楼房	%	1.53	1.45	2.02
平房及其它	%	2.02	2.09	2.05
3.建筑年份	年	15.39	16.20	16.76
4.装修状况(合计)	%	100	100	100
有装修	%	67.00	66.83	64.40
未装修	%	33.00	33.17	35.60
5.现有住房按市场价估计值	元	230868.14	236906.48	396067.59
6.租赁房房租	元	201.14	201.86	369.81
7.现住房房租折算	元	8279.75	8404.81	9372.93
8.购房时间	年	8.09	9.00	9.23
9.购房总金额	元	98277.70	100836.52	109410.25
购房实际支出金额	元	94421.54	96794.46	105155.25
10.饮水情况(合计)	%	100	100	100
自来水	%	89.08	89.68	93.29
矿泉水	%	6.89	6.63	4.69
纯净水	%	3.93	3.60	1.96
井、河水	%	0.10	0.10	0.04
其它	%			0.02
11.用水情况(合计)	%	100	100	100
独用自来水	%	99.74	99.74	99.74
公用自来水	%	0.16	0.16	0.22
井、河水	%	0.10	0.10	0.04
其它	%			
12.卫生设备(合计)	%	100	100	100
无卫生设备	%	0.90	0.94	1.13
有厕所浴室	%	70.75	71.17	72.80
有厕所无浴室	%	27.48	26.99	25.17
公用	%	0.87	0.90	0.91
13.取暖设备(合计)	%	100	100	100
无取暖设备	%	0.29	0.31	0.36
空调设备	%	0.13	0.11	0.20
暖气	%	97.63	97.56	97.89
其它	%	1.96	2.01	1.55
14.炊用燃料使用情况(合计)	%	100	100	100
管道煤气	%	68.49	68.52	69.10
液化石油气	%	27.64	27.43	25.41
煤	%	1.11	1.16	1.60
其它	%	2.76	2.88	3.89
15.除了现住房，还有几处其它住房	套	0.10	0.11	0.10
(1)出租房	套	0.05	0.06	0.05
#建筑面积	平方米	3.59	3.75	3.02
(2)偶尔居住房	套	0.03	0.03	0.03
#建筑面积	平方米	2.16	1.98	2.26
(3)其它用途房	套	0.02	0.02	0.02
#建筑面积	平方米	1.61	1.66	1.80

10-16 农民家庭基本情况

指 标	单位	2005年	2006年	2008年	2009年	2010年	2011年
调查户数	**户**	**1890**	**1890**	**1890**	**1890**	**1890**	**2160**
调查户人口							
1.常住人口	人	6368	6315	6168	6057	6010	6914
2.平均每户常住人口	人	3.37	3.34	3.26	3.20	3.18	3.20
3.平均每户整、半劳动力	人	2.52	2.50	2.49	2.46	2.45	2.47
4.平均每个劳动力负担人口(含本人)	人	1.34	1.34	1.31	1.30	1.30	1.30
平均每人全年收入							
1.总收入	元	6028.30	6521.40	9346.41	9912.58	10902.52	13898.12
2.纯收入	元	3690.20	4090.40	5576.48	5958.00	6907.93	8296.54
3.现金收入	元	5491.40	5783.50	8449.53	9219.59	9907.70	12855.16
按人均纯收入分组的户数占调查户数比重							
200 元以下	%	1.69	1.32	1.69	1.75	2.01	2.87
200 - 500	%	1.06	0.85	0.63	0.69	0.63	0.69
500 - 800	%	1.43	1.75	0.79	0.90	0.85	0.83
800 -1000	%	1.38	1.22	1.06	0.74	0.42	0.37
1000-1200	%	2.38	2.17	1.38	0.79	0.85	0.32
1200-1500	%	4.87	3.44	2.06	2.22	1.06	0.74
1500-1700	%	4.18	3.81	1.75	1.69	1.01	0.83
1700-2000	%	6.35	4.92	2.75	3.02	1.96	1.25
2000-2500	%	10.21	10.42	5.50	4.92	4.18	2.31
2500-3000	%	11.22	10.47	7.25	5.66	4.39	2.96
3000-3500	%	8.84	9.37	6.77	6.19	4.76	3.70
3500-4000	%	9.26	7.46	6.19	6.14	4.81	3.52
4000-4500	%	8.31	7.04	5.50	6.19	5.93	3.98
4500-5000	%	5.03	6.30	7.09	7.09	5.45	4.35
5000元以上	%	23.81	29.46	49.58	52.01	61.69	71.25
平均每人全年支出	**元**	**5566.30**	**5959.40**	**8289.70**	**9147.74**	**9604.74**	**12241.38**
家庭经营费用支出	元	2061.20	2126.60	3386.63	3551.88	3618.78	4833.96
购置生产性固定资产支出	元	238.50	146.90	240.50	316.35	403.47	609.30
税费支出	元	6.30	5.10	4.60	9.72	1.76	9.41
生活消费支出	元	2699.70	3066.90	3814.03	4255.61	4489.50	5406.41
财产性支出	元	37.10	47.80	31.36	61.36	79.80	0.73
转移性支出	元	521.80	565.10	808.18	949.15	1003.41	1371.32

10-17 农民家庭人均总收入与人均纯收入

单位：元

指 标	2006年	2007年	2008年	2009年	2010年	2011年	构成(%)					
							2006年	2007年	2008年	2009年	2010年	2011年
一、人均总收入	**6521.4**	**7680.4**	**9346.4**	**9912.6**	**10902.5**	**13898.1**	**100**	**100**	**100**	**100**	**100**	**100.0**
(一)工资性收入	1499.5	1719.7	2035.5	2239.8	2650.0	3179.7	23.0	22.4	21.8	22.6	24.4	22.9
在非企业组织中得到收入	376.2	398.5	452.6	518.9	543.4	277.3	5.8	5.2	4.8	5.2	5.0	2.0
在本乡地域内劳动得到收入	720.8	831.3	977.3	1038.0	1195.1	1694.0	11.0	10.8	10.5	10.5	11.0	12.2
外出从业得到收入	402.5	489.9	605.6	682.8	911.5	1208.4	6.2	6.4	6.5	6.9	8.4	8.7
(二)家庭经营收入	4515.5	5394.8	6529.3	6830.1	7383.6	9632.2	69.2	70.2	69.9	68.9	67.7	69.3
(三)财产性收入	141.8	179.4	201.3	205.5	234.2	244.6	2.2	2.3	2.2	2.1	2.1	1.8
(四)转移性收入	364.7	386.5	580.3	637.2	634.8	841.6	5.6	5.0	6.2	6.4	5.8	6.0
二、人均纯收入	**4090.4**	**4773.4**	**5576.5**	**5958.0**	**6907.9**	**8296.5**	**100**	**100**	**100**	**100**	**100**	**100.0**
(一)工资性收入	1499.5	1719.7	2035.5	2239.8	2650.0	3179.7	36.7	36.0	36.5	37.6	38.4	38.3
在非企业组织中得到收入	376.2	398.5	452.6	518.9	543.4	277.3	9.2	8.3	8.1	8.7	7.9	3.3
在本乡地域内劳动得到收入	720.8	831.3	977.3	1038.0	1195.1	1694.0	17.6	17.4	17.5	17.4	17.3	20.4
外出从业得到收入	402.5	489.9	605.6	682.8	911.5	1208.4	9.9	10.3	10.9	11.5	13.2	14.6
(二)家庭经营净收入	2210.8	2592.2	2931.3	3017.3	3486.1	4271.0	54.0	54.3	52.6	50.6	50.5	51.5
1.农业	1432.9	1603.4	1802.5	1823.0	2188.9	2708.0	35.0	33.6	32.3	30.6	31.7	32.6
2.林业	18.0	22.1	11.1	16.9	18.2	23.8	0.4	0.5	0.2	0.3	0.3	0.3
3.牧业	431.6	587.9	652.3	629.8	665.0	825.7	10.6	12.3	11.7	10.6	9.6	10.0
4.渔业	3.1	33.1	44.7	46.7	52.2	15.1	0.1	0.7	0.8	0.8	0.8	0.2
5.工业	44.0	55.6	61.7	68.9	77.6	109.2	1.1	1.2	1.1	1.2	1.1	1.3
6.建筑业	13.3	23.7	46.9	55.8	48.8	65.7	0.3	0.5	0.8	0.9	0.7	0.8
7.交通运输、邮电业	82.0	62.6	69.1	77.4	91.7	124.2	2.0	1.3	1.2	1.3	1.3	1.5
8.批零贸易、餐饮业	116.1	130.2	148.1	189.7	223.1	295.0	2.8	2.7	2.7	3.2	3.2	3.6
9.社会服务业	29.8	32.5	37.2	46.4	53.2	61.6	0.7	0.7	0.7	0.8	0.8	0.7
10.文教卫生业	23.2	17.0	22.3	20.9	24.0	31.7	0.6	0.4	0.4	0.4	0.4	0.4
11.其他家庭经营	16.9	24.3	35.4	42.0	43.5	10.9	0.4	0.5	0.6	0.7	0.6	0.1
(三)财产性净收入	141.8	179.4	201.3	205.5	234.2	244.6	3.5	3.8	3.6	3.4	3.3	3.0
(四)转移性净收入	238.3	282.1	408.4	495.4	537.7	601.2	5.8	5.9	7.3	8.3	7.8	7.2

10-18 各地区农民家庭人均纯收入

单位：元

地　区	2005年	2006年	2008年	2009年	2010年	2011年
全　省	**3690**	**4090**	**5576**	**5958**	**6908**	**8297**
沈　阳	5050	5712	8029	8753	10022	11575
大　连	5903	6984	9818	10725	12317	14213
鞍　山	4750	5282	7291	8094	9250	11146
抚　顺	3743	4160	5560	6146	7203	8780
本　溪	4022	4455	6164	6750	7845	9524
丹　东	4178	4650	6630	7295	8340	10033
锦　州	3730	4165	6089	6627	7756	9447
营　口	4503	5001	6944	7687	8863	10662
阜　新	3090	2852	5030	5382	6372	7615
辽　阳	4133	4600	6423	7076	8095	9844
盘　锦	5067	5711	7701	8479	9750	11437
铁　岭	3756	4222	6050	6585	7739	9271
朝　阳	3002	3365	4900	5170	6142	7536
葫芦岛	3428	3650	5152	5595	6597	7901

10-19 各地区农民家庭纯收入来源

(2011年)

单位：元

地　区	人均纯收入				
		工资性收入	家庭经营纯收入	财产性收入	转移性收入
全　省	**8296.54**	**3179.75**	**4270.99**	**244.61**	**601.19**
沈　阳	11574.65	4035.35	6476.96	390.39	671.96
大　连	14212.73	5844.28	6953.92	322.79	1091.74
鞍　山	11146.28	4929.39	5415.25	98.14	703.50
抚　顺	8779.86	3004.49	4875.23	351.43	548.71
本　溪	9523.99	4763.47	3978.42	338.60	443.50
丹　东	10033.02	4617.22	4309.25	214.66	891.89
锦　州	9447.37	2901.80	5879.58	145.92	520.07
营　口	10661.73	4511.52	5136.84	458.86	554.51
阜　新	7615.04	2370.00	4482.60	277.46	484.98
辽　阳	9844.33	4874.32	4405.80	190.45	373.76
盘　锦	11436.80	3129.89	6919.00	389.50	999.07
铁　岭	9270.79	3204.76	5290.70	201.50	573.83
朝　阳	7536.00	3122.99	3776.58	59.77	576.67
葫芦岛	7900.55	3822.77	3581.55	220.98	275.25

10-20 农民家庭人均总支出

单位：元

指标	2006年	2007年	2008年	2009年	2010年	2011年	构成(%)					
							2006年	2007年	2008年	2009年	2010年	2011年
总支出	**5959.4**	**6922.2**	**8289.7**	**9147.7**	**9604.7**	**12241.4**	**100**	**100**	**100**	**100**	**100**	**100**
(一)家庭经营费用支出	2126.6	2609.2	3386.6	3551.9	3618.8	4834.0	35.7	37.7	40.9	38.8	37.7	39.5
(二)购置生产性固定资产支出	146.9	212.3	240.5	316.4	403.5	609.3	2.5	3.1	2.9	3.5	4.2	5.0
(三)税费支出	5.1	6.2	4.6	9.7	1.8	9.4	0.1	0.1	0.1	0.1		0.1
(四)生活消费支出	3066.9	3368.2	3814.0	4255.6	4489.5	5406.4	51.5	48.7	46.0	46.5	46.7	44.2
1.食品	1162.5	1334.2	1549.0	1563.3	1714.2	2116.3	19.5	19.3	18.7	17.1	17.8	17.3
2.衣着	243.0	281.2	298.8	335.9	369.2	446.1	4.1	4.1	3.6	3.7	3.8	3.7
3.居住	509.7	513.1	601.7	795.5	745.0	860.2	8.6	7.4	7.3	8.7	7.8	7.0
4.家庭设备、用品及服务	112.2	142.1	158.9	185.5	185.2	225.4	1.9	2.1	1.9	2.0	1.9	1.8
5.医疗保健	267.9	265.0	283.4	409.6	413.8	482.9	4.5	3.8	3.4	4.5	4.3	4.0
6.交通和通讯	337.1	361.8	426.5	416.4	449.0	577.7	5.7	5.2	5.1	4.6	4.7	4.7
7.文教娱乐用品及服务	354.6	362.8	388.0	437.8	500.3	550.0	6.0	5.2	4.7	4.8	5.2	4.5
8.其他商品和服务	79.9	108.1	107.8	111.5	112.9	147.8	1.3	1.6	1.3	1.2	1.2	1.2
(五)财产性支出	47.8	38.2	31.4	61.4	79.8	0.7	0.8	0.6	0.4	0.7	0.8	0.0
(六)转移性支出	565.1	673.5	808.2	949.2	1003.4	1371.3	9.5	9.7	9.7	10.4	10.4	11.2

10-21 各地区农民家庭人均生活消费支出

(2011年)

单位：元

地区	生活消费支出合计	1.食品	2.衣着	3.居住	4.家庭设备用品	5.交通和通讯	6.文教娱乐用品及服务	7.医疗保健	8.其他商品和服务
全省	**5406.41**	**2116.30**	**446.12**	**860.23**	**225.38**	**577.71**	**549.96**	**482.85**	**147.86**
沈阳	5988.58	2209.66	587.68	960.42	256.62	709.75	560.29	508.95	195.19
大连	7599.26	3137.72	632.01	1262.11	371.81	782.47	469.08	659.41	284.64
鞍山	6601.47	2351.65	664.86	1213.25	315.86	785.69	471.94	579.53	218.69
抚顺	6233.18	2550.22	474.81	1056.82	265.44	578.19	443.18	614.17	250.35
本溪	6682.73	2643.95	476.51	1457.20	300.68	652.69	524.40	505.82	121.48
丹东	5958.31	2806.93	541.99	798.54	255.46	605.76	374.66	406.98	168.00
锦州	5356.53	1806.93	500.33	967.31	235.43	707.98	493.41	523.98	121.16
营口	6434.77	2552.07	683.22	1022.06	277.78	700.31	524.23	495.35	179.74
阜新	5500.62	2053.78	480.31	763.58	225.34	859.29	538.66	456.04	123.63
辽阳	5218.33	1955.62	506.10	1125.65	236.30	571.01	373.74	316.28	133.63
盘锦	6113.29	2656.11	559.67	847.06	228.76	672.55	459.93	539.18	150.02
铁岭	5641.89	2163.19	458.14	1051.99	266.18	587.40	413.63	534.22	167.14
朝阳	6138.27	2489.43	369.64	1455.64	274.69	475.32	421.79	581.12	70.65
葫芦岛	4580.81	1698.08	417.13	936.56	167.75	511.16	306.92	423.53	119.67

10-22 农村居民人均食品消费情况

单位：元

指　　标	2006年	2007年	2008年	2009年	2010年	2011年
一、谷物和薯类	189.12	186.71	192.83	176.14	171.47	169.71
#小　麦	36.35	35.89	34.24	35.92	36.94	38.30
稻　谷	93.69	97.05	98.46	92.44	92.58	103.61
玉　米	39.69	36.51	42.45	31.30	26.72	15.79
薯　类	2.06	2.26	3.06	2.19	1.74	1.03
二、豆类及豆制品	8.32	8.24	9.04	7.66	11.07	6.97
大　豆	3.91	3.60	4.04	3.22	6.21	2.70
三、蔬菜及菜制品	171.78	168.25	162.79	167.92	150.33	111.75
四、油　脂　类	6.86	7.49	7.87	7.57	7.58	9.03
植　物　油	5.88	6.87	7.11	6.89	7.00	8.64
动　物　油	0.98	0.62	0.76	0.68	0.58	0.39
五、肉禽及其制品	22.54	20.14	21.22	22.61	20.46	18.63
#猪　肉	18.46	15.22	15.86	17.80	15.77	14.22
牛　肉	0.40	0.49	0.49	0.38	0.40	0.49
羊　肉	0.35	0.31	0.30	0.34	0.26	0.23
家　禽	1.77	2.58	2.68	2.36	2.01	1.50
肉禽制品	1.57	1.55	1.88	1.74	2.01	2.19
六、蛋类及蛋制品	9.35	8.87	10.96	10.23	8.72	8.31
七、奶及奶制品	3.08	3.11	3.05	3.19	2.82	3.68
八、水　产　品	6.18	5.80	5.50	5.20	4.85	5.19
鱼　类	3.80	4.24	4.08	3.82	3.52	3.91
虾、贝、蟹类	1.90	1.02	0.94	0.94	0.86	0.81
藻　类	0.18	0.17	0.15	0.16	0.16	0.15
其　他	0.30	0.36	0.32	0.27	0.30	0.32
九、食　糖	0.79	0.70	0.81	0.77	0.87	0.61
十、酒	13.60	14.21	13.29	13.96	12.78	15.14
#白　酒	4.18	4.32	3.93	3.83	3.57	4.24
啤　酒	9.30	9.79	9.28	10.07	9.15	10.83
果　酒	0.08	0.06	0.06	0.05	0.04	0.04
十一、糖　果						
十二、水果及水果制品	19.20	23.10	23.27	24.46	21.58	20.96
十三、坚果及果仁制品	0.59	0.64	0.56	0.58	0.54	0.64

10-23 农民家庭平均每百户年末耐用消费品拥有量

品名	单位	2005年	2006年	2007年	2008年	2009年	2010年	2011年
大型家具	台	141.69	149.31					
洗衣机	台	63.71	68.04	67.72	72.28	74.23	76.24	79.03
电风扇	台	58.73	60.95					
电冰箱	台	28.04	32.22	38.84	44.44	53.97	58.73	77.87
空调机	台	0.79	0.53	0.58	0.79	1.01	1.01	2.27
抽油烟机	台	7.35	7.62	7.83	8.36	9.79	10.74	10.14
吸尘器	台	1.48	1.64	1.11	1.27	1.38	1.59	0.97
微波炉	台	2.70	4.34	5.45	5.98	6.77	7.25	7.13
热水器	台	5.19	6.08	5.61	7.35	8.73	10.26	14.12
自行车	辆	104.29	105.66	103.12	102.54	103.12	101.61	79.68
摩托车	辆	45.40	50.05	54.60	56.46	57.83	59.21	63.19
汽车(生活用)	台	0.26	0.37	0.48	1.11	1.11	1.43	3.01
电话机	部	87.25	90.98	92.41	91.11	92.35	92.51	80.79
移动电话	部	53.49	66.61	77.94	91.06	107.35	117.72	150.60
彩色电视机	台	102.28	106.67	106.03	109.79	110.90	111.69	112.08
黑白电视机	台	9.05	5.29	4.50	2.65	2.28	2.01	0.42
录放像机	台	4.44	5.19					
摄像机	台	0.58	0.74	0.74	1.11	1.27	1.22	0.97
影碟机	台	43.54	45.71	41.53	41.96	42.28	41.22	29.17
组合音响	台	13.49	15.03					
收录机	台	8.94	10.21					
照相机	架	6.14	6.30	6.72	7.09	7.30	7.30	5.65
家用计算机	台	2.59	3.17	2.43	4.02	5.93	9.95	16.67
中高档乐器	件	0.69	0.53	0.69	0.48	0.74	0.74	0.09

10-24 各地区农村居民人均主要食品消费量

(2011年)　　单位：公斤

地区	粮食	油脂类	烟叶	豆制品	蔬菜及菜制品	瓜类	水果类	茶叶	坚果	肉禽及制品	蛋类及其制品	奶及奶制品	水产品	食糖	酒
全省	**173.0**	**9.0**	**0.1**	**3.6**	**111.8**	**3.8**	**21.0**	**0.1**	**0.6**	**18.6**	**8.3**	**3.7**	**5.2**	**0.6**	**15.1**
沈阳	143.6	11.1	0.2	4.0	94.7	3.7	17.8	0.2	1.2	16.5	7.0	5.4	5.7	0.7	17.2
大连	127.8	6.7	0.1	1.8	81.7	3.8	31.9	0.1	1.2	31.1	11.5	5.5	11.6	0.9	14.2
鞍山	147.3	8.8	0.2	2.8	142.4	4.3	22.9	0.0	0.6	20.1	8.2	3.5	4.3	0.6	15.3
抚顺	150.9	8.1	0.8	2.8	108.8	3.6	20.1	0.1	0.9	20.1	7.8	3.6	4.5	1.0	20.4
本溪	144.6	9.6	0.2	2.6	88.0	2.3	19.0	0.0	1.5	24.8	7.3	3.9	5.5	0.8	17.2
丹东	165.9	6.3	0.1	4.6	145.9	4.3	30.2	0.0	3.6	29.8	11.0	3.9	12.2	0.9	13.9
锦州	113.2	9.5	0.1	4.6	105.7	2.5	16.7	0.0	0.2	11.5	4.6	2.4	3.2	0.4	13.6
营口	176.7	8.4	0.2	3.8	166.2	2.6	35.4	0.0	1.6	19.7	6.7	2.7	7.0	0.5	9.5
阜新	147.8	8.7	0.1	2.8	101.9	2.5	16.6	0.5	0.4	19.6	7.5	2.5	2.6	0.7	19.9
辽阳	127.8	10.1	0.2	2.6	89.2	2.0	15.4	0.1	0.8	14.8	5.9	2.7	4.3	0.5	12.2
盘锦	215.7	8.2	0.1	4.5	173.3	3.0	17.6	0.0	0.7	22.7	7.2	3.9	9.2	0.5	11.8
铁岭	184.2	11.1	0.1	3.0	74.6	2.9	13.3	0.2	1.2	14.8	6.6	3.1	2.6	0.5	17.8
朝阳	192.4	6.8	0.4	3.3	153.4	4.3	24.7	0.4	0.4	23.2	10.8	4.2	2.8	0.5	16.8
葫芦岛	119.1	9.3	0.1	5.1	75.7	0.8	10.5	0.1	0.4	13.6	4.8	3.0	3.6	0.8	10.4

10-25 各地区农村居民平均每百户主要耐用消费品拥有量

(2011年)

地 区	洗衣机(台)	电冰箱(台)	空调机(台)	抽油烟机(台)	吸尘器(台)	微波炉(台)	热水器(台)	自行车(辆)	摩托车(辆)
全 省	**79.03**	**77.87**	**2.27**	**10.14**	**0.97**	**7.13**	**14.12**	**79.68**	**63.19**
沈 阳	85.70	69.00	4.90	21.40	2.80	15.80	13.60	97.30	46.70
大 连	66.78	92.33	6.67	12.00	3.11	20.44	32.22	70.89	58.00
鞍 山	88.16	83.16	2.76	22.24	3.55	12.37	18.16	98.42	60.92
抚 顺	72.42	69.09	0.61	9.70	1.52	16.67	16.36	58.79	56.36
本 溪	81.07	82.86	0.36	17.50	0.71	7.86	8.93	50.36	47.14
丹 东	81.95	86.59	1.95	12.93	1.22	5.61	25.12	86.34	64.88
锦 州	83.86	80.45	2.50	15.91	1.82	7.27	22.50	91.14	57.27
营 口	76.57	78.00	3.43	13.43	2.57	12.00	9.14	88.29	51.71
阜 新	86.25	63.25	0.25	4.25		4.00	11.25	41.50	75.75
辽 阳	87.71	75.43	1.43	22.29	1.14	8.86	9.14	74.29	34.29
盘 锦	91.11	84.17	1.39	17.50	0.83	10.56	11.94	101.39	53.06
铁 岭	70.50	61.17	1.00	14.00	0.50	6.33	4.83	87.83	49.50
朝 阳	82.90	73.71	0.32	4.19	0.16	4.52	6.77	63.39	69.19
葫芦岛	84.49	71.84	2.04	20.82	2.04	6.94	15.31	67.35	50.41

10-25 续表

地 区	汽车(生活用)(辆)	电话机(部)	移动电话(部)	彩色电视机(台)	黑白电视机(台)	影碟机(台)	照相机(架)	家用计算机(台)
全 省	**3.01**	**80.79**	**150.60**	**112.08**	**0.42**	**29.17**	**5.65**	**16.67**
沈 阳	5.60	86.50	149.30	112.30		29.40	11.80	20.90
大 连	6.89	84.00	142.56	102.78	7.89	38.67	17.89	20.33
鞍 山	6.05	77.76	192.89	127.89	0.13	33.68	4.47	21.84
抚 顺	2.73	77.58	151.21	106.36		36.06	7.88	17.27
本 溪	3.57	76.07	183.21	106.79	0.71	42.50	7.14	17.86
丹 东	3.90	82.20	159.51	119.02	0.24	17.07	5.61	12.93
锦 州	5.23	93.86	142.95	110.68		27.95	5.00	21.36
营 口	6.29	81.43	184.29	111.43		29.43	9.71	18.29
阜 新	5.75	68.75	141.50	106.50		20.00	3.00	13.75
辽 阳	2.57	64.29	121.14	102.29		16.00	7.43	9.71
盘 锦	4.44	92.50	118.89	104.17	0.56	32.78	5.83	21.39
铁 岭	3.67	67.17	154.50	103.00		19.67	3.67	15.50
朝 阳	2.26	76.45	150.97	108.71	1.45	22.58	1.77	11.13
葫芦岛	3.06	68.57	114.08	100.00	0.20	20.00	2.65	13.88

10-26 农民家庭住房情况

指　　标	单位	2005年	2006年	2008年	2009年	2010年	2011年
期末住房情况							
(一)住房面积	平方米/人	25.1	25.2	26.4	27.0	27.3	29.0
#租用住房面积	平方米/人	0.1	0.1				0.1
(二)住房价值	元/平方米	343.5	356.1	431.0	455.2	515.6	818.0
(三)住房类型							
1.楼　房	平方米/人	1.3	0.9	1.1	1.4	1.8	1.4
2.砖瓦平房	平方米/人	23.0	23.2	24.3	24.4	24.6	26.6
3.其　他	平方米/人	0.8	1.0	1.0	1.2	0.8	0.9
(四)住房结构							
1.钢筋混凝土结构	平方米/人	4.3	4.4	4.6	4.9	4.4	6.6
2.砖木结构	平方米/人	20.5	20.4	21.2	21.8	22.5	21.7
3.其　他	平方米/人	0.3	0.4	0.6	0.3	0.3	0.6
期内新建(购)住房情况							
(一)新建(购)住房面积	平方米/人	0.4	0.3	0.4	0.5	0.3	0.5
(二)新建(购)住房价值	元/平方米	522.1	620.7	684.8	875.5	980.0	1100.7
(三)新建(购)住房类型							
1.楼　房	平方米/人		0.1		0.1	0.1	0.1
2.砖瓦平房	平方米/人	0.4	0.3	0.4	0.3	0.2	0.4
3.其　他	平方米/人				0.1		0.0
(四)新建住(购)房结构							
1.钢筋混凝土结构	平方米/人	0.1	0.1	0.2	0.2	0.1	0.3
2.砖木结构	平方米/人	0.3	0.2	0.3	0.3	0.1	0.2
3.其　他	平方米/人						0.0
期内新建(购)住房资金来源							
1.自　筹	元/人	158.1	178.3	277.8	299.2	268.7	426.7
2.银行、信用社贷款	元/人	8.6	3.9	7.8	9.2	9.8	31.8
3.其　他	元/人	21.2	10.2	15.1	16.6	16.6	68.0
居住条件	**(百户均)**						
住房有卫生设备的户数	户	99.1	99.8	100.0	100.0	100.0	100.0
使用安全饮用水的户数	户	100.0	99.5	99.5	99.5	99.5	100.0
有取暖设备的户数	户	100.0	100.0	100.0	100.0	100.0	100.0
#1.空　调	户	0.1	0.1	0.1	0.1		0.3
2.暖　气	户	19.8	23.1	22.4	25.6	24.5	16.7
3.火　炕	户	80.1	76.8	77.2	74.0	75.4	82.4
燃料使用情况	**(百户均)**						
#1.液化气	户	10.8	7.4				
2.煤　炭	户	4.3	5.3	4.1	4.2	4.0	2.2
3.柴　草	户	83.9	86.1	75.3	75.1	76.3	75.5

主要统计指标解释

城镇居民家庭就业人口 指城镇居民从事社会劳动并取得劳动报酬或经营收入的人口。就业人口包括通过国家统筹规划和指导由劳动部门介绍就业，自愿组织起来就业和自谋职业等方式，在国有制、集体所有制、中外合资、中外合作、外资在华独资的企事业单位和私营企业单位工作或从事个体劳动的有固定性职业或临时性职业的人口。被聘用和留用的离退休人员也计入就业人口。本指标可以反映城镇居民的就业情况，是计算就业面、负担系数的重要资料。

城镇居民家庭总收入 指调查户中生活在一起的所有家庭成员在调查期得到的工薪收入、经营净收入、财产性收入、转移性收入的总和，不包括出售财物和借贷收入。

城镇居民可支配收入 指调查户可用于最终消费支出和其它非义务性支出以及储蓄的总和，即居民家庭可以用来自由支配的收入。它是家庭总收入扣除交纳的所得税、个人交纳的社会保障费以及调查户的记账补贴后的收入。

城镇居民工薪收入 指就业人员通过各种途径得到的全部劳动报酬，包括所从事的主要职业的工资以及从事第二职业、其他兼职和零星劳动得到的其它劳动收入。

城镇居家家庭总支出 指家庭除借贷支出外的全部实际支出。包括消费性支出、购房建房支出、转移性支出、财产性支出、社会保障支出。

城镇居民消费支出 指调查户用于本家庭日常生活的全部支出，包括食品、衣着、家庭设备用品及服务、医疗保健、交通和通讯、娱乐教育文化服务、居住、杂项商品和服务八大类等。不包括用于赠送的商品或服务。消费支出按商品(服务)的用途分类。

城镇居民服务性消费支出 指调查户用于本家庭支付社会提供的各种文化和生活方面的非商品性服务费用。不包括为别人付款的服务。服务消费与商品消费不同，其特点在于其劳动过程和消费过程在时间与空间上的统一。

农村居民家庭纯收入 指农村常住居民家庭总收入中，扣除从事生产和非生产经营费用支出、缴纳税款和上交承包集体任务金额以后剩余的，可直接用于进行生产性、非生产性建设投资、生活消费和积蓄的那一部分收入。它是反映农民家庭实际收入水平的综合性的主要指标。农民家庭纯收入，既包括从事生产性和非生产性的经营收入，又包括取自在外人口寄回带回和国家财政救济、各种补贴等非经营性收入，既包括货币收入，又包括自产自用的实物收入。但不包括向银行、信用社和向亲友借款等属于借贷性的收入。

农村居民家庭整半劳动力 指农村常住居民家庭成员中有劳动能力并经常参加实际劳动的人员。是生产的基本要素指标之一，是发展生产增加农民家庭收入的重要源泉。按规定，农村男 18 周岁至 50 周岁、女 18 周岁至 45 周岁为整劳动力；男 16 周岁至 17 周岁、51 周岁至 60 周岁、女 16 周岁至 17 周岁、46 周岁至 55 周岁为半劳动力。农民家庭整半劳动力，既包括在上述规定劳动年龄内和在劳动年龄以外有劳动能力并经常参加实际劳动的男女整半劳动力；也包括农民家庭常住人员中属于职工的劳动力。但不包括在劳动年龄内已丧失劳动能力的人员。

农村居民家庭生活消费支出 指农村常住居民家庭年内用于日常生产的全部开支。它是用来反映和研究农民家庭实际生活消费水平高低的重要指标。农民家庭生活消费支出，包括用于吃、穿、住、烧、用等生活消费品开支和文化、生活服务费用开支两大部分。

农村居民家庭商品性生活消费支出 指农村常住居民家庭用其货币收入，在市场上购买食品、衣着、家庭用家具器皿、日用杂品、燃料、耐用消费品，以及文教卫生用品等生活消费总量。包括向国有商店、集体商店和集市贸易市场以及其他流通渠道购买的全部生活消费品。农民家庭商品性生活消费支出，是农民家庭生活消费支出的一个重要组成部分，是用来反映和分析农民家庭生活消费水平的商品化程度，及其由自给性经济向商品经济发展趋势的重要指标，也是研究和预测农民家庭对市场消费品需求，制定商品供应计划的重要依据。

城乡储蓄存款余额 城乡储蓄存款，包括城镇居民储蓄存款和农民个人储蓄存款两部分。不包括居民的手存现金和工矿企业、部队、机关团体等集团存款。储蓄存款余额，是指城乡居民存入银行及农村信用社储蓄的时点数(存入数扣除取出数的余额)，如月末、季末或年末数额。

十一、城市概况

Chapter 11 General Survey of Cities

11-1 城市公用事业基本情况

指　　标	单位	2005年	2006年	2008年	2009年	2010年	2011年
自来水全年供水总量	亿吨	28.3	28.1	18.4	28.9	26.2	26.6
#生 活 用 水 量	亿吨	10.4	9.3	7.1	9.2	9.1	9.9
人均日生活用水量	升	147.3	134.1	125.8	124.2	121.0	126.0
用 水 普 及 率	%	93.8	96.7	96.9	97.2	97.4	98.4
公共车辆(汽、电车)数	辆	17548	17907	19490	19457	20146	21025
道 路 长 度	公里	10556	11096	12111	12866	14238	14468
道 路 面 积	万平米	16337	17623	20546	21857	23658	24727
排水管道长度	公里	10519	10860	12192	13350	14070	14906
公用煤气、液化气							
人工煤气全年供气总量	亿立米	6.4	5.4	6.2	5.4	5.5	5.7
#家庭用量	亿立米	4.3	3.6	3.7	3.7	3.8	3.8
煤气管道长度	公里	4897	4702	5033	5081	5476	5580
天然气全年供气总量	亿立米	3.7	5.3	5.6	6.0	6.6	7.7
液化气家庭用量	亿立米	25.1	28.1	24.3	24.1	23.6	23.8
燃气普及率	%	88.1	92.3	92.4	93.7	94.2	95.5
城 市 绿 化							
园林绿地面积	公顷	74583	63535	78841	84145	92751	95968
公园个数	个	259	260	283	294	316	322
公园面积	公顷	8300	9814	9959	10263	11005	11693
清 洁 卫 生							
生活垃圾清运量	万吨	769.0	756.0	796.7	813.3	837.3	876.0
粪便清运量	万吨	148.0	132.0	176.3	129.2	124.3	118.5

注：人均指标按全部城镇人口计算，2000年以前是按城镇人口中的非农人口计算。

11-2 各地区城市设施水平

年份、城市	城市用水普及率(%)	城市燃气普及率(%)	每万人拥有公共交通车辆(标台)	人均城市道路面积(平方米)	人均公园绿地面积(平方米)
2000	98.20	89.30	8.45	6.47	5.72
2001	86.92	76.79	7.35	6.91	5.01
2002	87.08	81.96	7.84	7.08	5.68
2003	87.88	85.55	8.18	7.35	6.25
2004	92.99	87.16	8.64	7.67	7.12
2005	93.83	88.11	8.94	7.95	7.49
2006	96.74	92.34	9.74	8.93	8.32
2007	96.94	91.99	10.02	9.61	9.03
2008	96.90	92.40	10.60	10.00	9.40
2009	97.23	93.74		10.41	9.76
2010	97.44	94.19		11.19	10.21
2011	98.36	95.46		11.27	10.56
沈　阳	100.00	100.00		11.58	12.42
大　连	100.00	99.98		13.83	12.14
鞍　山	98.55	98.12		8.47	10.61
抚　顺	96.30	97.60		9.73	9.30
本　溪	99.75	89.02		8.49	9.11
丹　东	96.83	96.83		15.83	10.66
锦　州	100.00	98.64		10.02	9.20
营　口	98.97	95.77		7.40	10.38
阜　新	99.66	72.81		6.32	11.20
辽　阳	100.00	94.71		13.83	8.88
盘　锦	100.00	100.00		14.49	8.05
铁　岭	97.54	97.43		18.39	9.78
朝　阳	94.70	94.13		7.06	8.66
葫芦岛	100.00	98.02		11.60	14.42

11-3 各地区城市建设情况

年份、城市	建成区面积 (平方公里)	征用土地面积 (平方公里)	城市人口密度 (人/平方公里)
2000	1558.6	22.6	1174
2001	1612.4	11.2	1236
2002	1660.4	21.2	1246
2003	1694.6	36.6	1244
2004	1737.3	38.7	1256
2005	1779.9	71.9	1243
2006	1859.6	77.2	2163
2007	1917.6	72.0	1945
2008	1955.5	226.7	1916
2009	2030.7	83.8	1922
2010	2220.5	128.2	1814
2011	2276.5	185.7	1712
沈　阳	430.0	46.4	2076
大　连	390.0	56.2	2466
鞍　山	162.8	5.0	2532
抚　顺	136.2	5.8	2148
本　溪	106.5	3.1	911
丹　东	53.4	9.5	2861
锦　州	71.5		2239
营　口	102.5	1.6	5280
阜　新	76.5	15.8	1747
辽　阳	103.6	12.6	1242
盘　锦	60.8		2606
铁　岭	44.1		2220
朝　阳	40.0		1023
葫芦岛	80.0	16.1	783

11-4 各地区城市市政设施情况

年份、城市	年末实有道路长度（公里）	年末实有道路面积（万平方米）	城市桥梁（座）	城市排水管道长度（公里）	城市污水日处理能力（万立方米）	道路照明灯（千盏）
2000	9249	10152	1253	8354	110.7	298
2001	9462	13793	1260	8394	122.9	372
2002	9875	14270	1247	8880	200.4	482
2003	10204	14885	1326	9120	249.0	635
2004	10407	15635	1300	9308	306.1	664
2005	10556	16337	1232	10519	347.1	786
2006	11096	17623	1314	10860	365.6	804
2007	11530	19452	1395	11655	385.6	947
2008	12111	20546	1406	12192	416.8	1270
2009	12866	21857	1462	13350	444.8	1337
2010	14238	23658	1514	14070	503.1	1380
2011	14468	24727	1549	14906	547.2	1446
沈　阳	2906	6223	296	3648	117.1	220
大　连	2882	4072	192	2529	83.0	224
鞍　山	584	1340	43	885	62.0	77
抚　顺	815	1313	123	846	31.0	38
本　溪	645	792	161	341	52.0	26
丹　东	491	1024	123	767	10.0	28
锦　州	525	979	44	481	20.0	24
营　口	539	718	36	531	10.0	313
阜　新	343	494	37	270	10.0	16
辽　阳	893	1087	116	788	33.5	79
盘　锦	496	1004	60	591	20.0	93
铁　岭	329	831	26	463	10.0	49
朝　阳	255	385	13	270	10.0	15
葫芦岛	352	522	44	622	15.8	15

11-5 各地区城市供水情况

年份、城市	年末供水综合生产能力(万立方米/日)	年末供水管道长度(公里)	全年供水总量(万立方米)			用水人口(万人)	人均日生活用水量(升)
				#生活用水	#生产用水		
2000	1393	20627	308500	103812	163667	1751	162.4
2001	1351	21708	297247	101406	164091	1734	160.2
2002	1338	21602	279644	95501	136908	1755	149.1
2003	1347	21999	280510	94322	131973	1780	145.2
2004	1357	23636	281080	101877	126676	1896	147.2
2005	1339	23211	282618	103683	130232	1929	147.3
2006	889	22093	193825	73794	45301	1736	134.1
2007	1333	25422	283174	91560	121342	1963	127.9
2008	1384	26850	294792	91717	121806	2001	125.8
2009	1386	27735	288732	92470	120376	2042	124.2
2010	1391	29123	261879	90763	92543	2060	121.0
2011	1355	31487	266033	99151	87156	2158	126.0
沈 阳	182	2906	53490	28942	8186	537	148.0
大 连	169	5896	45794	14611	5729	294	136.0
鞍 山	163	2699	30632	9015	16482	156	159.0
抚 顺	130	2188	19413	4280	7557	130	90.0
本 溪	150	925	20041	3150	15933	93	93.0
丹 东	45	1098	5066	2689	1412	63	118.0
锦 州	77	1351	14106	4589	6248	98	129.0
营 口	50	2045	6500	2905	1155	96	83.0
阜 新	38	1886	7888	3605	3075	78	127.0
辽 阳	87	1267	13801	4713	6884	79	164.0
盘 锦	31	866	7380	2864	3122	69	113.0
铁 岭	21	864	3770	1927	537	44	120.0
朝 阳	25	522	4357	1852	377	52	98.0
葫芦岛	41	1110	7128	2134	3925	45	130.0

11-6 各地区城市燃气情况

年份、城市	人工煤气生产能力(万立米/日)	管道长度(公里)			全年供气总量			用气人口(万人)		
		人工煤气	液化石油气	天然气	人工煤气(万立米)	液化石油气(吨)	天然气(万立米)	人工煤气	液化石油气	天然气
2000	163.1	4470	195	2950	81957	379194	24923	422.1	568.8	409.9
2001	201.5	4595	217	3169	58642	387530	30764	458.5	645.8	427.6
2002	218.7	4718	254	3355	61430	377990	30701	511.6	698.5	441.5
2003	230.5	4871	290	4286	69121	432358	30338	541.6	734.4	456.5
2004	214.4	4535	198	5214	61112	456355	37698	474.7	726.8	575.9
2005	190.8	4897	437	4979	63614	402659	36817	531.5	713.1	566.6
2006	168.9	4702	478	5610	54347	487296	53495	474.1	718.5	629.5
2007	273.9	4828	550	5940	55785	456504	54085	486.6	718.7	657.3
2008	293.9	5033	589	6364	61958	396282	57736	503.3	693.7	710.5
2009	293.9	5081	626	6941	54441	398309	60035	523.7	693.6	751.1
2010	321.2	5476	644	7405	55177	395058	66173	542.4	652.1	797.0
2011	313.2	5580	656	9059	56625	504938	76601	573.6	665.9	852.4
沈　阳				3638		156000	39741		69.5	468.0
大　连	140.0	2267	413		22762	155730		206.7	87.6	
鞍　山	20.0	1401		189	13997	5628	576	122.5	17.8	14.8
抚　顺				729		34068	7478		64.9	66.9
本　溪	0.6	315	33	128	4740	5924	69	64.9	14.9	3.3
丹　东	61.0	458		130	4080	5330	367	51.7	10.0	1.0
锦　州	60.0	829	14	52	8798	4435	132	87.1	6.6	2.7
营　口			8	467		5005	1769		25.3	67.6
阜　新				295		4956	3310		16.1	40.9
辽　阳			3	551		11378	1309		41.9	32.5
盘　锦			10	427		14655	1506		33.3	36.0
铁　岭				597		2826	4058		10.1	34.0
朝　阳	1.6	299			2142	5981		39.0	12.3	
葫芦岛				764		4220	4653		6.1	38.0

11-7 各地区城市集中供热情况

年份、城市	供热能力		供热总量		管道长度(公里)		供热面积(万平方米)
	蒸汽(吨/小时)	热水(兆瓦)	蒸汽(万吉焦)	热水(万吉焦)	蒸汽	热水	
2000	11569	19154	2201	11388	1303	7211	20030
2001	11435	20564	2747	12888	1659	8617	22048
2002	10911	29269	3437	19616	1722	9679	24963
2003	10975	30874	3999	19719	1707	10927	29669
2004	11844	30488	5269	18729	1711	12376	38150
2005	12583	36051	6435	22508	2312	14093	47621
2006	10967	43765	5936	26157	2143	14770	46773
2007	11718	39717	5886	28036	2023	15387	54118
2008	11612	46395	6253	31218	2228	17057	60990
2009	12013	51183	6479	35643	2294	18129	68464
2010	13186	55770	6521	39613	2302	20599	74526
2011	11544	59855	6599	41926	2283	22694	81581
沈　阳	774	12271	189	9711	1039	4202	23400
大　连	5326	10822	3040	5500	281	3123	17337
鞍　山	180	4229	165	3497	12	2232	4770
抚　顺	1008	5271	296	1886	82	1061	3500
本　溪	305	1498	263	1272	118	731	3071
丹　东	860	1520	875	1150	123	401	2260
锦　州	660	2513	140	2020	64	1227	3111
营　口	316	2185	131	1233	8	1805	2321
阜　新		1793		1529		1064	2607
辽　阳	375	1522	193	1659	42	858	2448
盘　锦		2659		1798		837	2607
铁　岭		1546		920		619	1489
朝　阳	400	1769	434	2750	44	721	2185
葫芦岛		2555		1300		525	1858

11-8 各地区城市公共交通情况

年份、城市	年末公共汽(电)车运营数(辆)			客运总量(万人次)	出租汽车(辆)
		公共汽车	无轨电车		
2000	13136	12919	217	297305	75389
2001	14363	14300	63	321362	75415
2002	15601	15538	63	321107	79086
2003	16224	16161	63	333104	83730
2004	16969	16920	49	335576	84578
2005	17548	17503	45	314394	81020
2006	17907	17846	61	329906	78510
2007	18748	18687	61	353721	79365
2008	19490	19429	61	371659	80376
2009	19457	19396	61	379368	86118
2010	20146	20085	61	409478	88199
2011	21025	20964	61	419310	89315
沈　阳	5276	5276		118639	19640
大　连	5091	5030	61	108516	10242
鞍　山	1738	1738		25038	5375
抚　顺	1237	1237		25528	4104
本　溪	688	688		32713	2724
丹　东	552	552		10613	1932
锦　州	641	641		11353	3994
营　口	704	704		10915	3080
阜　新	385	385		6802	2580
辽　阳	416	416		7665	2584
盘　锦	511	511		9452	3187
铁　岭	348	348		4621	2183
朝　阳	225	225		4365	1971
葫芦岛	440	440		7039	2878

11-9 各地区城市园林绿化情况

年份、城市	城市园林绿地面积(公顷)	#公园绿地	公园(个)	公园面积(公顷)
2000	61432	8977	197	4751
2001	65394	10002	206	5852
2002	61519	11451	212	6083
2003	65211	12654	225	6946
2004	71797	14513	247	7862
2005	74583	15387	259	8300
2006	63535	16426	260	9814
2007	76888	18291	270	10287
2008	78841	19351	283	9959
2009	84145	20501	294	10263
2010	92751	21593	316	11005
2011	95968	23174	322	11693
沈　阳	26686	6677	63	3138
大　连	18218	3575	70	1608
鞍　山	6097	1677	11	501
抚　顺	4804	1255	16	842
本　溪	4924	850	13	369
丹　东	2105	690	11	662
锦　州	2649	898	17	476
营　口	3953	1007	13	654
阜　新	2737	877	15	599
辽　阳	3826	698	11	144
盘　锦	2167	558	8	400
铁　岭	1551	442	8	76
朝　阳	1188	472	7	234
葫芦岛	2913	649	10	390

11-10 各地区城市环境卫生情况

年份、城市	清扫保洁面积（万平方米）	生活垃圾清运量（万吨）	粪便清运量（万吨）	市容环卫专用车辆总数（台）	公共厕所（座）	#三类以上
2000	16588	838	160	3009	10523	
2001	16574	768	148	2997	9211	
2002	17772	774	152	3017	10352	
2003	18590	791	144	2920	9529	
2004	18931	779	159	2883	10077	
2005	19588	769	148	3313	9661	
2006	21864	756	132	3381	8321	753
2007	24282	771	152	4058	7889	851
2008	25620	797	176	4134	7868	1041
2009	27546	813	129	4457	6948	1337
2010	28122	837	124	4998	6322	1493
2011	132135	876	119	5200	5863	1653
沈　阳	111492	241	19	1743	960	614
大　连	4527	93	6	729	473	185
鞍　山	3196	55	7	199	192	154
抚　顺	1466	50	5	258	240	49
本　溪	830	39	4	207	314	36
丹　东	779	22	10	308	60	28
锦　州	946	29	2	164	202	55
营　口	682	38	4	185	215	20
阜　新	480	44	5	125	307	22
辽　阳	1004	18	10	185	312	26
盘　锦	681	21	4	131	130	26
铁　岭	792	14	1	72	175	23
朝　阳	587	32	7	101	204	74
葫芦岛	784	21	3	54	104	3

主要统计指标解释

年底自来水生产能力 指年底城建部门管理的自来水厂和自备水源的社会单位取水、净化、送水、出厂输水干管等环节的实际生产能力。

年底供水管道长度 指从送水泵到用户水表之间所有管道的长度。

全年供水总量 指公用自来水厂和自备水源的社会单位全年的供水总量，包括有效供水量及损失水量。

生活用水量 指居民日常生活与公共福利设施的用水量。包括居民、饮食店、旅馆、医院、理发店、浴池、洗衣店、游泳池、商店、学校、机关、部队等单位的用水量。

城市人口用水普及率 指城市用水的非农业人口数(不包括临时人口和流动人口)与城市非农业人口总数之比。计算公式:

用水普及率=（城市用水的非农业人口数／城市非农业人口数）×100%

人工煤气生产能力 指城市煤气厂制气、净化、输送等环节的综合实际生产能力。

全年供气总量 指全年售给各类用户的全部煤气量。包括工业用量、家庭用量和其他用量。

城市用气普及率 指使用煤气(包括人工煤气、液化石油气、天然气)的城市非农业人口数(不包括临时人口和流动人口)与城市非农业人口总数之比。计算公式:

城市煤气普及率=（城市用气的非农业人口数／城市非农业人口总数）×100%

城市供热能力 指热电厂、热力公司和达到标准的集中采暖锅炉房向城市输送的供热源的设计能力。每小时向城市输送的蒸汽、热水能力。

城市供热总量 指热电厂、热力公司和达到标准的集中采暖锅炉房全年向城市输送的全部蒸汽、热水量。

城市供热管道长度 指热电厂、热力公司 和达到标准的集中采暖锅炉房管理的集中供热热源到用户之间的全部供气、供热水的管道长度。

年底实有铺装道路长度 指除土路外，路面经过铺装宽度在3.5米以上的道路，包括高级、次高级道路和普通道路。

城市桥梁 指城市范围内，修建在河道上的桥梁和道路与道路立交、道路跨越铁路的立交桥，以及人行天桥，包括永久性桥和半永久性桥，不包括临时性桥、铁路桥、涵洞。

城市下水道总长度 指所有排水总管、干管、支管及暗渠、检查井、连接井进出口等长度之和。

城市污水日处理能力 指污水处理厂每昼夜处理污水量的设计能力。

年末实有公共汽(电)车 指年底可参加营运的全部车辆数，包括年底营运车辆数和库存查封未参加营运的车辆，不包括非营运车辆，如架线车、油罐车、工程车、货车及其他专用车辆和借人的客运车辆。

营运线路长度 指设置的固定营运线路长度，包括郊区营运线路长度。不包括临时行驶的线路长度。

城市园林绿地面积 指城市公共绿地、专用绿地、生产绿地、防护绿地、郊区风景名胜区的全部面积。

公共绿地 指供游览休息的各种公园、动物园、植物园、陵园以及花园、游园和供游览休息用的林荫道绿地、广场绿地。不包括一般载植的行道树及林荫道的面积。

十二、环境保护

Chapter 12 Environment Protection

12-1 环境保护基本情况

指　标	单位	2006年	2007年	2008年	2009年	2010年	2011年
废水排放总量	万吨	212952.93	220996.73	212021.33	217154.68	215868.50	232247.02
#工业废水排放量	万吨	94724.21	95196.71	83072.94	75158.59	71284.39	90457.12
生活污水排放量	万吨	118228.72	125800.02	128948.39	141996.09	144584.11	141698.99
工业废气排放量	万标立方米	271950422	239459177	402189043	252111855	270887017	317007874
二氧化硫排放量	万吨	125.91	123.38	113.07	105.14	91.40	112.62
#工业	万吨	103.69	106.72	100.08	91.88	78.48	104.89
生活	万吨	22.21	16.67	12.99	13.26	12.92	7.72
烟粉尘排放量	万吨	71.45	71.64	69.20	61.27	61.90	69.32
#工业	万吨	45.64	48.72	46.90	40.15	39.79	59.12
生活	万吨	25.81	22.92	22.30	21.12	22.11	7.05
工业固体废物产生量	万吨	13012.62	14341.81	15841.42	17221.41	17419.57	28269.61
#危险废物	万吨	44.50	61.96	91.24	90.98	105.98	78.49
工业固体废物综合利用量	万吨	4958.01	5710.82	7581.81	8240.68	8417.48	10747.78
工业固体废物综合利用率	%	38.10	39.01	46.83	47.19	47.68	37.89
工业固体废物排放量	万吨	24.69	4.48	1.16	2.75	2.88	8.18

12-2 各地区废水排放及处理情况

(2011年)

地　区	汇总工业企业数(个)	废水治理设施数(套)	工业废水排放总量(万吨)	生活污水排放量(万吨)
全　省	**6586**	**2287**	**90457.1**	**141699.0**
沈　阳	884	289	7239.4	33806.1
大　连	1013	420	31487.2	30032.6
鞍　山	627	202	7529.0	12323.1
抚　顺	253	135	3002.8	7094.7
本　溪	429	195	5103.3	4279.4
丹　东	525	168	5516.9	6390.0
锦　州	227	101	5497.1	7962.9
营　口	584	147	3796.3	6941.5
阜　新	256	82	3975.7	4864.4
辽　阳	415	163	7478.0	5424.6
盘　锦	246	50	3759.4	5103.1
铁　岭	273	109	1820.7	5221.0
朝　阳	584	125	1481.8	6338.7
葫芦岛	270	101	2769.5	5916.8

12-3 各地区工业废气排放及处理情况

(2011年)

地 区	废气治理设施数(套)	工业废气排放总量(万标立方米)	工业二氧化硫排放量(吨)	工业烟尘排放量(吨)
全 省	**11627**	**317007874**	**1048913.8**	**591152.3**
沈 阳	1952	19232701	95198.5	50728.4
大 连	1948	28713131	132002.8	51294.8
鞍 山	1525	59421533	118539.2	71360.8
抚 顺	462	23860033	59214.0	38690.4
本 溪	803	46911076	81625.8	73170.2
丹 东	434	8663114	35078.7	28736.1
锦 州	530	9472687	49723.0	44330.2
营 口	1260	37541781	58023.9	48224.4
阜 新	245	10235993	102211.3	26936.0
辽 阳	560	12881640	80774.8	38783.5
盘 锦	258	9215827	58506.8	16456.8
铁 岭	511	15622906	52061.8	29401.4
朝 阳	696	20105134	47012.9	50315.8
葫芦岛	443	15130318	78940.3	22723.4

12-4 各地区工业固体废物产生及处理利用情况

(2011年)

地 区	工业固体废物产生量(万吨)		工业固体废物综合利用量(万吨)	工业固体废物贮存量(万吨)	工业固体废物处置量(万吨)	工业固体废物排放量(吨)
		#危险废物				
全 省	**28269.6**	**78.5**	**10747.8**	**4335.0**	**13394.3**	**81780**
沈 阳	704.6	7.4	660.6	29.8	137.5	
大 连	528.7	13.8	508.1		20.6	
鞍 山	5005.5	1.9	1230.3	2396.2	1379.0	
抚 顺	2838.9	4.3	1154.0	439.0	1242.0	10
本 溪	6750.1	13.0	1050.5	278.2	5413.3	81670
丹 东	620.8	0.2	170.2	17.7	432.9	
锦 州	334.7	7.3	232.7	2.3	99.7	
营 口	859.0	0.4	760.5	100.9	1.1	
阜 新	1028.1	0.1	832.3	37.3	155.4	10
辽 阳	4115.5	17.1	2495.7	290.2	1341.2	
盘 锦	122.7	8.0	110.5	0.0	12.2	
铁 岭	797.7	0.0	567.8	160.8	144.9	
朝 阳	3899.4	0.1	588.2	313.3	3006.2	
葫芦岛	664.1	4.8	386.4	269.3	8.3	90

主要统计指标解释

工业废水排放量 指经过企业厂区所有排放口排到企业外部的工业废水量。包括生产废水、外排的直接冷却水、超标排放的矿井地下水和与工业废水混排的厂区生活污水，不包括外排的间接冷却水(清污不分流的间接冷却水应计算在内)。

工业废水排放达标量 指报告期内废水中各项污染物指标都达到国家或地方排放标准的外排工业废水量，包括未经处理外排达标的，经废水处理设施处理后达标排放的，以及经污水处理厂处理后达标排放的。

工业废水排放达标率 指工业废水排放达标量占工业废水排放量的百分率，计算公式为:

工业废水排放达标率=工业废水排放达标量/工业废水排放量 × 100%

城镇生活污水排放量 指城镇居民每年排放的生活污水。用人均系数法测算。测算公式为:

城镇生活污水排放量=城镇生活污水排放系数 × 市镇非农业人口 × 365

城镇生活污水中化学需氧量（COD)产生量 指城镇居民每年排放的生活污水中的COD的产生量。用人均系数法测算。测算公式为:

城镇生活污水中COD产生量=城镇生活污水中COD产生系数 × 市镇非农业人口 × 365

化学需氧量(COD) 测量有机和无机物质化学所消耗氧的质量浓度的水污染指数。

工业废气排放量 指报告期内企业厂区内燃料燃烧和生产工艺过程中产生的各种排入大气的含有污染物的气体的总量，以标准状态(273K，101325Pa)计算。测算公式为:

工业废气排放量=燃料燃烧过程中废气排放量+生产工艺过程中废气排放量

生活及其他 SO_2 排放量 以生活及其他煤炭消费量和其含硫量为基础，根据以下公式计算:

生活及其他 SO_2 排放量=生活及其他煤炭消费量 × 含硫量 × 0.8 × 2

工业排放量 指报告期内企业在燃料燃烧和生产工艺过程中排入大气的 SO_2 总量，计算公式为:

工业 SO_2 排放量=燃料燃烧过程中 SO_2 排放量+生产工艺过程中 SO_2 排放量

工业烟尘排放量 指企业厂区内燃料燃烧过程中产生的烟气中夹带的颗粒物排放量。

生活及其他烟尘排放量 指除工业生产活动以外的所有社会、经济活动及公共设施的经营活动中燃烧所排放的烟尘纯重量。以生活及其他煤炭消费量为基础进行测算。

工业粉尘排放量 指企业在生产工艺过程中排放的能在空气中悬浮一定时间的固体颗粒物排放量。如钢铁企业的耐火材料粉尘、焦化企业的筛焦系统粉尘、烧结机的粉尘、石灰窑的粉尘、建材企业的水泥粉尘等。不包括电厂排入大气的烟尘。

工业固体废物产生量 指报告期内企业在生产过程中产生的固体状、半固体状和高浓度液体状废弃物的总量，包括危险废物、冶炼废渣、粉煤灰、炉渣、煤矸石、尾矿、放射性废物和其他废物等；不包括矿山开采的剥离废石和掘进废石(煤矸石和呈酸性或碱性的废石除外)。酸性或碱性废石指采掘的废石其流经水、雨淋水的pH值小于4或pH值大于10.5者。

危险废物 指列入国家危险废物名录或根据国家规定的危险废物鉴别标准和鉴别方法认定的，具有爆炸性、易燃性、易氧化性、毒性、腐蚀性、易传染疾病等危险特性之一的废物。

工业固体废物综合利用量 指报告期内企业通过回收、加工、循环、交换等方式，从固体废物中提取或者使其转化为可以利用的资源、能源和其他原材料的固体废物量(包括当年利用往年的工业固体废物贮存量)，如用作农业肥料、生产建筑材料、筑路等。综合利用量由原产生固体废物的单位统计。

工业固体废物综合利用率 指工业固体废物综合利用量占工业固体废物产生量(包括综合利用往年贮存量)的百分率。计算公式为:

工业固体废物综合利用率=工业固体废物综合利用量/（工业固体废物产生量+综合利用往年贮存量）× 100%

工业固体废物贮存量 指报告期内企业以综合利用或处置为目的，将固体废物暂时贮存或堆存在专设的贮存设施或专设的集中堆存场所内的数量。专设的固体废物贮存场所或贮存设施必须有防扩散、防流失、防渗漏、防止污染大气、水体的措施。

工业固体废物处置量 指报告期内企业将固体废物焚烧或者最终置于符合环境保护规定要求的场所，并不再回取的工业固体废物量(包括当年处置往年的工业固体废物贮存量)。处置方式有填埋(其中危险废物应安全填埋)、焚烧、专业贮存场(库)封场处理、深层灌注、回填矿井及海洋处置(经海洋管理部门同意投海处置)等。

工业固体废物排放量 指报告期内企业将所产生的固体废物排到固体废物污染防治设施、场所以外的数量，不包括矿山开采的剥离废石和掘进废石(煤矸石和呈酸性或碱性的废石除外)。

“三废”综合利用产品产值 指报告期内利用“三废”作为主要原料生产的产品价值(现行价)；已经销售或准备销售的应计算产品价值，留作生产自用的不应计算产品价值。

十三、农业

Chapter 13 Agriculture

13-1 农村基层组织和农业基本情况

指　标	单位	2005年	2006年	2008年	2009年	2010年	2011年
乡镇数	个	993	976	944	940	924	903
#镇数	个	611	598	574	576	590	598
村民委员会	个	11920	11902	11822	11770	11764	11707
乡村户数	万户	695.6	689.2	703.8	710.7	722.9	722.5
乡村从业人员	万人	1113.5	1132.9	1164.7	1180.5	1208.5	1223.1
按行业分的乡村从业人员							
农林牧渔业	万人	686.4	680.9	662.3	661.4	663.6	663.6
工业	万人	106.1	112.9	124.0	129.7	138.6	142.9
建筑业	万人	77.1	81.9	91.6	94.9	101.7	110.0
交通运输业、仓储及邮电通信业	万人	44.5	43.7	47.2	48.8	51.0	52.8
批发零售贸易业、餐饮业	万人	70.0	71.3	78.8	83.4	87.1	90.1
其他非农行业	万人	129.4	142.2	160.7	162.4	166.5	163.6
年末常用耕地面积	千公顷	3655.2	4085.1	4085.3			
水田	千公顷	581.7	646.9	643.1			
旱田	千公顷	3073.5	3438.2	3442.1			
年内减少耕地面积	千公顷	33.1		5.0			
#国家基建占地	千公顷	4.0					
退耕还林还草占地	千公顷	8.7					
耕地改为园地	千公顷	2.8					
农业机械总动力	万千瓦	1922.7	1995.3	2192.9	2299.4	2408.3	2558.1
农用大中型拖拉机	台	42777.0	45035.0	117651.0	135725.0	151708.0	174321.0
农用大中型拖拉机	万千瓦	158.6	176.6	306.6	354.0	388.2	463.1
小型拖拉机	台	235585.0	244337.0	236861.0	244596.0	263303.0	282623.0
小型拖拉机	万千瓦	267.8	275.1	253.0	258.0	276.9	287.5
大中型拖拉机配套农具	部	56923.0	60879.0	155061.0	170234.0	187426.0	223748.0
小型拖拉机配套农具	部	281395.0	311894.0	323030.0	355201.0	410555.0	445088.0
渔用机动船	艘	37590.0	43912.0	47264.0	44302.0	48238.0	47115.0
渔用机动船	万千瓦	121.7	131.9	154.0	156.5	159.6	158.2
灌溉面积	千公顷	1715.4	1732.9	1693.3	1707.6	1722.8	1758.0
化肥施用量(折纯)	万吨	119.9	121.1	128.8	133.6	140.1	144.6
乡村办水电站个数	个	146.0	152.0	162.0	165.0	169.0	174.0
装机容量	千瓦	384200.0	358000.0	379000.0	391333.0	395488.0	397348.0
农村售电量	亿千瓦小时	153.3	219.0	270.8	283.9	359.5	366.3
农作物总播种面积	千公顷	3801.0	3627.2	3946.4	4064.7	4184.9	4356.2
粮食	千公顷	3179.7	3089.7	3035.9	3124.1	3179.3	3169.8
谷物	千公顷	2871.8	2836.4	2739.2	2848.6	2948.3	2943.3
#稻谷	千公顷	538.1	624.9	658.7	656.7	677.5	659.6
小麦	千公顷	21.4	8.0	10.3	8.8	7.5	6.9
玉米	千公顷	2076.7	1983.1	1884.9	1964.1	2093.0	2134.6
豆类	千公顷	214.8	149.9	203.9	183.6	151.0	143.4
薯类	千公顷	93.2	103.5	92.8	91.9	80.0	83.1
油料	千公顷	164.3	106.6	282.4	277.3	347.4	392.0
棉花	千公顷	2.3	1.5	1.4	0.9	0.4	0.4
糖料	千公顷	1.8	0.8	2.0	1.8	1.1	1.8
烟叶	千公顷	16.1	8.3	11.5	12.5	10.9	10.8
蔬菜	千公顷	353.1	354.0	388.7	402.7	430.2	465.4
果园面积	千公顷	317.0	313.6	323.6	349.7	354.2	359.9

13-2 主要农牧渔业生产情况

指标	单位	2005年	2006年	2008年	2009年	2010年	2011年
农产品产量							
粮食	万吨	1745.8	1797.0	1860.3	1591.0	1765.4	2035.5
谷物	万吨	1877.0	1708.7	1760.0	1517.2	1677.1	1933.5
#稻谷	万吨	414.5	426.6	505.6	506.0	457.6	501.3
小麦	万吨	8.9	3.1	4.9	4.5	3.7	3.7
玉米	万吨	1340.3	1211.5	1189.0	963.1	1150.5	1360.3
豆类	万吨	49.3	40.1	52.9	32.1	37.0	37.0
薯类	万吨	50.0	48.2	47.5	41.7	51.3	65.0
油料	吨	368411	257100	835027	553499	995980	1197565
#花生	吨	330103	245000	800740	534697	961477	1165363
油菜籽	吨	1071	1000	1188	798	546	758
芝麻	吨	6036	2036	2997	815	2176	2330
棉花	吨	2685	2000	2401	956	655	736
麻类	吨	114	12	21	9		151
甜菜	吨	62379	30000	74952	61941	48728	77977
烟叶	吨	34234	26900	32255	31531	28560	29846
#烤烟	吨	31742	24200	29655	29155	24505	26423
柞蚕茧	吨	43200	44075	53516	50142	49847	54827
水果	万吨	329.3	343.7	422.5	477.2	521.6	574.4
农产品单位面积产量							
谷物	公斤/公顷	6536.0	6024.2	6425.2	5326.1	6375.6	7585.8
棉花	公斤/公顷	1167.0	1333.3	1696.0	1098.9	1523.3	1821.8
花生	公斤/公顷	2347.0	2549.4	3041.0	2052.0	2892.9	3090.5
油菜籽	公斤/公顷	1471.0	2000.0	1977.0	1995.0	1950.0	2071.0
芝麻	公斤/公顷	1161.0	783.1	1281.0	465.7	1490.4	1906.7
甜菜	公斤/公顷	41865.0	37500.0	37608.0	34033.5	45969.8	44482.0
烤烟	公斤/公顷	2109.0	3226.7	2778.0	2559.7	2500.5	2733.3
大牲畜年末头数	万头	495.9	427.1	524.1	515.6	525.9	530.8
#牛	万头	344.7	281.5	356.4	354.0	366.7	371.2
马	万头	28.2	26.7	27.7	26.5	26.9	24.8
驴	万头	98.9	95.9	116.2	113.9	112.1	116.3
骡	万头	24.1	23.0	23.7	21.2	20.1	18.5
肉猪出栏头数	万头	2063.2	2245.4	2435.5	2597.0	2682.7	2652.1
猪年底头数	万头	1642.4	1416.1	1548.5	1606.2	1567.6	1585.4
羊年底只数	万只	830.2	673.9	733.4	717.0	733.5	725.6
山羊	万只	426.3	410.9	428.0	447.8	414.1	401.8
绵羊	万只	404.0	263.0	305.4	269.2	319.4	323.8
肉类产量	万吨	346.1	329.7	376.0	389.2	406.7	408.2
#猪牛羊肉	万吨	238.8	231.0	252.4	266.8	277.9	275.8
猪肉	万吨	184.7	189.3	204.2	218.8	228.4	225.9
牛肉	万吨	42.2	35.3	40.5	40.2	41.6	42.0
羊肉	万吨	11.9	6.4	7.8	7.8	7.9	7.9
奶类	万吨	78.8	95.8	120.1	115.6	126.7	132.0
#牛奶	万吨	74.9	91.7	114.1	110.0	121.2	124.5
绵羊毛	吨	10412.0	8580.0	11468.0	10136.0	12154.0	13471.4
山羊毛	吨	1680.0	1877.0	2401.0	2736.0	2565.0	2169.3
羊绒	吨	1053.0	1182.0	1372.0	1216.0	1293.0	1115.9
禽蛋	万吨	224.0	195.2	230.0	263.1	275.7	277.4
水产品总产量	万吨	425.3	351.3	494.9	534.7	429.1	453.9
海水产品	万吨	364.2	296.0	411.6	437.9	348.4	368.3
淡水产品	万吨	61.1	55.3	83.3	96.8	80.6	85.7

注：1.粮食作物产量为抽样调查定产数，其他品种产量为全面调查报表数。
2.2006年水产品产量为农业普查衔接数据，2010年、2011年为国家核定数据，下同。
3.全省畜牧业数据为国家核定数据，下同。

13-3 农村基层组织情况

年份、地区	乡镇数（个）	#镇数	村民委员会（个）	乡村户数（万户）	乡村人口数（万人）	乡村从业人员（万人）
1990	1216	436	16498	631.4	2337.5	869.4
1991	1208	453	16512	641.4	2345.5	888.1
1992	1221	466	16535	645.0	2342.9	891.3
1993	1265	483	16529	646.9	2320.0	892.9
1994	1225	505	16509	651.6	2311.7	894.2
1995	1235	538	16483	655.5	2311.1	903.0
1996	1217	580	16444	656.1	2302.9	907.5
1997	1198	592	16372	660.4	2298.8	921.4
1998	1217	634	16310	663.8	2289.9	933.2
1999	1156	652	16287	674.6	2315.5	938.8
2000	1134	639	16192	680.1	2311.5	966.0
2001	1143	658	16033	685.3	2318.6	977.5
2002	1033	622	15950	685.9	2314.5	993.5
2003	1011	617	13720	692.1	2325.6	1016.3
2004	1007	620	12024	696.2	2338.9	1083.8
2005	993	611	11920	695.6	2331.4	1113.5
2006	976	598	11902	689.2	2289.3	1132.9
2007	945	575	11896	701.1	2323.5	1153.6
2008	944	574	11822	703.8	2320.4	1164.7
2009	940	576	11770	710.7	2327.6	1180.5
2010	924	590	11764	722.9	2328.2	1208.5
2011	903	598	11707	722.5	2322.9	1223.1
沈　阳	80	60	1538	91.5	283.8	144.1
大　连	57	37	890	89.0	267.4	142.8
鞍　山	71	68	835	55.0	186.3	95.8
抚　顺	47	24	614	27.0	85.5	50.8
本　溪	25	20	291	15.4	52.9	29.0
丹　东	63	58	672	44.3	146.4	80.4
锦　州	79	47	1124	61.4	198.7	104.3
营　口	38	35	644	44.5	141.0	75.8
阜　新	64	41	623	34.5	116.7	65.7
辽　阳	37	30	535	36.8	109.1	56.2
盘　锦	29	28	326	22.7	70.0	39.8
铁　岭	90	57	1175	63.6	211.1	97.9
朝　阳	131	60	1363	77.3	258.3	142.3
葫芦岛	92	33	1077	59.5	195.6	98.0

13-4 乡村从业人员

(年末数) 单位：万人

年份、地区	农林牧渔业	工业	建筑业	交通运输业、仓储及邮电通信业	批发零售贸易业、餐饮业	其他非农行业
1990	631.2	99.1	34.6	20.0	23.1	61.4
1991	650.6	97.0	33.5	20.2	24.8	62.1
1992	637.0	100.0	36.0	22.3	29.2	67.1
1993	621.2	94.4	43.6	25.6	31.5	76.4
1994	611.3	91.8	47.6	30.3	37.6	75.5
1995	617.5	89.1	48.9	31.7	39.7	76.1
1996	629.4	89.7	51.9	32.3	40.7	63.5
1997	624.3	83.9	49.5	33.1	42.7	87.9
1998	633.3	78.1	49.2	33.4	43.8	95.3
1999	643.2	76.8	51.3	35.7	47.3	84.5
2000	651.2	77.6	56.3	37.5	49.8	93.7
2001	649.0	77.2	57.9	37.5	50.7	105.3
2002	659.2	80.5	60.2	38.2	51.5	103.9
2003	667.3	85.8	65.7	39.8	55.0	102.7
2004	685.8	94.9	71.1	43.2	68.9	119.9
2005	686.4	106.1	77.1	44.5	70.0	129.4
2006	680.9	112.9	81.9	43.6	71.3	142.2
2007	669.1	121.8	89.8	45.9	74.4	152.5
2008	662.3	124.0	91.6	47.2	78.8	160.7
2009	661.0	130.0	94.9	48.7	83.4	162.4
2010	663.6	138.6	101.7	51.0	87.1	166.5
2011	663.6	142.9	110.0	52.8	90.1	163.6
沈　阳	76.6	18.4	10.5	6.8	14.0	17.8
大　连	63.5	23.6	15.1	6.6	9.4	24.6
鞍　山	47.5	16.1	8.5	6.0	9.2	8.4
抚　顺	30.1	4.6	3.3	2.1	3.2	7.5
本　溪	14.1	3.8	2.4	1.5	2.5	4.6
丹　东	44.7	10.5	5.9	3.2	6.0	10.1
锦　州	66.2	8.1	9.2	4.7	7.1	9.1
营　口	35.1	13.8	6.6	4.5	7.0	8.9
阜　新	37.9	4.6	4.4	1.9	3.3	13.7
辽　阳	30.8	10.0	3.4	3.0	4.2	4.7
盘　锦	24.0	4.6	1.9	1.8	4.0	3.5
铁　岭	57.6	7.0	10.3	2.9	6.0	14.2
朝　阳	78.9	11.4	18.5	3.9	7.2	22.4
葫芦岛	56.6	6.5	9.7	3.8	7.0	14.3

注：1.本表分行业劳动力是按从事的主行业划分的，如以农业为主、兼营商业的，仍作为农林牧渔业劳动力。
　　2.工业劳动力中包括村及村以下办的工业劳动力。

13-5 农林牧渔业总产值

单位：亿元

年 份	农林牧渔业总产值	农业	林业	牧业	渔业	农林牧渔服务业
1978	49.2	38.9	1.1	7.1	2.1	
1979	59.9	45.8	1.4	10.6	2.1	
1980	73.5	55.6	2.5	13.2	2.2	
1985	118.1	74.6	4.2	31.3	8.0	
1986	142.0	95.0	4.2	32.3	10.5	
1987	169.2	108.3	4.9	39.6	16.4	
1988	227.4	131.8	5.0	67.7	22.9	
1989	222.8	125.4	4.8	69.8	22.8	
1990	273.8	163.5	6.6	75.5	28.2	
1991	295.9	175.3	6.9	80.6	33.1	
1992	330.1	193.8	7.5	88.6	40.2	
1993	425.7	245.7	9.4	117.4	53.3	
1994	546.8	294.2	11.0	171.9	69.7	
1995	691.8	382.7	12.9	206.0	90.2	
1996	804.7	449.5	13.9	224.7	116.6	
1997	834.7	433.8	15.1	247.1	138.6	
1998	969.8	534.7	17.4	269.6	148.1	
1999	977.1	510.9	18.5	282.4	165.2	
2000	967.4	463.5	19.7	304.2	180.0	
2001	1045.7	503.1	21.8	332.3	188.5	
2002	1132.5	540.1	27.9	361.3	203.2	
2003	1215.0	497.3	38.4	422.0	224.0	33.3
2004	1510.5	611.3	40.7	548.3	272.2	38.0
2005	1671.6	640.1	44.5	636.5	306.7	43.8
2006	1738.1	713.0	52.3	615.3	292.6	64.9
2007	2128.0	837.5	60.3	830.8	326.1	73.3
2008	2476.9	896.9	69.4	1052.4	374.5	83.7
2009	2704.6	913.5	70.0	1171.4	441.9	107.8
2010	3106.5	1140.3	82.5	1270.6	491.0	122.1
2011	3633.6	1307.2	107.4	1521.1	560.0	138.0

注：本表按当年价格计算。2003年以后数据按新的国民经济行业分类标准和新的产值计算方法计算。2006-2007年农林牧渔业总产值为与农业普查衔接后国家核定数据。

13-6 农林牧渔业总产值指数

(1952年=100)

单位：%

年 份	农林牧渔业合计	农业	林业	牧业	渔业
1952	100.00	100.00	100.00	100.00	100.00
1978	200.0	197.4	489.6	189.7	298.3
1979	206.7	204.0	536.2	199.3	283.2
1980	222.2	206.9	564.9	209.1	279.9
1985	270.0	223.4	734.9	465.3	463.3
1986	288.6	250.0	659.1	444.2	524.0
1987	303.6	263.0	700.2	441.5	664.2
1988	337.0	274.8	627.6	591.3	748.9
1989	322.6	249.9	613.2	606.5	837.7
1990	371.9	309.4	738.0	603.3	885.4
1991	388.5	319.7	737.8	636.8	947.0
1992	419.7	340.3	795.3	699.0	1044.3
1993	474.4	386.3	866.4	827.1	1091.3
1994	473.8	335.1	939.8	1008.3	1126.1
1995	530.7	373.1	1001.3	1111.7	1327.5
1996	612.3	453.8	1065.4	1166.2	1595.9
1997	629.7	426.7	1137.1	1282.3	1802.0
1998	730.9	529.5	1263.6	1407.3	1979.1
1999	755.4	512.8	1319.5	1514.1	2212.7
2000	749.2	470.2	1349.4	1603.6	2302.3
2001	799.0	510.1	1474.7	1710.3	2373.3
2002	865.1	547.2	1856.1	1861.5	2547.0
2003	926.3	570.2	2120.4	2028.8	2726.9
2004	999.5	607.2	2250.0	2225.9	2933.0
2005	1074.5	630.3	2493.0	2473.0	3164.7
2006	1149.7	653.0	2744.8	2683.2	3436.9
2007	1195.7	682.4	2882.0	2777.1	3591.6
2008	1273.6	708.8	3041.1	2999.6	3931.8
2009	1315.6	691.1	3238.8	3167.6	4277.8
2010	1392.4	729.8	3452.6	3310.1	4662.3
2011	1475.9	810.1	3763.3	3349.8	4942.0

注：本表按不变价格计算，2007年以后农林牧渔业产值指数为调整后的口径。

13-7 农林牧渔业总产值指数

(上年=100)

单位：%

年 份	农林牧渔业合计	农业	林业	牧业	渔业	农林牧渔服务业
1978	106.4	110.1	84.3	94.0	103.5	
1979	103.4	103.3	109.5	105.0	94.9	
1980	101.9	101.4	105.4	104.9	98.8	
1985	90.8	80.3	92.2	124.8	118.0	
1986	106.9	111.9	89.7	95.5	113.1	
1987	105.2	105.2	106.2	99.4	126.7	
1988	111.0	104.5	89.6	133.9	112.7	
1989	95.7	90.9	97.7	102.6	111.9	
1990	115.3	123.8	120.4	99.5	105.7	
1991	104.5	103.3	100.0	105.6	106.9	
1992	108.0	106.4	107.8	109.8	110.3	
1993	113.0	113.5	108.9	118.3	104.5	
1994	99.9	86.7	108.5	121.9	103.2	
1995	112.0	111.3	106.5	110.3	117.9	
1996	115.4	121.6	106.4	104.9	120.2	
1997	102.8	94.0	106.7	110.0	112.9	
1998	116.1	124.1	111.1	109.7	109.8	
1999	103.3	96.9	104.4	107.6	111.8	
2000	99.2	91.7	102.3	105.9	104.0	
2001	106.6	108.5	109.3	106.7	103.1	
2002	108.3	107.3	125.9	108.8	107.3	
2003	107.1	104.2	114.2	109.0	107.1	110.8
2004	107.9	106.5	106.1	109.7	107.6	110.3
2005	107.5	103.8	110.8	111.1	107.9	109.2
2006	107.0	103.6	110.1	108.5	108.6	119.7
2007	104.0	104.5	105.0	103.5	104.5	104.0
2008	106.5	103.9	105.5	108.0	109.5	107.6
2009	103.3	97.5	106.5	105.6	108.8	103.2
2010	105.8	105.6	106.6	104.5	109.0	109.0
2011	106.0	111.0	109.0	101.2	106.0	107.0

13-8 各地区农林牧渔业总产值及指数

(2011年)

地区	农林牧渔业总产值	农业	林业	牧业	渔业
一、绝对数(万元)					
全省	**36336348**	**13071544**	**1073916**	**15210705**	**5600453**
沈阳	5347747	2047835	81737	2803196	218934
大连	7220303	1902844	66479	1925335	2796425
鞍山	2026535	884157	5039	1067093	48378
抚顺	1379421	562613	197455	382769	206412
本溪	1013447	335166	231826	363336	69195
丹东	2023508	700371	77676	596231	588513
锦州	3355647	1249579	18594	1767154	280299
营口	1566237	543859	32623	523913	448364
阜新	2171713	1002811	86175	1026848	6627
辽阳	1135747	424109	20571	561907	110980
盘锦	1635886	694098	7144	351193	554433
铁岭	3675319	1364651	114401	2150207	32135
朝阳	3406891	1678755	239764	1425302	3570
葫芦岛	1621081	583946	18788	699936	277934
二、指数(以上年为100)					
全省	**106.0**	**111.0**	**109.0**	**101.2**	**106.0**
沈阳	106.1	110.3	101.2	103.4	105.5
大连	106.1	110.2	106.9	101.9	105.5
鞍山	106.1	110.8	108.0	102.4	105.5
抚顺	105.8	109.2	107.2	101.8	105.5
本溪	105.8	109.0	107.4	101.6	105.5
丹东	106.3	109.9	107.8	102.3	105.6
锦州	105.9	110.4	107.9	102.5	105.5
营口	106.3	110.2	108.4	102.4	105.5
阜新	106.2	109.6	107.1	102.3	105.5
辽阳	107.9	112.6	108.2	104.7	105.5
盘锦	106.4	109.0	107.2	101.8	105.5
铁岭	106.4	111.9	107.6	102.5	105.5
朝阳	106.0	109.7	107.6	101.8	105.5
葫芦岛	106.2	110.7	108.6	102.7	105.5

注：绝对数按当年价格计算。指数按可比价计算。

13-9 农林牧渔业增加值

(2011年) 单位：万元

指 标	农林牧渔业合 计	农业	林业	牧业	渔业	农林牧渔服务业
一、当年现价产值	**36336348**	**13071544**	**1073916**	**15210705**	**5600453**	**1379730**
二、农林牧渔业中间消耗	**17180634**	**5175150**	**447096**	**9064323**	**1947262**	**546804**
1.物 质 消 耗	14199816	4176609	274112	7950551	1462814	335730
(1)用 种 量	971262	584725	148020	238517		
(2)饲料、饲草	7769229	250597		6757969	760664	
(3)肥 料	1441976	1420047	21929			
(4)燃 料	892693	501193	29189	40492	321819	
(5)农药或兽药	193461	179755	13706			
(6)用 电 量	460366	334129	11018	56706	58513	
(7)农用塑料薄膜	417661	417661				
(8)其它物质消耗	1717439	488502	50249	856868	321819	
2.生产服务支出	2980818	998541	172984	1113772	484447	211074
三、农林牧渔业增加值	**19155714**	**7896395**	**626820**	**6146382**	**3653191**	**832926**
中间消耗占总产值(%)	47.3	39.6	41.6	59.6	34.8	39.6
增加值占总产值(%)	52.7	60.4	58.4	40.4	65.2	60.4

13-10 农业机械和农产品加工机械拥有量

机械名称	单位	2006年	2007年	2008年	2009年	2010年	2011年
农业机械总动力	万千瓦	1995.3	2087.4	2192.9	2299.4	2408.3	2558.1
农用大中型拖拉机	台	45035	67556	117651	135725	151629	174321
小型拖拉机	台	244337	240121	236861	244596	263306	282623
大中型拖拉机配套农具	万部	6.09	7.66	15.51	17.02	18.74	22.37
小型拖拉机机引农具	万部	31.19	33.43	32.3	35.52	41.06	44.51
机引犁	万部	7.19	7.25	8.75	9.12	11.37	8.91
机引耙	万部	2.81	2.92	3.31	3.22	3.7	2.9
机引播种机	万部	10.31	11.62	13.22	15.12	16.7	17.7
机动水稻插秧机	台	2506	4274	7296	12098	16124	21566
农用排灌动力机械	万台/万千瓦	100.02/313.53	103.56/328.87	98.81/345.00	103.96/350.59	103.83/353.26	107.51/359.20
#柴 油 机	万台/万千瓦	15.42/133.82	17.64/143.04	19.41/159.00	21.42/166.48	22.87/173.64	21.56/170.06
电 动 机	万台/万千瓦	84.16/178.93	85.46/181.32	78.85/180.00	82.05/179.27	79.49/175.77	83.18/180.37
农用水泵	万台	124.22	118.6	121.81	128.99	127.67	129.71
节水灌溉机械	套	41019	53061	104370	105316	110531	116001
联合收割机	台	1209	1456	2374	3924	5432	7984
机动脱粒机	万台	11.4	11.92	11.7	11.71	12.66	13.36
谷物烘干机	台	297	368	327	266	412	466
粮食加工机械	万台	15.12	12.12	14.4	14.61	14.57	14.33
棉花加工机械	万台	0.02	0.02	0.01	0.02	0.02	0.02
油料加工机械	万台	0.32	0.53	0.47	0.61	0.67	0.67
机动喷雾(粉)机	万部	4.94	5.59	7.04		9.66	9.46
饲草料加工机械	万台	8.68	8.93	15.91	16.42	17.17	16.44
渔用机动船	艘	43912	47312	47264	44302	48238	47115
推土机	台	1905	2347	2481	2676	2852	
贮油设备总容量	万吨	14.4	14.21	15.39	14.21	13.99	

13-11 机耕、灌溉面积、化肥施用量、农村小水电站和农村售电量

年 份	机耕面积(万公顷)	有效灌溉面积(万公顷)		机电提灌面积占有效灌溉面积比重(%)	化肥施用量(万吨)		农村小型水电站		农村售电量(亿千瓦小时)
			#机电提灌		实物量	折纯量	个数(个)	装机容量(千瓦)	
1978	204.5	85.3	68.5	80.2	205.8		111	33837	17.8
1980	208.4	76.0	59.6	78.4	298.4		57	10469	23.8
1985	187.7	72.4	59.7	82.5	273.4	70.9	75		29.3
1986	194.5	73.1	60.1	82.2	264.0	70.1	73		33.8
1987	207.8	76.9	62.8	81.7	265.2	67.3	66		38.7
1988	219.8	76.3	63.4	83.1	273.6	70.1	111	74617	50.6
1989	219.2	76.0	62.8	82.6	281.8	74.6	113	92522	46.0
1990	236.3	105.9	51.6	48.7	301.1	81.4	116	94123	51.3
1991	251.8	108.9	87.7	80.5	313.4	85.1	114	95638	54.8
1992	258.1	114.0	91.3	80.1	320.6	90.5	115	98363	63.5
1993	256.7	117.0	92.7	79.2	320.7	95.1	115	99218	73.7
1994	250.4	118.4	92.3	78.0	325.7	100.2	116	105440	72.7
1995	246.3	120.4	94.0	78.1	334.9	103.1	120	134721	81.6
1996	249.8	123.4	96.6	78.3	346.5	110.7	124	181531	91.3
1997	260.9	127.7	99.0	77.5	344.2	113.0	121	183000	96.0
1998	265.0	133.5	100.8	75.5	349.1	114.1			89.1
1999	278.8	138.9	105.0	75.6	353.8	116.7	97	100360	93.7
2000	290.9	144.1	106.9	74.0	334.6	109.4	119	148000	103.5
2001	277.2	148.2	106.3	71.7	329.2	109.8	133	208800	105.4
2002	275.4	150.0	109.9	73.3	330.8	111.4	134	218800	119.2
2003	272.1	151.3	105.6	69.8	329.3	112.6	134	208800	145.8
2004	277.8	152.0	105.7	69.5	341.2	117.9	140	346700	149.6
2005	297.9	152.7	104.1	68.2	354.2	119.9	146	384200	153.3
2006	301.0	150.0	97.4	64.9	358.5	121.2	152	358000	219.0
2007	301.2	149.1	115.8	77.7	370.1	127.5	153	385300	265.4
2008	321.0	149.3	110.2	73.8	385.5	128.8	162	379000	270.8
2009	328.9	151.0	108.2	71.7	392.8	133.6	165	391333	283.9
2010	342.0	153.8	108.7	70.7	403.4	140.1	169	395488	359.5
2011	373.3	158.8	109.7	69.1	418.3	144.6	174	397348	366.3

13-12 各地区化肥施用量

(2011年) 单位：万吨

地区	合计		氮肥		磷肥		钾肥		复合肥	
	实物量	折纯量	实物量	折纯量	实物量	折纯量	实物量	折纯量	实物量	折纯量
全　省	**418.3**	**144.6**	**198.2**	**69.7**	**52.4**	**12.1**	**31.1**	**12.4**	**136.6**	**50.4**
沈　阳	64.7	20.0	28.1	8.6	7.8	1.6	5.5	2.4	23.4	7.4
大　连	49.2	16.0	23.3	5.9	5.4	1.3	3.8	1.9	16.7	6.9
鞍　山	24.9	9.4	15.0	5.2	2.1	0.6	1.2	0.6	6.7	3.0
抚　顺	9.9	3.4	4.9	1.8	1.3	0.4	0.9	0.4	2.8	0.9
本　溪	4.3	1.3	2.4	0.9	0.6	0.1	0.4	0.1	0.9	0.2
丹　东	19.1	6.5	12.6	3.7	1.7	0.3	1.1	0.5	3.8	2.0
锦　州	39.5	16.4	18.0	8.0	3.5	0.8	3.0	1.3	15.0	6.3
营　口	16.9	6.1	7.8	3.2	2.5	0.6	1.9	0.7	4.7	1.5
阜　新	37.2	13.9	16.7	6.8	4.2	0.8	2.6	0.9	13.8	5.4
辽　阳	16.1	5.5	8.3	3.0	2.6	0.8	1.3	0.5	3.9	1.3
盘　锦	14.1	5.0	7.0	3.0	3.3	0.9	1.3	0.4	2.6	0.7
铁　岭	58.0	21.3	21.5	8.2	6.6	1.6	3.1	1.0	26.8	10.5
朝　阳	39.9	10.8	20.7	6.6	7.3	1.4	2.5	0.7	9.4	2.0
葫芦岛	24.3	8.9	11.8	4.7	3.7	1.0	2.7	1.1	6.2	2.3

13-13 灌溉、水库和除涝、治水、治碱情况

指　标	单位	2005年	2006年	2008年	2009年	2010年	2011年
年底灌区数	处	79	73	73	72	70	74
#50万亩以上	处	4	4	4	4	4	4
30-50万亩	处	5	4	4	5	5	6
灌区有效灌溉面积	万公顷	52.6	48.5	48.4	48.4	48.2	50.5
#50万亩以上	万公顷	17.4	17.4	17.4	17.4	17.4	17.4
30-50万亩	万公顷	12.6	10.6	10.6	12.9	12.9	14.9
水库座数	座	963.0	918.0	952.0	952.0	951.0	922.0
大型水库	座	29.0	33.0	33.0	33.0	33.0	33.0
中型水库	座	71.0	74.0	74.0	74.0	74.0	74.0
小型水库	座	863.0	811.0	845.0	845.0	844.0	815.0
水库总容量	亿立方米	335.5	359.3	357.5	359.9	359.3	358.3
大型水库	亿立方米	303.1	325.5	325.6	328.0	327.7	326.8
中型水库	亿立方米	21.2	22.9	21.3	21.3	21.1	21.2
小型水库	亿立方米	11.2	10.9	10.6	10.6	10.5	10.3
除涝面积	千公顷	996.3	996.1	995.0	983.2	985.3	989.1
本年新增除涝面积	千公顷	0.3		0.2	1.4	6.2	4.9
治理水土流失面积	万平方公里	5.7	5.9	6.1	6.2	6.3	6.5
本年水土流失治理面积	千公顷	192.6	149.2	128.2	140.4	144.0	181.8
堤防长度	万公里	1.9	1.9	2.0	2.2	2.1	2.2
堤防保护面积	千公顷	1806.6	1897.7	1885.2	1934.7	1935.8	1997.6

注:大型水库为库容1亿立方米以上;中型水库为库容1千万至1亿立方米;小型水库为库容10万至1千万立方米。

13-14 各地区农田水利情况

(2011年)

地区	农田水利情况			
	有效灌溉面积(千公顷)	#机电提灌溉	机电提灌溉面积占灌溉面积(%)	机电井数(眼)
全省	**1588.38**	**1097.03**	**62.4**	**146291**
沈阳	250.81	214.49	82.8	46098
大连	111.31	35.86	24.4	4502
鞍山	89.02	75.48	82.2	5544
抚顺	42.94	0.59	1.4	1288
本溪	19.51	5.09	22.5	439
丹东	71.43	16.57	22.9	426
锦州	206.52	126.96	59.8	19472
营口	84.63	76.79	83.2	2411
阜新	94.23	89.62	79.9	13127
辽阳	96.31	40.63	41.4	2927
盘锦	108.95	108.95	79.7	400
铁岭	162.25	131.76	73.4	16042
朝阳	173.10	133.59	71.4	19666
葫芦岛	77.37	40.65	39.1	13949

13-15 各地区水利设施和除涝面积

(2011年)

地区	水库数(座)	水库总库容量(亿立方米)	除涝面积(千公顷)
全省	**922**	**358.29**	**989.12**
省直	16	284.84	
沈阳	34	5.41	316.43
大连	256	25.27	53.89
鞍山	23	0.98	120.55
抚顺	117	3.09	3.55
本溪	30	2.61	2.77
丹东	54	6.88	38.82
锦州	27	2.20	108.89
营口	37	2.67	47.10
阜新	56	2.88	29.49
辽阳	3	0.02	74.84
盘锦	16	2.03	96.44
铁岭	99	6.06	87.90
朝阳	82	4.55	0.41
葫芦岛	72	8.80	8.04

13-16 农作物

年份	农作物总播种面积				占总播种面积比重(%)			粮食作物						
		粮食作物	经济作物	其他作物	粮食作物	经济作物	其他作物		水稻	小麦	玉米	高粱	谷子	薯类
1980	3914.8	3221.1	392.1	301.5	82.3	10.0	7.7	3221.1	385.7	40.9	1416.2	558.3	190.1	42.5
1985	3705.8	2889.5	532.3	283.9	78.0	14.4	7.6	2889.5	480.2	11.8	1198.0	416.7	210.1	72.3
1986	3663.7	3036.9	338.3	288.4	82.9	9.2	7.9	3036.9	510.1	20.5	1258.5	441.3	205.9	65.7
1987	3620.6	3130.8	199.3	290.5	86.5	5.5	8.0	3130.8	548.4	27.2	1341.1	448.4	188.7	64.0
1988	3603.2	3101.3	203.7	298.1	86.1	5.6	8.3	3101.3	553.7	34.4	1318.0	450.5	179.4	70.6
1989	3594.5	3083.5	211.8	299.2	85.8	5.9	8.3	3083.5	553.4	55.0	1313.2	420.3	177.3	73.6
1990	3618.9	3121.6	204.9	292.4	86.3	5.7	8.1	3121.6	543.3	112.8	1365.7	395.0	169.3	73.7
1991	3638.1	3089.9	257.5	290.7	84.9	7.1	8.0	3089.9	542.2	147.2	1372.4	367.5	147.2	78.8
1992	3633.1	3051.5	281.7	299.9	84.0	7.7	8.3	3051.5	556.6	165.7	1384.0	342.0	120.4	88.0
1993	3630.0	3049.2	224.6	356.2	84.0	6.1	9.9	3049.2	484.1	183.1	1416.2	326.0	120.1	99.9
1994	3623.5	3026.4	226.8	370.3	83.5	6.3	10.2	3026.4	458.7	162.4	1464.6	321.7	109.0	95.9
1995	3623.7	3030.9	210.4	382.4	83.6	5.8	10.6	3030.9	472.6	171.3	1517.5	308.3	102.8	102.5
1996	3627.8	3073.1	165.8	388.9	84.7	4.6	10.7	3073.1	478.1	177.9	1576.7	300.2	104.9	110.0
1997	3627.0	3037.1	181.1	408.8	83.7	5.0	11.3	3037.1	491.7	167.9	1573.4	257.6	106.1	105.6
1998	3630.2	3039.2	178.4	412.6	83.7	4.9	11.4	3039.2	496.0	150.2	1638.0	222.8	100.8	109.6
1999	3643.1	3055.3	163.3	424.5	83.9	4.5	11.7	3055.3	501.5	152.9	1677.8	202.5	89.6	130.5
2000	3622.0	2858.6	248.0	515.4	78.9	6.8	14.2	2858.6	489.7	117.5	1422.5	188.6	86.9	167.1
2001	3559.9	2758.1	279.9	522.0	77.5	7.9	14.7	2758.1	449.5	86.1	1366.3	163.0	130.5	151.1
2002	3577.0	2658.6	327.8	590.6	74.3	9.2	16.5	2658.6	457.1	47.2	1395.1	168.8	101.6	145.1
2003	3476.6	2563.6	344.6	568.4	73.7	9.9	16.3	2563.6	392.0	19.8	1401.4	125.3	111.2	138.8
2004	3666.5	2965.8	242.2	458.5	80.9	6.6	12.5	2965.8	492.1	19.9	1835.9	106.4	94.2	103.4
2005	3801.0	3179.7	199.4	421.9	83.7	5.2	11.1	3179.7	538.1	21.4	2076.7	107.8	86.6	93.2
2006	3627.2	3089.7	118.6	418.9	85.2	3.3	11.5	3089.7	624.9	8.0	1983.1	95.7	82.8	103.5
2007	3703.9	3127.2	118.1	458.6	84.4	3.2	12.4	3127.2	660.6	12.4	1998.6	85.1	82.2	96.3
2008	3946.4	3035.9	320.7	589.8	76.9	8.1	15.0	3035.9	658.7	10.3	1884.9	72.7	76.1	92.8
2009	4064.7	3124.1	313.6	627.0	76.9	7.7	15.4	3124.1	656.7	8.8	1964.1	95.2	87.4	91.9
2010	4184.9	3179.3	380.8	624.8	76.0	9.1	14.9	3179.3	677.5	7.5	2093.0	70.6	76.8	80.0
2011	4356.2	3169.8	428.3	758.1	72.8	9.8	17.4	3169.8	659.6	6.9	2134.6	58.9	63.5	83.1

播种面积

单位：千公顷

大豆	其他杂粮	经济作物	棉花	油料				麻类	甜菜	烟叶		其他作物		
					#花生	芝麻	向日葵				#烤烟		#蔬菜	绿肥
472.9	114.7	392.1	38.5	303.2	97.5	12.3	169.6	25.5	11.1	9.6	8.7	301.5	202.1	67.6
393.0	107.5	532.3	39.1	447.5	251.7	92.7	77.7	2.7	13.7	18.6	10.1	283.9	217.3	23.0
410.3	124.6	338.3	17.9	280.6	161.6	22.9	81.5	2.7	12.9	15.7	7.2	288.4	230.6	19.9
395.2	117.8	199.3	4.6	151.3	86.6	7.1	50.1	2.5	16.1	14.3	8.4	290.5	234.2	17.6
381.5	113.3	203.7	10.3	135.4	83.8	3.3	42.9	2.5	25.9	18.6	12.4	298.1	241.5	13.3
370.3	120.5	211.8	16.2	132.0	83.2	5.1	37.4	1.7	17.0	31.7	24.1	299.2	248.3	11.6
349.0	112.8	204.9	19.1	125.1	78.0	4.7	37.7	1.8	22.5	26.0	20.3	292.4	253.3	11.9
326.2	81.6	257.5	55.4	142.6	92.6	15.0	31.8	1.6	25.1	23.0	18.0	290.7	255.0	6.6
302.3	74.8	281.7	74.9	142.7	90.4	24.5	25.5	1.5	20.8	24.3	19.6	299.9	267.8	6.7
325.1	94.5	224.6	24.6	141.3	91.6	24.4	21.5	0.9	23.2	24.1	17.5	356.2	294.6	43.4
318.6	95.4	226.8	25.7	144.4	102.9	18.1	22.2	0.7	28.8	18.7	13.5	370.3	318.3	
273.0	82.9	210.4	31.0	131.8	94.1	14.1	22.0	0.8	30.2	16.6	13.4	382.4	330.6	33.4
239.2	86.1	162.4	12.4	95.1	67.1	6.5	20.4	0.4	27.2	27.3	24.8	388.9	342.2	
249.2	85.5	181.1	19.5	98.2	69.1	6.1	22.5	0.3	23.8	33.2	29.0	408.8	354.2	
249.6	72.2	178.4	20.5	122.4	91.0	9.0	21.9	0.2	17.1	15.2	13.0	412.6	353.2	
235.1	65.2	163.4	6.9	122.1	89.0	6.7	25.0	0.4	13.7	17.0	15.3	424.5	369.9	
301.9	84.5	248.0	7.3	199.5	142.8	1.4	28.2	0.7	16.5	18.4	16.7	515.4	413.2	
290.4	121.2	279.9	7.3	235.4	184.1	13.1	32.1	0.2	18.0	11.5	10.1	522.0	412.9	
266.6	77.1	327.8	2.9	286.1	227.9	16.2	37.5	0.1	13.1	13.0	11.8	590.6	467.3	
285.2	89.9	344.6	3.9	312.0	253.3	12.3	40.7	0.5	1.1	12.8	11.0	568.4	450.1	
244.4	69.6	242.2	4.4	205.2	173.3	8.2	19.8	0.2	0.9	11.6	10.4	458.5	378.4	
184.9	71.0	199.4	2.3	164.3	140.6	5.2	15.8	0.1	1.5	16.1	15.1	421.9	353.1	
128.9	41.8	118.6	1.5	106.6	96.1	2.6	7.4		0.8	8.3	7.5	418.9	354.0	
130.4	40.4	118.1	1.1	106.8	98.7	2.0	5.8		0.7	8.0	7.3	458.6	376.0	
181.0	59.4	320.7	1.4	282.5	263.3	2.3	14.5	0.01	2.0	11.5	10.7	589.8	388.7	
164.1	55.9	313.6	0.9	277.3	260.6	1.8	12.3	0.01	1.8	12.5	11.4	627.0	402.7	
123.4	50.5	380.8	0.4	347.4	332.4	1.5	12.0		1.1	10.9	9.8	624.8	430.2	
120.2	43.0	428.3	0.4	392.0	377.1	1.2	12.0	0.01	1.8	10.8	9.7	781.4	465.4	

13-17 各地区农作物播种面积

(2011年) 单位：千公顷

地　区	农作物总播种面积	粮食作物	水稻	小麦	玉米	高粱	谷子	薯类	大豆	其他杂粮
全　省	**4356.2**	**3169.8**	**659.6**	**6.9**	**2134.6**	**58.9**	**63.5**	**83.1**	**120.2**	**43.0**
沈　阳	670.8	507.4	123.9	2.9	347.4	1.8	0.7	13.6	16.0	1.1
大　连	330.5	281.0	28.2	0.1	190.1	0.6	1.9	21.0	36.9	2.2
鞍　山	254.1	212.5	37.1	0.3	166.5	0.9	0.3	1.5	5.5	0.3
抚　顺	118.4	98.8	19.9		71.1	0.1	0.1	2.3	5.0	0.3
本　溪	59.1	50.3	9.1		35.3	0.2	0.9	1.6	2.8	0.4
丹　东	207.2	166.5	51.7	0.2	101.5	0.4	0.2	4.6	6.9	0.9
锦　州	454.9	354.0	30.7	0.5	295.6	10.4	2.3	4.4	9.3	0.8
营　口	110.7	95.4	43.6		47.0	0.7	0.6	0.6	2.2	0.5
阜　新	552.9	337.3	4.9	0.2	283.2	9.0	10.0	1.4	19.1	9.4
辽　阳	163.3	142.2	52.1		85.7	0.1	0.0	2.3	1.8	0.2
盘　锦	145.2	128.3	108.4		14.6	0.1			5.2	
铁　岭	573.7	439.7	62.6	0.1	352.0	0.3	0.1	12.2	12.0	0.2
朝　阳	476.7	378.9	0.3	3.4	274.9	24.2	42.3	6.8	11.6	15.4
葫芦岛	238.6	189.2	8.7	0.1	152.7	2.4	3.6	12.6	7.7	1.5

13-17 续表 单位：千公顷

地　区	经济作物								其他作物
	棉花	油料	花生	芝麻	向日葵	甜菜	烟叶	烤烟	蔬菜
全　省	**0.4**	**392.0**	**377.1**	**1.2**	**12.0**	**1.8**	**10.8**	**9.7**	**465.4**
沈　阳	0.0	46.7	43.7	0.0	3.0				84.5
大　连	0.0	5.8	5.7	0.0	0.0				37.9
鞍　山		5.4	5.4	0.0			0.0		33.7
抚　顺		0.6	0.6	0.0	0.0		0.5	0.0	8.6
本　溪		0.4	0.4		0.0		0.0		4.1
丹　东		3.0	2.9	0.0			3.4	3.4	20.5
锦　州	0.0	45.1	43.8	0.1	0.3	0.2			48.7
营　口	0.0	0.2	0.2						12.4
阜　新		183.3	182.3	0.2	0.8		1.8	1.6	25.3
辽　阳		1.1	1.1		0.0		0.0		17.4
盘　锦		0.1	0.1			0.0			15.4
铁　岭		67.9	67.9	0.0	0.0		2.8	2.7	54.1
朝　阳	0.3	9.7	0.9	0.8	7.9	1.6	2.3	2.0	76.6
葫芦岛	0.1	22.6	21.9	0.1	0.0	0.0	0.0		26.1

13-18 主要农产品产量

年 份	粮食(万吨)								
		水稻	小麦	玉米	高粱	谷子	薯类	大豆	其他杂粮
1978	1117.2	206.8	9.4	560.0	225.2	30.0	18.5	53.5	13.8
1980	1221.6	235.3	5.5	653.6	226.8	23.3	10.5	53.6	13.0
1985	976.0	263.0	2.8	448.1	150.7	29.9	15.8	54.6	11.2
1986	1222.2	323.8	4.0	607.3	168.4	27.9	15.3	63.5	12.0
1987	1276.2	340.7	5.6	671.5	159.0	25.7	13.5	49.2	11.1
1988	1307.2	340.2	8.2	680.6	161.6	20.0	18.8	44.4	13.6
1989	1018.2	283.8	15.3	496.7	106.9	16.2	12.1	24.1	13.1
1990	1494.7	375.7	44.3	812.3	180.8	30.5	19.4	43.5	14.5
1991	1532.4	403.4	49.8	848.6	181.2	23.3	24.6	37.5	13.1
1992	1568.4	417.7	65.5	864.5	152.7	18.5	26.2	32.4	11.1
1993	1696.0	389.6	66.5	989.1	178.1	24.4	34.5	52.2	14.0
1994	1337.1	297.7	49.5	613.9	181.5	25.5	28.3	48.3	14.4
1995	1423.5	255.3	63.3	804.5	156.6	22.2	35.9	40.3	12.4
1996	1660.1	366.1	59.4	1047.3	183.0	29.1	42.5	43.6	15.8
1997	1313.5	389.4	56.5	674.7	100.3	18.7	39.5	35.1	11.3
1998	1828.9	407.5	61.4	1205.3	141.6	28.6	47.8	52.8	15.0
1999	1648.8	415.8	59.2	988.3	77.1	13.2	51.0	39.3	9.5
2000	1140.0	375.5	35.4	547.9	51.6	9.3	61.5	47.9	8.7
2001	1394.4	341.2	15.7	833.7	74.5	25.7	54.7	55.2	19.2
2002	1510.4	359.2	11.5	889.4	83.1	23.3	60.3	52.6	31.0
2003	1498.3	310.6	6.1	930.5	58.9	24.4	66.2	63.7	16.4
2004	1720.0	382.4	6.9	1352.1	62.0	26.9	50.6	59.2	15.6
2005	1745.8	414.5	8.9	1340.3	70.8	30.8	48.0	43.5	11.6
2006	1797.0	426.6	3.1	1211.5	41.0	17.9	48.2	38.0	8.6
2007	1835.0	505.0	5.3	1167.8	38.7	23.2	50.8	32.0	8.2
2008	1860.3	505.6	4.9	1189.0	31.9	20.4	47.5	48.8	12.2
2009	1591.0	506.0	4.5	963.1	22.9	15.1	41.7	30.0	7.7
2010	1765.4	457.6	3.7	1150.5	35.2	24.7	51.3	34.1	8.3
2011	2035.5	501.3	3.7	1360.3	36.3	22.1	65.0	34.1	12.7

13-18 续表

年 份	棉花(吨)	油料(吨)	#花生	芝麻	向日葵	麻类(吨)	甜菜(吨)	烟叶(吨)	#烤烟	蔬菜(万吨)
1978	23372	105271	44811	1471	41080	14994	63376	31280	29483	652.0
1980	21348	282529	137440	4059	13142	9487	127239	23617	22361	548.7
1985	24166	540147	402737	43717	76731	2446	226775	34143	18424	589.5
1986	11647	316211	221858	8899	76336	2054	218267	27137	10370	700.9
1987	3337	192045	130062	3070	54351	1660	283685	28869	15692	756.1
1988	6381	167916	133437	1362	29448	2875	481603	36383	22094	784.8
1989	7808	70809	46084	1365	20354	2334	233945	45378	31376	790.0
1990	13595	174537	133427	2879	33939	2586	497538	44005	31575	861.3
1991	41987	202878	153230	8895	38066	2011	585929	39022	28525	893.5
1992	27949	176256	129402	15415	29663	2494	523226	44297	32283	1003.2
1993	19439	218478	168448	18427	27973	1234	538234	49878	31591	1162.7
1994	16727	244305	200079	14022	29192	1050	392366	35721	23534	1130.6
1995	23666	197717	162764	10040	22518	1039	504147	31959	21913	1268.1
1996	10813	170003	134450	5618	28367	396	585516	56091	50344	1438.6
1997	15067	160745	134136	3901	21826	294	400727	60890	51527	1492.2
1998	17876	233611	198115	5798	28422	210	416120	31319	26182	1588.1
1999	4574	197797	166326	4320	24736	355	263581	32487	29938	1650.8
2000	5604	295527	256249	8298	12685	883	286894	31507	28589	1757.0
2001	7508	462553	420504	10367	22994	245	355910	23548	19787	1826.6
2002	2983	564529	507904	14139	34245	155	397226	28679	25987	2098.6
2003	3481	614049	548406	10099	40844	611	33964	26487	22945	2148.2
2004	4742	459299	419110	7293	24153	606	27427	26932	24243	2034.6
2005	2685	368411	330103	6036	27337	114	62379	34234	31742	1954.8
2006	2000	257100	245000	2036	9064	12	30000	26900	24200	2129.8
2007	2100	263800	250000	2159	10541	9	50300	29100	23300	2232.0
2008	2401	835027	800740	2997	25225	21	74952	32255	29655	2438.3
2009	956	553499	534697	815	11004	9	61941	31531	29155	2604.4
2010	655	995980	961477	2176	20507		48728	28560	24505	2668.2
2011	736	1197565	1165363	2330	25917	15	77977	29846	26423	2832.5

13-19 各地区主要农产品产量

(2011年)

地区	粮食(万吨)	水稻	小麦	玉米	高粱	谷子	薯类	大豆	其他杂粮
全省	**2035.5**	**501.3**	**3.7**	**1360.3**	**36.3**	**22.1**	**65.0**	**34.1**	**12.7**
沈阳	406.1(333.2)	108.2(96.3)	1.3(1.3)	280.1(219.6)	1.4	0.3	10.1	4.5(4.5)	0.3
大连	163.9(131.0)	19.1(18.3)	0.1(0.1)	120.8(93.0)	0.3	0.6	12.5	9.7(9.0)	0.8
鞍山	145.6(124.3)	28.7(28.3)	0.1(0.1)	113.9(84.0)	0.4	0.1	0.8	1.5(1.4)	0.1
抚顺	67.2(42.7)	12.7(11.9)		51.6(25.1)			1.6	1.2(1.0)	0.1
本溪	30.3(16.7)	5.9(4.5)		22.4(11.0)	0.1	0.3	0.9	0.6(0.6)	0.1
丹东	99.6(74.5)	37.3(35.6)	0.1(0.1)	58.0(34.4)	0.1		2.5	1.5(1.5)	0.1
锦州	257.7(252.8)	27.5(27.4)	0.2(0.1)	217.1(204.3)	6.6	0.7	3.0	2.5(2.4)	0.2
营口	76.6(67.2)	44.7(39.8)		30.5(26.2)	0.3	0.2	0.4	0.5(0.5)	0.1
阜新	250.2(231.9)	4.5(4.5)	0.1(0.1)	225.3(208.9)	7.7	4.1	1.3	5.0(4.9)	2.3
辽阳	99.6(95.9)	40.5(40.4)		57.0(53.4)	0.1		1.4	0.5(0.5)	0.1
盘锦	114.6(103.9)	101.2(90.0)		11.6(11.6)	0.1			1.8(1.8)	
铁岭	369.0(345.5)	56.5(56.5)		297.0(269.4)	0.2	0.1	11.1	4.0(4.0)	0.1
朝阳	277.3(271.3)	0.2(0.2)	1.9(1.9)	228.3(216.2)	18.5	16.6	3.9	2.8(2.8)	5.1
葫芦岛	123.5(101.6)	5.4(5.4)		104.5(88.6)	1.2	1.1	8.9	1.9(1.9)	0.3

注：括弧内数据为国家核定数据

13-19 续表

地区	棉花(吨)	油料(吨)	#花生	#芝麻	#向日葵	麻类(吨)	甜菜(吨)	烟叶(吨)	#烤烟	蔬菜(万吨)
全省	**736**	**1197565**	**1165363**	**2330**	**25917**	**15**	**77977**	**29846**	**26423**	**2833**
沈阳	11	147508	141053	46	6409					463
大连	22	17458	17302		11					251
鞍山		16209	16209					13		234
抚顺		2022	1799	203	20			1501	21	43
本溪		1049	1020		29			10		20
丹东		9932	9881	1				7795	7692	104
锦州	18	123880	120692	194	674		9479			357
营口	5	522	520							86
阜新		557803	555550	211	1873	15		4770	4124	116
辽阳		3838	3832		5			92		88
盘锦		383	383				450			123
铁岭		250011	249993	17	1			8064	7851	360
朝阳	593	22877	3637	1603	16870		67010	7589	6735	390
葫芦岛	87	44073	43492	55	25		1038	12		198

注：括弧内数据为国家核定数据

13-20 主要农产品单位面积产量

(按播种面积计算) 单位：公斤/亩

年 份	粮食	水稻	小麦	玉米	高粱	谷子	薯类	大豆	其他杂粮
1978	224	367	93	279	238	95	161	69	86
1980	253	407	89	308	271	82	165	76	76
1985	225	365	158	249	241	95	146	93	69
1986	268	427	129	322	254	90	155	103	64
1987	272	421	136	334	236	91	141	83	63
1988	281	419	159	344	239	74	178	78	80
1989	220	348	185	252	170	61	110	44	59
1990	319(325)	461	262	397	305	120	176	83	86
1991	331(341)	491	226	412	329	105	208	77	85
1992	343(347)	500	264	416	298	103	199	71	80
1993	371(382)	536	242	466	364	135	231	107	99
1994	295(277)	433	204	279	376	156	197	101	100
1995	313(306)	360	246	353	339	144	233	98	100
1996	360(388)	511	222	443	406	185	257	122	122
1997	288(291)	528	224	286	259	118	249	94	88
1998	401(430)	548	273	491	424	189	291	141	139
1999	360(361)	553	258	393	254	98	261	111	97
2000	266(265)	511	201	257	182	71	245	106	69
2001	337(343)	506	122	407	305	131	241	127	106
2002	379(375)	524	163	425	328	153	277	132	268
2003	390(384)	528	206	443	313	146	318	149	122
2004	395(440)	518	232	491	389	190	326	162	149
2005	381(414)	514	278	430	438	237	343	157	187
2006	357(397)	455	258	407	286	144	310	197	137
2007	391	510	285	390	303	188	352	164	135
2008	409	512	319	421	293	179	341	180	149
2009	340	514	341	327	160	115	303	122	92
2010	370	450	329	366	332	214	428	184	110
2011	428	507	357	425	411	232	521	189	

13-20 续表

单位：公斤/亩

年份	棉花	油料	#花生	#芝麻	#向日葵	麻类	甜菜	烟叶	#烤烟	蔬菜
1978	16	33	69	20	37	28	428	147	160	1956
1980	37	62	94	22	52	25	767	164	171	1811
1985	41	81	107	31	61	59	1101	122	122	1808
1986	43	75	92	26	62	51	1131	122	96	2026
1987	48	85	100	28	72	44	1178	135	125	2152
1988	41	83	106	28	46	76	1240	130	119	2167
1989	32	36	37	18	36	88	917	96	87	2121
1990	48	93	114	40	60	97	1473	113	104	2267
1991	51	95	110	39	80	83	1554	113	106	2336
1992	25	82	95	42	78	113	1674	122	109	2498
1993	53	103	123	50	87	93	1547	138	120	2631
1994	43	113	130	52	88	80	908	128	116	2368
1995	51	100	115	47	68	91	1115	128	109	2557
1996	58	119	134	58	92	71	1437	137	135	2803
1997	52	109	129	43	65	77	1121	122	119	2809
1998	58	127	145	43	87	88	1618	137	134	2998
1999	44	108	125	43	66	60	1278	127	130	2975
2000	51	99	120	40	30	88	1157	114	114	2835
2001	69	131	152	53	48	74	1319	137	130	2949
2002	69	132	149	58	61	110	2015	147	147	2994
2003	59	131	144	55	67	75	2132	138	139	3088
2004	72	149	161	60	81	210	2078	155	155	3585
2005	78	149	156	77	115	158	2791	141	141	3691
2006	89	161	170	52	82	73	2500	216	215	4011
2007	127	165	169	72	121	100	2630	243	213	3957
2008	113	197	203	85	116	117	2507	187	185	4182
2009	73	133	137	31	60	60	2269	168	171	4311
2010	103	191	193	99	114		3053	175	167	4135
2011	121	204	206	127	144	100	2965	185	182	4057

13-21 各地区主要农产品单位面积产量

(按播种面积计算，2011年)

单位：公斤/公顷

地区	粮食							
		水稻	小麦	玉米	高粱	谷子	薯类	大豆
全　省	**428**	**507**	**357**	**425**	**411**	**232**	**521**	**189**
沈　阳	534	582	286	537	521	255	494	186
大　连	389	452	460	424	269	223	396	176
鞍　山	457	516	243	456	309	203	342	177
抚　顺	454	426		484	309	217	452	157
本　溪	402	429		422	249	263	395	148
丹　东	399	481	192	381	186	113	356	147
锦　州	485	597	318	490	424	191	450	180
营　口	535	682		432	316	177	386	157
阜　新	495	621	266	530	570	272	589	174
辽　阳	467	518		443	351	168	420	181
盘　锦	595	622		528	533			224
铁　岭	560	601	293	563	504	350	604	219
朝　阳	488	506	378	554	510	262	383	160
葫芦岛	435	416	373	456	353	211	471	162

13-21 续表

单位：公斤/公顷

地区	棉花	油料				麻类	甜菜	烟叶		蔬菜
			#花生	#芝麻	#向日葵				#烤烟	
全　省	**121**	**204**	**206**	**127**	**144**	**100**	**2965**	**185**	**182**	**4057**
沈　阳	81	210	215	118	144					3654
大　连	105	200	202		73					4414
鞍　山		199	199					67		4628
抚　顺		210	202	301	267			210	350	3334
本　溪		169	167		322			222		3232
丹　东		223	224	67				152	153	3374
锦　州	86	183	184	150	142		4051			4883
营　口	67	171	171							4613
阜　新		203	203	91	163	100		177	176	3057
辽　阳		229	229		333			267		3362
盘　锦		179	179				1500			5313
铁　岭		246	246	142	67			193	192	4433
朝　阳	129	157	281	128	142		2877	223	222	3396
葫芦岛	104	130	132	61	111		2883	133		5066

13-22 水果、蚕茧、园参、芦苇生产情况

指　标	单位	2005年	2006年	2008年	2009年	2010年	2011年
一、水果							
果园面积	千公顷	317.0	313.6	323.6	349.7	354.1	359.86
#苹果园	千公顷	110.3	109.1	114.0	121.9	125.9	133.96
梨园	千公顷	91.6	87.7	83.2	97.9	98.6	98.84
葡萄园	千公顷	28.1	26.8	26.6	26.8	26.6	27.38
山楂园	千公顷	14.0	12.0	10.6	12.8	12.7	12.44
果树株数	万株	32435.0	33236.7	37020.1	47340.6	46704.8	42561.3
#苹果	万株	5838.5	6172.4	6961.3	8036.5	8799.7	10015.4
梨	万株	5600.2	5386.7	5308.9	6469.2	6580.2	6527.1
葡萄	万株	11679.0	11238.1	11928.3	17060.5	16722.8	12207.6
山楂	万株	1337.5	1270.5	1035.9	1166.9	1286.4	1292.0
结果株数	万株	22553.0	22640.6	26275.9	30634.2	31517.8	32039.7
#苹果	万株	3562.3	3813.6	4803.7	5340.5	5830.2	6572.8
梨	万株	3196.4	3225.4	3563.9	4443.6	4691.4	4719.9
葡萄	万株	9785.8	9086.7	9685.6	10856.5	10735.0	10427.1
山楂	万株	1123.2	1082.7	808.7	932.2	960.1	969.8
水果产量	吨	3292674	3437027	4225182	4772144	5215623	5743860
#苹果	吨	1299595	1301399	1709138	1948100	2094719	2396805
梨	吨	690345	705232	937944	1103509	1261402	1401586
葡萄	吨	581711	587191	614422	642124	634296	672695
山楂	吨	64756	62783	64934	86032	84087	92281
二、蚕业							
柞蚕茧产量	吨	43200	44075	53516	50142	49847	54827
桑蚕茧产量	吨	159	191	194	224	102	103
三、园参							
园参产量	吨	2461.5	2390.5	1817.3	2928.7	3788.0	4392.9
四、芦苇							
芦苇产量	万吨	50.9	54.3	56.7	53.8	46.9	51.9

13-23 水果、蚕茧、园参产量

单位：吨

年 份	水果总产量	#苹果	#梨	#葡萄	#山楂	蚕茧总产量	柞蚕茧	桑蚕茧	园参总产量
1978	937915	656750	227700	7130		40587	40521	66	
1980	782677	610133	109907	6244		56757	56634	123	775
1985	806799	547791	173077	20902	14342	26996	26945	51	985
1986	803832	546862	171840	23521	14717	24790	24760	30	1302
1987	933062	637092	177808	35017	21571	39137	39086	51	1813
1988	958557	621544	195066	53092	24643	34825	34768	57	2639
1989	1003137	655737	174370	72170	33395	39415	39348	67	2437
1990	1112886	759244	166806	73567	36562	40772	40641	131	2766
1991	1011230	570542	204839	89895	50659	23982	23812	170	2704
1992	1527272	979434	222916	121829	73918	26124	25926	198	2719
1993	1888380	1196127	300099	146162	97312	36486	36349	137	3720
1994	1845580	1069137	323985	158210	99411	27808	27720	178	2073
1995	2199889	1277295	402963	153317	98566	32988	32805	183	1431
1996	2480339	1505993	477330	185421	80719	29411	29158	253	1226
1997	2641058	1611487	471870	193380	79456	39685	39532	153	2141
1998	2985505	1674628	610898	275557	85093	44563	44455	108	1304
1999	2566685	1469839	424605	307453	71638	28760	28720	40	1297
2000	2499660	1231479	455404	430282	67148	39051	38959	92	1218
2001	2416697	1134657	509942	396991	61151	43870	43790	80	1492
2002	2344015	1005142	412724	522061	59314	41998	41652	34	2132
2003	2678104	1089937	515892	586124	54253	44402	44362	40	3001
2004	3076521	1222119	605679	613683	61482	39152	38867	285	2316
2005	3292674	1299595	690345	581711	64756	43359	43200	159	2462
2006	3437027	1301399	705232	587191	62783	44266	44075	191	2390
2007	3961160	1551508	874282	625421	66256	48285	48025	260	1892
2008	4225182	1709138	937944	614422	64934	53710	53516	194	1817
2009	4772144	1948100	1103509	642124	86032	50366	50142	224	2929
2010	5215623	2094719	1261402	634296	84087	49949	49847	102	3788
2011	5743860	2396805	1401586	672695	92281	54930	54827	103	4393

13-24 林业生产情况

指　　标	单位	2005年	2006年	2008年	2009年	2010年	2011年
造　林　面　积	千公顷	126.49	70.77	81.53	129.97	190.67	246.77
按造林用途分:							
用　材　林	千公顷	20.93	2.93	6.15	2.85	26.33	11.95
经　济　林	千公顷	6.18	4.19	3.64	4.26	7.50	16.67
防　护　林	千公顷	98.21	63.65	71.74	122.62	156.80	218.03
薪　炭　林	千公顷	1.17			0.24		0.06
特种用材林	千公顷					0.03	0.05
封山育林面积	千公顷			866.98	989.55	1562.33	1213.83
#本年新封面积	千公顷	68.48	4.54	26.66			
零星植树	万株		7097.00	9982.00		14169.00	9777.38
育苗面积	千公顷	17.11	18.19	19.34	16.92	17.94	19.48
#当年新育	千公顷	6.16	6.42	7.33	6.31	7.93	7.35
当年苗木产量	万株	175414.00	303478.00	233273.00	261320.00	489432.00	789389.62
幼林抚育作业面积	千公顷			186.82	366.12	202.00	175.45
成林抚育面积	千公顷			76.04	95.46	60.38	74.05
木材采运量	万立方米	147.07	229.00	181.00	187.00	194.00	198.00

13-25 各地区造林面积

单位：千公顷

地　区	合　计				#用材林			
	2008年	2009年	2010年	2011年	2008年	2009年	2010年	2011年
全　省	**81.5**	**130**	**190.1**	**246.8**	**6.1**	**2.9**	**26.4**	**11.9**
沈　阳	5.7	12.4	8.3	29	0.3			1.0
大　连	7.7	15.1	10	8.8	0.1		0.3	
鞍　山	1	3.3	7.3	6.3	0.6			0.3
抚　顺	2	3.7	9.5	4.8	1		6.1	2.9
本　溪	0.7	6.6	19.4	2.5	0.3	0.7	10.1	0.8
丹　东	0.8	2.7	8.8	8.3			3.8	2.5
锦　州	5.5	6.6	12.1	15.8	0.8		0.4	
营　口	1.3	1	8.2	4			0.2	
阜　新	14.4	16.7	20.4	27.7	0.2		0.1	2.2
辽　阳	0.7	3	7.5	4.5		0.2	2.8	0.3
盘　锦	0.5	0.3	0.4	0.7				
铁　岭	4.7	13.3	11.2	14.5	1.1	1.6	2.6	2.1
朝　阳	29.3	41	54.7	104		0.3		
葫芦岛	7.2	4.4	12.3	15.2	1.7			

13-25 续表

单位：千公顷

地　区	#经济林				#防护林			
	2008年	2009年	2010年	2011年	2008年	2009年	2010年	2011年
全　省	**3.7**	**4.3**	**7.5**	**16.7**	**71.7**	**122.6**	**156.3**	**218.0**
沈　阳		0.6		8.0	5.4	11.8	8.3	20.0
大　连	1.1	1.4	0.3	0.5	6.5	13.6	9.4	8.3
鞍　山				0.9	0.4	3.3	7.3	5.1
抚　顺					1.0	3.7	3.4	1.9
本　溪	0.1				0.3	5.9	9.3	1.7
丹　东				0.9	0.8	2.7	5.2	4.9
锦　州	0.4				4.3	6.6	11.7	15.8
营　口			3.5	0.9	1.3	1.0	4.5	3.1
阜　新	0.6		0.1	0.8	13.6	16.7	20.1	24.7
辽　阳			0.6	0.4	0.7	2.5	4.0	3.8
盘　锦					0.5	0.3	0.4	0.7
铁　岭	0.3	0.9		1.0	3.3	10.8	8.5	11.4
朝　阳	1.1	1.3	2.5	3.0	28.2	39.4	52.4	101.0
葫芦岛	0.1		0.5		5.4	4.4	11.8	15.2

13-26 大牲畜头数

单位：万头

年　份	大牲畜年末头数	#役畜	牛	马	驴	骡
1978	287.3	193.7	136.0	61.4	52.7	37.2
1980	279.1	177.3	130.6	61.9	46.9	39.7
1985	303.3	216.4	134.9	56.9	70.3	41.2
1986	313.9	219.5	140.2	56.1	75.3	42.3
1987	315.2	254.6	140.7	53.7	77.9	42.9
1988	319.1	217.4	142.8	51.9	80.8	43.6
1989	323.8	217.3	147.7	49.4	83.1	43.6
1990	326.1	217.2	150.9	47.0	84.4	43.8
1991	326.0	220.1	149.4	46.1	86.6	43.9
1992	331.6	214.2	155.4	45.1	87.5	43.6
1993	368.3	219.3	192.0	44.7	89.0	42.6
1994	438.9	228.6	261.2	44.3	91.2	42.2
1995	476.4	232.3	301.6	42.2	92.6	40.0
1996	505.4	244.4	330.9	42.2	93.5	38.9
1997	366.7	182.2	193.5	39.5	96.2	37.5
1998	382.1	187.9	209.3	40.6	95.2	37.0
1999	399.8	198.9	228.1	39.9	95.8	35.9
2000	420.7	212.8	254.0	37.0	95.3	34.4
2001	411.7	208.0	251.1	35.7	93.5	31.5
2002	421.5	198.7	264.8	34.4	92.9	29.4
2003	455.0	196.6	301.9	33.3	91.9	28.0
2004	476.9	192.6	329.1	31.3	91.8	24.8
2005	495.9	193.8	344.7	28.2	98.9	24.1
2006	427.1	165.7	281.5	26.7	95.9	23.0
2007	475.9	165.5	332.2	25.9	96.2	21.6
2008	524.1	188.1	356.4	27.7	116.2	23.7
2009	515.6	223.5	354.0	26.5	113.9	21.2
2010	525.9	127.0	366.7	26.9	112.1	20.1
2011	530.8	118.3	371.2	24.8	116.3	18.5

13-27 肉类产量和猪羊头数

年 份	猪牛羊肉产量 (万吨)	肉猪出栏头数 (万头)	猪年末存栏头数 (万头)	羊年末只数 (万只)		
					山羊	绵羊
1978		554.3	1184.6	138.2	28.1	110.1
1980	42.9	656.3	1057.5	194.7	36.6	158.1
1985	57.0	647.4	1035.6	193.6	35.5	158.1
1986	58.1	650.9	1031.7	215.5	39.5	176.0
1987	57.3	626.4	930.4	233.7	47.0	186.7
1988	68.9	691.4	1065.4	274.2	60.9	213.3
1989	71.9	733.4	1089.6	294.9	74.3	220.6
1990	78.8	797.2	1093.5	267.2	73.4	193.8
1991	88.8	865.0	1137.7	239.5	75.7	163.8
1992	99.7	945.4	1222.0	247.9	73.7	174.2
1993	115.4	1020.9	1228.6	264.4	88.8	175.6
1994	144.5	1254.4	1340.1	302.0	115.8	186.2
1995	173.9	1461.6	1468.4	373.2	146.5	226.7
1996	190.4	1640.6	1426.5	403.1	164.1	238.9
1997	126.9	1131.0	953.3	292.6	133.7	158.9
1998	138.8	1223.9	1039.9	318.1	146.3	171.7
1999	148.4	1320.3	1123.4	347.8	159.3	188.5
2000	156.5	1413.8	1270.7	386.1	187.3	198.8
2001	169.0	1525.2	1291.8	449.4	212.6	236.8
2002	182.8	1648.7	1304.3	548.4	251.9	296.5
2003	198.6	1754.3	1365.8	730.8	319.7	411.1
2004	216.8	1894.6	1498.0	819.2	387.4	431.8
2005	238.8	2063.2	1642.4	830.2	426.3	404.0
2006	231.0	2245.4	1416.1	673.9	410.9	263.0
2007	236.2	2265.8	1429.4	675.9	412.6	263.3
2008	252.4	2435.5	1548.5	733.4	428.0	305.4
2009	266.8	2597.0	1606.2	717.0	447.8	269.2
2010	277.9	2682.7	1567.6	733.5	414.1	319.4
2011	275.8	2652.1	1585.4	725.6	401.8	323.8

13-28 畜牧业生产情况

指　　标	单位	2005年	2006年	2008年	2009年	2010年	2011年
一、畜产品产量							
1.猪牛羊出栏头数							
肉猪出栏头数	万头	2063.2	2245.4	2435.5	2597.0	2682.7	2652.1
出售和自宰的牛	万头	278.8	236.5	277.8	270.0	278.9	281.8
出售和自宰的羊	万只	774.8	597.2	695.9	721.0	729.7	725.8
2.肉类总产量	万吨	346.1	329.7	376.0	389.2	406.7	408.2
#猪　　肉	万吨	184.7	189.3	204.2	218.8	228.4	225.9
牛　　肉	万吨	42.2	35.3	40.5	40.2	41.6	42.0
牛　　肉	万吨	11.9	6.4	7.8	7.8	7.9	7.9
牛　　肉	万吨	102.1	93.1	116.3	115.1	121.9	125.2
牛　　肉	万吨	0.4	0.4	0.4	0.4	0.4	0.3
3.其他畜产品产量							
奶　　类	万吨	78.8	95.8	120.1	115.6	126.7	132.0
#牛　　奶	万吨	74.9	91.7	114.1	110.0	121.2	124.5
山　羊　毛	吨	1680.0	1876.5	2401.1	2735.6	2565.1	2169.3
绵　羊　毛	吨	10412.0	8580.3	11468.5	10136.0	12153.7	13471.4
羊　　绒	吨	1053.0	1182.0	1371.8	1215.5	1292.6	1115.9
蜂　　蜜	吨	1942.0	2661.6	2006.7	1683.9	1728.1	1659.4
禽　　蛋	万吨	224.0	195.2	230.0	263.1	275.7	277.4
二、牲畜年末头数							
1.大　牲　畜	万头	495.9	427.1	524.1	515.6	525.9	530.8
#役　畜	万头	193.8	165.7	188.1	223.5	127.0	118.3
牛	万头	344.7	281.5	356.4	354.0	366.7	371.2
马	万头	28.2	26.7	27.7	26.5	26.9	24.8
驴	万头	98.9	95.9	116.2	113.9	112.1	116.3
骡	万头	24.1	23.0	23.7	21.2	20.1	18.5
2.猪	万头	1642.4	1416.1	1548.5	1606.2	1567.6	1585.4
3.羊	万只	830.2	673.9	733.4	717.0	733.5	725.6
山　　羊	万只	426.3	410.9	428.0	447.8	414.1	401.8
绵　　羊	万只	404.0	263.0	305.4	269.2	319.4	323.8

13-29 各地区牲畜饲养情况

(2011年)

地区	大牲畜年末头数(万头)	#役畜	#牛	#乳牛	马	驴	骡	肉猪出栏头数(万头)	猪年末头数(万头)	羊年末只数(万只)	山羊	绵羊
全省	**530.8**	**118.3**	**371.2**	**33.1**	**24.8**	**116.3**	**18.5**	**2652.1**	**1585.4**	**725.6**	**401.8**	**323.8**
沈阳	108.7	5.8	99.3	12.8	3.2	4.8	1.4	536.4	344.1	78.8	28.9	49.9
大连	36.4	20.6	32.0	2.3	1.1	1.4	1.8	420.8	240.7	67.0	65.4	1.5
鞍山	30.0	6.3	25.0	1.1	2.0	1.9	1.1	216.1	120.9	61.8	58.0	3.8
抚顺	13.1	4.9	11.2	1.4	0.7	0.3	0.9	71.4	35.2	24.8	23.9	0.9
本溪	13.9	7.6	13.3	0.6	0.3	0.2	0.2	64.4	37.1	39.5	38.2	1.3
丹东	16.0	10.7	11.8	0.7	1.5	1.4	1.3	120.1	74.7	48.5	48.4	0.1
锦州	69.4	15.7	53.0	4.8	3.2	10.4	2.7	533.1	330.2	90.2	5.0	85.2
营口	7.0	1.3	5.0	0.4	0.2	1.5	0.2	84.9	44.2	44.3	42.2	2.1
阜新	67.9	20.8	32.1	8.1	4.6	30.1	1.1	296.0	173.8	133.5	4.9	128.6
辽阳	8.4	1.5	7.1	0.8	0.5	0.5	0.4	111.8	60.9	24.8	23.0	1.8
盘锦	3.6	0.2	3.4	0.6	0.1	0.1	0.0	95.1	69.4	2.4	1.9	0.5
铁岭	132.2	19.9	125.0	6.0	2.4	3.2	1.6	440.5	259.7	62.0	40.5	21.5
朝阳	119.4	36.7	59.7	5.3	3.8	52.2	3.8	291.9	191.1	164.1	38.1	126.0
葫芦岛	25.8	8.0	14.3	1.3	1.2	8.4	1.9	298.7	165.4	74.1	36.5	37.6

13-30 各地区畜产品产量

(2011年)

地区	肉类总产量(万吨)	猪肉	牛肉	羊肉	奶类(万吨)	#牛奶	绵羊毛(吨)	山羊毛(吨)	羊绒(吨)	禽蛋(万吨)	蜂蜜(吨)
全省	**408.2**	**225.9**	**42.0**	**7.9**	**132.0**	**124.5**	**13471.4**	**2169.3**	**1115.9**	**277.4**	**1659.4**
沈阳	91.7	40.9	17.9	1.3	44.9	44.7	1170.3	94.4	13.6	69.2	12.4
大连	75.0	33.3	4.5	1.0	12.5	11.9	26.2	218.3	179.0	28.5	8.5
鞍山	42.5	17.9	3.4	0.9	2.5	2.5	59.3	265.7	205.0	41.9	5.2
抚顺	16.7	6.0	2.0	0.5	5.9	5.8	32.2	9.8	82.7	10.9	71.8
本溪	12.5	5.1	1.6	0.5	1.3	1.3	23.7	216.0	133.4	5.7	22.4
丹东	29.0	10.0	1.5	0.6	3.0	3.0	1.1	300.6	201.2	14.1	143.6
锦州	72.2	43.7	5.3	1.2	13.4	12.0	2388.5	98.0	0.3	64.0	211.5
营口	21.7	7.2	1.1	0.7	1.4	1.4	43.2	183.5	124.6	16.0	13.6
阜新	42.6	24.6	3.7	3.0	30.1	25.6	5074.3	0.5	1.6	19.1	160.5
辽阳	18.4	9.6	1.8	0.2	2.4	2.2	25.4	85.2	37.9	14.0	11.6
盘锦	17.9	7.9	0.5	0.0	2.6	2.6	4.1	0.4	-	8.4	-
铁岭	92.4	36.5	14.6	0.9	20.1	19.6	560.8	452.9	31.3	27.7	0.1
朝阳	56.7	24.8	7.4	2.7	17.5	17.5	3242.7	13.4	0.7	58.2	899.7
葫芦岛	40.8	24.2	2.5	1.6	4.4	4.4	819.6	230.6	104.8	27.0	98.5

13-31 水产品生产情况

指 标	2005年	2006年	2008年	2009年	2010年	2011年
水产品养殖面积(千公顷)	616.5	387.9	735.0	832.9	961.2	953.0
海水养殖面积	449.3	271.3	534.5	630.7	763.1	751.4
海上养殖	301.0	186.6	340.4	412.2	547.2	553.9
滩涂养殖	95.8	55.5	136.5	141.3	139.0	128.2
陆基养殖	52.5	29.2	57.7	77.2	76.9	69.4
内陆水域养殖面积	167.2	116.6	200.5	202.7	198.1	201.6
#池 塘	46.7	36.7	53.2	59.6	52.4	48.2
水 库	98.5	68.0	114.5	111.7	103.4	105.0
河 沟	2.0	0.6	1.8	1.8	2.7	2.7
水产品产量(万吨)	425.3	351.3	494.9	534.7	429.1	453.9
海水产品产量	364.1	296.0	411.6	437.9	348.4	368.3
#海洋捕捞	152.0	118.4	147.8	148.3	117.0	124.7
人工养殖	212.1	177.6	263.8	289.6	231.5	243.5
#鱼 类	91.3	69.4	76.1	80.3	59.6	70.6
甲壳类	35.0	28.0	30.2	29.7	22.4	23.1
贝 类	173.5	152.6	220.2	241.0	190.5	201.9
藻 类	39.5	27.4	33.3	33.6	26.5	31.2
其 他	24.8	18.6	18.9	39.5	33.2	22.8
淡水产品产量	61.2	55.3	83.3	96.8	80.6	85.7
#天然生产	4.3	2.8	4.9	5.6	5.7	4.6
人工养殖	56.9	52.5	78.4	91.1	75.0	81.1
#鱼 类	54.4	50.3	75.5	87.9	72.6	77.1
甲壳类	5.6	4.1	6.1	7.4	6.4	7.4

13-32 水产品产量

单位：万吨

年 份	水产品合计	海水产品		淡水产品		比重(%)	
			#人工养殖		#人工养殖	海水	淡水
1978	46.9	46.2	10.7	0.7	0.7	98.5	1.5
1980	42.1	41.2	11.3	0.9	0.7	97.9	2.1
1985	58.3	55.2	16.7	3.1	2.5	94.7	5.3
1986	67.0	63.2	24.5	3.8	3.4	94.3	5.7
1987	80.6	75.9	32.1	4.7	4.5	94.2	5.8
1988	94.7	88.8	43.2	5.9	5.7	93.8	6.2
1989	101.2	94.8	48.1	6.4	6.0	93.7	6.3
1990	107.3	100.7	51.4	6.6	6.0	93.8	6.2
1991	114.1	106.4	54.9	7.7	6.9	93.3	6.7
1992	132.2	122.6	65.5	9.6	8.8	92.7	7.3
1993	151.7	139.7	73.8	12.0	11.3	92.1	7.9
1994	167.8	151.3	76.5	16.5	15.8	90.2	9.8
1995	197.9	178.4	87.3	19.5	15.8	90.1	9.9
1996	258.0	235.3	111.2	22.7	21.6	91.2	8.8
1997	285.1	258.0	112.3	27.1	24.6	90.5	9.5
1998	312.7	281.4	120.8	31.3	28.5	90.0	10.0
1999	333.8	296.8	139.2	37.0	31.3	88.9	11.1
2000	338.5	302.3	152.1	36.1	29.1	89.3	10.7
2001	350.8	310.5	160.9	40.3	36.8	88.5	11.5
2002	374.8	327.0	178.2	47.8	44.6	87.2	12.8
2003	382.0	330.8	182.8	51.1	48.0	86.6	13.4
2004	402.5	346.1	197.0	56.4	52.2	86.0	14.0
2005	425.3	364.1	212.1	61.2	56.9	85.6	14.4
2006	351.3	296.0	177.6	55.3	52.5	84.3	15.7
2007	361.3	302.1	185.5	59.2	55.1	83.6	16.4
2008	494.9	411.6	263.8	83.3	78.4	83.2	16.8
2009	534.7	437.9	289.6	96.8	91.1	81.9	18.1
2010	429.1	348.4	231.5	80.6	75.0	81.2	18.8
2011	453.9	368.3	243.5	85.7	81.1	81.1	18.9

13-33 按人口平均的主要农产品产量

单位：公斤/人

产品名称	2005年	2006年	2007年	2008年	2009年	2010年	2011年
粮 食	416.7	435.8	424.7	438.1	368.4	403.6	464.3
棉 花	0.1			0.1			
油 料	8.8	6.3	6.1	19.7	13.4	22.8	27.3
猪牛羊肉	57.0	54.9	55.8	59.5	61.8	63.5	62.9
#猪 肉	44.1	44.9	45.1	48.1	50.7	52.2	51.5
水 产 品	101.5	83.4	85.4	116.6	123.8	98.1	103.6

13-34 农业事业机构和人员数

单位：个、人

年 份	农业技术推广站		家畜繁育改良站		乡镇畜牧兽医站		种畜禽场总数		种子站、种子公司	
	机构	人数	机构	人数	机构	人数	机构	人数	机构	人数
1979	1289	8514					70	2629		
1980					1210	9204	69	2946	48	3751
1985	1268	8390	309	764	1224	8479	70	3959	46	3346
1986			89	290	1321	8738	71	4025	46	3300
1987	1268	8514	72	226	1280	8709	74	4660	46	3258
1988	1276	8602	63	218	1323	8902	76	4567	46	3150
1989	1329	8552	72	212	1232	8327	77	5072	46	3070
1990	1332	8323	122	418	1246	8480	77	4734	49	3041
1991	1337	8323	122	381	1234	8988	78	5160	49	2976
1992	1337	8268	99	377	1240	9975	78	5370	49	2898
1993	1105	6074	64	207	1230	10244	49	2917	77	4848
1994	1122	6779	58	419	1233	10374	49	2876	82	5499
1995	1209	13065	7	25	1254	10597	49	2897	82	5499
1996	1292	7738	3	18	1234	10422	49	2342	83	5560
1997	1337	8018	3	18	1240	10674	49	2658	88	5930
1998	1337	8018	93	1301	1242	9838				
1999	1337	8400	55	1196	1217	9800				
2000					1190	9681	49			
2001					1200	9551	49			
2002			70	1325	1038	9399	336			
2003			61		1141	8862	379			
2004			65	1212	1116	8491	441			
2005			67	1195	1081	7529	423			
2006			110	1067	660	4781	639			
2007			33	420	473	2746	796			
2008			32	318	105	1440	944			
2009			32	475	26	186	1268			
2010			37	500	3	39	1333			
2011			33	473	3	21	1279			

注：2002年以后种畜场总数为全社会口径。

13-35 农作物受灾及成灾面积

单位：千公顷

年 份	粮豆成灾面积	减产三至五成的	减产五至八成的	减产八成以上的
1981	893.9	348.6	276.7	268.6
1982	1599.7	781.8	544.9	272.9
1983	672.3	432.0	177.2	63.1
1984	1343.3	776.7	391.1	175.5
1985	1983.9	918.8	675.8	389.2
1986	1068.1	502.9	293.1	272.2
1987	1353.1	867.4	371.3	114.4
1988	1676.1	952.6	538.8	184.8
1989	2448.1	1050.0	868.4	529.7
1990	1156.3	776.3	279.5	100.5
1991	1207.2	773.7	272.8	160.8
1992	1431.8	609.0	399.9	203.0
1993	914.9	632.8	161.8	64.0
1994	1995.8	907.6	605.4	442.7
1995	1500.9	799.5	363.5	337.9
1996	996.1	702.8	191.0	102.3
1997	2249.9	1148.0	844.5	257.4
1998	590.4	345.3	141.5	102.9
1999	1321.0	598.4	399.0	323.2
2000	2101.0	690.0	678.0	731.0
2001	1454.6	654.1	480.7	315.7
2002	1437.4	874.5	423.8	139.1
2003	1143.3	665.1	352.7	125.0
2004	500.7	370.4	93.2	37.0
2005	1316.5	888.5	254.2	129.9
2006	1299.2	685.3	412.3	198.5
2007	885.0	637.9	189.9	53.1
2008	1013.7	327.8	386.6	64.2
2009	2042.0	573.1	511.6	465.8
2010	1204.9	683.5	317.0	190.4
2011	418.5	142.5	43.7	12.4

13-36 国营农场基本情况

指　　标	单位	2005年	2006年	2008年	2009年	2010年	2011年
一、农　场　数	个	120	115	109	109	108	108
职工人数	万人	26.7	26.7	28.3	29.3	29.6	29.7
二、耕地面积	万公顷	13.4	13.8	14.5	14.7	14.7	15.6
三、农业机械总动力	万千瓦	67.9	68.2	84.5	97.1	98.8	106.8
四、农业机械拥有量							
大中型农用拖拉机	台	1653	1465	1789	2843	3815	4023
小型及手扶拖拉机	台	8538	8986	10825	10757	10383	11274
农用排灌动力机械	台	16131	13847	19230	23020	18488	18394
联合收割机	台	20	20	39	35	120	262
农用载重汽车	辆	756	789	935	958	961	1238
五、农用化肥施用量(折纯)	吨	53294	68025	81110	95435	97923	89164
六、农业总产值	亿元	63.64	69.45	92.09	103.55	125.03	143.28
七、盈亏总额	亿元	1.18	1.78		2.98	3.30	
八、农作物总播种面积	万公顷	14.61	18.56	15.66	15.88	15.96	17.41
#粮食作物	万公顷	13.08	16.87	13.74	13.98	14.05	15.51
棉　花	公顷			2			
油　料	公顷	1470	2038	5104	4540	4575	4976
糖　料	公顷	51	121	139	27	4	31
年末实有果园面积	公顷	11521	12165	12797	13062	13091	12395
九、主要农产品产量							
#粮食作物	万吨	99.47	108.41	117.45	116.83	120.08	131.27
棉　花	吨			2			
油　料	吨	3236	3079	11121	10027	19078	24504
糖　料	万吨	0.20	0.33	0.57	0.13	0.02	0.13
水　果	万吨	7.21	8.05	9.24	11.26	11.88	13.46
十、畜牧业、渔业生产							
1.大牲畜年末头数	万头	9.91	9.43	11.10	12.59	11.55	13.33
2.猪年末头数	万头	50.68	49.50	65.85	84.75	80.94	79.27
3.羊年末只数	万只	9.19	9.10	13.52	15.06	9.68	15.78
#绵　羊	万只	4.24	4.20	6.43	8.90	4.93	10.17
4.畜产品产量							
猪牛羊肉产量	万吨	10.22	11.63	15.60	18.50	22.39	24.94
#猪肉产量	万吨	5.97	6.76	8.50	9.15	10.74	11.76
牛奶产量	万吨	8.79	8.98	11.00	12.10	13.41	13.02
禽蛋产量	万吨	3.18	3.29	4.56	5.63	5.95	7.78
羊毛产量	吨	111	94	109	193	195	210
5.水产品总产量	万吨	18.16	20.10	23.82	28.23	33.41	40.18

主要统计指标解释

农业总产值 是以货币表现的农、林、牧、渔业全部产品的总量，它反映一定时期内农业生产的总规模和总成果。

农、林、牧、渔业的统计范围是:

(1)农业 包括农作物种植业和其他农业。

农作物种植业 包括谷物、豆类、薯类、棉、油料、糖料、麻类、烟叶、蔬菜、药材、瓜类和其他农作物的种植，以及茶园、桑园、果园的生产经营。

其他农业 包括采集野生植物的果实、纤维、树胶、树脂、油料以及柴草、野生药材、菌类等及农民家庭兼营的商品性工业。

(2)林业 包括林木的栽培(不包括茶园、桑园和果园的栽培、管理和收获等活动)、林产品的采集和村及村以下合作经济组织和农户的竹木采伐。

(3)牧业 包括除渔业养殖以外的一切动物饲养和放牧以及野生动物的捕猎和饲养。

(4)渔业 包括水生动物和海藻类植物的养殖和捕捞。

从所有制看，包括国有经济的各种专业农(农、林、牧、渔)场以及国家各级机关团体学校、科研机构、部队经营的农业；集体所有制的乡镇村各级办农场；农村各种经济组织经营的农、林、牧、渔业以及工矿企业家属集体经营的农业；农民家庭自营的农林牧渔业及兼营商品性工业等。

农业总产值的计算方法通常是按农林牧渔业产品及其副产品的产量分别乘以各自单位产品价格求得，少数生产周期较长，当年没有产品或产品产量不易统计的，则采用间接方法匡算其产值，然后将四业产品产值相加即为农业总产值。

1957 年以前的农业总产值中包括了厩肥和农民自给性手工业(如农民自制衣服、鞋、袜，自己从事粮食初步加工等)。1958 年及以后的农业总产值，林业中增加了村及村以下竹木采伐产值；牧业中取消费厩肥产值；副业中取消了农民自给性手工业产值，增加了村及村以下办的工业产值；渔业中增加了海洋捕捞水产品产值。1980 年及以后的农业总产值，在副业中增加了农民家庭兼营业商品部分的产值。从 1984 年起村及村以下办工业产值划归工业。从 1993 年起，取消副业。将野生动物的捕猎划入牧业，野生植物采集和农民家庭兼营商品性工业划归农业。

粮食产量 指全社会的产量。包括国有经济经营的、集体统一经营的和农民家庭经营的粮食产量，还包括工矿企业家属办的农场和其他生产单位的产量。粮食除包括稻谷、小麦、玉米、高粱、谷子及其他杂粮外，还包括薯类和大豆。其产量计算方法，豆类按去豆荚后的干豆计算；薯类(包括甘薯和马铃薯，不包括芋头和木薯)1963 年以前按每 4 公斤鲜薯折 1 公斤粮食计算，从 1964 年开始及以后改为按 5 公斤鲜薯折 1 公斤粮食计算。城市郊区作为蔬菜的薯类(如：马铃薯等)按鲜品计算，并且不做为粮食统计。其他粮食一律按脱粒后的原粮计算。

油料产量 指全部油料作物的生产量。包括花生、油菜籽、芝麻、向日葵籽、胡麻籽(亚麻籽)和其他油料。不包括大豆，也不包括木本油料和野生油料。花生以带壳干花生计算。

水产品产量 指人工养殖的水产品和天然生长的水产品的捕捞量。包括海水的鱼类、虾蟹类、贝类和藻类以及内陆水域的鱼类、虾蟹类和贝类，不包括淡水生植物。

猪、牛、羊肉产量 指当年出栏并已屠宰后除去头蹄下水后带骨肉(即胴体重)的重量。

耕地面积 指年初可以用来种植农作物、经常进行耕锄的田地，除包括熟地、当年新开荒地、连续撂荒未满三年的耕地和当年的休闲地(轮歇地)外，还包括以种植农作物为主并附带种植桑树、茶树、果树和其他林木的土地，以及沿海、沿湖地区已围垦利用的“海涂”、“湖田”等面积。但不包括属于专业性的桑园、茶园、果园、果木苗圃、林地、芦苇地、天然或人工草地面积。

农作物播种面积 指实际播种或移植有农作物的面积。凡是实际种植有农作物的面积，不论种植在耕地上还是种植在非耕地上，均包括在农作物播种面积中，同时还包括因遭灾而重新改种和补种的农作物面积，种一公顷算一公顷。

有效灌溉面积 指具有一定水源，地块比较平整，灌溉工程或设备已经配套，在一般年景下当年能够进行正常灌溉的耕地面积。

农用化肥施用量 指本年内实际用于农业生产的化肥数量。包括氮肥、磷肥、钾肥和复合肥。化肥施用量要求按折纯量计算数量。折纯法化肥施用量是把氮肥、磷肥和钾肥分别按含氮、含五氧化二磷、含氧化钾含量的百分比折算。复合肥按其所含主要成分折算。

农业机械总动力 指主要用于农、林、牧、渔业的各种动力机械的动力总和。包括耕作机械、排灌机械、收获机械、农产品加工机械、运输机械、植物保护机械、牧业机械、林业机械、渔业机械和其他农业机械〔内燃机按引擎马力折成瓦(特)计算，电动机按功率折成瓦(特)计算〕。不包括专门用于乡、镇、村、组办工业、基本建设、非农业运输、科学试验和教学等非农业生产方面用的动力机械与作业机械。

农林牧渔业劳动力 指直接参加农林牧渔业生产劳动的劳动力。

谷物 指籽实主要供作粮食的作物。这类作物包括稻谷、小麦、玉米、谷子、高粱和其他谷物，不包括豆类和薯类作物。

十四、工业

Chapter 14 Industry

14-1 规模以上工业企业单位数和总产值

分 类	企业单位数(个)						工业总产值(亿元)					
	2006年	2007年	2008年	2009年	2010年	2011年	2006年	2007年	2008年	2009年	2010年	2011年
总 计	**14754**	**16556**	**17269**	**23364**	**23832**	**16914**	**14167.95**	**18249.53**	**22720.54**	**28152.73**	**36219.42**	**41776.7**
在总计中:												
国有经济	898	476	472	424	387	250	1641.23	2092.66	3372.05	2705.00	3082.92	2589.31
中央企业	135	91	92	81	75	67	996.58	1191.21	2669.90	2073.36	2362.33	1957.32
地方企业	763	385	380	343	312	183	644.65	901.45	702.15	631.63	720.59	631.99
集体企业	1193	1166	1195	1254	1166	689	419.10	505.28	540.98	729.60	893.45	931.4
股份合作企业	279	253	302	288	261	160	137.61	134.42	160.25	183.05	204.42	244.76
联营经济	30	25	25	34	33	24	13.85	21.99	33.53	43.05	56.74	40.72
有限责任公司	1783	2090	2217	2565	2601	2022	3545.65	4370.48	4226.60	5576.92	7040.69	7647.18
股份有限公司	323	372	375	429	432	332	2426.71	2658.42	2977.91	2916.58	3775.10	5451.33
私营企业	7713	9352	9818	15157	15898	11172	2880.85	4354.76	6518.94	10184.97	14166.35	16897.1
港澳台投资企业	564	594	592	619	601	482	564.95	752.24	863.65	1281.08	1571.38	1766.57
合资经营企业(港或澳台)	345	360	364	369	356	290	330.93	431.85	510.84	728.36	938.82	993.45
合作经营企业(港或澳台)	33	33	33	29	28	22	31.74	35.22	27.63	39.52	45.17	52.56
港澳台商独资经营企业	177	191	184	210	204	163	193.18	274.36	310.16	496.91	571.66	705.9
港澳台商投资股份有限公司	9	10	11	11	13	7	9.10	10.81	15.02	16.28	15.73	14.65
外商投资经济	1968	2228	2221	2470	2310	1551	2536.64	3359.29	3895.62	4391.55	5336.91	5859.86
中外合资经营企业	1017	1130	1142	1231	1142	779	1599.28	2164.49	2469.27	2867.13	3385.01	3462.76
中外合作经营企业	110	115	121	129	128	93	55.13	71.70	104.07	122.65	146.98	170.58
外资企业	824	953	924	1082	1010	655	833.16	1053.28	1247.38	1331.49	1707.53	2117.34
外商投资股份有限公司	17	30	34	28	30	19	49.07	69.82	74.90	70.28	97.38	102.49
其他工业	3		52	124	143	232	1.34		131.04	140.94	91.48	348.51
在总计中:												
国有控股企业	1254	839	851	883	852	630	6449.76	8058.78	9262.58	9289.74	11219.96	12420.8
在总计中:												
轻工业	4514	4945	5122	6420	6523	4612	2421.28	3277.80	4098.01	5440.96	7053.13	8153.53
重工业	10240	11611	12147	16944	17309	12302	11746.67	14971.73	18622.54	22711.77	29166.29	33623.2
在总计中:												
大型企业	118	123	127	134	147	247	6529.85	7675.48	8643.24	8841.97	11181.88	13798.2
中型企业	967	1041	1008	1249	1358	1578	3172.77	3994.13	5223.97	6136.48	7155.00	6999.79
小型企业	13669	15392	16134	21981	22327	14250	4465.33	6579.92	8853.33	13174.29	17882.54	19689.9

注：规模以上2010年以前是指年主营业务收入500万元及以上工业企业，企业规模为大、中、小型，2011年是年主营业务收入2000万元及以上工业企业，2011年企业规模分为大、中、小、微型。

14-2 规模以上工业职工人数

单位：万人

分类	2005年	2006年	2008年	2009年	2010年	2011年
总计	**276.55**	**302.02**	**319.88**	**386.62**	**401.74**	**368.92**
在总计中:						
国有经济	52.06	49.12	55.33	53.80	49.58	38.92
中央企业	26.42	25.15	35.31	35.38	32.39	26.50
地方企业	25.64	23.97	20.02	18.42	17.19	12.42
集体企业	18.92	17.33	15.03	17.03	16.79	13.79
股份合作企业	2.93	2.97	2.23	2.48	2.06	2.02
联营经济	0.34	0.36	1.11	1.24	1.37	0.73
有限责任公司	74.20	78.53	61.64	80.68	81.91	77.57
股份有限公司	15.88	16.07	18.91	17.53	19.50	25.53
私营企业	59.28	78.15	100.57	140.70	153.86	142.31
港澳台投资企业	10.97	12.73	12.85	15.05	16.27	13.90
合资经营企业(港或澳台)	6.77	7.31	7.87	9.27	9.83	7.12
合作经营企业(港或澳台)	0.72	0.84	0.73	0.73	0.95	0.67
港澳台商独资经营企业	3.36	4.47	4.07	4.88	5.30	5.95
港澳台商投资股份有限公司	0.11	0.11	0.19	0.16	0.19	0.15
外商投资经济	41.96	46.72	50.88	56.33	59.37	51.36
中外合资经营企业	17.37	20.32	22.05	25.79	26.88	21.70
中外合作经营企业	2.06	2.35	2.35	2.44	2.58	2.55
外资企业	21.95	23.62	25.43	26.75	28.59	26.12
外商投资股份有限公司	0.58	0.44	1.05	1.34	1.32	0.92
其他工业		0.03	1.32	1.79	1.02	2.81
在总计中:						
国有控股企业	116.99	112.96	109.48	116.84	111.85	103.28
在总计中:						
轻工业	68.94	77.31	78.71	96.62	100.47	86.47
重工业	207.61	224.71	241.16	290.00	301.27	282.45
在总计中:						
大型企业	100.69	105.90	104.40	115.91	119.70	120.15
中型企业	70.07	71.99	78.95	87.11	91.83	88.70
小型企业	105.79	124.13	136.53	183.61	190.21	150.85

14-3 工业总产值

(按经济类型分)

单位：亿元

年 份	工业总产值	#国有企业	#集体企业	#其他经济类型工业	总计中:国有控股工业
1978	370.40	313.80	63.00		313.80
1980	443.99	362.00	74.80	7.19	362.00
1985	715.07	530.95	163.00	21.12	530.95
1986	786.79	578.69	183.15	24.95	578.69
1987	913.72	668.19	213.22	32.25	668.19
1988	1112.44	798.37	267.13	46.94	798.37
1989	1316.09	951.87	305.04	59.18	951.87
1990	1348.17	983.92	305.42	58.83	983.92
1991	1544.39	1121.03	341.09	82.26	1121.03
1992	1876.95	1326.63	426.56	123.76	1326.63
1993	2609.99	1813.61	551.94	244.44	1813.61
1994	3117.82	1966.44	692.66	458.72	1966.44
1995	3055.54	1876.53	716.28	462.73	1876.53
1996	3354.61	1947.05	804.87	602.69	2106.14
1997	3644.88	2040.10	783.34	821.45	2292.03
1998	3147.86	1687.23	364.46	1096.17	2109.37
1999	3390.27	1600.68	337.14	1452.45	2208.77
2000	4249.46	1326.14	315.12	2608.20	2827.94
2001	4480.32	999.33	265.07	3215.92	2928.95
2002	4888.02	971.82	258.34	3657.86	3051.61
2003	6112.96	973.99	285.24	4853.73	3552.30
2004	8603.90	1303.10	292.76	7008.04	4881.66
2005	10814.51	1375.59	368.45	9070.47	5771.15
2006	14167.95	1641.23	419.10	12107.62	6449.76
2007	18249.53	2092.66	505.28	15651.59	8058.78
2008	22720.54	3372.05	540.98	18807.51	9262.58
2009	28152.73	2705.00	729.60	24718.13	9289.74
2010	36219.42	3082.92	893.45	32243.05	11219.96
2011	41776.73	2589.31	931.40	38256.02	12420.83

注：本表1997年以前为乡及乡以上工业，1998年以后为规模以上工业产值。

14-4 各地区全部规模以上工业企业主要指标

单位：亿元

年份、地区	企业单位数(个)	实收资本	流动资产合计	固定资产小计	固定资产原价合计	流动负债合计	长期负债合计	所有者权益合计
1998	6249	1484.05	2668.69	3497.46	4537.00	2912.85	1399.70	2283.44
1999	5816	1746.30	2983.00	3859.10	5141.10	3165.20	1300.90	2947.60
2000	6017	2056.60	3155.90	3912.00	5372.80	3220.90	1454.40	3066.30
2001	5847	2288.31	3354.48	4354.16	6112.04	3475.59	1414.73	3460.95
2002	6017	2419.70	3540.88	4514.29	6543.85	3695.87	1508.87	3598.88
2003	6842	2417.98	3843.47	4367.12	6814.11	4003.90	1369.75	3776.27
2004	10635	3316.46	4770.35	5026.97	7543.08	5036.77	1372.94	4519.86
2005	11510	3225.57	5330.42	5493.10	8202.52	5323.14	1549.11	4852.41
2006	14754	3546.87	6476.86	6453.31	9191.33	6237.06	1707.39	5845.19
2007	16556	3911.88	7895.35	7141.43	10922.97	7817.31	1950.54	7001.69
2008	17269	4790.97	8851.42	8857.95	12731.65	8957.66	2292.33	8314.19
2009	23364	5778.87	11357.33	11022.98	15419.80	10906.67	3114.68	10478.28
2010	23832	6072.07	13283.41	12230.66	18742.09	12600.82	3631.24	12082.43
2011	16914	6664.29	14645.77	12456.53	19977.69	13164.38		13298.77
沈 阳	4161	1332.3	3230.2	2576.78	5137.57	2819.76		3201.86
大 连	2960	1629.45	4295.25	2479.35	3261.08	3798.13		2774.36
鞍 山	1087	373.4	1319.79	862.39	1507.22	1093.23		1541.29
抚 顺	930	265.83	540.05	546.11	685.47	444.08		586.29
本 溪	437	242.37	773.93	634.26	1414.1	925.59		446.09
丹 东	875	111.4	312.54	168.85	299.92	277.28		253.97
锦 州	754	177.31	399.81	386.26	523.58	313.51		417.32
营 口	1406	494.71	656.61	747.29	951.16	702.39		692.99
阜 新	470	122.79	266.53	351.28	425.73	230.78		236.31
辽 阳	645	365.17	693.51	482.73	708.41	492.93		619.76
盘 锦	508	610.22	677.88	970.92	1721.23	630.1		694.85
铁 岭	1695	540.16	623.26	888.79	1280.38	318.49		1028.05
朝 阳	645	108.3	303.54	292.61	372.94	325.92		287.21
葫芦岛	340	190.9	503.89	347.53	581.18	420.94		231.11

14-4 续表 单位：亿元

年份、地区	主营业务收入	主营业务成本	主营业务税金及附加	营业费用	利润总额	本年应交增值税	利税总额
1998	3090.51	2608.76	54.75	78.92	-16.50	145.47	183.72
1999	3429.70	2875.10	55.10	92.26	58.20	154.90	268.20
2000	4311.90	3623.50	65.40	109.24	176.20	190.40	432.10
2001	4580.34	3892.85	62.88	114.44	144.46	194.59	401.93
2002	5013.91	4221.40	71.17	135.99	156.16	210.46	437.79
2003	6340.92	5321.37	84.67	163.18	235.95	245.58	566.20
2004	8540.71	7264.61	99.44	199.85	430.78	294.39	824.61
2005	10747.31	9409.07	120.57	236.69	355.98	336.47	813.02
2006	13997.96	12223.93	160.37	282.29	449.75	418.24	1028.36
2007	17965.81	15213.19	234.95	380.86	852.67	565.52	1653.14
2008	22355.49	19640.09	249.38	428.73	658.19	611.30	1518.86
2009	27870.09	23760.52	578.11	539.37	1381.95	765.19	2725.25
2010	36049.59	30578.87	702.10	703.63	2371.35	968.69	4042.14
2011	42845.44	36381.14	734.54		2511.21	1047.26	4310.54
沈　阳	10843.66	9080.01	132.7		712.58	210.28	1058.67
大　连	8642.4	7252.27	192.14		481.44	204.11	879.34
鞍　山	3176.55	2626	23.32		233.92	93.45	351.51
抚　顺	2054.33	1838.31	63.13		24.06	35.62	123.75
本　溪	2127.94	1948.13	13.91		66.21	40.91	121.1
丹　东	1054.67	928.56	5.69		66.08	31.11	103.32
锦　州	2074.75	1768.63	64.35		131.02	48.67	244.26
营　口	2460.14	2055.19	30.78		220.85	101.76	359.84
阜　新	593.04	474.28	3.42		44.16	18.88	67.12
辽　阳	1956.71	1705.12	60.82		144.44	26.82	232.18
盘　锦	2159.07	1770.99	64.62		166.77	80.37	312.15
铁　岭	2822.72	2355.57	15.9		157.06	74.15	249.39
朝　阳	1118.76	941.57	9.89		79.13	30.62	119.7
葫芦岛	947.8	839.16	50.28		-18.75	25.11	56.86

14-5 全部规模以上工业企业主要指标

(2011年) 单位：亿元

项　目	企业单位数(个)	工　业总产值	实收资本	资产合计	流动资产合　计	固定资产合　计	固定资产原　价	负债合计
总　计	**16914**	**41776.73**	**6664.29**	**31417.3**	**14645.77**	**12456.53**	**19977.69**	**17980.57**
国有经济	250	2589.31	930.52	4585.59	1414.01	2212.97	3649.96	2794.88
中央企业	67	1957.32	656.65	3566.92	1025.49	1683.74	2939.63	2132.9
地方企业	183	631.99	273.87	1018.67	388.52	529.23	710.33	661.98
集体企业	689	931.4	66.66	337.28	185.4	116.64	196.47	173.09
股份合作企业	160	244.76	28.28	106.59	48.4	41.78	71.18	47.65
联营企业	24	40.72	2.61	18.75	8.11	4.15	8.88	10.69
国有联营企业	1	0.66	0.19	0.61	0.51	0.09	0.18	0.38
集体联营企业	10	17.58	0.71	7.59	1.98	1.71	3.01	4.27
国有与集体联营企业	6	3.45	0.44	3.23	2.79	0.28	0.69	2.52
其他联营企业	7	19.02	1.28	7.32	2.84	2.08	5	3.52
有限责任公司	2022	7647.18	1223.56	8633.71	4486.36	2815.11	3908.04	6019.96
国有独资	55	769.35	151.67	1418.63	630.11	495.92	711.53	988.18
其他有限责任公司	1967	6877.83	1071.88	7215.08	3856.25	2319.18	3196.52	5031.78
股份有限公司	332	5451.33	1184.54	4343.43	2013.01	1954.5	3685.28	2412.04
私营企业	11172	16897.11	1502.29	7013.03	2866.56	3210.12	5096.63	2972.4
私营独资企业	4065	5205.23	378.34	1608.56	625	772.62	1312.34	582.64
私营合作企业	187	300.37	19.66	90.62	32.41	47.31	76.58	33.51
私营有限责任公司	6513	10610.11	1044.52	4971.11	2036.66	2266.2	3421.03	2182.39
私营股份责任	407	781.4	59.78	342.74	172.49	123.99	286.68	173.86
其他企业	232	348.51	50.79	199.32	108.54	60.06	96.8	106
港、澳、台投资企业	482	1766.57	383.42	1509.66	906.86	498.58	756.75	822.4
合资经营企业(港或澳、台资)	290	993.45	160.18	696.42	398.99	244.29	387.74	430.2
合作经营企业(港或澳、台资)	22	52.56	13.26	31.39	13.71	15.21	34.13	15.37
港澳台商独资经营企业	163	705.9	206.4	767.78	485.97	235.96	330.44	368.14
港澳台商投资股份有限企业	7	14.65	3.58	14.07	8.19	3.13	4.45	8.68
外商投资企业	1551	5859.86	1291.63	4669.94	2608.52	1542.63	2507.69	2621.46
中外合资经营企业	779	3462.76	524.31	2602.29	1584.2	705.69	1238.49	1564.44
中外合作经营企业	93	170.58	22.87	84.99	46.46	28.8	39.75	44.11
外资企业	655	2117.34	695.21	1827.31	936.08	737.43	1096.86	937.86
外商投资股份有限公司	19	102.49	45.22	147.96	38.11	69	129.8	71.6
在总计中：轻工业	4612	8153.53	1039.21	4097.9	1948.59	1646.96	2877.13	1738.86
重工业	12302	33623.21	5625.08	27319.39	12697.19	10809.57	17100.57	16241.71
在总计中：大型企业	247	13798.21	2953.27	15340.69	7166.79	5764.92	9570.46	9625.09
中型企业	1578	6999.79	1322.77	5897	2864.09	2405.03	3725.08	3475.29
小型企业	14250	19689.87	2176.28	8662.05	3721.88	3886.89	6119.47	3879.36

14-5 续表 单位：亿元

项 目	流动负债合 计	所有者权 益	主营业务收 入	主营业务成 本	主营业务税金及附加	利润总额	本年应交增 值 税	利税总额
总 计	**13164.38**	**13298.77**	**42845.44**	**36381.14**	**734.54**	**2511.21**	**1047.26**	**4310.54**
国有经济	1923.17	1762.53	3177.51	2842.1	27.37	58.11	100.65	187.16
中央企业	1489.45	1410.01	2529.64	2304.41	23.76	15.53	77.23	116.8
地方企业	433.72	352.51	647.87	537.7	3.61	42.58	23.42	70.35
集体企业	131.28	160.85	938.63	806.79	7.34	51.31	23.24	81.98
股份合作企业	35.87	55.32	239.05	185.48	1.26	24.69	3.56	29.65
联营企业	9.48	7.62	43.98	33.24	0.28	3.19	1.18	4.65
国有联营企业	0.34	0.23	0.64	0.49		0.04	0.04	0.08
集体联营企业	4.16	3.32	20.85	12.6	0.19	1.41	0.73	2.33
国有与集体联营企业	2.36	0.71	4.19	3.58	0.04	0.13	0.09	0.27
其他联营企业	2.61	3.36	18.3	16.57	0.05	1.6	0.31	1.96
有限责任公司	4222.05	2600.42	7556.92	6393.8	75.87	408.6	217.62	703.57
国有独资	769.56	430.88	766.31	645.54	8.01	38.25	36.21	83.3
其他有限责任公司	3452.49	2169.53	6790.61	5748.26	67.86	370.36	181.4	620.28
股份有限公司	1798.39	1901.84	5663.16	4849.19	391.21	63.82	144.35	599.63
私营企业	2174.67	3997.67	17231.78	14568.78	107.99	1319.7	344.79	1782.84
私营独资企业	387.48	1014.03	5191.3	4425.02	31.75	384.05	101.32	519.6
私营合作企业	24.27	56.68	299.66	253.76	5.2	21.99	6.25	33.45
私营有限责任公司	1612.51	2759.62	10980.96	9246.78	66.21	840.41	217.68	1125.59
私营股份责任	150.4	167.34	759.85	643.22	4.83	73.24	19.54	104.19
其他企业	77.67	90.91	370.78	324.5	2.02	24.47	5.69	32.19
港、澳、台投资企业	633.73	677.45	1770.47	1539.29	7.15	141.3	42.08	191.82
合资经营企业(港或澳、台资)	371.54	262.19	1003.73	905.84	4.67	58.23	21.15	84.55
合作经营企业(港或澳、台资)	13.84	16.08	55.45	50.49	0.17	1.34	0.65	2.23
港澳台商独资经营企业	241.61	393.79	696.63	571.79	2.23	81.3	19.57	103.81
港澳台商投资股份有限企业	6.74	5.39	14.66	11.17	0.09	0.43	0.71	1.23
外商投资企业	2158.06	2044.17	5853.16	4837.97	114.06	416.03	164.1	697.06
中外合资经营企业	1369.02	1033.64	3468.09	2883.58	105.58	235.39	121.23	462.82
中外合作经营企业	34.29	40.57	163.58	141.56	0.6	12.24	3.66	16.51
外资企业	721.29	883.74	2114.34	1723.29	7.1	160.51	35.91	205.75
外商投资股份有限公司	31.6	82.27	100.66	83.65	0.74	8.23	3.24	12.21
在总计中：轻工业	1311.6	2339.3	8066.59	6854.14	73.15	549.42	141.93	768.25
重工业	11852.78	10959.47	34778.84	29527	661.4	1961.79	905.33	3542.29
在总计中：大型企业	7208.54	5691.73	14529.02	12400.31	541.62	484.43	432.55	1463.56
中型企业	2557.46	2371.78	6930.06	5813.24	60.88	574.41	213.28	849.6
小型企业	2793.23	4726.11	20050.51	16998.1	125.89	1389.3	376.76	1896.94

14-6 按行业分的全部规模以上工业企业主要指标

(2011年) 单位：亿元

行业	企业单位数(个)	实收资本	资产合计	流动资产合计	固定资产合计	固定资产原价	负债合计	流动负债合计
总计	**16914**	**6664.29**	**31417.3**	**14645.77**	**12456.53**	**19977.69**	**17980.57**	**13164.38**
煤炭开采和洗选业	178	94.78	868.09	370.61	270.83	502.21	496.01	349.68
石油和天然气开采业	2	331.24	635.71	151.09	484.62	1103.47	301.86	84.81
黑色金属矿采选业	792	86.19	584.13	259.98	206.23	317.56	248.66	201.27
有色金属矿采选业	189	24.97	112.48	51.45	46.98	64.88	47.49	35.41
非金属矿采选业	344	26.82	133.42	56.91	65.45	79	52.12	36.93
开采辅助活动	19	131.67	206.81	92.05	78.76	153.88	145.38	136.77
其他采矿业	2	0.01	0.12	0.06	0.05	0.09	0.07	0.07
农副食品加工业	1484	344.57	1382.65	718.96	546.26	1085.31	563.35	430.8
食品制造业	311	62.7	231.27	103.91	101.62	192.81	87.16	59.35
酒、饮料和精制茶制造业	213	72.19	249.79	101.28	118.41	225.51	111.82	93.02
烟草制品业	4	0.77	33.72	19.48	10.48	21.01	29.75	29.75
纺织业	326	48.07	186.36	83.41	78.65	120.83	90.73	70.7
纺织服装、服饰业	526	45.96	212.34	104.01	83.76	121.57	86.19	64.44
皮革、毛皮、羽毛及其制品和制鞋业	95	21.7	61.6	26.05	28.31	60.77	24.97	20.62
木材加工和木、竹、藤、棕、草制品业	403	54.53	192.35	69.6	108.84	139.1	64.08	45.96
家具制造业	186	19.63	149.51	57.44	69.07	79.68	44.2	32.53
造纸和纸制品业	263	34.18	152.45	53.27	67.07	101.91	67.49	41.43
印刷和记录媒介复制业	114	17.31	67.96	26.94	34.34	56.43	25.65	18.92
文教、工美、体育和娱乐用品制造业	145	13.68	59.44	23.6	22.58	45.27	24.86	13.77
石油加工、炼焦和核燃料加工业	268	388.07	1860.82	908.88	868.29	1184.82	1098.4	786.15
化学原料和化学制品制造业	953	426.47	1557.14	739.96	708.9	986.4	898.83	681.46
医药制造业	265	88.87	373.71	191.98	129.27	195.67	176.49	121.93
化学纤维制造业	20	6.43	28.02	15.01	9.87	13.23	16.49	13.39
橡胶和塑料制品业	843	225.4	865.81	426.52	346.86	538.49	419.65	288.56
非金属矿物制品业	1571	324.8	1452.43	643.1	597.92	905.35	748.12	571.58
黑色金属冶炼和压延加工业	960	828.61	5252.29	2114.71	1770.98	3448.88	3197.18	2455.44
有色金属冶炼和压延加工业	318	153.96	775.08	426.97	260.08	382.37	466.7	365.84
金属制品业	917	170.73	832.38	423.17	323.9	458.19	406.94	328.15
通用设备制造业	1952	445.96	2124.87	1169.81	727.92	1175.1	1084.22	875.78
专用设备制造业	955	287.49	1500.86	901.03	438.18	604.91	887.79	766.39
汽车制造业	419	291.24	1544.81	894.98	315.57	493.42	1038.65	896.32
铁路、船舶、航空航天和其他运输设备制造业	219	252.78	2587.63	1730.64	575.15	712.29	2029.6	1328.79
电气机械和器材制造业	820	357.62	1279.71	655.88	487.55	676.51	684.28	511.16
计算机、通信和其他电子设备制造业	218	228.22	669.17	371.46	195.79	340.84	281.14	229.25
仪器仪表制造业	181	25.74	127.27	73.16	33.31	50.15	51.03	38.86
其他制造业	43	14.97	44.47	21.65	16.86	31.3	19.58	14.61
废弃资源综合利用业	40	5.34	40.35	16.66	12.25	13.45	18.97	12.88
金属制品、机械和设备修理业	47	7.45	60.99	26.21	27.16	105.79	13.88	11.34
电力、热力生产和供应业	234	571.68	2567.81	433.29	1989.52	2912.27	1788.35	1010.15
燃气生产和供应业	34	38.2	108.45	32.78	52.97	66.51	50.24	32.3
水的生产和供应业	41	93.28	243.02	57.83	145.89	210.46	92.16	57.83

14-6 续表

单位：亿元

行 业	所有者权益	主营业务收入	主营业务成本	主营业务税金及附加	利润总额	本年应交增值税	利税总额
总 计	**13298.77**	**42845.44**	**36381.14**	**734.54**	**2511.21**	**1047.26**	**4310.54**
煤炭开采和洗选业	371.5	543.96	376.73	8	71.76	44.83	126.06
石油和天然气开采业	333.85	357.33	194.72	9.35	95.1	37.06	141.51
黑色金属矿采选业	332.32	1423.48	1110.77	17.83	201.01	51.24	270.16
有色金属矿采选业	64.81	260.49	210.24	2.18	26.23	13.12	41.63
非金属矿采选业	80.24	370.65	320.16	3.1	32.2	10.94	46.27
开采辅助活动	61.41	109.57	111.57	3.65	-2.58	5.8	6.88
其他采矿业	0.04	1.86	1.79	0.01	0.02		0.03
农副食品加工业	811.34	3413.8	3005.7	16.42	226.29	38.73	281.69
食品制造业	143.07	548.69	461.3	2.92	40.97	10.08	54.11
酒、饮料和精制茶制造业	137.23	406.32	325.07	7.34	36.11	10.32	56.65
烟草制品业	3.96	57.63	20.14	26.98	3.93	6.55	37.47
纺织业	94.21	342.13	298.2	2.26	20.49	7.43	30.29
纺织服装、服饰业	124.25	542.31	464.46	2.88	31.65	9.63	44.19
皮革、毛皮、羽毛及其制品和制鞋业	35.1	147.48	123.19	0.92	14.35	1.76	17.04
木材加工和木、竹、藤、棕、草制品业	128.06	546.07	463.38	2.53	37.12	7.76	47.46
家具制造业	104.65	291	245.14	1.98	17.23	3.44	22.66
造纸和纸制品业	81.58	355.56	303.27	1.8	26.15	6.23	34.29
印刷和记录媒介复制业	40.88	115.68	95.15	0.47	8.4	2.02	10.9
文教、工美、体育和娱乐用品制造业	40.39	142.29	123.06	0.94	9.49	2.85	13.31
石油加工、炼焦和核燃料加工业	736.98	3899.57	3423.38	368.49	-105.7	122.77	385.93
化学原料和化学制品制造业	654.83	2320.46	1998.22	60.58	115.09	64.46	240.21
医药制造业	195.91	548.83	407.98	3.29	46.44	21.59	71.33
化学纤维制造业	10.2	44.89	39.38	0.14	1.92	1.11	3.18
橡胶和塑料制品业	442.22	1311.77	1110.76	6.47	79.77	29.03	115.46
非金属矿物制品业	698.33	2727.1	2278.12	16.8	267.96	97.92	383.4
黑色金属冶炼和压延加工业	2048.14	5920.23	5293.84	27.27	203.12	108.42	339.02
有色金属冶炼和压延加工业	305.82	1028.1	865.02	3.96	64.12	24.47	92.76
金属制品业	421.72	1402.61	1174.11	7.21	90.35	27.21	124.96
通用设备制造业	1029.53	3261.38	2719.3	16.65	211.25	63.45	291.74
专用设备制造业	608.15	1754.87	1489.4	8.1	113.57	39.34	163.11
汽车制造业	503.28	1950.58	1596.37	70.2	144.68	49.74	264.71
铁路、船舶、航空航天和其他运输设备制造业	555.45	1413.38	1218.38	3.67	107.98	20.38	132.09
电气机械和器材制造业	587.15	2288.5	1841.47	16.98	153.32	32.66	203.18
计算机、通信和其他电子设备制造业	387.16	933.35	755.09	3.27	83.21	9.01	102.41
仪器仪表制造业	75.87	176.67	145.87	1.12	13.78	4.27	19.26
其他制造业	24.74	56.48	47.3	0.41	3.75	1.59	5.75
废弃资源综合利用业	21.38	63.96	51.56	0.28	8.13	1.82	10.23
金属制品、机械和设备修理业	46.79	87.94	74.5	0.38	6.07	1.81	8.25
电力、热力生产和供应业	747.42	1571.92	1502.29	6.97	4.48	52.88	64.62
燃气生产和供应业	58.21	53.3	48.71	0.46	3.61	1.34	5.42
水的生产和供应业	150.6	53.26	46.04	0.26	-1.6	2.2	0.91

14-7 按行业分的全部规模以上工业企业主要经济效益指标

(2011年)

行　业	总资产贡献率(%)	资产负债率(%)	工业成本费用利润率(%)	产品销售率(%)
总　计	**14.78**	**57.23**	**6.26**	**98.38**
煤炭开采和洗选业	15.41	57.14	13.41	99.51
石油和天然气开采业	22.97	47.48	40.81	99.84
黑色金属矿采选业	47.20	42.57	17.29	98.61
有色金属矿采选业	37.94	42.22	11.47	98.25
非金属矿采选业	35.54	39.07	9.42	97.66
开采辅助活动	3.46	70.29	-2.17	96.91
其他采矿业	27.60	62.17	1.32	100.00
农副食品加工业	21.17	40.74	7.05	98.32
食品制造业	24.13	37.69	8.17	99.18
酒、饮料和精制茶制造业	23.09	44.76	9.84	97.87
烟草制品业	110.90	88.25	12.34	100.53
纺织业	17.21	48.69	6.44	97.64
纺织服装、服饰业	21.50	40.59	6.32	95.24
皮革、毛皮、羽毛及其制品和制鞋业	28.25	40.54	11.02	97.78
木材加工和木、竹、藤、棕、草制品业	25.58	33.31	7.37	97.91
家具制造业	15.59	29.57	6.36	97.38
造纸和纸制品业	23.51	44.27	7.90	99.34
印刷和记录媒介复制业	16.41	37.74	7.86	98.56
文教、工美、体育和娱乐用品制造业	23.29	41.82	7.27	96.35
石油加工、炼焦和核燃料加工业	21.84	59.03	-2.85	98.71
化学原料和化学制品制造业	16.55	57.72	5.24	97.61
医药制造业	20.30	47.23	9.14	94.12
化学纤维制造业	13.51	58.86	4.28	99.35
橡胶和塑料制品业	14.21	48.47	6.50	98.64
非金属矿物制品业	27.72	51.51	10.92	98.61
黑色金属冶炼和压延加工业	7.91	60.87	3.46	99.27
有色金属冶炼和压延加工业	14.43	60.21	6.63	98.11
金属制品业	15.87	48.89	6.98	98.50
通用设备制造业	14.73	51.03	7.03	97.35
专用设备制造业	11.71	59.15	6.85	96.39
汽车制造业	17.94	67.23	8.18	99.09
铁路、船舶、航空航天和其他运输设备制造业	5.23	78.43	8.09	99.16
电气机械和器材制造业	16.98	53.47	7.29	98.58
计算机、通信和其他电子设备制造业	15.56	42.01	9.56	99.27
仪器仪表制造业	15.77	40.10	8.34	98.68
其他制造业	13.33	44.04	6.87	95.37
废弃资源综合利用业	26.05	47.02	14.49	97.66
金属制品、机械和设备修理业	14.03	22.76	7.56	98.79
电力、热力生产和供应业	4.43	69.64	0.28	99.76
燃气生产和供应业	5.73	46.32	5.83	98.56
水的生产和供应业	0.70	37.92	-2.69	98.72

14-8 国有控股工业企业主要指标

(2011年) 单位：亿元

行业	企业单位数(个)	实收资本	资产合计	流动资产合计	固定资产合计	固定资产原价	负债合计	流动负债合计
总计	**630**	**2987.65**	**15462.67**	**6783.03**	**6272.65**	**10347.77**	**10244.02**	**7303.30**
在总计中：亏损企业	168	936.38	3185.93	1341.10	1517.64	2635.06	2226.34	1660.11
在总计中：中央企业	160	1966.14	9320.47	3834.34	4161.54	6706.48	5983.39	3919.00
地方企业	470	1021.51	6142.20	2948.69	2111.11	3641.29	4260.63	3384.30
在总计中：轻工业	122	158.87	685.56	331.35	233.99	392.97	354.99	275.80
重工业	508	2828.78	14777.11	6451.68	6038.66	9954.81	9889.03	7027.51
在总计中：大型企业	84	2207.84	12012.88	5174.94	4805.81	8130.47	7917.01	5839.00
中型企业	208	487.65	1748.25	703.91	880.86	1372.74	1152.15	787.04
小型企业	297	165.25	716.68	295.87	344.88	470.24	465.23	291.58
微型企业	41	126.91	984.85	608.31	241.11	374.32	709.63	385.68
煤炭开采和洗选业	10	77.73	753.51	330.66	230.95	449.22	432.83	323.30
石油和天然气开采业	1	331.24	635.70	151.08	484.62	1103.43	301.86	84.80
黑色金属矿采选业	8	23.59	145.62	56.56	47.25	78.78	78.12	65.17
有色金属矿采选业	5	2.56	11.88	6.67	4.37	8.03	6.71	6.54
非金属矿采选业	6	2.59	21.52	10.38	11.12	10.68	10.72	3.94
开采辅助活动	1	129.33	196.49	85.82	76.05	149.96	139.55	131.04
其他采矿业								
农副食品加工业	20	3.95	78.93	55.98	8.86	15.99	64.98	63.40
食品制造业	9	1.98	30.68	14.60	14.95	30.56	8.76	1.97
酒、饮料和精制茶制造业	5	1.21	4.90	2.28	2.17	15.59	2.88	2.45
烟草制品业	3	0.74	33.47	19.24	10.48	20.99	29.73	29.73
纺织业	2	1.64	1.92	1.37	0.55	0.87	0.53	0.41
纺织服装、服饰业	7	0.89	1.67	0.58	0.98	1.13	0.49	0.30
皮革、毛皮、羽毛及其制品和制鞋业	1	0.10	0.43	0.19	0.13	0.23	0.40	0.25
木材加工和木、竹、藤、棕、草制品业	3	0.46	1.74	1.09	0.41	0.98	1.44	1.17
家具制造业	2	0.72	2.03	1.36	0.57	1.14	0.79	0.79
造纸和纸制品业	3	0.07	3.75	1.45	0.04	0.13	0.21	3.82
印刷和记录媒介复制业	12	4.28	13.86	5.57	5.98	11.25	4.48	4.21
文教、工美、体育和娱乐用品制造业	2	1.09	1.16	0.63	0.53	1.05	0.85	0.85
石油加工、炼焦和核燃料加工业	20	334.56	1479.65	680.17	747.36	1037.80	847.39	582.00
化学原料和化学制品制造业	39	229.65	525.13	196.13	309.57	424.28	336.02	237.13
医药制造业	10	24.55	109.91	55.09	27.42	51.06	59.90	38.04
化学纤维制造业	1	0.10	5.75	5.66	0.06	0.07	4.61	4.61
橡胶和塑料制品业	13	2.07	16.90	10.40	5.45	8.48	8.47	6.55
非金属矿物制品业	37	27.10	102.77	44.41	49.61	90.66	71.97	57.46
黑色金属冶炼和压延加工业	38	630.39	4235.70	1618.13	1378.76	2718.16	2647.38	2010.12
有色金属冶炼和压延加工业	11	33.21	159.34	57.38	57.87	89.81	173.14	164.18
金属制品业	16	19.17	74.27	43.45	26.32	45.72	36.94	32.01
通用设备制造业	37	90.21	486.56	341.61	110.00	176.35	341.89	293.20
专用设备制造业	35	97.00	711.79	498.07	170.20	210.81	541.57	489.84
汽车制造业	41	96.96	692.96	403.76	71.29	146.57	570.59	512.99
铁路、船舶、航空航天和其他运输设备制造业	35	181.67	2208.70	1550.96	418.33	513.14	1751.18	1118.26
电气机械和器材制造业	20	11.22	37.36	24.45	11.69	15.83	24.82	17.81
计算机、通信和其他电子设备制造业	13	24.50	152.17	114.37	13.73	32.30	76.19	68.77
仪器仪表制造业	9	5.78	25.62	16.25	4.07	5.44	9.29	6.76
其他制造业	2	2.32	15.19	7.32	4.19	6.47	9.20	5.75
废弃资源综合利用业	2	0.76	10.42	5.04	5.38	6.20	6.58	3.60
金属制品、机械和设备修理业	4	0.91	3.11	1.51	1.30	1.92	1.66	1.58
电力、热力生产和供应业	112	489.90	2197.49	295.81	1798.64	2634.34	1537.33	867.19
燃气生产和供应业	8	12.07	43.36	15.48	21.65	29.34	18.16	9.77
水的生产和供应业	27	89.37	229.28	52.06	139.75	203.04	84.42	51.52

14-8 续表

单位：亿元

行业	所有者权益	主营业务收入	主营业务成本	主营业务税金及附加	利润总额	本年应交增值税	利税总额
总计	**5158.98**	**13267.77**	**11489.25**	**543.03**	**253.02**	**404.60**	**1202.97**
在总计中：亏损企业	955.72	4206.66	3877.14	370.40	-282.50	106.09	194.34
在总计中：中央企业	3285.33	8353.00	7295.39	476.68	16.66	260.27	754.19
地方企业	1873.65	4914.78	4193.87	66.35	236.35	144.32	448.78
在总计中：轻工业	326.51	533.22	430.45	29.19	34.78	13.60	77.62
重工业	4832.47	12734.56	11058.81	513.84	218.24	391.00	1125.35
在总计中：大型企业	4073.06	10774.05	9320.91	501.89	114.97	341.21	960.02
中型企业	565.17	1423.58	1240.69	34.59	77.33	39.07	151.15
小型企业	247.25	575.18	492.15	5.08	34.16	12.34	51.74
微型企业	273.49	494.97	435.50	1.47	26.56	11.97	40.05
煤炭开采和洗选业	320.59	377.98	231.60	6.23	55.08	38.14	100.88
石油和天然气开采业	333.85	355.84	193.33	9.35	95.09	37.06	141.50
黑色金属矿采选业	67.50	122.32	88.52	2.19	22.51	4.00	28.70
有色金属矿采选业	5.16	15.56	11.10	0.03	0.57	1.18	1.86
非金属矿采选业	10.80	4.58	2.95	0.16	0.27	0.29	0.72
开采辅助活动	56.94	95.08	99.97	3.45	-4.89	5.52	4.08
其他采矿业							
农副食品加工业	13.90	94.17	89.96	0.09	10.15	0.22	10.46
食品制造业	21.92	66.73	57.14	0.61	3.37	0.34	4.32
酒、饮料和精制茶制造业	2.01	13.54	12.45	0.12	0.83	0.52	1.47
烟草制品业	3.73	57.40	20.12	26.98	3.93	6.50	37.41
纺织业	1.39	2.37	1.97	0.01	0.13	0.01	0.15
纺织服装、服饰业	1.18	6.02	3.52	0.03	0.61	0.28	0.92
皮革、毛皮、羽毛及其制品和制鞋业	0.03	0.61	0.55		0.01	0.02	0.02
木材加工和木、竹、藤、棕、草制品业	0.29	2.67	2.51	0.01	0.02	0.02	0.05
家具制造业	1.24	1.40	1.15		0.05		0.05
造纸和纸制品业	0.13	1.66	1.59		-0.18		-0.17
印刷和记录媒介复制业	9.38	8.22	7.27	0.03	-0.08	0.23	0.18
文教、工美、体育和娱乐用品制造业	0.31	0.54	0.44		-0.05		-0.05
石油加工、炼焦和核燃料加工业	608.20	3179.25	2779.78	364.20	-153.04	108.96	320.24
化学原料和化学制品制造业	189.10	708.02	617.38	54.41	-4.15	5.65	55.94
医药制造业	49.68	108.26	85.37	0.49	10.77	2.59	13.85
化学纤维制造业	1.13	13.95	13.54	0.01	-0.23	0.07	-0.15
橡胶和塑料制品业	8.43	24.66	22.00	0.05	0.61	0.24	0.90
非金属矿物制品业	30.79	99.47	82.12	0.33	5.99	2.98	9.45
黑色金属冶炼和压延加工业	1588.32	3380.36	3089.19	17.71	32.37	66.36	116.47
有色金属冶炼和压延加工业	-13.79	120.38	114.01	0.18	-18.50	1.65	-16.54
金属制品业	37.33	76.10	61.76	0.22	6.59	2.79	9.63
通用设备制造业	144.41	406.39	329.95	2.59	12.71	12.13	27.43
专用设备制造业	169.30	441.74	380.07	2.17	21.37	16.32	39.88
汽车制造业	122.86	761.06	580.76	41.69	62.49	27.93	132.14
铁路、船舶、航空航天和其他运输设备制造业	457.51	991.60	875.47	2.02	70.94	8.72	81.72
电气机械和器材制造业	12.54	36.00	30.65	0.19	1.55	0.72	2.46
计算机、通信和其他电子设备制造业	75.98	156.55	133.08	0.72	11.02	0.50	12.23
仪器仪表制造业	16.33	17.59	14.60	0.07	3.07	0.35	3.49
其他制造业	5.98	7.31	6.52	0.02	0.05	0.20	0.27
废弃资源综合利用业	3.84	5.49	4.00	0.03	0.63	0.23	0.89
金属制品、机械和设备修理业	1.44	3.68	3.30	0.04	0.14	0.02	0.20
电力、热力生产和供应业	629.38	1447.85	1387.70	6.30	2.56	49.56	58.60
燃气生产和供应业	25.20	12.79	14.84	0.05	0.72	0.23	1.00
水的生产和供应业	144.62	42.57	37.01	0.23	-2.03	2.07	0.31

14-9 各地区国有控股工业企业主要指标

(2011年) 单位：亿元

指　　标	沈阳	大连	鞍山	抚顺	本溪	丹东	锦州
企业单位数(个)	208.00	120.00	27.00	42.00	33.00	24.00	22.00
实收资本	450.39	516.58	164.06	168.01	190.75	30.58	33.64
资产总计	2796.96	3601.79	1905.49	746.58	1253.30	119.78	271.46
流动资产合计	1457.42	2147.00	689.14	299.57	615.31	58.39	124.22
固定资产合计	844.01	942.95	443.07	401.40	517.62	42.69	126.00
固定资产原价合计	1298.00	1308.79	1021.75	476.88	1158.87	107.56	196.08
流动负债合计	1594.68	2003.04	659.25	260.51	778.84	70.52	116.60
主营业务收入	2305.55	2706.72	1252.74	671.00	1526.10	134.96	439.42
主营业务成本	1877.64	2392.03	1055.92	591.95	1446.56	119.29	382.91
主营业务税金及附加	63.90	161.72	10.19	58.64	8.45	0.67	49.53
利润总额	142.52	40.56	44.97	-58.73	15.00	2.92	-27.26
本年应交增值税	75.18	80.59	35.18	16.51	19.74	2.02	13.11
利税总额	281.76	283.01	90.43	17.28	43.22	5.63	35.41

14-9　续表 单位：亿元

指　　标	营口	阜新	辽阳	盘锦	铁岭	朝阳	葫芦岛
企业单位数(个)	22.00	20.00	21.00	19.00	25.00	23.00	23.00
实收资本	319.81	55.19	180.74	519.36	83.17	47.42	127.94
资产总计	658.69	309.09	289.42	1252.01	406.61	353.94	714.81
流动资产合计	148.06	76.19	114.14	379.03	133.23	131.60	360.77
固定资产合计	441.02	221.91	155.78	809.94	204.31	149.82	250.79
固定资产原价合计	542.38	277.34	313.17	1527.12	370.24	193.88	448.01
流动负债合计	270.28	87.75	143.15	356.88	148.79	159.34	282.43
主营业务收入	429.02	133.42	625.00	1187.69	203.33	270.59	569.34
主营业务成本	373.59	86.33	556.27	889.63	156.19	255.99	507.62
主营业务税金及附加	19.55	1.05	54.54	59.18	3.10	0.78	48.13
利润总额	7.68	11.30	-11.39	108.87	16.21	-12.22	-29.65
本年应交增值税	21.25	9.86	3.63	63.86	14.85	6.18	17.25
利税总额	48.49	22.75	46.81	231.91	34.30	-5.25	35.89

14-10 各地区全部规模以上工业企业主要经济效益指标

年份、地区	总资产贡献率 (%)	资产负债率 (%)	工业成本费用利润率 (%)	产品销售率 (%)
1998	4.90	65.55	-0.53	98.18
1999	5.20	60.35	1.73	97.88
2000	7.08	60.46	4.27	97.79
2001	6.13	58.69	3.26	97.33
2002	6.25	59.18	3.24	98.24
2003	7.31	58.76	3.92	98.09
2004	8.48	58.30	5.34	98.13
2005	7.84	58.22	3.46	98.47
2006	8.22	57.50	3.38	98.31
2007	10.67	58.64	5.13	98.06
2008	8.65	58.56	7.15	97.37
2009	11.66	58.36	5.37	97.84
2010	14.84	58.11	7.15	97.85
2011	14.78	57.23	6.26	98.38
沈　阳	16.49	51.99	7.10	98.64
大　连	12.14	63.90	5.98	97.62
鞍　山	12.46	50.45	8.05	97.80
抚　顺	11.37	50.61	1.19	98.14
本　溪	9.19	71.22	3.05	99.13
丹　东	18.39	56.89	6.63	98.74
锦　州	28.69	51.62	6.94	98.10
营　口	24.22	55.65	9.90	100.51
阜　新	11.53	65.04	8.06	96.49
辽　阳	18.72	52.95	7.92	97.98
盘　锦	18.70	60.70	8.19	99.17
铁　岭	16.22	35.88	5.91	98.55
朝　阳	17.52	61.12	7.85	97.25
葫芦岛	7.63	76.80	-2.00	97.41

14-11 各地区国有控股工业企业主要经济效益指标

年份、地区	总资产贡献率(%)	资产负债率(%)	工业成本费用利润率(%)	产品销售率(%)
1998	4.60	65.99	-1.41	97.90
1999	4.64	59.96	0.76	98.47
2000	6.64	60.85	3.98	98.95
2001	5.59	59.63	2.60	98.38
2002	5.57	61.00	2.16	98.93
2003	6.76	59.51	3.14	98.76
2004	8.42	58.06	5.84	98.69
2005	7.45	59.33	2.78	99.86
2006	7.28	57.75	2.62	99.31
2007	8.86	60.88	4.14	99.21
2008	4.16	63.05	3.66	98.63
2009	7.63	65.38	1.96	98.80
2010	9.77	66.00	3.31	98.78
2011	8.96	66.25	1.95	98.94
沈　阳	11.40	71.89	6.56	97.83
大　连	8.45	72.85	1.56	98.34
鞍　山	6.05	51.92	3.63	100.26
抚　顺	3.30	50.83	-8.33	97.38
本　溪	4.79	73.24	0.92	99.93
丹　东	5.48	70.99	2.30	104.63
锦　州	14.29	61.95	-6.56	98.84
营　口	8.94	50.85	1.79	101.52
阜　新	9.74	71.91	9.48	99.99
辽　阳	17.54	60.63	-1.94	98.90
盘　锦	19.74	59.73	10.53	99.33
铁　岭	9.88	60.77	7.20	99.54
朝　阳	0.17	71.93	-4.29	98.03
葫芦岛	7.16	82.81	-5.17	98.81

14-12 按行业分的规模以上外商投资工业企业主要指标

(2011年) 单位：亿元

行业	企业单位数(个)	资产总计	负债合计	所有者权益	主营业务收入	利税总额	本年应交增值税
总计	**1551**	**4669.94**	**2621.46**	**2044.17**	**5853.16**	**697.06**	**164.10**
在总计中：轻工业	664	892.89	372.84	521.88	1469.19	127.04	28.77
重工业	887	3777.05	2248.62	1522.29	4383.97	570.02	135.33
在总计中：大型企业	65	2232.20	1371.39	860.28	2642.31	383.77	89.88
中型企业	321	1311.60	678.00	629.98	1398.90	143.61	36.38
小型企业	1093	1069.17	537.75	532.86	1729.69	164.10	36.69
微型企业	72	56.97	34.32	21.05	82.26	5.58	1.15
煤炭开采和洗选业							
石油和天然气开采业							
黑色金属矿采选业	2	0.68	0.25	0.42	4.35	0.62	0.03
有色金属矿采选业	8	5.35	2.34	2.78	12.33	1.90	0.75
非金属矿采选业	10	5.54	1.36	4.16	14.32	2.78	0.72
开采辅助活动	2	2.10	0.52	1.58	3.37	1.17	
其他采矿业							
农副食品加工业	146	306.75	105.48	199.97	493.28	32.44	5.42
食品制造业	51	52.94	24.67	28.10	93.33	10.65	1.54
酒、饮料和精制茶制造业	36	129.16	62.23	66.82	141.36	24.46	3.92
烟草制品业							
纺织业	36	17.14	9.07	7.98	26.82	0.70	0.29
纺织服装、服饰业	152	56.07	25.58	30.01	149.22	11.20	2.30
皮革、毛皮、羽毛及其制品和制鞋业	19	17.85	10.46	6.19	39.20	3.98	0.87
木材加工和木、竹、藤、棕、草制品业	28	33.50	13.80	19.80	40.98	1.72	0.47
家具制造业	47	63.17	23.92	39.25	107.38	8.00	1.27
造纸和纸制品业	20	14.31	6.25	8.08	48.74	2.82	0.69
印刷和记录媒介复制业	5	3.76	0.64	3.12	1.90	0.13	0.03
文教、工美、体育和娱乐用品制造业	32	10.15	10.97	5.04	21.95	1.28	0.27
石油加工、炼焦和核燃料加工业	10	143.97	147.72	-3.81	394.99	74.25	47.18
化学原料和化学制品制造业	76	137.13	71.49	65.48	125.27	10.82	2.48
医药制造业	22	64.50	25.25	39.25	101.24	16.39	7.61
化学纤维制造业	1	0.31	0.06	0.25	0.33	0.05	0.01
橡胶和塑料制品业	80	361.93	179.89	180.67	279.85	22.54	4.96
非金属矿物制品业	84	145.21	77.81	66.25	222.66	39.48	11.28
黑色金属冶炼和压延加工业	59	243.52	151.77	91.71	269.21	13.22	2.21
有色金属冶炼和压延加工业	25	30.79	13.95	16.72	76.13	6.51	1.36
金属制品业	83	147.13	70.79	74.92	191.64	21.19	5.66
通用设备制造业	153	469.20	253.44	215.20	484.73	48.29	11.38
专用设备制造业	67	126.43	66.64	59.55	144.88	9.80	2.37
汽车制造业	82	769.33	530.12	238.57	1164.77	205.10	36.65
铁路、船舶、航空航天和其他运输设备制造业	29	551.64	421.00	130.52	402.51	37.59	1.45
电气机械和器材制造业	70	205.12	95.42	109.64	269.37	20.28	3.15
计算机、通信和其他电子设备制造业	58	302.29	107.45	194.13	407.51	56.34	3.07
仪器仪表制造业	23	15.96	6.08	9.85	19.41	2.14	0.47
其他制造业	11	16.30	4.42	11.88	15.31	1.22	0.40
废弃资源综合利用业	1	0.24	0.15	0.09	0.43	0.01	
金属制品、机械和设备修理业	4	0.89	0.12	0.77	5.06	0.17	0.01
电力、热力生产和供应业	14	202.97	93.30	109.67	72.98	6.26	3.50
燃气生产和供应业	2	12.37	4.99	7.38	3.94	1.28	0.28
水的生产和供应业	3	4.25	2.04	2.18	2.39	0.28	0.05

14-13 按行业分的大中型工业企业主要指标

(2011年) 单位：亿元

行业	企业单位数(个)	实收资本	资产总计	流动资产合计	固定资产合计	固定资产原价	负债合计	流动负债合计
总计	**1825**	**4276.04**	**21237.69**	**10030.88**	**8169.94**	**13295.54**	**13100.38**	**9766.00**
煤炭开采和洗选业	25	84.43	824.96	354.71	252.52	478.15	475.98	332.93
石油和天然气开采业	1	331.24	635.70	151.08	484.62	1103.43	301.86	84.80
黑色金属矿采选业	58	41.67	309.68	151.97	96.21	159.88	134.99	120.22
有色金属矿采选业	23	14.35	49.75	24.16	19.98	28.53	17.66	15.91
非金属矿采选业	13	3.70	32.72	17.19	13.11	16.49	16.15	7.65
开采辅助活动	1	129.33	196.49	85.82	76.05	149.96	139.55	131.04
其他采矿业	1	0.01	0.10	0.04	0.05	0.07	0.07	0.07
农副食品加工业	199	121.90	632.90	413.36	179.69	405.03	265.75	218.49
食品制造业	29	24.97	98.84	48.55	40.33	72.12	40.61	27.96
酒、饮料和精制茶制造业	35	33.69	141.06	58.35	59.54	115.75	74.65	66.42
烟草制品业	4	0.77	33.72	19.48	10.48	21.01	29.75	29.75
纺织业	39	19.20	78.10	40.47	27.66	42.34	48.27	37.91
纺织服装、服饰业	102	19.71	88.73	49.78	25.72	42.25	41.60	30.39
皮革、毛皮、羽毛及其制品和制鞋业	12	4.12	14.88	10.49	3.78	7.35	9.65	9.18
木材加工和木、竹、藤、棕、草制品业	23	10.28	43.14	15.45	22.06	23.19	14.44	11.05
家具制造业	18	6.59	67.40	37.74	21.11	35.57	25.22	20.01
造纸和纸制品业	18	12.38	53.62	12.83	18.41	28.27	32.66	17.56
印刷和记录媒介复制业	9	5.86	20.21	8.72	7.81	17.75	9.11	6.62
文教、工美、体育和娱乐用品制造业	10	1.78	4.96	2.71	2.03	3.18	2.77	2.14
石油加工、炼焦和核燃料加工业	31	348.31	1644.40	791.23	786.19	1086.15	979.77	692.38
化学原料和化学制品制造业	67	279.47	1004.08	476.93	473.22	624.64	639.75	484.38
医药制造业	32	40.92	208.65	115.92	54.84	88.93	114.45	78.78
化学纤维制造业	4	4.73	19.02	10.16	7.51	9.75	11.51	9.08
橡胶和塑料制品业	65	92.31	407.14	208.29	164.00	228.10	215.99	137.29
非金属矿物制品业	161	155.68	742.17	317.67	295.90	418.80	400.69	298.52
黑色金属冶炼和压延加工业	107	689.69	4594.32	1794.40	1533.96	2980.69	2852.90	2188.35
有色金属冶炼和压延加工业	33	103.53	552.43	320.70	168.12	263.82	349.08	274.91
金属制品业	66	50.11	339.22	202.75	110.44	140.74	205.49	178.49
通用设备制造业	131	225.03	1055.95	679.92	292.62	432.62	641.13	519.95
专用设备制造业	88	146.10	794.21	520.13	203.79	247.67	541.87	474.48
汽车制造业	102	237.29	1291.85	757.18	220.99	350.77	919.58	805.42
铁路、船舶、航空航天和其他运输设备制造业	63	172.59	1918.39	1310.07	445.99	479.13	1543.75	1133.90
电气机械和器材制造业	77	135.39	580.42	385.53	144.26	209.66	330.76	264.06
计算机、通信和其他电子设备制造业	44	166.05	421.30	220.26	141.21	223.43	171.39	145.87
仪器仪表制造业	12	8.74	44.28	24.21	10.09	16.41	17.83	12.75
其他制造业	7	8.25	15.70	7.89	6.91	13.49	6.52	5.43
废弃资源综合利用业	7	1.44	19.61	7.35	6.51	7.94	7.69	5.28
金属制品、机械和设备修理业	6	1.75	29.61	12.89	15.06	57.74	3.22	2.12
电力、热力生产和供应业	71	440.47	1957.28	303.87	1569.50	2436.77	1364.79	814.53
燃气生产和供应业	14	26.59	76.03	18.72	39.55	50.05	34.05	21.94
水的生产和供应业	17	75.61	194.66	41.95	118.11	177.90	67.43	47.98

14-13 续表

单位：亿元

行　业	所有者权益	主营业务收　入	主营业务成　本	主营业务税金及附加	利润总额	本年应交增 值 税	利税总额
总　计	**8063.52**	**21459.08**	**18213.55**	**602.50**	**1058.85**	**645.83**	**2313.16**
煤炭开采和洗选业	348.83	416.13	260.23	6.71	59.70	41.59	109.44
石油和天然气开采业	333.85	355.84	193.33	9.35	95.09	37.06	141.50
黑色金属矿采选业	174.54	365.81	251.95	5.74	83.34	17.32	106.41
有色金属矿采选业	31.87	63.09	43.39	0.76	9.65	5.02	15.52
非金属矿采选业	16.16	30.26	24.97	0.28	2.59	1.30	4.17
开采辅助活动	56.94	95.08	99.97	3.45	-4.89	5.52	4.08
其他采矿业	0.02	0.62	0.55	0.01	0.01		0.02
农副食品加工业	366.14	1341.99	1185.56	3.14	91.30	13.34	107.87
食品制造业	57.90	159.31	134.17	1.04	11.70	3.31	16.14
酒、饮料和精制茶制造业	65.86	154.44	111.56	4.63	16.43	4.97	28.91
烟草制品业	3.96	57.63	20.14	26.98	3.93	6.55	37.47
纺织业	29.25	73.52	64.05	0.24	2.13	2.09	4.45
纺织服装、服饰业	47.06	177.92	154.97	0.49	11.02	3.46	15.00
皮革、毛皮、羽毛及其制品和制鞋业	5.10	28.52	25.32	0.23	1.07	0.52	1.81
木材加工和木、竹、藤、棕、草制品业	28.70	89.39	76.22	0.42	10.09	2.17	12.70
家具制造业	41.89	90.73	78.33	0.49	6.17	0.77	7.43
造纸和纸制品业	17.54	59.02	47.76	0.20	5.22	1.13	6.55
印刷和记录媒介复制业	11.09	15.74	13.20	0.09	-0.14	0.56	0.51
文教、工美、体育和娱乐用品制造业	2.19	12.22	10.45	0.07	0.77	0.30	1.14
石油加工、炼焦和核燃料加工业	641.23	3342.36	2927.49	362.45	-130.08	111.09	343.62
化学原料和化学制品制造业	364.21	1216.86	1050.93	56.07	50.28	43.84	150.22
医药制造业	94.02	205.54	134.73	0.96	20.51	10.80	32.27
化学纤维制造业	6.25	30.40	27.01	0.08	0.46	0.64	1.18
橡胶和塑料制品业	189.99	383.38	320.25	1.85	17.59	7.74	27.22
非金属矿物制品业	339.49	997.36	812.93	4.82	144.64	50.52	200.15
黑色金属冶炼和压延加工业	1740.94	4025.80	3646.36	19.84	83.19	82.04	185.15
有色金属冶炼和压延加工业	201.75	459.51	381.74	1.22	29.50	13.01	43.93
金属制品业	130.95	374.87	296.40	2.14	28.07	8.18	38.42
通用设备制造业	412.41	986.39	801.77	4.77	56.36	25.22	86.46
专用设备制造业	251.12	610.66	522.25	2.37	38.40	15.97	56.83
汽车制造业	372.42	1514.91	1214.49	68.13	121.35	43.06	232.58
铁路、船舶、航空航天和其他运输设备制造业	374.30	1005.02	852.78	2.82	87.79	16.98	107.63
电气机械和器材制造业	248.29	616.49	508.26	1.99	49.35	12.52	63.94
计算机、通信和其他电子设备制造业	249.30	520.91	405.11	1.42	59.74	2.73	63.89
仪器仪表制造业	26.45	29.70	22.96	0.23	4.37	0.87	5.48
其他制造业	9.18	14.93	12.13	0.11	0.58	0.47	1.15
废弃资源综合利用业	11.92	32.27	23.49	0.16	5.41	1.20	6.78
金属制品、机械和设备修理业	26.39	36.95	32.38	0.05	2.03	1.08	3.16
电力、热力生产和供应业	565.00	1417.49	1378.06	6.39	-13.05	48.64	42.22
燃气生产和供应业	41.98	22.29	21.35	0.15	0.85	0.64	1.65
水的生产和供应业	126.98	27.74	24.57	0.18	-3.69	1.60	-1.89

14-14 按行业分的大中型工业企业主要经济效益指标

(2011年)

行　业	总资产贡献率(%)	资产负债率(%)	工业成本费用利润率(%)	产品销售率(%)
总　计	**12.03**	**61.68**	**5.16**	**98.34**
煤炭开采和洗选业	14.16	57.70	14.47	100.01
石油和天然气开采业	22.97	47.48	41.05	99.85
黑色金属矿采选业	35.44	43.59	30.14	100.32
有色金属矿采选业	31.89	35.49	18.61	96.90
非金属矿采选业	12.79	49.36	9.65	98.37
开采辅助活动	2.19	71.02	-4.58	96.88
其他采矿业	23.41	75.00	2.47	100.00
农副食品加工业	17.74	41.99	7.06	98.79
食品制造业	16.70	41.09	7.82	99.55
酒、饮料和精制茶制造业	20.74	52.92	11.86	98.00
烟草制品业	110.90	88.25	12.34	100.53
纺织业	7.17	61.80	2.96	98.64
纺织服装、服饰业	17.53	46.89	6.61	89.80
皮革、毛皮、羽毛及其制品和制鞋业	13.31	64.81	3.85	101.48
木材加工和木、竹、藤、棕、草制品业	30.06	33.47	12.26	98.65
家具制造业	11.45	37.42	7.11	96.52
造纸和纸制品业	14.00	60.92	9.40	97.28
印刷和记录媒介复制业	3.28	45.11	-0.83	99.95
文教、工美、体育和娱乐用品制造业	23.86	55.77	6.95	97.87
石油加工、炼焦和核燃料加工业	22.01	59.58	-4.11	98.54
化学原料和化学制品制造业	16.25	63.71	4.36	96.72
医药制造业	16.32	54.85	10.68	87.57
化学纤维制造业	8.71	60.53	1.55	98.34
橡胶和塑料制品业	7.75	53.05	4.78	97.47
非金属矿物制品业	28.51	53.99	16.23	97.64
黑色金属冶炼和压延加工业	5.55	62.10	2.01	99.70
有色金属冶炼和压延加工业	10.60	63.19	6.55	98.48
金属制品业	12.34	60.58	8.22	98.53
通用设备制造业	9.36	60.72	5.98	95.71
专用设备制造业	8.35	68.23	6.25	93.31
汽车制造业	18.87	71.18	8.92	99.30
铁路、船舶、航空航天和其他运输设备制造业	5.61	80.47	9.41	99.31
电气机械和器材制造业	11.88	56.99	8.53	98.57
计算机、通信和其他电子设备制造业	15.49	40.68	12.37	98.98
仪器仪表制造业	13.16	40.27	15.64	93.23
其他制造业	7.60	41.52	3.88	88.01
废弃资源综合利用业	35.16	39.23	20.74	99.66
金属制品、机械和设备修理业	10.69	10.87	5.75	97.31
电力、热力生产和供应业	4.15	69.73	-0.89	99.85
燃气生产和供应业	3.08	44.78	2.63	99.58
水的生产和供应业	-0.71	34.64	-10.62	97.83

14-15 各地区大中型工业企业主要指标

单位：亿元

年份、地区	企业单位数（个）	实收资本	资产总计	流动资产合计	固定资产合计	固定资产原价	固定资产净值年平均余额	负债合计	流动负债合计
1998	1331	1210.42	5699.55	2189.07	3118.29	4065.90	2641.39	3705.71	2378.86
1999	847	1334.40	5933.87	2259.48	3238.46	4362.61	2626.00	3409.07	2296.96
2000	857	1458.65	5908.55	2312.97	3088.51	4351.57	2733.46	3515.17	2338.83
2001	869	1635.55	6398.33	2471.46	3463.49	4947.97	3032.42	3645.86	2527.98
2002	883	1703.09	6718.00	2605.10	3573.53	5269.20	3242.04	3879.93	2706.67
2003	810	1763.21	6879.72	2771.05	3309.07	5432.53	3279.89	3870.74	2924.72
2004	964	2451.48	8343.69	3372.61	4090.47	6285.24	3671.47	4668.19	3528.31
2005	1013	2408.23	9209.77	3981.22	4486.60	6910.54	3915.82	5374.15	4002.55
2006	1085	2551.74	10721.56	4726.19	5175.40	7592.23	4365.99	6162.70	4610.99
2007	1164	2735.46	12761.68	5744.25	5537.97	8709.02	4755.01	7591.30	5842.09
2008	1135	3536.14	14960.78	6547.99	6725.85	9983.83	5403.41	9206.41	6971.63
2009	1383	3987.07	17995.86	8089.60	7874.67	11128.84	6447.18	11147.83	8221.30
2010	1505	4001.97	20118.92	9398.47	8481.96	12939.61	7390.59	12554.80	9331.80
2011	1825.00	4276.04	21237.69	10030.88	8169.94	13295.54		13100.38	9766.00
沈　阳	294.00	693.12	3992.62	2202.83	1197.40	2066.16		2498.60	2035.15
大　连	583.00	1037.54	5400.65	3057.64	1665.61	2331.81		3615.13	2746.45
鞍　山	105.00	241.90	2421.08	964.62	610.87	1231.16		1227.59	862.78
抚　顺	68.00	206.29	920.33	394.23	461.43	576.81		473.29	339.81
本　溪	60.00	199.33	1342.79	650.86	542.30	1226.07		973.24	811.66
丹　东	106.00	60.13	297.42	156.19	73.82	153.28		177.13	151.54
锦　州	73.00	82.14	494.11	259.60	182.09	298.23		287.16	206.11
营　口	99.00	371.48	1027.82	386.26	543.16	690.14		574.18	460.21
阜　新	53.00	69.50	386.22	162.76	183.95	243.60		256.66	148.07
辽　阳	50.00	283.05	922.96	551.38	308.28	495.42		499.25	360.45
盘　锦	76.00	546.99	1500.92	519.71	889.29	1608.53		924.21	496.02
铁　岭	105.00	162.24	662.10	255.45	329.20	543.70		334.18	204.61
朝　阳	100.00	74.95	545.34	219.17	214.62	279.87		343.57	235.66
葫芦岛	52.00	147.38	540.58	201.20	246.55	443.03		420.75	336.24

14-15 续表

单位：亿元

年份、地区	长期负债合计	所有者权益	主营业务收入	主营业务成本	主营业务税金及附加	利润总额	本年应交增值税	利税总额
1998	1303.62	1993.84	2378.74	2005.48	49.13	-25.30	122.79	146.61
1999	1106.82	2524.79	2568.69	2146.07	47.74	50.13	126.41	224.28
2000	1171.62	2386.85	3196.35	2681.87	56.32	142.54	150.46	349.32
2001	1106.09	1635.55	3398.32	2874.07	55.32	118.89	150.07	324.27
2002	1168.43	2837.12	3671.30	3072.43	61.50	121.10	160.23	342.80
2003	937.82	2999.36	4751.49	3937.53	76.37	194.97	189.26	460.60
2004	1133.17	3587.59	6349.30	5352.85	88.45	367.20	230.66	686.31
2005	1349.24	3715.13	8000.32	6990.98	105.92	268.27	262.38	636.57
2006	1480.57	4394.64	9733.03	8502.61	134.49	307.39	317.32	759.19
2007	1674.76	5126.57	11597.55	9788.64	194.05	547.28	398.19	1139.52
2008	1988.99	5754.37	13787.29	12304.22	173.37	217.70	399.19	790.26
2009	2649.68	6815.16	15120.81	12831.03	477.81	655.13	447.61	1580.55
2010	2955.76	7529.34	18663.03	15734.42	588.10	1113.86	574.62	2276.57
2011		8063.52	21459.08	18213.55	602.50	1058.85	645.83	2313.16
沈　阳		1466.19	4121.60	3402.54	97.41	283.58	124.54	507.65
大　连		1760.01	5217.62	4452.73	168.91	258.86	145.63	574.31
鞍　山		1190.09	1906.25	1578.86	13.66	144.04	60.25	218.53
抚　顺		446.55	943.95	823.52	59.99	-27.77	25.00	58.10
本　溪		365.21	1664.31	1550.65	10.43	33.06	27.07	70.58
丹　东		119.74	397.55	334.40	2.04	34.30	11.85	48.21
锦　州		204.31	796.02	693.90	50.92	3.89	23.47	78.41
营　口		449.45	962.59	802.85	19.25	78.86	40.48	138.58
阜　新		129.20	347.40	269.42	1.69	28.94	13.68	44.89
辽　阳		421.95	993.47	855.60	55.72	33.85	13.23	102.82
盘　锦		576.23	1489.55	1160.52	61.41	137.29	71.84	270.66
铁　岭		326.94	629.99	472.62	5.61	41.48	27.00	74.38
朝　阳		200.52	583.45	503.86	3.60	37.59	16.00	57.22
葫芦岛		119.82	592.43	514.73	48.25	-31.33	20.39	37.48

14-16 历年主要工业产品产量

年份、地区	化学纤维(万吨)	纱(万吨)	布(亿米)	毛线(吨)	呢绒(万米)	丝(吨)	机制纸及纸板(万吨)	缝纫机(万架)	自行车(万辆)
1990	15.6	109.8	6.5	5087	1840.0	2905	77.5	0.5	97.2
1991	15.8	110.1	6.4	4099	1781.1	2667	75.1	0.4	85.5
1992	17.1	112.0	6.0	4981	1672.7	1917	79.1	0.3	125.9
1993	15.7	99.3	5.6	3524	1431.4	2280	75.4	0.4	195.4
1994	17.9	18.2	5.4	2785	1548.6	3292	82.3	0.3	190.7
1995	19.8	18.0	5.8	2725	1185.0	3484	97.5	0.2	112.1
1996	20.7	16.9	4.7	4449	745.4	4550	95.7	0.2	87.9
1997	28.1	17.2	5.4	1902	648.5	3588	84.2	0.2	55.1
1998	30.5	14.3	4.7	1970	373.2	1996	72.0	0.1	53.1
1999	29.2	15.2	5.3	1655	606.1	1328	58.8	0.1	16.3
2000	34.2	18.3	5.0	1633	479.0	2414	55.2	0.2	46.2
2001	36.0	16.0	4.3	1179	230.3	1675	62.9	0.3	15.2
2002	33.5	16.4	5.0	1491	168.1	2110	52.0	0.3	2.2
2003	26.3	15.6	3.4	1447	109.2	1640	59.1	0.3	
2004	30.7	17.2	4.3	1840	379.8	3297	72.6	0.7	1.4
2005	24.1	18.7	5.7	1541	106.0	2191	83.4	0.6	0.4
2006	22.5	18.2	5.4	1811	118.4	2592	67.5	0.6	
2007	21.1	18.0	7.7	1015	60.3	2955	87.5	0.5	
2008	17.0	16.8	4.7		54.1	3045	56.9	0.1	
2009	21.4	16.0	5.0	1737	88.6	4812	77.2		
2010	19.9	15.4	7.2	2191	74.0	7182	88.5	0.1	1.2
2011	16.4	13.8	7.2	2402.7		4184.3	76.2		
沈　阳		3.4	0.1	2336.3			4.6		
大　连	3.3	1.3					18.6		
鞍　山	1.8	1.1	3.7			3478.0	4.5		
抚　顺	1.6	0.5	0.1						
本　溪		1.0	0.3						
丹　东	6.5	0.4	0.2			314.0	18.6		
锦　州		1.2	0.1				10.4		
营　口	1.1	1.6	1.9			392.3			
阜　新		1.2	0.3				1.7		
辽　阳	2.2	0.3	0.2				2.7		
盘　锦							5.2		
铁　岭							8.7		
朝　阳		1.3	0.4	66.4			1.2		
葫芦岛		0.6							

注：1993年以前纱产量的计量单位为万件。2007年及以前卷烟产量的计量单位为万箱、啤酒产量的计量单位为万吨。

14-16 续表 1

年份、地区	手表 (万只)	灯泡 (亿只)	合成洗涤剂 (万吨)	原盐 (万吨)	糖 (万吨)	卷烟 (亿支)	罐头 (万吨)	啤酒 (亿升)	家用电冰箱 (万台)
1990	430.4	1.2	5.3	129.9	3.2	50.6	5.8	55.0	16.4
1991	467.7	1.5	4.2	240.4	3.6	42.8	7.6	64.3	11.8
1992	359.9	1.5	4.3	293.2	5.4	45.3	8.8	78.5	10.3
1993	554.5	1.1	2.9	282.9	5.2	40.3	4.0	62.8	12.0
1994	397.7	3.3	3.5	275.9	3.8	40.3	7.6	108.0	12.2
1995	409.9	3.7	2.9	230.9	3.8	43.2	8.2	113.4	14.2
1996	316.4	4.3	6.9	232.5	4.0	40.3	8.1	118.8	9.4
1997	212.4	1.4	5.7	286.1	5.3	40.5	6.0	128.7	6.9
1998	98.0	1.3	6.8	190.9	5.1	41.8	4.1	129.1	8.5
1999	97.0	1.1	6.3	282.2	4.5	33.2	2.7	144.3	13.2
2000	69.0	0.5	7.0	275.9	2.1	23.0	2.9	149.7	23.1
2001	69.2	1.3	9.1	284.6	4.0	31.0	2.8	144.2	14.7
2002	86.0	1.5	10.4	280.6	4.2	38.0	3.4	137.1	51.6
2003		1.4	9.7	166.6	5.1	41.3	5.2	149.4	106.8
2004	152.8	1.8	9.8	200.6	3.8	45.9	10.7	155.4	116.3
2005	169.6	1.8	8.9	180.6	4.2	45.9	5.6	184.6	120.4
2006	145.1	5.1	14.0	191.3	1.3	47.8	7.3	200.4	133.5
2007	133.4	6.2	14.7	216.2	1.4	51.1	7.6	231.0	134.3
2008	139.3	8.1	12.4	184.2	2.0	260.4	7.5	23.5	139.3
2009	9.1	1.1	10.5	152.5	5.6	260.3	16.4	24.7	96.2
2010	5.7	1.4	12.2	161.6	6.1	265.3	20.0	24.8	87.8
2011	6.2	1.5	13.8	114.5	24.2	274.5	25.2	26.2	102.2
沈　阳		1.5	6.2			114.1		10.5	
大　连			2.5	61.8			17.9	5.3	61.9
鞍　山							3.2	2.3	
抚　顺			1.9					1.2	
本　溪			2.1					0.8	
丹　东	6.2						0.2	1.0	
锦　州							2.1	1.6	
营　口			1.0	39.1	21.9	160.3	0.3		40.3
阜　新								0.3	
辽　阳								0.3	
盘　锦				13.2				0.9	
铁　岭				0.4	0.7				
朝　阳					1.6			1.4	
葫芦岛				0.1			1.4	0.6	

14-16 续表 2

年份、地区	电视机(万台)	原煤(万吨)	原油(万吨)	天然气(亿立方米)	发电量(亿千瓦小时)		生铁(万吨)	钢(万吨)	成品钢材(万吨)
						#水电			
1990	115.1	5101.0	1368.7	20.4	435.8	35.5	1145.5	1216.3	939.9
1991	59.6	5234.7	1374.2	20.6	448.3	40.3	1227.8	1262.5	978.8
1992	73.2	5394.6	1387.8	21.1	489.1	32.4	1262.7	1349.9	1082.9
1993	49.9	5566.8	1420.1	23.8	505.3	27.4	1314.0	1413.3	1270.3
1994	54.3	5509.3	1502.5	21.2	504.0	18.5	1274.1	1340.6	1186.9
1995	47.7	5626.4	1552.7	21.1	540.1	41.7	1337.1	1335.9	1074.2
1996	56.7	6040.6	1504.3	19.6	583.9	45.2	1358.5	1369.3	1210.3
1997	73.2	5883.8	1504.1	19.1	615.2	28.8	1358.1	1354.9	1223.5
1998	173.2	5785.7	1452.1	15.6	608.1	21.6	1419.0	1406.5	1149.2
1999	229.3	4779.3	1430.3	14.3	610.5	25.5	1448.9	1492.2	1235.6
2000	374.7	4454.9	1401.1	14.7	645.6	14.9	1555.4	1553.8	1443.2
2001	378.0	4468.2	1385.0	14.7	662.1	22.7	1593.7	1660.7	1655.2
2002	404.9	5180.8	1351.2	13.3	725.3	14.5	1886.4	1942.5	2086.7
2003	446.0	5871.0	1332.0	13.3	837.0	22.9	2061.0	2169.0	2334.0
2004	346.2	6641.9	1283.2	10.3	874.9	38.6	2547.8	2612.8	2657.9
2005	550.2	6395.0	1261.0	11.7	904.2	56.7	3113.9	3059.0	3235.9
2006	333.9	7367.3	1226.5	11.9	1013.4	47.0	3759.5	3702.3	3848.9
2007	423.2	6349.1	1207.2	8.7	1115.0	43.8	4057.6	4140.3	4364.3
2008	500.2	6415.5	1199.3	8.7	1139.0	41.8	4101.5	4068.6	4285.3
2009	441.4	6624.2	1000.0	8.1	1162.5	28.8	5062.2	4783.2	4943.4
2010	576.9	6641.6	950.0	8.0	1295.1	44.0	5508.1	5389.8	5669.4
2011	557.5	7005.1	1000.0	7.2	1369.9	31.7	5450.2	5424.8	5761.1
沈　阳	380.6	939.5			169.8			6.9	48.9
大　连	176.9				168.5			128.0	218.5
鞍　山					49.0	0.1	1719.0	1600.2	1609.9
抚　顺		545.2			116.2	0.4	380.1	381.3	360.3
本　溪		78.9			39.6	12.0	1816.6	1647.5	1627.8
丹　东		164.6			52.6	17.7	18.0	58.7	28.4
锦　州		346.0			70.5				7.5
营　口					139.3		873.3	838.8	783.2
阜　新		1914.3			112.4		120.2		
辽　阳		363.7			18.4	1.4	24.5	201.5	526.2
盘　锦			1000.0	7.2	6.2				
铁　岭		2136.8			197.2			38.4	17.3
朝　阳		228.8			10.3		498.3	523.6	489.1
葫芦岛		287.3			219.9		0.1		43.9

14-16 续表 3

年份、地区	铁合金(万吨)	水泥(万吨)	平板玻璃(万重量箱)	硫酸(万吨)	纯碱(万吨)	烧碱(万吨)	农用氮、磷、钾化肥(万吨)	#氮肥	#磷肥
1990	16.0	1092.0	995.3	74.1	76.2	28.3	63.4	55.0	8.3
1991	15.9	1312.2	1022.4	81.2	71.2	29.4	60.3	51.4	8.9
1992	20.3	1644.4	1188.5	86.2	72.4	29.7	62.8	50.9	11.9
1993	21.4	1947.9	1350.2	78.6	74.8	27.8	54.8	49.6	5.2
1994	24.1	1891.2	1299.0	95.8	73.9	30.5	79.1	67.0	10.3
1995	30.4	1911.0	1233.3	106.9	69.1	26.3	78.2	70.1	7.8
1996	30.2	1743.1	1591.6	108.7	71.9	37.5	82.0	73.9	6.9
1997	23.9	1829.0	1494.2	108.7	71.2	33.4	84.7	74.3	8.9
1998	19.5	1663.7	1546.9	100.0	69.2	32.5	76.8	70.7	4.2
1999	14.3	1711.1	1536.8	105.5	72.1	30.9	87.2	78.5	5.2
2000	13.3	1954.9	1475.3	119.9	74.1	33.4	97.6	82.4	8.4
2001	13.6	2090.5	1537.7	118.8	76.5	37.2	97.9	86.6	8.7
2002	12.9	2145.8	1470.9	113.1	82.5	45.0	88.8	80.9	6.1
2003	17.2	2332.0	1362.0	110.6	80.0	48.3	91.7	82.6	6.9
2004	48.6	2495.7	1785.2	121.7	80.7	48.1	88.1	85.4	2.8
2005	36.4	2680.7	1854.0	120.7	74.9	53.6	89.6	84.9	4.7
2006	52.3	3341.4	1650.9	107.6	47.4	62.6	87.7	79.7	7.9
2007	61.6	3893.2	1941.2	105.6	32.8	63.4	89.4	84.7	4.7
2008	60.2	4074.4	2275.2	90.5	24.7	55.1	89.1	85.1	3.9
2009	77.0	4704.8	1674.2	81.1		45.8	85.8	70.4	5.4
2010	83.2	4790.9	1635.3	84.4	13.2	56.4	75.1	67.1	5.1
2011	89.7	5791.1	2258.0	78.9	33.8	57.3	67.5	65.8	1.6
沈　阳		320.0	471.0			18.4	0.9	0.1	0.8
大　连		1348.1	791.8		33.8	0.2	8.0	8.0	
鞍　山		210.0					3.7	3.7	
抚　顺	5.4	255.7		6.4					
本　溪		300.4		2.1		0.8	5.8	5.8	
丹　东		279.6		4.9			0.4	0.4	
锦　州	52.8	133.3		8.3					
营　口	4.0	449.3				6.0	1.4	0.7	0.7
阜　新		167.9	445.2						
辽　阳	10.7	1330.0		4.3			0.1		0.1
盘　锦		165.8					21.4	21.4	
铁　岭	0.6	124.3	0.1						
朝　阳	0.3	401.4	549.9	2.2					
葫芦岛	15.8	305.3		50.8		32.0	25.7	25.7	

14-16 续表 4

年份、地区	化学农药(万吨)	乙烯(万吨)	电石(万吨)	塑料(万吨)	轮胎外胎(万条)	金属切削机床(万台)	汽车(万辆)	铁路机车(台)
1990	1.5	8.4	6.4	14.0	191.8	1.6	2.4	
1991	1.5	14.9	6.8	24.3	223.5	1.8	4.2	
1992	1.5	20.4	5.2	30.0	311.1	2.1	6.1	
1993	1.2	25.1	6.1	39.1	426.7	2.4	5.1	
1994	1.2	28.8	6.8	42.0	292.4	1.7	3.0	238
1995	2.3	32.1	8.9	51.3	303.7	1.4	2.5	257
1996	1.7	35.3		58.5	309.5	1.3	2.8	300
1997	2.1	35.7	3.2	65.7	361.2	1.1	3.9	274
1998	1.9	38.7	2.6	71.5	472.9	0.9	4.3	
1999	2.3	39.7	1.4	80.9	499.6	0.9	5.8	
2000	2.2	41.7	2.6	94.1	576.0	1.6	8.2	63
2001	2.2	40.2	2.2	99.7	621.2	2.1	7.9	58
2002	2.6	44.2	4.3	104.6	643.5	3.1	9.0	71
2003	2.1	47.9	5.3	117.4	787.1	5.6	13.0	
2004	1.8	48.2	11.6	129.5	935.7	9.4	14.3	242
2005	2.7	47.1	1.9	121.6	1095.6	11.3	15.0	202
2006	3.6	49.3	6.9	122.6	1141.8	13.1	29.0	256
2007	4.0	42.3	18.4	126.9	1263.3	15.0	37.7	310
2008	4.0	46.2	11.8	117.3	1275.8	14.6	34.1	406
2009	4.5	48.0	8.9	108.6	1281.9	14.1	50.9	435
2010	3.0	91.8	8.7	150.7	1507.9	13.6	70.8	589
2011	2.1	106.8	14.0	177.9	1669.9	16.9	75.5	701
沈　阳	0.3	6.4		19.3	400.7	7.7	71.5	
大　连	0.7			38.1	657.6	8.4		701.0
鞍　山				0.1	202.1			
抚　顺		13.5		14.7		0.1		
本　溪			10.8					
丹　东			3.2			0.3	4.0	
锦　州				1.6	11.6			
营　口	0.4			0.2		0.4		
阜　新								
辽　阳	0.3	17.8		9.9				
盘　锦	0.4	69.1		87.6				
铁　岭				2.1		0.1		
朝　阳					323.6			
葫芦岛				4.4	74.3			

注：1993年以前纱产量的计量单位为万件。2007年及以前卷烟产量的计量单位为万箱、啤酒产量的计量单位为万吨。

14-17 工业产品产量

产品名称	单位	2005年	2006年	2008年	2009年	2010年	2011年
化学纤维	万吨	24.1	22.5	17.0	21.4	19.9	16.4
#合成纤维	万吨	18.1	16.6	11.6	14.0	11.5	9.4
纱	万吨	18.7	18.3	16.8	16.0	15.4	13.8
布	亿米	5.7	5.4	4.7	5.0	7.2	7.2
#纯棉布	亿米	1.5	2.8	1.8	1.8	4.7	4.7
混纺交织布	亿米	1.4	1.3	1.1	1.7	1.1	0.8
毛线	吨	1541.0	1811.0		1736.0	2191.0	2402.7
呢绒	万米	106.0	118.4	54.1	88.6	74.0	
丝	吨	2190.9	2592.0	3045.0	4812.0	7182.0	4184.3
丝织品	万米	465.2	1186.1	2560.8			
机制纸及纸板	万吨	83.4	67.5	56.9	77.2	88.5	76.2
缝纫机	万架	0.6	0.6	0.1		0.1	
自行车	万辆	0.4				1.2	
表	万只	169.6	145.1	139.3	9.1	5.7	6.2
日用玻璃制品	万吨	8.4	10.4	33.3	31.9	24.7	21.9
灯泡	万只	18491.7	51401.7	81217.6	10797.0	14101.0	15319.0
合成洗涤剂	吨	89198.5	140546.0	123528.0	104685.4	122031.4	137701.8
牙膏	万支	3379.1	11158.3	10342.0	11496.8	14413	
原盐	万吨	180.6	191.3	184.2	152.5	161.6	114.5
糖	万吨	1.1	1.3	2.0	5.6	6.1	24.2
卷烟	亿支	45.9	47.8	260.4	260.3	265.3	274.5
白酒	亿升	27.3	28.9	4.3	4.7	6.4	6.8
啤酒	亿升	184.6	200.4	23.5	24.7	24.8	26.2
味精	万吨	4.7	5.2	3.8	4.0	3.5	
食用植物油	万吨	89.6	136.9	171.7	177.8	193.7	171.8
化学原料药	万吨	3.8	4.0	3.8	14.4	13.2	11.9
家用电冰箱	万台	120.4	133.5	139.3	96.2	87.8	102.2
电视机	万部	550.2	333.9	500.2	441.4	576.9	557.5
#彩电	万部	550.2	333.9	500.2	441.4	576.9	557.5
农用化肥	万吨	89.6	87.7	89.1	85.8	75.1	67.5
#氮肥	万吨	84.9	79.7	85.1	70.4	67.1	65.8
磷肥	万吨	4.8	7.9	3.9	5.4	5.1	1.6
化学农药	万吨	2.7	3.6	4.0	4.5	3.0	2.1
乙烯	万吨	47.1	49.3	46.2	48.0	91.8	106.8
合成橡胶	吨	11119.0	26826.0	22190.6	28270.7	36628.7	40170.1
轮胎外胎	万条	1095.7	1141.8	1275.8	1281.9	1507.9	1669.9
交流电动机	万千瓦	773.4	720.8	585.7	671.6	830.5	758.4
金属切削机床	台	112727	130967	145771	140988	135872	168760
数控机床	台	14887	22213	34332	37212	39426	48984
汽车	辆	150488	290085	340778	508452	707690	755421
#载货汽车	辆	43438	67925	96262	95480	100015	114606
摩托车	辆	1952	26837	22125	30195	33045	34900
轴承	万套	10312	10265	10249	7492	19798	16811
拖拉机	台	10	10		16	11	
#小型拖拉机	台	6	13		16	11	
原煤	万吨	6395.0	7367.3	6415.5	6624.2	6641.6	7005.1
原油	万吨	1261.0	1226.5	1199.3	1000.0	950.0	1000.0
汽油	万吨	965.6	1032.3	1017.1	1043.6	1057.7	1017.5
柴油	万吨	1899.6	1911.2	2045.9	2101.4	2379.9	2284.8
天然气	亿立方米	11.7	11.9	8.7	8.1	8.0	7.2
发电量	亿千瓦小时	904.2	1014.5	1139.0	1162.5	1295.1	1369.9
#水电	亿千瓦小时	56.7	47.0	41.8	28.8	44.0	31.7
生铁	万吨	3114.0	3759.5	4101.5	5062.2	5508.1	5450.2
钢	万吨	3059.1	3702.3	4068.6	4783.2	5389.8	5424.8
成品钢材	万吨	3235.9	3848.9	4285.3	4943.4	5669.4	5761.1
#铁道用钢材	万吨	75.1	75.2	88.1	112.5	91.2	76.0
线材	万吨	261.8	307.5	394.9	506.9	572.1	688.6
铁合金	万吨	36.4	52.3	60.2	77.0	83.2	89.7
焦炭	万吨	1237.9	1503.4	1738.1	1876.5	1875.8	2027.0
水泥	万吨	2680.7	3341.4	4074.4	4704.8	4790.9	5791.1
平板玻璃	万重量箱	1854.0	1650.9	2275.2	1674.2	1635.3	2258.0
硫酸	万吨	120.7	107.6	90.5	81.2	84.4	78.9
纯碱	万吨	74.9	47.4	24.7		13.2	33.8
烧碱	万吨	53.6	62.6	55.1	45.8	56.4	57.3
合成氨	万吨	99.1	78.4	77.0	80.0	79.1	82.9

注：2007年及以前卷烟产量的计量单位为万箱、啤酒及白酒产量的计量单位为万吨。

14-18 规模以上农产品加工业主要经济指标

(2011年)

行　业	企业单位数(个)	资产合计(亿元)	流动资产合计(亿元)	负债合计(亿元)	主营业收入(亿元)	主营业务成本(亿元)
农产品加工业合计	3763.00	2917.12	1372.32	1218.61	6597.34	5648.21
其中：农副食品加工业	1484.00	1382.65	718.96	563.35	3413.80	3005.70
饮料制造业	213.00	249.79	101.28	111.82	406.32	325.07
烟草制品业	4.00	33.72	19.48	29.75	57.63	20.14
纺织业	326.00	186.36	83.41	90.73	342.13	298.20
纺织服装、鞋、帽制造业	526.00	212.34	104.01	86.19	542.31	464.46
皮革、毛皮、羽毛(绒)及其制品业	95.00	61.60	26.05	24.97	147.48	123.19
造纸及纸制品业	263.00	152.45	53.27	67.49	355.56	303.27

14-18 续表

行　业	主营业务税金及附加(亿元)	利润总额(亿元)	利税总额(亿元)	应交增值税(亿元)	全部从业人员平均人数(万人)
农产品加工业合计	65.80	450.54	624.49	104.58	69.60
其中：农副食品加工业	16.42	226.29	281.69	38.73	26.38
饮料制造业	7.34	36.11	56.65	10.32	4.19
烟草制品业	26.98	3.93	37.47	6.55	0.22
纺织业	2.26	20.49	30.29	7.43	5.87
纺织服装、鞋、帽制造业	2.88	31.65	44.19	9.63	12.67
皮革、毛皮、羽毛(绒)及其制品业	0.92	14.35	17.04	1.76	1.76
造纸及纸制品业	1.80	26.15	34.29	6.23	3.84

14-19 规模以上原材料工业主要经济指标

(2011年)

	企业单位数(个)	资产合计(亿元)	流动资产合计(亿元)	负债合计(亿元)	主营业收入(亿元)	主营业务成本(亿元)
原材料工业合计	7177	14089.73	6217.75	7902.46	21066.69	18018.73
石化工业	3657	6399.94	2884.56	3483.36	10661.12	9044.58
石油和天然气开采业	2	635.71	151.09	301.86	357.33	194.72
石油化工、炼焦及核燃料加工业	268	1860.82	908.88	1098.40	3899.57	3423.38
化学原料及化学制品制造业	953	1557.14	739.96	898.83	2320.46	1998.22
橡胶制品业	843	865.81	426.52	419.65	1311.77	1110.76
化纤制品业	20	28.02	15.01	16.49	44.89	39.38
塑料制品业	1571	1452.43	643.10	748.12	2727.10	2278.12
冶金工业	2216	2304.07	1161.58	1169.80	4114.68	3360.15
黑色金属矿采选业	792	584.13	259.98	248.66	1423.48	1110.77
有色金属矿采选业	189	112.48	51.45	47.49	260.49	210.24
黑色金属冶炼及压延加工业	318	775.08	426.97	466.70	1028.10	865.02
有色金属冶炼及压延加工业	917	832.38	423.17	406.94	1402.61	1174.11
建材工业	1304	5385.72	2171.62	3249.30	6290.88	5613.99
非金属矿采选业	344	133.42	56.91	52.12	370.65	320.16
非金属矿物制品业	960	5252.29	2114.71	3197.18	5920.23	5293.84

14-19 续表

	主营业务税金及附加(亿元)	利润总额(亿元)	利税总额(亿元)	应交增值税(亿元)	全部从业人员平均人数(万人)
原材料工业合计	523.39	1071.17	2184.50	587.75	148.14
石化工业	461.83	454.14	1269.70	352.35	66.90
石油和天然气开采业	9.35	95.10	141.51	37.06	3.03
石油化工、炼焦及核燃料加工业	368.49	-105.70	385.93	122.77	9.36
化学原料及化学制品制造业	60.58	115.09	240.21	64.46	15.49
橡胶制品业	6.47	79.77	115.46	29.03	14.40
化纤制品业	0.14	1.92	3.18	1.11	0.50
塑料制品业	16.80	267.96	383.40	97.92	24.12
冶金工业	31.18	381.71	529.51	116.04	37.13
黑色金属矿采选业	17.83	201.01	270.16	51.24	10.33
有色金属矿采选业	2.18	26.23	41.63	13.12	4.24
黑色金属冶炼及压延加工业	3.96	64.12	92.76	24.47	6.64
有色金属冶炼及压延加工业	7.21	90.35	124.96	27.21	15.92
建材工业	30.37	235.32	385.29	119.36	44.11
非金属矿采选业	3.10	32.20	46.27	10.94	3.67
非金属矿物制品业	27.27	203.12	339.02	108.42	40.44

14-20 规模以上装备制造业主要经济指标

(2011年)

行　业	企业单位数(个)	资产合计(亿元)	流动资产合计(亿元)	负债合计(亿元)	主营业收入(亿元)	主营业务成本(亿元)
装备制造行业合计	3987	8599.08	5162.72	5392.03	9546.71	7971.71
金属制品业	1952	2124.87	1169.81	1084.22	3261.38	2719.3
通用设备制造业	955	1500.86	901.03	887.79	1754.87	1489.4
专用设备制造业	419	1544.81	894.98	1038.65	1950.58	1596.37
交通运输设备制造业	219	2587.63	1730.64	2029.6	1413.38	1218.38
电气机械及器材制造业	218	669.17	371.46	281.14	933.35	755.09
通信设备、计算机及其他电子设备制造业	181	127.27	73.16	51.03	176.67	145.87
仪器仪表及文化、办公用机械制造业	43	44.47	21.65	19.58	56.48	47.3

14-20 续表

行　业	主营业务税金及附加(亿元)	利润总额(亿元)	利税总额(亿元)	应交增值税(亿元)	全部从业人员平均人数(万人)
装备制造行业合计	103.43	678.22	979.08	187.78	90.48
金属制品业	16.65	211.25	291.74	63.45	33.29
通用设备制造业	8.1	113.57	163.11	39.34	16.58
专用设备制造业	70.2	144.68	264.71	49.74	13.36
交通运输设备制造业	3.67	107.98	132.09	20.38	15.26
电气机械及器材制造业	3.27	83.21	102.41	9.01	8.48
通信设备、计算机及其他电子设备制造业	1.12	13.78	19.26	4.27	2.35
仪器仪表及文化、办公用机械制造业	0.41	3.75	5.75	1.59	1.17

主要统计指标解释

工业 指从事自然资源的开采，对采掘品和农产品进行加工和再加工的物质生产部门。具体包括：(1)对自然资源的开采，如采矿、晒盐、森林采伐等(但不包括禽兽捕猎和水产捕捞)；(2)对农副产品的加工、再加工，如粮油加工、食品加工、轧花、缫丝、纺织、制革等；(3)对采掘品的加工、再加工，如炼铁、炼钢、化工生产、石油加工、机器制造、木材加工等，以及电力、自来水、煤气的生产和供应等；(4)对工业品的修理、翻新，如机器设备的修理、交通运输工具(包括小卧车)的修理等。

1984 年以前农村的村及村以下办工业归属农业，1984 年以后的划归工业。

工业统计调查单位 工业统计调查单位分为两类：独立核算法人工业企业和工业活动单位。

(1)独立核算法人工业企业是指从事工业生产经营活动的单位。独立核算法人工业企业应同时具备以下条件：①依法成立，有自己的名称、组织机构和场所，能够承担民事责任；②独立拥有和使用资产，承担负债，有权与其他单位签订合同；③独立核算盈亏，并能够编制资产负债表。

(2)工业活动单位是指在一个场所从事一种或主要从事一种工业生产活动的经济单位。它包括独立核算工业企业按主营业务活动(即工业生产活动)划分的主营业务活动单位和非工业企业所属的工业生产活动单位(即原非独立核算工业生产单位)。工业活动单位，一般应同时具备以下三个条件：①具有一个场所，从事一种或主要从事一种工业活动；②单独组织工业生产、经营或业务活动；③单独核算收入和支出。

国有经济工业(即过去的全民所有制工业或国营工业) 指生产资料归国家所有的一种经济类型。包括中央和地方各级国家机关、部队、科研机构、学校、人民团体和国有经济企事业单位等举办的国有经济工业。1957 年以前的公私合营和私营工业，后均改造为国营工业，1992 年改为国有工业，这部分工业的资料不单独分列时，均包括在国有工业内。

集体经济工业 指生产资料归公民集体所有的一种经济类型，是社会主义公有制经济的组成部分。包括城乡所有使用集体投资举办的企业，以及部分个人通过集资自愿放弃所有权并依法经工商行政管理机关认定为集体所有制的企业。

其他经济类型工业 指除国有经济工业、集体经济工业以外的其他经济类型工业企业(单位)。包括私营经济、个体经济、联营经济、股份制经济(股份有限公司，有限责任公司)；外商投资经济(中外合资经营、中外合作经营、外资企业)；港、澳、台投资经济(与大陆合资经营、与大陆合作经营、港、澳、台独资企业)及其他经济类型的工业。

轻工业 指主要提供生活消费品和制作手工工具的工业。按其所使用的原料不同，可分为两大类：(1)以农产品为原料的轻工业，是指直接或间接以农产品为基本原料的轻工业。主要包括食品制造、饮料制造、烟草加工、纺织、缝纫、皮革和毛皮制作、造纸以及印刷等工业；(2)以非农产品为原料的轻工业，是指以工业品为原料的轻工业。主要包括文教体育用品、化学药品制造、合成纤维制造、日用化学制品、日用玻璃制品、日用金属制品、手工工具制造、医疗器械制造、文化和办公用机械制造等工业。

重工业 是指为国民经济各部门提供物质技术基础的主要生产资料的工业。按其生产性质和产品用途，可以分为下列三类：(1)采掘(伐)工业，是指对自然资源的开采，包括石油开采、煤炭开采、金属矿开采、非金属矿开采和木材采伐等工业；(2)原材料工业，指向国民经济各部门提供基本材料、动力和燃料的工业。包括金属冶炼及加工、炼焦及焦炭化学、化工原料、水泥、人造板以及电力、石油和煤炭加工等工业；(3)加工工业，是指对工业原材料进行再加工制造的工业。包括装备国民经济各部门的机械设备制造工业、金属结构、水泥制品等工业，以及为农业提供的生产资料如化肥、农药等工业。根据上述划分原则，修理业中以重工业产品为修理作业对象的划为重工业，反之划为轻工业。

工业总产值 是以货币表现的工业企业在一定时期内生产的已出售或可供出售工业产品总量，它反映一定时间内工业生产的总规模和总水平。它包括：在本企业内不再进行加工，经检验、包装入库(规定了需包装的产品除外)的成品价值，工业性作业价值，自制半成品、在产品期末初差额价值(生产周期较长的企业计算)。工业总产值采用“工厂法”计算，即以工业企业作为一个整体，按企业工业生产活动的最终成果来计算，企业内部不允许重复计算，不能把企业内部各个车间(分厂)生产的成果相加。但在企业之间、行业之间、地区之间存在着重复计算。

轻重工业总产值的划分也是按“工厂法”计算的，即一个工业企业在正常情况下生产的主要产品的性质属于轻工业，则该企业的全部总产值作为轻工业总产值；一个工业企业生产的主要产品的性质属于重工业，则该企业的全部总产值作为重工业总产值。

工业销售产值 是以货币表现的工业企业在一定时期内销售的本企业生产的工业产品产量。包括已销售的成品、半成品价值，对外提供的工业性作业价值和对本单位基本建设部门、生活福利部门等提供的产品和工业性作业及自制设备的价值。已销售的成品、半成品不论是本期生产的、还是上期生产的，只要是本期销售出去的均包括在内。对外提供的工业性作业是指企业按合同对外提供的工业性劳务。企业为本单位基本建设部门、生活福利部门等提供的产品和工业性作业及自制设备也应视同销售，这部分也作为销售统计。

工业销售产值的计算范围、计算价格和计算方法与工业总产值一致，但两者计算的基础不同：工业销售产值计算的基础是产品销售总量，工业总产值计算的基础是工业产品生产总量。

工业增加值 是指工业企业在报告期内以货币表现的工业生产活动的最终成果。是企业生产产品或提供劳务过程中新增加的价值，是总产出与中间投入之间的差额。

固定资产原值 指企业在建造、购置、安装、改建、扩建、技术改造某项固定资产时所支出的全部货币总额。它一般包括买价、包装费、运杂费和安装费等。

固定资产净值 是指固定资产原价减去历年已提折旧额后的净额。

流动资产 流动资产是指可以在一年或者超过一年的一个营业周期内变现或者耗用的资产，包括现金及各种存款、短期投资、应收及预付货款、存货等。

总资产贡献率 反映企业全部资产的获利能力，是企业经营业绩和管理水平的集中体现，是评价和考核企业盈利能力的核心指标。计算公式为:

总资产贡献率(%)=（(利润总额+税金总额+利息支出)／平均资产总额）×100%

资产负债率 该指标既反映企业经营风险的大小，也反映企业利用债权人提供的资金从事经营活动的能力。计算公式为:

资产负债率(%)=（负债总额／资产总额）×100%

利税总额 指企业产品销售税金及附加加本年应交增值税加利润总额之和。

资金利税率 指在一定时期内已实现的利润、税金总额与同期的资产(固定资产净值和流动资产)之比。计算公式:

资金利税率(%)=（报告期累计实现利税总额／（固定资产净值平均余额+流动资产平均余额））×100%

资金利税率反映每单位(通常是每万元)资金所提供的利税金额。它是考察和评价部门或企业资金运用的经济效益，分析资金投入效果的主要分析指标。

工业成本利润率 指在一定时期的利润与成本费用之比，是反映工业生产成本及费用投入的经济效益指标，同时也是反映降低成本的经济效益的指标。计算公式:

工业成本费用利润率(%)=（利润总额／成本费用总额）×100%

工业增加值率 指在一定时期内工业增加值占同期工业总产值的比重，反映降低中间消耗的经济效益。计算公式:

工业增加值率(%)=（工业增加值(现价)／（工业总产值(现价)+本年应交销项税额））×100%

流动资产周转次数 指在一定时期内流动资产完成的周转次数，反映流动资产的周转速度。计算公式:

流动资金周转次数=（产品销售收入／全部流动资产平均余额）

产品销售率 指一定时期内销售产值与同期全部工业总产值之比，反映工业产品生产已实现销售的程度。计算公式:

工业产品销售率(%)=（报告期现价工业销售产值／报告期现价工业总产值）× 100%

产品销售收入 指企业销售产品的销售收入和提供劳务等主要经营业务取得的业务收入总额。

产品销售工厂成本 指企业销售产品和提供劳务等主要经营业务的实际成本。

产品销售税金及附加 指企业销售产品和提供工业性劳务等主要经营业务应负担的城市维护建设税、消费税、资源税和教育费附加。

产品销售利润 指企业销售产品和提供工业性劳务等主要经营业务收入扣除其成本、费用、税金后的利润。

利润总额 指企业实现的利润。

应交增值税 指企业在报告期内应交纳的增值税额。

全员劳动生产率 指根据产品的价值量指标计算的平均每一个职工在单位时间内的产品生产量。是考核企业经济活动的重要指标，是企业生产技术水平、经营管理水平、职工技术熟练程度和劳动积极性的综合表现。目前我国的全员劳动生产率是将工业企业的工业增加值除以同一时期全部职工的平均人数来计算的。计算公式:

全员劳动生产率=（工业增加值／全部职工平均人数）

为了使各年度的全员劳动生产率数字可以比较，各年的全员劳动生产率均按指数换算成 1990 年不变价格。

实物劳动生产率 指根据某种产品实物量计算的平均每个职工(或工人)在单位时间内生产的产品数量。这是通过产品实物来反映劳动者在生产中的劳动效率指标。我国目前有全员实物劳动生产率(通常简称全员效率)和工人实物劳动生产率两个指标。计算公式:

全员实物劳动生产率(全员效率)=（产品产量／全部职工平均人数）

工人实物劳动生产率=（产品产量／生产工人(包括学徒)平均人数）

计算实物劳动生产率的产品产量，是指报告期生产的，并经检验符合质量标准或合同规定的技术要求的合格产品产量。不包括不合格品和废品的数量。

资本金 指企业在工商行政管理部门登记的注册资金合计。企业资本金按投资主体可分为国家资本金、法人资本金、个人资本金和外商资本金等。资本金合计包括企业各种投资主体注册的全部资本金。

总资产 指企业拥有或控制的全部资产。包括流动资产、长期投资、固定资产、无形及递延资产、其他长期资产等，即为企业资产负债表的资产总计项。

(1)流动资产指企业可以在一年内或者超过一年的一个生产周期内变现或耗用的资产合计。包括现金及各种存款、短期投资、应收及预付款项、存货等。

(2)固定资产指企业固定资产净值、固定资产清理、在建工程、待处理固定资产损失所占用的资金合计。

(3)无形资产指企业长期使用而没有实物形态的资产。包括专利权、非专利技术、商标权、著作权、土地使用权、商誉等。

总负债 指企业承担并需要偿还的全部债务。包括流动负债和长期负债等，即为企业资产负债表的负债合计项。

(1)流动负债指企业在一年内或者超过一年的一个营业周期内需要偿还的债务合计，其中包括短期借款、应付及预收款项、应付工资、应交税金和应交利润等。

(2)长期负债指企业在一年以上或者超过一年的一个生活周期内需要偿还的债务合计，其中包括长期借款、应付债务、长期应付款项等。

所有者权益 指企业投资人对企业净资产的所有权。企业净资产等于企业全部资产减去全部负债后的余额，其中包括投资者对企业的最初投入，以及资本公积金、盈余公积金和未分配利润，对股份制企业即为股东权益。

十五、建筑业

Chapter 15 Construction

15-1 建筑业企业概况

年　份	施工企业	内资企业	国有企业	集体企业	港澳台商投资企业	外商投资企业
企业单位数(个)						
1985	892	892	192	700		
1990	1537	1537	294	1243		
1991	1509	1509	302	1207		
1992	1652	1652	340	1312		
1993	2425	2396	464	1908	8	21
1994	2757	2715	554	2130	9	33
1995	2648	2607	568	1999	13	28
1996	2410	2368	562	1747	23	19
1997	2387	2329	554	1712	26	32
1998	2366	2299	557	1447	38	29
1999	2626	2547	580	1465	39	40
2000	2738	2667	556	1463	38	33
2001	2662	2585	555	1027	47	30
2002	2505	2426	448	657	42	37
2003	2716	2633	397	526	35	48
2004	3124	3044	373	409	30	50
2005	3299	3215	348	370	33	51
2006	3435	3357	319	350	28	50
2007	3493	3417	298	324	28	48
2008	4265	4189	293	318	24	52
2009	4785	4704	282	299	24	57
2010	5417	5345	277	335	21	51
2011	5534	5460	253	253	24	50
年末从业人员(万人)						
1985	69.26	69.26	36.63	32.63		
1990	97.07	97.07	44.81	52.26		
1991	97.34	97.34	45.27	52.07		
1992	108.55	108.55	47.86	60.69		
1993	159.70	159.70	46.80	63.90		
1994	135.20	135.20	40.08	45.07		
1995	89.66	89.66	37.48	49.49		
1996	102.69	102.69	48.63	52.43		
1997	107.35	107.35	50.39	54.87		
1998	98.51	97.66	43.88	44.89	0.44	0.41
1999	103.22	102.26	43.08	43.78	0.39	0.57
2000	95.99	95.06	35.96	40.55	0.42	0.51
2001	98.62	97.40	31.26	31.48	0.83	0.39
2002	95.14	94.07	25.97	23.72	0.58	0.49

15-1 续表

年 份	施工企业	内资企业	国有企业	集体企业	港澳台商投资企业	外商投资企业
2003	96.68	95.04	22.41	19.80	0.34	1.30
2004	100.35	98.79	19.85	15.58	0.32	1.24
2005	91.72	89.92	19.27	13.07	0.36	1.44
2006	99.65	97.65	16.79	12.37	0.80	1.20
2007	99.35	97.08	15.67	10.90	0.42	1.85
2008	109.31	107.61	16.26	11.24	0.42	1.28
2009	132.61	130.66	16.21	12.82	0.46	1.49
2010	165.80	163.80	16.71	14.00	0.33	1.72
2011	171.70	168.24	18.10	11.67	1.63	1.83
建筑业总产值(亿元)						
1980	18.4	18.4	14.5	3.9		
1985	49.6	49.6	30.4	19.2		
1990	126.6	126.6	74.5	52.1		
1991	144.1	144.1	82.6	61.5		
1992	217.3	217.3	120.5	96.8		
1993	318.7	317.3	162.5	144.7	0.4	1.0
1994	385.2	383.0	209.0	168.5	0.4	1.8
1995	407.3	405.0	222.3	176.8	0.4	1.9
1996	400.5	396.9	174.3	130.9	1.7	1.9
1997	429.1	425.1	245.7	169.5	1.7	2.3
1998	419.0	412.7	216.9	143.8	4.1	2.2
1999	489.3	476.7	224.9	160.0	7.2	5.4
2000	598.1	584.9	252.1	176.3	7.7	5.5
2001	761.2	581.5	262.8	162.9	114.8	64.9
2002	839.3	819.9	265.3	140.7	10.1	9.3
2003	1017.1	981.7	285.5	131.6	6.6	28.8
2004	1245.1	1209.8	323.7	104.3	4.6	30.7
2005	1481.7	1447.0	386.6	114.0	6.2	28.5
2006	1775.0	1716.7	387.9	130.2	16.8	41.5
2007	2100.0	2038.7	413.7	133.2	10.7	50.6
2008	2505.2	2467.4	492.0	139.4	9.8	37.8
2009	3384.6	3333.2	565.0	172.0	8.8	42.6
2010	4690.3	4637.5	601.9	219.4	7.1	45.7
2011	6218.3	6086.1	682.4	308.7	71.2	61.0

注：1.施工企业总产值即是施工产值。
2.1996年建筑业统计范围为资质等级四级以上。
3.从1996年以后，农村建筑队改为建筑业企业资质等级四级以下即非等级企业。
4.2004年以后数据，建筑业部分的所有指标口径均为总承包与专业承包企业。

15-2 建筑施工企业个数

(2011年) 单位：个

地 区	企业个数	按登记注册类型分组						
		国有企业	集体企业	股份合作企业	联营企业	有限责任公司	股份有限公司	私营企业
全 省	**5875**	**283**	**320**	**58**	**8**	**1651**	**156**	**3250**
沈 阳	1683	80	56	13	1	368	40	1071
大 连	1579	46	45	19	1	326	17	1077
鞍 山	384	27	50	3	2	140	28	127
抚 顺	208	15	28	1		92	12	55
本 溪	248	23	39	3	1	108	3	66
丹 东	193	13	15	5		64	15	80
锦 州	226	13	18	2	1	103	2	80
营 口	203	10	5	2		51		132
阜 新	202	11	4			63		124
辽 阳	244	8	24	3	1	61	4	141
盘 锦	177	13	5	6	1	80	15	48
铁 岭	101	14	7			24	12	43
朝 阳	188	2	10			65	5	104
葫芦岛	239	8	14	1		106	3	102

15-2 续表 单位：个

地 区	按登记注册类型分组			按经济组织类型分组			
	其他企业	港澳台商投资企业	外商投资企业	独资企业	合作伙伴企业	股份有限公司	有限责任公司
全 省	**73**	**25**	**50**	**741**	**159**	**317**	**4657**
沈 阳	28	10	16	171	45	70	1397
大 连	18	9	21	123	47	69	1340
鞍 山	2	2	2	88	7	43	245
抚 顺	3		2	49	5	20	134
本 溪	3	1	1	69	8	11	160
丹 东		1		34	7	27	125
锦 州	2	1	4	35	5	8	178
营 口		1	2	18	3	8	174
阜 新				18			184
辽 阳	1		1	39	5	10	190
盘 锦	9			20	17	19	121
铁 岭	1			23	3	14	61
朝 阳	2			22	2	7	157
葫芦岛	4		1	32	5	11	191

15-3 建筑施工企业主要经济指标

(2011年)

指标	单位	合计	按登记注册类型分组						
			国有企业	集体企业	股份合作企业	联营企业	有限责任公司	股份有限公司	私营企业
施工企业单位个数	个	5875	283	320	58	8	1651	156	3251
年平均人数	万人	223.4	17.3	15.5	2.0	0.1	78.5	17.9	87.6
自有固定资产原价	亿元	842.1	176.6	34.5	5.9	0.3	322.4	26.6	235.4
自有固定资产净值	亿元	618.6	128.3	21.6	4.3	0.2	233.2	20.4	183.6
自有机械设备台数	万台	40.0	5.0	3.3	0.4	0.0	13.7	1.4	14.6
自有机械设备净值	亿元	217.9	33.3	8.7	1.2	0.0	85.4	11.5	71.7
自有机械设备总功率	万千瓦	1121.6	150.1	50.6	6.7	0.3	413.9	36.6	431.8
建筑业总产值	亿元	6218.3	682.4	308.7	37.3	1.8	2598.7	355.4	2066.2
建筑业增加值	亿元								
#固定资产本年折旧	亿元	50.7	7.1	1.6	0.3	0.0	21.6	2.1	15.6
#应付职工薪酬	亿元	602.0	60.3	36.7	4.4	0.1	239.5	27.2	215.5
#本年主营业务应付福利费总额	亿元								
#营业税金及附加	亿元	205.0	23.7	9.2	1.5	0.1	87.8	10.0	69.0
#管理费用中的税金	亿元	13.2	1.4	0.4	0.2	0.0	4.8	0.3	5.7
#工会经费	亿元	2.8	0.3	0.2	0.0	0.0	1.1	0.0	1.1
#劳动待业保险费	亿元								
#住房公积金及住房补贴	亿元								
#养老保险和医疗保险费	亿元								
#营业利润	亿元	224.5	13.7	4.7	1.0	0.0	81.9	8.8	109.2
房屋施工面积	万平方米	34906.3	2679.7	1544.7	213.5	5.9	14662.3	2389.2	13156.7
房屋竣工面积	万平方米	16692.1	651.1	956.6	152.5		5098.2	1243.4	8495.9
利润总额	亿元	224.6	13.9	4.6	1.0	0.0	82.3	8.7	108.5
利税总额	亿元	441.5	38.9	14.2	2.6	0.1	174.5	19.0	182.5
全员劳动生产率									
按总产值计算	元/人	178744	281044	184361	32993	407018	211434	180594	141059
按增加值计算	元/人								
技术装备率	元/人	6264	13715	5170	1072	11080	6945	5863	4894
动力装备率	千瓦/人	3.2	6.2	3.0	0.6	7.0	3.4	1.9	2.9
房屋建筑面积竣工率	%	0.5	0.2	0.6	0.7		0.3	0.5	0.6
产值利润率	%	3.6	2.0	1.5	2.7		3.2	2.5	5.3
产值利税率	%	7.1	5.7	4.6	7.0	3.2	6.7	5.4	8.8

15-3 续表

指　　标	单位	按登记注册类型分组			按经济组织类型分组			
		其他企业	港澳台商投资企业	外商投资企　业	独资企业	合作伙伴企　业	股份有限公　司	有限责任公　司
施工企业单位个数	个	73	25	50	741	159	318	4657
年平均人数	万人	1.3	1.5	1.7	38.6	3.5	22.8	158.5
自有固定资产原价	亿元	7.6	16.7	16.2	243.1	15.5	43.5	540.0
自有固定资产净值	亿元	4.8	11.1	11.1	173.6	10.5	32.5	401.9
自有机械设备台数	万台	0.7	0.6	0.3	9.0	1.2	2.2	27.5
自有机械设备净值	亿元	2.0	2.1	2.0	46.7	4.0	16.3	150.9
自有机械设备总功率	万千瓦	13.3	13.5	4.9	221.4	24.6	55.7	820.0
建筑业总产值	亿元	35.2	71.2	61.0	1180.6	84.9	455.8	4496.8
建筑业增加值	亿元							
#固定资产本年折旧	亿元	0.5	1.0	0.9	10.6	1.0	3.2	35.9
#应付职工薪酬	亿元	3.0	5.0	10.1	115.9	7.9	36.9	441.4
#本年主营业务应付福利费总额	亿元							
#营业税金及附加	亿元	1.1	1.0	1.7	37.2	2.9	13.5	151.3
#管理费用中的税金	亿元	0.1	0.2	0.1	2.1	0.3	0.5	10.3
#工会经费	亿元	0.0	0.0	0.0	0.6	0.0	0.1	2.1
#劳动待业保险费	亿元							
#住房公积金及住房补贴	亿元							
#养老保险和医疗保险费	亿元							
#营业利润	亿元	-0.2	3.5	2.0	24.3	1.5	14.2	184.5
房屋施工面积	万平方米	91.8		162.5	5533.7	313.2	3051.0	26008.4
房屋竣工面积	万平方米	75.7		18.6	2060.8	228.2	1485.9	12917.1
利润总额	亿元	-0.2	3.6	2.1	24.7	1.5	14.0	184.4
利税总额	亿元	1.0	4.8	3.8	63.7	4.7	27.9	345.1
全员劳动生产率								
按总产值计算	元/人	230334	252120	294459	235565	64854	182902	173118
按增加值计算	元/人							
技术装备率	元/人	13402	7392	9508	9322	3026	6553	5809
动力装备率	千瓦/人	8.7	4.8	2.4	4.4	1.9	2.2	3.2
房屋建筑面积竣工率	%	0.8	-1.#IND	0.1	0.4	0.7	0.5	0.5
产值利润率	%	-0.5	5.1	3.4	2.1	1.8	3.1	4.1
产值利税率	%	2.8	6.8	6.2	5.4	5.6	6.1	7.7

15-4 建筑业总产值

(2011年) 单位：千元

地区	建筑业总产值	按登记注册类型分组						
		国有企业	集体企业	股份合作企业	联营企业	有限责任公司	股份有限公司	私营企业
全　省	**621832562**	**68235724**	**30874908**	**3734582**	**183565**	**259874713**	**35543340**	**206623042**
沈　阳	144728618	18686452	4712898	1126541	44035	60439495	17789902	33795121
大　连	170718187	13477711	2983216	773221		54999102	5398260	88202768
鞍　山	46101995	2857543	4788108	138790	110500	24695594	2114635	10937563
抚　顺	33387467	1489605	2995140	150000		22025582	2046680	3883380
本　溪	23963747	2323402	519785			16930197	206010	3934625
丹　东	22674003	3673863	1695530	644273		9297851	1928880	5416786
锦　州	23774062	4285591	1984563	78388	17030	13981003	266860	2978415
营　口	22771698	2000917	35510	136500		5213825		14975813
阜　新	16273226	1248079	468800			7648599		6907748
辽　阳	20604483	1708165	2094956	181458	6000	10578002	39717	5946685
盘　锦	22337275	7299246	363506	288560	6000	7737717	1209186	4712723
铁　岭	25387941	6473680	2863563			6496949	2326670	6694376
朝　阳	24745419	272230	1906388			10307095	877100	11256123
葫芦岛	24364441	2439240	3462945	216851		9523702	1339440	6980916

15-4 续表 单位：千元

地区	按登记注册类型分组			按经济组织类型分组			
	其他企业	港澳台商投资企业	外商投资企业	独资企业	合作伙伴企业	股份有限公司	有限责任公司
全　省	**3516963**	**7116077**	**6103848**	**118058114**	**8493240**	**45576030**	**449679378**
沈　阳	719973	6609142	805059	33747773	1920648	18525074	90535123
大　连	215745	408121	4260043	21208542	1096787	8783182	139629676
鞍　山	27462	56000	350000	9691292	276752	3491852	32616299
抚　顺	739000		58080	4561995	929580	2281363	25614529
本　溪	49728			3230921	49728	562368	20120730
丹　东		16820		5552177	1420103	2438155	13263568
锦　州	23652	14178	144382	6295008	119070	388531	16971453
营　口		11816	397317	2225158	138300	1994991	18413249
阜　新				1716879			14556347
辽　阳	24500		25000	3893561	211958	302529	16196435
盘　锦	720337			7839952	1049897	1411048	12036378
铁　岭	532703			9394743	599703	2647567	12745928
朝　阳	126483			2576918	126483	924300	21117718
葫芦岛	337380		63967	6123195	554231	1825070	15861945

15-5 建筑业企业资产

(2011年) 单位：千元

地区	资产合计	按登记注册类型分组						
		国有企业	集体企业	股份合作企业	联营企业	有限责任公司	股份有限公司	私营企业
全省	**402844250**	**58834459**	**15489467**	**1595255**	**117690**	**176671657**	**24254982**	**105082010**
沈阳	106703560	14058769	4045471	332512	61346	36023605	18247625	19933567
大连	124717435	16955934	1673100	397287		49110707	2583457	50277310
鞍山	29988038	1715785	3337294	513693	22500	18854274	384367	4850937
抚顺	11451903	1467350	868926	11038		6728265	596111	1265615
本溪	13061994	1956442	491903			8535488	86725	1938002
丹东	17726728	3825057	328702	122746		11004207	514960	1910106
锦州	13822300	2197044	849537	33951	21742	8517425	52789	1832968
营口	13975366	1064140	82527	43656		5261679		7103078
阜新	8031721	893419	26898			4564585		2546819
辽阳	14089018	1448935	1148376	41069	11148	7261838	28586	3921946
盘锦	18483748	7345969	322793	89037	954	6926560	1003350	1962008
铁岭	12220804	4002877	407851			5649221	342177	1789065
朝阳	6852962	224953	661286			3381811	195163	2367820
葫芦岛	11718673	1677785	1244803	10266		4851992	219672	3382769

15-5 续表 单位：千元

地区	按登记注册类型分组			按经济组织类型分组			
	其他企业	港澳台商投资企业	外商投资企业	独资企业	合作伙伴企业	股份有限公司	有限责任公司
全省	**3196827**	**11149474**	**6437293**	**92094787**	**5411328**	**31326295**	**273996704**
沈阳	1422097	10156929	2421639	31304819	1838635	18835195	54724911
大连	230240	895290	2594110	21364442	700828	6136987	96515178
鞍山	19211	48763	226078	6069183	555404	746663	22601652
抚顺	275871		238727	2398545	465317	705733	7882308
本溪	53434			2609465	53434	354285	10044810
丹东		20950		4258433	322302	877099	12268894
锦州	170920	8578	137346	3067961	226613	105025	10422701
营口		18964	401322	1270993	44256	1267801	11392316
阜新				929788			7101933
辽阳	10910		216210	2653654	63127	131530	11240707
盘锦	833077			7689862	933518	1266106	8594262
铁岭	29613			4477794	46174	427867	7268969
朝阳	21929			949320	21929	206265	5675448
葫芦岛	129525		201861	3050528	139791	265739	8262615

15-6 各地区建筑业企业负债

(2011年) 单位：千元

地　区	负债合计	按登记注册类型分组						
		国有企业	集体企业	股份合作企业	联营企业	有限责任公司	股份有限公司	私营企业
全　省	**262745846**	**38628071**	**11080958**	**752876**	**42242**	**125433994**	**18031331**	**54986137**
沈　阳	73143910	8929579	2861131	251901	5821	26888497	14520971	10319568
大　连	72797404	10632435	897022	157104		32796357	1396498	24499411
鞍　山	21310015	889162	2459401	206062	13350	14185510	178136	3166631
抚　顺	7676911	1079264	706828	2941		4546888	434592	536587
本　溪	8951986	1527247	337047			6012171	35194	1010769
丹　东	11985317	2906003	134954	47190		7755978	219580	913162
锦　州	9967796	1580525	637636	17947	13705	6608272	15497	890550
营　口	9081736	580693	61785	8852		4132443		4146367
阜　新	4901548	623342	7645			3061122		1209439
辽　阳	9950769	1254169	795634	21127	9362	5501835	3833	2226539
盘　锦	13109426	4560137	288196	38981	4	5305174	804477	1451826
铁　岭	8837244	3032547	312433			4169865	204335	1113697
朝　阳	3858169	102294	575693			1818974	104553	1247063
葫芦岛	7173615	930674	1005553	771		2650908	113665	2254528

15-6 续表 单位：千元

地　区	其他企业	港澳台商投资企业	外商投资企业	按经济组织类型分组			
				独资企业	合作伙伴企业	股份有限公司	有限责任公司
全　省	**1987024**	**7243549**	**4550262**	**61596934**	**3037073**	**21678990**	**176423447**
沈　阳	765861	6497780	2102801	21196043	1029128	14884728	36034011
大　连	81417	699261	1637899	12928559	269009	3109804	56490032
鞍　山	8844	33840	159677	4018989	228256	377527	16675841
抚　顺	197820		171991	1828511	322799	468009	5057592
本　溪	29558			1927836	29558	193045	6801547
丹　东		8450		3101932	141998	420300	8321087
锦　州	145662	7	57995	2226168	177314	34167	7530147
营　口		4211	147385	695234	8852	653343	7724307
阜　新				631012			4270536
辽　阳	3910		134360	2068903	34399	45652	7801815
盘　锦	660631			4853313	702566	997629	6555918
铁　岭	4367			3390083	3469	258031	5185661
朝　阳	9592			694024	9592	109645	3044908
葫芦岛	79362		138154	2036327	80133	127110	4930045

15-7 各地区建筑业企业实收资本

（2011年） 单位：千元

地 区	实收资本合 计	按登记注册类型分组						
		国有企业	集体企业	股份合作企 业	联营企业	有限责任公 司	股份有限公 司	私营企业
全 省	**79311869**	**8901133**	**2851608**	**684371**	**27897**	**29525933**	**4225866**	**29886022**
沈 阳	20053666	1966011	670387	65348	10011	6356552	2698841	6328465
大 连	25820837	1884476	328385	138069		8325135	532490	14067022
鞍 山	5687809	569884	685277	306430	9150	2713417	174165	1150597
抚 顺	2714789	314896	122132	8097		1565526	122673	459465
本 溪	2563207	250147	113528			1622201	50716	507965
丹 东	2605976	586815	134746	57243		953087	175942	685643
锦 州	2642981	365220	198589	10300	6000	1449509	22308	539155
营 口	2571976	218739	9890	31100		631665		1500749
阜 新	2072140	163613	12015			982393		914119
辽 阳	3039624	271121	271904	15404	1786	1371957	4272	1086890
盘 锦	3334046	1568263	39277	46380	950	862800	156260	509509
铁 岭	1845141	352790	64759			781759	112174	512359
朝 阳	2092428	61194	69913			1085850	71500	791644
葫 芦 岛	2267249	327964	130806	6000		824082	104525	832440

15-7 续表 单位：千元

地 区	按登记注册类型分组			按经济组织类型分组			
	其他企业	港澳台商投资企业	外商投资企 业	独资企业	合作伙伴企 业	股份有限公 司	有限责任公 司
全 省	**837486**	**1397788**	**969765**	**14370269**	**1697553**	**5870533**	**57369514**
沈 阳	377302	1243003	337746	4085915	468661	2869662	12629428
大 连	124800	108945	311515	2892519	298368	1112186	21517764
鞍 山	9000	13940	51949	1464912	324580	290727	3603590
抚 顺	62000		60000	453378	110097	182263	1969051
本 溪	18650			399235	18650	151136	1994186
丹 东		12500		756397	89243	289897	1470439
锦 州	23000	5400	23500	576813	39300	44083	1982785
营 口		14000	165833	291729	31600	301443	1947204
阜 新				185125			1887015
辽 阳	7000		9290	557040	24190	63377	2395017
盘 锦	150607			1619540	205437	224460	1284609
铁 岭	21300			430549	37600	142174	1234818
朝 阳	12327			170607	12327	76000	1833494
葫 芦 岛	31500		9932	486510	37500	123125	1620114

15-8 各地区建筑业企业工程结算税金及附加与管理费用中的税金

（2011年） 单位：千元

地区	税金合计	按登记注册类型分组						
		国有企业	集体企业	股份合作企业	联营企业	有限责任公司	股份有限公司	私营企业
全省	**21685742**	**2501877**	**953568**	**163543**	**6025**	**9221772**	**1029830**	**7398158**
沈阳	4463749	652468	177710	47873	1628	1875003	384485	1174433
大连	5859326	431140	104077	24642		1696263	195290	3263849
鞍山	1303018	94667	136693	7134	3705	706079	48360	300559
抚顺	1101816	53620	74332	16470		736978	74034	120326
本溪	830024	37967	18012			601025	1062	168786
丹东	702666	114077	43208	27753		324662	39528	152788
锦州	701391	118073	41592	2342	333	421746	8198	100459
营口	982644	142077	1423	9782		170419		642805
阜新	607753	62937	11311			286233		247272
辽阳	1509443	60289	67592	9213	25	1189831	1278	180169
盘锦	705443	196062	9804	11112	334	266175	40980	154076
铁岭	1012649	273291	103187			208241	161449	248374
朝阳	920366	12297	62388			391286	31438	419670
葫芦岛	985454	252912	102239	7222		347831	43728	224592

15-8 续表 单位：千元

地区	按登记注册类型分组			按经济组织类型分组			
	其他企业	港澳台商投资企业	外商投资企业	独资企业	合作伙伴企业	股份有限公司	有限责任公司
全省	**116871**	**119216**	**174807**	**3895553**	**323495**	**1394788**	**16071831**
沈阳	26872	101652	21625	1034615	77148	413269	2938717
大连	8216	14035	121814	657326	37475	344548	4819977
鞍山	238	1013	4495	279179	11077	82933	929754
抚顺	23541		2515	130902	41600	83676	845638
本溪	3172			72123	3172	21670	733059
丹东		650		160135	55168	59298	428065
锦州	896	532	7220	160696	3571	12074	525050
营口		1334	14804	150403	9883	48417	773941
阜新				74258			533495
辽阳	1033		13	130826	10271	9807	1358539
盘锦	26900			220442	39727	51092	394182
铁岭	18107			377165	19285	171579	444620
朝阳	3287			88147	3287	34081	794851
葫芦岛	4609		2321	359336	11831	62344	551943

15-9 各地区建筑业企业利润总额

（2011年）　　单位：千元

指　标	利润总额	按登记注册类型分组						
		国有企业	集体企业	股份合作企业	联营企业	有限责任公司	股份有限公司	私营企业
全　省	**22462343**	**1389358**	**464389**	**99234**	**-82**	**8230529**	**873607**	**10852625**
沈　阳	3894450	244621	150250	44748	372	1552636	322250	1347265
大　连	9278302	401895	125351	37198		2730856	325340	5503544
鞍　山	1007208	121955	57924	1533	-650	455184	40563	326153
抚　顺	976585	5251	9342	6765		469968	63438	371581
本　溪	721112	58276	10552			360034	-346	292072
丹　东	1265950	143532	12859	-4890		787581	41302	285076
锦　州	355200	19432	6099	109	-117	112347	1456	182802
营　口	2041394	97194	6417	11370		582178		1321912
阜　新	260625	5115	14018			68446		173046
辽　阳	287430	-67304	14477	178	111	144849	2839	191386
盘　锦	452191	185747	2213	1455	202	129721	26453	99352
铁　岭	667735	139600	18863			305159	34875	165419
朝　阳	742664	22116	7515			288883	12060	411878
葫芦岛	511497	11928	28509	768		242687	3377	181139

15-9 续表　　单位：千元

指　标	按登记注册类型分组			按经济组织类型分组			
	其他企业	港澳台商投资企业	外商投资企业	独资企业	合作伙伴企业	股份有限公司	有限责任公司
全　省	**-17071**	**363032**	**205746**	**2470879**	**150711**	**1399842**	**18439935**
沈　阳	-115874	334281	13901	763645	-69956	354370	2846391
大　连	21805	20077	112236	665883	66561	522395	8023463
鞍　山	587	983	2000	219380	1470	106657	678725
抚　顺	45203		5037	18111	58882	67372	832220
本　溪	524			87116	524	2352	631120
丹　东		490		168340	55174	112915	929521
锦　州	2380	3173	27519	26325	2372	9512	316991
营　口		4028	18295	115207	11406	119135	1795646
阜　新				19079			241546
辽　阳	1250		-356	-45299	1539	9851	321339
盘　锦	7048			189157	1205	33016	228813
铁　岭	3819			162083	4579	42147	458926
朝　阳	212			40381	212	13904	688167
葫芦岛	15975		27114	41471	16743	6216	447067

15-10 各地区建筑业企业利税总额

(2011年)　　单位：千元

地　区	利税总额	按登记注册类型分组						
		国有企业	集体企业	股份合作企业	联营企业	有限责任公司	股份有限公司	私营企业
全　省	**44148085**	**3891235**	**1417957**	**262777**	**5943**	**17452301**	**1903437**	**18250783**
沈　阳	8358199	897089	327960	92621	2000	3427639	706735	2521698
大　连	15137628	833035	229428	61840		4427119	520630	8767393
鞍　山	2310226	216622	194617	8667	3055	1161263	88923	626712
抚　顺	2078401	58871	83674	23235		1206946	137472	491907
本　溪	1551136	96243	28564			961059	716	460858
丹　东	1968616	257609	56067	22863		1112243	80830	437864
锦　州	1056591	137505	47691	2451	216	534093	9654	283261
营　口	3024038	239271	7840	21152		752597		1964717
阜　新	868378	68052	25329			354679		420318
辽　阳	1796873	-7015	82069	9391	136	1334680	4117	371555
盘　锦	1157634	381809	12017	12567	536	395896	67433	253428
铁　岭	1680384	412891	122050			513400	196324	413793
朝　阳	1663030	34413	69903			680169	43498	831548
葫芦岛	1496951	264840	130748	7990		590518	47105	405731

15-10 续表　　单位：千元

地　区	按登记注册类型分组			按经济组织类型分组			
	其他企业	港澳台商投资企业	外商投资企业	独资企业	合作伙伴企业	股份有限公司	有限责任公司
全　省	**99800**	**482248**	**380553**	**6366432**	**474206**	**2794630**	**34511766**
沈　阳	-89002	435933	35526	1798260	7192	767639	5785108
大　连	30021	34112	234050	1323209	104036	866943	12843440
鞍　山	825	1996	6495	498559	12547	189590	1608479
抚　顺	68744		7552	149013	100482	151048	1677858
本　溪	3696			159239	3696	24022	1364179
丹　东		1140		328475	110342	172213	1357586
锦　州	3276	3705	34739	187021	5943	21586	842041
营　口		5362	33099	265610	21289	167552	2569587
阜　新				93337			775041
辽　阳	2283		-343	85527	11810	19658	1679878
盘　锦	33948			409599	40932	84108	622995
铁　岭	21926			539248	23864	213726	903546
朝　阳	3499			128528	3499	47985	1483018
葫芦岛	20584		29435	400807	28574	68560	999010

15-11 各地区总承包与专业承包建筑企业个数、设备及人数

(2011年)

地区	建筑业企业个数(个)	年末自有机械设备总功率(万千瓦)	年末自有机械设备净值(万元)	计算建筑业劳动生产率的平均人数(万人)	劳动生产率(元/人)
全省	**5534**	**1121.6**	**2179158.2**	**350.7**	**177312**
沈阳	1569	167.9	410536.1	77.8	186105
大连	1515	334.2	673573.3	104.8	162959
鞍山	361	125.5	131966.5	41.6	110903
抚顺	189	37.4	70871.3	13.6	245233
本溪	205	72.8	127644.8	9.4	253762
丹东	191	47.2	94150.3	6.1	371888
锦州	219	43.6	77792.4	10.8	219612
营口	188	42.6	130159.3	8.9	256507
阜新	191	24.2	68949.6	5.9	274533
辽阳	228	50.5	113144.7	10.6	194575
盘锦	175	38.3	81145.8	7.3	305705
铁岭	99	66.4	71773.6	13.3	190617
朝阳	179	30.8	72807.1	28.9	85617
葫芦岛	225	40.2	54643.4	11.7	208268

15-12 各地区国有总承包与专业承包建筑企业个数、设备及人数

(2011年)

地区	建筑业企业个数(个)	年末自有机械设备总功率(万千瓦)	年末自有机械设备净值(万元)	计算建筑业劳动生产率的平均人数(万人)	劳动生产率(元/人)
全省	**301**	**186.5**	**448379.2**	**30.7**	**300441**
沈阳	88	23.3	55972	11.4	187740
大连	49	23.6	138752.8	4.3	495528
鞍山	31	9.3	19523.4	1.8	467877
抚顺	12	3.3	4618.5	0.7	218513
本溪	20	17.5	32103.2	1.2	620990
丹东	13	20.4	27022.4	0.8	458889
锦州	13	7.1	12855.7	1.6	274531
营口	9	7.7	20277.4	0.9	233370
阜新	15	6.3	21040.3	0.7	272681
辽阳	8	8.5	15244.4	0.6	282528
盘锦	14	19.8	41393.1	1.7	431372
铁岭	14	25.2	26995.9	3.0	218639
朝阳	7	10.3	23760.4	1.3	207660
葫芦岛	8	4.2	8819.7	0.9	269708

15-13 各地区集体总承包与专业承包建筑企业个数、设备及人数

(2011年)

地区	建筑业企业个数(个)	年末自有机械设备总功率(万千瓦)	年末自有机械设备净值(万元)	计算建筑业劳动生产率的平均人数(万人)	劳动生产率(元/人)
全省	**327**	**57.4**	**98792.3**	**28.2**	**122890**
沈阳	67	8.5	15704.3	3.7	159955
大连	60	8.0	13626.0	2.0	192155
鞍山	50	10.9	18141.6	11.6	42629
抚顺	21	4.6	8485.8	1.4	221958
本溪	17	2.4	1644.1	0.5	105092
丹东	20	2.2	5606.9	0.9	256754
锦州	19	3.5	10083	1.0	214578
营口	4	0.7	2290.8	0.2	99832
阜新	3	0.7	387.1	0.2	217037
辽阳	27	2.7	7034.5	1.9	117347
盘锦	11	2.4	1819.7	0.7	89730
铁岭	7	3.9	2439.8	0.9	305316
朝阳	7	0.9	1707.0	1.4	135109
葫芦岛	14	6.1	9821.7	1.8	202187

15-14 各地区总承包与专业承包建筑企业施工及竣工产值

(2011年)

单位：千元

地区	建筑业总产值				竣工产值
		建筑工程产值	安装工程产值	其他产值	
全省	**621832562**	**525859521**	**73904403**	**22068638**	**361057141**
沈阳	144728618	123122784	20324914	1280920	71679691
大连	170718187	148425231	15276254	7016702	96520211
鞍山	46101995	36113471	6000888	3987636	27937702
抚顺	33387467	26527412	4899829	1960226	22020037
本溪	23963747	21052970	2311259	599518	17140511
丹东	22674003	19488868	1832607	1352528	9387314
锦州	23774062	20685898	2911119	177045	10252797
营口	22771698	21913496	750749	107453	16599325
阜新	16273226	13910908	1814560	547758	9975061
辽阳	20604483	17081770	3034127	488586	8338599
盘锦	22337275	13999871	7156529	1180875	18114062
铁岭	25387941	21649595	2389494	1348852	21243813
朝阳	24745419	21767007	2542422	435990	17370301
葫芦岛	24364441	20120240	2659652	1584549	14477717

15-15 各地区国有总承包与专业承包建筑企业施工及竣工产值

(2011年) 单位：千元

地 区	建筑业总产值	建筑工程产值	安装工程产值	其他产值	竣工产值
全 省	**92099922**	**76219895**	**12859806**	**3020221**	**44921712**
沈 阳	21420926	20215679	1177175	28072	10889509
大 连	21285413	19214092	1942157	129164	5253372
鞍 山	8297329	6946210	1125909	225210	2678787
抚 顺	1489605	1160675	214760	114170	1124845
本 溪	7243232	6605812	512963	124457	4726283
丹 东	3673863	2632798	139059	902006	475065
锦 州	4313707	3262847	1037360	13500	1548481
营 口	2000917	1972117	28800		1523282
阜 新	1815239	1505304	248136	61799	1306671
辽 阳	1708165	1106765	572295	29105	284997
盘 锦	7299246	2511945	4769511	17790	6317975
铁 岭	6473680	4868331	588861	1016488	4979285
朝 阳	2639360	2639360			1953830
葫芦岛	2439240	1577960	502820	358460	1859330

15-16 各地区集体总承包与专业承包建筑企业施工及竣工产值

(2011年) 单位：千元

地 区	建筑业总产值	建筑工程产值	安装工程产值	其他产值	竣工产值
全 省	**34653525**	**26993431**	**6068121**	**1591973**	**25154115**
沈 阳	5883474	3563055	2225059	95360	4981568
大 连	3756437	2690230	772317	293890	3201959
鞍 山	4926898	3192015	840850	894033	3343962
抚 顺	3145140	2747705	297333	100102	2003030
本 溪	519785	319444	159698	40643	413531
丹 东	2339803	2250643	18060	71100	1629113
锦 州	2062951	1947444	115507		528901
营 口	172010	152000	20010		156510
阜 新	468800	468800			319162
辽 阳	2276414	2200281	76133		1760428
盘 锦	652066	448140	201166	2760	595266
铁 岭	2863563	2740050	84928	38585	2863563
朝 阳	1906388	1593828	312560		1408628
葫芦岛	3679796	2679796	944500	55500	1948494

15-17 各地区总承包与专业承包建筑企业施工及竣工房屋面积

(2011年)

单位：万平方米、千元

地区	房屋建筑施工面积	#本年新开工面积	#投标承包面积	房屋建筑竣工面积	房屋建筑竣工价值
全省	**34906.3**	**22891.6**	**27143.9**	**16692.1**	**180847039**
沈阳	9172.8	4695.8	7051.0	2332.6	28658969
大连	10006.0	5796.2	8066.1	3834.6	56421489
鞍山	2438.0	1416.8	1787.5	1027.5	15495640
抚顺	1245.3	1100.0	1157.0	947.6	11532963
本溪	912.4	658.2	752.8	595.8	8405398
丹东	1476.9	1312.9	588.5	313.7	3293205
锦州	1461.0	1179.6	1301.1	559.2	6176465
营口	1533.1	1141.8	1110.2	891.2	10163346
阜新	841.7	586.2	707.5	296.4	3359349
辽阳	635.5	438.0	497.8	355.6	4153277
盘锦	1147.8	1093.1	897.9	3474.2	5903830
铁岭	1478.2	1307.3	1327.0	977.6	13791740
朝阳	1329.8	1170.4	922.2	616.5	7119007
葫芦岛	1227.9	995.4	977.4	469.7	6372361

15-18 各地区国有总承包与专业承包建筑企业施工及竣工房屋面积

(2011年)

单位：万平方米、千元

地区	房屋建筑施工面积	#本年新开工面积	#投标承包面积	房屋建筑竣工面积	房屋建筑竣工价值
全省	**3609.4**	**2305.2**	**2623.0**	**765.9**	**10814412**
沈阳	1546.9	714.5	896.7	280.2	3939305
大连	321.1	204.2	185.7	27.8	539307
鞍山	378.8	176.6	349.1	19.5	231580
抚顺	75.8	54.1	75.8	12.8	348010
本溪	148.1	69.8	87.9	95.7	1417535
丹东	52.8	44.4	37.0	39.4	335006
锦州	206.4	184.0	206.4	119.9	1224944
营口	30.8	24.7	23.3	15.1	121770
阜新					
辽阳	32.5	17.7	32.4	9.5	103577
盘锦	738.2	738.2	685.3	53.5	1043193
铁岭	8.3	8.3	2.5	57.6	1055895
朝阳	18.8	18.8	16.8	17.7	219040
葫芦岛	51.0	50.0	24.0	17.1	235250

15-19 各地区集体总承包与专业承包建筑企业施工及竣工房屋面积

(2011年)　　单位：万平方米、千元

地　区	房屋建筑施工面积	#本年新开工面积	#投标承包面积	房屋建筑竣工面积	房屋建筑竣工价值
全　省	**1758.3**	**1483.0**	**1521.8**	**1109.1**	**14071046**
沈　阳	304.5	236.5	290.4	148.0	1797957
大　连	182.1	150.2	163.2	87.7	1325233
鞍　山	176.0	166.9	119.0	126.7	1740158
抚　顺	74.6	74.6	74.6	65.1	893187
本　溪	12.2	9.7	12.2	5.5	68965
丹　东	174.0	138.3	174.0	115.6	1268000
锦　州	159.2	152.7	158.7	52.1	407305
营　口	10.6	10.4		10.3	123000
阜　新	32.2	32.2	32.2	26.3	319162
辽　阳	153.7	121.2	131.8	114.4	1188803
盘　锦	38.6	31.8	33.7	28.5	328540
铁　岭	183.7	183.7	183.7	178.9	2722263
朝　阳	90.2	83.9	74.7	63.5	648765
葫芦岛	166.5	91.0	73.5	86.5	1239708

15-20 各地区总承包与专业承包建筑企业年末资产负债

(2011年)　　单位：千元

地　区	流动资产合计	固定资产合计	固定资产原价	固定资产累计折旧	资产总计	流动负债合计	长期负债合计	负债合计	所有者权益合计
全　省	**312738479**	**61856021**	**84212149**	**29869523**	**402844250**	**246021716**	**16516808**	**262745846**	**140830538**
沈　阳	85991509	13380415	17634338	6160923	106703560	70071928	3071982	73143910	33559650
大　连	94770335	21873672	28680127	9228544	124717435	67020777	5776627	72797404	51920031
鞍　山	23557600	3463512	5775416	2654545	29988038	20472661	682445	21310015	8678023
抚　顺	8177232	2173573	3327951	1289574	11451903	6900467	730391	7676911	3774992
本　溪	9694005	2220645	3288521	1286532	13061994	8142308	809678	8951986	4110008
丹　东	12090329	2883406	4183937	1520202	17726728	9024090	2961227	11985317	5741411
锦　州	10872186	1970414	2864963	972489	13822300	9578223	389573	9967796	3854504
营　口	10135562	2599408	3044717	935059	13975366	8942338	139398	9081736	4893630
阜　新	6118060	1451637	1717591	530064	8031721	4669190	232358	4901548	3130173
辽　阳	11054063	2429044	3748275	1460498	14089018	9527550	423219	9950769	4138249
盘　锦	16497767	1952083	3004214	1303609	18483748	12975923	127143	13109426	6106456
铁　岭	10333205	1424560	2130563	880091	12220804	8367946	469298	8837244	3383560
朝　阳	4547680	1935422	2116099	748781	6852962	3774734	83435	3858169	2994793
葫芦岛	8898946	2098230	2695437	898612	11718673	6553581	620034	7173615	4545058

15-21 各地区国有总承包与专业承包建筑企业年末资产负债

(2011年)　　单位：千元

地　区	流动资产合计	固定资产合计	固定资产原价	固定资产累计折旧	资产总计	流动负债合计	长期负债合计	负债合计	所有者权益合计
全　省	**56555377**	**15050764**	**20705598**	**7294698**	**76819681**	**51371668**	**2184579**	**53558747**	**23260934**
沈　阳	11057815	3460527	3882719	928036	14675175	9116588	68947	9185535	5489640
大　连	13745063	6054846	7738201	2024071	21089088	13231082	944905	14175987	6913101
鞍　山	7661989	591029	974706	413903	9720871	7752825	229721	7985046	1735825
抚　顺	1139367	97787	211661	115317	1467350	1022254	57010	1079264	388086
本　溪	3329832	409198	843611	442947	4666811	3382424	480879	3863303	803508
丹　东	2944643	446449	938972	522569	3825057	2832785	73218	2906003	919054
锦　州	1753632	246556	502989	256433	2226365	1598916	120	1599036	627329
营　口	725102	306258	465876	163079	1064140	580493	200	580693	483447
阜　新	1682219	268206	434862	169784	1963844	1390233	150447	1540680	423164
辽　阳	1077628	363103	657135	294085	1448935	1254169		1254169	194766
盘　锦	6392254	681975	1479699	825603	7345969	4528594	31543	4560137	2785832
铁　岭	3429226	453951	881678	433491	4002877	2940078	92469	3032547	970330
朝　阳	659343	969018	865386	398788	1645414	831650	34023	865673	779741
葫芦岛	957264	701861	828103	306592	1677785	909577	21097	930674	747111

15-22 各地区集体总承包与专业承包建筑企业年末资产负债

(2011年)　　单位：千元

地　区	流动资产合计	固定资产合计	固定资产原价	固定资产累计折旧	资产总计	流动负债合计	长期负债合计	负债合计	所有者权益合计
全　省	**13399778**	**2594489**	**4043278**	**1608224**	**17146068**	**11293781**	**543616**	**11839655**	**5306413**
沈　阳	3866667	451619	835969	402200	4439329	3103826	15027	3118853	1320476
大　连	1463994	526012	788787	298416	2070387	1019761	34365	1054126	1016261
鞍　山	3040898	583302	843300	307396	3850987	2519130	146283	2665463	1185524
抚　顺	657625	148196	275134	144064	879964	666071	41490	709769	170195
本　溪	415657	49320	100750	52498	491903	335310	1737	337047	154856
丹　东	269878	148437	172429	38175	451448	180816	1328	182144	269304
锦　州	702376	162544	246954	88159	883488	649863	5720	655583	227905
营　口	92993	29612	40070	10907	126183	70637		70637	55546
阜　新	16001	10897	13119	2222	26898	7645		7645	19253
辽　阳	919571	190195	265769	93257	1189445	803193	13568	816761	372684
盘　锦	355231	56593	83025	28119	411830	327177		327177	84653
铁　岭	309729	77030	123401	46551	407851	308786	3647	312433	95418
朝　阳	566020	31940	48196	16256	661286	575693		575693	85593
葫芦岛	723138	128792	206375	80004	1255069	725873	280451	1006324	248745

15-23 各地区总承包与专业承包建筑企业损益及分配

(2011年)

单位：千元

地 区	主营业务收入	主营业务成本	主营业务税金及附加	其他业务利润	管理费用	营业利润	利润总额	应收工程款	亏损企业个数(个)
全 省	**578484742**	**508229322**	**20360748**	**1527276**	**22910128**	**22454809**	**22462343**	**84598530**	**729**
沈 阳	132455910	117565613	4248782	232064	5740416	3850601	3894450	25570616	291
大 连	163744907	140963777	5454990	451037	6361357	9285943	9278302	24593438	135
鞍 山	39009887	34707608	1209450	112960	1748504	1004552	1007208	7695191	39
抚 顺	31641842	28275185	1031322	115869	1299684	969654	976585	2615849	29
本 溪	21526384	18890019	734943	93629	1009503	744598	721112	1568654	27
丹 东	20639747	17868772	662881	25274	659777	1292972	1265950	2855172	20
锦 州	21358624	19679530	680443	16428	617749	300488	355200	3887459	46
营 口	21740473	18212845	893470	13474	498650	2034325	2041394	1861032	5
阜 新	14518669	12985370	563814	20788	530516	271208	260625	920528	30
辽 阳	20665640	17962316	1483608	56110	866571	276531	287430	3618023	35
盘 锦	20305914	18262979	653238	187189	853199	474672	452191	3188614	37
铁 岭	25209723	22143349	959846	108203	1149863	669815	667735	1795333	3
朝 阳	23936472	21325321	857917	7642	854448	740647	742664	1037394	13
葫芦岛	21730550	19386638	926044	86609	719891	538803	511497	3391227	19

15-24 各地区国有总承包与专业承包建筑企业损益及分配

(2011年)

单位：千元

地 区	主营业务收入	主营业务成本	主营业务税金及附加	其他业务利润	管理费用	营业利润	利润总额	应收工程款	亏损企业个数(个)
全 省	**89582088**	**79840969**	**3104019**	**163657**	**4243702**	**1618368**	**1660482**	**13171350**	**36**
沈 阳	21510344	19322703	718879	21276	1081445	274192	284287	3077415	13
大 连	21043973	19014154	661608	2416	790108	447963	459117	3395977	4
鞍 山	8345498	7279659	265766	19826	423046	167044	172751	2575301	1
抚 顺	1425457	1337113	45330	4080	38131	5078	5251	390032	3
本 溪	6075529	5577797	170680	-34	256485	51136	61344	189277	3
丹 东	4260009	3784805	107912	4566	197818	138223	143532	872842	5
锦 州	3618228	3363430	116573	3014	157087	-17767	19727	613946	
营 口	1995090	1691462	105422		89625	97209	97194	175141	
阜 新	1626381	1418445	82301	-128	86080	14894	14451	117267	4
辽 阳	1711285	1633153	55248	4906	80457	-67645	-67304	263091	2
盘 锦	6101102	5323954	171457	1694	329645	198136	185747	389743	
铁 岭	6957823	5989990	263717	103224	517356	140234	139600	472820	
朝 阳	2671827	2261534	87170	-689	106833	132728	132857	173842	
葫芦岛	2239542	1842770	251956	-494	89586	36943	11928	464656	1

15-25 各地区集体总承包与专业承包建筑企业损益及分配

(2011年) 单位：千元

地　区	主营业务收　入	主营业务成　本	主营业务税金及附加	其他业务利　润	管理费用	营业利润	利润总额	应收工程款	亏损企业个数(个)
全　省	**32534446**	**29178141**	**1062528**	**91678**	**1617381**	**568887**	**563995**	**3380714**	**65**
沈　阳	5697148	4513838	216910	14977	682779	203456	195370	523630	11
大　连	4004616	3544404	123215	17918	195092	162443	162549	364849	6
鞍　山	4583185	4191362	139170	24542	176602	58023	59457	1115208	10
抚　顺	3039477	2771044	80856	7068	150614	15719	16107	69777	10
本　溪	513980	444047	16163	5918	42564	11055	10552	121167	7
丹　东	2195560	2091472	69342	145	23944	9022	7969	113226	5
锦　州	1457672	1371533	43281	753	36267	6289	6208	263639	6
营　口	173857	137110	6324		12426	17787	17787	560	
阜　新	310520	278231	11193		7066	14020	14018	6481	
辽　阳	2087088	1887359	75701	984	107780	14754	14655	434503	4
盘　锦	645814	614735	20474	-1803	12158	3423	3668	43279	3
铁　岭	2863563	2705727	91037		45294	19153	18863	43765	
朝　阳	1884334	1771142	61215		46800	4692	7515	190771	
葫芦岛	3077632	2856137	107647	21176	77995	29051	29277	89859	3

主要统计指标解释

建筑业统计单位 指从事房屋、构筑物建造和设备安装活动的生产单位，根据不同的组织方式，建筑业统计的调查单位分为法人建筑业企业和附营建筑施工单位。法人建筑业企业是指专门组织的独立核算的法人建筑业企业，它应同时具备的条件是：①依法成立，有自己的名称、组织机构和场所，能够承担民事责任；②独立拥有和使用资产，承担负债，有权与其他单位签订合同；③独立核算盈亏，能够编制资产负债表。另一种调查单位是其他行业的企业、事业单位为完成本单位固定资产建造任务而自行组织的附营建筑施工单位，它应同时具备的条件是：①具有一个场所，从事或主要从事建筑安装活动；②单独组织生产经营活动；③在企业内部单独核算收支。

建筑业总产值(即自行完成施工产值) 指建筑业企业或附属施工单位自行完成的按工程进度计算的建筑安装生产总值。施工产值包括:

①建筑工程产值：指列入建筑工程预算内的各种工程价值。

②设备安装工程产值：指设备安装工程价值。

③房屋、构筑物修理产值：指房屋、构筑物修理所完成的价值，但不包括被修理房屋、构筑物本身的价值和生产设备的修理价值。

④非标准设备制造产值：指加工制造没有定型的、非标准的生产设备的加工费和原材料价值，不论是现场还是附属加工厂为本单位承建工程制造的非标准设备的价值，都应计算产值。

竣工产值 指在报告期内，按照设计所规定的工程内容全部完成，达到了设计规定的交工条件，经有关部门检查验收鉴定合格的单位工程价值之和。

房屋建筑施工面积 指在报告期内施工的全部房屋建筑面积。包括本期内新开工的、上期施工跨入本期继续施工、上期停建本期复工的房屋建筑面积；不包括上期开工后又停工，本期未施工的房屋建筑面积。

房屋建筑竣工面积 指在报告期内，按照设计所规定的工程内容全部完成，达到了设计规定的交工条件，经有关部门检查验收鉴定合格的房屋建筑面积。

住宅竣工面积 指房屋建筑竣工面积中供居住用的房屋建筑竣工面积。

自有机械设备年末总台数 指归本企业(或单位)所有，属于本企业固定资产的生产性机械设备年末总台数。包括施工机械、生产设备、运输设备以及其他设备。

自有机械设备年末总功率 指本企业(或单位)自有施工机械、生产设备、运输设备以及其他设备等列为在册固定资产的生产性机械设备年末总功率，按设定能力或查定能力计算。包括机械本身的动力和为该机械服务的单独动力设备，如电动机等。计量单位用千瓦，动力换算可按 1 马力=0.735 千瓦折合成千瓦数。电焊机、变压器、锅炉不计算动力。

工程结算收入 指企业(或单位)按工程的分部分项自行完成的建筑产品价值并已与甲方在报告期内办理结算手续的工程价款收入，以及向甲方收取的除工程价款以外的按规定列作营业收入的各种款项，如临时设施费、劳动保险费、施工机械调迁费等以及向甲方收取的各种索赔款。

工程结算利润 指已结算工程实现的利润。如为亏损以“-”号表示。其计算公式为： 工程结算利润=工程结算收入-工程结算成本-工程结算税金及附加

企业总收入 指与企业生产经营直接有关的各项收入，包括工程结算收入和其他业务收入，即:

企业总收入=工程结算收入+其他业务收入

十六、运输和邮电

Chapter 16 Transport, Post and Telecommunication Services

16-1 交通运输业基本情况

指　　标	2005年	2006年	2008年	2009年	2010年	2011年
运输线路长度(公里)						
铁路营业里程	3922	3927	3928	3962	3988	4035
公路	53521	97191	101144	101117	101545	104026
内河	813	813	813	813	813	813
民航	329166	376435	200359	243991	242959	255196
#国际航线	69703	63516	32901	43718	45094	51294
管道	1195	1195	1195	1195	1195	1195
客运量总计(万人)	60599	64543	90729	96172	102241	99328.4
铁路	9503	9883	11958	13336	13298	12016.4
公路	49917	53317	77510	81585	87699	86013
水运	650	714	597	543	490	549
民用航空	529	629	664	708	754	750
货运量总计(万吨)	97748	109140	126939	139541	163303	190329
铁路	14271	15750	17400	18262	18622	18716
公路	74799	82142	92938	105088	127361	151773
水运	5730	7518	9267	9651	10434	11632
民用航空	9	11	10	10	10	9
管道	2939	3719	7323	6531	6876	8199
民用汽车拥有量(万辆)	153.8	187.1	242.0	300.1	347.9	402.2
载客汽车辆数(万辆)	89.6	107.3	144.9	182.4	225.7	276.2
载货汽车辆数(万辆)	42.4	47.3	44.0	56.8	67.4	76.9
私人汽车拥有量(万辆)	71.8	98.2	155.8	200.7	242.3	288.9
民用运输船舶拥有量(艘)						
#机动船	735	771	862	736	553	546
驳船	25	27	23	20	11	10
私人运输船舶拥有量(艘)						
#机动船	293	282	304	292		
沿海主要港口货物吞吐量(万吨)	30208	35666	48768	55513	67952	78374

16-2 运输线路长度

单位：公里

年 份	铁路营业里程	#辽宁省	公路通车里程	#有铺装路面简易铺装路面	#高速公路	内河里程	民航通航里程	#国内航线	输油里程	#辽宁省
1990	8798	3702	40109	10172	375	508	99545	89199	2238	1419
1991	8993	3758	40195	11471	375	508	136027	129195	2238	1419
1992	8993	3758	41548	13644	391	508	204870	200822	2238	1419
1993	8993	3758	41638	15382	406	508	271841	258947	2238	1419
1994	8807	3758	42763	17155	420	508	305884	242445	2238	1419
1995	8811	3568	43434	18590	509	508	277945	259264	2238	1419
1996	8811	3568	43753	19365	509	508	321207	246776	2235	1415
1997	8813	3569	44041	20171	509	508	179369	166238	2235	1415
1998	8796	3558	44483	21419	707	508	124089	110587	2235	1415
1999	8798	3558	45020	23023	877	813	192148	170339	2237	1195
2000	8800	3556	45547	24264	1068	813	219198	201702	2237	1195
2001	8792	3548	46603	25664	1068	813	192148	170339	2237	1195
2002	8809	3565	48051	27557	1637	813	239243	211331		1195
2003	8887	3939	50095	30600	1637	813	238429	191061	2237	1195
2004	9299	3939	52415	34838	1637	813	335729	276409	2237	1195
2005	9282	3922	53521	37930	1773	813	329166	255545	2237	1195
2006	9309	3927	97191	43333	1849	813	376435	312239	2237	1195
2007	9321	3934	98101	46738	1975	813	248179	204584	2237	1195
2008	9431	3928	101144	52762	2747	813	200359	167458	2237	1195
2009	9437	3962	101117	62497	2833	813	243991	200273	2237	1195
2010	9460	3988	101545	63324	3056	813	242959	197865	2237	1195
2011	9843	4035	104026	65636	3300	813	255196	199802	2237	1195

16-3 旅客运输量

单位：万人

年 份	总计	铁路	公路	水运	民航
1990	44547	15823	28367	302	55
1991	46643	14733	31480	355	75
1992	50908	15083	35263	465	97
1993	49756	15072	34050	521	113
1994	50223	15366	34223	502	132
1995	52228	13928	37591	533	176
1996	55828	11884	43193	553	198
1997	53430	10403	42276	540	211
1998	51140	9960	40468	474	238
1999	49239	9937	38382	595	325
2000	51555	10174	40385	616	380
2001	52259	10038	41207	602	412
2002	54339	9701	43554	626	458
2003	50813	8706	41076	542	489
2004	58099	9591	47370	637	501
2005	60599	9503	49917	650	529
2006	64543	9883	53317	714	629
2007	71322	10417	59562	651	692
2008	90729	11958	77510	597	664
2009	96172	13336	81585	543	708
2010	102241	13298	87699	490	754
2011	99328	12016	86013	549	750

16-4 旅客周转量

单位：亿人公里

年 份	总计	铁路	公路	水运	民航
1990	369.3	254.9	97.4	5.9	11.1
1991	392.8	259.1	111.5	6.9	15.3
1992	503.7	285.2	125.9	8.7	19.6
1993	465.9	306.0	121.3	8.7	29.9
1994	471.4	312.8	120.4	7.7	30.5
1995	451.5	292.5	109.9	8.6	40.5
1996	457.0	261.2	149.5	9.4	36.9
1997	460.9	271.5	145.5	9.2	34.7
1998	476.3	276.7	159.1	7.3	33.2
1999	496.4	291.9	149.6	11.9	43.0
2000	534.4	314.1	159.9	10.7	49.7
2001	562.4	326.5	167.1	8.4	60.4
2002	585.5	340.1	173.8	8.6	63.0
2003	545.3	306.9	164.1	7.2	67.0
2004	662.2	370.4	194.9	8.4	88.5
2005	673.1	381.4	210.1	8.4	73.2
2006	747.2	412.6	236.6	9.2	88.8
2007	806.1	436.6	263.5	8.4	97.6
2008	892.6	465.9	323.0	7.8	95.9
2009	940.0	483.5	350.1	7.0	99.4
2010	1014.0	510.1	388.8	6.4	108.7
2011	1065.4	549.0	399.7	7.0	109.7

注：1.铁路1978以前为沈阳、锦州两路局合计数，1979年以后扣除长春分局数，1983年以后为辽宁境内数，1988年以后还包括地方铁路。
2.公路、水运口径同客运量。

16-5 货物运输量

单位：万吨

年 份	总计	铁路	公路	水运	民航	管道
1990	76326.3	14306	56105	1521	1.3	4393
1991	79057.3	14624	58197	1861	2.3	4373
1992	81084.0	14852	59739	2145	2.0	4346
1993	91578.0	14953	69964	2325	2.0	4334
1994	89876.0	14096	68953	2396	3.0	4428
1995	88464.9	13073	68524	2649	3.2	4216
1996	84823.0	13053	65174	2472	4.0	4120
1997	99588.0	12972	80471	2145	5.0	3995
1998	83478.0	12100	65481	1977	5.4	3915
1999	84625.0	12162	66253	2542	7.4	3660
2000	83603.9	12523	64515	3091	8.9	3466
2001	82295.0	12990	63281	2726	6.8	3292
2002	83573.1	13126	64101	3071	8.1	3264
2003	85825.6	13135	65981	3649	9.0	3052
2004	91401.6	13844	70164	4447	8.6	2938
2005	97748.4	14271	74799	5730	9.4	2939
2006	109140.0	15750	82142	7518	11.0	3719
2007	120615.2	16552	90387	8778	11.2	4887
2008	126938.7	17400	92938	9267	10.4	7323
2009	139541.3	18262	105088	9651	9.5	6531
2010	163303.2	18622	127361	10434	10.2	6876
2011	190329.0	18716	151773	11632	8.9	8199

16-6 货物周转量

单位：亿吨公里

年 份	总计	铁路	公路	水运	民航	管道
1990	1062.5	943.3	150.8	289.3	0.2	218.9
1991	1791.1	980.1	174.2	419.6	0.3	216.9
1992	1947.6	1023.2	207.6	501.3	0.4	215.1
1993	2078.8	1044.1	227.8	593.7	0.6	212.7
1994	2085.8	1038.2	221.3	605.8	0.6	219.9
1995	2090.2	1011.4	198.5	671.1	0.7	208.5
1996	1929.0	1003.6	245.1	479.4	0.9	200.0
1997	1846.7	1047.8	297.6	316.1	0.7	191.5
1998	1568.3	900.7	206.5	314.7	0.9	145.5
1999	1794.3	926.2	207.7	531.2	1.2	127.9
2000	1809.2	962.4	209.4	572.4	1.1	63.9
2001	1861.8	976.7	215.8	607.9	1.1	60.3
2002	1914.3	970.6	221.8	661.0	1.4	59.6
2003	2426.5	1012.8	226.5	1130.6	1.6	55.0
2004	2995.6	1154.2	327.0	1461.1	1.7	51.6
2005	3400.6	1194.8	415.6	1738.2	1.6	50.5
2006	4090.9	1206.0	474.7	2361.6	1.8	46.7
2007	5865.1	1293.3	568.1	3956.6	1.8	45.2
2008	7076.8	1342.5	1354.2	4333.0	1.8	45.3
2009	7793.8	1302.1	1550.5	4896.8	1.6	42.8
2010	9071.2	1398.3	1930.3	5695.7	1.7	45.2
2011	10464.3	1540.7	2328.5	6529.4	1.5	64.2

16-7 铁路机车车辆年末实有数

指 标	单位	2005年	2006年	2008年	2009年	2010年	2011年
中央铁路							
机车台数总计	台	1600	1543	1560	1232	1705	2111
内燃机车	台	1372	1321	1282	891	1282	1444
客车辆数总计	辆	3969	4017	4286	4579	4608	4751
软座车	辆	75	85	277	331	333	407
硬座车	辆	1969	1965	1464	1562	1887	1854
软卧车	辆	258	263	237	275	348	354
硬卧车	辆	1334	1369	1907	1998	1714	1793
餐车	辆	205	205	209	214	212	221
其他	辆			192	199	114	122
辽宁省境内各分局							
机车台数总计	台	889	964	967	883	990	1205
内燃机车	台	661	742	689	542	567	538
客车辆数总计	辆	2058	2208	2269	2897	3006	3013
软座车	辆	54	61	127	198	303	65
硬座车	辆	1002	1042	776	978	1208	1180
软卧车	辆	112	127	210	242	209	531
硬卧车	辆	708	783	946	1233	1090	1036
餐车	辆	121	115	101	121	128	125
其他	辆			109	125	68	76

16-8 辽宁省辖区铁路主要站旅客发送量

单位：万人

车站名称	2005年	2006年	2008年	2009年	2010年	2011年
总　计	**9503.4**	**9883.0**	**111958.0**	**13336.0**	**13298.0**	**12016.4**
开原	100.6	113.5	153.6	173.7	157.3	143.3
铁岭	178.8	189.2	230.4	288.2	297.3	233.2
沈阳	1121.4	1272.0	1472.9	1509.3	1433.3	1500.5
苏家屯	138.0	130.8	144.8	147.4	142.5	92.2
辽阳	217.4	217.9	257.3	280.1	284.0	199.4
黑山	2.2	2.3	0.4	0.7	0.3	0.2
鞍山	306.9	291.5	418.6	477.3	484.5	462.0
海城	145.6	151.7	200.8	220.6	236.9	229.1
大石桥	114.0	122.7	159.4	160.6	168.9	179.1
瓦房店	156.9	177.0	223.0	230.1	233.5	279.6
金州	137.3	144.8	179.2	200.7	247.9	209.0
南关岭	2.6	1.7	2.7	1.8	1.9	1.7
周水子	29.5	24.3	33.1	28.6	58.8	64.6
大连	897.5	948.5	1207.6	1261.9	1247.9	1350.9
皇姑屯	9.9	8.5	10.1	54.1	103.0	68.7
大成	5.5	3.7	5.7	3.7	12.2	4.8
抚顺北	96.3	102.1	59.1	86.2	84.0	87.1
大官屯	5.1	3.8	2.2	6.8	0.9	1.5
沈阳东	1.5	0.7	1.6	1.7	0.9	1.4
沈阳北	1217.6	1377.8	1680.7	1882.7	1894.3	1709.8
营口	35.1	37.3	52.6	66.2	65.5	64.8
旅顺	3.2	2.6	5.3	7.7	3.8	3.2
丹东	168.0	189.0	216.6	248.3	262.0	254.3
凤凰城	93.6	106.7	115.4	105.4	104.2	111.9
本溪	706.7	775.0	1050.0	1232.4	1179.4	850.4
本溪湖	34.8	32.5	20.7	13.9	6.8	
安平	10.0	11.8	9.8	13.3	157.0	17.0
沈阳西	3.6	3.2	1.8	1.3	1.0	0.6
锦州	406.4	406.6	465.3	482.2	464.6	475.6
葫芦岛	109.6	118.8	169.0	184.4	176.8	173.1
大虎山	53.4	58.5	79.4	85.7	85.8	90.9
渤海	1.8	0.4	0.8	1.7	0.5	0.4
盘锦	40.6	49.9	80.9	87.9	84.4	84.8
朝阳	75.3	79.9	89.9	91.9	86.9	84.3
阜新	114.7	127.5	133.3	142.9	140.6	139.2

16-9 辽宁省辖区铁路主要站货物发送量

单位：万吨

车站名称	2005年	2006年	2008年	2009年	2010年	2011年
总　计	**14270.9**	**15750.0**	**17400.0**	**18262.0**	**18622.0**	**18716.2**
开原	69.3	53.0	66.9	54.3	33.1	73.0
铁岭	49.2	37.0	37.0	88.4	132.2	16.9
沈阳	53.1	42.8	31.7	1.5	0.1	
苏家屯	46.4	37.4	44.9	62.2	135.2	52.6
辽阳	30.6	17.6	27.8	48.5	28.5	68.6
黑山	8.9	9.0	6.8	5.5	4.0	0.2
鞍山	9.2	7.3	7.0	1.5		
海城	72.4	79.5	80.7	89.7	62.2	62.9
大石桥	136.0	121.0	151.7	121.2	409.4	112.8
瓦房店	3.1	2.3	1.8	2.4	1.2	2.5
金州	35.7	50.7	63.2	63.8	47.6	34.3
南关岭	24.2	18.8	25.3	22.8	14.4	21.8
周水子	17.2	18.5	3.1	2.5	2.1	2.1
大成	105.7	103.2	202.8	113.3	101.4	68.5
抚顺北	6.7	11.2	23.2	2.4	10.3	6.7
大官屯	754.9	629.0	588.0	629.9	571.4	512.8
沈阳东	59.6	73.4	62.7	73.4	81.6	82.2
营口	78.5	67.2	118.2	125.1	101.3	90.1
甘井子	332.6	316.1	269.5	272.2	403.9	380.5
旅顺	4.8	3.7	2.9	2.9	2.3	2.1
丹东	194.2	250.2	241.5	379.1	303.9	275.4
凤凰城	15.5	9.3	7.9	4.5	5.2	7.2
本溪	589.4	736.1	1188.1	984.6	1075.7	1078.0
本溪湖	168.9	173.0	142.9	167.0	143.6	114.0
安平	269.2	346.8	370.7	455.1	342.4	394.1
沈阳西	15.5	9.7				
锦州	300.9	323.9	336.7	294.2	303.3	334.8
葫芦岛	290.7	271.3	247.4	214.2	252.5	273.8
大虎山	11.9	8.7	11.4	5.6	1.8	0.0
渤海	174.3	153.1	160.3	124.5	110.3	118.9
盘锦	46.3	52.5	53.3	53.4	150.5	177.7
朝阳	45.3	43.9	30.9	32.1	32.3	36.9
阜新	577.8	673.6	741.1	772.1	818.7	782.2

16-10 民用车辆拥有量

(2011年末) 单位：辆

指　标	总计	总计中:		总计中:			报废
		营运	非营运	进口	个人	新注册	
合　计	**6057395**	**1000453**	**5034785**	**228035**	**4751943**	**805865**	**18523**
一、汽车	4022373	895772	3126601	219494	2888663	616096	12417
1.载客汽车	2761589	149660	2611929	210448	2171496	502539	8289
#大型	62606	38624	23982	1256	6446	6947	921
中型	99996	9383	90613	3317	41521	3483	1079
小型	2517017	101400	2415617	205397	2051997	486013	6116
微型	81970	253	81717	478	71532	6096	173
#轿车	1750890	92479	1658411	99046	1457457	317548	5416
2.载货汽车	768524	533946	234578	2693	327339	103132	2744
#重型	223423	191983	31440	1311	41487	33716	677
中型	72682	59191	13491	32	27235	5427	553
轻型	468576	280521	188055	1346	255880	63918	1316
微型	3843	2251	1592	4	2737	71	198
#普通载货	395718	250233	145485	1091	193709	46922	2089
3.其它汽车	492260	212166	280094	6353	389828	10425	1384
二、电车	146	131	15				
无轨	61	59	2				
有轨	85	72	13				
三、摩托车	1534165	33420	1500745	7581	1529511	165069	4580
普通	1510614	33342	1477272	7210	1506391	164596	3834
轻便	23551	78	23473	371	23120	473	746
四、拖拉机	421026		398869		324650	14317	1439
大中型	166567		159424		119157	7508	43
小型方向盘式	212667		197653		185452	5790	1396
五、挂车	73327	70032	3295	831	6775	9704	74
六、其它类型车	6358	1098	5260	129	2344	679	13

16-11 公路线路年底到达数

(2011年) 单位：公里

指 标	公里里程总计	等级公路					
		合计	专用公路		一般公路		
			高速	一级	二级	三级	四级
本年年底到达数	**103228.2**	**86851.8**	**3299.6**	**2595.3**	**16987.2**	**31852.1**	**32117.7**
1.干线公路	15022.0	15022.0	3299.6	1790.8	9396.2	535.4	
国 道	6465.4	6465.4	3004.3	692.2	2695.0	74.0	
省 道	8556.6	8556.6	295.3	1098.7	6701.2	461.4	
2.县 道	12544.8	12544.8		753.5	6710.0	4925.7	155.7
3.乡 道	31231.7	31231.7		21.2	696.9	23316.3	7197.3
4.专用公路	924.6	904.5		10.8	72.8	379.4	441.5

16-12 船舶拥有量

指 标	单位	2005年	2006年	2008年	2009年	2010年	2011年
民用船舶拥有量							
水运船舶	艘	735	798	862	736	553	564
净载重吨	吨	2981843	4027037	5096348	6222736	7202719	7655909
#拖 轮	艘	18	17	12	11	4	5
驳 船	艘	25	27	23	20	11	10
净载重吨	吨	12710	21139	38651	48214	40011	32719

16-13 全社会水运客货运输量

年 份	货运量(万吨)	#交通部门	货运周转量(万吨公里)	#交通部门	客运量(万人)	#交通部门	旅客周转量(万人公里)	#交通部门
1990	1521	1433	2892885	2891254	302	290	59396	58990
1991	1861	1787	4196000	4194000	355	342	59296	58990
1992	2145	1894	5013673	4829714	465	418	86880	83157
1993	2325	1843	5936798	5072678	521	396	86605	78167
1994	2426	1969	6152164	5314440	501	379	78201	70172
1995	2649	2262	6711204	5823222	533	400	86146	75792
1996	2472	2136	4794110	3721911	553	415	94208	80454
1997	2145	1916	3161179	2360667	540	404	91795	76555
1998	1977	1679	3147000	2231000	474	340	73000	59000
1999	2542	2270	4528000	3465000	595	425	119000	98000
2000	3091	2733	5724000	4723000	616	421	107000	87469
2001	2726	2019	6079116	4576611	602	381	84299	59082
2002	3071	2567	6609993	4908246	626	356	86095	59785
2003	3649	2942	11305708	9875729	542	307	71790	51295
2004	4447		14611161		637		84187	
2005	5730		17381637		650		83902	
2006	7518		23616152		714		91583	
2007	8778		39565875		651		84116	
2008	9267		43330070		597		77776	
2009	9651		48968411		543		70385	
2010	10434		56957104		490		63899	
2011	11632		65293536		549		70435	

16-14 沿海港口码头长度和泊位数

港 名	2005年	2006年	2008年	2009年	2010年	2011年
港口码头长度(米)	**38699**	**49037**	**58715**	**55427**	**63654**	**67353**
#大 连 港	26119	31112	37045	33318	37563	37855
营 口 港	5994	8896	11307	11520	13533	15465
丹 东 港	2605	3610	3352	3677	4814	5326
锦 州 港	2058	3542	4853	4698	5530	5530
港口码头泊位(个)	**288**	**310**	**351**	**320**	**371**	**384**
#大 连 港	192	191	223	196	225	223
营 口 港	47	57	59	55	68	76
丹 东 港	26	31	26	27	33	40
锦 州 港	9	15	19	18	21	21

注：1.码头泊位包括浮筒泊位。
2.05年均为生产用码头长度和泊位。

16-15 沿海港口吞吐量

指标	2005年	2006年	2008年	2009年	2010年	2011年
货物吞吐量(万吨)	**30208**	**35666**	**48768**	**55513**	**67952**	**78374**
#大连港	17085	20046	24588	27207	31399	33691
营口港	7537	9477	15085	17603	22579	26085
进口	13106	16106	22434	26842	32998	37140
#外贸	5447	5445	7470	10391	16845	17369
内贸	7659	10661	14964	16451	16153	19771
出口	17102	19560	26334	28671	34954	41235
#外贸	4195	4540	4588	3806	4748	5324
内贸	12907	15020	21746	24865	30205	35911
旅客进出港量(万人)	**659**	**664**	**648.8**	**669.5**	**630.7**	**703.5**
进港	329	329	328.5	338.8	320.4	354.0
出港	330	335	320.3	330.7	310.3	349.5

16-16 民用航空运输量

指标	单位	2005年	2006年	2008年	2009年	2010年	2011年
(一)客运量	**万人**	**531.9**	**628.9**	**664.1**	**707.9**	**753.7**	**750.5**
国际航线	万人	71.9	76.0	87.1	79.9	98.5	90.6
地区航线	万人	2.9	3.4	3.8	4.7	7.3	8.7
国内航线	万人	457.1	552.9	573.3	628.0	655.3	658.4
(二)旅客周转量	**万人公里**	**732629.0**	**866387.2**	**959480.2**	**993579.6**	**1086836.0**	**1096744.2**
国际航线	万人公里	96213.4	99478.9	128426.9	110980.8	132347.0	125136.7
地区航线	万人公里	7991.0	9468.0	10649.0	12022.3	17751.0	19819.7
国内航线	万人公里	635654.9	766908.3	820718.3	882598.8	954490.0	968947.7
(三)货(邮)运量	**吨**	**94355.0**	**106806.0**	**104328.1**	**94938.2**	**102411.0**	**88692.6**
国际航线	吨	17888.3	17635.0	14101.7	9412.5	8976.0	8914.6
地区航线	吨	365.1	400.0	317.5	312.0	438.0	485.3
国内航线	吨	76406.1	89191.0	89909.4	85525.7	93436.0	79745.7
(四)货邮周转量	**万吨公里**	**15769.2**	**17990.2**	**17622.5**	**16081.9**	**17059.0**	**15223.6**
国际航线	万吨公里	2117.6	2148.3	2014.9	1288.3	1355.0	1114.8
地区航线	万吨公里	98.7	108.7	87.6	86.0	118.0	128.5
国内航线	万吨公里	13651.6	15841.9	15520.1	14793.6	15704.0	14103.3
(五)总周转量	**万吨公里**	**81122.0**	**95289.9**	**103181.2**	**104626.0**	**108442.0**	**112727.9**
国际航线	万吨公里	10693.6	11009.7	13460.4	11347.3	12723.0	12221.9
地区航线	万吨公里	811.7	949.6	1035.5	990.6	1249.0	1885.7
国内航线	万吨公里	80028.4	84280.2	88712.8	93278.7	95719.0	100264.3

注：此表数为北方航空公司提供。

16-17 邮电业务基本情况

指　　标	单位	2005年	2006年	2008年	2009年	2010年	2011年
邮电业务总量	亿元	450.7	564.9	819.7	948.5	1159.9	472.2
电信业务总量	亿元	427.1	537.2	786.5	908.9	1122.7	434.0
邮政业务总量	亿元	23.6	27.7	33.2	39.6	37.2	38.2
函　　件	亿件	1.3	1.0	0.8	0.8	0.8	0.9
包　　件	万件	309.2	297.1	243.6	223.6	223.6	219.1
特 快 专 递	万件	804.4	911.6	1146.6	1319.6	1400.1	6211.5
报 刊 期 发 数	万份	338.9	379.7	375.1	356.1	383.7	554.6
固定电话年末用户	万户	1407.8	1418.7	1604.3	1529.1	1428.0	1353.3
城市电话用户	万户	979.6	970.0	1142.1	1075.7	985.8	922.7
农村电话用户	万户	428.3	448.8	462.2	453.4	442.2	430.6
年末移动电话用户	万户	1394.9	1677.8	2421.5	2882.1	3341.8	3844.5
年末国际互联网用户	万户	331.8	327.1	455.6	535.4	595.6	665.1
邮 电 局 、所	处	1685.0	1645.0	1572.0	1560.0	1564.0	1554.0
邮路总长度	万公里	29.0	27.2	30.6	32.6	8.6	9.8
汽 车 邮 路	公里	34187.0	33136.0	52072.8	55638.4	35709.0	81415.0
铁 路 邮 路	公里	4158.0	4158.0	4021.0	7296.0	7016.0	15548.0

注：1.邮电业务总量2010年前数据按2000年不变价计算，2011年后按2010年不变价计算。
2.特快专递数据2010年前取至省邮政公司，2011年后取至省邮政管理局。2010年前的汽车邮路和铁路邮路为单程。

16-18 邮电业务量

年　份	邮电业务总量(万元)	邮政业务总量	电信业务总量	函件(万件)	报刊期发数(万份)	特快专递(万件)	集邮业务(万枚)	移动电话用户(万户)	互联网用户(万户)	固定电话年末用户(万户)	城市电话用户	农村电话用户
1980	10576			14908	953					15.4	10.3	5.1
1985	17303			21002	1791					22.4	16.5	5.9
1986	18962			22048	1610	3				24.6	18.5	6.1
1987	21733			24175	1752	5				27.7	21.2	6.5
1988	26878			24464	1325	9	786			32.8	25.8	7
1989	34519			23146	705	20	1337			38	30.5	7.5
1990	83986			21964	1176	20	3586			43.1	35.2	7.9
1991	108122			19454	1123	28	5651	0.2		50.3	41.6	8.7
1992	154881			21281	903	46	7817	0.5		66.6	56.5	10.1
1993	242108			23791	1163	92	9812	1.8		98.8	85.3	13.5
1994	322406			25001	816	166	10940	7.9		155.6	135.9	19.7
1995	500819			24288	698	215	13977	19.8		229.1	194.8	34.3
1996	625297			22317	630	259	17290	36.2	0.1	319	261.7	57.3
1997	883518			21642	701	254.2	22681	67.2	0.5	394.3	309.7	84.6
1998	1322580			23450	745	261.9	24367	128.8	2.3	476.8	366.4	110.4
1999	1578635			18140	594	315.8	24179	207.7	12.2	579.2	439.3	139.9
2000	2426099	87084	2339015	17309	415	389.7	19834	429.3	61.8	699.5	519.7	179.8
2001	2130799	160002	1970796	14867	440	466.6	12014	703.8	163.4	860.7	621.5	239.2
2002	2492992	172483	2320509	13094	379	509.1	7822	846.6	335.9	1016.5	712.4	304.1
2003	2909994	190453	2719542	15985	352	619.8	4413	962.9	382.6	1278.6	907.3	371.2
2004	3651650	204598	3447052	13858	352	744.3	3714	1180.9	448.9	1492.7	1074.4	411.8
2005	4507393	235650	4271743	12466	339	804.4	4371	1394.9	331.8	1661.2	1203.4	449.9
2006	5649857	277553	5372304	9938	380	911.6	3800	1677.8	327.1	1701.8	1229.7	472.1
2007	7061352	293973	6767379	8270	330	1019.8	4465	2097.2	395.5	1728.8	1257.1	471.6
2008	8197008	331618	7865390	8330	375	1146.6	4639	2421.5	458.9	1604.3	1142.1	462.2
2009	9485359	396315	9089044	7486	356	1319.6	4160	2882.1	535.4	1529.1	1075.7	453.4
2010	11599440	372194	11227246	8463	384	1400.1	4399	3341.8	595.6	1427.98	985.77	442.21
2011	4721766	382248	4339518	8776	554.6	6211.5	6202.46	3844.45	665.1	1353.32	922.73	430.59

注：1.邮电业务总量2010年前数据按2000年不变价计算，2011年后按2010年不变价计算。
2.特快专递数据2010年前取至省邮政公司，2011年后取至省邮政管理局。

16-19 各地区邮电业务量

(2011年)

地区	邮电业务总量(万元)	邮政业务总量	电信业务总量	函件(万件)	报刊期发数(万份)	移动电话用户(万户)	互联网用户(万户)	固定电话年末用户(万户)	城市电话用户	农村电话用户
全省	**4721766.6**	**382248.2**	**4339518.4**	**8776.0**	**6202.5**	**3844.4**	**665.1**	**1353.3**	**922.7**	**430.6**
沈阳	1190941.9	114236.3	1076705.5	3261.6	3434.1	841.6	152.1	296.3	234.7	61.7
大连	976467.2	91235.8	885231.4	1527.3	820.6	776.5	133.1	270.6	201.7	68.9
鞍山	355726.9	24494.6	331232.3	441.0	246.0	317.8	55.3	108.1	75.4	32.6
抚顺	200271.9	12457.9	187814.0	760.6	274.7	185.3	33.6	71.6	57.9	13.7
本溪	154627.9	11992.2	142635.7	863.9	95.2	126.8	25.7	42.6	31.1	11.4
丹东	215493.0	17260.4	198232.6	443.6	76.2	176.0	32.1	83.8	56.1	27.7
锦州	290499.6	14922.0	275577.5	175.0	132.8	237.5	46.4	90.6	51.3	39.3
营口	222989.1	12637.3	210351.8	110.0	138.0	204.9	32.0	60.8	36.8	24.0
阜新	160124.9	6247.2	153877.7	122.7	22.8	142.4	26.2	49.9	31.2	18.7
辽阳	175333.3	14236.4	161096.9	233.1	127.2	144.3	25.2	51.2	31.1	20.1
盘锦	158420.7	17570.4	140850.3	157.1	183.4	131.5	17.7	35.2	21.0	14.2
铁岭	193301.6	14253.0	179048.6	173.1	402.4	169.6	27.7	58.1	31.6	26.5
朝阳	192767.5	14076.4	178691.1	127.7	170.7	199.3	30.4	74.0	33.8	40.2
葫芦岛	203021.7	16628.3	186393.4	379.1	78.4	190.9	27.6	60.6	29.0	31.5

注：邮电业务总量按各个时期的不变价格计算。

16-20 邮电通信水平

指标	单位	2005年	2006年	2008年	2009年	2010年	2011年
平均每一邮电局所服务面积	平方公里	87.5	89.7	93.8	94.6	95.0	95.2
平均每一邮电局所服务人口	万人	2.5	2.6	2.6	2.7	2.7	2.7
设有邮政局所的乡(镇)比重	%	91.3	90.9	91.0	87.0	87.0	85.0
已通邮的行政村比重	%	100	100	100	100	100	100
平均每人每年发函件数	件	3.0	2.3	2.0	1.8	2.0	2.1
平均每百人每年订报刊数	份	8.0	8.9	9.0	8.4	9.0	13.0
固定电话普及率	部/百人	39.4	39.9	37.7	35.4	33.6	30.9
移动电话普及率	部/百人	33.1	39.3	57.0	66.8	78.5	87.8
城市固定电话普及率	部/百人	28.5	28.8	31.0	42.2	46.0	43.1
进入长话自动网的县(市)比重	%	100	100	100	100	100	100
已通固定电话的乡(镇)比重	%	100	100	100	100	100	100
已通固定电话的行政村比重	%	100	100	100	100	100	100

主要统计指标解释

铁路营业里程 又称营业长度，指办理客货运输业务的铁路正线总长度。凡是全线或部分建成双线及以上的线路，以第一线的实际长度计算；复线、站线、段管线、岔线和特殊用途线以及不计算运费的联络线都不计算营业里程。铁路营业里程是反映铁路运输业基础设施发展水平的重要指标，也是计算客货周转量、运输密度和机车车辆运用效率等指标的基础资料。

铁路正线延展里程 是正线第一线、第二线、第三线和其他正线建筑里程之和，不包括站线、段管线、岔线及特殊用途线的延展里程。它是作为计算铁路线上钢轨、枕木及路基砂石需要量的主要依据。

铁路电气化里程 指在全部铁路营业里程中已安装了供电线路及设备，可以供电力机车牵引列车运行的区段的总里程。电气化里程占铁路营业里程的比重。

铁路自动闭塞里程 为保证列车安全运行，在一个区间，同一时间内，一般只允许一列列车运行，这种保证列车在这个区间安全间隔运行的技术方法称为“闭塞”，自动闭塞里程是指装有列车自动完成闭塞作用设备的铁路里程。自动闭塞里程占铁路营业里程的比重也是反映铁路现代化的重要标志之一。

公路里程 指在一定时期内实际达到《公路工程技术标准 JTJ01-88》规定的等级公路，并经公路主管部门正式验收交付使用的公路里程数。其计算单位为：Km。它包括大中城市的郊区公路以及通过小城镇街道部分的公路里程，也包括桥梁、渡口的长度，但不包括大中城市的街道、厂矿、林区生产用道和农业生产用道的里程。两条或多条公路共同经由同一路段，只计算一次，不得重复计算里程长度。公路里程是反映公路建设发展规模的重要指标，也是计算运输网密度等指标的基础资料。

内河航道里程 也称“内河通航里程”，是反映内河水运网规模、水平和发展情况的主要指标；是指在一定时期内，能通航运输船舶及排筏的天然河流、湖泊水库、运河及通航渠道的长度。包括全年季节性通航累计三个月以上的航道，但不包括仅供零散流放竹、木排的河道。

民用航空航线里程 指民航运输定期班机飞行的航线长度的总和。航线长度按机场之间的距离计算，通常有两种计算方法：将每条航线长度相加称为重复计算航线里程；如将两线或两条以上航线经过同一区段里程，只计算一次航线长度称为不重复计算航线里程。一般常用的是后者，它能确切反映民航运输网的规模，表明民航事业为国民经济服务和方便人民生活程度的主要指标。

输油(气)管道长度 也称“输油(气)里程”，是反映管道运输发展规模和水平的主要指标；是指油品(或天然气)的实际输送距离，一般按输油(气)管道的单线长度计算。若包括复线和备用线长度则称为输油(气)管道延展长度，是指管道铺设的实际长度。我们通常使用的是不包括复线的“输油(气)管道里程”。

货(客)运量 指在一定时期内，各运输部门实际运送的货物(旅客)数量。是反映运输业为国民经济和人民生活服务的数量指标，也是制定和检查运输生产计划，研究运输发展规模和速度的重要指标。货运按吨计算，客运按人计算。货物不论运输距离长短，货物类别，均按实际重要统计；旅客不论行程远近或票价多少，均按一人一次作为客运量统计。半价票、小孩票也按一人统计。

货(客)运密度 指在一定时期内某种运输方式运输线路的某一区段平均每公司线路通过的货物(旅客)运输周转量。计算单位是吨(人)公里/公里。计算公式为：

货(客)运密度=（货物(旅客)周转量／营业线路长度）

货(客)运密度是反映交通运输线路上货物(旅客)运输量运输繁忙程度的主要指标。是平衡运输线路运输能力和通过能力，规划线路建设及改造、配备技术设备，研究运输网布局的重要依据。

货物(旅客)周转量 指在一定时期内，由各种运输工具运送的货物(旅客)数量与其相应运输距离的乘积之总和，是反映运输生产总成果的重要指标，也是编制和检查运输生产计划，计算运输效率、劳动生产率以及核算运输单位成本的主要基础资料。通常以吨公里和人公里为计算单位。计算货物周转量通常按发出站与到达站之间的最短距离，也就是计费距离计算。

铁路货车平均静载重 指铁路货车在始发站静止状态下平均每车装载的货物重量，用以分析货车完成装车时车辆载重力的利用情况。计算单位为“吨”，计算公式为:

货车平均静载重(吨)=（货物发送吨数／装车数）

静载重的多少取决于运送货物的性质、种类、车辆的类型和装载技术的高低。根据货车的平均标记载重与静载重进行对比，可以反映货车载重能力的利用程度。计算公式为:

货车载重力利用率(%)=（货车平均静载重／货车平均标记载重）×100%

铁路货运机车日产量 指平均每台货运机车在一昼夜内所完成的总重吨公里数。它既包括载运货物的重量，也包括车辆本身的自重，它从时间和牵引能力两方面反映了机车运用效率。计算单位为“吨公里”，计算公式为:

货运机车平均日产量(吨公里)=（货运总重吨公里数／货运机车台日数)

沿海主要港口货物吞吐量 指由水运进出沿海主要港区范围，并经过装卸的货物数量，包括邮件及办理托运手续的行李、包裹以及补给运输船舶的燃、物料和淡水。其计量单位为吨。货物吞吐量的货种分类及其主要流向流量，反映了港口在国内外物资交流和对外贸易运输中的地位和作用。吞吐量可以分为进口、出口，又可以分为国内贸易和对外贸易。

邮电业务总量 指以货币表现的邮电部门用于传递信息和提供其他邮电服务的总数量。它综合反映了一定时期邮电工作的总成果，是研究邮电业务量构成和发展趋势的重要指标。根据邮电管理体制不同，分为中央国营业务总量和地方国营业务总量。它用各种邮电分类业务量，如函件件数、电报份数、长话张数、市内电话和农村电话的年均户数、订销报刊累计份数等，分别乘以相应的平均单价(不变价)，加总后再加上出租电路和设备的收入、代用户维护电话交换机和线路等设备的收入、其他业务收入求得。

市内电话 指接入县城(包括个别城镇)及县以上城市的市内电话网上，并按市内电话进行经营管理的电话。按计费办法分为包月制和计次制两种。

(1)住宅电话指话机装在居民住宅里的电话。它包括私人付费、公费和免费三个部分。

(2)私人付费电话指住宅居民自费安装并自己缴纳通话费的电话。

十七、国内贸易

Chapter 17 Domestic Trade

17-1 限额以上批发零售贸易业基本情况

登记注册类型	2010年		2011年	
	法人企业(个)	从业人数(人)	法人企业(个)	从业人数(人)
总　　计	**4785**	**300555**	**5522**	**305791**
一、批发业	**2352**	**92162**	**2897**	**93292**
1.按登记注册类型分组				
内资	2264	88248	2795	88857
国有	139	18287	158	18996
集体	34	1397	44	1536
股份合作	13	299	13	308
联营企业	1	15	2	41
国有联营	1	15	1	13
集体联营				
国有与集体联营				
其他联营			1	28
有限责任公司	519	17259	599	18509
国有独资公司	14	1499	17	986
其他有限责任公司	505	15760	582	17523
股份有限公司	60	19220	73	12240
私营企业	1495	31732	1855	36049
私营独资	146	3579	180	3579
私营合伙	19	292	13	196
私营有限责任公司	1280	26392	1591	30617
私营股份有限公司	50	1469	71	1657
其他	3	39	51	1178
港澳台商投资企业	18	1757	22	2019
与港澳台商合资经营	5	507	6	592
与港澳台商合作经营			1	24
港澳台商独资	13	1250	14	1400
港澳台商独资股份有限公司			1	3
外商投资企业	70	2157	80	2416
中外合资经营	15	892	18	980
中外合作经营				
外资企业	54	1240	58	1325
外商投资股份有限公司	1	25	3	96
2.按国民经济行业分组				
农畜产品批发业	123	3867	145	3961
食品、饮料及烟草制品批发业	189	18109	225	16788
米、面制品及食用油批发业	65	5079	76	3261
烟草制品批发业	15	8484	15	8212
纺织、服装及日用品批发业	124	4644	147	5245
服装批发业	59	2214	73	2705
文化、体育用品及器材批发业	34	1065	41	1202
医药及医疗器材批发业	149	8096	172	8847
矿产品、建材及化工产品批发业	1158	39404	1475	37813
煤炭及制品批发业	115	3106	155	3617
石油及制品批发业	209	20716	312	16557
金属及金属矿批发业	546	9083	606	9109
建材批发业	71	1424	152	2652
化肥批发业	31	1219	34	1678
机械设备、五金交电及电子产品批发	518	14392	614	16110
汽车、摩托车及零配件批发业	115	3545	117	4126
家用电器批发业	29	1689	40	1690
计算机、软件及辅助设备批发业	40	1003	60	1651
贸易经纪与代理	4	1023	10	1198
其他批发业	53	1562	68	2128

17-1 续表

登记注册类型	2010年		2011年	
	法人企业(个)	从业人数(人)	法人企业(个)	从业人数(人)
二、零售业	**2433**	**208393**	**2625**	**212499**
1.按登记注册类型分组				
内资	2365	187570	2548	190849
国有	121	13319	113	10802
集体	105	4482	95	3223
股份合作	15	270	19	243
联营企业	6	535	5	210
国有联营	3	78	3	73
集体联营	2	450	2	137
国有与集体联营				
其他联营	1	7		
有限责任公司	566	63350	612	64972
国有独资公司	5	1118	2	189
其他有限责任公司	561	62232	610	64783
股份有限公司	66	25111	64	28257
私营企业	1483	80478	1598	82068
私营独资	428	14667	421	11292
私营合伙	17	306	21	298
私营有限责任公司	991	61729	1089	66986
私营股份有限公司	47	3776	67	3492
其他	3	25	42	1074
港澳台商投资企业	32	6094	38	10062
与港澳台商合资经营	12	2974	15	4285
与港澳台商合作经营	2	43		
港澳台商独资	16	3044	20	5611
港澳台商独资股份有限公司	2	33	3	166
外商投资企业	36	14729	39	11588
中外合资经营	14	7105	15	4285
中外合作经营	1	65		
外资企业	19	3909	20	5611
外商投资股份有限公司	2	3650	3	166
2.按国民经济行业分组				
综合零售业	314	112605	326	110664
百货零售业	182	83675	184	77628
超级市场零售业	98	25899	108	29669
食品、饮料及烟草制品专门零售业	87	3509	120	4756
纺织、服装及日用品专门零售业	161	9334	166	9019
服装零售业	84	5678	88	6156
文化、体育用品及器材专门零售业	139	8456	141	7067
体育用品零售业	7	418	8	442
图书零售业	59	5311	58	4440
医药及医疗器材专门零售业	160	19888	171	18925
药品零售业	146	19213	156	18739
汽车、摩托车、燃料及零配件专门	945	34327	1019	39035
汽车零售业	521	21367	582	24841
机动车燃料零售业	323	11418	328	12760
家用电器及电子产品专门零售业	320	12217	351	16775
家用电器零售业	130	7740	140	8827
计算机、软件及辅助设备零售业	139	2996	167	6661
通讯设备零售业	35	1258	31	1133
五金、家具及室内装修材料专门零	187	5063	196	3726
无店铺及其他零售业	120	2994	135	2532
邮购及电子销售业	4	646	4	511

注：除社会消费品零售总额以外，其他表2009年和2010年数据均为法人企业数据。

17-2 限额以上住宿餐饮业基本情况

登记注册类型	2010年		2011年	
	法人企业(个)	从业人数(人)	法人企业(个)	从业人数(人)
总　　计	**1189**	**113081**	**1242**	**106562**
一、住宿业	**523**	**58637**	**558**	**58972**
1.按登记注册类型分组				
内资	451	44393	492	48052
国有	118	13837	127	14453
集体	41	2115	42	2084
股份合作	2	73	1	20
联营企业	2	77	2	109
国有联营	1	45	1	45
集体联营	1	32	1	64
国有与集体联营				
其他联营				
有限责任公司	94	11603	108	14402
国有独资公司	1	122	3	1956
其他有限责任公司	93	11481	105	12446
股份有限公司	7	1148	6	597
私营企业	187	15540	195	15168
私营独资	58	3348	54	2856
私营合伙	1	60	3	205
私营有限责任公司	119	10338	125	9451
私营股份有限公司	9	1794	13	2656
其他			11	1219
港澳台商投资企业	38	9037	38	7984
与港澳台商合资经营	22	5191	23	4550
与港澳台商合作经营	4	2118	3	1116
港澳台商独资	8	1428	9	1983
港澳台商独资股份有限公司	4	300	2	142
外商投资企业	34	5207	28	2936
中外合资经营	26	3382	21	2292
中外合作经营	1	235	1	241
外资企业	6	1170	5	368
外商投资股份有限公司	1	420	1	35
2.按国民经济行业分组				
旅游饭店	404	52278	429	53187
一般旅馆	107	5525	109	4843
其他住宿服务	12	834	20	942

17-2 续表

登记注册类型	2010年		2011年	
	法人企业(个)	从业人数(人)	法人企业(个)	从业人数(人)
二、餐饮业	**666**	**54444**	**684**	**47590**
1.按登记注册类型分组				
内资	573	33692	588	30825
国有	19	1234	22	1579
集体	21	531	21	499
股份合作	5	128	5	234
联营企业				
国有联营				
集体联营				
国有与集体联营				
其他联营				
有限责任公司	69	5451	74	5052
国有独资公司				
其他有限责任公司	69	5451	74	5052
股份有限公司	6	649	7	290
私营企业	449	25411	443	21695
私营独资	243	10104	217	7591
私营合伙	9	235	11	244
私营有限责任公司	185	14331	201	13372
私营股份有限公司	12	741	14	488
其他	4	288	16	1476
港澳台商投资企业	34	3443	34	2936
与港澳台商合资经营	19	1995	18	1244
与港澳台商合作经营	2	165	2	
港澳台商独资	13	1283	13	1632
港澳台商独资股份有限公司			1	60
外商投资企业	59	17309	62	13829
中外合资经营	26	2146	27	1542
中外合作经营	4	1450	4	415
外资企业	28	13683	30	11736
外商投资股份有限公司	1	30	1	136
2.按国民经济行业分组				
正餐服务业	622	36567	635	32914
快餐服务业	24	16126	26	12946
饮料及冷饮服务业	10	468	11	444
其他餐饮服务业	10	1283	12	1286

17-3 社会消费品零售总额

(按城乡分)　　　　单位：亿元

年份、城市	社会消费品零售总额	按城乡分	
		城镇	乡村
1978	71.2	52.8	18.4
1980	101.8	72.6	29.2
1985	195.5	137.5	58.0
1986	244.3	175.0	69.3
1987	285.9	205.7	80.2
1988	368.0	269.6	98.4
1989	411.7	307.7	104.0
1990	421.1	322.3	98.8
1991	467.3	363.6	103.7
1992	540.6	415.6	125.0
1993	682.1	589.3	92.8
1994	870.5	756.8	113.7
1995	1122.0	984.4	137.6
1996	1289.4	1130.3	159.1
1997	1450.6	1270.2	180.4
1998	1568.7	1373.0	195.7
1999	1696.1	1493.8	202.3
2000	1847.6	1632.2	215.4
2001	2034.9	1797.8	237.1
2002	2258.4	2005.0	253.4
2003	2330.8	2075.6	255.2
2004	2642.8	2351.2	291.6
2005	2999.0	2669.3	329.7
2006	3434.6	3036.4	398.2
2007	4030.1	3566.5	463.6
2008	4917.5	4350.1	567.5
2009	5812.6	5124.1	688.5
2010	6809.6	6003.0	806.6
2011	8003.6	7446.0	557.7
沈　阳	2426.9	2374.7	52.2
大　连	1924.8	1836.7	88.1
鞍　山	605.2	538.3	66.9
抚　顺	392.7	371.9	20.8
本　溪	226.3	221.3	5.0
丹　东	324.9	281.4	43.6
锦　州	374.6	337.2	37.5
营　口	294.2	258.8	35.4
阜　新	175.2	131.2	44.0
辽　阳	245.1	228.1	17.0
盘　锦	217.9	198.2	19.7
铁　岭	267.0	222.3	44.7
朝　阳	254.7	230.1	24.6
葫芦岛	274.2	215.9	58.3

注：1.1993年以后是将市和县视为城镇，县以下为乡村。2010年按地区和城乡分组数据为了与历史数据可比按2009年的比重推算。
　　2.2010年社会消费品零售总额中，不含其他行业零售额。

17-4 各地区社会消费品零售总额

(2011年) 单位：万元

项 目	沈阳市	大连市	鞍山市	抚顺市	本溪市	丹东市	锦州市
社会消费品零售总额	24268655	19247940	6051979	3926758	2262571	3249396	3746091
按销售单位所在地分							
1.城镇	23746674	18367258	5382709	3718678	2212850	2813542	3371552
其中：城区	22718980	16898520	4268507	3282773	2134607	2036582	2612846
2.乡村	521981	880682	669270	208080	49721	435854	374539

17-4 续表 单位：万元

项 目	营口市	阜新市	辽阳市	盘锦市	铁岭市	朝阳市	葫芦岛市
社会消费品零售总额	2942074	1751979	2451009	2178789	2670340	2546614	2742022
按销售单位所在地分							
1.城镇	2588169	1312057	2280959	1981883	2223258	2301070	2158963
其中：城区	2048560	1085230	1474614	1693781	1258721	1600548	1421483
2.乡村	353905	439922	170050	196906	447082	245544	583059

17-5 限额以上批发零售贸易业商品销售总额

(2011年)　　单位：万元

登记注册类型、行业	销售总额	#批发	#零售
总　计	**151404840**	**122404265**	**29000575**
一、批发业	**122648754**	**119038704**	**3610050**
1.按登记注册类型分组			
内资企业	121012318	117422709	3589608
国有企业	19026003	18810848	215155
集体企业	367733	353707	14026
股份合作企业	80820	73200	7620
联营企业	12384	12384	
国有联营企业	1982	1982	
集体联营企业			
国有与集体联营企业			
其他联营企业	10401	10401	
有限责任公司	19156719	18498443	658276
国有独资企业	1324013	1318668	5345
其他有限责任公司	17832706	17179775	652931
股份有限公司	58020372	55988391	2031981
私营企业	23854958	23214334	640625
私营独资企业	1050176	1005339	44837
私营合伙企业	110761	110157	603
私营有限责任公司	21241179	20678066	563113
私营股份有限公司	1452844	1420772	32072
其他企业	493328	471403	21925
港、澳、台商投资企业	473431	464632	8798
合资经营企业	63644	63644	
合作经营企业	12917	12917	
独资经营企业	378466	369668	8798
投资股份有限公司	18404	18404	
外商投资企业	1163006	1151363	11643
中外合资经营企业	195735	184495	11240
中外合作经营企业			
外资企业	950768	950365	403
外商投资股份有限公司	15576	15576	
2.按国民经济行业分组			
农畜产品批发业	2247174	2229780	17394
食品、饮料及烟草制品批发业	5207306	5091833	115473
米、面制品及食用油批发业	936776	882073	54703
烟草制品批发业	3263777	3262799	977
纺织、服装及日用品批发业	1671874	1598235	73640
服装批发业	869824	836434	33389
文化、体育用品及器材批发业	275241	258293	16948
医药及医疗器材批发业	3825513	3228864	596648
矿产品、建材及化工产品批发	99551753	97009832	2541921
煤炭及制品批发业	3823749	3796688	27062
石油及制品批发业	68492161	66109297	2382864
金属及金属矿批发业	20648475	20599266	49209
建材批发业	2370226	2292274	77952
化肥批发业	1093389	1092894	495
机械设备、五金交电及电子产	8471501	8225619	245882
汽车、摩托车及零配件批发	2362874	2235498	127376
家用电器批发业	761953	735000	26953
计算机、软件及辅助设备批	415146	388420	26725
贸易经纪与代理	712340	712340	
其他批发业	686052	683908	2144

17-5 续表

单位：万元

登记注册类型、行业	销售总额	#批发	#零售
二、零售业	**28756086**	**3365560**	**25390526**
1.按登记注册类型分组			
内资企业	25979835	3331589	22648246
国有企业	1889589	1034517	855072
集体企业	215377	19715	195662
股份合作企业	50146	10155	39992
联营企业	49735		49735
国有联营企业	16302		16302
集体联营企业	33434		33434
国有与集体联营企业			
其他联营企业			
有限责任公司	8179797	327148	7852649
国有独资企业	17841		17841
其他有限责任公司	8161956	327148	7834808
股份有限公司	5139828	1228991	3910837
私营企业	10291525	703702	9587824
私营独资企业	1436381	151962	1284419
私营合伙企业	62043	6595	55448
私营有限责任公司	8414150	533412	7880738
私营股份有限公司	378951	11732	367219
其他企业	163836	7361	156476
港、澳、台商投资企业	1544073	13983	1530090
合资经营企业	989400	13983	975417
合作经营企业			
独资经营企业	528718		528718
投资股份有限公司	25956		25956
外商投资企业	1232178	19989	1212190
中外合资经营企业	989400	13983	975417
中外合作经营企业			
外资企业	528718		528718
外商投资股份有限公司	25956		25956
2.按国民经济行业分组			
综合零售业	8771497	192738	8578759
百货零售业	6800319	171246	6629072
超级市场零售业	1815894	37	1815857
食品、饮料及烟草制品专门零	342530	41493	301037
纺织、服装及日用品专门零售	890969	73268	817702
服装零售业	541325	30407	510918
文化、体育用品及器材专门零	568846	91068	477778
体育用品零售业	67385	13146	54238
图书零售业	120497	7366	113131
医药及医疗器材专门零售业	1075326	70143	1005182
药品零售业	1045549	65926	979624
汽车、摩托车、燃料及零配件	14110012	2685903	11424109
汽车零售业	8740200	432960	8307240
机动车燃料零售业	5159405	2231918	2927487
家用电器及电子产品专门零售	1968325	122559	1845767
家用电器零售业	1277339	43348	1233991
计算机、软件及辅助设备零	491938	55045	436893
通讯设备零售业	162281	15867	146414
五金、家具及室内装修材料专	632302	42488	589814
无店铺及其他零售业	396278	45902	350377
邮购及电子销售业	115325		115325

17-6 各地区限额以上批发零售贸易业商品销售总额

(2011年)　　　　单位：万元

登记注册类型、行业	沈阳	大连	鞍山	抚顺	本溪	丹东	锦州
总　　计	**83189964**	**34792071**	**9967483**	**3125362**	**1421982**	**1854378**	**2680584**
一、批发业	**70161774**	**28797782**	**8361994**	**2009961**	**601077**	**930397**	**1338874**
1.按登记注册类型分组							
内资	69882803	27500165	8351767	1987987	592813	930397	1338874
国有	6887957	2832897	5530953	270790	153198	126457	310742
集体	48827	148296	18277	67684	9335	10387	20739
股份合作	43193	9976		5679		9125	
联营企业	1982	10401					
国有联营	1982						
集体联营							
国有与集体联营							
其他联营		10401					
有限责任公司	7439162	7208154	824751	597535	196227	78307	322434
国有独资公司	552620	367499	111508				
其他有限责任公司	6886542	6840655	713242	597535	196227	78307	322434
股份有限公司	48914009	5443152	583612	535754	30195	17299	64033
私营企业	6347436	11732284	1343329	510545	203859	658291	575124
私营独资	384590	182869	135394	47795	5720	13672	22338
私营合伙	32756	12421	31286				
私营有限责任公司	5675262	10766343	1041112	444829	90069	596602	450985
私营股份有限公司	254829	770650	135537	17922	108071	48018	101801
其他	200237	115006	50844			30530	45803
港澳台商投资企业	253819	206295			8264		
与港澳台商合资经营		55214			3378		
与港澳台商合作经营		12917					
港澳台商独资	235415	138165			4886		
港澳台商独资股份有限公司	18404						
外商投资企业	25151	1091322	10228	21974			
中外合资经营	10258	149172		21974			
中外合作经营							
外资企业	10728	929812	10228				
外商投资股份有限公司	4166	11410					
2.按国民经济行业分组							
农畜产品批发业	262878	1510292	22387	40297	1647	10206	265414
食品、饮料及烟草制品批发业	1266460	1419450	388199	217874	157023	142225	343043
米、面制品及食用油批发业	225763	190809	57775	258	47783	12620	117905
烟草制品批发业	744340	711612	295316	145374	103194	123084	189811
纺织、服装及日用品批发业	391402	1129754	18755	28743	675	99671	
服装批发业	157065	672535		3820		36403	
文化、体育用品及器材批发业	194970	74791				2800	
医药及医疗器材批发业	2908055	578692	100290	2664	29757	10322	107340
矿产品、建材及化工产品批发业	61534813	19199594	7592069	1629829	270045	236076	520795
煤炭及制品批发业	432119	1148521	35999	94653	13564	172703	22682
石油及制品批发业	49826495	11989412	625042	834300			383410
金属及金属矿批发业	8549626	4022751	6608711	520226	69743	27749	71995
建材批发业	1545568	515939	60304	54691	74206	16288	
化肥批发业	624866	217917	77930		6523		5518
机械设备、五金交电及电子产品批发	3415074	4068867	142673	62285	61738	421429	102281
汽车、摩托车及零配件批发业	1073517	701365	56454	25389	20000	356882	76859
家用电器批发业	369635	340521				42017	5265
计算机、软件及辅助设备批发业	328143	56654		2350	1042		3951

17-6 续表 1 单位：万元

登记注册类型、行业	沈阳	大连	鞍山	抚顺	本溪	丹东	锦州
贸易经纪与代理	148556	543111					
其他批发业	39567	273229	97621	28270	80193	7668	
二、零售业	**13028190**	**5994289**	**1605489**	**1115401**	**820905**	**923981**	**1341710**
1.按登记注册类型分组							
内资	11970785	4564312	1466512	1111254	820905	908667	1306116
国有	1530888	46971	31055	45637	11312	99195	44812
集体	53688	12140	66603	7430	4878	27209	26196
股份合作	23064	3438		2562		2147	
联营企业	31166	7073				7225	2004
有限责任公司	3854015	1329129	608639	521635	266517	178480	209898
国有独资公司				17109			
其他有限责任公司	3854015	1329129	608639	504526	266517	178480	209898
股份有限公司	2123238	915728	15733	353174	335201	401349	537480
私营企业	4301593	2199056	739976	180817	201665	187103	485627
私营独资	406386	200240	321711	26681	10235	47382	76661
私营合伙	22716	5830	17181			2689	
私营有限责任公司	3792766	1913978	381271	135444	189719	130866	388226
私营股份有限公司	79725	79007	19814	18692	1710	6166	20741
其他	53132	50778	4506		1332	5959	100
港澳台商投资企业	399977	916068	138977			9084	1185
与港澳台商合资经营	61741	760836	101467			9084	
与港澳台商合作经营							
港澳台商独资	338235	131167	36804				
港澳台商独资股份有限公司		24064	706				1185
外商投资企业	657429	513909		4147		6230	34408
中外合资经营	61741	760836	101467			9084	
中外合作经营							
外资企业	338235	131167	36804				
外商投资股份有限公司		24064	706				1185
2.按国民经济行业分组							
综合零售业	3102931	2266581	466093	726690	254084	120527	382532
百货零售业	2311286	1752231	293939	644146	224763	62719	303421
超级市场零售业	742794	437114	168374	76353	21979	45925	79111
食品、饮料及烟草制品专门零售业	164760	45785	10581	2968	12118	8033	46613
纺织、服装及日用品专门零售业	468504	174743	91103	42306	7828	48246	12957
服装零售业	306674	73827	53462	42306	3106	39158	1277
文化、体育用品及器材专门零售业	334366	127271	52263		3632	15066	2506
体育用品零售业	9187	20000	2187				
图书零售业	59017	17601	5642		3043	2593	2506
医药及医疗器材专门零售业	776881	117542	19700	27660	8965	17714	30378
药品零售业	751994	115347	19700	26413	8167	17714	29814
汽车、摩托车、燃料及零配件专门	6844918	2784605	741085	77263	382980	635327	757003
汽车零售业	3764984	2659970	531837	69342	41582	192119	237254
机动车燃料零售业	3028976	92259	166747	6982	336714	436887	511215
家用电器及电子产品专门零售业	955654	435882	144783	32723	81175	51889	57323
家用电器零售业	539730	320817	136235	27427	23092	32146	47983
计算机、软件及辅助设备零售业	256295	99198	7973	4573	53355	17782	8558
通讯设备零售业	130295	9750	575		4728	1961	782
五金、家具及室内装修材料专门零	178501	21975	52033	184622	57015	8156	35448
无店铺及其他零售业	201676	19906	27849	21171	13108	19024	16950
邮购及电子销售业	115216	108					

17-6 续表 2

单位：万元

登记注册类型、行业	营口	阜新	辽阳	盘锦	铁岭	朝阳	葫芦岛
总　　计	**2375558**	**2337179**	**1343740**	**3301040**	**2080471**	**1611629**	**1323399**
一、批发业	**1619953**	**1833091**	**1067078**	**2592080**	**1277516**	**1169806**	**887371**
1.按登记注册类型分组							
内资	1617244	1816418	1067078	2592080	1277516	1169806	887371
国有	308831	138233	451830	1089226	508329	145981	270580
集体	13456	9590			511	20632	
股份合作			5983				6865
联营企业							
国有联营							
集体联营							
国有与集体联营							
其他联营							
有限责任公司	33482	1002140	24558	678329	426595	254348	70698
国有独资公司		242369				50017	
其他有限责任公司	33482	759771	24558	678329	426595	204331	70698
股份有限公司	599601	306807	416316	448485		330014	331096
私营企业	633483	359648	168391	376041	319565	418832	208132
私营独资	21568	66176	5005	6132	120464	29883	8572
私营合伙			25744			8553	
私营有限责任公司	611915	285776	137642	368980	199101	373003	199560
私营股份有限公司		7696		929		7393	
其他	28391				22516		
港澳台商投资企业		5052					
与港澳台商合资经营		5052					
与港澳台商合作经营							
港澳台商独资							
港澳台商独资股份有限公司							
外商投资企业	2709	11622					
中外合资经营	2709	11622					
中外合作经营							
外资企业							
外商投资股份有限公司							
2.按国民经济行业分组							
农畜产品批发业		16104	11017	12342	89928		4663
食品、饮料及烟草制品批发业	244327	149875	150655	89879	196172	218349	223775
米、面制品及食用油批发业	63726	37798	12741	1111	31061	60762	76664
烟草制品批发业	175097	107026	122212	88768	164852	145981	147111
纺织、服装及日用品批发业	2875						
服装批发业							
文化、体育用品及器材批发业				2680			
医药及医疗器材批发业				34419	6461	43703	3809
矿产品、建材及化工产品批发业	1345896	1645318	874041	2404200	819544	840688	638843
煤炭及制品批发业	93576	1340870	5544	38501	362151	24955	37912
石油及制品批发业	857592	297378	319383	2066933	376108	418683	497426
金属及金属矿批发业	264697		35585	1189	65625	359453	51124
建材批发业	87145	3057	2344	695		3017	6971
化肥批发业	4210			88653	8741	16603	42428
机械设备、五金交电及电子产品批发	20537	21794	31366	26886	53366	30183	13022
汽车、摩托车及零配件批发业	4015	8102	5224	5064	6078	23926	
家用电器批发业					1843		2672
计算机、软件及辅助设备批发业			23006				

17-6 续表 3 单位：万元

登记注册类型、行业	营口	阜新	辽阳	盘锦	铁岭	朝阳	葫芦岛
贸易经纪与代理				20673			
其他批发业	6318			1000	112044	36883	3259
二、零售业	**755605**	**504088**	**276662**	**708960**	**802955**	**441823**	**436028**
1.按登记注册类型分组							
内资	708941	504088	258799	699353	802955	427792	429355
国有	1997	3298	31235	1997	21457	11307	8428
集体	1039	5848	2273	1150	1595	3302	2027
股份合作				18935			
联营企业		2268					
有限责任公司	82500	282811	64366	352728	110285	123792	195004
国有独资公司	732						
其他有限责任公司	81767	282811	64366	352728	110285	123792	195004
股份有限公司	37003	889	5702	6329	383886	23126	992
私营企业	580845	208975	155224	309474	259627	264584	216960
私营独资	45187	14117	58068	11128	103901	24063	90622
私营合伙	4664	1373	252	2027	3231	2080	
私营有限责任公司	517127	193485	88456	187493	133924	238440	122956
私营股份有限公司	13868		8448	108827	18571		3382
其他	5558			8742	26104	1683	5944
港澳台商投资企业	46664		1808	9607		14031	6672
与港澳台商合资经营	46664			9607			
与港澳台商合作经营							
港澳台商独资			1808			14031	6672
港澳台商独资股份有限公司							
外商投资企业			16055				
中外合资经营	46664			9607			
中外合作经营							
外资企业			1808			14031	6672
外商投资股份有限公司							
2.按国民经济行业分组							
综合零售业	277144	297808	43305	304387	170615	187900	170900
百货零售业	171405	283511	1449	299337	154795	133882	163436
超级市场零售业	105739	14297	41856	5050	15820	54018	7464
食品、饮料及烟草制品专门零售业	14623	4084	1639	3214	3628	2393	22092
纺织、服装及日用品专门零售业	11098	998	4599	3496	11780	3961	9352
服装零售业	6469		3102	3496		3961	4489
文化、体育用品及器材专门零售业	4149	3298	2121	4546	7964	8914	2751
体育用品零售业							
图书零售业	2132	3298	2121	3425	7454	8914	2751
医药及医疗器材专门零售业	7167		5712	20908	10071	20164	12465
药品零售业	7167		5712	20823	10071	20164	12465
汽车、摩托车、燃料及零配件专门	301305	163624	187850	291720	563719	188077	190539
汽车零售业	288767	146298	146936	219922	152518	139804	148868
机动车燃料零售业	11127	16729	38206	37845	407300	32764	35654
家用电器及电子产品专门零售业	80743	15322	24535	38927	3054	26068	20250
家用电器零售业	69262	8393	22290	16754	2534	20533	10145
计算机、软件及辅助设备零售业	4800	5418	2245	21000	520	5535	4686
通讯设备零售业	6682	1511		579			5419
五金、家具及室内装修材料专门零	23227	5829	6902	34766	16029	3774	4026
无店铺及其他零售业	36149	13125		6999	16097	573	3653
邮购及电子销售业							

17-7 限额以上批发零售贸易业商品销售类值

(2011年)

单位：万元

项　目	销售合计	批发	零售
总　计	**134174499.6**	**103632517.3**	**30541982.3**
1.食品、饮料、烟酒类	9902113.5	7000795.4	2901318.1
(1)食品类	5549085.1	3370856.7	2178228.4
#粮油类	2905439.1	2329401.2	576037.9
肉禽蛋类	499262.4	145450.3	353812.1
(2)饮料类	401974.3	141410.7	260563.6
(3)烟酒类	3951054.1	3488528.0	462526.1
2.服装、鞋帽、针纺织品类	5616630.6	1067616.2	4549014.4
(1)服装类	4034489.6	757250.9	3277238.7
(2)鞋帽类	908701.4	81465.7	827235.7
(3)针、纺织品类	673439.6	228899.6	444540.0
3.化妆品类	598017.3	74258.4	523758.9
4.金银珠宝类	1078413.0	25645.5	1052767.5
5.日用品类	1458624.2	345679.7	1112944.5
#洗涤用品类	252018.9	30944.3	221074.6
儿童玩具类	81525.6	92.1	81433.5
6.五金、电料类	1014249.1	534785.6	479463.5
7.体育、娱乐用品类	156109.3	13074.8	143034.5
8.书报杂志类	227359.7	59000.9	168358.8
9.电子出版物及音像制品类	35670.6	12514.6	23156.0
10.家用电器和音像器材类	2808940.4	686214.1	2122726.3
11.中西药品类	4775506.6	3669861.3	1105645.3
#西药	2655259.2	2064385.2	590874.0
中草药及中成药	586474.2	445924.3	140549.9
12.文化办公用品类	1366430.2	662189.4	704240.8
13.家俱类	371053.1	19269.5	351783.6
14.通讯器材类	956091.3	462045.6	494045.7
15.煤炭及制品类	3675056.0	3544669.9	130386.1
16.木材及制品类	33166.2	30100.8	3065.4
17.石油及制品类	52418003.6	46931926.4	5486077.2
18.化工材料及制品类	6849184.8	6844540.4	4644.4
#化肥类	835565.9	831734.0	3831.9
19.金属材料类	21194377.9	21191327.4	3050.5
20.建筑及装潢材料类	1265559.1	865536.2	400022.9
21.机电产品及设备类	3896476.4	3760911.4	135565.0
#农机类	233245.0	226137.4	7107.6
22.汽车类	10210922.7	1859069.2	8351853.5
23.种子饲料类	321751.2	321473.3	277.9
24.棉麻类	13599.3	13579.5	19.8
25.其他类	3931196.1	3636434.4	294761.7

注：此表为快报数，统计范围为限上法人、产业单位和个体。

17-8 限额以上批发零售贸易业主要财务指标

(2011年) 单位：万元

登记注册类型、行业	流动资产合计	固定资产原价	累计折旧	资产总计	负债合计	实收资本	主营业务收入
总计							
一、批发业	**31666483**	**5832285**	**1942613**	**42451433**	**31365363**	**6947702**	**132778341**
1.按登记注册类型分组	23635840	2453011	969737	29360188	21903083	4542230	108009418
内资	22498113	2413287	948394	27833523	20906732	4164833	106470163
国有	4726793	653159	258816	5634765	3755899	546033	16756443
集体	178804	9430	2587	198261	186687	17688	314433
股份合作	10562	7806	2296	16386	9099	1790	75691
联营企业	14565	2515	881	22640	17769	5499	10581
国有联营	4763	849	68	5551	4936	1789	1645
集体联营							
国有与集体联营							
其他联营	9802	1666	813	17089	12833	3710	8937
有限责任公司	7222516	424968	132509	8623684	7552879	829202	16892621
国有独资公司	548794	22406	8678	578650	480860	103883	1258281
其他有限责任公司	6673722	402562	123832	8045034	7072019	725319	15634340
股份有限公司	2727357	701688	325382	4430091	2194612	555411	49800624
私营企业	7521434	602249	223271	8800474	7101911	2192942	22263059
私营独资	312941	85150	43087	407541	298027	86897	1034172
私营合伙	30150	1292	458	32588	24423	2147	99349
私营有限责任公司	6713293	480439	166235	7797755	6394390	1985137	19851720
私营股份有限公司	465050	35369	13490	562590	385071	118761	1277818
其他	96082	11472	2652	107223	87876	16268	356711
港澳台商投资企业	661850	25241	14005	901036	688687	145044	434692
与港澳台商合资经营	498521	19602	11651	724035	594280	80133	59561
与港澳台商合作经营	8551	1410	338	11768	9725	1200	11431
港澳台商独资	140322	4228	2016	150775	84634	49301	347971
港澳台商独资股份有限公司	14456	1		14457	47	14410	15730
外商投资企业	475877	14483	7338	625629	307664	232354	1104563
中外合资经营	80287	5575	2673	85044	61912	19520	168583
中外合作经营							
外资企业	390993	8238	4352	535631	241773	212241	920730
外商投资股份有限公司	4315	556	238	4633	3858	392	14458
2.按国民经济行业分组							
农畜产品批发业	1200641	131677	39410	1633489	1482252	189174	2145770
食品、饮料及烟草制品批发业	1871913	420192	167155	2266787	862735	719053	4659529
米、面制品及食用油批发业	376454	138260	37454	532671	415894	64740	890779
烟草制品批发业	1163581	199868	102033	1309739	175134	28114	2848604
纺织、服装及日用品批发业	655100	63898	21188	1593197	531153	227676	1606638
服装批发业	210218	24704	8789	301041	193319	51437	772197
文化、体育用品及器材批发业	137487	23061	9261	163562	119891	23342	242451
医药及医疗器材批发业	1406334	100364	28125	1615782	1270678	280228	3294865
矿产品、建材及化工产品批发业	13511947	1526056	629890	16430627	13088789	2410071	86991708
煤炭及制品批发业	1124591	112081	23481	1323298	1094597	669656	3539663
石油及制品批发业	3102786	928630	448285	4463418	2893741	558832	59516471
金属及金属矿批发业	6767866	315271	106210	7808862	6658502	862239	18099356
建材批发业	633280	20628	4243	701976	596224	67902	2054216
化肥批发业	778033	41590	6090	881822	759750	107597	931923
机械设备、五金交电及电子产品批发	4412041	164053	66413	5178257	4173820	609586	7822296
汽车、摩托车及零配件批发业	1413739	48966	17979	1755997	1415020	154786	2257808
家用电器批发业	326392	8807	3668	357180	308768	63295	710992
计算机、软件及辅助设备批发业	270681	5325	2041	290400	250076	38575	363999

17-8 续表 1

单位：万元

登记注册类型、行业	流动资产合计	固定资产原价	累计折旧	资产总计	负债合计	实收资本	主营业务收入
贸易经纪与代理	301054	7383	2495	316957	266815	39554	706708
其他批发业	139322	16327	5800	161530	106951	43547	539452
二、零售业	**8030643**	**3379274**	**972877**	**13091245**	**9462280**	**2405472**	**24768923**
1.按登记注册类型分组							
内资	7039158	2785637	782597	11127403	8270137	1727631	22276973
国有	253600	390475	99499	646957	314380	304011	1555419
集体	48376	22988	7445	78794	59701	19908	174547
股份合作	9803	3407	1377	13721	9320	3308	47246
联营企业	9359	1737	602	11356	9440	805	50140
有限责任公司	2491421	934625	241011	3803370	3114832	467339	6621447
国有独资公司	441	2306	137	2610	456	1443	14932
其他有限责任公司	2490980	932319	240874	3800760	3114377	465896	6606514
股份有限公司	734019	527415	182805	1726210	984130	209511	4421406
私营企业	3463485	901655	248747	4810235	3752344	716804	9272448
私营独资	376133	123957	32745	581321	347844	124331	1399322
私营合伙	6477	3841	2306	11192	4830	4990	50196
私营有限责任公司	2949016	727749	193815	4006748	3233370	556074	7499409
私营股份有限公司	131860	46109	19881	210974	166300	31409	323521
其他	29095	3334	1112	36759	25989	5945	134321
港澳台商投资企业	565381	276185	89426	1197427	632929	438841	1377603
与港澳台商合资经营	380059	145696	61150	506076	310620	85275	876130
与港澳台商合作经营							
港澳台商独资	181005	129474	27388	686574	315330	349413	479479
港澳台商独资股份有限公司	4318	1014	888	4778	6979	4154	21994
外商投资企业	426105	317452	100853	766415	559213	238999	1114347
中外合资经营	380059	145696	61150	506076	310620	85275	876130
中外合作经营							
外资企业	181005	129474	27388	686574	315330	349413	479479
外商投资股份有限公司	4318	1014	888	4778	6979	4154	21994
2.按国民经济行业分组							
综合零售业	2850602	1891104	528415	5763603	4224607	912735	7222821
百货零售业	2157046	1566921	407813	4635390	3220074	758530	5487524
超级市场零售业	660381	309270	113817	1078055	966313	140292	1600583
食品、饮料及烟草制品专门零售业	93377	41005	11024	141048	92444	38228	278227
纺织、服装及日用品专门零售业	377140	108877	35293	548939	407607	148258	796513
服装零售业	262298	85399	27348	408375	304442	129214	486512
文化、体育用品及器材专门零售业	186144	84485	31256	277054	198699	46575	475511
体育用品零售业	8981	4723	1202	17807	11187	8603	30568
图书零售业	59975	47499	18416	106222	70593	17978	103409
医药及医疗器材专门零售业	404043	54284	20281	472177	375750	79743	944233
药品零售业	387877	52543	19923	452552	365413	73150	919271
汽车、摩托车、燃料及零配件专门	3254629	858912	242858	4575453	3197160	891851	12465877
汽车零售业	2846288	410718	122135	3559739	2752611	467533	7759348
机动车燃料零售业	333577	429481	113798	920965	377668	405003	4512476
家用电器及电子产品专门零售业	680291	108388	22555	891644	673339	150857	1688792
家用电器零售业	512442	88533	11476	688994	536215	94383	1088075
计算机、软件及辅助设备零售业	118371	9955	5341	141288	89803	44131	436191
通讯设备零售业	39499	7299	3487	48873	36994	10129	132818
五金、家具及室内装修材料专门零	103300	142218	35559	246559	207108	75496	532106
无店铺及其他零售业	81118	90003	45638	174768	85565	61730	364844
邮购及电子销售业	13672	55907	35147	35326	12387	1500	101040

17-8 续表 2

单位：万元

登记注册类型、行业	主营业务成本	主营业务税金及附加	管理费用	营业利润	利润总额	应付职工薪酬	应交增值税
总　　计							
一、批发业	**125993709**	**450613**	**1861432**	**2177608**	**1817032**	**1188549**	**1467671**
1.按登记注册类型分组	104190357	306443	839474	1410422	1331435	538726	829819
内资	102828964	302572	791558	1354940	1279333	512658	811764
国有	15704939	169249	206837	508076	509294	137279	169492
集体	283729	1721	6789	9984	4238	3784	3609
股份合作	67066	404	1692	5582	5582	948	539
联营企业	9943	14	737	-368	-3841	240	96
国有联营	1555	9	127	-57	-53	57	48
集体联营							
国有与集体联营							
其他联营	8388	5	610	-311	-3788	183	48
有限责任公司	16174511	38203	170404	173197	163498	119240	192256
国有独资公司	1150940	10130	21028	32229	32600	15195	28955
其他有限责任公司	15023572	28074	149376	140968	130898	104045	163301
股份有限公司	49288266	22071	92347	314504	323870	136512	178898
私营企业	20969292	70312	308329	336762	269462	111537	265353
私营独资	926098	9738	24298	45511	19794	7241	15950
私营合伙	91728	279	1090	3673	1047	424	1294
私营有限责任公司	18733571	55771	270749	274823	237011	93438	234743
私营股份有限公司	1217895	4525	12192	12755	11610	10434	13366
其他	331217	599	4423	7204	7230	3120	1522
港澳台商投资企业	395305	1028	12650	7864	7230	8922	4016
与港澳台商合资经营	48884	706	5832	2598	1574	3874	1424
与港澳台商合作经营	10576		118	687	619	57	
港澳台商独资	320286	319	6666	4558	5037	4981	2554
港澳台商独资股份有限公司	15560	3	33	21		10	38
外商投资企业	966088	2842	35267	47618	44872	17146	14039
中外合资经营	151436	865	3639	-305	-218	1915	2773
中外合作经营							
外资企业	801353	1941	31031	47511	44677	14715	11026
外商投资股份有限公司	12628	25	484	478	478	491	228
2.按国民经济行业分组							
农畜产品批发业	2032479	2693	27979	-3721	-3059	11509	4113
食品、饮料及烟草制品批发业	3800925	174907	157081	417272	420666	107867	124084
米、面制品及食用油批发业	846601	7165	13935	-1223	6934	8095	3987
烟草制品批发业	2133592	164404	121142	389698	391860	84814	109905
纺织、服装及日用品批发业	1477090	2864	48700	245873	241072	21716	8853
服装批发业	705038	552	26587	10060	6614	13235	2756
文化、体育用品及器材批发业	218862	1012	9090	2442	2702	4496	1633
医药及医疗器材批发业	3060350	6229	68146	45843	37674	30991	66340
矿产品、建材及化工产品批发业	85139912	94415	370339	517684	473479	277219	518536
煤炭及制品批发业	3363571	7409	35384	36673	35282	12341	33240
石油及制品批发业	58749738	31196	132264	189776	196158	159367	217664
金属及金属矿批发业	17514594	24124	131338	198873	160583	77543	114650
建材批发业	1934051	9296	22944	50607	46210	6761	98215
化肥批发业	869144	16425	7837	13062	6838	3305	26179
机械设备、五金交电及电子产品批发	7304956	18747	139290	148211	136350	75381	78161
汽车、摩托车及零配件批发业	2113605	7958	31787	58274	56975	18260	35335
家用电器批发业	660473	820	8621	1391	1842	8174	5641
计算机、软件及辅助设备批发业	344933	492	6453	7166	3526	6296	1592

17-8 续表 3

单位：万元

登记注册类型、行业	主营业务成本	主营业务税金及附加	管理费用	营业利润	利润总额	应付职工薪酬	应交增值税
贸易经纪与代理	682616	148	4777	1003	1495	3898	420
其他批发业	473166	5428	14073	35815	21057	5649	27680
二、零售业	**21803352**	**144170**	**1021957**	**767185**	**485598**	**649823**	**637852**
1.按登记注册类型分组							
内资	19693867	130527	897681	743552	480057	570384	579900
国有	1428632	4498	43605	14863	12037	31409	245863
集体	152369	974	4950	11034	6650	6008	1213
股份合作	41282	256	1783	2535	268	711	431
联营企业	44281	297	1638	1127	942	574	96
有限责任公司	5881521	37216	285238	122755	92823	169376	110327
国有独资公司	13780	632	175	337	3	807	71
其他有限责任公司	5867741	36584	285063	122417	92820	168569	110257
股份有限公司	3981064	21972	194532	85529	64369	139885	55443
私营企业	8039472	64781	360801	504199	301563	220518	165380
私营独资	1224192	19081	39031	77348	61528	20186	19490
私营合伙	43263	451	1961	2170	1890	557	757
私营有限责任公司	6484652	43565	305331	414062	229142	191513	140339
私营股份有限公司	287365	1684	14477	10619	9004	8262	4794
其他	125245	535	5135	1510	1406	1905	1147
港澳台商投资企业	1159264	9915	80596	22158	8417	35220	33530
与港澳台商合资经营	754664	4740	47966	20737	16793	22002	25112
与港澳台商合作经营							
港澳台商独资	385629	5071	31654	1286	-8522	12780	8089
港澳台商独资股份有限公司	18971	104	976	135	146	438	329
外商投资企业	950222	3728	43680	1476	-2877	44219	24423
中外合资经营	754664	4740	47966	20737	16793	22002	25112
中外合作经营							
外资企业	385629	5071	31654	1286	-8522	12780	8089
外商投资股份有限公司	18971	104	976	135	146	438	329
2.按国民经济行业分组							
综合零售业	6174387	69292	543694	126010	122265	319938	160431
百货零售业	4685064	59284	461126	100569	97254	240800	127074
超级市场零售业	1374517	9082	77657	24174	24231	73709	31491
食品、饮料及烟草制品专门零售业	242166	2684	15692	5333	6010	11209	5214
纺织、服装及日用品专门零售业	673078	7050	46840	3632	1583	23753	16291
服装零售业	403737	4848	31441	-3521	-4766	15518	11372
文化、体育用品及器材专门零售业	388754	7532	33261	12977	13297	24656	13321
体育用品零售业	25928	360	2434	-33	-57	884	697
图书零售业	79689	780	15646	-1562	-668	12790	3426
医药及医疗器材专门零售业	798265	6446	37719	19483	17423	45225	14366
药品零售业	777110	6347	36350	19182	17120	44742	13712
汽车、摩托车、燃料及零配件专门	11415202	31779	215729	436903	362307	167050	347476
汽车零售业	7056612	21282	161341	294939	260098	98370	82202
机动车燃料零售业	4189556	8265	48379	131315	93543	65486	263072
家用电器及电子产品专门零售业	1339529	10261	84383	139845	-51612	42026	32427
家用电器零售业	779977	7348	67185	133994	-56148	24897	19370
计算机、软件及辅助设备零售业	409281	1908	12428	3225	2227	13426	6318
通讯设备零售业	120058	970	4097	2755	2449	3218	6514
五金、家具及室内装修材料专门零	465772	4782	31035	6535	482	9313	41402
无店铺及其他零售业	306200	4344	13605	16468	13844	6652	6925
邮购及电子销售业	81552	581	5481	40	40	2573	2838

17-9 限额以上住宿业和餐饮业经营情况

单位：万元

登记注册类型、行业	法人单位(个)	年末从业人数(人)	营业额	客房收入	餐费收入	商品销售收入	其他收入
总　计	**1242**	**106562**	**2335770.3**	**546717.6**	**1653875.9**	**30796.7**	**104380.1**
一、住宿业	**558**	**58972**	**1040120.8**	**514209.7**	**415494.8**	**18579.4**	**91836.9**
1.按登记注册类型分组							
内资	492	48052	792875.0	392334.5	317136.0	12759.6	70644.9
国有	127	14453	222939.0	107696.4	95155.7	2983.8	17103.1
集体	42	2084	33666.0	16085.9	15793.1	212.4	1574.6
股份合作	1	20	371.9	294.9	77.0		
联营企业	2	109	1737.7	511.7	450.9	17.1	758.0
国有联营	1	45	1102.7	188.7	153.9	17.1	743.0
集体联营	1	64	635.0	323.0	297.0		15.0
国有与集体联营							
其他联营							
有限责任公司	108	14402	234985.2	110931.9	96348.6	1819.5	25885.2
国有独资公司	3	1956	22642.5	9568.6	8484.1	163.3	4426.5
其他有限责任公司	105	12446	212342.7	101363.3	87864.5	1656.2	21458.7
股份有限公司	6	597	9710.6	7388.8	2208.8	4.7	108.3
私营企业	195	15168	267385.1	138438.9	100299.6	6139.7	22506.9
私营独资	54	2856	57401.5	30150.3	21527.1	2048.6	3675.5
私营合伙	3	205	2517.3	1407.1	966.4	8.5	135.3
私营有限责任公司	125	9451	168221.5	90198.0	62162.5	2607.8	13253.2
私营股份有限公司	13	2656	39244.8	16683.5	15643.6	1474.8	5442.9
港澳台商投资企业	38	7984	193226.4	94997.2	79485.2	4970.8	13773.2
与港澳台商合资经营	23	4550	99519.9	46791.3	44422.0	3106.7	5199.9
与港澳台商合作经营	3	1116	34097.8	19107.5	13216.9		1773.4
港澳台商独资	9	1983	54956.8	26205.5	20271.1	1864.1	6616.1
港澳台商独资股份有限公司	2	142	2489.7	1299.3	1040.5		149.9
外商投资企业	28	2936	54019.4	26878.0	18873.6	849.0	7418.8
中外合资经营	21	2292	42941.4	19778.6	15869.6	831.9	6461.3
中外合作经营	1	241	4780.5	2861.8	1824.2		94.5
外资企业	5	368	5598.0	3699.6	1018.3	17.1	863.0
外商投资股份有限公司	1	35	699.5	538.0	161.5		
2.按国民经济行业分组							
旅游饭店	429	53187	936838.9	446511.6	391669.5	16353.8	82304.0
一般旅馆	109	4843	85296.1	55821.8	18944.8	2186.6	8342.9
其他住宿服务	20	942	17985.8	11876.3	4880.5	39.0	1190.0

17-9 续表

单位：万元

登记注册类型、行业	法人单位(个)	年末从业人数(人)	营业额				
				客房收入	餐费收入	商品销售收入	其他收入
二、餐饮业	**684**	**47590**	**1295649.5**	**32507.9**	**1238381.1**	**12217.3**	**12543.2**
1.按登记注册类型分组							
内资	588	30825	687431.1	29851.6	637730.2	9087.7	10761.6
国有	22	1579	18931.8	3975.1	13955.0	329.9	671.8
集体	21	499	17749.0	795.6	16879.2	36.4	37.8
股份合作	5	234	4726.7	131.7	4595.0		
联营企业							
国有联营							
集体联营							
国有与集体联营							
其他联营							
有限责任公司	74	5052	124879.7	6905.7	115458.6	3.4	2512.0
国有独资公司							
其他有限责任公司	74	5052	124879.7	6905.7	115458.6	3.4	2512.0
股份有限公司	7	290	5844.1	889.8	4954.3		
私营企业	443	21695	483372.5	17117.7	450255.8	8460.0	7539.0
私营独资	217	7591	202140.6	6535.4	190861.7	2815.0	1928.5
私营合伙	11	244	4994.4	157.2	4806.2	31.0	
私营有限责任公司	201	13372	265788.4	10425.1	244580.1	5172.7	5610.5
私营股份有限公司	14	488	10449.1		10007.8	441.3	
其他	16	1476	31927.3	36.0	31632.3	258.0	1.0
港澳台商投资企业	34	2936	73437.5	1019.7	69384.0	2192.0	841.8
与港澳台商合资经营	18	1244	21090.4	278.6	18848.4	1346.1	617.3
与港澳台商合作经营	2		571.2		571.2		
港澳台商独资	13	1632	51060.4	741.1	49248.9	845.9	224.5
港澳台商独资股份有限公司	1	60	715.5		715.5		
外商投资企业	62	13829	534780.9	1636.6	531266.9	937.6	939.8
中外合资经营	27	1542	54790.5	1323.4	52226.3	924.6	316.2
中外合作经营	4	415	30687.6		30664.6	13.0	10.0
外资企业	30	11736	445113.9	313.2	444187.1		613.6
外商投资股份有限公司	1	136	4188.9		4188.9		
2.按国民经济行业分组							
正餐服务业	635	32914	744738.3	30785.2	691524.6	10915.3	11513.2
快餐服务业	26	12946	528949.3		528852.2	78.7	18.4
饮料及冷饮服务业	11	444	10698.7		9844.1	842.4	12.2
其他餐饮服务业	12	1286	11263.2	1722.7	8160.2	380.9	999.4

17-10 限额以上住宿业和

(2011年)

登记注册类型、行业	流动资产合计	固定资产原价	累计折旧	资产总计	负债合计	实收资本
总计	**1508160**	**2798136**	**1117508**	**3890978**	**2704760**	**1178095**
一、住宿业	**959619**	**2230236**	**928529**	**2716129**	**1880066**	**951084**
1.按登记注册类型分组						
内资	642192	1407572	492561	1945396	1336252	554615
国有	164918	455910	159901	537850	281452	178526
集体	10182	33492	14006	32532	17484	11502
股份合作	64	180	52	267	173	25
联营企业	210	277	252	239	990	300
国有联营	210	277	252	239	990	300
集体联营						
国有与集体联营						
其他联营						
有限责任公司	158715	497030	199002	598955	435838	212917
国有独资公司	4930	59956	25550	46773	23780	37619
其他有限责任公司	153785	437074	173452	552182	412058	175298
股份有限公司	10037	19832	5462	30326	13506	3447
私营企业	283725	379616	111258	706643	552151	142780
私营独资	38730	87351	27358	120709	74563	33725
私营合伙	994	2616	1272	2950	3154	850
私营有限责任公司	213352	248900	74641	501178	416789	81927
私营股份有限公司	30650	40748	7987	81807	57645	26278
其他	14341	21235	2628	38584	34658	5118
港澳台商投资企业	256301	606423	291018	606881	319915	282588
与港澳台商合资经营	133534	308297	150859	303892	205707	108477
与港澳台商合作经营	73660	36008	19088	92444	16259	66452
港澳台商独资	46283	242225	114598	194071	84737	101830
港澳台商独资股份有限公司	2020	9369	4053	7563	4355	3808
外商投资企业	61126	216241	144950	163852	223899	113881
中外合资经营	**56680**	**166172**	**111280**	**132264**	**139197**	**87156**
中外合作经营	570	33910	25078	10104	61695	20513
外资企业	3877	16159	8592	21484	23007	6212
外商投资股份有限公司						
2.按国民经济行业分组						
旅游饭店	869152	2076172	890855	2469229	1709762	880919
一般旅馆	59017	92904	24921	161916	121420	37079
其他住宿服务	31450	61159	12754	84984	48884	33086

餐饮业主要财务指标

单位：万元

主营业务收入	主营业务成本	主营业务税金及附加	管理费用	营业利润	利润总额	应付职工薪酬	应交增值税
2315813	**1087275**	**122417**	**422469**	**112063**	**91374**	**290226**	**3258**
993061	**396693**	**52453**	**293015**	**-11285**	**-16968**	**159078**	**1826**
755858	342480	39468	190868	-24018	-28518	115272	1493
218118	111662	10598	61183	-16760	-16633	39983	234
28333	16391	1743	4151	-537	-800	4333	130
372	190	21	21	5	5	38	
553	83	29	287	-47	-47	72	
553	83	29	287	-47	-47	72	
223489	82952	12035	70598	-14030	-14056	37616	313
22643	5602	1266	8248	-2016	-2022	5196	1
200846	77350	10769	62350	-12014	-12034	32420	313
14005	5261	838	5214	177	199	1844	7
250087	112063	13423	46617	7053	2694	29278	782
60231	32163	3239	6740	6606	2826	6525	199
2615	1237	146	684	-237	-239	430	
169626	74093	8970	34130	2136	1559	19848	565
17617	4571	1069	5063	-1452	-1451	2475	19
20901	13878	780	2797	121	120	2108	27
186569	40793	10248	79974	15748	16162	36907	115
92983	23407	5128	34932	3098	3231	30045	84
33428	8984	1925	9787	9183	9477	2415	29
55506	7715	2930	33135	3894	3883	3779	1
2490	444	144	918	-55	-55	274	
50635	13421	2737	22173	-3015	-4613	6899	219
40368	**11249**	**2149**	**18239**	**-746**	**-2176**	**5572**	**218**
4640	1619	260	2367	-1309	-1298	599	
5627	554	327	1567	-960	-1139	728	1
895267	341746	48225	273051	-13039	-15810	142686	1260
80771	42280	3802	16328	2874	923	13004	545
17024	12668	426	3636	-1119	-2081	3389	21

17-10 续表

登记注册类型、行业	流动资产合计	固定资产原价	累计折旧	资产总计	负债合计	实收资本
二、餐饮业	**548540**	**567900**	**188979**	**1174849**	**824694**	**227011**
1.按登记注册类型分组						
内资	399793	399302	103335	829229	601635	161266
国有	11176	24989	4210	36553	26583	5486
集体	2349	2816	1088	4632	2314	1100
股份合作	4908	1716	1267	7778	6208	488
联营企业						
国有联营						
集体联营						
国有与集体联营						
其他联营						
有限责任公司	139105	100970	19269	239434	200318	31821
国有独资公司						
其他有限责任公司	139105	100970	19269	239434	200318	31821
股份有限公司	1893	4961	2123	4855	2461	1160
私营企业	234319	238625	66141	511864	351743	119971
私营独资	41793	63834	13808	112516	46048	45246
私营合伙	641	753	260	1411	1292	315
私营有限责任公司	188601	171702	50673	392807	300536	72835
私营股份有限公司	3284	2336	1400	5130	3867	1575
其他	6042	25225	9238	24114	12008	1241
港澳台商投资企业	35915	69258	36826	80853	54870	21802
与港澳台商合资经营	17185	16513	9880	26219	12208	10054
与港澳台商合作经营	576			599	895	55
港澳台商独资	17985	51396	25775	52377	40235	10193
港澳台商独资股份有限公司	169	1350	1171	1659	1532	1500
外商投资企业	112833	99339	48818	264767	168189	43944
中外合资经营	47010	25770	11691	72498	55206	14929
中外合作经营	2553	11823	4831	19136	16691	4772
外资企业	62089	61611	32213	171775	95620	24043
外商投资股份有限公司	1181	136	83	1359	671	200
2.按国民经济行业分组						
正餐服务业	446240	468808	142488	920266	684644	183372
快餐服务业	86029	78665	40123	219216	129649	28909
饮料及冷饮服务业	4456	3417	1534	8848	2174	5993
其他餐饮服务业	11815	17010	4834	26520	8227	8737

单位：万元

主营业务收入	主营业务成本	主营业务税金及附加	管理费用	营业利润	利润总额	应付职工薪酬	应交增值税
1322751	**690582**	**69965**	**129453**	**123347**	**108342**	**131147**	**1432**
703536	406392	35438	75810	55010	41051	71585	1162
22110	11425	998	4817	363	-1009	3658	321
17146	11050	869	2202	1912	1445	824	20
4718	2969	831	608	-737	-1419	448	14
137986	81447	6174	13726	6421	6235	12374	96
137986	81447	6174	13726	6421	6235	12374	96
5700	3162	390	619	86	-85	394	15
488152	281878	24616	50182	46030	34636	49622	695
197888	127827	8818	11994	32959	25304	15685	460
4776	3153	249	445	434	434	517	21
274824	144256	15015	36579	11620	7901	32340	213
10664	6642	534	1164	1017	998	1081	
27724	14461	1559	3656	936	1247	4263	
78363	35199	4247	8272	7157	7201	8856	219
26653	15105	1397	2819	1590	1467	3688	182
571	309	33	50	23	23		
50423	19467	2777	5285	5574	5741	5088	37
716	317	40	118	-30	-30	80	
540853	248990	30280	45371	61180	60090	50707	52
57679	29084	3187	6363	3244	3072	4988	50
30456	11685	1674	1564	471	25	384	
448530	206460	25185	37342	56966	56495	44435	2
4189	1762	234	102	499	499	899	
770496	440553	39308	85748	58632	43906	78133	1074
528689	239022	29766	40204	62898	62633	49316	45
10641	3683	472	846	1446	1426	1227	12
12925	7323	419	2656	371	376	2472	301

17-11 各地区限额以上批发零售贸易业企业资产、负债及所有者权益

(2011年)

单位：万元

地区	资产合计	#流动资产	负债合计	所有者权益合计
全省	**42451433**	**31666483**	**31365363**	**11086071**
沈阳	14669264	11085572	10844647	3824617
大连	17166877	12834540	12630397	4536480
鞍山	3035109	2232551	2191849	843260
抚顺	704811	506589	483402	221409
本溪	523282	399817	405726	117556
丹东	847465	584817	563768	283697
锦州	883304	660732	679650	203654
营口	793603	575965	547620	245983
阜新	655472	481751	574923	80548
辽阳	273386	188359	174156	99229
盘锦	973422	794067	795495	177927
铁岭	503045	352269	347261	155784
朝阳	985154	720542	855096	130058
葫芦岛	437239	248911	271372	165868

17-12 各地区限额以上批发零售贸易业企业主要财务指标

(2011年)

单位：万元

地区	主营业务收入	主营业务成本	主营业务税金及附加	管理费用	管理费用中的税金
全省	**132778341**	**125993709**	**450613**	**1861432**	**95320**
沈阳	71382543	68924612	146073	668992	35891
大连	31918078	30047208	84842	611936	23504
鞍山	8626004	7911061	46317	136846	10148
抚顺	2478392	2285229	17003	52656	4147
本溪	1173067	1069968	7915	40140	1408
丹东	1970719	1808463	16257	25697	2006
锦州	2423984	2219999	18266	49937	3159
营口	2096878	1762832	48528	57172	4906
阜新	1929137	1812274	8186	30065	1092
辽阳	1294848	1211254	7739	23070	698
盘锦	3009992	2857396	16842	50019	2247
铁岭	1925888	1805077	12377	39565	2634
朝阳	1366098	1209083	10448	41923	2053
葫芦岛	1182714	1069253	9819	33412	1428

17-13 各地区限额以上批发零售贸易业企业增加值

(2011年)

单位：万元

地　区	增加值合计	本年提取的固定资产折旧	本年应付职工薪酬	主营业务税金及附加	利润总额	管理费用中税金额
全　省	**3838622**	**287108**	**1188549**	**450613**	**1817032**	**95320**
沈　阳	1065089	99684	390221	146073	393220	35891
大　连	1184461	74613	398082	84842	603420	23504
鞍　山	439875	17926	48919	46317	316565	10148
抚　顺	156398	26810	38665	17003	69773	4147
本　溪	60461	2599	22765	7915	25774	1408
丹　东	99732	4775	27196	16257	49498	2006
锦　州	129770	10702	37025	18266	60618	3159
营　口	276152	12463	62131	48528	148124	4906
阜　新	58806	6993	19863	8186	22672	1092
辽　阳	50694	3680	12565	7739	26012	698
盘　锦	87883	7995	31263	16842	29536	2247
铁　岭	89011	5817	44510	12377	23673	2634
朝　阳	83987	8235	33164	10448	30087	2053
葫芦岛	56303	4813	22181	9819	18062	1428

17-14 各地区限额以上住宿餐饮业增加值

(2011年)

单位：万元

地　区	增加值合计	本年提取的固定资产折旧	本年应付职工薪酬	主营业务税金及附加	利润总额	管理费用中税金额
全　省	**643194**	**120562**	**290226**	**122417**	**91374**	**18615**
沈　阳	232011	31598	92143	47561	56117	4592
大　连	212480	55419	113849	37459	-1290	7043
鞍　山	47909	7046	15530	7698	16663	972
抚　顺	6387	1406	5041	2105	-2480	315
本　溪	7151	1601	4190	1852	-1086	594
丹　东	18307	2303	6795	4604	4134	471
锦　州	16761	2285	7606	2512	3727	631
营　口	62311	10596	22375	7331	20267	1742
阜　新	803	419	1801	669	-2260	174
辽　阳	8188	2710	4735	2135	-2055	663
盘　锦	9447	1931	3863	2983	112	558
铁　岭	5876	657	4101	1497	-810	431
朝　阳	6289	1002	3041	1526	457	263
葫芦岛	9280	1590	5158	2487	-123	168

主要统计指标解释

社会消费品零售额 指各种经济类型的批发零售贸易业、餐饮业、和其他行业对城乡居民和社会集团的消费品零售额的总和。这个指标反映通过各种商品流通渠道向居民和社会集团供应的生活消费品来满足他们生活需要，是研究人民生活、社会消费品购买力、货币流通等问题的重要指标。社会消费品零售额包括: (1)售给城乡居民作为生活用的商品及修建房屋用的建筑材料; (2)售给机关、团体、学校、部队、企业、事业单位的职工食堂和旅店(招待所)附设专门供本店旅客食用，不对外营业的食堂的各种食品、燃料; 企业、单位和国营农场直接售给本单位职工和职工食堂的自己生产的产品; (3)售给部队干部、战士生活用的粮食、副食品、衣着品、日用品、燃料; (4)售给来华的外国人、华侨、港澳台同胞的消费品(包括友谊商店、在海关前后设立的免税商店、外轮供应公司等); (5)居民自费购买的中、西药品、中药材及医疗用品; (6)报社、出版社直接售给居民和社会集团的报纸、图书、杂志，集邮公司(包括邮局集邮专柜)出售的新旧纪念邮票、特种邮票、首日封、集邮册、集邮工具等; (7)旧货寄售商店自购、自销部分的商品零售额; (8)煤气公司、液化石油气站售给居民和社会集团的煤气灶具和罐装液化石油气;

批发零售贸易业商品购、销、存总额 指以各种经济类型的批发、零售贸易业为总体的商品购、销、存。

商品购进总额 指从本企业(单位)以外的单位和个人购进(包括从国外直接进口)作为转卖或加工后转卖的商品。这个指标反映批发零售贸易业从国内、国外市场上购进商品的总量。商品购进总额包括: (1)从工农业生产者购进的商品; (2)从出版社、报社的出版发行部门购进的图书、杂志和报纸; (3)从各种经济类型的批发零售贸易企业(单位)购进的商品; (4)从其他单位购进的商品，如从机关、团体、企业、单位购进的剩余物资，从餐饮业、服务业购进的商品，从海关、市场管理部门购进的缉私和没收的商品，从居民收购的废旧商品等; (5)从国(境)外直接进口的商品。

商品销售总额 指对本企业(单位)以外的单位和个人出售(包括对国(境)外直接出口)的商品。这个指标反映批发零售贸易业在国内市场上销售商品以及出口商品的总量。商品销售总额包括: (1)售给城乡居民和社会集团消费用的商品; (2)售给工业、农业、建筑业、运输邮电业、批发零售贸易业、餐饮业、服务业、公用事业等作为生产、经营使用的商品; (3)售给批发零售贸易业作为转卖或加工后转卖的商品; (4)对国(境)外直接出口的商品。

批发零售贸易业年末库存 指年末各种经济类型的批发零售贸易企业(单位)已取得所有权的商品。它反映各地区、各批发零售贸易企业(单位)的商品库存情况和对市场商品供应的保证程度。期末库存包括: (1)存放在批发零售贸易业经营单位(如门市部、批发站、经营处)仓库、货场、货柜和货架中的商品; (2)挑选、整理、包装中的商品; (3)已记入购进而尚未运到本单位的商品，即发货单或银行承兑凭证已到而货未到部分; (4)寄放他处的商品，如因购货方拒绝承付而暂时存放在购货方的商品和已办完加工成品收回手续而未提回的商品; (5)委托其他单位代销(未作销售或调出)尚未售出的商品; (6)代其他单位购进尚未交付的商品。

城乡集市贸易成交额 指在农村集市和城市集市上买卖双方(包括农民、非农业居民、机关、团体、工商企业、个体商贩)成交的全部商品金额，是反映集市贸易规模的综合性指标。

十八、对外经济贸易

Chapter 18 Foreign Trade and Economy Cooperation

18-1 对外经济贸易基本情况

单位：户、个、亿美元

指 标	2005年	2006年	2008年	2009年	2010年	2011年
进出口总额	**410.1**	**483.9**	**724.4**	**629.2**	**806.7**	**959.6**
出口总额	234.4	283.2	420.5	334.4	431.2	510.4
进口总额	175.7	200.7	303.8	294.8	375.5	449.2
进出口差额	58.7	82.5	116.7	39.6	55.7	61.2
外商直接投资合同项目	**2686**	**2336**	**1319**	**1629**	**1480**	**1050**
外商直接投资合同金额	**110.2**	**152.4**	**203.0**	**281.8**	**256.4**	**196.4**
实际外商直接投资额	**35.9**	**59.9**	**120.2**	**154.4**	**207.5**	**242.7**
外商投资企业基本情况						
年底登记户数	16542	16402	14564	12928	18377	11787
投资总额	815.1	944.9	1247.6	1317.8	1476.2	1659.7
注册资本	495.3	596.7	801.3	849.4	975.4	1057.7
#外方	361.7	432.2	642.1	692.9	801.5	864.9
对外经济合作						
合同金额	7.1	8.5	26.2	29.1	19.7	20.0
#对外承包工程	5.5	6.6	23.2	25.6	17.2	17.5
对外劳务合作	1.7	1.9	3.0	2.6	2.4	2.4
完成营业额	6.5	7.2	11.1	18.2	15.1	16.1
#对外承包工程	4.3	4.9	8.5	15.8	13.2	14.0
对外劳务合作	2.3	2.2	2.6	2.4	2.2	2.0

18-2 外贸进出口总额

单位：亿美元、%

年　份	进出口总额				指数(上年=100)		出口额指数(1953年=100)
		出口额	进口额	差额(+、-)	出口额	进口额	
1978	15.9	15.2	0.7	14.5	130.1	190.6	1614.9
1980	40.5	39.8	0.7	39.1	152.9	104.2	4234.0
1985	53.9	50.4	3.5	46.9	101.0	280.6	5363.8
1986	34.3	30.8	3.5	27.0	61.1	100.3	3276.6
1987	42.2	37.9	4.3	33.6	123.0	132.1	4029.8
1988	44.5	38.7	5.8	32.9	102.3	124.9	4121.3
1989	53.4	44.5	8.9	35.6	114.8	154.2	4729.8
1990	63.2	56.1	7.1	49.0	126.0	78.3	5957.4
1991	67.3	57.7	9.6	48.1	103.0	138.3	6138.3
1992	76.6	61.8	14.8	37.0	106.9	153.2	6569.3
1993	84.6	62.1	22.5	39.6	100.7	151.7	6901.1
1994	97.0	68.7	28.3	40.4	110.5	125.5	7627.8
1995	109.9	82.6	27.3	55.2	120.3	96.7	9175.6
1996	112.5	83.4	29.1	54.3	100.9	106.4	9264.4
1997	129.6	88.9	40.7	48.2	106.6	139.9	9877.8
1998	127.4	80.5	46.9	37.1	87.8	75.4	8942.3
1999	137.3	82.0	55.3	26.7	101.9	117.9	9111.1
2000	190.2	108.5	81.7	26.8	132.3	147.7	12055.5
2001	199.1	111.1	88.0	23.1	102.4	107.7	12344.4
2002	217.4	123.7	93.7	30.0	111.3	106.5	13744.4
2003	265.6	146.3	119.3	27.0	118.3	127.3	16255.5
2004	344.4	189.2	155.2	34.0	129.3	130.1	21022.2
2005	410.1	234.4	175.7	58.7	123.9	113.2	26044.4
2006	483.9	283.2	200.7	82.5	120.8	114.2	31466.7
2007	594.7	353.3	241.5	111.8	124.7	120.3	39239.0
2008	724.4	420.5	303.8	116.7	119.0	125.8	46722.2
2009	629.2	334.4	294.8	39.6	79.5	97.0	37155.6
2010	806.7	431.2	375.5	55.7	128.9	127.4	47911.2
2011	959.6	510.4	449.2	61.2	118.4	119.6	56711.1

注：1998年以后为海关统计数。

18-3 按贸易性质分进出口总额

单位：万美元

分　类	2009年	2010年	2011年	2011年比上年增长%	比重(%)		
					2009年	2010年	2011年
进出口总额	**6292499**	**8067121**	**9595724**	**19.0**			
出口总额	**3344142**	**4311970**	**5104050**	**18.4**	**100**	**100**	**100**
一般贸易	1393544	1800131.5	2228121	23.8	41.7	41.7	43.7
国家间、国际组织无偿援助和赠送的物资	189	689.3	545	-20.9			
来料加工装配贸易	487415	551159.4	579241	5.4	14.6	12.8	11.3
进料加工贸易	1142679	1510317.1	1824227	20.8	34.2	35	35.7
边境小额贸易	36969	40559	49456	20.8	1.1	0.9	0.9
对外承包工程货物	16014	5094.9	26721	424.5		0.1	0.5
租赁贸易	265	441.3	15	-96.7			
出料加工贸易	517	286.7	54	-81.2			
易货贸易	4	45.7	68	48.3			
海关特殊监管区域			348909	4.4			6.8
保税监管场所进出境货物			224035	52.6			4.4
海关特殊监管区域物流货物			124874	-33.4			2.4
其他贸易	54894	68896.5	46678	-32.3	1.6	1.6	0.9
进口总额	**2948357**	**3755151**	**4491674**	**19.6**	**100**	**100**	**100**
一般贸易	1403050	1931520.4	2477696	27.8	47.6	51.4	55.2
华侨、港澳同胞、外籍华人捐赠物资	36	42.9	7	-84.3			
来料加工装配贸易	443645	520143.7	507725	-2.3	15.5	13.9	11.3
进料加工贸易	562963	712366.4	905437	27.1	19.1	19	20.2
边境小额贸易	14353	13954.8	31727	127.0			0.7
来料加工装配进口的设备		1244.3	1180	-2.3			
租赁贸易	4	116.1	63	-45.4			
外商投资企业作为投资进口的设备、物品	43683	23340.2	53962	129.0	1.5	0.6	1.2
出料加工贸易	66	33.4	27	-18.7			
易货贸易		48.4	119	146.7			
海关特殊监管区域			500357	-5.6			11.1
保税监管场所进出境货物			287279	-4.3			6.4
海关特殊监管区域物流货物			201901	-4.2			4.5
其他贸易	25858	22362.4	13374	-40.2	0.9	0.6	0.3

18-4 各地区进出口总额

单位：万美元

地　区	2005年	2006年	2007年	2008年	2009年	2010年	2011年
进口总额							
总　计	**1757383**	**2006871**	**2414687**	**3038290**	**2948357**	**3755151**	**4491674**
沈　阳	221733	263091	275007	300527	304679	377887	579513
大　连	1181098	1453765	1729200	2168111	2006491	2472262	2881629
鞍　山	83971	66186	100699	150181	152582	246151	273417
抚　顺	18221	14749	23236	34001	42957	50144	38189
本　溪	67404	40254	54510	126198	150165	189236	218424
丹　东	43347	33428	41600	49888	56234	105408	151813
锦　州	30922	26783	33646	46990	94046	113938	111589
营　口	45121	48110	53482	69951	47262	71567	107763
阜　新	536	508	992	628	793	2510	4662
辽　阳	6094	17475	48971	46423	22616	28788	25587
盘　锦	4719	5420	6535	10671	8288	11322	26219
铁　岭	1254	1438	2103	1485	1078	8408	1875
朝　阳	7955	7124	4058	3573	8318	8349	22538
葫芦岛	45008	28540	40648	29663	52848	69181	48456
出口总额							
总　计	**2343870**	**2832250**	**3532507**	**4205447**	**3344142**	**4311970**	**5104050**
沈　阳	232347	265822	331933	412336	352349	407717	482512
大　连	1378025	1725809	2145260	2530561	2177367	2725909	3169350
鞍　山	131866	213853	240689	317427	103906	144221	200499
抚　顺	40055	52457	66265	88227	45881	52355	61464
本　溪	74953	85989	123570	242452	64629	158375	193931
丹　东	151113	140501	161847	138491	144908	187443	235980
锦　州	53937	65553	95748	74063	80647	117852	149552
营　口	100997	117326	135281	168578	120037	220593	325860
阜　新	3492	4038	9063	10534	10608	12036	15323
辽　阳	23934	39410	68135	79115	87013	96151	51192
盘　锦	13532	10182	20597	25908	29230	36662	53823
铁　岭	8347	10028	13273	15201	42017	46129	53190
朝　阳	22092	26074	30965	35026	37028	41277	31274
葫芦岛	109180	75208	89881	67528	48522	65250	80100

18-5 海关同主要国家(地区)进出口总额

单位：万美元

国家、地区	进出口总额			进口总额			出口总额		
	2009年	2010年	2011年	2009年	2010年	2011年	2009年	2010年	2011年
香　港	147719	292175	380050	9479	10939	10257	138240	281236	369793
澳　门	469	120	169	9	9		460	111	169
日　本	1214005	1533814	1721208	442606	560624	623327	771399	973190	1097881
菲律宾	37676	45906	70292	12482	13752	22399	25194	32154	47893
韩　国	592922	707507	865247	259597	309059	377018	333325	398448	488229
泰　国	55567	97126	117233	28280	55724	55642	27287	41402	61591
马来西亚	55992	73788	79270	29956	38385	42346	26036	35403	36924
新加坡	330939	302379	240257	15961	17513	30464	314978	284866	209793
印度尼西亚	160507	218267	273427	47111	58981	56688	113396	159286	216739
土耳其	15703	39725	32187	2588	21360	6717	13115	18364	25470
孟加拉	6281	8865	9900	119	155	187	6162	8710	9713
巴基斯坦	9593	18609	14432	1611	3120	2631	7982	15488	11801
匈牙利	25380	23742	22286	16155	14950	12399	9225	8792	9888
德　国	333063	413691	570366	244049	309108	452353	89014	104583	118013
法　国	61623	71127	90251	39639	48471	62051	21984	22656	28200
意大利	56975	87712	96902	20051	22877	31998	36924	64835	64904
比利时	29720	41052	60793	8247	8123	11391	21473	32929	49402
英　国	73913	100721	110662	26590	34386	31924	47323	66335	78738
丹　麦	16284	18563	28050	7396	8853	16154	8888	9710	11896
瑞　典	26209	49399	35819	16215	37773	21452	9994	11626	14367
瑞　士	14547	13932	24502	11199	10625	20104	3348	3307	4398
奥地利	11790	12254	17661	9827	8239	12578	1963	4015	5084
西班牙	38075	45907	56262	6761	5905	11125	31314	40002	45137
荷　兰	98618	140521	145779	9147	7810	8761	89471	132712	137018
俄罗斯	1217	160125	216756	288	85243	115152	929	74882	101603
波　兰	13799	16434	22563	2334	3656	4911	11465	12779	17652
捷　克	6610	7880	10268	5136	5042	6371	1474	2838	3897
罗马尼亚	3621	4245	6205	709	1378	2909	2912	2867	3296
保加利亚	1802	1450	2155	240	237	652	1562	1214	1503
埃　及	16449	8858	34651	5962	105	157	10487	8753	34494
利比亚	6428	3568	755	71	35		6357	3533	755
加拿大	113051	109095	113710	39644	57931	51544	73407	51164	62166
美　国	582034	703666	784037	187384	229767	285603	394650	473899	498434
巴　西	165749	284012	328223	122458	222931	255454	43291	61081	72769
澳大利亚	249420	412986	469487	198782	321368	393486	50638	91618	76001
新西兰	15426	15304	28002	11018	9094	20886	4408	6209	7116

18-6 海关主要商品出口数量

品 名	单位	2005年	2006年	2008年	2009年	2010年	2011年
冻鸡	吨	14923.0	13253.0	23513.0	17925.0	32393.8	30840.9
水海产品	吨	312342.0	405784.0	423595.0	395516.0	441945.7	572674.5
玉米	万吨	83.5	53.3	2.0	1.6	2.3	2.3
鲜苹果	吨	26571.0	25220.0	57371.0	59390.0	61846.9	60582.1
大豆	吨	123968.0	127976.0	172235.0	176835.0	82412.2	85979.0
食用植物油	吨	54876.0	68184.0	55430.0	46443.0	25521.0	23742.6
天然蜂蜜	吨	3053.0	2914.0	3896.0	4323.0	5831.5	3571.8
蘑菇罐头	吨	8250.0	9987.0	16913.0	9956.0	17171.6	16376.3
烤烟	吨	1935.0	541.0	3327.0	3784.0	1818.1	2986.8
滑石	吨	185522.0	214999.0	228772.0	144826.0	208655.3	246540.2
粗苯	吨	7970.0	59360.0	83346.0	14987.0		
原油	万吨	52.3	5.1	23.7	28.9	7.6	8.9
成品油	万吨	314.9	386.4	343.9	534.6	487.1	426.3
石蜡	吨	344942.0	342066.0	290621.0	306405.0	284712.2	279939.0
合成有机染料	吨	14725.0	19935.0	11529.0	9304.0	8853.2	6367.9
纸及纸板	吨	4937.0	2635.0	2930.0	4249.0	5916.0	6963.8
棉坯布	万米	623.8	486.5				
合成短纤与棉混纺机织物	万米	3790.7	4158.8	4926.3	3066.2	4131.5	4359.5
水泥	万吨	63.2	49.2	25.8	4.4	11.8	14.5
钢材	万吨	300.1	580.0	745.2	291.5	567.1	593.0
金属加工机床	台	9914.0	21576.0	31597.0	22267.0	29339.0	28206.0
轴承	万套	4707.7	4061.8	4546.0	2713.0	4284.9	5092.4
电动机及发电机	万个	36095.7	34949.6	30528.9	21684.8	32271.6	29258.2
变压器	万个	2321.0	3963.0	7794.3	8215.2	11468.0	8802.8
电视机	万个	258.3	300.2	481.6	450.4	561.9	470.0
汽车和汽车底盘	个	5212.0	9148.0	23305.0	13828.0	16523.0	19026.0
船舶	个	6247.0	7822.0	8425.0	8487.0	10194.0	11433.0
皮革服装	万个	202.3	176.4	105.5	85.4	61.6	60.5
鞋	万双	4029.2	5224.8	3210.4	2665.7	3503.9	3695.4

18-7 海关主要商品进口数量

品 名	单位	2005年	2006年	2008年	2009年	2010年	2011年
大豆	万吨	161.5	95.0	75.1	113.0	214.5	195.0
食用植物油	吨	50531.0	16037.0	33270.0	1437.0	3487.5	1514.7
食糖	吨	8695.0	9831.0	7175.0	22507.0	28143.1	35910.7
天然橡胶	吨	49816.0	61869.0	54594.0	33988.0	40253.3	41909.0
纸浆	吨	27097.0	20028.0	12859.0	23902.0	19226.7	35945.4
棉花	吨	15381.0	19449.0	23211.0	15424.0	24078.9	23700.6
铁矿砂及其精矿	万吨	1381.9	1458.4	2169.0	2915.0	2920.7	3105.6
煤	万吨	90.2	66.6	143.6	610.5	643.7	794.0
原油	万吨	773.1	951.8	1157.9	1728.8	1552.1	1166.6
成品油	万吨	10.8	33.8	36.8	47.2	87.1	121.6
纸及纸板	吨	32174.0	28412.0	36777.0	28784.0	34344.5	36916.5
棉机织物	万米	2809.4	2883.2	1698.1	1075.8	1180.4	1147.7
合成纤维长丝机织物	万米	7116.8	7927.1	8331.5	5934.4	6929.5	7895.4
钢坯及粗锻件	吨	20357.0	8932.0	7666.0	227156.0	37134.1	16981.5
钢材	吨	590661.0	488538.0	703322.0	649117.0	756953.4	932075.6
金属加工机床	个	3419.0	19515.0	4232.0	14876.0	16677.0	3825.0
电动机及发电机	万个	3997.5	5169.8	7277.9	5099.1	4778.9	4514.8
印刷电路	万个	34216.6	38662.6	39206.8	34084.8	60204.5	90389.5
汽车和汽车底盘	个	22531.0	26570.0	7134.0	7734.0	10788.0	6847.0

18-8 利用外资概况

单位：个、万美元

年 份	总计		对外借款		外商直接投资		外商其他投资	
	项目	金额	项目	金额	项目	金额	项目	金额
签订利用外资合同								
1990	550	85298	70	34403	365	46703	115	4192
1991	720	92238	40	33733	575	54006	105	4499
1992	2264	269694	39	68353	2148	197922	77	3419
1993	4147	431588	27	49074	4054	379615	66	2899
1994	2810	499888	63	50495	2677	448846	70	547
1995	2484	466820	54	60702	2406	397449	24	8669
1996	1901	502673	27	24728	1853	445601	21	32344
1997	1734	550991	17	57080	1698	438835	19	55076
1998	1740	506974	26	46747	1708	438957	6	21270
1999	1785	505987	44	51200	1736	444517	5	10270
2000	1908	555807	17	26983	1883	517775	8	11049
2001	1893	592312	14	31611	1876	546649	3	14052
2002	2132	742914	5	11194	2125	718520	2	13200
2003	2328	982243	1	12000	2327	970243		
2004	2491	866200			2491	866200		
2005	2686	1101596			2686	1101596		
2006	2336	1524039			2336	1524039		
2007	1844	2078104			1844	2078104		
2008	1319	2029661			1319	2029661		
2009	1629	2818381			1629	2818381		
2010	1480	2563510			1480	2563510		
2011	1050	1963942			1050	1963942		
实际利用外资额								
1990		78725		51749		24831		2145
1991		97157		61429		31360		4368
1992		85931		39512		43916		2503
1993		169055		43402		122731		2922
1994		198135		55230		142388		517
1995		190691		49377		140405		909
1996		237915		44637		167142		26136
1997		305876		29775		221446		54655
1998		314104		71742		220471		21891
1999		303820		85470		206366		11984
2000		301620		35472		255219		10929
2001		358627		33282		311293		14052
2002		425538		20777		391561		13200
2003		571074		12812		558262		
2004		540679				540679		
2005		359042				359042		
2006		598554				598554		
2007		909673				909673		
2008		1201925				1201925		
2009		1544390				1544390		
2010		2075010				2075010		
2011		2426739				2426739		

18-9 各地区实际外商直接投资额

单位：万美元

地区	2005年	2006年	2008年	2009年	2010年	2011年
总计	**359042**	**598554**	**1201925**	**1544390**	**2075010**	**2426739**
沈阳	212312	303444	528842	531038	505361	550247
大连	100153	224475	441180	600199	1003025	1101208
鞍山	6936	13534	58161	74177	90496	110256
抚顺	4207	5279	12866	31284	44182	20826
本溪	3856	5035	11305	20108	30100	35214
丹东	6432	11449	30606	50003	70454	101688
锦州	6647	9557	31090	36805	50045	53780
营口	7840	10078	32035	50491	86036	110283
阜新	1328	1844	5166	6413	11013	14958
辽阳	3299	5121	20038	81718	33352	39118
盘锦	1464	2052	8390	30178	91335	200108
铁岭	1564	3172	12021	17197	26288	30345
朝阳	584	2494	5020	7332	11039	14269
葫芦岛	2420	1020	5205	7447	22284	44439

18-10 按国别、地区分实际外商直接投资额

单位：万美元

国别、地区	2005年	2006年	2008年	2009年	2010年	2011年
香港	139993	167937	532055	674180	1147685	1610711
澳门	1436	1332	7835	32817	30242	12464
台湾	5793	16668	31574	79920	90200	69762
印度尼西亚	395	12		3		
日本	41003	73991	98480	115592	126158	144210
马来西亚	4675	3440	6821	13910	8064	1422
菲律宾	373	450	924	987	660	8918
新加坡	13158	27636	26259	26408	50185	13050
韩国	51435	93564	162223	156053	135474	139784
泰国	2780	2472	5066	2732	40	2825
比利时	495	1050	1000	7		1
丹麦	215	596		8976	2	6
英国	4861	3508	12907	17235	18597	14813
德国	3693	7238	2048	14030	7198	23975
法国	31	1520	438	1317	1463	1906
意大利	2426	4986	2397	473	219	1780
荷兰	2921	4255	2875	3539	5799	1222
西班牙	84	1036	492	1242	5324	443
芬兰		25	280		42	28
瑞士	503	101	2856	1194	234	35898
加拿大	4499	13849	6390	23996	19657	10580
美国	28262	55693	67548	82296	67450	55484
澳大利亚	3949	9726	7863	11457	7177	2225
新西兰	1005	903	1466	1152	9057	2070

18-11 外商直接投资

(按国别、地区分)

单位：个、万美元

国别、地区	2006年		2007年		2008年		2009年		2010年		2011年	
	项目	合同外资额	项目	合同外资额	项目	合同外资额	项目	合同外资额	项目	合同外资额	项目	合同外资额
香　港	475	457864	455	913623	337	747395	509	1224091	521	1444286	392	1254359
澳　门	16	7304	11	8839	8	19819	20	65623	22	38708	23	13745
台　湾	93	64731	77	67182	90	169541	137	264515	145	260442	48	67519
印度尼西亚	5	2927	2	-34		-130						-77
日　本	458	169000	305	85584	233	198502	231	204429	221	112441	196	85834
马来西亚	14	9430	14	10022	6	6534	6	11277	8	10005	3	-1814
菲律宾	8	1328	3	13325	1	-969	2	1235	1	315	3	10115
新加坡	33	35050	42	44165	34	62084	23	43892	25	34943	27	25182
韩　国	618	291576	507	266657	343	272915	352	418856	256	172781	126	82325
泰　国	3	2090	1	-229	1	5179	1	2600		-876	1	-152
比利时	2	1481	1	-3628		990	2	-136	1	117	2	-197
丹　麦	2	598	1	366	1	8237	1	-189		-5		-358
英　国	23	5593	25	46789	18	29353	16	6448	5	18198	14	6946
德　国	18	8016	20	17137	17	8173	14	30050	18	7611	15	11022
法　国	11	5648	3	-647	5	-38	6	8653	4	1168	8	4181
意大利	12	7769	10	8124	5	3045	3	-3156	2	632	7	4031
荷　兰	13	5647	6	602	11	7437	2	-1014	1	1596	4	2087
西班牙	5	1798	6	3946	3	2663	3	3025	5	4421	2	5069
芬　兰		179				338	1	314				
瑞　士	1	880	4	4490	1	58	3	206	2	2686	4	41510
加拿大	90	61956	60	31488	24	24300	38	64563	28	37098	20	11552
美　国	207	142226	132	101580	89	133151	113	153389	62	44853	37	13561
澳大利亚	51	45005	18	8550	14	3915	6	9391	18	8931	11	17009
新西兰	10	331	4	6984	3	4130	5	724	4	9924	2	18471

18-12 按行业分对外签订外商直接投资合同情况

行 业	2005年	2006年	2008年	2009年	2010年	2011年
一、合同项目(个)						
总 计	**2686**	**2336**	**1319**	**1629**	**1480**	**1050**
农、林、牧、渔业	69	55	37	38	26	32
采矿业	25	16	7	6	4	6
制造业	1717	1366	682	538	463	372
电力、燃气及水的生产和供应业	15	29	19	24	26	29
建筑业	42	38	14	30	28	29
交通运输、仓储及邮政业	12	24	18	15	17	18
信息传输、计算机服务和软件业	129	90	79	139	86	57
批发和零售业	151	158	127	137	185	177
住宿和餐饮业	125	101	49	24	40	28
金融业	4	2	3	2	3	3
房地产业	178	242	43	120	182	75
租赁和商务服务业	139	122	164	190	148	112
科学研究、技术服务和地质勘查业	31	46	48	291	211	84
水利、环境和公共设施管理业	3	9	7	12	14	11
居民服务和其他服务业	28	17	12	44	36	11
教育	2	1			1	
卫生、社会保障和社会福利业	1	2		2		
文化、体育和娱乐业	15	18	10	17	10	6
公共管理和社会组织						
国际组织						
二、合同外资额(万美元)						
总 计	**1101596**	**1524039**	**2029661**	**2818381**	**2563510**	**1963942**
农、林、牧、渔业	21048	25350	28955	50217	24257	58736
采矿业	6938	8470	13548	17037	5373	1897
制造业	716719	898064	1193627	1006115	690925	590282
电力、燃气及水的生产和供应业	10534	20512	48938	34665	34899	96486
建筑业	6333	6743	5142	41671	68918	82021
交通运输、仓储及邮政业	11875	32056	40903	30601	51753	18496
信息转输、计算机服务和软件业	41606	21198	117275	198482	109805	24811
批发和零售业	32004	29688	49065	14828	50439	79976
住宿和餐饮业	15442	15115	20524	8370	1694	13349
金融业	3767	837	12779	-6778	9500	16368
房地产业	180554	365030	351803	409007	701894	586127
租赁和商务服务业	29677	27549	57172	145132	116944	115743
科学研究、技术服务和地质勘查业	11235	46610	72689	593208	441232	114210
水利、环境和公共设施管理业	2006	3995	8452	27588	61070	24796
居民服务和其他服务业	4658	8213	2384	224129	172766	113634
教育	12	18	37		4	
卫生、社会保障和社会福利业	2084	3008	30	4000		79
文化、体育和娱乐业	5104	11583	6338	20109	22037	26931
公共管理和社会组织						
国际组织						

18-13 按行业分实际外商直接投资额

单位：万美元

行业	2005年	2006年	2008年	2009年	2010年	2011年
总计	**359042**	**598554**	**1201925**	**1544390**	**2075010**	**2426739**
农、林、牧、渔业	2353	5367	15759	14150	18622	33769
采矿业	1660	2252	7830	11015	4137	235
制造业	176122	342981	525614	695686	761130	1132689
电力、燃气及水的生产和供应业	3915	11202	31389	28020	38321	55448
建筑业	5575	1698	2636	5826	33075	41593
交通运输、仓储及邮政业	9059	9211	31017	22499	31424	8658
信息传输、计算机服务和软件业	8315	15871	35468	70799	48026	27845
批发和零售业	4647	19912	19339	28767	35741	103071
住宿和餐饮业	3789	5750	10426	2701	8011	9683
金融业	559	334	6149	869	40344	26916
房地产业	98312	152248	448306	353215	702800	697546
租赁和商务服务业	5928	10159	45072	50407	46954	67868
科学研究、技术服务和地质勘查业	1639	7734	13051	132051	115323	54851
水利、环境和公共设施管理业	1132	871	2995	4504	39741	43274
居民服务和其他服务业	3965	8157	1377	113335	131414	100536
教育	98				1	1
卫生、社会保障和社会福利业	17	58		23	1010	7
文化、体育和娱乐业	1835	4749	5497	10523	18936	22119
其他						630

18-14 年末登记外商投资企业行业分布情况

行业	企业数(户)			投资总额(百万美元)			注册资本(百万美元)					
	2009年	2010年	2011年	2009年	2010年	2011年	2009年	2010年	2011年	#外方		
										2009年	2010年	2011年
总计	**12928**	**18377**	**11787**	**131783**	**147615**	**165969**	**84938**	**97535**	**105770**	**69287**	**80151**	**86489**
农、林、牧、渔业	299	276	255	1345	1195	1589	915	727	930	654	549	744
采矿业	50	50	41	438	415	521	298	303	348	231	213	248
制造业	7801	7387	6715	65722	65912	74760	39578	38599	41692	30843	29837	32575
电力、燃气及水的生产和供应业	109	146	133	4790	5780	6880	2009	2515	3097	1423	1734	2210
建筑业	293	378	302	3143	4894	6188	2063	3044	3989	1632	2629	3540
交通运输、仓储及邮政业	151	356	151	4311	4437	4683	2281	2306	2490	1197	1291	1449
信息转输、计算机服务和软件业	543	2936	516	4491	4941	3006	2880	3294	2009	2582	2930	1646
批发和零售业	896	2015	1059	2173	2714	4048	1281	1570	2129	1076	1304	1880
住宿和餐饮业	495	858	385	2195	1968	1973	1162	985	983	809	685	723
金融业	21	166	24	495	1186	1140	433	843	916	334	671	739
房地产业	887	1107	910	28903	35158	42824	20800	27316	33058	17988	23039	27527
租赁和商务服务业	634	1767	633	5355	7327	8783	4526	6260	7466	4419	6165	7286
科学研究、技术服务和地质勘查业	438	597	385	5832	8386	4768	5004	7522	3522	4701	7251	3195
水利、环境和公共设施管理业	53	63	66	1092	1421	2511	716	1042	1616	608	942	1509
居民服务和其他服务业	128	162	116	265	527	589	198	369	399	172	204	235
教育	4	5	3	2	2	1	2	2	1	2	2	1
卫生、社会保障和社会福利业	8	6	5	84	99	69	74	59	29	56	44	25
文化、体育和娱乐业	95	102	88	1083	1256	1636	665	778	1096	541	660	957

18-15 外商投资企业分国别、地区注册登记情况

(2011年)

国别、地区	企业个数(个)		投资总额(万美元)		注册资本(万美元)		#外方(万美元)	
	年末实有	本年新增	绝对数	比重	绝对数	比重	绝对数	比重
合　计	**11787**	**956**	**2069654**	**100.0**	**1395529**	**100.0**	**1217800**	**100.0**
香　港	2863	354	1402354	67.8	951418	68.2	860009	70.6
澳　门	91	23	13774	0.7	13774	1.0	12951	1.1
台　湾	499	40	70710	3.4	51344	3.7	50090	4.1
日　本	2886	209	168831	8.2	117595	8.4	73820	6.1
马来西亚	65	2	418		218		213	
菲律宾	11	2	6980	0.3	5590	0.4	5590	0.5
新加坡	262	21	63427	3.1	42985	3.1	27847	2.3
韩　国	2212	120	35438	1.7	24841	1.8	21961	1.8
泰　国	24	1	1000		1000	0.1	1000	0.1
比利时	12	2	1003		1003	0.1	1003	0.1
英　国	151	8	792		670		469	
德　国	169	12	4390	0.2	3044	0.2	2932	0.2
法　国	50	8	3948	0.2	3763	0.3	3589	0.3
奥地利	24	2	65		52		43	
意大利	68	6	4967	0.2	1770	0.1	1658	0.1
卢森堡	7							
荷　兰	57	4	2713	0.1	991	0.1	971	0.1
西班牙	26	2	8209	0.4	4105	0.3	2054	0.2
瑞　士	19	3	674		430		307	
加拿大	291	15	19303	0.9	11766	0.8	11674	1.0
美　国	929	34	80699	3.9	44137	3.2	42259	3.5
澳大利亚	165	10	28852	1.4	19625	1.4	17451	1.4
新西兰	40	2	11		11		11	

18-16 对外承包工程和劳务合作

年 份	合同份数 (份)	合同金额 (万美元)	完成营业额 (万美元)	营业利润 (万美元)	外汇净收入 (万美元)	派出人员 (人)	年末在外人数 (人)
总 计							
1985	77	8045	3547	231	347	1236	2415
1990	223	23984	8445	478	830	10354	8459
1991	253	13942	9037	392	741	12074	9945
1992	354	27501	14170	985	948	18197	13167
1993	396	39143	20609			18983	16821
1994	609	55763	31484				24569
1995	795	62925	32117			20946	26868
1996	832	48704	29599			21159	23573
1997	1002	63469	37784			23866	29095
1998	1173	56681	44406			25925	31717
1999	1362	44661	35574			31052	36724
2000	1381	62229	41334			38781	45936
2001	1284	50554	46512			42240	47744
2002	1017	54504	50326			51585	57292
2003	981	49749	48368			58376	64126
2004	917	60022	55715			64263	66575
2005	900	71200	65200			69364	71100
2006	1200	85000	71500			76490	78500
2007	1402	97500	78200			81771	82100
2008	1745	261657	110727			90202	85456
2009	1381	291257	181998			74462	84576
2010	1422	196538	150634			67095	81362
2011		199510	160635			70300	
承包工程							
1985	32	6523	2392	59	38	207	297
1990	46	14052	6767	332	280	1999	2280
1991	54	6433	4505	132	302	3842	2555
1992	79	18867	9231	428	380	6441	3009
1993	136	26818	10877			4883	3556
1994	180	44900	19600				
1995	191	39414	17626			4509	4966
1996	209	28875	15850			5616	3027
1997	216	39754	20980			3399	4263
1998	247	35901	28258			4467	4305
1999	215	21137	17503			2722	2860

18-16 续表

年 份	合同份数(份)	合同金额(万美元)	完成营业额(万美元)	营业利润(万美元)	外汇净收入(万美元)	派出人员(人)	年末在外人数(人)
2000		32811	20309				
2001	72	9327	15962			2751	2265
2002	156	23330	18474			1749	2741
2003	228	20644	17151			1801	2000
2004	200	31043	25920			5539	5800
2005	281	54600	42662			3176	4045
2006	171	66131	49429			6340	7416
2007	243	65500	54500			9810	10657
2008	366	231848	84588			26970	17262
2009	157	255818	157858				
2010	137	172372	132250				
2011	154	175336	140447				
劳务合作							
1985	45	1522	1155	172	309	1029	2118
1990	177	9932	1678	146	550	8355	6179
1991	199	7509	4532	260	439	8232	7390
1992	275	8634	4939	557	568	11756	10158
1993	260	12325	9732			14100	13265
1994	429	10863	11884				24569
1995	596	22804	14451			16408	21848
1996	618	19634	13616			15504	20545
1997	763	22776	16313			20459	24823
1998	922	20397	15660			21428	27401
1999	1129	23478	18006			28316	33851
2000		29310	20926				
2001	926	27486	20326			26766	33599
2002	850	30175	31700			49748	54551
2003	750	29001	31005			56508	62059
2004	712	28410	29662			58661	60770
2005	619	16600	22538			66188	67055
2006	1029	18869	22071			70150	71084
2007	1159	32000	23700			71961	71443
2008	1379	29809	26139			63232	68194
2009	1218	26063	24140				
2010	1285	24178	21651				
2011		24174	20188				

主要统计指标解释

利用外资 指我国各级政府、部门、企业和其他经济组织通过对外借款、吸收外商直接投资以及用其他方式筹措的境外现汇、设备、技术等。

外商直接投资 是指外国企业和经济组织或个人(包括华侨、港澳台胞以及我国在境外注册的企业)按我国有关政策、法规，用现汇、实物、技术等在我国境内开办外商独资企业、与我国境内的企业或经济组织共同举办中外合资经营企业、合作经营企业或合作开发资源的投资(包括外商投资收益的再投资)以及经政府有关部门批准的项目投资总额内，企业从境外借入的资金。

对外承包工程 包括各对外承包公司以招标议标承包方式承揽的下列业务(1)承包国外工程建设项目；(2)承包我国对外经援项目；(3)承包我国驻外机构的工程建设项目；(4)承包我国境内利用外资进行建设的工程项目；(5)与外国承包公司合营或联合承包工程项目时我国公司分包部分；(6)以服务成果向业主收费的技术服务项目(包括承担地形地貌测绘；地质资源勘探与普查；建设区域规划；提供设计文件、图纸、生产工艺技术资料和工程技术经济咨询；工程项目的可行性考察、研究和评估；进行技术指导和培训人员等)；(7)对外承包兼营的房屋开发业务。对外承包工程的营业额是以货币表现的本期内完成的对外承包工程的工作量，包括以前年度签订的合同和本年度新签订的合同在报告期完成的工作量。

对外劳务合作 指以收取工资的形式向业主或承包商提供技术和劳动服务的活动。我国对外承包公司在境外开办的合营企业，中国公司同时又提供劳务的，其劳务部分也纳入劳务合作统计。劳务合作营业额按报告期内向雇主提交的结算数(包括工资、加班费和奖金等)统计。

十九、旅游

Chapter 19　Tourism

19-1 旅游事业发展情况

指　标	单位	2005年	2006年	2008年	2009年	2010年	2011年
入境旅游人数	**人次**	**1301955**	**1612987**	**2418707**	**2931954**	**3617999**	**4103329**
外　国　人	人次	1111091	1372550	2072737	2507403	3070097	3444122
港澳台同胞	人次	190864	240437	345970	424551	547902	659207
平均逗留天数	天	3.2	3.1	3.0	3.1	3.1	3.2
国内居民出境人数	**人次**	**212996**	**438156**	**969000**	**1623038**	**1469022**	**1324000**
国内旅游人数	**万人次**	**9860**	**13166**	**19836**	**24195**	**28277.5**	**32563.5**
旅游收入							
国际旅游收入	万美元	73777	93430	152618	185621	225932.9	271314
国内旅游收入	亿元	674.7	896.1	1635.5	2098.8	2533.4	3159.3
星级饭店总数	**个**	**499**	**497**	**540**	**515**	**543**	**551**
旅行社数	**个**	**1003**	**1073**	**1116**	**1110**	**1170**	**1162**

19-2 按国别分外国入境旅游人数

单位：人次

国　别	2005年	2006年	2008年	2009年	2010年	2011年
总　计	**1111091**	**1372550**	**2072737**	**2507403**	**3070097**	**3444122**
#日　本	429841	503850	708085	869432	1018917	1072999
菲 律 宾	5932	9118	14701	21446	21327	25659
新 加 坡	17977	20676	36907	40618	51797	75938
泰　国	5002	6784	10285	9483	10725	16563
印度尼西亚	4632	8821	11346	13219	14486	16275
美　国	31497	38973	63346	77118	118961	119775
加 拿 大	8671	11163	18297	21283	27374	29143
英　国	9659	14338	34614	41504	55666	59156
法　国	6542	9466	17671	16678	22617	25970
德　国	17234	22356	34106	34398	37634	41400
意 大 利	4149	6031	10162	10475	10811	13879
俄 罗 斯	63459	88553	132801	159078	216104	224800
澳大利亚	7325	9332	14980	18303	21471	26869
新 西 兰	1846	2588	4691	6262	6771	9213

19-3 按地区分接待入境旅游人数

单位：人次

地　区	2005年	2006年	2008年	2009年	2010年	2011年
接待旅游人数	**1301955**	**1612987**	**2418707**	**2931954**	**3617999**	**4103329**
沈　阳	326513	400036	476357	495325	550313	634895
大　连	600030	700032	950045	1050043	1166020	1170035
鞍　山	68409	86246	155055	202293	264607	291745
抚　顺	19669	33097	77201	87069	111529	138539
本　溪	52201	82199	217816	367384	562000	594217
丹　东	103494	128000	190762	267860	326796	400540
锦　州	54952	68117	114820	150381	200134	253092
营　口	17011	21109	49670	59787	85708	155538
阜　新	2313	3033	10953	19190	23000	25531
辽　阳	9803	12660	18080	21058	27864	33470
盘　锦	14464	33626	82110	115000	180936	243895
铁　岭	7051	13006	33054	39827	48061	57203
朝　阳	1544	3180	7563	11010	13847	16626
葫芦岛	24501	28646	35221	45727	57184	88003

19-4 按地区分旅游外汇收入

单位：万美元

地　区	2005年	2006年	2008年	2009年	2010年	2011年
旅游外汇收入	**73777**	**93430**	**152618**	**185621**	**225933**	**271314**
沈　阳	17272	23156	33009	36999	40024	49980
大　连	40000	46500	65835	72748	80386	80519
鞍　山	4945	6080	12052	15607	22435	21614
抚　顺	504	915	3439	3965	5882	10828
本　溪	1702	3891	10985	19715	27095	43209
丹　东	3680	4493	9040	12535	16151	21310
锦　州	1841	3095	6512	8317	11820	14754
营　口	718	943	2159	2641	3728	6186
阜　新	90	136	488	835	1005	1133
辽　阳	468	649	1007	1212	1699	2080
盘　锦	747	1359	3828	5486	8916	11095
铁　岭	330	634	1776	2275	2698	3321
朝　阳	77	167	464	664	853	1026
葫芦岛	676	938	2024	2622	3241	4259

19-5 按地区分国内旅游人数及收入

(2011年)　　　　单位：万人次、百万元

地　区	国内旅游接待人数	过夜旅游者	一日游游客	国内旅游收　入	过夜旅游者	一日游游客
全　省	**32563.5**	**11992.7**	**20570.8**	**315931**	**114849**	**201082**
沈　阳	6247.3	1921.0	4326.3	56913	17501	39412
大　连	4260.6	1368.9	2891.7	59788	19210	40578
鞍　山	2586.5	325.6	2260.9	23246	2927	20319
抚　顺	2334.7	1065.8	1268.9	22656	10342	12314
本　溪	2547.4	1129.0	1418.4	19962	8847	11115
丹　东	2646.1	1115.3	1530.8	26575	11201	15374
锦　州	1704.1	652.7	1051.4	14301	5477	8824
营　口	1279.4	260.9	1018.5	14388	2934	11454
阜　新	758.4	276.7	481.7	4648	1697	2951
辽　阳	1909.2	1540.5	368.7	16165	13044	3121
盘　锦	1959.4	724.8	1234.6	16919	7720	9199
铁　岭	1270.8	579.9	690.9	10134	3696	6438
朝　阳	1323.2	482.3	840.9	12873	4761	8112
葫芦岛	1736.4	549.2	1187.2	17363	5492	11871

主要统计指标解释

旅游者人数 (1)入境国际旅游者人数：指来中国参观、访问、旅行、探亲、访友、休养、考察、参加会议和从事经济、科技、文化、教育、宗教等活动的外国人、港澳同胞和台湾同胞的人数。包括入境旅游者和入境一日游游客。不包括外国在我国的常驻机构，如使领馆、通讯社、企业办事处的工作人员；来我国常住的外国专家、留学生以及在岸逗留不过夜人员。

(2)出境居民人数：指大陆居民因公务活动或私人事务短期出境的人数。公务活动出境居民人数包括在国际交通工具上的中国服务员工，因私出境居民人数不包括在国际交通工具上的中国服务员工。

(3)国内旅游者人数：指我国大陆居民和在我国常住 1 年以上的外国人、港澳台同胞离开常住地在境内其他地方的旅游设施内至少停留一夜，最长不超过 12 个月的人数；和国内居民离开惯常住地 10 公里以上，出游时间超过 6 小时不足 24 小时，并未在境内其他地方的旅游住宿设施过夜的国内一日游游客。

国际旅游(外汇)收入 指入境旅游的外国人、港澳同胞和台湾同胞在中国大陆旅游过程中发生的一切旅游支出，对于国家来说就是国际旅游(外汇)收入。

国际旅行社 指经营对外招徕并接待外国人、港澳同胞和台湾同胞来中国、回内地旅游业务的旅行社。

国内旅行社 指负责经营招徕、组团、接待国内游客的旅游业务，以及不对外招徕，负责经营接待国际旅行社或其它涉外部门组织的外国人、港澳同胞和台湾同胞来中国、回内地的旅游业务的旅行社。

星级饭店 指设备、设施、服务符合《旅游饭店星级的划分与评定》(中华人民共和国国家标准)，通过相关旅游管理部门评定，并取得星级饭店称号的饭店(含预备星级饭店)。

二十、金融业

Chapter 20 Financial intermediation

20-1 金融机构存款、贷款余额

单位：亿元

指 标	2005年	2006年	2008年	2009年	2010年	2011年
年末存款余额	**11967.0**	**13596.8**	**18223.2**	**22758.6**	**27372.5**	**30832.4**
#财政存款	116.6	144.3	306.7	515.6	593.2	655.6
储蓄存款	6950.2	7701.2	10127.3	12030.9	13690.3	15529.6
委托存款	34.6	36.5	129.0	189.0	313.9	137.6
其他存款	1105.7	1261.5	1464.9	1585.2	2107.3	451.4
年末贷款余额	**7958.1**	**9117.2**	**11794.6**	**15549.6**	**18689.8**	**22831.7**

20-2 金融机构贷款余额

单位：亿元

指 标	2010年	2011年
年末贷款余额	**18689.8**	**22831.7**
一、境内贷款	**18688.4**	**22683.4**
(一)短期贷款	6143.8	8122.4
1.个人贷款及透支	875.2	1052.8
其中：个人消费贷款	68.1	89.8
2.单位普通贷款及透支	4888.1	6023.0
其中：经营性贷款	4511.5	5857.8
固定资产贷款	305.6	163.4
3.普通并购贷款		
4.银团贷款	60.5	71.9
5.贸易融资	320.1	974.7
(二)中长期贷款	11481.2	13757.0
1.个人贷款	2572.3	3216.0
其中：个人消费贷款	2135.0	2608.6
2.单位普通贷款	8250.1	9603.1
其中：经营性贷款	2127.4	2054.4
固定资产贷款	6062.0	7548.6
3.普通并购贷款	2.5	10.3
4.银团贷款	533.5	764.8
5.贸易融资	122.9	156.2
(六)票据融资	957.6	779.2
(七)各项垫款	2.4	5.0
二、境外贷款	**1.3**	**148.3**

20-3 各地区金融机构存款余额

单位：万元

地　区	2010年		2011年	
	金融机构存款余额	#储蓄存款余额	金融机构存款余额	#储蓄存款余额
全　省	**273725498**	**136902654**	**308324441**	**155295877**
沈　阳	80919886	33382310	90406779	37782809
大　连	85035192	33748155	93950797	37387777
鞍　山	19026424	11211010	20639697	12457395
抚　顺	9276919	6205005	10419733	6966516
本　溪	7275114	4708767	8596851	5294505
丹　东	9194074	6544583	10617870	7706864
锦　州	10114016	6892809	11375584	7811064
营　口	9461850	5957239	11120831	6839406
阜　新	5052726	3231482	6070627	3794163
辽　阳	8294317	5284981	9756015	5890931
盘　锦	8398341	5151827	9526352	5842839
铁　岭	6249288	4327388	7355191	5263886
朝　阳	7055481	5003437	8832094	6147210
葫芦岛	8111707	5249017	9361708	6101069

20-4 各地区金融机构贷款余额

(2011年)

单位：万元

地　区	金融机构贷款余额	境内贷款			境外贷款
			短期	中长期	
全　省	**228316966**	**226828844**	**81226055**	**137563341**	**1488122**
沈　阳	70399737	69923822	17770096	48931645	475915
大　连	79188790	78602758	26160814	50869460	586032
鞍　山	12069029	11645038	5261655	5946896	423991
抚　顺	4615861	4615784	2149442	2046532	76
本　溪	6602196	6602193	3922968	2464715	3
丹　东	5785158	5783214	2648656	2665211	1944
锦　州	7181595	7181590	2756926	4243928	5
营　口	9733541	9733434	4151048	5190905	107
阜　新	4348217	4348217	1891598	2361857	
辽　阳	6212553	6212537	3668750	2208497	16
盘　锦	5619996	5619984	3096964	2419137	13
铁　岭	5541673	5541673	2725695	2708077	
朝　阳	5340055	5340051	2132430	3002090	4
葫芦岛	5653333	5653317	2889014	2503758	16

主要统计指标解释

信贷资金 国家银行用于发放贷款的资金叫信贷资金。中国人民银行信贷资金的来源有各项存款、对国际金融机构负债、流通中货币、银行自有资金及当年结益等。信贷资金的运用有各项贷款、黄金占款、外汇占款、财政借款及在国际金融机构中的资产等。

存款 企业、机关、团体或居民根据可以收回的原则，把货币资金存入银行或其他信用机构保管并取得一定利息的一种信用活动形式。根据存款对象的不同可划分为企业存款、财政存款、机关团体存款、基本建设存款、城镇储蓄存款、农村存款等科目。它是银行信贷资金的主要来源。

贷款 银行或其他信用机构根据必须归还的原则，按一定利率，为企业、个人等提供资金的一种信用活动形式。我国银行贷款，分流动资金贷款、固定资产贷款、城乡个体工商户贷款以及农户贷款等科目。

二十一、教育和科技

Chapter 21 Education, Science and Technology

21-1 教育事业基本情况

指　　标	2005年	2006年	2008年	2009年	2010年	2011年
学 校 数（所）	**12222**	**11305**	**9630**	**8747**	**8195**	**7848**
普通高等学校	75	77	83	107	112	112
中 等 学 校	2836	2794	2650	2603	2560	2618
# 专业学校	101	103	98	97	95	121
普通中学	2274	2237	2142	2112	2076	2059
小　　学	9311	8434	6987	6037	5523	5118
专 任 教 师(人)	**382111**	**376847**	**379662**	**382092**	**381394**	**381448**
普通高等学校	43960	46816	53495	55835	57404	58742
中 等 学 校	174562	174183	175128	176546	177068	177249
# 专业学校	7361	7889	7898	8549	8657	10390
普通中学	144647	143219	143922	145118	145358	147448
小　　学	163589	155848	151039	149711	146922	145457
招 生 数（人）	**1554585**	**1588265**	**155963**	**1449068**	**1419122**	**1414724**
普通高等学校	210495	220608	252385	245312	252234	263843
中 等 学 校	964149	978997	910381	866573	818423	780743
# 专业学校	76976	64705	61537	59245	60917	61592
普通中学	761646	763321	702791	676153	637545	613089
小　　学	379941	388660	393197	337183	348465	370138
在 校 学 生(人)	**6161325**	**6103089**	**5921657**	**5739346**	**5581973**	**5416473**
普通高等学校	659351	720548	820374	852354	880247	902231
中 等 学 校	2835819	2835730	2733933	2631015	2519204	2346168
# 专业学校	201740	191758	182035	175255	173779	193828
普通中学	2314498	2268575	2161725	2077827	1987738	1908629
小　　学	2666155	2546811	2367350	2255977	2182522	2168074
毕 业 生 数(人)	**1547257**	**1586579**	**1544103**	**1542591**	**1476849**	**1457477**
普通高等学校	144984	154970	202312	206211	219564	236341
中 等 学 校	903204	924820	882423	907838	859769	843909
# 专业学校	53096	55231	56394	63664	60857	66918
普通中学	757448	766410	720992	724286	681478	669700
小　　学	499069	506789	459368	428542	397516	377227
每一教师负担学校数(人)						
普通高等学校	15.0	15.4	15.3	15.3	17.2	17.7
中 等 学 校	16.2	16.3	15.6	15.2	15.3	15.3
小　　学	16.3	16.3	15.7	15.1	14.9	14.9

21-2 各级各类学校情况

年 份	普通高等学校	中等专业学校	#中等师范学校	普通中学	农业中学职业中学	小学	幼儿园	盲、聋哑学校
一、学校数(所)								
1985	62	149	28	2511	775	15904	7424	36
1986	64	160	31	2507	750	15762	7177	35
1987	64	163	31	2517	734	15729	6672	38
1988	63	169	32	2509	681	15732	11416	46
1989	63	167	31	2499	653	15679	8633	48
1990	63	166	31	2489	618	15630	9714	51
1991	62	167	31	2478	613	15540	9300	53
1992	61	165	30	2457	598	15230	9372	52
1993	61	166	30	2433	608	14805	12536	53
1994	61	165	30	2448	606	14655	10923	52
1995	61	171	30	2459	594	14594	11220	50
1996	61	173	29	2447	561	14464	9945	51
1997	62	174	30	2434	537	14386	10176	53
1998	61	170	26	2444	523	14084	9899	52
1999	64	151	12	2429	450	13748	9935	52
2000	58	133	9	2401	383	13356	9990	50
2001	61	119	5	2376	333	12739	6913	73
2002	66	137	5	2362	340	12161	6639	75
2003	69	130	5	2341	298	11339	7033	75
2004	70	127	4	2317	309	10281	6891	75
2005	75	125	4	2274	285	9311	7069	74
2006	77	127	4	2237	274	8434	7071	74
2007	78	133	4	2181	252	7670	7229	75
2008	83	128	4	2142	237	6987	7492	75
2009	107	125	4	2112	224	6037	7374	75
2010	112	125	4	2076	214	5523	8613	74
2011	112	121	4	2059	217	5118	8661	74
二、教职工数(人)								
1985	51718	20282	3622	168036	16390	230139	59594	1102
1986	52404	22437	4052	170815	18218	233434	64637	1169
1987	54572	23448	4577	176662	20075	235433	69138	1208
1988	56047	24981	4656	181151	20998	241978	88908	1364
1989	58438	24885	4926	182481	20918	246153	81554	1431
1990	57825	25143	5049	184851	20920	249322	77645	1551
1991	58277	24832	4869	187373	21253	248415	78709	1686
1992	59008	25295	4904	189663	20774	248454	82566	1775
1993	59138	25492	4973	186545	21518	239700	83082	1876
1994	58687	25429	5029	184758	21266	237673	71633	2056
1995	58455	25757	5044	189553	22979	237981	69346	1847
1996	57727	25935	4785	189329	21597	235189	64877	1907
1997	57359	25368	4424	188057	22068	233770	62089	1882

21-2 续表 1

年 份	普通高等学校	中等专业学校	#中等师范学校	普通中学	农业中学职业中学	小学	幼儿园	盲、聋哑学校
1998	58078	24387	3681	175632	20291	224535	56463	2012
1999	59590	22602	1984	175820	19443	222460	54582	1891
2000	61707	18651	1457	175455	17858	216677	52422	1911
2001	65237	16211	719	178162	16974	211684	39271	2375
2002	69667	16560	622	177547	17104	205229	39592	2457
2003	75632	15615	627	179521	20123	199829	42852	2474
2004	79093	15062	423	180225	20480	194973	45983	2563
2005	82816	15052	422	180016	20833	190548	48558	2565
2006	84535	15658	639	177916	20683	180474	50258	2589
2007	87215	16789	536	177652	18464	176929	52539	2598
2008	89848	16437	541	178899	17746	173159	56110	2646
2009	91974	16935	535	180483	16740	170584	59595	2658
2010	93183	16096	560	180343	16080	167199	78647	2682
2011	94834	15664	525	182269	15896	164991	64742	2642
三、教师数(人)								
1985	19046	8658	1834	114708	10218	191669	32490	717
1986	21196	9586	2060	117852	11417	195086	33925	742
1987	21963	10114	2264	123376	12645	197593	34294	790
1988	22640	11466	2495	129309	13195	206399	37070	884
1989	23933	11587	2545	130884	13091	209873	44427	964
1990	23292	11633	2665	132769	13067	212196	42776	1061
1991	23384	11703	2642	135487	13464	211353	43835	1152
1992	23503	11856	2686	137044	13045	210141	49473	1257
1993	23575	12003	2661	135397	13336	201664	48909	1254
1994	23530	12129	2735	135499	13429	202349	43828	1378
1995	23400	12378	2730	137185	13765	198815	44598	1326
1996	23079	12502	2592	139660	13561	198408	43103	1369
1997	23109	12435	2367	140643	13915	197347	42274	1334
1998	23394	12282	2059	138546	13983	192539	38981	1398
1999	25179	11286	1103	139497	13691	191011	37881	1357
2000	27508	9285	795	139731	12517	185884	36383	1399
2001	30364	8441	391	142503	11875	181444	22801	1743
2002	33819	8742	337	142232	11798	175549	23521	1829
2003	38086	8521	349	144016	13453	170947	24946	1854
2004	40697	8472	257	144608	13718	167203	26937	1927
2005	43960	8728	259	144647	14031	163589	28594	1903
2006	46816	9230	401	143219	13932	155848	29818	1948
2007	50344	10492	354	143532	12432	153693	31217	2012
2008	53495	10407	360	143922	12057	151039	33604	2064
2009	55835	10916	359	145118	11279	149711	35901	2095
2010	57404	10546	381	145358	10983	146922	45437	2147
2011	58742	10390	362	147448	11021	145457	40447	1965

21-2 续表 2

年 份	普通高等学校	中等专业学校	#中等师范学校	普通中学	农业中学职业中学	小学	幼儿园	盲、聋哑学校
四、在校学生数(人)								
1985	95161	70371	20350	1868360	147212	4223416	929591	3365
1986	107434	81860	26526	2014999	149910	4189324	928257	3446
1987	112652	89384	30526	2048761	137783	4107393	937057	3617
1988	120510	97540	31018	1962214	146140	4082650	1270266	3958
1989	122543	102879	28894	1830394	147422	4126831	976651	4065
1990	123314	103902	28442	1810876	149780	4073374	936852	4468
1991	124777	104269	28888	1887654	151572	3915360	1037576	4769
1992	134671	110011	29447	1969532	155112	3736363	1134184	5089
1993	155554	124707	32019	1911632	155231	3686796	1257278	5100
1994	171284	133067	33162	1922132	167876	3750611	1090474	5186
1995	179412	140870	32182	2008338	182984	3751941	1021123	5050
1996	182684	143911	27537	2029776	185244	3790718	936111	4815
1997	188159	149730	24426	1950241	195742	3886760	879987	4870
1998	199223	155459	23723	1884915	207315	3829655	853886	4882
1999	235819	156847	18872	1961673	194860	3666131	838133	4837
2000	297710	148905	16845	2167017	170517	3444172	835542	4933
2001	372336	143044	7949	2323395	154398	3230517	726634	8590
2002	450536	151810	2857	2398928	164241	3061398	667930	8926
2003	514191	173347	4006	2410745	186817	2891925	675118	8429
2004	583465	208597	4233	2360549	197555	2794330	673088	8539
2005	659351	220233	4438	2314498	201774	2666155	685587	8296
2006	720548	209940	4596	2268575	218446	2546811	715301	8300
2007	777758	202506	3921	2220860	227583	2452598	725300	8742
2008	820374	206802	3464	2161725	230088	2367350	740804	8972
2009	852354	204307	3178	2077827	216180	2255977	779370	8776
2010	880247	203438	3105	1987738	197993	2182522	834469	8921
2011	902231	193828	2727	1908629	184869	2168074	861961	8935
五、招生数(人)								
1985	34076	29545	7929	715460	80307	717494		772
1986	32827	33191	11544	715455	69237	748948		690
1987	34756	34311	10929	683593	57539	669707		757
1988	38398	36156	10388	657379	59625	674101		1012
1989	35149	31655	8539	610627	59407	710199		635
1990	35102	30047	8911	629468	55550	596030		975
1991	36094	33803	9101	696406	58782	523096	498215	836
1992	45129	39517	10232	721178	60251	559753	596844	768
1993	55071	44226	10398	653170	60781	652210	689042	705
1994	52183	43849	9637	690513	68753	750424		750
1995	53310	43821	7957	756666	67881	703538	607336	715
1996	55048	41930	6385	660620	61469	643884	564749	766
1997	56373	47282	7732	600728	74485	611404	527969	721
1998	60302	45681	7290	668295	75897	512002	502367	693

21-2 续表 3

年 份	普通高等学校	中等专业学校	#中等师范学校	普通中学	农业中学职业中学	小学	幼儿园	盲、聋哑学校
1999	87851	42839	3523	755550	56341	503795	481840	609
2000	110211	30399	3743	830026	50470	508907	483092	576
2001	127577	37222	2303	817663	52691	484661	440299	913
2002	151116	56814	1376	812406	63208	463091	394029	1082
2003	163802	73948	1708	820180	72508	432650	376388	803
2004	184473	78223	1582	766071	66032	416143	358325	738
2005	210495	83121	1446	761646	73151	379941	344990	698
2006	220608	70802	1341	763321	94223	388660	344455	753
2007	234466	67808	1152	711588	88520	395108	339963	986
2008	252385	74434	1049	702791	78835	393197	333416	746
2009	245312	72651	1073	676153	72557	337183	340807	846
2010	252234	68279	1069	637545	64558	348465	352199	688
2011	263843	61592	848	613089	62942	370138	354701	1069
六、毕业生数(人)								
1985	17495	20226	6318	502101	27994	689598		517
1986	20583	22752	6138	494658	43709	704016		459
1987	29394	26932	7019	522777	54614	680861		405
1988	31552	28004	9724	587835	42195	637753		471
1989	32708	26326	10882	572508	47204	593257		429
1990	33768	29716	9400	550359	45627	591654		377
1991	33530	33223	8484	538346	49550	660343	415665	419
1992	35208	33377	9564	540132	50882	685996	516460	439
1993	33615	30449	7821	542163	50122	630759	650232	330
1994	35923	30362	8588	575786	49965	636786		478
1995	44072	33966	9304	601421	51246	672482		522
1996	51068	37503	11093	573876	57709	576164		543
1997	49591	40340	10497	626046	63502	500252		513
1998	47557	37850	7721	686541	66788	555892		527
1999	49964	40100	7158	618065	60060	644042		551
2000	49834	35843	5921	551157	70175	722325		467
2001	60271	42499	4825	581476	66852	679852	379010	883
2002	72791	42856	559	666377	53324	622536	366891	871
2003	98908	47479	1964	740994	48605	595278	350428	790
2004	115889	39344	715	752884	50831	511757	324423	878
2005	144984	58457	1045	757448	61219	499069	299493	971
2006	154970	60828	1451	766410	62835	506789	307386	853
2007	169576	67809	1739	717773	60167	480567	308819	799
2008	202312	61674	1175	720992	63311	459368	306091	770
2009	206211	68063	995	724286	72545	428542	270357	889
2010	219564	61075	971	681478	76029	397516	250929	906
2011	236341	66918	918	669700	69010	377227	267333	926

21-3 研究生数

单位：人

年 份	招生数	在校学生数			毕业生数		
		小计	攻读硕士学位	攻读博士学位	小计	攻读硕士学位	攻读博士学位
1980	143	709					
1985	2091	3687	3170	155	584	578	6
1986	1989	5009	4146	208	670	639	13
1987	1771	5570	4857	317	1193	838	17
1988	1575	5160	4668	379	1929	1604	24
1989	1322	4637	4180	417	1763	1599	86
1990	1404	4343	3858	462	1677	1558	84
1991	1320	4144	3581	563	1500	1401	75
1992	1415	4290	3671	619	1245	1159	85
1993	2016	4955	4185	770	1307	1222	85
1994	2602	6274	5298	976	1273	1138	135
1995	2367	7236	5972	1264	1425	1272	153
1996	2647	7787	6313	1474	1962	1753	209
1997	2978	8304	6621	1683	2316	2106	210
1998	3197	9164	7292	1872	2126	1852	274
1999	4005	10574	8203	2371	2426	2101	325
2000	5804	13655	10726	2929	2910	2532	378
2001	7898	18446	14637	3809	2971	2589	382
2002	9569	23949	19131	4818	3674	3135	539
2003	13242	31796	25694	6102	5027	4395	632
2004	16254	40678	33392	7286	6726	5914	812
2005	18901	49772	41340	8432	9342	8315	1027
2006	20998	58424	49283	9141	11516	10249	1267
2007	22407	65025	55403	9622	15177	13530	1647
2008	24490	67806	57622	10184	21010	19446	1564
2009	27104	73997	63345	10652	20160	18432	1728
2010	29031	82019	69613	12406	21676	19700	1976
2011	30615	87078	74161	12917	24178	22188	1990

21-4 分学科研究生情况

(2011年)

单位：人

项 目	招生数	博士	硕士	在校学生数	博士	硕士	毕业生数	博士	硕士
总 计	**30615**	**2863**	**27752**	**87078**	**12917**	**74161**	**24178**	**1990**	**22188**
哲 学	241	23	218	779	137	642	220	12	208
经济学	1478	166	1312	4086	666	3420	1175	149	1026
法 学	1614	99	1515	4890	370	4520	1393	39	1354
教育学	1382	23	1359	3348	62	3286	1004	11	993
文 学	2336	14	2322	6440	39	6401	1856	9	1847
历史学	190		190	539		539	185		185
理 学	2191	291	1900	6900	1290	5610	1985	212	1773
工 学	11293	1349	9944	32968	6818	26150	9030	898	8132
农 学	619	88	531	1770	332	1438	466	59	407
医 学	5144	512	4632	13734	1726	12008	3860	411	3449
军事学	5		5	8		8	2		2
管理学	4122	298	3824	11616	1477	10139	3002	190	2812
普通高校	**29837**	**2538**	**27299**	**84689**	**11693**	**72996**	**23661**	**1712**	**21949**
哲 学	241	23	218	779	137	642	220	12	208
经济学	1478	166	1312	4086	666	3420	1175	149	1026
法 学	1604	99	1505	4861	370	4491	1383	39	1344
教育学	1382	23	1359	3348	62	3286	1004	11	993
文 学	2336	14	2322	6440	39	6401	1856	9	1847
历史学	190		190	539		539	185		185
理 学	1960	172	1788	6216	861	5355	1832	104	1728
工 学	10774	1152	9622	31337	6043	25294	8685	733	7952
农 学	601	79	522	1725	312	1413	457	54	403
医 学	5144	512	4632	13734	1726	12008	3860	411	3449
军事学	5		5	8		8	2		2
管理学	4122	298	3824	11616	1477	10139	3002	190	2812
科研院所	**778**	**325**	**453**	**2389**	**1224**	**1165**	**517**	**278**	**239**
哲 学									
经济学									
法 学	10		10	29		29	10		10
教育学									
文 学									
历史学									
理 学	231	119	112	684	429	255	153	108	45
工 学	519	197	322	1631	775	856	345	165	180
农 学	18	9	9	45	20	25	9	5	4
医 学									
军事学									
管理学									

21-5 普通高等学校基本情况

(2011年) 单位：人

项　目	学校数(所)	招生数	在校学生数	毕业生数	教职工数	#专任教师
总　计	**112**	**263843**	**902231**	**236341**	**94834**	**58742**
综合大学	15	43566	147030	43271	15038	9182
理工院校	46	115995	404870	102120	41547	25468
农林院校	6	15192	47257	13259	4378	2684
医药院校	13	19277	69253	15734	9294	5773
师范院校	8	22253	71038	20388	8374	5435
语文院校	2	3945	15132	3865	1347	961
财经院校	11	21881	72048	18372	7447	4403
政法院校	2	5063	15021	5420	1287	692
体育院校	2	2244	8026	1875	880	542
艺术院校	6	10526	37809	9089	3937	2785
民族院校	1	3901	14747	2948	1305	817

21-6 高等教育学校(机构)学生数

(2011年) 单位：人

项　目	招生数	在校学生数	毕(结)业生数	授予学位数
研究生数	30615	87078	24178	23924
博　士	2863	12917	1990	1873
硕　士	27752	74161	22188	22051
普通本科、专科生	263843	902231	236341	137482
本　科	165587	624546	140017	137482
专　科	98256	277685	96324	
成人本科、专科生	88292	196973	76725	4099
本　科	33395	77196	30912	4099
专　科	54897	119777	45813	
网络本科、专科生	88408	183338	37419	1661
本　科	41736	92568	19072	1661
专　科	46672	90770	18347	
在职人员攻读博士、硕士学位	5921	18667		5074
自孝助学班		3455	1620	
研究生课程进修班		615	455	
普通预科生		1240		
进修及培训		21020	141982	
留学生	3886	6524	2386	886

21-7 普通本科分学科学生数

(2011年)　　单位：人

项　　目	招生数	在校学生数	毕业生数
总　　计	**165587**	**624546**	**140017**
#师　范	5353	21666	6379
哲　学	77	253	74
经济学	7716	29764	7184
法　学	3943	15482	4694
教育学	3996	14850	3634
文　学	32631	121021	26298
历史学	339	1276	263
理　学	10209	38373	8762
工　学	65396	245707	56570
农　学	1750	6346	1499
医　学	11842	48912	8980
军事学			
管理学	27688	102562	22059

21-8 普通专科(高职)分学科学生数

(2011年)　　单位：人

项　　目	招生数	在校学生数	毕业生数
总　　计	**98256**	**277685**	**96324**
#师范生	6210	13950	5954
农林牧渔大类	2673	8053	2860
交通运输大类	6182	16170	4359
生化与药品大类	3465	9851	3304
资源开发与测绘大类	1877	5540	1772
材料与能源大类	2079	5948	2084
土建大类	8085	19355	5762
水利大类	318	1044	226
制造大类	17275	49096	16330
电子信息大类	9327	30365	12012
环保、气象与安全大类	235	635	329
轻纺食品大类	1177	3874	1483
财经大类	17020	50235	15849
医药卫生大类	4861	12583	4616
旅游大类	3877	12015	3710
公共事业大类	1039	2831	995
文化教育大类	13643	35934	14978
艺术设计传媒大类	3842	11077	4155
公安大类	52	245	617
法律大类	1229	2834	883

21-9 成人本科分学科学生数

(2011年)　　单位：人

项　目	招生数	在校学生数	毕业生数
总　计	**33395**	**77196**	**30912**
#师范生	2064	4974	2328
哲　学	7	7	
经济学	447	1368	602
法　学	2678	4880	2008
教育学	2065	4828	2809
文　学	2971	7755	5103
历史学	14	41	81
理　学	318	734	519
工　学	11700	25701	9508
农　学	570	1051	374
医　学	6111	16510	4273
管理学	6514	14321	5635

21-10 成人专科分学科学生数

(2011年)　　单位：人

项　目	招生数	在校学生数	毕业生数
总　计	**54897**	**119777**	**45813**
#师范生	1439	2210	616
农林牧渔大类	1259	2975	447
交通运输大类	5003	12164	4354
生化与药品大类	893	1524	756
资源开发与测绘大类类	1515	2987	1341
材料与能源大类	475	1213	911
土建大类	2041	3528	840
水利大类	30	104	69
制造大类	10824	24129	10767
电子信息大类	3742	8358	4743
环保、气象与安全大类		31	4
轻纺食品大类	123	239	143
财经大类	9959	20705	9924
医药卫生大类	7557	19860	3003
旅游大类	1787	3225	1181
公共事业大类	679	1180	428
文化教育大类	5688	10624	4215
艺术设计传媒大类	3057	6396	2543
公安大类			
法律大类	265	535	144

21-11 网络本科分学科学生数

(2011年)

单位：人

项　目	招生数	在校学生数	毕业生数
总　计	**41736**	**92568**	**19072**
#师范生			
哲　学			
经济学	1795	4200	1007
法　学	1259	4491	1620
教育学			
文　学		70	25
历史学			
理　学		89	15
工　学	16191	28569	4219
农　学			
医　学	7418	20974	3786
管理学	15073	34175	8400

21-12 网络专科分学科学生数

(2011年)

单位：人

项　目	招生数	在校学生数	毕业生数
总　计	**46672**	**90770**	**18347**
#师范生			
农林牧渔大类			
交通运输大类	1558	2859	448
生化与药品大类			
资源开发与测绘大类	2075	3430	140
材料与能源大类	632	956	55
土建大类	10444	19232	3963
水利大类	820	1599	346
制造大类	7837	14401	2096
电子信息大类	1306	3196	663
环保、气象与安全大类	339	549	
轻纺食品大类			
财经大类	9423	18527	4761
医药卫生大类	4514	9836	1801
旅游大类	147	434	158
公共事业大类	6903	13872	3123
文化教育大类		10	21
艺术设计传媒大类			
公安大类			
法律大类	674	1869	772

21-13 各类中等职业学校(机构)基本情况

(2011年) 单位：人

项　目	学校数(所)	毕业生数	招生数	在校学生数	教职工数	#专任教师
1.调整后中职	28	11305	9503	33178	3602	2439
2.普通中等专业学校	89	55613	52089	160650	12062	7951
#中等师范学校	4	918	848	2727	525	362
3.成人中专	1	6298	10043	28880	541	390
4.职业高中	217	69010	62942	184869	15896	11021

21-14 中等职业学校(机构)学生分科类情况

(2011年) 单位：人

项　目	招生数	#应届毕业生	#初中毕业生	在校学生数	毕业生数	#获得职业资格证书
总　　计	**134577**	**117887**	**108398**	**407577**	**142226**	**68826**
其中：女	65340	57889	54485	202839	68078	30349
农林牧渔类	18663	14065	11542	49171	10046	3861
资源环境类	918	776	764	2917	778	524
能源与新能源类	403	398	397	634	99	32
土木水利类	5589	4645	3729	12060	3569	2820
加工制造类	21653	20145	18764	71195	32830	19512
石油化工类	2449	2144	2074	7024	2900	1582
轻纺食品类	753	699	699	1622	371	173
交通运输类	10685	9616	8787	30144	11370	4100
信息技术类	18461	15930	14787	56095	23804	12182
医药卫生类	11656	10810	9798	47097	11721	4212
休闲保健类	1692	1406	1383	5471	1382	639
财经商贸类	10442	8987	8582	32866	13689	5653
旅游服务类	4994	4489	4335	17470	7012	4204
文化艺术类	7931	6432	6060	26839	8673	3573
体育与健身	1896	1871	1812	5031	1486	495
教育类	14690	13965	13616	37685	10310	4380
司法服务类	821	785	775	1160	713	209
公共管理与服务类	545	449	222	2011	1096	601
其他	336	275	272	1085	377	74

21-15 普通高中学校和学生情况

(2011年)

单位：人

项 目	学校数(所)				招生数	在校学生数	毕业生数
		高级中学	完全中学	十二年一贯制学校			
总 计	**422**	**333**	**81**	**8**	**236157**	**712632**	**233805**
教育部门	333	277	54	2	208708	632371	209104
其他部门办	3	3			831	2497	1168
地方企业							
社会力量办	86	53	27	6	26618	77764	23533
城 区	309	237	70	2	158667	481538	160225
教育部门	232	187	45		134731	412303	138198
其他部门办	3	3			831	2497	1168
地方企业							
社会力量办	74	47	25	2	23105	66738	20859
镇 区	105	91	10	4	73984	220779	70377
教育部门	96	86	9	1	71100	211782	68206
其他部门办							
地方企业							
社会力量办	9	5	1	3	2884	8997	2171
乡 村	8	5	1	2	3506	10315	3203
教育部门	5	4		1	2877	8286	2700
其他部门办							
地方企业							
社会力量办	3	1	1	1	629	2029	503

21-16 普通初中学校和学生情况

(2011年)

单位：人

项 目	学校数(所)			招生数	在校学生数	毕业生数
		初级中学	九年一贯制			
总 计	**1637**	**1028**	**609**	**376932**	**1195997**	**435895**
教育部门	1594	1009	585	357964	1141449	419918
其他部门办	9	4	5	549	1894	779
地方企业						
社会力量办	34	15	19	18419	52654	15198
城 区	626	486	140	183875	572815	197350
教育部门	593	470	123	169010	530486	184774
其他部门办	8	4	4	523	1767	714
地方企业						
社会力量办	25	12	13	14342	40562	11862
镇 区	608	342	266	142380	456573	172007
教育部门	599	340	259	138570	445326	168932
其他部门办	1		1	26	127	65
地方企业						
社会力量办	8	2	6	3784	11120	3010
乡 村	403	200	203	50677	166609	66538
教育部门	402	199	203	50384	165637	66212
其他部门办						
地方企业						
社会力量办	1	1		293	972	326

21-17 普通小学学校和学生情况

(2011年) 单位：人

项目	学校数(所)	招生数	在校学生数	毕业生数
总计	**5118**	**370138**	**2168074**	**377227**
教育部门	5090	364404	2133949	370487
其他部门办	2	253	1723	336
地方企业	1	18	77	12
社会力量办	25	5463	32325	6392
城区	1235	176125	1011389	177042
教育部门	1216	172685	990349	173231
其他部门办	1	217	1417	312
地方企业				
社会力量办	18	3223	19623	3499
镇区	764	99623	597209	103833
教育部门	758	97684	585533	100941
其他部门办	1	36	306	24
地方企业				
社会力量办	5	1903	11370	2868
乡村	3119	94390	559476	96352
教育部门	3116	94035	558067	96315
其他部门办				
地方企业	1	18	77	12
社会力量办	2	337	1332	25

21-18 各级普通学校毕业生升学率和学龄儿童入学率

单位：%

年份	学龄儿童入学率	小学升初中	初中升高级中学
1990	99.4	92.0	34.7
1991	99.0	92.5	37.1
1992	99.0	92.6	38.7
1993	99.0	90.3	39.1
1994	99.1	93.4	40.9
1995	99.4	93.0	41.7
1996	99.3	96.0	41.9
1997	99.4	96.1	44.7
1998	99.4	95.7	48.2
1999	99.3	95.2	50.0
2000	99.3	93.9	57.4
2001	99.7	95.6	57.4
2002	99.4	98.1	66.3
2003	99.7	98.7	68.1
2004	99.7	99.2	74.7
2005	99.7	99.3	82.7
2006	99.8	99.6	85.4
2007	99.9	99.4	94.4
2008	99.9	99.8	97.7
2009	99.9	99.8	97.7
2010	99.9	99.9	97.3
2011	99.9	99.9	93.4

注：初中升高级中学包含升入技工学校(2010年数据)。

21-19 教育发展水平

年份	各类学校在校生占全省人口(%)	平均每万人口中有(人)			大中小学生各占学生总数(%)		
		大学生	中学生	小学生	大学生	中学生	小学生
1980	20.7	18.0	778.5	1276.8	0.9	37.3	61.2
1985	17.4	25.9	549.1	1150.6	1.5	31.5	65.9
1986	17.6	29.0	584.1	1130.4	1.6	33.1	64.0
1987	17.2	30.0	582.8	1094.8	1.7	33.7	63.2
1988	16.8	31.7	554.6	1074.0	1.9	32.9	63.7
1989	16.3	31.8	513.6	1071.7	1.9	31.2	65.2
1990	15.6	31.6	464.7	1045.3	2.0	29.6	66.7
1991	15.7	31.8	519.2	996.8	2.0	33.0	63.3
1992	15.1	34.1	598.8	946.3	2.3	33.1	62.8
1993	17.9	38.7	470.6	918.0	2.2	26.6	51.2
1994	18.2	44.7	524.7	941.7	2.5	28.8	51.7
1995	18.0	46.0	538.8	922.5	2.6	30.0	51.4
1996	15.8	46.8	604.6	927.7	3.0	38.3	58.7
1997	15.9	48.4	584.6	953.3	3.0	36.9	60.1
1998	15.1	50.3	540.7	921.3	3.3	35.8	60.9
1999	17.2	60.2	563.8	893.5	3.9	38.2	58.9
2000	21.5	71.4	596.2	825.7	4.8	39.9	55.3
2001	22.3	87.9	618.4	762.3	6.0	42.1	51.9
2002	22.5	107.4	647.3	730.0	7.2	43.6	49.2
2003	19.3	123.7	666.8	695.9	8.3	44.9	46.8
2004	18.0	140.2	664.8	671.5	9.5	45.0	45.5
2005	17.5	158.0	655.8	638.9	10.9	45.1	44.0
2006	18.7	172.0	643.8	607.9	12.1	45.2	42.7
2007	16.5	184.7	629.6	582.5	13.2	45.1	41.7
2008	16.4	193.9	614.1	559.4	14.2	44.9	40.9
2009	15.8	200.8	588.4	531.3	15.2	44.6	40.2
2010	15.5	206.8	561.4	512.8	16.1	43.8	40.0
2011	15.6	279.0	569.2	509.9	20.5	41.9	37.5

21-20 各地区普通高等学校基本情况

(2011年) 单位：人

地区	学校数(所)	招生数	在校学生数	毕业生数	教职工数	
						#专任教师
总计	**112**	**263843**	**902231**	**236341**	**94834**	**58742**
沈阳	41	104180	357813	92288	39411	23718
大连	31	71211	255171	60997	27851	17297
鞍山	3	10747	37467	9259	3249	1966
抚顺	6	11988	42370	10877	3376	2103
本溪	2	3623	11303	3159	1363	734
丹东	3	7932	24276	7660	2544	1482
锦州	9	21956	76365	21835	6482	4573
营口	2	4129	10537	3979	1119	697
阜新	2	9493	32623	8874	3024	2077
辽阳	4	5904	19672	6065	1549	1191
盘锦	2	1720	4971	2127	1171	581
铁岭	4	4665	11353	3650	1644	1013
朝阳	1	1629	3790	1332	729	468
葫芦岛	2	4666	14520	4239	1322	842

21-21 各地区中等职业学校基本情况

(2011年) 单位：人

地 区	学校数(所)	招生数	在校学生数	毕业生数	教职工数	#专任教师
总 计	**339**	**134577**	**407577**	**142226**	**32101**	**21801**
沈 阳	87	29508	95090	31310	8965	5940
大 连	61	18072	51722	20629	4770	3126
鞍 山	18	6295	21876	12182	1774	1207
抚 顺	20	5654	14902	5504	1821	1218
本 溪	10	6209	19447	6393	1690	1257
丹 东	20	7119	23589	6338	1423	989
锦 州	14	8795	27291	8801	1567	1124
营 口	16	7073	21447	8861	1484	1077
阜 新	22	8817	24182	6317	1970	1252
辽 阳	12	4243	12115	5110	962	698
盘 锦	6	3502	13086	4695	781	579
铁 岭	25	7613	22448	7081	1883	1297
朝 阳	14	16677	44364	14229	1932	1261
葫芦岛	14	5000	16018	4776	1079	776

21-22 各地区普通高中基本情况

(2011年) 单位：人

地 区	学校数(所)	招生数	在校学生数	毕业生数	教职工数	#专任教师
总 计	**422**	**236157**	**712632**	**233805**	**56509**	**45965**
沈 阳	90	36687	115096	39934	10753	8862
大 连	78	33832	105133	34130	8992	7420
鞍 山	35	17548	53814	17226	3914	3176
抚 顺	28	10735	33301	11368	2953	2295
本 溪	17	7754	25211	8424	2119	1675
丹 东	22	14944	43970	14323	2897	2385
锦 州	28	16898	50371	17268	3519	2730
营 口	15	11725	35419	11752	2952	2511
阜 新	18	11043	33463	10986	2188	1720
辽 阳	13	9308	26096	8002	2122	1755
盘 锦	11	9953	29547	9000	2145	1721
铁 岭	21	15433	43925	13365	3133	2492
朝 阳	26	25262	72275	23196	5622	4638
葫芦岛	20	15035	45011	14831	3200	2585

21-23 各地区普通初中基本情况

(2011年)

单位：人

地　区	学校数(所)	招生数	在校学生数	毕业生数	教职工数	#专任教师
总　计	**1637**	**376932**	**1195997**	**435895**	**125760**	**101483**
沈　阳	234	56751	175148	62923	19507	15467
大　连	203	51826	161763	55546	15969	13687
鞍　山	129	30683	96709	36282	10882	8651
抚　顺	93	15062	49720	20376	6334	5227
本　溪	51	11753	38329	15225	5034	3741
丹　东	105	22545	73851	26927	6904	5638
锦　州	127	27411	86980	32802	8496	6849
营　口	83	22556	67036	22473	6475	5338
阜　新	98	17002	57138	21668	7270	5244
辽　阳	69	17876	56756	19641	4925	4009
盘　锦	64	13594	45243	15202	5403	3703
铁　岭	117	26719	86869	32212	8797	7388
朝　阳	148	34791	112950	42391	11356	9279
葫芦岛	116	28363	87505	32227	8408	7262

21-24 各地区普通小学基本情况

(2011年)

单位：人

地　区	学校数(所)	招生数	在校学生数	毕业生数	教职工数	#专任教师
总　计	**5118**	**370138**	**2168074**	**377227**	**164991**	**145457**
沈　阳	350	61945	342554	56683	24944	21715
大　连	652	48533	287953	51395	20150	17252
鞍　山	618	29221	181184	30992	14519	12207
抚　顺	176	14224	83600	14888	8193	7275
本　溪	66	9915	62112	11758	6125	5250
丹　东	473	21443	125054	22546	9275	8412
锦　州	422	26554	159656	27454	11699	10573
营　口	216	22578	131074	22649	8489	7606
阜　新	150	16718	95075	17211	8288	7686
辽　阳	244	15561	96541	17958	6272	5421
盘　锦	49	12422	72049	13429	5686	5251
铁　岭	394	26301	152524	26719	12431	10976
朝　阳	700	35175	207051	35074	16628	14817
葫芦岛	608	29548	171647	28471	12292	11016

21-25 各地区特殊教育基本情况

(2011年) 单位：人

地区	学校数(所)	招生数	在校学生数	毕业生数	教职工数	#专任教师
总计	**74**	**1069**	**8935**	**926**	**2642**	**1965**
沈阳	14	186	1539	205	531	384
大连	11	227	1689	115	442	317
鞍山	7	76	737	101	278	210
抚顺	3	40	435	21	109	75
本溪	2	28	253	21	59	44
丹东	6	97	684	56	221	179
锦州	7	57	522	132	171	129
营口	4	62	853	118	219	177
阜新	5	45	334	12	128	92
辽阳	3	31	243	32	83	70
盘锦	2	21	152	15	42	30
铁岭	4	111	687	36	141	107
朝阳	3	57	544	56	143	100
葫芦岛	3	31	263	6	75	51

21-26 各地区每十万人口各级学校平均在校生数

(2011年) 单位：人

地区	幼儿园	小学	初中阶段	高中阶段	高等学校
总计	**2027.3**	**5099.3**	**2813.0**	**2878.6**	**2790.1**
沈阳	2015.9	4760.3	2434.0	2920.9	6686.5
大连	2181.5	4910.5	2758.6	2674.9	5964.6
鞍山	2106.8	5150.2	2749.0	2151.5	1349.8
抚顺	1360.3	3784.5	2250.8	2182.1	2091.9
本溪	1625.1	4017.6	2479.2	2888.6	935.0
丹东	1712.3	5180.4	3059.3	2798.6	1110.3
锦州	2204.7	5178.6	2821.3	2519.0	3369.8
营口	1757.5	5565.8	2846.5	2414.7	477.5
阜新	1732.5	4941.5	2969.8	2996.1	2538.5
辽阳	1832.3	5264.0	3094.7	2083.5	1100.1
盘锦	2245.7	5487.4	3445.8	3247.0	379.1
铁岭	2316.3	4999.1	2847.2	2175.5	373.3
朝阳	2288.2	6104.1	3329.9	3438.6	127.2
葫芦岛	2281.1	6091.1	3105.2	2165.7	552.6

21-27 科技活动基本情况

指　　标	单位	2005年	2006年	2008年	2009年	2010年	2011年
科技活动人员	**万人**	**18.6**	**18.8**	**20.4**	**23.5**	**21.9**	**23.8**
#科学家和工程师	万人	12.3	12.9	14.8			
研究与试验发展折合全时人员	**万人年**	**6.7**	**7.0**	**7.9**	**9.2**	**8.5**	**8.1**
#科学家和工程师	万人年	5.6	5.9	6.8			
科技经费筹集额	**亿元**	**217.0**	**231.1**	**363.4**			
#政府资金	亿元	42.7	48.9	78.4			
企业资金	亿元	153.3	158.0	263.3			
金融机构贷款	亿元	7.4	11.6	9.2			
科技经费内部支出	**亿元**	**204.2**	**224.2**	**346.1**			
#劳务费	亿元	36.2	39.5	57.0			
固定资产购建费	亿元	43.0	62.8	96.7			
研究与试验发展经费支出	**亿元**	**125.3**	**136.4**	**194.2**	**241.1**	**287.5**	**363.8**
#基础研究	亿元	3.0	6.2	5.1	6.2	7.3	11.6
应用研究	亿元	23.2	20.4	29.6	25.8	36.2	52.7
试验发展	亿元	93.1	103.4	153.0	209.1	244.0	299.5
研究与试验发展经费支出占生产总值比重	**%**	**1.6**	**1.5**		**1.6**	**1.6**	**1.6**
技术市场成交额	**亿元**	**86.5**	**80.6**		**119.8**	**130.7**	**159.7**
专利申请受理数	**件**	**15672**	**17052**	**20899**	**25803**	**34218**	**37123**
发　　明	件	3267	4368	6499	7125	9884	14715
实用新型	件	8192	8594	10348	12634	14996	17684
外观设计	件	4213	4090	4052	6045	9338	4724
专利申请授权数	**件**	**6195**	**7399**	**10665**	**12198**	**17093**	**19176**
发　　明	件	942	1063	1516	1994	2357	3164
实用新型	件	4235	5277	8256	8585	12067	13584
外观设计	件	1018	1059	893	1620	2669	2428

21-28 科学研究和开发机构基本情况

指　　标	单位	2005年	2006年	2008年	2009年	2010年	2011年
科技活动人员	**万人**	**2.00**	**1.90**	**2.00**	**1.90**	**1.81**	**1.88**
#科学家和工程师	万人	1.60	1.30	1.60			
研究与试验发展折合全时人员	**万人年**	**0.55**	**0.55**	**0.59**	**1.09**	**1.13**	**1.22**
#科学家和工程师	万人年	0.49	0.49	0.55			
#基础研究	万人年	0.05	0.06	0.06	0.10	0.13	0.12
应用研究	万人年	0.16	0.15	0.20	0.36	0.37	0.40
试验发展	万人年	0.34	0.20	0.32	0.63	0.63	0.70
科技经费筹集额	**亿元**	**26.00**	**29.00**	**41.60**			
#政府资金	亿元	14.90	16.50	25.70			
企业资金	亿元	6.40	8.90	8.50			
金融机构贷款	亿元		0.50				
科技经费内部支出	**亿元**	**25.90**	**28.40**	**38.10**			
#劳务费	亿元	6.50	6.90	9.70			
固定资产购建费	亿元	5.30	6.10	8.20			
研究与试验发展经费支出	亿元	11.20	12.00	16.90	31.10	44.15	45.74
#基础研究	**亿元**	**1.00**	**1.30**	**1.80**	**2.60**	**3.26**	**3.69**
应用研究	亿元	3.20	4.00	5.90	12.30	14.66	16.05
试验发展	亿元	5.00	3.00	6.10	16.20	26.22	26.01

21-29 大中型工业企业科技活动基本情况

指　标	单位	2005年	2006年	2008年	2009年	2010年	2011年
有科技活动的企业	个	301	294	303			253
占全部企业的比重	%	29.7	27.1	22.0			13.8
科技机构数	个	295.0	303.0	332.0	399.0	358.0	280.0
科技活动人员	万人	10.0	9.8	10.5		10.5	11.4
#科学家和工程师	万人	5.6	5.9	7.1			
研究与试验发展折合全时人员	万人年	3.5	3.4	4.0	5.2	4.5	4.0
#科学家和工程师	万人年	2.8	2.7	3.3			
科技机构科技活动人员	万人	3.2	3.3	3.8	4.1		3.1
#科学家和工程师	万人	1.9	2.1				
科技经费筹集额	亿元	133.3	137.9	242.3			
#政府资金	亿元	5.1	9.8	20.9			
企业资金	亿元	119.4	116.5	213.9			
金融机构贷款	亿元	4.0	7.3	6.1			
科技经费内部支出	亿元	129.7	136.7	233.2			
#开发新产品经费支出	亿元	92.7	82.9	122.6	199.2	196.7	241.8
科技经费支出占主营业务收入比重	%	1.62	1.41	1.62	1.35	0.96	1.13
研究与试验发展经费支出	亿元	84.3	85.9	129.0	166.4	191.3	238.2
技术引进经费支出	亿元	9.3	19.4	22.7	27.4	6.4	3.5
消化吸收经费支出	亿元	0.8	2.1	3.2	4.7	4.6	3.0
购买国内技术支出	亿元	1.2	2.8	20.3	18.9	15.8	17.4

21-30 高等学校科技活动情况

指　标	单位	2005年	2006年	2008年	2009年	2010年	2011年
科技活动人员	万人	2.6	2.9	3.3	5.7	5.8	5.9
#科学家和工程师	万人	2.2	2.5	2.8			
研究与试验发展机构	个	277	320	396			
研究与试验发展折合全时人员	万人年	1.3	1.5	1.6	1.5	1.6	1.5
#科学家和工程师	万人年	1.3	1.5	1.6			
#基础研究	万人年	0.4	0.6	0.6	0.6	0.6	0.6
应用研究	万人年	0.6	0.7	0.9	0.8	0.8	0.9
试验发展	万人年	0.3	0.2	0.1	0.1	0.1	0.1
科技经费筹集额	亿元	21.4	24.0	31.6			
#政府资金	亿元	8.0	8.7	12.8			
企业资金	亿元	11.6	13.7	17.3			
金融机构贷款	亿元						
科技经费内部支出	亿元	19.1	22.0	28.0			
#劳务费	亿元	3.9	4.1	4.3			
固定资产购建费	亿元	2.7	3.3	5.2			
研究与试验发展经费支出	亿元	12.3	15.6	21.1	23.6	24.5	32.6
#基础研究	亿元	1.4	2.4	3.1	3.6	4.0	7.9
应用研究	亿元	7.1	8.9	9.9	11.8	15.8	20.5
试验发展	亿元	3.7	4.2	8.1	8.3	4.7	4.2

主要统计指标解释

普通高等学校 指按照国家规定的设置标准和审批程序批准举办的，通过全国普通高等学校统一招生考试，招收高中毕业生为主要培养对象，实施高等教育的全日制大学、独立设置的学院和高等专科学校、高等职业学校和其他机构。

大学、独立设置的学院主要实施本科层次以上教育，高等专科学校、高等职业学校实施专科层次教育，其他机构是承担国家普通招生计划任务不计校数的机构。包括普通高等学校分校和批准筹建的普通高等学校等。

成人高等学校 指按照国家规定的设置标准和审批程序批准举办的，通过全国成人高等学校统一招生考试，招收具有高中毕业或同等学历的在职从业人员为主要培养对象，利用函授、业余、脱产等多种形式对其实施高等学历教育的学校。包括职工高等学校、农民高等学校、管理干部学院、教育学院、独立函授学院、广播电视大学、其他机构等。其他机构是承担国家成人招生计划任务不计校数的机构。

小学学龄儿童净入学率 指调查范围内已入小学学习的学龄儿童占校内外学龄儿童总数(包括弱智儿童，不包括盲聋哑儿童)的比重。计算公式为：

小学学龄儿童净入学率=已入学的小学学龄儿童数/校内外小学学龄儿童总数 × 100%

国家财政性教育经费 包括国家财政预算内教育经费，各级政府征收用于教育的税费，企业办学校教育经费，校办产业、勤工俭学和社会服务收入用于教育的经费。

财政预算内教育经费 指中央、地方各级财政或上级主管部门在年度内安排，并计划拨到教育部门和其他部门主办的各级各类学校、教育事业单位，列入国家预算支出科目的教育经费，包括教育事业拨款、科研经费拨款、基建拨款和其他经费拨款。

科技活动 指在自然科学、农业科学、医药科学、工程与技术科学、人文与社会科学领域(简称科学技术领域)中，与科技知识的产生、发展、传播和应用密切相关的有组织的活动。可分为研究与试验发展(R&D)、研究与试验发展成果应用及相关的科技服务三类活动。该定义是联合国教科文组织考虑成员国特别是发展中国家开展科技统计工作的需要，而对科技活动所作的统计界定。

科技活动人员 指直接从事科技活动、以及专门从事科技活动管理和为科技活动提供直接服务，累计的实际工作时间占全年制度工作时间 10%及以上的人员。(1)直接从事科技活动的人员包括：在独立核算的科学研究与技术开发机构、高等学校、各类企业及其他事业单位内设的研究室、实验室、技术开发中心及中试车间(基地)等机构中从事科技活动的研究人员、工程技术人员、技术工人及其它人员；虽不在上述机构工作，但编入科技活动项目(课题)组的人员；科技信息与文献机构中的专业技术人员；从事论文设计的研究生等。(2)专门从事科技活动管理和为科技活动提供直接服务的人员，包括：独立核算的科学研究与技术开发机构、科技信息与文献机构、高等学校、各类企业及其他事业单位主管科技工作的负责人，专门从事科技活动的计划、行政、人事、财务、物资供应、设备维护、图书资料管理等工作的各类人员，但不包括保卫、医疗保健人员、司机、食堂人员、茶炉工、水暖工、清洁工等为科技活动提供间接服务的人员。该指标用来反映投入科技活动人力的规模。

科学家与工程师 指科技活动人员中具有高、中级技术职称(职务)的人员和不具有高、中级技术职称(职务)的大学本科及以上学历人员。该指标用来反映投入科技活动人力的素质。

研究与试验发展（R&D） 指在科学技术领域，为增加知识总量，以及运用这些知识去创造新的应用进行的系统的创造性的活动，包括基础研究、应用研究、试验发展三类活动。国际上通常采用 R&D 活动的规模和强度指标反映一国的科技实力和核心竞争力。

基础研究 指为了获得关于现象和可观察事实的基本原理的新知识(揭示客观事物的本质、运动规律，获得新发现、新学说)而进行的实验性或理论性研究，它不以任何专门或特定的应用或使用为目的。其成果以科学论文和科学著作为主要形式。用来反映知识的原始创新能力。

应用研究 指为获得新知识而进行的创造性研究，主要针对某一特定的目的或目标。应用研究是为了确定基础研究成果可能的用途，或是为达到预定的目标探索应采取的新方法(原理性)或新途径。其成果形式以科学论文、专著、原理性模型或发明专利为主。用来反映对基础研究成果应用途径的探索。

试验发展 指利用从基础研究、应用研究和实际经验所获得的现有知识，为产生新的产品、材料和装置，建立新的工艺、系统和服务，以及对已产生和建立的上述各项作实质性的改进而进行的系统性工作。其成果形式主要是专利、专有技术、具有新产品基本特征的产品原型或具有新装置基本特征的原始样机等。在社会科学领域，试验发展是指把通过基础研究、应用研究获得的知识转变成可以实施的计划(包括为进行检验和评估实施示范项目)的过程。人文科学领域没有对应的试验发展活动。主要反映将科研成果转化为技术和产品的能力，是科技推动经济社会发展的物化成果。

研究与试验发展人员 指参与研究与试验发展项目研究、管理和辅助工作的人员， 包括项目(课题)组人员，企业科技行政管理人员和直接为项目(课题)活动提供服务的辅助人员。反映投入从事拥有自主知识产权的研究开发活动的人力规模。

研究与试验发展人员全时当量 指全时人员数加非全时人员按工作量折算为全时人员数的总和。例如:有两个全时人员和三个非全时人员(工作时间分别为 20%、30%和 70%)，则全时当量为 2+0.2+0.3+0.7=3.2人年。为国际上比较科技人力投入而制定的可比指标。

专业技术人员 指从事专业技术工作和专业技术管理工作的人员，即企事业单位中已经聘任专业技术职务从事专业技术工作和专业技术管理工作的人员，以及未聘任专业技术职务，现在专业技术岗位上工作的人员。包括工程技术人员，农业技术人员，科学研究人员，卫生技术人员，教学人员，经济人员，会计人员，统计人员，翻译人员，图书资料、档案、文博人员，新闻出版人员，律师、公证人员，广播电视播音人员，工艺美术人员，体育人员，艺术人员及企业政治思想工作人员，共十七个专业技术职务类别。用来反映科技人力资源情况。

科技活动经费筹集 指从各种渠道筹集到的计划用于科技活动的经费，包括政府资金、企业资金、事业单位资金、金融机构贷款、国外资金和其他资金等。反映各社会经济主体对促进科技进步所做的努力。

政府资金 指从各级政府部门获得的计划用于科技活动的经费，包括科学事业费、科技三项费、科研基建费、科学基金、教育等部门事业费中计划用于科技活动的经费以及政府部门预算外资金中计划用于科技活动的经费等。

企业资金 指从自有资金中提取或接受其他企业委托的，科研院所和高校等事业单位接受企业委托获得的，计划用于科研和技术开发的经费。不包括来自政府、金融机构及国外的计划用于科技活动的资金。

金融机构贷款 指从各类金融机构获得的用于科技活动的贷款。

科技活动经费内部支出 指报告年内用于科技活动的实际支出，包括劳务费、科研业务费、科研管理费，非基建投资购建的固定资产、科研基建支出以及其他用于科技活动的支出。不包括生产性活动支出、归还贷款支出及转拨外单位支出。反映科技投入实际完成情况。

劳务费 指以货币或实物形式直接或间接支付给从事科技活动人员的劳动报酬及各种费用。包括各种形式的工资、津贴、奖金、福利、离退休人员费用、人民助学金等。反映改善科技人员待遇情况。

固定资产购建费 指报告年内使用非基建投资购建的固定资产和用于科研基建投资的实际支出额，即固定资产实际支出和科研基建投资实际完成额之和。固定资产是指长期使用而不改变原有实物形态的主要物资设备、图书资料、实验材料和标本以及其他设备和家具、房屋、建筑物。反映用于改善科研条件和科研手段方面的投入情况。

新产品 指采用新技术原理、新设计构思研制、生产的全新产品，或在结构、材质、工艺等某一方面比原有产品有明显改进，从而显著提高了产品性能或扩大了使用功能的产品。既包括政府有关部门认定并在有效期内的新产品，也包括企业自行研制开发，未经政府有关部门认定，从投产之日起一年之内的新产品。用来反映科技产出及对经济增长的直接贡献。

二十二、文化、体育和卫生

Chapter 22 Culture, Sports and Public Health

22-1 文化事业基本情况

项　目	2005年	2006年	2008年	2009年	2010年	2011年
一、文化事业机构数(个)	**20871**	**19085**	**17479**	**15255**	**14690**	**13563**
文化部门	12315	10338	6475	2279	2130	2106
其他部门	8556	8747	11004	12976	12560	11457
二、文化事业人员数(人)	**76970**	**92380**	**68767**	**78359**	**75215**	**70313**
文化部门	53698	61946	33248	19677	19044	19307
其他部门	23272	30434	35519	58682	56171	51006
三、各类文化艺术事业单位数(个)						
文化馆、艺术馆	124	133	123	122	122	122
公共图书馆	126	126	128	128	128	128
博物馆	37	37	54	61	61	61
电影院						
艺术表演场所	59	50	40	40	38	38
艺术表演团体	70	66	65	63	52	38
电影放映单位						
四、戏剧、电影观众(万人次)						
戏剧	960.5	1103.6	656.2	638.0	537.0	417.0
电影						
五、按总人口平均每人观看(次)						
戏剧	0.23	0.26	0.15	0.15	0.13	0.10
电影						

22-2 广播电视事业

项　目	单位	2005年	2006年	2008年	2009年	2010年	2011年
一、职 工 人 数	**人**	**25047**	**24783**	**25494**	**24783**	**26392**	**27332**
二、广播事业情况							
广 播 电 台	座	15	15	15	15	15	4
发射台及转播台	座	32	33	34	33	34	35
发射机功率	千瓦	1066	1143	1141	1143	1151	1200
平均每天播音时间	小时：分	1535:50:00	1900:30:00	1861:47:00	1900:30:00	1960:46:00	1980:33:12
广播人口综合覆盖率	%	98.17	98.23	98.36	98.23	98.48	98.51
年广播节目制作时间	小时	353886	459060	471941	459060	457602	442709
新　闻	小时	50799	64176	55512	64176	53662	59338
综　艺	小时	125848	178854	181814	178854	153476	136956
专　题	小时	112131	121034	132055	121034	145270	148479
广播剧	小时	324	170	3975	170	4404	2176
广　告	小时	42452	59052	56346	59052	62729	58229
其　他	小时	22332	35774	42239	35774	38064	37529
三、电视事业情况							
电　视　台	座	16	16	16	16	13	5
电视发射及转播台	座	408	367	368	367	367	368
发射机功率	千瓦	433	430	557	430	578	583
平均每周播出时间	小时：分	10740:17	12285:26	12784:42	12319:01	13547:42	14017:11
电视人口综合覆盖率	%	98.19	98.29	98.48	98.29	98.59	98.64
电视节目制作时间	小时	143948	184511	188061	184511	188895	184320
新　闻	小时	21350	25005	24024	25004	30945	30247
综　艺	小时	35475	55066	49139	55066	56107	53809
专　题	小时	29801	37764	41126	37764	33836	30122
影视剧	小时	1334	335	1696	335	1189	1080
广　告	小时	43136	44279	43429	44279	39673	42997
其　他	小时	12852	22062	28647	22062	27148	26064

22-3 图书、杂志和报纸出版情况

年份	图书				杂志			报纸		
	种数（种）	#新出版	总印数（万份）	总印张数（万印张）	种数（种）	总印数（万份）	总印张数（万印张）	种数（种）	总印数（万份）	总印张数（万印张）
1990	2776	2087	20000	79000	236	14000	30000	65	83000	63000
1991	3603	2799	22000	94000	242	15000	33000	67	99000	71000
1992	3203	2336	21000	90000	255	16000	30000	70	94000	70000
1993	3602		23000	120000	289	16000	38000	84	87000	88000
1994	4419	2986	24000	108000						
1995	3585	1975	18000	79000	295	15000	34000	88	90000	88000
1996	4419	2228	23000	107000	288	14000	31000	97	88000	117000
1997	4979	2678	22000	104000	286	14000	31000	89	99000	124000
1998	5251	2838	24000	114000	274	13000	31000	85	105000	175000
1999	5256	2711	23000	106000	277	13000	32000	85	110000	206000
2000	5008	2752	17082	108047	289	8634	22369	87	125845	319018
2001	5117	2719	18176	123953	306	14043	33907	97	124584	1097498
2002	6632	3026	16374	106225	321	12896	31246	17	52989	110635
2003	6519	2826	15428	92405	322	10881	30241	17	50631	150874
2004	5511	2899	11666	83959	234	6891	25647	81	145408	510101
2005	6598		12394	88222	325	10890	30251	81	145800	510235
2006	7370		12355	91425	324	8025	30537	123	159117	720835
2007	5533	3043	6686	51332	326	10793	39720	122	268855	743621
2008	7216	3592	13588	85791	322	10033	39777	81	179132	830147
2009					317	8424	37759	113	144362	702087
2010	9060	4925	14705	115552	317	4507	40073	75	156800	820203
2011	9883	5208	15148	120937	316	10003	41657	73	161277	998342

注：2002年报纸为省级报纸统计数。

22-4 图书出版分类构成情况

(2011年)

类　别	种数(种)	印数(万册)	印张(千印张)
总　计	**9885**	**15149.35**	**1209380.96**
使用“中国标准书号”合计	9883	15148.35	1209370.96
马列主义、毛泽东思想	26	13.95	2334.66
哲　学	121	57.95	9860.51
社会科学总论	114	43.19	8588.59
政治、法律	237	138.15	14398.53
军　事	31	16.44	2442.11
经　济	1200	660.46	114463.8
文化、科学、教育、体育	3486	11453.63	722924.61
语言、文字	847	527.98	64362.39
文　学	975	946.4	104177.66
艺　术	643	247.1	28986.07
历史、地理	295	167.31	26506.03
自然科学总论	17	8.14	820.8
数理科学、化学	144	49.56	6908.34
天文学、地球科学	16	4.79	549.48
生物科学	16	9.24	571
医学、卫生	244	116.09	12005.53
农业科学	129	92.56	6374.62
工业技术	1051	402.78	55677.01
交通运输	205	118.68	18177.29
航空、航天	1	0.33	29.36
环境科学	24	11.52	817.06
综合性图书	61	62.1	8395.51
不使用“中国标准书号”图书	2	1	10

22-5 体委系统职工人数

(2011年)

单位：人

人员分类	合计	#优秀运动队	#体育运动学校	#少儿业余体校	#公共体育场馆	#体育服务公司
全　省	**6213**	**1983**	**2246**	**1416**	**568**	
运 动 员	**2563**	1405	768	324	66	
专职教练员	**1277**	245	441	545	46	
专职文化教师	**525**	34	353	127	11	
科技人员	**31**	1	12	9	9	
宣传出版人员						
医务人员	**45**	10	11	14	10	
管理人员	**1274**	239	449	293	293	
其它人员	**498**	49	212	104	133	

22-6 运动员历年创世界纪录情况

年　份	项数(项)	#女子	人数(人)	#女子	次数(次)	#女子
1985	1	1	2	2	2	2
1986	1	-	1	-	1	-
1987	3	2	7	5	12	9
1988	2	2	4	4	9	9
1989	10	10	4	4	10	10
1990	2	1	4	3	2	1
1991	8	8	6	6	10	10
1992	3	3	8	8	20	20
1993	20	18	14	12	30	27
1994	3	3	4	4	4	4
1995	1	1	1	1	1	1
1996	2	2	1	1	3	3
1997	9	9	5	5	11	11
1998	17	15	14	12	20	18
1999	13	12	9	8	22	21
2000	4	3	2	1	7	6
2001	4	4	6	6	4	4
2002	11	11	7	7	13	13
2003	13	-	7	-	34	-
2004	4	4	3	3	4	4
2005	3	3	3	3	4	4
2006	3	3	1	1	3	3
2007						
2008						
2009	3	3	2	2	4	4
2010						
2011	1	1	1	1	4	4

注：总计的项数和人数中剔除了历年重复数(以下同)。

22-7 运动员分项获得世界冠军情况

(2011年)

项 目	项数(项)	#女子	人数(人)	#女子	次数(次)	#女子
乒乓球	2	1	1	1	2	2
摔 跤	1	3	3	3	3	3
羽毛球	2	1	1	1	2	1
体 操	1		1		1	
击 剑	1	2	2	2	2	2
龙 舟	3	1	2	1	3	1

22-8 运动员近年获得世界冠军情况

年 份	项数(项)	#女子	人数(人)	#女子	次数(次)	#女子
1985	3	1	3	1	4	1
1986	6	4	8	4	8	4
1987	4	3	6	4	8	6
1988	2	1	4	3	10	8
1989	11	10	5	4	11	10
1990	11	7	7	4	12	8
1991	15	13	7	5	16	14
1992	6	5	8	7	13	12
1993	24	24	18	18	24	24
1994	4	4	7	5	12	8
1995	7	3	9	5	8	4
1996	6	6	5	5	8	8
1997	7	7	4	4	7	7
1998	14	8	11	9	15	8
1999	14	12	9	8	15	13
2000	9	7	6	5	9	7
2001	9	9	4	4	9	9
2002	12	10	10	8	12	10
2003	18	-	12	-	19	-
2004	11	10	11	10	12	11
2005	6	6	6	6	6	6
2006	11	10	11	10	11	10
2007	14	14	12	12	20	20
2008	13	13	10	10	15	15
2009	7	7	4	4	7	7
2010	6	6	12	12	13	13
2011	7	9	11	23	26	23

22-9 运动员分项创获亚洲冠军情况

(2011年)

项 目	项数(项)	#女子	人数(人)	#女子	次数(次)	#女子
总 计						
自由式滑雪	2	1	2	1	2	1
举 重	3	1	1	3	3	3
摔 跤	1	1	1	1	1	1
篮 球	1	3	3	3	3	3
排 球	1	2	2	2	2	2
羽毛球	1	1	1	1	1	1
艺术体操	2	3	3	6	6	6
击 剑	1	2	2	2	2	2
皮划艇	2	1	1	2	2	2

22-10 与外国体育活动交往情况

项 目	单位	2005年	2006年	2008年	2009年	2010年	2011年
来我省的体育团体							
次 数	次	17	6	29	15	10	5
人 数	人	148	97	214	188	98	74
我省派出的体育团体							
次 数	次	86	104	42	15	20	13
人 数	人	326	336	176	108	140	164

22-11 卫生机构、床数、人员数

(2011年)

卫生机构名称	机构数(个)	床位数(张)	人员数(人)				
			合计	卫生技术人员			
				小计	执业(助理)医师	#执业医师	注册护士
总 计	14203	216971	320739	237150	99231	88443	91926
一、医院	832	171082	197632	158377	59606	56162	70443
综合医院	515	119186	146468	118723	44567	42343	54067
中医医院	99	16834	20383	16424	6894	6228	5823
中西医结合医院	5	268	319	228	119	80	58
民族医院	2	180	171	107	48	40	17
专科医院	211	34614	30291	22895	7978	7471	10478
口腔医院	20	327	1778	1486	773	699	454
眼科医院	11	724	1159	779	212	200	370
肿瘤医院	5	2730	2022	1636	628	624	730
心血管病医院	3	210	141	111	41	34	44
胸科医院	2	1185	1052	781	269	262	391
血液病医院							
妇产(科)医院	26	3915	5942	4657	1652	1572	2161
儿童医院	4	869	1405	1162	413	410	524
精神病医院	37	10588	5415	3910	1090	990	2203
传染病医院	17	4966	4337	3172	959	911	1440
皮肤病医院	4	198	320	235	87	86	95
结核病医院	6	1751	1208	803	240	212	393
职业病医院	1	660	434	355	167	167	144
骨科医院	14	1821	1359	1050	420	381	394
康复医院	18	2083	1319	876	296	267	347
整形外科医院	4	58	88	52	20	18	27
美容医院	5	89	198	173	71	61	64
其他专科医院	34	2440	2114	1657	640	577	697
二、疗养院	22	7812	2720	1299	536	459	527
三、社区卫生服务中心(站)	1039	6601	13500	11326	4890	4237	4532
社区卫生服务中心	280	4673	9216	7525	3099	2622	2929
社区卫生服务站	759	1928	4284	3801	1791	1615	1603
四、卫生院	1020	28015	25323	19478	9031	5923	4877
街道卫生院	29	550	533	429	193	134	125
乡镇卫生院	991	27465	24790	19049	8838	5789	4752
中心卫生院	244	9740	9705	7537	3492	2384	2002
乡卫生院	747	17725	15085	11512	5346	3405	2750
五、门诊部	423	726	5345	4394	2261	2027	1296
综合门诊部	236	513	3492	2861	1469	1319	816
中医门诊部	57	20	583	457	270	235	82
中西医结合门诊部	8	4	67	64	27	23	14
专科门诊部	122	189	1203	1012	495	450	384
六、诊所、卫生所、医务室	10202		21398	20826	11672	10462	6604
诊所	9047		18324	17869	10122	9199	5679
卫生所、医务室	1155		3074	2957	1550	1263	925

22-11 续表 1

卫生机构名称	机构数(个)	床位数(张)	人员数(人)					
			合计	卫生技术人员				
				小计	执业(助理)医师	#执业医师	注册护士
七、急救中心(站)	12	100	979	563	245	241	261
八、采供血机构	23		1223	820	176	152	366
九、妇幼保健院(所、站)	110	1212	4886	3833	2109	1830	941
省属	1	53	178	126	47	47	46
省辖市(地区)属	11	54	592	461	292	290	75
地辖市属	63	610	2468	1981	1058	927	525
县属	29	495	1490	1138	642	508	270
其他	6		158	127	70	58	25
妇幼保健院	34	1123	2632	2071	1050	896	623
妇幼保健所	45	36	1487	1170	688	621	215
妇幼保健站	31	53	767	592	371	313	103
十、专科疾病防治院(所、站)	90	1423	3214	2318	1092	913	574
专科疾病防治院	8	534	674	497	210	190	147
结核病防治院							
职业病防治院	6	434	597	430	170	156	141
其他	2	100	77	67	40	34	6
专科疾病防治所(站、中心)	82	889	2540	1821	882	723	427
口腔病防治所(站、中心)	12	5	406	345	176	160	95
精神病防治所(站、中心)	1	150	34	20	6	6	12
结核病防治所(站、中心)	52	516	1586	1099	493	377	280
职业病防治所(站、中心)	3	100	207	140	87	81	26
地方病防治所(站、中心)	12		267	204	114	93	11
药物戒毒所(中心)	1	100	38	11	4	4	3
其他	1	18	2	2	2	2	
十一、疾病预防控制中心	132		8323	6220	3336	2740	403
省属	1		416	283	135	133	2
省辖市(地区)属	15		2099	1600	822	754	125
地辖市属	79		3642	2766	1464	1147	171
县属	29		1730	1243	730	531	65
其他	8		436	328	185	175	40
十二、卫生监督所(中心)	110		2994	2075			
省属	1		117	92			
省辖市(地区)属	13		675	417			
地辖市属	70		1492	1046			
县属	25		619	456			
其他	1		91	64			
十三、医学科学研究机构	5		92	59	26	26	5
十四、医学在职培训机构	3		70	30	17	12	7
十五、健康教育所(站、中心)	10		171	78	60	50	8
十六、其他卫生机构	164		1003	734	425	313	117
卫生监督检验(监测)机构	29		130	120	99	62	5
临床检验中心(所、站)	3		19	12	1	1	
其他	132		854	602	325	250	112

22-11 续表 2

卫生机构名称	人员数(人)						
	卫生技术人员				其他技术人员	管理人员	工勤技能人员
	药师(士)	技师(士)	#检验师	其他			
总计	**13332**	**13972**	**9932**	**18689**	**12382**	**16551**	**27527**
一、医院	9583	9446	6426	9299	8492	11039	19724
综合医院	6679	6892	4703	6518	5864	7809	14072
中医医院	1598	1000	639	1109	1018	1037	1904
中西医结合医院	19	10	7	22	16	26	49
民族医院	31	6	5	5		44	20
专科医院	1256	1538	1072	1645	1594	2123	3679
口腔医院	23	32	14	204	91	85	116
眼科医院	25	20	18	152	34	181	165
肿瘤医院	74	108	72	96	78	126	182
心血管病医院	7	8	5	11	4	5	21
胸科医院	53	67	32	1	73	59	139
血液病医院							
妇产(科)医院	223	357	268	264	366	378	541
儿童医院	55	97	69	73	72	61	110
精神病医院	161	148	101	308	249	429	827
传染病医院	283	314	254	176	236	281	648
皮肤病医院	28	14	13	11	10	18	57
结核病医院	56	65	43	49	49	69	287
职业病医院	18	26	18		31	10	38
骨科医院	84	100	43	52	104	87	118
康复医院	45	51	30	137	94	119	230
整形外科医院	4	1	1		12	11	13
美容医院	10	10	10	18	6	12	7
其他专科医院	107	120	81	93	85	192	180
二、疗养院	60	48	34	128	202	334	885
三、社区卫生服务中心(站)	858	631	442	415	599	777	798
社区卫生服务中心	658	515	347	324	466	561	664
社区卫生服务站	200	116	95	91	133	216	134
四、卫生院	1535	1219	733	2816	1308	1487	3050
街道卫生院	34	28	19	49	36	33	35
乡镇卫生院	1501	1191	714	2767	1272	1454	3015
中心卫生院	586	463	276	994	407	474	1287
乡卫生院	915	728	438	1773	865	980	1728
五、门诊部	315	319	210	203	206	376	369
综合门诊部	195	253	162	128	151	228	252
中医门诊部	75	19	12	11	21	60	45
中西医结合门诊部	11	7	5	5		3	
专科门诊部	34	40	31	59	34	85	72
六、诊所、卫生所、医务室	512	100	72	1938			572
诊所	454	65	43	1549			455
卫生所、医务室	58	35	29	389			117

22-11 续表 3

卫生机构名称	人员数(人)						
	卫生技术人员				其他技术人员	管理人员	工勤技能人员
	药师(士)	技师(士)	#检验师	其他			
七、急救中心(站)	15	23	9	19	88	61	267
八、采供血机构	19	209	206	50	167	104	132
九、妇幼保健院(所、站)	161	373	311	249	220	475	358
省属	8	14	12	11	2	35	15
省辖市(地区)属	16	57	52	21	39	51	41
地辖市属	79	193	163	126	100	244	143
县属	53	89	68	84	70	132	150
其他	5	20	16	7	9	13	9
妇幼保健院	95	176	140	127	78	234	249
妇幼保健所	47	145	126	75	85	161	71
妇幼保健站	19	52	45	47	57	80	38
十、专科疾病防治院(所、站)	142	248	177	262	249	338	309
专科疾病防治院	28	62	51	50	54	42	81
结核病防治院							
职业病防治院	26	58	49	35	54	40	73
其他	2	4	2	15		2	8
专科疾病防治所(站、中心)	114	186	126	212	195	296	228
口腔病防治所(站、中心)	4			70	23	27	11
精神病防治所(站、中心)	1	1	1			1	13
结核病防治所(站、中心)	98	140	86	88	114	204	169
职业病防治所(站、中心)	2	19	16	6	40	18	9
地方病防治所(站、中心)	9	26	23	44	17	20	26
药物戒毒所(中心)				4	1	26	
其他							
十一、疾病预防控制中心	88	1309	1270	1084	542	827	734
省属		104	104	42	20	77	36
省辖市(地区)属	22	459	442	172	164	170	165
地辖市属	28	499	485	604	213	402	261
县属	21	204	200	223	104	144	239
其他	17	43	39	43	41	34	33
十二、卫生监督所(中心)				2075	147	562	210
省属				92		15	10
省辖市(地区)属				417	5	206	47
地辖市属				1046	104	268	74
县属				456	16	69	78
其他				64	22	4	1
十三、医学科学研究机构	4	2	2	22	10	22	1
十四、医学在职培训机构	1			5	22	13	5
十五、健康教育所(站、中心)	2	2	2	6	52	23	18
十六、其他卫生机构	35	40	35	117	78	107	84
卫生监督检验(监测)机构	5			11	1	5	4
临床检验中心(所、站)		10	10	1	3	3	1
其他	30	30	25	105	74	99	79

22-12 各地区卫生机构、床位数

(2011年)

地区	卫生机构数(个)	#医院	#卫生院	#门诊部、所	#疾病预防控制中心(防疫站)	#妇幼保健院(所站)	医疗机构床位数(张)
总计	**14203**	**821**	**1002**	**383**	**132**	**110**	**216971**
沈阳	1814	180	119	122	19	15	44634
大连	2357	109	99	153	17	13	34395
鞍山	1740	75	71	27	8	8	20357
抚顺	693	50	50	7	9	8	11831
本溪	318	28	33	2	8	7	9556
丹东	501	44	68	10	8	4	13637
锦州	721	33	73	2	8	8	11944
营口	883	60	48	16	9	6	10722
阜新	528	41	59	1	9	8	7593
辽阳	621	50	34	8	8	8	11335
盘锦	649	36	30	6	6	3	7056
铁岭	1164	25	86	13	8	7	8603
朝阳	1306	37	130	5	8	8	11609
葫芦岛	908	53	102	11	7	7	13699

22-13 各地区卫生机构人员数

(2011年) 单位：人

地区	卫生机构人员合计	#卫生技术人员	#执业(助理)医师	#注册护士
总计	**320739**	**237150**	**99231**	**91926**
沈阳	69333	54636	22002	22529
大连	52122	40287	16259	17163
鞍山	27069	19895	8210	7795
抚顺	15650	12066	4893	5058
本溪	13578	10418	3811	4568
丹东	16568	11437	4716	4336
锦州	16760	11729	5245	3840
营口	15394	10893	4535	4278
阜新	13877	9681	3778	3821
辽阳	12427	8879	3743	3387
盘锦	11136	8306	3563	3141
铁岭	19517	13860	7014	4043
朝阳	20065	13803	6577	4001
葫芦岛	17243	11260	4885	3966

主要统计指标解释

文化事业机构 指从事专业文化工作和为专业文化工作服务的独立建制的单位。不包括这些单位另外举办独立核算的其他机构和各部门的业余文化组织。该指标主要反映文化事业机构发展规模水平。

艺术表演团体 指从事戏曲、音乐、舞蹈、杂技等专业艺术表演，有独立帐户的单位，不包括半工半艺、半农半艺和民间职业剧团。该指标主要反映全国专业艺术表演团体发展规模水平。

艺术表演观众人数(人次) 指售票、包场演出或民族地区免费演出的艺术表演观众人次数，不包括彩排审查和内部观摩演出的观看人次数。该指标主要反映全国观看专业艺术表演团体演出的效益规模。

卫生机构 包括医疗机构、疾病预防控制中心(防疫站)、采供血机构、卫生监督及监测(检验)机构、医学科研和在职培训机构、健康教育所等。

医疗机构 包括医院、社区卫生服务中心(站)、疗养院、卫生院、门诊部、诊所(卫生所、医务室)、妇幼保健院(所、站)、专科疾病防治院(所、站)、急救中心(站)和临床检验中心。医疗机构分为非赢利性医疗机构和赢利性医疗机构。

医院 包括综合医院、中医医院、中西医结合医院、民族医院、各类专科医院和护理院。

卫生技术人员 指卫生机构中医生、护理人员、药剂人员、检验人员等卫生技术人员。

医生 指在医疗、预防保健机构工作且取得《执业医师证书》的执业医师和执业助理医师。

卫生服务总费用 反映全国当年用于医疗卫生保健服务所消耗的资金总额，用筹资来源法测算。政府预算卫生支出指各级政府用于卫生事业的财政预算拨款。社会卫生支出指政府预算外的卫生资金投入，主要表现为社会医疗保险。其中包括如企事业单位和乡村集体经济单位举办的医疗卫生机构的设施建设费，企业职工医疗卫生费，行政事业单位负担的职工公费医疗超支部分等。居民个人卫生支出指城乡居民用自己可支配的经济收入支付的各项医疗卫生费用和医疗保险费用。

二十三、其他社会活动

Chapter 23 Others Social Activities

23-1 历届省人民代表大会的代表人数

届 别	年 份	代表总数			占代表总数比重(%)	
			#女代表	#少数民族代表	#女代表	#少数民族代表
一 届	1954	588		100		17.00
二 届	1959	566	107	39	18.90	6.89
三 届	1964	795				
四 届	1975					
五 届	1978	1200	292	160	24.33	13.33
六 届	1983	900	219	146	24.33	16.22
七 届	1988	725	142	118	19.59	16.28
八 届	1993	745	159	115	21.34	15.44
九 届	1998	622	123	97	19.77	15.59
十 届	2003	619	108	102	17.45	16.48
十一届	2008	616	115	87	18.67	14.12

23-2 历届省政治协商会议的委员人数

届 别	年 份	委员总数			占委员总数比重(%)	
			#中国共产党委员	#少数民族委员	#中国共产党委员	#少数民族委员
一 届	1954	122	28	16	22.95	13.11
二 届	1959	376	123	32	32.71	8.51
三 届	1963	403	125	31	31.02	7.69
四 届	1977	586	245	57	41.81	9.73
五 届	1983	595	220	65	36.97	10.92
六 届	1988	696	245	83	35.20	11.93
七 届	1993	695	242	81	34.82	11.65
八 届	1998	723	283	97	39.14	13.42
九 届	2003	750	284	98	37.87	13.07
十 届	2008	796	285	119	35.80	14.95

23-3 工会组织情况

年 份	工会基层组织数(个)	全省已建工会组织的基层单位的职工与会员人数(人)				工会专职工作人员数(人)
		职工人数	#女职工	会员人数	#女会员	
1980	19004	6149000	2340000	5182000		26000
1985	22763	8267000	3388000	7421000	3078000	43709
1986	23190	8341973	3462049	7605645	3202109	47842
1987	24742	8536873	3532603	7880001	3257621	47301
1988	25753	8712119	3611855	8034410	3370064	41910
1989	27217	8840457	3665482	8181168	3394077	44150
1990	27836	8968227	3750636	8340951	3497883	46875
1991	28642	8979281	3768625	8387414	3541636	48521
1992	29222	9164759	3828618	8567567	3584922	45584
1993	30083	9177011	3781547	8537051	3540817	41276
1994	27629	9133500	3843987	8420047	3501514	31215
1995	28448	9290683	3987323	9234588	3796173	36167
1996	27517	9095895	3796520	8577752	3564856	39693
1997	24310	8395588	3276594	7180188	2956720	33321
1998	23317	7198855	2994485	6694517	2784204	23766
1999	21647	6199418	2529928	5659855	2315330	21406
2000	41167	8018747	3360629	7515909	3100980	27396
2001	64659			8155000		
2002	41715	8877337	2566828	8606854	2454640	18372
2003	35717	7933711	2540304	7698113	2388475	18683
2004	39963	8402783	2947246	8223150	2820343	20346
2005	43614	8830676	3351654	8621046	3121658	19626
2006	48691	9685316	2927952	9371941	2756933	19931
2007	54264	10882834	2709465	10459638	2578179	21363
2008	67933	11757290	3002389	11338255	2879836	60436
2009	70531	17864409	2998480	11338291	2941172	41272
2010	70055	10617046	3082698	10383383	3025012	32154
2011	91353	9427994	3342545	9114672	3250838	44785

注：1998年以后工会专职工作人员数为工会专职干部人数。

23-4 妇联组织情况

项 目	单位	2005年	2006年	2008年	2009年	2010年	2011年
妇联组织总计	个	**1595**	**1703**	**1709**	**1634**	**1871**	**1633**
一、地方妇联	个	**1595**	**1703**	**1709**	**1634**	**1871**	**1633**
省级和市级	个	15	15	15	15	15	15
县(市)、区、乡(镇)级	个	1114	1130	1144	1103	1063	1034
街道妇联	个	466	558	550	516	793	584
二、农林场妇联	个						
建立基层妇代会组织数	个	15156	15711	15313	17427	11216	11133
#一类妇代会	人						
二类妇代会	人						
各类妇女工作委员会	个	7274	10023	10489	31010	22491	20324
各类妇女联谊组织数	个	45	76	79		47	
民主党派中的妇女组织	个	42	56	59	68	53	77

23-5 律师、公证、调解工作基本情况

项　目	单位	2005年	2006年	2008年	2009年	2010年	2011年
一、律师工作							
律师事务所	个	484	506	569	586	644	685
律师	人	5134	5301	5943	6298	6648	7430
专职律师	人	4890	5067	5443	5649	5985	6771
兼特邀职律师	人	244	234	500	313	339	349
聘请担任常年法律顾问的单位	处	7978	8015	7722	9319	8243	7963
民事诉讼代理	件	31768	31602	35373	40558	43807	41708
经济诉讼代理	件	12902	12337				
行政诉讼代理	件	2022	2074	2747	1757	1535	1486
刑事辨护	件	13332	13608	17631	22447	19336	21584
非诉讼法律事务	件	37468	34974	13211	16783	14339	17649
解答法律咨询	万人次	20.56	24.69	16.16	15.90	15.77	19.16
代写法律事务文书	万件	5.44	5.75	3.80	3.46	3.80	2.98
涉外及港澳台	件	1119	678	9	85	284	234
二、公证工作							
公证处	个	107	106	107	106	106	106
公证人员	人	1021	1110	1141	1118	1118	1219
#公证员	人	576	562	546	510	510	523
公证员助理	人	138	218	245	252	252	342
办理公证文书	万件	63.42	69.09	66.40	74.00	74.80	74.67
三、人民调解工作							
专职司法助理员	人	1682	1734	3892	2642	3449	3824
人民调解委员会	个	21513	22371	20682	19929	20267	20008
调解人员	万人	16.59	15.51	15.50	17.40	17.20	15.17
调解民间纠纷	万件	14.13	14.41	13.31	16.10	15.30	17.71

23-6 国内公证文书分类

(2011年)

分　　类	办证件数(件)	比重(%)
一、经济公证		
合计	**123,519**	**100.00**
购销合同	6	0.00
联营合同	19	0.02
拍卖	23	0.02
贷款合同	100,732	81.55
担保书	2,699	2.19
招标、投标	302	0.24
科技协作		
供用电合同		
劳务合同	214	0.17
建筑工程承包	34	0.03
工商服务业承包	2	0.00
农林牧副鱼业承包	465	0.38
乡镇企业承包	1	0.00
财产租赁	303	0.25
企业租赁	42	0.03
资产经营责任制		
还款协议	110	0.09
土地使用权出让转让	742	0.60
其他经济合同	4,874	3.95
法人资格	449	0.36
法人委托书	1,458	1.18
公司章程	124	0.10
执行许可证明	329	0.27
提存	474	0.38
抵押登记	790	0.64
公司会议记录		
其他	9,327	7.55
二、民事公证		
合计	**367,833**	**100.00**
收养	13	
解除收养	501	0.14
继承权	64,341	17.49
遗嘱	5,007	1.36
产权	1,525	0.41
亲属关系	1,871	0.51
死亡	5,294	1.44
房屋买卖	76,406	20.77
房屋租赁	76	0.02
留学协议	31	0.01
遗赠抚养协议	1,081	0.29
委托书	96,834	26.33
赠与书	10,301	2.80
声明书	29,074	7.90
现场监督	12,594	3.42
签名印鉴属实	3,807	1.03
文本相符	3,631	0.99
宅基地使用权	114	0.03
证据保全	3,231	0.88
拆迁协议	3,080	0.84
计划生育	54	0.01
赡养协议	464	0.13
合伙协议	328	0.09
夫妻财产协议	4,777	1.30
其他民事协议	9,085	2.47
其他	34,313	9.33

23-7 涉外公证文书分类

(2011年)

分　类	办证件数(件)	比重(%)
合计	**254,186**	**100.00**
收养	89	0.04
遗嘱	19	0.01
出生	33,195	13.06
死亡	1,012	0.40
生存、居住	1,292	0.51
学历	23,555	9.27
经历	1,843	0.73
国籍	3,791	1.49
婚姻状况	18,951	7.46
亲属关系	40,792	16.05
继承权	356	0.14
受、未刑事处分	19,956	7.85
声明书	3,546	1.40
委托书	2,356	0.93
营业证书	1,013	0.40
公司章程	84	0.03
其他法律文书	1,460	0.57
职称	1,116	0.44
法人资格	3,706	1.46
商标注册	4	
贷款	345	0.14
担保	9	0.00
其他经济合同	157	0.06
文本相符	33,703	13.26
签名印鉴属实	12,328	4.85
其他	49,508	19.48

23-8 调解民间纠纷分类

项　目	调节纠纷(件)						各类纠纷所占比重(%)					
	2006年	2007年	2008年	2009年	2010年	2011年	2006年	2007年	2008年	2009年	2010年	2011年
合　计	**144106**	**133895**	**133078**	**161055**	**152950**	**177117**	**100**	**100**	**100**	**100**	**100**	**100**
婚　姻	38827	35295	33958	42316	34582	41944	26.94	26.36	25.52	26.27	22.61	23.68
继　承												
赡、抚、扶养												
家　庭												
房屋宅基地	9848	9102	9825	10741	10701	13488	6.83	6.80	7.38	6.67	7.00	7.62
债　务												
生产经营												
邻　里	33195	28656	29629	42316	48363	59923	23.04	21.40	22.26	26.27	31.62	33.83
损害赔偿	7903	6704	7130	8067	6973	5866	5.48	5.01	5.36	5.01	4.56	3.31
其　他	54333	54138	52536	57615	86913	55896	37.70	40.43	39.48	64.23	56.82	31.56

23-9 交通事故发生情况

(2011年)

类 别	发生起数(起)	死亡人数(人)	受伤人数(人)	损失折款(万元)
总 计	**6446**	**2090**	**6187**	**2745.2**
机动车	4990	1524	4829	2391.9
#摩托车	977	386	934	189.4
拖拉机	292	137	259	114.2
非机动车	123	19	123	12.7
#自行车	23	8	19	4.2
行人乘车				
其他	41	16	23	10.7

23-10 火灾事故发生情况

(2011年)

指 标	单位	合计	按事故发生程度分		
			特大	重大	一般
发生起数	起	4080	8	18	4092
死 亡	人	21		3	32
受 伤	人	4			4
损失折款	万元	16046.6	12277.4	779.84	2989.4
平均每起事故损失	元	39330	1534675	433222	6251

23-11 各地区交通事故发生情况

(2011年)

地区	发生起数(起)	死亡人数(人)	受伤人数(人)	损失折款(万元)
全省	**6446**	**2090**	**6187**	**2745.2**
沈阳	1614	530	1816	678.7
大连	1036	243	816	663.5
鞍山	693	155	648	166.5
抚顺	200	110	198	99.8
本溪	219	85	167	148.9
丹东	36	143	233	183.9
锦州	605	104	577	116.0
营口	267	115	226	113.0
阜新	269	91	290	100.7
辽阳	274	95	258	126.6
盘锦	334	137	350	154.4
铁岭	210	52	211	39.1
朝阳	169	95	185	59.7
葫芦岛	185	130	160	81.8

23-12 结婚登记和离婚情况

年份	准予登记结婚(对)			准予登记离婚(对)	离婚率(‰)
		初婚(人)	再婚(人)		
1983	331960	640749	23171	8649	0.24
1984	387829	748957	26701	8810	0.24
1985	419729	811197	28261	8963	0.24
1986	440722	845008	36436	14416	0.39
1987	472011	900299	43723	19006	0.51
1988	415219	785176	45262	22379	0.59
1989	395049	739189	43448	22530	0.59
1990	383976	710383	57569	24459	0.63
1991	340245	628962	51528	23541	0.60
1992	411425	772983	49867	24565	0.62
1993	330506	612579	48433	26825	0.68
1994	294877	539149	50605	29890	0.75
1995	304103	553927	54279	29554	0.74
1996	308500	560821	56179	30279	0.75
1997	275310	496601	54019	32828	0.81
1998	264684	473115	56253	34772	0.85
1999	257598	462363	52833	34657	0.85
2000	272644	482897	62391	35300	0.86
2001	253586	448154	59018	40376	0.97
2002	235007	402638	67376	40731	0.98
2003	250933	427360	74506	49299	1.18
2004	290391	496718	84064	74093	1.78
2005	257021	426672	92552	79680	1.90
2006	308815	516992	106182	77273	1.84
2007	288947	481636	101872	86000	2.03
2008	321107	519911	128017	92354	2.18
2009	381661	624029	139293	101452	2.37
2010	321965	504961	138969	99762	2.39
2011	372640	610054	135226	111152	2.45

23-13 各地区结婚登记和离婚情况

(2011年)

地 区	准予登记结婚(对)	初婚(人)	再婚(人)	准予登记离婚(对)
全 省	**372640**	**610054**	**135226**	**111152**
沈 阳	74135	121975	26295	28785
大 连	61511	99138	23884	13941
鞍 山	31808	55303	8313	8752
抚 顺	17875	25869	9881	7910
本 溪	13063	19417	6709	4874
丹 东	16594	26781	6407	5183
锦 州	19342	30002	8682	5472
营 口	25347	39027	11667	5432
阜 新	9263	14381	4145	1626
辽 阳	18343	28186	8500	5660
盘 锦	16332	30468	2196	4563
铁 岭	23445	40624	6266	8717
朝 阳	22892	40602	5182	5034
葫 芦 岛	21073	36659	5487	5066

23-14 社会福利事业、企业单位数和人员数

指 标	机构数(个)						工作人员数(人)					
	2006年	2007年	2008年	2009年	2010年	2011年	2006年	2007年	2008年	2009年	2010年	2011年
总 计	**3891**	**3712**	**3561**	**3532**	**3600**	**3434**	**101468**	**109236**	**11420**	**118283**	**124400**	**118988**
一、社会福利事业单位	1226	1269	1229	1222	1281	1265	11665	13561	13441	13342	14060	14220
民政部门办	76	76	80	115	109	78	3395	3602	3598	4064	3992	3448
社会集体办	1150	1193	1149	1107	1172	1187	8270	9959	9843	9278	10068	10772
二、社会福利企业单位	2546	2318	2202	2179	2189	2021	88309	94180	96460	103417	108795	103166
民政部门办	2038	1981	1840	1879	1898	1888	70866	84150	85636	93238	96095	97154
社会集体办	508	337	362	300	291	133	17443	10030	10824	10179	12700	6012
三、烈士纪念建筑物管理单位	23	24	25	24	24	30	347	354	346	347	342	366
四、收容遣送单位	45	51	52	55	55	56	730	761	770	780	813	802
五、殡葬管理单位	51	50	53	52	51	62	417	380	403	397	390	434

23-15 收养性社会福利事业单位基本情况

(2011年)

指 标	单位数(个)	工作人员数(人)	床位数(张)	年末收养人数(人)
收养性福利事业单位	**1265**	**14220**	**118828**	**78385**
优抚休、疗养院	4	720	3345	1304
光荣院	25	604	3990	2069
社会福利院	42	1762	9796	7432
儿童福利院	6	300	2074	1885
社会福利医院	1	62	20	8
城镇老年性福利机构	398	4580	38328	23147
农村老年性福利机构	770	5919	61085	41519
其他收养机构	19	273	190	1021

23-16 各地区城乡居民最低生活保障制度情况

(2011年)

地 区	城乡居民最低生活保障情况			
	城镇低保人数(人)	保障资金(万元)	农村低保人数(人)	保障资金(万元)
全 省	**1186088**	**314662**	**936317**	**111210**
沈 阳	118462	26331	94186	11625
大 连	77755	29741	61506	11202
鞍 山	56495	13966	47593	6531
抚 顺	127926	40486	42228	6957
本 溪	72414	28314	20743	4306
丹 东	56751	12853	43390	3276
锦 州	75344	19396	89540	10567
营 口	79040	18702	65943	8005
阜 新	127624	31322	60181	6160
辽 阳	52626	13620	57500	6032
盘 锦	41196	8541		
铁 岭	74509	21421	106468	13380
朝 阳	156845	40526	145269	16170
葫芦岛	69101	9443	101770	6999

23-17 各地区优抚事业基本情况

(2011年) 单位：人

地　区	优抚对象总人数	革命伤残人员	烈军属人数	在乡退伍红军战士	在乡复员军人	其他人员
全　省	**185656**	**33309**	**8335**	**1**	**14037**	**129974**
沈　阳	12247	4948	585		1768	4946
大　连	31181	5575	1172		2604	21830
鞍　山	19655	2800	672		892	15291
抚　顺	8233	2028	351		327	5527
本　溪	7327	1836	412	1	628	4450
丹　东	15149	2642	704		961	10842
锦　州	16910	2821	757		1125	12207
营　口	15297	2035	562		1587	11113
阜　新	6026	1345	594		293	3794
辽　阳	6412	987	286		828	4311
盘　锦	5163	858	225		323	3757
铁　岭	11944	1652	453		661	9178
朝　阳	18319	1916	699		1005	14699
葫芦岛	11793	1866	863		1035	8029

23-18 社会福利企业基本情况

年　份	民政部门办			社会办		
	单位(个)	职工(人)	#残疾职工	单位(个)	职工(人)	#残疾职工
1985	148	33016	10373	628	24656	10181
1986	140	31301	9784	1890	74710	21738
1987	187	36741	11903	2409	77225	30056
1988	218	40198	13638	3296	86756	31168
1989	246	42287	14596	3390	93962	38010
1990	289	39853	13553	3535	105385	42729
1991	368	43379	15688	3539	103478	45088
1992	361	42179	15220	3867	111643	48951
1993	430	40424	14899	4223	115500	49712
1994	470	40752	15552	4084	119815	51702
1995	436	35778	14049	4378	132557	58644
1996	416	33252	12814	4140	116753	54131
1997	804	44072	15972	3460	102985	46956
1998	437	29493	11327	3574	98703	45725
1999	298	21366	7815	3263	99320	45176
2000	1908	72554	31978	861	26873	11837
2001	2122	77860	35426	611	17778	8002
2002	2093	79778	35594	697	18390	8837
2003	2073	76530	33664	625	23057	10915
2004	2106	78389	36122	602	22044	10402
2005	2093	80027	37354	567	22009	10437
2006	2038	70866	28045	508	17443	9686
2007	1981	84150	34911	337	10030	4251
2008	1840	85636	41586	362	10824	5588
2009	1879	93238	41671	300	10179	3588
2010	1898	108795	49308	291	12700	6824
2011	1888	97154	45166	133	6012	3412

23-19 各地区基本养老保险情况

年份、地区	年末参加基本养老保险人数（万人）	在职职工	#企业	离退休人数	基金收支情况(亿元) 基金征缴收入	基金支出
2000	1029.9	748.9	679.7	281.0	134.6	469.5
2001	1022.8	733.9	666.7	288.9	135.4	178.6
2002	1039.2	737.0	669.6	302.2	162.2	202.9
2003	1070.4	754.9	688.6	315.5	178.2	216.4
2004	1101.0	767.2	695.1	333.8	215.0	243.9
2005	1193.6	832.8	760.5	360.8	252.0	287.7
2006	1248.8	865.8	790.2	383.0	294.3	356.8
2007	1299.7	891.6	825.8	408.1	352.0	425.9
2008	1406.2	976.4	910.6	429.9	464.2	525.5
2009	1457.4	1008.0	943.8	449.4	524.6	644.6
2010	1496.9	1024.2	961.5	472.7	583.1	754.8
2011	1556.6	1070.1	1008.2	486.5	727.2	883.6
沈　阳	308.0	211.0	202.6	97.0	146.3	166.1
大　连	242.6	172.3	160.4	70.3	152.8	158.0
鞍　山	95.0	67.8	63.0	27.3	31.0	48.2
抚　顺	91.3	59.7	58.9	31.6	30.8	52.1
本　溪	84.2	60.7	55.4	23.5	27.3	36.9
丹　东	77.4	53.7	50.8	23.7	25.7	40.0
锦　州	76.9	52.2	45.2	24.7	23.4	41.0
营　口	69.2	49.1	47.4	20.1	25.8	33.9
阜　新	46.9	32.8	30.6	14.1	13.7	21.3
辽　阳	57.5	42.5	40.5	15.1	23.1	26.0
盘　锦	53.8	35.9	31.9	18.0	15.6	22.3
铁　岭	51.7	35.8	33.4	15.9	16.4	25.7
朝　阳	50.7	38.5	36.2	12.1	16.4	20.9
葫芦岛	48.6	34.6	32.8	14.0	17.4	23.7

23-20 各地区失业保险情况

单位：万人

年份、地区	参保人数	企业	国有企业	集体企业	其他企业	事业单位	领取失业保险金人数
2000	694.0	638.4	415.6	164.2	24.8	54.5	18.2
2001	648.0	590.0	364.6	158.4	34.2	66.5	20.3
2002	591.1	517.2	315.7	128.4	37.7	73.9	82.0
2003	622.2	486.3	248.4	124.6	77.4	102.5	67.0
2004	616.2	467.3	214.0	120.7	94.2	108.8	81.7
2005	607.7	454.6	204.4	119.2	93.9	108.9	46.5
2006	614.1	456.3	209.2	116.1	92.8	109.0	25.9
2007	622.1	458.9	209.3	115.9	93.9	106.2	19.6
2008	622.7	472.1	199.9	117.1	111.0	99.4	15.7
2009	625.3	473.8	207.3	112.5	125.5	97.0	13.4
2010	626.9	489.8	202.3	85.9	134.6	95.9	11.4
2011	632.3	495.7	194.6	94.8	143.5	97.4	9.7
沈　阳	126.5	103.6	32.2	19.1	31.9	17.5	2.0
大　连	114.5	80.8	24.5	8.7	22.2	16.7	1.8
鞍　山	60.5	53.9	26.5	14.1	11.4	6.6	0.3
抚　顺	51.6	48.9	17.1	12.7	18.3	1.6	0.5
本　溪	39.0	29.8	14.3	9.7	5.5	4.2	0.9
丹　东	26.9	19.9	4.4	3.3	11.0	6.4	0.5
锦　州	35.6	28.2	16.8	6.1	4.4	7.2	0.4
营　口	22.3	16.9	4.4	1.8	5.8	4.8	0.3
阜　新	22.0	15.6	6.6	4.6	4.0	4.7	0.2
辽　阳	21.6	17.9	6.3	3.1	7.5	3.5	0.3
盘　锦	27.2	23.4	14.6	0.6	8.1	3.3	0.1
铁　岭	27.3	18.5	8.7	3.7	1.6	6.5	0.2
朝　阳	23.7	14.7	4.0	2.2	8.3	8.1	1.8
葫芦岛	24.7	16.4	7.3	4.9	3.5	4.9	0.2

23-21 各地区基本医疗保险情况

年份、地区	年末参保人数(万人)				基金收支情况(亿元)	
	合计	在职职工	退休人员	居民医疗	基金征缴收入	基金支出
2000	108.1	71.5	36.6		6.9	
2001	304.3	216.9	87.4		10.7	
2002	619.0	430.3	188.7		27.1	15.5
2003	697.6	480.4	217.2		37.5	26.3
2004	783.7	536.4	247.3		53.3	39.8
2005	864.2	584.2	280.0		68.2	55.2
2006	959.3	651.9	307.4		89.4	66.6
2007	1200.2	741.3	346.5	112.4	112.7	84.2
2008	1507.4	822.8	386.5	298.1	148.9	108.5
2009	1895.7	902.6	444.5	548.6	191.3	144.3
2010	2056.2	944.6	464.1	647.5	196.5	173.9
2011	2120.1	1005.3	494.1	620.7	233.6	219.4
沈阳	437.2	224.2	115.8	97.3	71.2	63.4
大连	433.9	265.0	79.1	89.8	57.9	56.4
鞍山	166.7	63.7	49.8	53.2	13.1	13.3
抚顺	132.6	55.6	48.0	28.9	11.6	9.9
本溪	95.5	39.4	24.8	31.3	9.4	10.1
丹东	99.8	46.6	26.0	27.2	7.8	8.2
锦州	118.3	53.9	30.1	34.3	8.4	7.8
营口	104.5	40.2	20.7	43.6	8.3	7.0
阜新	82.2	33.4	19.8	29.0	4.3	5.1
辽阳	79.8	36.9	19.1	23.8	8.1	7.8
盘锦	98.2	33.6	11.0	53.6	10.8	9.2
铁岭	91.4	40.9	17.6	33.0	7.4	6.3
朝阳	88.8	30.2	14.2	44.3	4.8	5.3
葫芦岛	81.0	35.1	14.7	31.2	7.2	6.5

注：支出为医院(药店)实际发生额。

主要统计指标解释

社会福利事业单位 指集中收养社会孤老、残、幼的机构，包括由民政部门管理的社会福利院、儿童福利院、精神病人福利院和城镇集体举办的福利院及农村集体举办的敬老院以及优抚医院和具有收养能力的社区服务中心等。该指标主要反映我国在社会福利性单位投入的水平。

社会福利事业单位收养人数 包括民政部门管理和城镇、农村集体举办的社会福利事业单位中收养的老人、少年儿童、缺乏生活自理能力的残疾人员和精神病人。该指标主要反映收养性社会福利单位的收养能力。

社会福利企业单位 指以安置城镇有一定劳动能力的盲、聋、哑和肢体残疾人员就业为目的，享受国家减免税待遇的国有或集体企业。包括福利工厂、福利商业和服务业、假肢厂和安置农场等单位。该指标主要反映我国对残疾人照顾的特殊政策。

农村五保户 指农村中既无劳动能力，又无经济来源的老、弱、孤、残的农民，其生活由集体供养，实行保吃、保穿、保住、保医、保葬(孤儿保教)，简称“五保”，享受五保待遇的家庭叫五保户。该指标主要反映农村弱势群体的人员数量。

离婚率 指当年离婚人数占年平均人口的比重，计算公式为:

离婚率=当年离婚对数 × 2/年平均人口数 × 1000‰

聋儿入普幼普小率 指本年度内进入普通幼儿园、普通小学的聋儿数与在训聋儿数(不含当年新收训聋儿数)之比。该指标主要反映经过康复训练的聋儿进入普通幼儿园和普通小学的情况。

综合防治康复精神病人数 指在开展精神病防治康复工作地区，采取不同形式，接受综合性防治康复措施、开放式管理的精神病人数。该指标主要反映精神病患者接受治疗康复情况。

监护率 指通过监护小组、家庭病床、工疗站、社会就业以及精神卫生机构，接受社会化、综合性、开放式治疗与康复的精神病人占经调查摸底、登记在册的精神病人数的百分比。该指标主要反映对精神病患者落实治疗康复措施的情况。

精神病人社会参与率 指生活能自理，并参加生产劳动和社会生活的精神病人数占监护精神病人数的百分比。该指标主要反映精神病人康复状况和参与社会的情况。

未入学适龄残疾儿童少年 指根据义务教育法规定应接受义务教育，但因各种原因未能入学的适龄视力残疾、听力与言语残疾、智力残疾、肢体残疾、精神残疾、多重残疾儿童少年。适龄残疾儿童少年的年龄段参照各省级人民政府依照义务教育法规定的入学年龄。该指标主要反映因各种原因未能入学的适龄残疾儿童的年度变化,为制定残疾儿童义务教育发展规划及其应采取的方针、政策和措施提供依据,同时为各地开展资助残疾儿童就学工作提供依据。

律师 指依法取得律师执业证书，担任法律顾问，民事(刑事、行政)案件代理人、刑事案件辩护人、办理非诉讼业务，解答法律询问，代写法律事务文书等，为社会提供法律服务的人员。

公证人员 指在公证处工作的人员总称，包括公证处主任、副主任、公证员、公证员助理(助理公证员)和其他从事辅助性工作的人员。

公证文书 指公证处根据当事人申请，依照事实和法律，按照法定程序制作的，具有法律效力的司法证明文书。根据公证书用途和使用地，公证书分为国内公证书、国内经济公证书、涉外民事公证书、涉外经济公证书四类。

调解员 指在人民调解委员会担负调解民间纠纷工作的人员，包括调解委员会的委员和调解小组的调解员。该指标主要反映从事人民调解工作的人员数量。

调解民间纠纷 指调解委员会按照法律规定，根据自愿原则，用说服教育的方法调解民间发生的有关民事权利和义务争执的件数，包括调解成功数和调解未成功数。该指标主要反映人民调解委员会的工作量。

立案 指人民检察院对受理的报案、控告、举报或自首及自行发现的犯罪线索、犯罪嫌疑人进行初步调查后，认为存在职务犯罪事实和应追究刑事责任，并决定作为刑事案件进行侦查的诉讼活动，是追究犯罪的开始。该指标主要反映人民检察院依法将职务犯罪线索作为刑事案件进行侦查的诉讼活动。

大案 指贪污、贿赂案数额在 5 万元以上，挪用公款案数额在 10 万元以上，集体私分、巨额财产来源不明、隐瞒境外存款案数额在 50 万元以上以及按照《人民检察院直接受理的渎职、侵权重、特大案件标准(试行)》认定的案件。该指标主要反映人民检察院立案查办的职务犯罪案件中经济损失大、社会危害严重的案件。

要案 指县、处级以上干部的犯罪案件。该指标主要反映国家工作人员中县、处级以上干部因职务犯罪被人民检察院依法立案侦查的情况。

决定逮捕 指人民检察院对直接受理、自行侦查的案件，认为需要逮捕犯罪嫌疑人时，依据法律做出的逮捕决定。该指标主要反映人民检察院对直接受理的案件行使决定逮捕权的情况。

批准逮捕 指人民检察院对公安机关、国家安全机关、监狱管理机关提出逮捕的犯罪嫌疑人进行审查，根据事实，依法做出逮捕决定。该指标主要反映人民检察院对提请逮捕机关提请逮捕犯罪嫌疑人进行审查后依法做出批准逮捕决定的情况。

决定起诉 指人民检察院对公安机关、国家安全机关、监狱管理机关和检察机关内设机构反贪污贿赂部门等移送起诉的案件进行审查，根据事实，做出提起公诉的案件。该指标主要反映人民检察院对各种刑事案件向人民法院提起公诉的情况。

申诉 指经检察机关信访部门审查处理后，移送到检察机关申诉部门的申诉案件，包括不服检察机关处理决定和不服法院刑事判决和裁定的申诉的案件。

受理劳动争议案件数 指劳动争议仲裁委员会根据国家有关规定，对劳动争议当事人的申请予以审查，符合受理条件而正式立案、准备处理的劳动争议案件数。

基本养老保险

1.（参保）职工人数：指报告期末按照国家法律、法规和有关政策规定参加基本养老保险并在社保经办机构已建立缴费记录档案的职工人数，包括中断缴费但未终止养老保险关系的职工人数，不包括只登记未建立缴费记录档案的人数。

2.（参保）离退休人员人数：指报告期末参加基本养老保险的离休、退休和退职人员的人数。

3.基本养老保险基金收入：指根据国家有关规定，由纳入基本养老保险范围的缴费单位和个人按国家规定的缴费基数和缴费比例缴纳的养老保险基金，以及通过其他方式取得的形成基金来源的收入。包括单位和职工个人缴纳的基本养老保险费、基本养老保险基金利息收入、上级补助收入、下级上解收入、转移收入、财政补贴和其他收入。

4.基本养老保险基金支出：指按照国家政策规定的开支范围和开支标准从养老保险基金中支付给参加基本养老保险的离休、通休、退职人员个人的养老金、丧葬抚恤补助，以及由于保险关系转移、上下级之间调剂资金等原因而发生的支出。包括离休金、退休金、退职金、各种补贴、医疗费、死亡丧葬补助费、抚恤救济费、社会保险经办机构管理费、补助下级支出、上解上级支出、转移支出、其他支出等。

5.基本养老保险基金累计结余：指截止报告期末基本养老保险基金收支相抵后的累计余额。

离休、退休、退职人员 指正式办理了离休、退休、退职手续，并享受相应的离休、退休、退职待遇的人员。

基本医疗保险

1.参保人数：指报告期末按国家有关规定参加基本医疗保险的人数。包括参加保险的职工人数和退休人员人数。

2.基金收入：指根据国家有关规定，由纳入基本医疗保险范围的缴费单位和个人，按国家规定的缴费基数和缴费比例缴纳的基金，以及通过其他方式取得的形成基金来源的款项，包括：单位缴纳的社会统筹基金收入、个人缴纳的个人账户基金收入、财政补贴收入、利息收入、其他收入。

3.基金支出：指按照国家政策规定的开支范围和开支标准从社会统筹基金中支付给参加基本医疗保险的职工和退休人员的医疗保险待遇支出，和从个人帐户基金中支付给参加基本医疗保险的职工和退休人员的医疗费用支出，以及其他支出。包括：住院医疗费用支出、门急诊医疗费用支出、个人账户基金支出、其他支出。

4.基金累计结余：指截止报告期末基本医疗保险的社会统筹和个人帐户基金累计结余金额。包括银行存款、财政专户、债券投资和其他。

失业保险

1.参保人数：指报告期末按照国家法律、法规和有关政策规定参加了失业保险的城镇企业事业单位的职工及地方政府规定参加失业保险的其他人员的人数。

2.失业保险基金收入：指按照规定从企业、事业及其他单位筹集的失业保险费及其他并入失业保险基金收入的总额。包括单位和个人缴纳的失业保险费、失业保险基金利息收入、上级补助收入、下级上解收入、转移收入、财政补贴和其他收入。

3.失业保险基金支出：指报告期内为保障失业人员和下岗职工基本生活、促进其再就业等支出的基金总额。包括失业救济金、医疗费、死亡丧葬补助费、抚恤救济费、转业训练费支出、失业保险经办机构管理费、补助下级支出、上解上级支出、转移支出和其他支出。

4.基金累计结余：指截止报告期末失业保险基金收支相抵后的累计余额。

工伤保险

1.参加保险人数:指报告期末依据国家有关规定参加工伤保险的职工人数。

2.享受保险待遇人数:指劳动者因工负伤致残、死亡或因患职业病致残，根据有关规定享受工伤保险待遇职工或供养直系亲属人数。包括伤残人数、职业病人数、因工死亡人数、供养直系亲属人数。

3.基金收入:指根据国家有关规定，由参加工伤保险的单位按国家规定的缴费基数和缴费比例缴纳的工伤保险基金，以及通过其他形式取得的形成基金来源的款项。包括：单位缴纳的社会统筹基金收入、财政补贴收入、利息收入、其他收入。

4.基金支出:指按照国家政策规定的开支范围和开支标准从工伤保险基金中支付给参加工伤保险的人员及供养直系亲属工伤保险待遇支出及其他支出。包括工伤医疗费、伤残补助金、工亡补助金、护理费、丧葬补助费、工伤预防费用、职业康复费用和其他支出。

5.基金累计结余:指截止报告期末工伤保险基金累计结余金额。包括银行存款、财政专户、债券投资和其他。

生育保险

1.参保人数:指报告期末依据有关规定参加生育保险的职工人数。

2.基金收入:指根据国家有关规定，由参加生育保险的单位按照国家规定的缴费基数和缴费比例缴纳的生育保险基金，以及通过其他方式取得的形成基金来源的款项，包括：单位缴纳的基金收入、利息收入和其他收入。

3.基金支出:指按照国家政策规定的开支范围和开支标准，从生育保险基金中支付给参加生育保险的职工，因妊娠、分娩和计划生育手术而享受的待遇及其他支出。包括：生育津贴、医疗费用支出及其他支出。

4.基金累计结余:指截止报告期末生育保险基金累计结余金额。包括银行存款、财政专户、债券投资和其他。

离休、退休、退职人员保险福利费用 指离休、退休、退职人员实际得到的生活费用总额，包括从社会保险经办机构和单位得到的费用。

1.离休金：指按规定支付给离休人员的生活费用。

2.退休金：指按规定支付给退休人员的生活费用。

3.退职生活费：指按规定支付给退职人员的生活费用。

4.医疗卫生费：指单位直接支付给离休、退休、退职人员的医疗费、住院费以及住院伙食补助等费用。

5.其他：指离休金、退休金、退职生活费和医疗卫生费以外的其他保险福利费用，如丧葬抚恤救济费、生活补贴、物价补贴、冬季取暖补贴等。

附　录

Appendix

附录1 2011年各省(市、区)

地区	地区生产总值				第一产业增加值		第二产业增加值	
	绝对值(亿元)	位次	比上年增长(%)	位次	绝对值(亿元)	位次	绝对值(亿元)	位次
全　国	**471563.7**		**9.2**		**47712.0**		**220591.6**	
北　京	16011.4	13	8.1	31	136.2	29	3744.4	24
天　津	11191.0	20	16.4	1	159.1	27	5878.0	19
河　北	24228.2	6	11.3	25	2905.7	5	13098.1	6
山　西	11100.2	21	13.0	12	641.4	25	6577.8	17
内蒙古	14246.1	15	14.3	5	1304.9	17	8092.1	13
辽　宁	**22025.9**	**7**	**12.1**	**20**	**1915.6**	**11**	**12150.7**	**7**
吉　林	10530.7	22	13.7	8	1277.4	18	5601.2	21
黑龙江	12503.8	16	12.2	18	1705.6	12	6317.3	18
上　海	19195.7	11	8.2	30	124.9	30	7959.7	14
江　苏	48604.3	2	11.0	26	3064.8	3	25023.8	2
浙　江	32000.1	4	9.0	29	1580.6	14	16404.2	4
安　徽	15110.3	14	13.5	10	2020.3	10	8226.4	12
福　建	17410.2	12	12.2	18	1610.6	13	9167.5	11
江　西	11583.8	19	12.5	15	1391.1	16	6592.2	16
山　东	45429.2	3	10.9	27	3973.8	1	24037.4	3
河　南	27232.0	5	11.6	24	3512.1	2	15887.4	5
湖　北	19594.2	10	13.8	7	2569.3	8	9818.8	9
湖　南	19635.2	9	12.8	13	2733.7	6	9324.7	10
广　东	52673.6	1	10.0	28	2659.8	7	26205.3	1
广　西	11714.4	18	12.3	17	2047.3	9	5736.8	20
海　南	2515.3	28	12.0	21	659.2	24	714.5	30
重　庆	10011.1	23	16.4	1	844.5	21	5542.8	22
四　川	21026.7	8	15.0	3	2983.5	4	11027.9	8
贵　州	5701.8	26	15.0	3	726.2	22	2334.0	27
云　南	8751.0	24	13.7	8	1407.8	15	3991.0	23
西　藏	605.8	31	12.7	14	74.4	31	209.5	31
陕　西	12391.3	17	13.9	6	1220.9	19	6836.3	15
甘　肃	5000.5	27	12.5	15	678.2	23	2524.3	26
青　海	1634.7	30	13.5	10	155.4	28	939.1	29
宁　夏	2060.8	29	12.0	21	184.1	26	1076.0	28
新　疆	6474.5	25	12.0	21	1139.0	20	3289.8	25

注：1.地区生产总值绝对值按现价计算，速度按不变价计算。
2.工业增加值统计范围是全部国有及规模以上非国有工业企业。
4.本部分数据为各地(含我省)快报数，与年报略有出入。

主要经济指标

第三产业增加值		人均地区生产总值				全社会固定资产投资		固定资产投资额	
绝对值(亿元)	位次	绝对值(亿元)	位次	比上年增长(%)	位次	绝对值(亿元)	位次	绝对值(亿元)	位次
203260.1		**35083.0**		**8.7**		**311021.9**		**301932.8**	
12130.9	5	80394.0	3			5578.9	23	5519.9	23
5153.9	14	84337.0	1	10.8	22	7067.5	21	7040.5	20
8224.3	7	33571.0	14	9.7	26	16404.3	6	15795.2	6
3880.9	20	30974.0	18	10.4	24	7072.8	20	6837.4	21
4849.1	16	57515.0	6	13.8	4	10403.9	12	10291.7	12
7959.6	**8**	**50299.0**	**7**	**11.6**	**18**	**17726.3**	**4**	**17431.5**	**3**
3652.1	21	38321.0	11	13.4	7	7436.7	19	7221.6	18
4481.0	17	32615.0	16	12.0	14	7523.8	17	7206.3	19
11111.1	6	82560.0	2	5.0	30	4879.2	24	4877.0	24
20515.7	2	61649.0	4	9.7	26	26678.6	2	26299.4	1
14015.4	4	58665.0	5	7.1	29	14185.1	8	13651.5	8
4863.6	15	25340.0	26	12.6	10	12433.8	10	11986.0	10
6632.1	13	46972.0	10	11.4	19	9926.4	13	9692.6	13
3600.5	23	25884.0	25	11.8	17	9089.8	15	8756.1	15
17418.0	3	47260.0	9	9.9	25	26770.7	1	25928.4	2
7832.6	9	28981.0	21	12.2	13	17766.8	3	16932.1	4
7206.1	11	34131.0	13	13.5	6	12585.7	9	12223.7	9
7576.8	10	29828.0	19	11.2	20	11833.7	11	11360.5	11
23808.5	1	50295.0	8	8.0	28	17158.5	5	16688.4	5
3930.3	19	25315.0	27	12.0	14	7973.6	16	7563.9	16
1141.6	28	28797.0	23	11.1	21	1669.5	28	1611.4	28
3623.8	22	34500.0	12	15.2	3	7472.6	18	7366.2	17
7015.3	12	26133.0	24	15.9	2	14239.8	7	13705.3	7
2641.6	25	16413.0	31	16.1	1	3943.5	27	3734.1	27
3352.2	24	18957.0	30	13.0	8	6185.3	22	5927.0	22
321.9	31	20077.0	28	12.7	9	516.3	31	516.3	31
4334.1	18	33142.0	15	13.7	5	9445.8	14	9123.7	14
1798.0	27	19517.0	29	12.3	11	3961.7	26	3866.0	26
540.2	30	28891.0	22	12.3	11	1435.7	30	1366.0	30
800.7	29	32392.0	17	10.8	22	1639.1	29	1583.5	29
2045.7	26	29496.0	20	12.0	14	4632.1	25	4445.0	25

附录1 续表 1

地 区	房地产开发投资额				商品房销售面积			
	绝对值(亿元)	位次	比上年增长(%)	位次	绝对值(万平方米)	位次	比上年增长(%)	位次
全 国	**61739.8**		**27.9**		**109945.6**		**4.9**	
北 京	3036.3	7	4.7	30	1440.0	25	-12.2	28
天 津	1080.0	22	24.6	22	1643.1	24	8.5	13
河 北	3069.6	6	35.5	9	5901.4	7	26.6	1
山 西	789.9	25	33.4	12	1263.2	26	7.0	15
内蒙古	1650.0	16	47.3	3	3620.1	13	18.4	6
辽 宁	**4487.6**	**3**	**29.5**	**15**	**7561.4**	**4**	**11.2**	**8**
吉 林	1165.4	21	26.5	20	2364.2	19	-0.7	25
黑龙江	1219.4	20	44.6	4	3395.4	14	24.8	2
上 海	2170.3	12	9.6	29	1771.3	22	-14.1	29
江 苏	5552.7	1	29.2	17	7982.7	2	-15.8	30
浙 江	4137.3	4	36.7	7	3827.1	12	-20.5	31
安 徽	2590.1	10	15.0	28	4581.6	9	10.3	10
福 建	2402.6	11	32.1	13	2696.2	18	4.7	20
江 西	852.7	24	20.6	27	2335.4	20	-5.4	26
山 东	4108.1	5	26.4	21	9579.6	1	3.1	23
河 南	2620.0	9	23.9	25	6304.4	6	15.6	7
湖 北	2063.2	13	27.5	19	4190.1	11	19.4	4
湖 南	1896.7	15	29.1	18	4877.7	8	9.1	12
广 东	4899.2	2	33.9	10	7761.3	3	6.0	16
广 西	1500.5	17	24.4	23	2934.1	17	5.0	18
海 南	663.0	26	41.7	5	888.2	27	3.9	22
重 庆	2015.1	14	24.4	24	4533.5	10	5.1	17
四 川	2836.7	8	29.3	16	6664.7	5	4.2	21
贵 州	878.7	23	57.8	1	1889.9	21	9.2	11
云 南	1272.7	19	41.3	6	3107.1	15	5.0	19
西 藏	5.1	31	-42.7	31	19.4	31	0.4	24
陕 西	1420.5	18	22.5	26	3068.6	16	18.5	5
甘 肃	362.9	28	36.2	8	815.9	29	7.8	14
青 海	144.8	30	33.8	11	348.2	30	23.9	3
宁 夏	330.6	29	29.9	14	842.9	28	-9.9	27
新 疆	518.3	27	49.0	2	1737.0	23	11.0	9

商品房销售额				居民消费价格指数(上年＝100)				农林牧渔业总产值	
绝对值(亿元)	位次	比上年增长(%)	位次	绝对值(%)	位次	比上年增长(%)	位次	绝对值(亿元)	位次
59119.1		**12.1**		**105.4**		**5.4**		**81303.9**	
2425.8	8	-16.8	31	105.6	11	5.6	11	363.1	26
1473.1	17	18.2	19	104.9	31	4.9	31	349.5	28
2350.0	9	42.4	3	105.7	10	5.7	10	4895.9	5
434.7	27	5.6	26	105.2	24	5.2	24	1207.6	22
1360.8	18	26.4	10	105.6	13	5.6	13	2204.5	18
3576.3	**5**	**16.7**	**20**	**105.2**	**26**	**5.2**	**26**	**3633.6**	**9**
1040.1	22	19.7	18	105.2	23	5.2	23	2275.1	16
1357.5	19	34.1	5	105.8	7	5.8	7	3223.5	12
2568.9	7	-13.8	29	105.2	25	5.2	25	314.6	29
5186.0	2	-6.4	28	105.3	18	5.3	18	5237.4	3
3728.2	4	-16.4	30	105.4	16	5.4	16	2534.9	14
2183.1	11	25.0	12	105.6	14	5.6	14	3459.7	10
2070.9	13	28.5	8	105.3	21	5.3	21	2730.9	13
953.6	23	22.8	14	105.2	22	5.2	22	2207.3	17
4259.2	3	16.2	21	105.0	28	5.0	28	7409.7	1
2201.2	10	32.7	6	105.6	12	5.6	12	6218.6	2
1873.0	14	42.6	2	105.8	8	5.8	8	4252.9	8
1852.2	15	31.7	7	105.5	15	5.5	15	4508.2	6
6199.2	1	13.1	23	105.3	19	5.3	19	4384.4	7
1111.7	21	11.7	24	105.9	5	5.9	5	3323.4	11
790.4	24	5.9	25	106.1	3	6.1	3	1002.4	25
2146.1	12	16.2	22	105.3	20	5.3	20	1265.3	21
3270.9	6	23.6	13	105.3	17	5.3	17	4932.7	4
734.7	25	26.5	9	105.1	27	5.1	27	1165.5	24
1133.6	20	21.3	15	104.9	30	4.9	30	2306.5	15
6.7	31	19.8	17	105.0	29	5.0	29	109.4	31
1517.2	16	55.8	1	105.7	9	5.7	9	2058.6	19
276.9	29	20.3	16	105.9	6	5.9	6	1187.8	23
114.2	30	35.2	4	106.1	2	6.1	2	230.8	30
314.5	28	1.7	27	106.3	1	6.3	1	354.7	27
608.4	26	25.9	11	105.9	4	5.9	4	1955.4	20

附录1 续表 2

地 区	农林牧渔业总产值		粮食		油料		蔬菜	
	比上年增长(%)	位次	绝对量(万吨)	位次	绝对量(万吨)	位次	绝对量(万吨)	位次
全 国	**4.5**		**57120.8**		**3306.8**		**67929.7**	
北 京	0.9	30	121.8	29	1.4	30	296.9	29
天 津	4.2	18	161.8	27	0.7	31	431.3	27
河 北	3.9	24	3172.6	6	141.8	8	7384.3	2
山 西	5.8	5	1193.0	19	18.7	25	981.9	22
内蒙古	5.7	6	2387.5	11	133.9	9	1440.2	15
辽 宁	**6.0**	**4**	**2035.5**	**13**	**119.8**	**10**	**2832.5**	**9**
吉 林	5.2	10	3171.0	7	69.6	14	971.4	23
黑龙江	5.5	8	5570.6	1	23.3	24	789.9	24
上 海	-0.6	31	122.0	28	1.9	29	408.2	28
江 苏	4.2	20	3307.8	4	144.1	7	4586.9	4
浙 江	3.1	28	781.6	23	39.9	21	1815.6	13
安 徽	4.0	22	3135.5	8	213.8	6	2214.0	11
福 建	4.1	21	672.8	24	27.5	23	1623.4	14
江 西	4.2	19	2052.8	12	113.6	11	1165.7	21
山 东	3.8	25	4426.3	3	341.0	2	9180.9	1
河 南	3.8	26	5542.5	2	532.4	1	6709.7	3
湖 北	4.4	16	2388.5	10	304.7	3	3358.6	6
湖 南	4.3	17	2939.4	9	215.3	5	3337.4	7
广 东	3.9	23	1361.0	16	91.9	12	2851.0	8
广 西	4.8	14	1429.9	15	50.1	19	2246.4	10
海 南	6.6	2	188.0	26	9.9	27	469.1	25
重 庆	4.8	12	1126.9	20	46.5	20	1408.0	17
四 川	4.6	15	3291.6	5	278.4	4	3573.6	5
贵 州	1.4	29	876.9	22	78.9	13	1250.1	20
云 南	6.1	3	1673.6	14	60.7	17	1340.0	18
西 藏	3.6	27	93.7	31	6.4	28	60.1	31
陕 西	5.6	7	1194.7	18	59.0	18	1432.5	16
甘 肃	5.4	9	1014.6	21	63.5	16	1320.6	19
青 海	4.8	13	103.4	30	33.3	22	144.6	30
宁 夏	5.1	11	359.0	25	18.4	26	438.7	26
新 疆	6.9	1	1224.7	17	66.8	15	1866.2	12

水果		糖料		肉类合计		猪肉		牛肉	
绝对量（万吨）	位次	绝对量（万吨）	位次	绝对量（万吨）	位次	绝对量（万吨）	位次	绝对量（万吨）	位次
22768.2		**12516.5**		**7957.8**		**5053.1**		**647.5**	
120.9	27		29	44.4	26	24.2	26	2.1	29
62.6	29		29	42.9	27	27.6	25	3.1	26
1719.2	3	46.5	13	418.2	6	246.6	7	54.5	3
617.9	16	32.4	16	71.3	25	52.2	22	4.5	24
301.4	21	157.7	7	237.4	15	71.3	21	49.7	4
810.7	**11**	**7.8**	**23**	**408.2**	**7**	**225.9**	**11**	**42.0**	**6**
225.7	25	16.3	20	243.9	14	122.0	18	43.4	5
279.9	22	275.0	6	201.2	16	116.9	19	39.3	7
88.0	28	1.1	24	27.6	29	19.1	28		31
757.1	13	9.6	22	375.9	10	215.9	13	3.6	25
712.4	14	71.1	10	176.0	20	135.8	17	1.2	30
846.6	10	21.6	18	375.5	11	233.1	10	17.8	12
687.9	15	56.0	12	183.0	18	146.6	16	2.4	28
580.6	17	62.8	11	295.6	13	224.1	12	11.7	18
2850.8	1	0.0	26	711.1	1	346.9	4	66.2	2
2414.1	2	26.7	17	641.7	3	406.4	2	82.0	1
855.2	9	32.5	15	381.9	9	290.5	5	18.2	11
868.8	8	72.2	9	489.5	4	406.1	3	16.2	13
1314.3	5	1390.0	3	434.7	5	271.0	6	6.6	23
1223.0	6	7270.0	1	391.1	8	239.8	9	14.3	16
403.7	20	387.8	5	71.6	24	42.2	24	2.4	27
261.1	23	11.8	21	196.3	17	148.6	14	6.7	22
776.6	12	88.0	8	651.2	2	484.8	1	28.9	10
128.0	26	43.6	14	180.0	19	148.3	15	12.0	17
476.4	19	1898.8	2	324.4	12	243.9	8	30.7	9
1.4	31		29	26.1	30	1.4	31	14.8	15
1587.1	4	0.2	25	99.6	22	77.3	20	7.4	21
519.1	18	18.1	19	83.8	23	45.8	23	16.1	14
4.4	30	0.0	27	28.8	28	9.2	29	8.7	19
237.3	24	0.0	28	25.2	31	7.3	30	7.5	20
1036.0	7	519.0	4	120.0	21	22.5	27	33.8	8

附录1 续表 3

地区	羊肉		奶类		原油		发电量	
	绝对量(万吨)	位次	绝对量(万吨)	位次	绝对量(万吨)	位次	绝对量(亿千瓦小时)	位次
全　国	**393.1**		**3810.7**		**20287.6**		**47000.7**	
北　京	1.3	27	64.0	13		20	263.0	29
天　津	1.5	26	69.4	12	3187.8	3	619.1	26
河　北	28.4	4	466.9	3	586.1	9	2310.2	8
山　西	5.6	19	75.9	10		20	2344.0	7
内蒙古	87.2	1	931.4	1		20	2972.8	4
辽　宁	**7.9**	**15**	**132.0**	**8**	**1000.0**	**7**	**1368.1**	**15**
吉　林	3.9	20	46.0	16	739.4	8	709.9	25
黑龙江	11.8	10	550.4	2	4006.0	1	828.7	23
上　海	0.6	31	29.1	20	8.1	17	947.0	20
江　苏	7.3	17	59.2	14	189.0	12	3755.8	1
浙　江	1.8	25	19.9	23		20	2774.2	5
安　徽	14.2	8	22.5	22		20	1632.8	11
福　建	1.9	24	15.8	24		20	1578.9	12
江　西	1.1	29	12.3	26		20	729.9	24
山　东	32.5	3	279.0	5	2713.5	4	3162.3	3
河　南	24.8	5	321.1	4	485.5	10	2583.2	6
湖　北	8.0	14	34.8	18	79.0	13	2077.2	9
湖　南	10.2	11	8.1	28		20	1343.5	16
广　东	0.9	30	14.5	25	1152.8	6	3735.5	2
广　西	3.2	22	8.9	27	2.3	19	1039.0	18
海　南	1.1	28	0.2	31	19.7	15	172.9	30
重　庆	2.6	23	8.0	29		20	582.2	27
四　川	23.9	6	71.7	11	16.2	16	1980.7	10
贵　州	3.4	21	4.9	30		20	1379.3	14
云　南	13.0	9	56.6	15		20	1555.7	13
西　藏	8.6	13	29.8	19		20	27.2	31
陕　西	6.7	18	182.4	6	3225.4	2	1222.5	17
甘　肃	15.4	7	37.7	17	62.6	14	1027.9	19
青　海	9.9	12	28.4	21	195.0	11	463.1	28
宁　夏	7.9	16	96.0	9	3.6	18	939.3	21
新　疆	46.4	2	133.9	7	2615.6	5	875.2	22

生铁		粗钢		钢材		水泥		农用化肥	
绝对量（万吨）	位次	绝对量（万吨）	位次	绝对量（万吨）	位次	绝对量（万吨）	位次	绝对量（万吨）	位次
62969.3		**68388.3**		**88258.2**		**208500.0**		**6217.2**	
	29	2.9	29	289.6	27	911.5	28		30
2097.0	8	2295.7	8	5163.8	5	765.5	30	6.3	28
15442.4	1	16450.7	1	19256.4	1	13972.4	4	176.4	13
3768.6	5	3490.4	5	3371.2	8	3935.6	22	363.8	6
1431.1	14	1669.7	14	1417.3	18	6396.5	16	126.1	15
5417.9	**3**	**5389.2**	**4**	**5754.1**	**4**	**5690.1**	**17**	**64.2**	**22**
941.4	19	925.2	20	1069.0	20	4221.3	20	27.7	27
588.9	23	667.5	24	598.0	25	4213.9	21	68.4	20
1947.5	9	2225.5	9	2483.6	12	805.6	29	2.6	29
5303.5	4	6838.8	2	10011.6	2	14899.7	2	269.9	9
1002.2	17	1329.9	15	3141.0	10	12122.3	7	30.2	26
1829.8	12	1968.6	11	2746.3	11	9204.7	10	259.7	10
441.2	26	1166.9	19	1561.0	17	6570.9	13	53.5	24
1917.1	10	2067.8	10	2250.3	13	6782.2	12	30.4	25
5608.5	2	5655.2	3	7033.7	3	15035.6	1	616.5	2
2151.0	7	2370.8	7	3553.6	7	13666.0	5	492.2	4
2520.7	6	2753.3	6	3573.4	6	9342.9	8	1033.4	1
1876.4	11	1819.8	12	1947.8	15	9238.6	9	216.6	12
861.6	20	1324.3	16	3189.9	9	12607.0	6	55.3	23
955.6	18	1212.2	18	1766.4	16	8640.1	11	98.0	16
	29		30	23.2	30	1508.5	25	67.1	21
559.4	24	630.6	25	950.0	23	4935.2	19	175.9	14
1715.0	13	1729.2	13	2237.7	14	14501.1	3	507.1	3
482.4	25	434.0	26	462.9	26	5000.2	18	367.5	5
1344.2	15	1323.2	17	1351.9	19	6457.4	14	326.9	7
	29		30		31	232.8	31		30
732.0	22	766.0	23	1038.2	21	6430.6	15	92.8	18
769.3	21	819.8	22	812.8	24	2746.8	24	74.1	19
114.6	27	139.5	27	142.0	28	1043.0	27	288.2	8
91.9	28	28.8	28	76.5	29	1455.5	26	92.8	17
1058.1	16	893.0	21	985.1	22	2993.6	23	233.6	11

附录1　续表 4

地区	汽车		主营业务收入		税金总额		利润总额	
	绝对量(万辆)	位次	绝对值(亿元)	位次	绝对值(亿元)	位次	绝对值(亿元)	位次
全国	**1841.6**		**843315.4**		**36817.1**		**54544.4**	
北京	150.5	4	15504.1	19	639.2	23	1119.9	20
天津	75.7	11	20711.9	14	1108.3	14	1669.3	12
河北	72.1	13	40726.3	7	1340.9	10	2255.5	6
山西	0.6	27	16893.4	17	1067.7	15	1200.6	18
内蒙古	3.7	24	17632.8	16	914.9	18	1835.2	11
辽宁	**75.5**	**12**	**44065.9**	**6**	**1634.8**	**6**	**1862.0**	**10**
吉林	155.7	3	16485.8	18	776.5	20	1121.3	19
黑龙江	18.2	19	11492.7	23	1294.0	11	1270.5	16
上海	191.6	1	34466.3	8	1508.9	8	2176.1	7
江苏	80.4	9	106816.1	1	3772.0	2	6850.4	2
浙江	30.6	17	53071.0	4	1941.0	5	3080.1	5
安徽	117.0	8	23895.5	13	947.9	17	1306.9	15
福建	18.6	18	26305.7	11	816.3	19	1578.9	13
江西	34.4	16	18466.8	15	700.8	21	1113.9	21
山东	76.3	10	102470.2	2	4137.9	1	6998.3	1
河南	36.6	15	47759.8	5	1960.2	4	4066.1	4
湖北	131.9	7	26934.8	10	1152.9	13	1497.2	14
湖南	16.2	20	25395.6	12	1504.4	9	1252.2	17
广东	150.3	5	95614.1	3	2952.1	3	4609.3	3
广西	142.4	6	11973.5	21	558.8	24	717.3	23
海南	15.2	21	1580.9	30	179.5	28	133.7	30
重庆	166.6	2	11566.1	22	399.4	27	558.4	24
四川	12.9	22	30138.7	9	1599.4	7	1961.3	8
贵州	1.3	26	4799.2	27	440.3	25	330.8	26
云南	9.7	23	7505.8	24	1001.5	16	523.6	25
西藏		29	74.5	31	7.4	31	13.0	31
陕西	55.7	14	13666.7	20	1191.6	12	1946.2	9
甘肃	2.1	25	6515.4	26	406.8	26	241.2	27
青海		29	1690.6	29	125.6	29	202.9	28
宁夏		29	2408.5	28	97.1	30	142.0	29
新疆	0.1	28	6686.7	25	639.2	22	910.4	22

资产总额		负债合计		总资产贡献率		资本保值增值率	
绝对值(亿元)	位次	绝对值(亿元)	位次	绝对值(%)	位次	绝对值(%)	位次
657988.4		**382020.8**		**16.4**		**119.5**	
24899.2	10	12410.5	12	8.0	30	113.1	28
16562.0	17	10529.1	14	18.9	9	126.7	5
28696.0	7	17620.5	5	15.1	18	121.7	12
21893.8	12	14682.2	10	12.9	25	118.9	20
17506.0	15	10285.6	15	18.5	11	126.1	7
30525.2	**5**	**17564.3**	**6**	**13.6**	**23**	**118.6**	**21**
12182.3	19	6566.8	20	18.8	10	111.1	30
11771.3	20	6710.9	19	24.4	2	115.6	25
29194.8	6	15353.0	8	13.7	21	110.5	31
74683.2	1	43490.2	1	16.7	14	119.2	18
48718.3	4	29539.9	4	12.8	26	115.7	24
17859.6	13	10625.0	13	15.3	17	127.0	4
17581.8	14	9293.3	17	16.3	15	119.5	17
9964.1	22	5551.2	24	21.5	5	123.2	10
60032.7	3	33204.9	3	21.8	4	118.5	22
28458.7	8	15270.4	9	25.5	1	133.1	1
22446.4	11	13350.3	11	14.1	19	115.3	26
14657.5	18	8437.7	18	22.4	3	122.8	11
65370.4	2	38050.1	2	13.3	24	118.9	19
9956.6	23	6144.5	22	15.7	16	127.4	3
1732.7	30	910.9	30	19.8	8	112.9	29
9247.2	24	5679.9	23	12.6	27	120.5	14
25694.6	9	15830.8	7	16.9	13	126.0	8
6811.4	27	4485.4	27	14.1	20	121.5	13
10603.5	21	6484.3	21	17.0	12	114.8	27
346.4	31	98.1	31	6.9	31	120.5	15
16724.7	16	9554.6	16	21.3	6	118.4	23
7603.8	26	4799.8	25	10.5	28	126.1	6
3308.1	29	2112.6	29	13.7	22	132.6	2
3992.6	28	2620.3	28	8.6	29	123.3	9
8963.7	25	4763.7	26	20.1	7	120.3	16

附录1 续表 5

地 区	资产负债率		成本费用利润率		产品销售率		客运量	
	绝对值(%)	位次	绝对值(%)	位次	绝对值(%)	位次	绝对量(万人)	位次
全 国	**58.1**		**7.1**		**98.0**		**3526319.0**	
北 京	49.8	30	7.7	13	99.0	1	139718.0	10
天 津	63.6	5	8.8	9	98.8	5	24933.7	27
河 北	61.4	10	5.9	25	97.9	13	99458.1	13
山 西	67.1	1	7.7	11	96.6	25	39207.8	24
内蒙古	58.8	15	12.1	6	97.9	11	26013.7	26
辽 宁	**57.5**	**19**	**4.6**	**30**	**98.2**	**10**	**98605.9**	**14**
吉 林	53.9	24	7.5	15	98.4	8	68190.5	19
黑龙江	57.0	21	13.5	5	97.5	21	50480.6	21
上 海	52.6	28	6.8	18	99.0	2	10033.2	30
江 苏	58.2	16	6.9	17	98.6	7	246855.2	4
浙 江	60.6	12	6.2	22	97.7	16	230769.2	5
安 徽	59.5	13	5.9	26	97.8	14	185574.6	7
福 建	52.9	27	6.5	21	97.6	20	79549.5	16
江 西	55.7	22	6.7	19	98.9	3	78930.2	17
山 东	55.3	23	7.6	14	98.9	4	251186.6	3
河 南	53.7	25	9.4	8	98.4	9	193284.8	6
湖 北	59.5	14	6.0	24	97.4	22	112421.9	11
湖 南	57.6	18	5.8	27	98.7	6	171371.3	8
广 东	58.2	17	5.2	29	97.2	23	510653.4	1
广 西	61.7	7	6.5	20	95.1	30	83100.0	15
海 南	52.6	29	9.8	7	97.6	18	46224.4	22
重 庆	61.4	9	5.2	28	97.6	18	140397.5	9
四 川	61.6	8	7.2	16	97.7	15	258844.8	2
贵 州	65.9	2	7.7	12	94.5	31	72427.8	18
云 南	61.2	11	8.2	10	96.7	24	44962.8	23
西 藏	28.3	31	19.3	1	97.9	12	3768.5	31
陕 西	57.1	20	17.5	2	95.7	26	107031.6	12
甘 肃	63.1	6	4.0	31	95.2	29	60902.4	20
青 海	63.9	4	14.2	4	95.3	28	11870.3	29
宁 夏	65.6	3	6.2	22	95.6	27	15103.6	28
新 疆	53.1	26	16.7	3	97.6	17	35130.2	25

货运量		社会消费品零售总额				进出口总额			
绝对量(万吨)	位次	绝对值(亿元)	位次	比上年增长(%)	位次	绝对值(亿美元)	位次	比上年增长(%)	位次
3696961.0		**183918.6**		**17.1**		**36420.6**		**22.5**	
24663.5	29	6900.3	10	10.8	31	3894.9	4	29.1	17
43600.9	25	3395.1	23	18.7	2	1033.9	8	25.9	19
189798.7	6	8035.5	9	17.8	19	536.0	10	27.4	18
134436.2	13	3903.4	19	17.6	20	147.6	23	17.4	27
168319.9	10	3991.7	17	18.0	16	119.4	26	36.8	9
184981.5	**8**	**8095.3**	**7**	**17.5**	**24**	**959.6**	**9**	**19.0**	**24**
47451.4	23	4119.8	16	17.5	23	220.5	20	30.9	13
63215.9	20	4750.1	15	17.6	21	385.1	12	50.9	5
92961.9	18	6814.8	12	12.3	30	4373.1	3	18.5	25
202528.0	5	15988.4	3	17.5	25	5397.6	2	15.9	31
186375.6	7	12028.0	4	17.4	26	3094.0	5	22.0	21
268413.4	2	4955.1	14	18.0	12	313.4	16	29.1	16
75191.0	19	6276.2	13	18.2	6	1435.6	7	32.0	11
111851.1	15	3485.1	22	17.9	18	315.6	15	46.0	8
318406.7	1	17155.5	2	17.3	27	2359.9	6	24.8	20
241016.8	3	9453.6	5	18.1	11	326.4	14	83.1	2
106912.8	16	8275.2	6	18.0	15	335.2	13	29.2	15
168516.2	9	6884.7	11	17.9	17	190.0	21	29.6	14
224394.0	4	20297.5	1	16.3	29	9134.8	1	16.4	30
136131.7	12	3908.2	18	18.0	14	233.5	18	31.6	12
25115.1	28	759.5	28	18.8	1	127.6	25	47.5	6
96770.8	17	3487.8	21	18.7	3	292.2	17	135.1	1
155309.8	11	8044.6	8	18.1	10	477.8	11	46.2	7
44890.2	24	1751.6	25	18.1	9	48.8	28	55.2	4
60169.9	21	3000.1	24	18.0	13	160.5	22	19.5	23
1027.6	31	219.0	31	18.2	8	13.6	30	62.5	3
120907.8	14	3790.0	20	18.6	4	146.2	24	20.8	22
35269.2	27	1648.0	26	18.2	7	87.4	27	18.0	26
12585.8	30	410.5	30	17.0	28	9.2	31	17.1	28
36863.8	26	477.6	29	18.3	5	22.9	29	16.6	29
53252.1	22	1616.3	27	17.5	22	228.2	19	33.2	10

附录1 续表 6

地 区	出口总额				旅游外汇收入	
	绝对值(亿美元)	位次	比上年增长(%)	位次	绝对值(亿美元)	位次
全 国	**18986.0**		**20.3**		**484.6**	
北 京	590.3	7	6.4	31	54.2	4
天 津	445.0	9	18.6	21	17.6	9
河 北	285.8	11	26.6	16	4.5	23
山 西	54.3	23	15.3	26	5.7	20
内蒙古	46.9	25	40.6	8	6.7	18
辽 宁	**510.4**	**8**	**18.4**	**22**	**27.1**	**7**
吉 林	50.0	24	11.7	28	3.9	25
黑龙江	176.7	16	8.5	30	9.2	17
上 海	2096.9	4	16.0	24	57.5	2
江 苏	3126.2	2	15.6	25	56.5	3
浙 江	2163.6	3	19.9	20	45.4	5
安 徽	170.8	17	37.6	9	11.8	12
福 建	928.4	6	29.9	13	36.3	6
江 西	218.8	12	63.1	3	4.2	24
山 东	1257.9	5	20.7	19	25.5	8
河 南	192.4	15	82.6	2	5.5	21
湖 北	195.3	14	35.3	11	9.4	16
湖 南	99.0	20	24.4	18	10.1	14
广 东	5319.4	1	17.4	23	139.1	1
广 西	124.6	19	29.7	15	10.5	13
海 南	25.4	27	9.5	29	3.8	26
重 庆	198.4	13	164.9	1	9.7	15
四 川	290.5	10	54.1	5	5.9	19
贵 州	29.9	26	55.5	4	1.4	27
云 南	94.7	21	24.5	17	16.1	10
西 藏	11.8	30	53.4	6	1.3	28
陕 西	70.1	22	12.9	27	13.0	11
甘 肃	21.6	28	31.7	12	0.2	30
青 海	6.6	31	41.9	7	0.3	29
宁 夏	16.0	29	36.7	10	0.1	31
新 疆	168.3	18	29.8	14	4.7	22

城镇居民人均可支配收入				农民人均纯收入		城镇居民家庭恩格尔系数		农村居民家庭恩格尔系数	
绝对值（元）	位次	比上年增长（%）	位次	绝对值（元）	位次	绝对值（%）	位次	绝对值（%）	位次
21809.78		**8.4**		**6977.3**		**36.3**		**40.4**	
32903.0	2	7.1	25	14735.7	2	31.4	29	32.4	30
26920.9	4	5.7	29	12321.2	4	36.2	18	35.3	26
18292.2	18	6.8	27	7119.7	12	33.8	26	33.5	29
18123.9	21	10.2	5	5601.4	22	31.3	30	37.7	19
20407.6	10	9.3	11	6641.6	15	31.3	31	37.5	20
20466.84	**9**	**10.0**	**7**	**8296.5**	**9**	**35.5**	**21**	**39.1**	**15**
17796.6	23	9.8	9	7510.0	11	32.7	28	35.3	27
15696.2	28	7.2	23	7590.7	10	36.1	20	38.9	17
36230.5	1	8.2	17	16053.8	1	35.5	22	40.9	14
26340.7	6	9.2	12	10805.0	5	36.1	19	35.1	28
30970.7	3	7.5	21	13070.7	3	34.6	24	37.3	22
18606.1	14	11.8	1	6232.2	20	39.8	6	41.5	13
24907.4	7	8.7	14	8778.6	7	39.2	9	46.4	7
17494.9	25	7.5	21	6891.6	14	39.8	7	45.2	10
22791.8	8	9.2	12	8342.1	8	33.2	27	35.7	25
18194.8	20	8.4	15	6604.0	16	34.1	25	36.1	24
18373.9	16	8.4	15	6897.9	13	40.7	3	39.0	16
18844.1	13	7.8	19	6567.1	17	36.9	16	45.2	9
26897.5	5	6.9	26	9371.7	6	36.9	15	49.1	3
18854.1	12	4.6	30	5231.3	25	39.5	8	43.8	11
18369.0	17	11.8	1	6446.0	19	44.9	2	51.3	1
20249.7	11	9.7	10	6480.4	18	39.1	11	46.8	6
17899.1	22	10.1	6	6128.6	21	40.7	4	46.2	8
16495.0	26	10.7	3	4145.4	30	40.2	5	47.6	4
18575.6	15	10.3	4	4722.0	28	39.2	10	47.1	5
16195.6	27	2.7	31	4904.3	27	49.9	1	50.5	2
18245.2	19	9.9	8	5027.9	26	36.6	17	29.9	31
14988.7	31	7.2	23	3909.4	31	37.4	14	42.2	12
15603.3	29	6.3	28	4608.5	29	38.9	12	37.8	18
17578.9	24	8.2	17	5410.0	24	34.8	23	37.3	21
15513.6	30	7.8	19	5442.2	23	38.3	13	36.1	23

附录2 2011年省辖市

指标名称	单位	沈阳		大连	
		全市	市辖区	全市	市辖区
人口、劳动力及土地资源					
土地面积	平方公里	12980	3471	12574	2567
年底总人口	万人	722.69	519.07	588.54	297.12
年平均人口	万人	721.15	517.25	587.49	300.69
出生人口	人	55736	39823	45220	24243
死亡人口	人	56625	39082	32329	18772
年底总户数	万户	255.07	185.57	209.23	109.97
年末单位从业人员数(城镇)	万人	120.80	113.83	109.80	91.83
第一产业	万人	0.96	0.64	0.99	0.39
第二产业	万人	44.15	43.12	56.35	46.22
第三产业	万人	75.69	70.07	52.46	45.22
城镇私营和个体从业人员	人	1254960	1067074	1845561	
年末城镇登记失业人员数	人	76332	70214	80156	59898
地区生产总值					
地区生产总值	万元	59157142	47330551	61506265	39657725
第一产业	万元	2790615	858283	3957198	864225
第二产业	万元	30268802	23495015	32041751	18826649
#制造业	万元	25517099	19481246	27588463	15608919
第三产业	万元	26097725	22977253	25507316	19966851
人均地区生产总值	元	72648	74902	91295	
地区生产总值指数	上年=100	112.3	111.4	113.5	110.0
财　政					
地方财政一般预算内收入	万元	6201243	5492395	6511266	5274390
其中：各项税收	万元	4911402	4414783	5148541	4304170
其中：企业所得税	万元	666246	642723	716329	642273
个人所得税	万元	201518	196009	266469	239085
地方财政一般预算内支出	万元	6392904	5421568	7349406	5838948
一般性公共服务支出	万元	748952	605165	724630	590166
科学技术支出	万元	203333	200231	331652	323448
教育支出	万元	958986	735965	968528	685206
文化体育与传媒支出	万元	107963	99987	110802	90438
医疗卫生支出	万元	324651	256876	337096	280994
环境保护支出	万元	142001	98366	82567	78914
城乡社区事务支出	万元	909305	831717	794891	543243
社会保障和就业支出	万元	1094365	1041005	1092240	918347
社会保险基金支出	万元	2408842	2408842	2321636	1919921
金　融					
年末金融机构存款余额	万元	88956679	85598234	90926669	80449828
其中：城乡居民储蓄年末余额	万元	37294713	34677069	36722094	29054683
年末金融机构各项贷款余额	万元	68889672	67177578	71658388	65770204
保　险					
保费收入	万元	1254769		1488379	
其中：财产险	万元	453613		521719	
人身险	万元	778420		966582	
赔款、给付	万元	424013		237506	
其中：财产险	万元	242060		216861	
人身险	万元	172944		20645	

基本情况(地区数)

鞍山		抚顺		本溪		丹东		锦州	
全市	市辖区	全市	市辖区	全市	市辖区	全市	市辖区	全市	市辖区
9255	627	11272	1416	8411	1518	15290	941	9891	436
351.55	152.09	220.11	144.84	154.34	94.93	241.07	78.80	308.30	93.66
351.68	149.47	220.51	141.60	154.47	95.02	241.22	78.82	308.32	93.50
28429	9443	13300	7785	9138	4923	14334	4493	19498	5584
24783	11879	16888	11485	9636	6480	15323	6188	17224	5644
118.65	54.51	83.73	57.46	57.06	36.30	83.61	29.75	104.01	34.13
52.00	39.66	28.21	24.18	26.43	22.59	26.80	16.75	26.86	18.54
0.78	0.08	0.53	0.21	0.22	0.08	0.31	0.02	1.52	0.57
29.98	25.21	16.21	14.94	14.90	13.68	11.84	7.58	9.96	7.92
21.24	14.37	11.47	9.03	11.31	8.83	14.65	9.15	15.38	10.05
183423	155267	324767	224382	192003	148117	185318	105983	423676	291811
20097	15149	36788	28137	27265	21546	22552	9521	12810	8120
23987633	12715335	11133679	8690626	10445851	7489048	8886676	2738506	11169266	5341806
1105485	93159	704759	183717	531194	140694	1197022	93715	1733717	226038
12810148	7036073	6735100	5476907	6570240	4901635	4575856	1303631	5540127	2808652
10736891	5812734	4474469	3927037	4885566	3658978	2379008	818023	4432693	2005984
10072000	5586103	3693820	3030002	3344417	2446719	3113798	1341160	3895422	2307116
68224	84789	52245	58206	60552	69381	36841	34779	35784	
111.0	111.5	113.7	111.6	113.6	112.2	113.6	114.2	113.2	112.9
2070167	1588414	1065018	825593	1024325	759777	1033212	449393	1036681	601112
1445166	1130146	812431	610662	755283	571067	770926	355321	778320	477238
144807	111641	80875	52209	47923	26423	69460	45328	60365	42100
37713	29020	27988	21687	36647	16009	18663	11409	25974	18006
2320676	1617162	1653299	1205055	1396448	986743	1573292	706971	1573647	813472
240665	144459	160501	103578	213493	155526	151163	71172	149736	95954
20051	18512	15848	10936	21555	15925	12109	10677	13347	8517
334779	224886	241447	173243	179262	108523	227506	76735	226728	109718
34586	25486	11591	5977	25631	20838	22999	15008	22431	13398
122989	67391	69109	43214	56309	35055	75962	27415	89916	34637
24893	7075	50378	19361	29627	8525	30263	9849	28236	18098
503894	390781	188653	159868	281487	226682	236602	67378	164594	115262
444635	346269	419848	369555	255917	229086	287435	189078	337697	205803
668958	587344	648270	624443	116368	111226	475923	326002	137313	92074
20317057	14899557	10278578	8383673	8480694	6698727	10617870	6090457	11256889	7521173
12384132	7884325	6857219	5539759	5466880	4016849	7706864	3989523	7776633	4704001
11428434	8844892	4544578	3723582	5578962	4914887	5785158	3602857	6953112	4885020
402374		208786		156327		217526		199802	
147259		59091		48034		58527		75383	
255115		149695		108292		158999		124419	
149400		61672		62058		84399		74280	
73897		26598		21354		32502		37024	
75503		35074		40704		51897		37256	

附录2 续表 1

指标名称	单位	沈阳		大连	
		全市	市辖区	全市	市辖区
工 业					
规模以上工业法人企业:	–				
工业企业数	个	4161	2622	2960	1277
内资企业	个	3703	2196	2117	686
国有企业	个	89	79	45	34
私营企业	个	2725	1450	1643	429
私营独资企业	个	892	374	460	40
私营股份有限公司	个	92	50	70	24
港、澳、台商投资企业	个	126	121	143	102
外商投资企业	个	332	305	700	489
工业总产值(当年价)	万元	108806441	80344472	82647480	53030683
内资企业	万元	84678205	57149904	53417953	30378896
国有企业	万元	4719836	4578361	1459607	1167648
私营企业	万元	49144460	25484726	21362545	3404163
私营独资企业	万元	11825373	4255932	5642211	256064
私营股份有限公司	万元	2507899	1207119	768024	135614
港、澳、台商投资企业	万元	3932440	3702054	2821271	2112172
外商投资企业	万元	20195796	19492514	26408256	20539615
从业人员年平均人数	万人	82.17	58.49	82.19	42.49
流动资产合计	万元	32301971	30201002	42952490	37145415
固定资产合计	万元	25767754	18155374	24793520	16660970
主营业务收入	万元	108436558	80046591	86423956	52734069
主营业务成本	万元	90800132	67570804	72522718	44855348
主营业务税金及附加	万元	1326972	1174674	1921413	1702445
本年应交增值税	万元	2102803	1566330	2041082	1606805
利润总额	万元	7125751	4384870	4814408	2450192
交通运输					
铁路旅客运量	万人	3541.70		2191.28	
铁路货物运量	万吨	504		2983	
民用汽车拥有量	辆	981473		826035	
私人汽车拥有量	辆	682672		614199	
公路客运量(全社会)	万人	27734		10667	
公路货运量(全社会)	万吨	18897		21795	
境内等级公路里程	公里	11862		8350	
境内高速公路里程	公里	572		481	
沿海港口货物吞吐量(规模以上)	万吨			33691	
内河港口货物吞吐量(规模以上)	万吨				
水运客运量(全社会)	万人			465	
水运货运量(全社会)	万吨			10160	
民用航空货邮运量	吨	42700		46041	
民用航空客运量	人	3494000		4010877	
邮电通信					
年末邮政局(所)数	处	209	140	231	132
邮政业务收入	万元	46529		92493	
电信业务收入	万元	1076991		907914	
年末固定电话用户数	万户	303.14	259.18	270.56	194.50
年末移动电话用户数	万户	881.50	803.05	776.51	504.43
其中：3G移动电话用户	万户	128.36	116.94	124.35	76.39
国际互联网用户数	户	1505562	1460395	1331104	1073982
能源电力					
综合能源消费量	万吨/标准煤	1404	895	1604	1337
全社会用电量	万千瓦时	2576195	2169621	2752881	2066328
工业用电	万千瓦时	1387425	1107051	1839927	1363037
城乡居民生活用电	万千瓦时	444901	374687	345458	245384

鞍山		抚顺		本溪		丹东		锦州	
全市	市辖区	全市	市辖区	全市	市辖区	全市	市辖区	全市	市辖区
1087	266	930	515	437	319	875	265	754	190
1018	237	868	461	399	295	750	207	689	142
15	8	11	8	5	3	12	6	11	8
661	122	703	362	228	179	575	140	488	54
308	20	325	110	82	63	237	36	229	11
49	23	20	10	15	14	33	17	18	4
24	11	16	14	19	15	24	14	25	21
45	18	46	40	19	9	101	44	40	27
26598260	12493232	21010922	15457562	19308067	17131655	10379310	3340996	21075799	9607585
25293816	11961298	19607179	14186097	14085078	12092341	8702834	2470669	18388190	7425130
7471559	7344128	248770	235554	35042	27542	196932	63635	266192	178167
12200198	3138438	10963232	6495749	3722098	2695800	5768164	857915	8880196	1220773
4648917	170492	3838190	1431652	1574556	1104371	2058984	197740	3256474	104439
922693	625096	243210	131396	185458	183312	222800	57767	399199	187516
428760	254260	464737	408916	4147079	4105826	402285	241017	1182899	1104597
875684	277674	939006	862549	1075910	933488	1274191	629310	1504710	1077858
32.18	20.19	18.40	14.29	13.33	11.18	14.01	4.69	14.01	6.00
13197859	9378590	5400543	4791675	7737715	7113559	3125440	1821190	3998134	2880292
8623914	5522996	5461118	5034568	6343831	5745468	1688533	526531	3862643	1741261
31765548	16851746	20543327	15157611	21279524	19117785	10546722	3458923	20747546	9534071
26260000	14040667	18383117	13655793	19482014	17711152	9285638	3001858	17686327	8260574
233174	121402	631297	609873	141060	112173	56924	17085	643474	510287
934532	445431	356204	268567	408674	308549	310039	74367	486705	253696
2339211	800887	240623	-175021	664533	442063	660764	165052	1310209	226195
730.59		149.70		1671.70		491.82		868.27	
1475		1051		3079		363		543	
294803		170406		99434		142618		253041	
200217		126107		63027		101882		187139	
5965		3233		2858.04		5027		4133	
19541		8410		6754		6497		13300	
6978		4622		3180		7245		7018	
229		152		108		5489		175	
						7637		7712	
						30			
						31			
						563		130	
						860		1206	
500						132300		102801	
100	34	81	37	78	40	95	27	99	34
25347		12349		11259		18090		15356	
293150		153822		115245		166395		187020	
108.05	59.20	71.58	48.58	42.56	23.00	83.79	43.60	90.59	41.55
317.82	217.20	185.29	117.81	126.80	99.63	176.04	90.36	237.51	170.76
52.20	42.00	27.77	11.19	18.01	15.32	15.36	10.75	118.51	106.43
553267	400000	335967	241667	257237	162735	796600	427315	463804	304417
2157	1646	1045	973	1676	1576	252	159	375	293
2418412	1601556	1233507	1093037	1394208	1259332	645444	277470	813902	497977
2094119	1277263	1061808	971032	1262023	1160375	454604	190933	541752	333380
148028	77434	91979	61376	67462	46205	96853	42615	129028	43628

附录2 续表 2

指标名称	单位	沈阳		大连	
		全市	市辖区	全市	市辖区
贸　易					
限额以上批发零售贸易业商品销售总额	万元	84369932	82685150	35748040	32271263
社会消费品零售总额	万元	24268655	22136848	19247940	15498925
限额以上批发零售企业数(法人数)	个	1603	1416	1492	1318
从业人员年平均人数	万人	10.00	9.40	6.93	6.53
流动资产合计	万元	11085572	10826305	12834540	12248400
固定资产合计	万元	2033004	1964610	1057138	1003516
主营业务收入	万元	71382543	70172386	31918371	29339820
主营业务成本	万元	68924612	67873021	30047208	27559275
主营业务税金及附加	万元	146073	128710	84842	82950
本年应交增值税	万元	726075	706512	307457	290132
利润总额	万元	393220	317279	603420	586960
外贸、外经					
货物进口额(海关数)	万美元	579513		2881629	
货物出口额(海关数)	万美元	482512		3169350	
当年新签项目(合同)个数	个	221		365	323
当年实际使用外资金额	万美元	550247	527857	1101208	855209
旅　游					
入境游客人数(含一日游游客)	人	635388		1170035	
外国人	人	529211		1038050	
港、澳、台同胞	人	106177		131985	
国际旅游(外汇)收入	万美元	46403		80519	
固定资产投资					
固定资产投资总额	万元	45770940	37144948	45800585	31199977
房地产开发投资额	万元	16847242	15671141	11074630	9795028
住宅	万元	12609589	11586810	8696887	7657366
全年新增固定资产	万元	22451436	16461614	24035989	14772383
房地产					
商品房屋销售面积	万平方米	2165.17	1843.43	909.90	554.65
住宅	万平方米	1947.78	1647.82	833.42	507.22
高档别墅公寓	万平方米	78.72	78.72	20.38	19.97
商品房屋销售额	万元	12740225	11688789	7326603	5725266
住宅	万元	10932828	9980466	6608200	5168016
高档别墅公寓	万元	688741	688741	356040	354199
商品房屋空置面积	万平方米	631.01	484.06	359.60	225.64
保障性住房建设					
保障性住房本年完成投资	万元	278028	278028		
廉租房	万元	638	638		
保障性住房施工面积	万平方米	123.88	123.88		
廉租房	万平方米	2.20	2.20		
保障性住房竣工面积	万平方米	37.26	37.26		
廉租房	万平方米	2.20	2.20		
教　育					
学校数					
普通高等学校数	所	44	44	31	31
中等职业教育学校数	所	123	118	96	88
普通中学学校数	所	324	225	281	151
小学学校数	所	350	265	652	233

鞍山		抚顺		本溪		丹东		锦州	
全市	市辖区	全市	市辖区	全市	市辖区	全市	市辖区	全市	市辖区
10649912	9012371	3459312	3270875	1603405	1488900	1980371	1633660	2826916	2241604
6051979	3114339	3926758	3395138	2262571	1641701	3249396	1461121	3746091	2227155
621	413	232	181	171	132	214	116	192	132
2.00	1.30	1.14	1.01	1.00	0.84	1.00	0.57	2.00	1.10
2232551	1959706	506589	487666	399817	325735	584817	552573	660732	563203
336713	224536	148306	135754	65682	56579	101622	82239	100598	69302
8626004	7754311	2478392	2330754	1173067	1084512	1970719	1723285	2423984	1873211
7911061	7160952	2285229	2135361	1069968	997856	1808463	1591888	2219999	1712226
46317	36220	17003	15519	7915	7558	16257	13618	18266	13326
111287	95721	32653	30774	48008	45462	33425	31143	28126	18213
316565	248711	69773	61389	25774	21724	49498	44974	60618	43816
273417		38189		218424		151813		111589	
200499		61464		193931		235980		149552	
71	48	26	22	22	15	86	46	32	26
110256	99536	20826	13604	35214	20407	101688	70652	53780	24339
291745		138539		594000		400540		253092	
264633		90043		521900		396128		190907	
27112		48496		72100		4412		62185	
21614		10828		38898		21310		14754	
13800096	5951513	7953128	5931051	5771884	4079452	6902509	3263999	6679611	2527141
3326220	2593325	1127365	997224	831247	609283	1572929	1212592	1144960	767610
2341921	1760819	870398	760528	508484	359538	1256672	992404	903685	588835
5689637	1792550	5058577	3019128	770654	569046	4153167	1538173	4210709	687719
606.22	414.24	307.80	274.00	399.80	290.80	434.40	312.75	416.66	270.44
517.14	339.32	287.80	257.10	242.00	168.20	402.04	296.68	364.99	229.42
4.01	2.49	8.80	8.80	20.20	20.20	9.18	8.39	1.61	0.33
2525647	1985744	1261164	1156680	1450433	1084823	1467340	1060634	1342671	871784
1873960	1408491	1147477	1056026	828969	623981	1302334	987387	1128465	713362
40618	34009	54111	54111	43477	43477	44408	39570	8630	1852
177.88	24.19	97.60	60.10	66.30	46.30	66.42	35.11	59.49	8.73
49249	46964	86339	36839	91284	53593	258242	95010	124416	103330
7537	6641	954	954	12960	1460	10845		6654	2075
33.06	30.72	80.50	45.80	135.80	81.40	182.76	74.94	77.36	65.04
7.20	6.75	0.60	0.60	12.90	1.80	4.67		5.96	3.43
19.84	18.43	15.30	14.90	44.20	28.60	96.70	31.60	15.29	4.61
4.32	4.05	0.60	0.60	7.30	0.40	2.52		1.96	1.08
3	3	6	6	3	3	3	3	9	9
24	18	28	25	15	13	13	10	14	10
164	77	121	76	68	42	127	37	155	45
618	109	176	83	66	44	473	82	422	85

附录2 续表 3

指标名称	单位	沈阳		大连	
		全市	市辖区	全市	市辖区
专任教师数					
普通高等学校教师数	人	24462	24462	17297	17297
中等职业教育学校教师数	人	7255	6980	4443	3845
普通中学教师数	人	24329	18307	21271	11731
小学教师数	人	21715	19171	16571	8328
在校学生数					
普通高等学校学生数	人	374171	374171	255171	255171
高中阶段在校学生数	人	210639	179276	178988	127501
中等职业教育学校学生数	人	117284	111713	73855	66268
普通中学学生数	万人	29.02	20.89	26.69	14.85
小学学生数	万人	34.26	23.51	28.80	17.03
初中毕业生升学率	%	100	100	84	97
成人高等学校在校学生数	人	82998	82998	57000	57000
卫 生					
医院、卫生院数	个	298	203	216	108
医院、卫生院床位数	张	43001	38909	32874	22792
医生数(执业医师+执业助理医师)	人	22002	18916	15941	11965
注册护士	人	22529	20612	17079	13594
人民生活、社会保障					
在岗职工平均人数	万人	112.47	105.76	103.42	86.16
在岗职工工资总额	万元	5146231	4923639	5142861	4470262
居民收支					
城镇居民人均可支配收入	元		23326		24276
最低10%户人均可支配收入	元		7213		8386
最高10%户人均可支配收入	元		60261		63045
城镇居民人均消费支出	元		18147		18846
(1)食品	元		5868		6965
(2)衣着	元		2270		2194
(3)居住	元		1502		1608
(4)家庭设备用品及服务	元		1044		1316
(5)医疗保健	元		1622		1420
(6)交通和通信	元		2744		2381
(7)教育文化娱乐服务	元		2175		2098
居民生活					
每百户居民家庭拥有:					
(1)家用汽车	辆		16		18
(2)家用电脑	台		75		90
(3)固定电话	部		74		82
(4)移动电话	部		178		199
(5)彩色电视机	户		119		112
人均住房建筑面积	平方米		28.05		27.04
居民消费价格指数(上年为100)	%		105.4		105.4
社会保障					
城镇基本养老保险参保人数	人	3080163	2900046	1723011	1420984
基本医疗保险参保人数	人	3399209	3242934	4339310	3691877
失业保险参保人数	人	1265085	1219253	1310975	1132975
社会福利院数	个	142	66	297	203
社会福利院床位数	张	14589	8246	31047	18893
社区服务设施数	个	1075	1075	673	509
城镇居民最低生活保障人数	人	118462	91298	77755	49232

鞍山		抚顺		本溪		丹东		锦州	
全市	市辖区	全市	市辖区	全市	市辖区	全市	市辖区	全市	市辖区
2141	2141	2103	2103	1524	1524	2544	1459	4573	4573
1774	1351	1630	1478	2425	2069	1133	644	1124	775
11824	7069	7522	4844	7153	4234	9801	2189	9579	3130
12207	4756	7275	4067	6125	3730	9275	147	10573	2968
37467	37467	43489	43489	17586	17586	29802	29802	80686	80686
72441	39848	48203	36217	51895	37453	27326	19255	77577	40892
18627	12979	20760	18655	26684	22702	15508	12130	27206	22299
15.05	8.13	8.30	5.43	6.35	3.74	11.78	2.47	13.74	4.50
18.12	7.52	8.36	4.77	6.21	3.17	12.51	3.16	15.96	4.53
84	97	90	107	109	109	94	99	81	
11963	11963	2720	2720	6283	6283	5803	5803		
150	56	97	49	66	34	115	36	151	63
16905	10814	9071	6945	9005	6950	12702	6193	13026	8183
5480	3436	4920	3885	2946	2288	3434	1569	9327	5275
6264	4569	5098	4422	3967	3230	3734	2127	7623	4945
49.48	33.84	27.84	23.79	26.39	21.02	26.22	16.20	27.27	17.84
1669034	1264753	1007425	878057	935552	814604	709296	421937	913515	702908
	21297		18069		19752		17123		20171
	6735		5950		7550		7816		7451
	69896		44162		47960		37585		54660
	14909		12440		13982		12725		13652
	5153		4629		5441		5535		5180
	1641		1399		1818		1366		1913
	1826		1251		1114		1269		1603
	983		793		883		694		832
	1154		895		1043		914		910
	1862		1453		1534		1198		1306
	1629		1483		1579		1323		1408
	10		5		4		4		13
	64		71		70		69		80
	78		72		57		81		76
	166		196		197		197		164
	118		116		115		121		121
	25.22		23.77		22.72		25.10		30.79
	104.5		104.9		105.0		105.1		104.7
915512	884653	900742	798508	841913	714196	734000	460064	664000	457000
1134944	953093	1036402	966372	954676	810322	998389	591567	1184000	625000
605000	522327	516107	482430	389864	351864	269715	164343	356000	255000
152	60	125	77	73	52	124	56	1	1
15825	7775	10819	7723	8521	6630	4928	3468	200	200
1952	1518	1582	1473	756	596	355	134	212	144
56495	43350	127926	108565	67194	50319	55602	30035	75344	49063

附录2 续表 4

指标名称	单位	沈阳		大连	
		全市	市辖区	全市	市辖区
交通、社会治安					
交通					
交通事故死亡人数	人	529	415	239	164
交通事故损失额	万元	679	575	525	381
火灾事故死亡人数	人	12	11	4	4
火灾事故损失额	万元	464	279	2068	1746
社会治安					
刑事案件立案数	起	11123	10807	5339	3793
犯罪人数	人	14989	14510	6354	4235
青少年人数(年龄16-25周岁)	人	1925	1526	946	698
市政公用事业					
基础设施					
城市维护建设资金支出	万元		2407087		798451
年末实有城市道路面积	万平方米		6223		4072
排水管道长度	公里		3648		2530
供水综合生产能力(包括自备水源)	万立方米/日		182.3		169
供水总量	万吨		53672		45794
售水量	万吨		37128		30776
居民生活用水量	万吨		19035		9872
用水人口	万人		537.45		294.39
供　气					
供气总量（人工、天然气)	万立方米		39741		22762
家庭用量	万立方米		18156		15855
用气人口	人		4680000		2067000
液化石油气供气总量	吨		156000		155730
家庭用量	吨		22000		52600
用液化气人口	人		694500		876300
公共交通					
年末实有公共汽(电)车营运车辆数	辆		5139		5091
全年公共汽(电)车客运总量	万人次		117694		108516
年末实有出租汽车数	辆		17353		10242
轨道交通线路长度	公里		111		87
轨道交通客运总量	万人次		7267.63		8171.1
绿　地					
绿地面积	公顷		26686		18218
公园绿地面积	公顷		6677		3575
建成区绿化覆盖面积	公顷		18060		17615
环境保护					
工业废水排放量	万吨	7242		31488	
工业二氧化硫产生量	吨	180971		204728	
工业二氧化硫排放量	吨	95199		132003	
工业烟(粉)尘去除量	吨	2206369		4487995	
工业烟(粉)尘排放量	吨	50728		51099	
工业固体废物综合利用率	%	95.82		93.88	
污水集中处理率	%	85.20		93.70	
生活垃圾无害化处理率	%	100.00		85.70	
空气质量达标(API<100)天数	天	331		354	

注：本表数据为快报数。

鞍山		抚顺		本溪		丹东		锦州	
全市	市辖区	全市	市辖区	全市	市辖区	全市	市辖区	全市	市辖区
155	68	110	64	85	61	140	55	104	28
162	86	100	79	148	131	160	48	116	18
		1				2	2	2	2
278	256	387	291	176	63	96	5	363	302
2917	1372	1833	1055	1604	1116	1984	1906	5251	2428
4260	2187	2444	1529	2085	1448	2940	2706	1686	545
697	253	337	242	312	224	415	396	428	125
	245207		212763		100385		104028		86471
	1340		1313		791		1024		979
	885		846		341		767		481
	163		130.3		150		45.39		76.6
	30632		19413		20040		4534		14106
	25497		13308		19233		4136		10837
	3305		2702		1484		1780		2926
	155.81		130		93.07		62.65		97.64
	14571		7478		4809		4447		8798
	8321		6147		3914		3367		6140
	1551300		669000		741900		526501		871100
	5628		34068		5924		5330		4435
	5628		25200		2330		4769		4417
	77830		648500		148700		100125		65500
	1633		1237		688		552		917
	24265.6		25528		36430.56		10612.62		13533.4
	5375		4121		3879		1932		4962
	6097		4804		4924		2105		2649
	1717		1255		850		690		898
	6197		5345		5075		2018		2789
7529		3223		5103		5517		5497	
121609		144582		75810		35079		101369	
118539		59214		74706		35078		50343	
2765131		2609729		6505196		599866		1373395	
71361		38690		73170		28736		44229	
24.58		40.62		15.57		27.41		65.98	
71.22		67.79		88.22		85.26		66.53	
100.00				84.97				87.29	
324		331		349		352		348	

附录2 续表 5

指标名称	单位	营口		阜新	
		全市	市辖区	全市	市辖区
人口、劳动力及土地资源					
土地面积	平方公里	5242	702	10399	490
年底总人口	万人	235.45	91.10	192.05	78.07
年平均人口	万人	235.49	90.76	192.22	78.03
出生人口	人	20924	6846	12811	2079
死亡人口	人	24392	7610	16547	6032
年底总户数	万户	88.50	36.60	66.75	29.87
年末单位从业人员数(城镇)	万人	26.63	20.19	19.57	15.35
第一产业	万人	0.12	0.06	0.35	0.06
第二产业	万人	13.53	10.45	9.79	9.37
第三产业	万人	12.98	9.68	9.43	5.92
城镇私营和个体从业人员	人	810663	514525	214377	202379
年末城镇登记失业人员数	人	16758	10435	18000	17211
地区生产总值					
地区生产总值	万元	12246540	6955942	4802605	2506946
第一产业	万元	907579	222519	1100197	55974
第二产业	万元	6738066	4067726	2134749	1548009
#制造业	万元	5388515	3323956	834962	489952
第三产业	万元	4600895	2665697	1567659	902963
人均地区生产总值	元	50220	67374	26480	37306
地区生产总值指数	上年=100	113.9	114.6	113.7	114.5
财　政					
地方财政一般预算内收入	万元	1402407	926386	501433	355260
其中：各项税收	万元	1121312	740746	383111	270938
其中：企业所得税	万元	84944	61340	33388	24387
个人所得税	万元	19799	13401	13055	10345
地方财政一般预算内支出	万元	1831559	1144859	1283599	898708
一般性公共服务支出	万元	199930	133968	94591	70293
科学技术支出	万元	29962	21481	8796	8397
教育支出	万元	253291	141526	152678	77561
文化体育与传媒支出	万元	23603	17015	13086	8359
医疗卫生支出	万元	116705	44060	73198	40238
环境保护支出	万元	21336	13222	37543	16656
城乡社区事务支出	万元	340144	264463	116103	82142
社会保障和就业支出	万元	308885	189895	293756	259209
社会保险基金支出	万元	396829	297428	272912	214195
金　融					
年末金融机构存款余额	万元	10839738	7392063	6070627	4560610
其中：城乡居民储蓄年末余额	万元	6806960	4185509	3794382	2708880
年末金融机构各项贷款余额	万元	9659631	7710353	4348217	3062272
保　险					
保费收入	万元	266328		125176	
其中：财产险	万元	110181		41379	
人身险	万元	156147		83797	
赔款、给付	万元	70400		35130	
其中：财产险	万元	52127		17776	
人身险	万元	18273		17354	

辽阳		盘锦		铁岭		朝阳		葫芦岛	
全市	市辖区	全市	市辖区	全市	市辖区	全市	市辖区	全市	市辖区
4774	633	4071	266	12980	659	19698	1138	10415	2301
182.43	74.87	131.23	65.12	304.93	44.57	341.00	60.70	281.32	99.13
182.88	75.00	131.24	63.07	305.04	44.58	340.10	60.80	281.54	99.54
12941	4179	9319	3783	19232	2636	30723	4216	22186	6284
17531	5280	10279	3839	16747	2847	25118	5474	20158	8121
68.39	29.39	47.48	23.47	105.79	16.25	113.40	19.80	96.99	36.79
17.63	13.63	47.40	25.91	23.11	7.04	26.48	10.98	22.22	13.16
0.40	0.27	17.75	0.11	1.87	0.03	0.42	0.03	0.30	0.12
9.20	7.58	17.99	17.23	9.76	3.27	10.85	5.03	10.68	7.83
8.03	5.78	11.66	8.57	11.48	3.74	15.21	5.92	11.24	5.21
249648	124586	131621	117973	247929	82133	173702	128111	163363	83682
9885	6489	18421	8978	18564	4032	17648	3046	17000	12105
8886669	4480070	11199202	7226275	8738428	2391450	8130202	2079508	6500636	3348941
564428	62143	943336	33929	1724187	68923	1706858	149897	845325	222573
5611862	2539349	7621727	5323641	4601329	1546738	4166428	999450	3120063	2023738
3877562	1833421	3832052	1698005	2450567	1232533	1863699	651227	2320030	1538445
2710379	1878578	2634139	1868705	2412912	775789	2256916	930161	2535248	1102630
48594	59396	79584	96113	28647	53662	26927	34146	24789	33644
113.5	112.8	113.9	112.4	113.8	113.9	113.9	113.2	112.1	106.5
1001688	614176	1122844	702444	1050245	248683	869236	116311	703055	489051
737293	419551	862839	537868	782095	175294	659276	99676	480700	343098
79814	55846	49987	31211	52638	9391	58848	7438	33480	25826
22116	14472	35476	30271	14280	3144	36301	2082	13323	9581
1231030	793821	1441252	849060	1678158	635033	1733255	164478	1467945	924644
142419	85173	200027	137388	280196	98768	203774	33719	149583	94932
18499	6730	14022	9912	31322	12420	18075	7431	16857	8592
165264	94687	152942	90405	248435	75156	246260	20728	175694	81189
16935	12328	14723	9692	21043	10554	39972	1301	16525	10044
64804	34131	53233	29643	89019	26115	129221	10408	82957	39276
14185	7399	27832	12274	53928	15233			28157	17883
194997	96051	217390	120554	256733	85939	128537	15517	84760	58969
222207	185268	188062	142942	185454	139533	337885	17977	278033	276337
328485	318369	310528	1200	358794	11810			258368	203870
9675767	7030731	9314444	7574004	7295018	3627839	8764727	4179491	9361708	6541710
5857451	3950014	5812451	4517867	5228693	2466973	6130592		6101069	3706797
5894883	4495733	5206490	4235352	5541008	3068532	5239504	2932470	5653333	3822454
181196		216816		164593		168675		163153	
73008		70470		53574		55923		68872	
108188		146346		111019		112752		94281	
63351		72551		45996		68213		66644	
33633		33294		22602		27248		46469	
29718		39257		23394		40965		20175	

附录2 续表 6

指标名称	单位	营口		阜新	
		全市	市辖区	全市	市辖区
工　业					
规模以上工业法人企业:	–				
工业企业数	个	1406	874	470	326
内资企业	个	1216	757	444	309
国有企业	个	7	4	11	11
私营企业	个	1017	634	365	259
私营独资企业	个	195	68	111	75
私营股份有限公司	个	38	16	12	4
港、澳、台商投资企业	个	44	29	12	5
外商投资企业	个	146	88	14	12
工业总产值(当年价)	万元	24177032	15435405	6214970	4864643
内资企业	万元	18771498	11675604	5200804	3979828
国有企业	万元	51994	30125	981570	981570
私营企业	万元	11377878	6427414	3178229	2268616
私营独资企业	万元	2082900	753962	647524	439945
私营股份有限公司	万元	496013	134502	102968	24899
港、澳、台商投资企业	万元	1543391	1186595	776250	661794
外商投资企业	万元	3862143	2573206	237916	223021
从业人员年平均人数	万人	20.14	12.90	12.20	10.62
流动资产合计	万元	6566141	4551641	2665321	2190071
固定资产合计	万元	7472947	6457724	3512829	2750580
主营业务收入	万元	24601437	15899503	5930426	4685312
主营业务成本	万元	20551888	13486716	4754554	3713440
主营业务税金及附加	万元	307826	207999	34213	26187
本年应交增值税	万元	1017612	545419	188829	167700
利润总额	万元	2208525	1327927	441644	374765
交通运输					
铁路旅客运量	万人	477.60		193.75	
铁路货物运量	万吨	2293		1465	
民用汽车拥有量	辆	202412		143842	
私人汽车拥有量	辆	140262		120429	
公路客运量(全社会)	万人	4288		1067	
公路货运量(全社会)	万吨	11901		3704	
境内等级公路里程	公里	3217		6022	
境内高速公路里程	公里	139		272	
沿海港口货物吞吐量(规模以上)	万吨	26084			
内河港口货物吞吐量(规模以上)	万吨	669			
水运客运量(全社会)	万人				
水运货运量(全社会)	万吨	699			
民用航空货邮运量	吨				
民用航空客运量	人				
邮电通信					
年末邮政局(所)数	处	71	33	65	24
邮政业务收入	万元	12036		6739	
电信业务收入	万元	191845		104296	
年末固定电话用户数	万户	60.80	31.53	49.89	40.12
年末移动电话用户数	万户	204.90	119.43	142.37	125.96
其中：3G移动电话用户	万户	32.00		57.26	46.00
国际互联网用户数	户	347051	223873	262083	132520
能源电力					
综合能源消费量	万吨/标准煤	1140		381	323
全社会用电量	万千瓦时	1576765	933067	465978	363463
工业用电	万千瓦时	1319216	762236	343130	291661
城乡居民生活用电	万千瓦时	97789	70548	74893	35948

辽阳		盘锦		铁岭		朝阳		葫芦岛	
全市	市辖区	全市	市辖区	全市	市辖区	全市	市辖区	全市	市辖区
645	157	508	172	1695	349	645	108	340	144
612	136	477	153	1638	330	627	107	324	140
12	10	5	5	11	2	6	1	9	6
510	83	328	42	1228	223	509	66	219	60
360	37	78	2	559	59	178	10	63	34
10	5	11	2	28	8	4	2	63	3
12	5	6	3	17	4	10	1	3	
21	16	25	16	40	15	8		13	4
19217290	9083438	21559485	14167633	28182668	5144829	11631126	2865130	9745500	6687435
17265257	7371698	20798205	13791279	27187870	4654462	11381421	2862900	9542900	6587543
287355	262222	1089058	1089058	559830	50129	62640	3857	1237800	745654
9372002	914393	6589946	508188	18097973	3179935	6846997	1041168	2281300	484259
6111054	335838	1199313	49763	6847297	683494	2020143	74765	432000	166939
208461	52948	1181971	28157	496388	160554	18628	13033	57700	25795
1241574	1058067	67485	15177	473227	306096	130978	2230	24200	
710459	653673	693795	361177	521571	184271	118727		178400	99892
11.97	6.56	17.92	12.87	25.16	4.20	12.92	2.70	12.73	7.99
6935084	5397031	6778796	5213896	6232577	1227766	3035358	798439	5038900	4230254
4827333	2983599	9709162	8294204	8887872	1820379	2926068	1072669	3475300	778688
19567082	9664446	21590701	14218417	28227187	5055904	11187581	2530529	9478000	6299888
17051212	8350249	17709950	11028463	23555658	4329725	9415738	2369308	8391600	5626190
608156	559503	646193	601853	158981	32661	98926	7502	502800	479436
268243	135752	803655	661585	741499	98467	306205	28769	251100	164292
1444383	246991	1667682	1276923	1570554	265622	791271	-226	-187500	-191577
258.86		127.92		551.53		239.18		502.32	
1654		351		1311		800		742	
161166		170203		140675		273033		163232	
110041		127957		105355		195932		113444	
4613		3771		5728		3835		3094	
9250		8769		10461		3821		8673	
3206		3180		9507		7462		6239	
131		112		203		386		146	
		613						2737	
								53	
		18						92	
						15596			
98	44	78	30	118	26	162	24	108	49
16843		16263		15326		18285		16958	
130775		117296		146939		150748		151626	
51.23	24.43	35.25	23.59	58.12	14.36	74.03	6.36	60.55	21.16
144.31	80.53	131.49	92.36	169.63	54.61	199.26	44.79	190.92	126.51
19.42	14.50	20.40	20.40	15.00	2.00	21.12	3.37		
252474	151036	176725	169547	276673	103510	294336	41913	275696	166545
730	541	790	651	683	140	548	35	749	359
1323494	957592	643701	583529	616461	111220	969676	245827	892906	609689
1182204	577588	520786	416629	420328	53355	812527	188991	686197	56702
71284	34972	48033	33622	91626	26260	86680	25480	81958	30281

附录2 续表 7

指标名称	单位	营口		阜新	
		全市	市辖区	全市	市辖区
贸　易					
限额以上批发零售贸易业商品销售总额	万元	2375558	1888503	2338080	2076889
社会消费品零售总额	万元	2942074	1692745	1751979	1339823
限额以上批发零售企业数(法人数)	个	235	146	94	84
从业人员年平均人数	万人	2.00	1.00	1.00	0.54
流动资产合计	万元	575965	400867	481751	432779
固定资产合计	万元	149790	90724	81991	74688
主营业务收入	万元	2096878	1676966	1929137	1669985
主营业务成本	万元	1762832	1422951	1812274	1563684
主营业务税金及附加	万元	48528	30800	8186	7882
本年应交增值税	万元	65083	41370	18177	14086
利润总额	万元	148124	110672	22672	17256
外贸、外经					
货物进口额(海关数)	万美元	107763		4662	
货物出口额(海关数)	万美元	325860		15323	
当年新签项目(合同)个数	个	110		16	11
当年实际使用外资金额	万美元	110283	73953	14958	12505
旅　游					
入境游客人数(含一日游游客)	人	155149		25531	
外国人	人	150781		15742	
港、澳、台同胞	人	4368		9789	
国际旅游(外汇)收入	万美元	6186		1133	
固定资产投资					
固定资产投资总额	万元	9107935	9057935	3908783	1884340
房地产开发投资额	万元	2660598	2660598	470736	408701
住宅	万元	2036269	2036269	385223	339209
全年新增固定资产	万元	5601575	5601575	2956859	1406535
房地产					
商品房屋销售面积	万平方米	613.06	613.06	165.19	139.29
住宅	万平方米	545.60	545.60	146.39	125.43
高档别墅公寓	万平方米	2.91	2.91		
商品房屋销售额	万元	2331095	2331095	510504	444017
住宅	万元	1950722	1950722	403739	34889
高档别墅公寓	万元	16433	16433		
商品房屋空置面积	万平方米	149.14	149.14	54.83	50.32
保障性住房建设					
保障性住房本年完成投资	万元	379090	379090	182567	182567
廉租房	万元	3810	3810	4783	4783
保障性住房施工面积	万平方米	353.64	353.64		
廉租房	万平方米	4.69	4.69		
保障性住房竣工面积	万平方米	41.52	41.52		
廉租房	万平方米				
教　育					
学校数					
普通高等学校数	所	2	2	2	2
中等职业教育学校数	所	20	18	22	18
普通中学学校数	所	98	39	116	35
小学学校数	所	216	58	150	43

辽阳		盘锦		铁岭		朝阳		葫芦岛	
全市	市辖区	全市	市辖区	全市	市辖区	全市	市辖区	全市	市辖区
1561711	1364827	3299129	2530148	2145726	1140105	1653257	1012589	1330188	691348
2451009	1375853	2178789	1651162	2670340	561913	2546614	734958	274022	1582106
96	73	167	153	159	44	144	66	102	61
0.42	0.33	1.00	0.91	1.00	1.07	1.00	1.10	1.00	0.60
188359	172537	794067	741693	352269	192432	720542	160836	248911	118560
58767	53169	88119	69817	85918	57105	109029	75181	112045	40327
1294848	1243220	3009992	2259209	1925888	1083886	1366098	854996	1182714	562758
1211254	1169421	2857396	2115468	1805077	998111	1209083	773357	1069253	521875
7739	7637	16842	16405	12377	8991	10448	9071	9819	1325
14931	14404	22350	18917	23291	13597	21426	12712	15384	6637
26012	24884	29536	30052	23673	19754	30087	16472	18062	5621
25587		26219		1875		22538		48456	
51192		53823		53190		31274		80100	
15	12	62	24	15	3	21	6	51	27
39118	34176	200108	80128	30345	9212	14269	2365	44439	24327
33470		243895		57203		16626		88003	
32293		117545		31564		13946		51135	
1177		126350		25639		2680		36868	
2080		11095		3321		1026		4259	
5065735	2932191	7943686	2030804	7465512	1791347	5958805	1392253	4442788	1341420
1095311	915735	1096440	740035	1937310	835156	885029	480705	805593	387780
829097	749421	794719	558634	1501417	667826	725041	394845	645474	300140
3107958	1618545	5418069	767505	6624588	1498056	3871682	176390	3629311	812883
200.57	163.24	346.10	298.05	447.04	105.99	376.34	140.92	153.21	75.31
174.62	141.11	315.81	270.94	382.72	99.08	322.95	126.94	140.80	67.52
0.52	0.52			1.57	0.95				
734875	596399	1276827	1121364	1287207	329157	927162	382705	509402	286262
586185	465778	1115108	978143	1043820	295585	732466	337076	438027	233721
3540	3540			8277	4867				
44.92	31.49	29.30	20.10	217.80	47.67	82.08	51.89	22.09	21.60
55141	44655			78133	31318	188730	14500	316964	215691
13000	13000			1469	759	19665	2345	27139	13925
54.71	45.13			73.23	19.77	134.11	6.17	359.97	241.97
12.95	12.95			1.07	0.40	12.28	1.04	14.86	6.25
16.15	6.57			42.63	19.77	24.85	3.36	120.49	69.71
				0.40	0.40	0.79		14.36	5.75
4	4	2	2	4	4	1	1	1	1
11	11	6	3	24	17	14	5	16	12
82	33	75	34	138	24	174	19	136	50
244	40	49	44	394	33	700	47	608	129

附录2 续表 8

指标名称	单位	营口		阜新	
		全市	市辖区	全市	市辖区
专任教师数					
普通高等学校教师数	人	897	897	3024	2800
中等职业教育学校教师数	人	1420	1069	1734	1153
普通中学教师数	人	9384	3500	8448	3335
小学教师数	人	6066	2868	8288	2582
在校学生数					
普通高等学校学生数	人	16619	16619	45379	40515
高中阶段在校学生数	人	60697	39697	57498	17400
中等职业教育学校学生数	人	25278	21577	24035	21049
普通中学学生数	万人	10.25	4.61	5.71	1.98
小学学生数	万人	13.11	5.27	9.51	2.95
初中毕业生升学率	%	97	98	54	89
成人高等学校在校学生数	人	3622	3622	7562	4462
卫 生					
医院、卫生院数	个	110	43	102	36
医院、卫生院床位数	张	10215	5704	7226	5023
医生数(执业医师+执业助理医师)	人	4535	2825	3778	2425
注册护士	人	4278	2908	3821	3876
人民生活、社会保障					
在岗职工平均人数	万人	26.34	19.81	18.52	13.70
在岗职工工资总额	万元	840214	642183	613164	490781
居民收支					
城镇居民人均可支配收入	元		20894		14994
最低10%户人均可支配收入	元		8595		5822
最高10%户人均可支配收入	元		59206		36206
城镇居民人均消费支出	元		12994		11127
(1)食品	元		5307		4152
(2)衣着	元		1905		1433
(3)居住	元		1177		969
(4)家庭设备用品及服务	元		897		544
(5)医疗保健	元		928		1107
(6)交通和通信	元		1139		1205
(7)教育文化娱乐服务	元		1153		1259
居民生活					
每百户居民家庭拥有:					
(1)家用汽车	辆		9		8
(2)家用电脑	台		69		60
(3)固定电话	部		60		65
(4)移动电话	部		167		196
(5)彩色电视机	户		116		115
人均住房建筑面积	平方米		29.80		24.93
居民消费价格指数(上年为100)	%		105.0		102.5
社会保障					
城镇基本养老保险参保人数	人	668887	454694	468630	351607
基本医疗保险参保人数	人	608997	428437	821705	678211
失业保险参保人数	人	223323	147530	220339	169471
社会福利院数	个	84	50	92	34
社会福利院床位数	张	7358	4159	4835	2405
社区服务设施数	个	148	107	180	92
城镇居民最低生活保障人数	人	79040	47614	125524	118416

辽阳		盘锦		铁岭		朝阳		葫芦岛	
全市	市辖区	全市	市辖区	全市	市辖区	全市	市辖区	全市	市辖区
1549	1549	581	581	1644	1644	468	468	392	392
933	736	579	286	1167	587	1261	981	776	528
5360	3268	5424	2904	11017	2782	13917	1500	9847	3765
5641	2231	5251	2353	9839	1527	14817	2102	11016	4008
19672	19672	4971	4971	15047	15047	4025	4025	7492	7492
38199	36939	29547	17076	65978	26097	116639	26713	58400	20982
12111	10903	11892	5619	19112	11677	44364	12187	13389	10175
8.20	4.40	7.47	4.43	13.08	2.57	18.52	1.25	13.25	4.12
9.65	4.20	7.20	3.80	15.25	2.46	20.71	0.69	17.16	5.68
98	99	65	79	76	100	90	100	75	90
		1268	1268	2160	2160	4340	4340	3000	2156
89	47	1118	649	117	17	164	16	156	31
9020	7815	7056	5580	8455	2260	11237	2841	9639	5500
3996	2901	3563	3540	7014	1831	4000	1531	4885	2073
3670	2904	3141	3132	4043	1475	3413	1096	3966	2187
18.61	13.50	46.34	25.15	22.86	6.07	29.31	12.70	21.45	11.66
672850	524107	1408540	1177928	746225	225992	920490	427775	675522	424138
	19469		24266		16203		14958		20160
	6954		7335		6229		156		5336
	54093		66189		36612		40703		58544
	12651		15213		12039		10334		12132
	4757		4697		4097		3663		4054
	1715		2253		1544		1374		1245
	1160		1212		1291		1191		942
	800		957		767		586		807
	735		1279		1336		1216		1255
	1902		2552		1277		1049		2202
	1202		1717		1241		923		1196
	10		18		8		6		9
	70		72		63		53		65
	64		76		75		68		68
	171		165		152		166		155
	111		116		109		108		111
	27.50		30.52		29.14		27.24		28.50
	104.7		104.9		104.6		104.9		105.2
547662	390144	538547	255066	498673	43811	475564	194731	469463	102093
798243	552743	982221	823973	1024223	351952	444655	190158	880614	244887
216248	134261	271545	239753	314887	31215	205420	69472	251411	38173
28	28	33	6	58	10	177	13	7	1
3572	3272	1712	1712	6366	488	7849	1095	980	200
293	272	590	464	477	302	125	67	31	27
52666	35464	41196	12530	74549	20146	156845	61482	71020	22049

附录2 续表 9

指标名称	单位	营口		阜新	
		全市	市辖区	全市	市辖区
交通、社会治安					
交通					
交通事故死亡人数	人	115	55	85	46
交通事故损失额	万元	113	18	141	95
火灾事故死亡人数	人	1	1		
火灾事故损失额	万元	178	158	159	60
社会治安					
刑事案件立案数	起	1873	723	4326	2187
犯罪人数	人	2438	1016	1694	820
青少年人数(年龄16-25周岁)	人	239	127	749	591
市政公用事业					
基础设施					
城市维护建设资金支出	万元		41344		58117
年末实有城市道路面积	万平方米		718		494
排水管道长度	公里		530		270
供水综合生产能力(包括自备水源)	万立方米/日		47.7		38
供水总量	万吨		6350		7888
售水量	万吨		4184		6680
居民生活用水量	万吨		1839		2650
用水人口	万人		94.77		78
供　气					
供气总量（人工、天然气）	万立方米		1769		3310
家庭用量	万立方米		1244		1471
用气人口	人		470000		408900
液化石油气供气总量	吨		15005		4956
家庭用量	吨		15000		4710
用液化气人口	人		460000		161000
公共交通					
年末实有公共汽(电)车营运车辆数	辆		704		373
全年公共汽(电)车客运总量	万人次		10915		6803
年末实有出租汽车数	辆		4836		2558
轨道交通线路长度	公里				
轨道交通客运总量	万人次				
绿　地					
绿地面积	公顷		3953		3077
公园绿地面积	公顷		1007		874
建成区绿化覆盖面积	公顷		4260		3076
环境保护					
工业废水排放量	万吨	3796		3976	
工业二氧化硫产生量	吨	69711		157607	
工业二氧化硫排放量	吨	58024		102211	
工业烟(粉)尘去除量	吨	2072376		1955177	
工业烟(粉)尘排放量	吨	48224		18353	
工业固体废物综合利用率	%	88.49		96.08	
污水集中处理率	%	64.04		81.00	
生活垃圾无害化处理率	%			90.91	
空气质量达标(API<100)天数	天	358		347	

注：本表数据为快报数。

辽阳		盘锦		铁岭		朝阳		葫芦岛	
全市	市辖区	全市	市辖区	全市	市辖区	全市	市辖区	全市	市辖区
95	45	137	39	52	27	94	17	102	60
127	40	154	30	39	30	60	10	52	64
		1						1	1
58	47	90	18	193	4	297	51	88	36
1536	755	912	560	5416	1682	1746	65	6621	3843
1779	998	1412	880	1624	418	1175	57	2607	1553
224	143	211	113	421	159	63		629	402
	76340		81821		20129		56765		58656
	1087		1072		831		443		504
	788		667		463		378		844
	86.5		30.63		21.42		15.1		33.47
	13800		7380		3770		3060		4738
	11598		6262		2468		1796		3426
	1610		2272		1215		1088		1773
	78.58		69.32		44.1		45.3		44.91
	1309		1506		4058		1930		4653
	1003		1291		1951		1200		1667
	325400		360000		340560		339000		380000
	11378		14655		2826		5980		4220
	11378		14589		1330		4020		3000
	418800		333200		100500		123000		61100
	557		459		348		225		409
	8910.6		9542		4621		4365.2		5677.6
	3579		3238		2183		1971		2877
	3826		2167		1551		977		2913
	698		400		442		324		649
	4100		2481		1735		1289		2988
7477				1821		1482		2760	
77044		1		140951		66953		638852	
42657				52062		47013		78125	
2673806				4629525		737062		2533513	
38600				28626		50316		22723	
93.00				59.23		14.86		58.20	
83.40		100.00		89.87		77.90		42.53	
100.00		78.05		85.19		97.83			
353		356		349		355		357	

附录3 2011年各市

区名称	行政区域土地面积(平方公里)	年末总人口(万人)	年平均人口(万人)	常住人口(万人)	当年出生人口(人)	当年死亡人口(人)	年末总户数(万户)
沈阳市							
和平	61.10	64.16	64.16	70.10	4189	4900	22.40
沈河	58.00	72.10	66.85	84.90	5095	5114	26.28
大东	101.00	69.69	70.00	79.00	5165	5455	25.28
皇姑	66.90	80.94	80.89	93.50	5345	6092	28.29
铁西	483.30	101.84	100.84	109.80	8441	8058	36.66
大连市							
中山		35.66	35.66		2467	2468	13.44
西岗		30.01	30.12		2066	2214	11.49
沙河口		65.96	65.84		5562	4078	23.69
鞍山							
铁东	58.45	50.48	50.18	50.48	2981	3600	17.41
铁西		31.71	30.28	29.12	1722	2713	12.36
立山	55.27	43.77	42.99	43.77	2405	3897	16.08
抚顺市							
新抚	110.00	31.44	30.70	30.00	1361	2310	11.30
东洲	610.18	31.77	32.25	32.01	1514	2964	13.33
望花	112.00	31.18	31.26		1622	2522	12.51
丹东市							
元宝	130.00	42.60	42.60	42.60	2431	3146	15.93
振兴	92.00	18.59	18.59	18.60	1020	1495	7.42
锦州市							
古塔	30.00	37.93	37.93	37.93	1803	2419	14.04
凌河	67.62	25.03	25.12	24.79	1348	1572	8.16
营口市							
站前	70.41	26.95	26.91	26.95	1621	1731	10.91
西市	39.74	15.71	16.27	15.77	757	923	6.65
辽阳市							
白塔	24.00	20.95	20.92	21.03	1175	1388	8.51
文圣	46.00	18.40	18.46	18.40	920	1317	7.61
宏伟	150.00	13.78	14.28	13.78	740	759	5.24

注：本表数据为快报数。

市辖区基本情况

年末单位从业人员数(万人)	#第二产业	#第三产业	城镇登记失业人员数(人)	地区生产总值(万元)	第一产业增加值	第二产业增加值	
							制造业
15.63	3.64	11.99	10053	6201107	1164	798005	87076
11.17	1.56	9.62	7824	7392269	754	1176636	284587
9.77	5.04	4.72	40004	4681496	2971	3190824	2928566
12.15	3.39	8.75	8753	3782668	2201	1056763	856356
25.04	18.13	6.91	17747	10003353	88843	7118030	6476913
15.32	1.68	13.61					
10.47	4.42	6.04					
12.40	4.52	7.88					
12.26	3.08	8.88		3371018	4074	659864	127763
5.41	3.01	2.39		2110915	25564	1178925	989480
7.11	4.97	2.18		2286932	4724	1361488	1005058
9.64	6.72	2.92		1505289	15121	661279	231229
3.12	1.61	0.92	4753	1906649	45563	1496428	1060806
4.52	3.31	1.22	5250	1480108	12839	1094366	982446
8.49	2.95	5.54	5762	1588404	18280	663851	266181
2.64	1.00	1.64	11185	462218	10310	196669	171313
2.30	1.05	1.14	9159	880266	1992	414859	98907
2.00	1.32	1.36	9256	1492991	416	653061	481178
2.05	1.57	0.48		1160016		603264	479264
1.51	1.14	0.37		695156		448870	353870
4.22	1.84	2.38	1794	1004481	2508	265235	150508
2.71	0.94	1.77	730	650709	1017	125467	98255
3.99	3.32	0.67	1975	1620614	12129	1432710	1384403

附录3 续表 1

区名称	第三产业增加值	人均地区生产总值（元）	公共财政预算收入（万元）	各项税收	公共财政预算支出（万元）	一般性公共服务支出	科学技术支出
沈阳市							
和平	5401938	87586	780110	706700	320588	74221	11743
沈河	6214879	86258	780078	696474	296558	80447	3735
大东	1487701	59259	509236	492624	258899	34312	5980
皇姑	2723704	40456	374211	302367	200973	37278	3748
铁西	2796480	91105	1003232	767909	614804	31648	24712
大连市							
中山			243866	232158	213670	18356	6764
西岗			185516	180839	200932	26635	4157
沙河口			220699	209188	232583	26947	1800
鞍山							
铁东	2725880	67179	156809	154072	139736	23836	1160
铁西	906426	69713	146660	139883	106599	17234	65
立山	920720	53196	166416	158835	161900	23964	4062
抚顺市							
新抚	828889	50615	149414	127690	89530	10822	153
东洲	364658	59238	125000	113048	82289	13688	34
望花	372903	47219	91653	81577	55271	6745	94
丹东市							
元宝	906273	36939	123103	105723	83601	15426	1100
振兴	255239	24863	44777	39502	40512	6748	171
锦州市							
古塔	463415	23209	90040	76332	80779	19952	400
凌河	839514	59441	84066	71399	75492	11957	982
营口市							
站前	556752	43107	150166	130771	97500	16360	260
西市	246286	42714	66488	44825	59915	31123	369
辽阳市							
白塔	736738	47924	82906	77814	43406	11553	772
文圣	524225	35288	45783	40859	25717	7038	513
宏伟	175775	113727	83566	74173	63405	11670	1332

注：本表数据为快报数。

		规模以上工业企业数(个)	规模以上工业总产值(现价、万元)				规模以上工业从业人员年平均数(万人)
教育支出	医疗卫生支出			内资企业	港、澳、台商投资企业	外商投资企业	
59886	17818	24	1794517	1759552	28309	6656	0.94
61897	10360	163	1418673	1311174	45215	62284	2.26
65661	13777	277	12807138	4761377	190256	7855505	7.89
54727	12205	110	2284577	2271269	7363	5945	2.66
92320	19973	467	22895418	17107613	1637781	4150024	18.64
51427	8123	5	54118	54118			0.11
40177	8338	23	3284184	3268803		15381	1.89
39050	10722	45	2109359	1729486	44821	335052	2.10
24318	4550	19	199729	179338		20391	0.65
15366	3421	119	2385080	2124840	114040	146200	1.92
24170	3311	82	1858774	1793563	7900	57283	3.23
13849	3913	24	903389	820328	4737	78325	3.53
12476	4224	126	5907813	5736783	90368	80662	3.86
11593	3511	45	2815932	2815932			2.58
12505	4933	45	388685	156601	42571	189514	0.86
6846	1899	24	375637	289018	47426	39193	0.58
10930	2915	14	155493	105086		50407	0.62
10571	2516	29	5565818	5523804	17221	24793	4.58
14400	1141	297	2851662	2643446	100483	99305	3.60
9216	892	154	1710389	1569033	53895	87461	0.98
8511	2259	25	427523	376651	8062	42810	0.75
5164	1550	18	335750	319242		16508	1.11
10866	3575	39	7518238	6010069	1036774	471395	3.44

附录3 续表 2

区名称	规模以上工业流动资产合计(万元)	规模以上工业固定资产合计(万元)	规模以上工业主营业务收入(万元)	主营业务税金及附加(万元)	规模以上工业主营业务成本(万元)	规模以上工业本年应交增值税(万元)	规模以上工业利润总额(万元)
沈阳市							
和平	606742	665121	628999	105014	417305	35830	7951
沈河	828604	458703	1412797	4946	1226694	23064	34622
大东	5836031	1627900	13579886	682770	11027916	389271	916540
皇姑	1312576	350910	2410399	12975	2067562	12811	71008
铁西	12224197	6422897	22342175	125585	18932457	441018	809348
大连市							
中山	85390	17754	48898	221	43017	492	1139
西岗	8869537	1661089	3275179	6008	2926367	27999	368994
沙河口	1249760	1652890	2205545	11226	1930736	75892	68331
鞍山							
铁东	231690	254418	190703	5070	160706	3985	392
铁西	971691	641777	2237743	3904	1816697	33342	135170
立山	1477784	480412	1883797	13946	1439076	39573	200397
抚顺市							
新抚	917028	755854	929573	13961	692118	77799	47066
东洲	1593948	2683400	5829769	575887	5296146	91331	-573222
望花	971771	745707	2788241	8594	2561079	49745	111664
丹东市							
元宝	181214	79119	374984	936	340710	12491	12807
振兴	118247	67656	364871	3591	311958	13197	17801
锦州市							
古塔	147076	97381	137383	3940	100999	4937	3863
凌河	851502	560771	3905092	489612	3447840	118045	-300987
营口市							
站前	500703	389561	2901374	179152	2368512	90892	202354
西市	189699	219054	1202875	4426	941653	43588	99597
辽阳市							
白塔	344342	133483	397633	3095	342370	11933	12030
文圣	257847	380013	313859	2201	263767	4688	8728
宏伟	4401123	2160049	8152157	547567	7079574	88368	156567

注：本表数据为快报数。

限额以上批发零售贸易业商品销售总额(万元)	社会消费品零售总额(万元)	限额以上批发零售企业数(法人数、个)	限额以上批发零售企业从业人员年平均人数(万人)	限额以上批发零售企业流动资产合计(万元)	限额以上批发零售企业固定资产合计(万元)	限额以上批发零售企业主营业务收入(万元)	限额以上批发零售企业主营业务成本(万元)
4731466	5044751	244	1.82	1308774	315127	3947297	3667447
11662086	5948129	249	2.51	2991632	559585	10037554	9198613
2736741	1783908	142	0.90	778965	108443	2242906	2074476
3064262	1667498	167	0.53	1175977	93933	2351684	2202697
8121046	3834244	266	1.76	2037468	275816	6835465	6491502
13017574	4222024	320	2.70	4109069	343985	11716053	11008255
2255530	1742390	174	0.65	1297848	117061	2089242	1805819
3317816	2956760	200	0.99	1414324	118828	3144737	2942838
6820092	1586427	98	0.78	1474933	163617	5870064	5620713
809374	1032720	142	0.28	1045948	41217	1059368	785743
550218	200338	132	0.17	72746	13795	480517	428355
1355745	1517378	47	0.68	165432	84845	977495	874697
285311	463587	26	0.08	19923	9568	235587	222412
153612	480763	12	0.07	17229	10163	118927	113714
2980401	756501	63	0.23	91967	68822	238213	197554
127639	572823	29	0.11	26680	3104	127639	114411
358786	905305	30	0.43	80864	12921	267710	248928
464403	962278	32	0.36	163678	23688	462148	384571
460380	519715	58	0.34	152905	28562	407086	330145
138315	85571	26	0.12	54492	9385	124627	100551
179403	620540	23	0.20	57160	19467	157621	148287
200340	312237	16	0.08	38318	6844	180362	147858
464531	125241	14	0.03	34106	3581	466994	457780

附录3 续表 3

区名称	限额以上批发零售企业主营业务税金及附加(万元)	限额以上批发零售企业本年应交增值税(万元)	限额以上批发零售企业利润总额(万元)	当年实际使用外资金额(万美元)	全社会固定资产投资总额(万元)		
						房地产开发投资额	
							住宅
沈阳市							
和平	8500	53067	29917	61391	4001360	2909735	1780260
沈河	59372	172181	126972	85880	4327423	2408649	1275818
大东	8136	15312	25348	60910	3580856	906512	544038
皇姑	24604	26535	28215	34458	3578345	922923	649358
铁西	9869	62507	9111	100300	6013117	1841819	1547902
大连市							
中山	24858	97979	336799	33000	1750110	1137282	810143
西岗	39458	42561	126267	36000	711571	346460	253088
沙河口	3479	26192	22956	33000	1390451	980306	630619
鞍山							
铁东	22555	46823	104496	25523	2153118	1210440	866513
铁西	2284	5004	-23775	9246	881998	356106	247518
立山	11544	38406	13239	34305	1100557	524454	451163
抚顺市							
新抚	12689	10726	36788	393	450962	130067	120508
东洲	456	2113	3299	3140	903050	70485	49861
望花	280	9049	1420	4	503703	44413	28687
丹东市							
元宝	6941	1577	5404	11212	760209	238270	231708
振兴	3626	1026	3391	13000	540144	421502	347602
锦州市							
古塔	1394	3608	619	5508	463308	198109	153693
凌河	10271	9100	28904	596	466467	233584	159279
营口市							
站前	3005	7075	44786	10500	635134	286109	239023
西市	2793	7047	5275	7078	635134	390068	337918
辽阳市							
白塔	322	1490	179	1003	638481	369282	310035
文圣	6353	3622	14178	30	410285	107902	78843
宏伟	252	8450	3067	29519	875422	92883	72782

注：本表数据为快报数。

新增固定资产（万元）	商品房屋销售额（万元）		待售面积（万平方米）	普通中学数（所）	小学数（所）	普通中学专任教师数（人）	小学专任教师数（人）
		住宅					
1284118	1028853	810380	16.05	17	28	1788	2067
1235281	869032	675133	97.77	19	32	2814	2640
1968793	656144	498998	44.57	19	30	1679	1656
1695289	744824	663091	57.13	32	40	3687	2601
1740034	2944035	2280001	35.29	39	76	2645	3158
520907	636823	552028	31.40	13	23	1245	1001
140959	247976	238944	5.79	11	20	797	678
615263	821124	621051	29.19	20	31	1326	1094
364151	727803	539373	11.80	10	20	1317	1155
396690	593199	422678	24.22	9	15	755	598
461662	499942	288952	25.07	12	18	1261	1136
451172	114504	80743		10	14	812	855
368211	110471	96465	0.48	14	28	982	702
503703	99788	88873		10	13	661	951
562211	183622	183622	5.51	2	20	118	931
154804	436900	408597	12.28	1	10	95	420
102921	287545	215638	57.06		16		1097
108568	194287	187978	0.81	1	11	54	869
430335	328776	277393	30.87		11		631
170422	730692	617820	5.89		8		528
402287	136917	67335	19.42	6	12	732	743
327955	83657	83126	5.37	3	9	354	532
551574	97731	68636	5.89	7	11	595	373

附录3 续表 4

区名称	普通中学在校学生数(人)	小学在校学生数(人)	医院、卫生院数(所)	医院、卫生院床位数(张)	医生数(执业医师+执业助理医师)(人)	注册护士(人)	城镇在岗职工年平均人数(万人)
沈阳市							
和平	15000	23800	26	10652	4145	6101	14.09
沈河	22200	31700	57	5800	5196	2944	10.81
大东	14800	21100	152	6295	4235	2387	9.48
皇姑	18800	37800	15	649	527	502	9.75
铁西	26955	46736	25	1698	1608	1415	23.27
大连市							
中山	12000	13700	6	3821	1884	2135	13.15
西岗	7500	10600	12	3257	1839	2381	9.68
沙河口	13600	23000	17	5923	3649	4337	11.34
鞍山							
铁东	11000	19600					11.12
铁西	5800	9500					4.68
立山	8100	12800					3.89
抚顺市							
新抚	7000	10000	3	275	135	141	9.40
东洲	5200	7800	15	812	479	702	3.17
望花	5376	8520	9	1320	340	516	4.40
丹东市							
元宝	1100	12000	25	300	117	172	8.08
振兴	900	5100	6	20	100	56	2.76
锦州市							
古塔		15700	3	347	285	50	2.66
凌河	400	9800	152	330	280	234	1.87
营口市							
站前		10800	25	818	771	341	2.05
西市		5821	6	120	331	195	1.50
辽阳市							
白塔	9000	9200	17	1115	1143	839	3.94
文圣	3100	7300	14	3402	1011	1711	2.84
宏伟	3900	6800	4	900	193	288	3.75

注：本表数据为快报数。

城镇在岗职工工资总额（万元）	城镇基本养老保险参保人数（人）	基本医疗保险参保人数（人）	失业保险参保人数（人）	社会福利院数（个）	社会福利院床位数（张）	社区服务设施数（个）
735054	132707	619340	196000	1	100	16558
467219	699654	631245	682213	12	1210	25897
426778	140011		171357	15	180	144
512379	166789		122604	10	1206	134
928378	350314	239527	278460	2	500	187
818475				15	1087	60
571093				19	1264	73
603942				31	2014	98
372043	76575		20093	6	665	750
112325	62116		15520	6	414	152
108519	65132		86724	15	1490	504
1180	40775	27931	4504	8	950	22210
98823	104121	150055	1370	13	1060	285
141385	8960	53329	3985	11	658	81
228433				11	800	159
72278	45000	21400	22471	9	853	31
54	2779	24340	9481	4	56	63
72783	12815	17528	6890			
41564	31259		14267	16	971	
31672	24778		9140	18	1153	
124278	3317	3428	1326			
80370	29901	149174	8440			32
207597	26863	83526	14537	4	400	60

附录3 续表 5

区名称	城镇居民最低生活保障人数(人)	交通事故死亡人数(人)	交通事故损失额(万元)	刑事案件立案数(起)	犯罪人数(人)	绿地面积(公顷)	公园绿地面积
沈阳市							
和平	13857	12	80	7695	1699	927.0	496.0
沈河	36055	312	886	9717	1081	1878.0	402.0
大东	19561	40	81	1130	1511	2112.5	198.1
皇姑	16711	32	300	3093	515	1801.1	656.6
铁西	21255	132	1261	2549	2057	5941.2	752.1
大连市							
中山	5790	4	21	318	441		
西岗	6493	7	11	253	360		
沙河口	12312	23	49	524	797		
鞍山							
铁东	10602					1929.7	262.4
铁西	15060			309	430	417.0	44.0
立山	14554			235	392	211.0	12.0
抚顺市							
新抚	21310			1342	459		
东洲	38622			233	288	1100.0	116.0
望花	28207	25	80	11	18	68.0	8.8
丹东市							
元宝	13732			1131	420	1021.0	317.0
振兴	10367			144	273		
锦州市							
古塔	23653						
凌河	16671					1.0	1.0
营口市							
站前	19465						
西市	18791						
辽阳市							
白塔	15255					253.0	40.0
文圣	11495					30.0	13.0
宏伟	2820						

注：本表数据为快报数。

建成区绿化覆盖面积(公顷)	工业废水排放量(万吨)	工业二氧化硫产生量(吨)	工业二氧化硫排放量(吨)	工业烟尘去除量(吨)	工业烟尘排放量(吨)	工业固体废物综合利用率(%)
995.0	53.00	7660	7124	11273	5378	99.74
2017.0	93.20	7503	6070	129708	3480	100.00
2680.2	670.82		10448			96.00
1926.3	207.00	6459	5963	11838	2506	100.00
4150.3	3318.72	31675	16299	264146	5080	174.53
	12.96	6010	5928	87337	3202	100.00
	939.26	8715	8715	1947	638	73.70
	306.93	28427	21156	294745	1495	91.59
1970.4	3.00		840			100.00
	60.71	235	235	225	204	98.00
183.0	20.00	876	876	1710	450	100.00
	3.85			22450	250	720.00
320.0	397.00	419	599	10629	849	100.00
35.0	531.00	691	13258	338442	19533	98.40
1225.0						
	147.00	140	1450	1380	370	100.00
	554.00	14588	5657	184422	1753	100.00
			5	9	2	
					2075	100.00
	2325.00	27863	10902	112446	6550	47.00

附录4 沈阳经济区主要经济指标

年 份	年 末 总人口 (万人)	生产总值 (亿元)	全社会固定资产投资 (亿元)	社会消费品零售总额 (亿元)	实际利用外商直接投资 (亿美元)	出口总额 (亿美元)	地方财政一般预算收入 (亿元)
2000	2311.5	2433.5	625.6	1059.7	10.4	24.6	136.0
2001	2316.9	2670.9	720.6	1169.2	13.3	22.6	166.5
2002	2319.1	2985.6	873.1	1299.6	20.0	26.1	182.5
2003	2320.5	3420.2	1173.5	1377.2	29.8	34.9	178.1
2004	2327.8	4161.6	1784.3	1554.8	30.0	52.7	228.0
2005	2334.8	4907.6	2479.2	1762.0	24.1	61.2	289.6
2006	2343.8	5790.6	3256.4	2016.7	34.8	78.5	353.8
2007	2354.1	7059.3	4297.4	2367.3	57.1	97.9	467.0
2008	2359.4	8539.3	5739.0	2899.9	68.0	132.3	601.8
2009	2363.5	9694.9	7237.8	3428.4	81.2	81.6	719.1
2010	2363.3	11737.0	9130.5	3941.0	82.7	112.6	1088.0
2011	2363.6	13939.9	9921.5	4632.5	91.1	138.4	1431.7

附录5 沿海经济带主要经济指标

年 份	年 末 总人口 (万人)	生产总值 (亿元)	全社会固定资产投资 (亿元)	社会消费品零售总额 (亿元)	实际利用外商直接投资 (亿美元)	出口总额 (亿美元)	地方财政一般预算收入 (亿元)
2000	1715.8	2040.7	580.1	807.5	16.4	87.4	125.5
2001	1722.9	2226.3	623.3	888.3	19.4	92.6	154.2
2002	1729.5	2470.3	727.6	985.2	21.0	102.1	160.8
2003	1733.9	2843.3	943.9	987.4	28.2	116.8	176.6
2004	1738.1	3373.2	1260.7	1125.3	25.5	142.6	190.5
2005	1746.1	3915.3	1822.7	1280.0	12.5	180.7	231.8
2006	1757.7	4632.0	2366.2	1466.4	25.9	213.5	304.8
2007	1769.9	5533.2	3176.8	1719.3	34.8	264.9	406.2
2008	1779.6	6726.4	4245.7	2087.5	54.9	300.5	518.0
2009	1784.9	7613.7	5450.5	2467.4	77.5	260.1	636.3
2010	1784.7	9259.9	7349.2	2901.9	132.3	335.4	898.8
2011	1785.9	11150.9	8119.7	3410.6	161.2	401.5	1181.4

附录6　辽西北主要经济指标

年 份	年 末 总人口 (万人)	生产总值 (亿元)	全社会固定资产投资 (亿元)	社会消费品零售总额 (亿元)	实际利用外商直接投资 (亿美元)	出口总额 (亿美元)	地方财政一般预算收入 (亿元)
2000	824.8	282.0	98.3	134.8	0.5	0.7	15.8
2001	826.1	310.9	110.0	147.5	0.9	0.8	19.3
2002	827.5	350.6	123.7	159.9	1.1	0.9	20.2
2003	828.9	413.8	160.1	171.4	1.6	1.3	21.4
2004	830.1	514.9	201.6	198.8	1.2	2.5	25.1
2005	834.0	620.0	266.2	226.6	0.3	3.4	39.9
2006	837.6	739.1	443.9	260.7	0.8	4.0	40.2
2007	838.7	936.6	643.3	306.8	1.5	5.3	55.8
2008	839.3	1206.5	1000.3	378.7	2.2	6.1	79.5
2009	841.0	1411.8	1352.9	448.0	3.1	9.0	108.7
2010	836.7	1757.4	1809.5	592.8	4.8	9.9	176.4
2011	838.0	2167.1	1761.2	696.9	6.0	10.0	242.1

附录7 2011年各市

县(市)区名称	行政区域土地面积(平方公里)	乡(镇)个数(个)	年末总人口(万人)	乡村人口(万人)	年末总户数(户)	乡村户数(户)	年末单位从业人员数(人)	第二产业	第三产业
苏家屯区	782		42.9	22.0	158156	74052	34960	18856	15860
东陵区	600		36.0	29.0	135010	95092	85848	38823	47000
沈北新区	892		31.1	20.3	108148	63836	71743	42763	27468
于洪区	499	3	32.3	18.1	118153	58906	26519	5292	21224
辽中县	1470	20	47.5	39.0	192478	133397	14332	2066	12024
康平县	2175	14	35.1	28.0	118564	84578	15094	2464	11396
法库县	2320	19	44.6	39.2	138286	115513	15633	1817	13339
新民市	3318	24	69.8	58.3	245614	184431	24597	3967	19355
甘井子区	492		68.6	15.1	262577	56816	136245	76813	58528
旅顺口区	405		20.7	9.9	82269	39636	54914	34937	18527
金州区	1042		60.4	25.3	219632	94135	256012	208081	47449
长海县	119	5	7.3	6.3	26255	21618	9574	413	4290
瓦房店市	3794	21	100.3	73.0	355434	237129	60784	34966	25500
普兰店市	2896	10	93.2	58.1	325897	189240	64800	43501	20869
庄河市	4086	21	90.7	66.4	285009	218343	44475	22478	21587
千山区	257.4	5	10.0	8.6	35856	28353	13395	5905	6000
台安县	1394	11	37.9	32.2	134276	90773	33698	15194	13617
岫岩县	4502	22	51.8	42.5	152938	117549	22264	9354	12467
海城市	2570	27	109.7	86.0	354234	255349	67395	27670	38438
顺城区	278	3	43.0	6.0	165062	21593	47974	12677	34741
抚顺县	1754	8	11.6	11.5	41374	37340	6487	1368	4765
新宾县	4287	15	30.1	24.8	100651	72119	12110	2227	9116
清原县	3921	14	33.6	26.1	120648	81882	21705	8960	10636
平山区	179		36.2	1.7	122275	5992	161994	120322	41482
溪湖区	320	1	21.4	1.5	88896	4919	18116	7266	6675
明山区	408	1	33.4	3.8	123320	11598	68966	42668	25940
南芬区	619	1	7.9	3.2	31469	9910	6200	3800	1986
本溪县	3343	10	29.2	18.6	101665	55560	14210	3096	10462
桓仁县	3551	12	30.2	21.5	105991	57839	17056	5390	10943
振安区	664	5	17.6	10.0	63924	35294	21499	7206	4237
宽甸县	6115	22	43.4	34.4	141234	97291	21169	6431	14418
东港市	2399	15	61.0	50.1	197377	156722	43372	21278	19842
凤城市	5515	18	58.0	41.7	200030	123986	35937	14939	20676
太和区	292	4	16.4	10.8	59927	36218	15869	10603	5263
黑山县	2487	21	62.3	49.1	217800	153798	42931	16600	20320
义县	2476	18	43.3	36.6	133439	105674	13009	1047	11565
凌海市	2585	18	52.9	43.9	177283	139374	30994	10073	15381
北镇市	1694	17	52.2	43.8	157225	131011	14082	183	11817
鲅鱼圈区	259	3	35.8	13.4	139216	44887	61547	46848	14688
老边区	305	3	12.6	9.4	51223	35369	9656	2857	6301

农业县区基本情况

乡村从业人员数（人）	农林牧渔业	城镇登记失业人员数（人）	生产总值（万元）	第一产业增加值（万元）	农业	林业	牧业
111281	50487	2991	2829847	270004	109893	944	150894
151486	52384	1500	4064293	76289	49761	1303	23938
101245	51697	1287	4516735	308656	123780	2534	156935
95607	28073	761	3858783	107401	55020	2759	40905
217285	125071	1490	3605820	611027	214516	16391	296457
120382	76134	1625	1630409	290205	120914	3745	156523
225998	142649	758	2277796	371253	145192	10101	199690
268182	177710	4510	3611768	640397	298807	2408	279382
74095	8977	34940	8223226	104737	15903	1881	6600
63083	20871	4568	2206911	156860	34030	1440	13090
128230	50876	19062	13210833	481475	203628	1685	88893
30658	18881	3890	648235	409364	701	13	619
365196	185993	5230	8231128	804902	334661	5266	174665
357166	179465	12783	6309435	868668	331222	7971	258258
372998	158163	6283	6659742	1010039	223499	13873	187029
45261	16062	521	980087	54028	19947	26	32512
200472	122710		2127876	346585	173234	624	155322
219591	127622	5686	1850530	262589	166681	1061	85768
406132	181309	11665	7007685	403152	184919	813	201012
36391	14522	6081	1797595	68584	30047	12416	15984
79526	51390	566	663064	128726	69453	2639	39849
140378	91869	4290	999894	195959	72033	26638	60985
153338	99558	472	1229862	196357	79721	28668	53016
9521	3911	3596	1798298	11409	3207	1131	6424
8404	2394	7266	669416	10743	3318	998	5800
22895	9583	1510	1345665	57037	24995	12547	17943
17508	8355	2000	497398	35345	8788	4304	19556
100839	45832	2580	1532995	182150	57223	62626	41631
117495	64486	1870	1423808	208350	83511	67594	35969
64022	30357	989	689884	55204	42097	1583	8012
186778	117992	2285	1704697	228858	94387	18949	49173
268367	142466	3900	4139389	586961	206691	990	56289
233514	136876	5868	3628344	251459	100888	28249	88863
54592	27203	7012	996585	82812	58471	203	22513
273431	177629	6554	1470610	445666	183539	2764	251453
181111	109688	1539	962152	190498	75785	1019	110971
241801	145805	876	2180366	451187	210745	2117	138933
219865	163247	1230	1214332	413081	278538	2474	122200
67305	31412	3400	4651159	88345	22703	4647	11418
62552	20981	527	2400228	132262	18807	1987	33163

附录7 续表 1

县(市)区名称	行政区域土地面积(平方公里)	乡(镇)个数(个)	年末总人口(万人)	乡村人口(万人)	年末总户数(户)	乡村户数(户)	年末单位从业人员数(人)	第二产业	第三产业
盖州市	2946	19	72.3	62.0	252795	188217	22330	6789	15132
大石桥市	1598	13	72.0	56.2	266228	176920	41988	23920	17874
海州区	98	1	27.3	2.1	108265	6983	34914	11669	23203
新邱区	142	1	8.7	3.1	35415	10943	6132	3221	2911
太平区	98	1	17.0	3.1	67244	7440	6740	1430	4996
清河门区	98	2	7.1	2.6	28300	7799	7129	4827	2267
细河区	110	1	14.0	3.0	56044	8413	3048	141	2906
阜新县	6218	35	72.5	68.6	226561	199209	26686	1824	22610
彰武县	3642	24	41.4	35.2	142199	104203	17102	1920	14018
弓长岭区	292	2	8.7	2.6	35716	9980	4409	1221	3153
太子河区	175	3	13.1	7.9	44541	26789	22389	9938	9683
辽阳县	2794	17	57.0	49.6	204000	163111	22501	10714	11512
灯塔市	1333	13	53.1	42.0	186154	138078	17451	5620	10763
双台子区	118	1	21.3	4.4	77228	15418	22741	8056	14685
兴隆台区	277		43.8	4.8	157477	15532	97717	36203	60417
大洼县	1628	15	38.3	30.7	146660	111397	182549	25705	22727
盘山县	2036	13	27.8	27.6	93418	91719	64160	3108	11820
银州区	78	1	34.8	3.0	129487	9937	52177	20368	31572
清河区	480	3	9.7	6.4	35372	19952	10202	5181	4888
铁岭县	2249	14	39.0	37.3	135538	118290	21131	3428	17435
西丰县	2685	18	34.7	27.8	120143	82300	14322	1370	11727
昌图县	4317	33	104.1	84.7	347589	248063	38063	1292	20479
调兵山市	262	3	24.1	6.7	92051	22070	62990	54291	8699
开原市	2838	18	58.5	43.5	199300	129452	23748	4633	18535
双塔区	502	4	40.0	9.2	132833	29028	68454	26705	41494
龙城区	624	6	20.8	15.4	65653	46621	19680	9823	9798
朝阳县	3762	27	56.5	56.4	172467	163107	28323	4087	18145
建平县	4868	24	58.5	48.0	199168	139811	24118	4665	18046
喀左县	2238	21	42.6	37.7	138652	112826	25982	9158	15479
北票市	4469	27	58.0	39.0	218420	129881	31600	12300	18890
凌源市	3278	22	65.0	52.3	210593	151326	51942	19336	29481
连山区	1616	15	63.0	33.0	227922	108447	46382	27512	18284
龙港区	178	1	22.0	3.4	84477	13332	66856	30314	36395
南票区	512	4	14.4	7.6	53385	33842	10799	6574	3674
绥中县	2763	24	64.0	55.0	219913	165578	21257	2656	18097
建昌县	3195	28	63.1	54.6	186675	149598	21050	618	15123
兴城市	2116	20	55.1	41.5	195465	131359	28188	7292	20006

注：本表数据为快报数据。

乡村从业人员数（人）	农林牧渔业	城镇登记失业人员数（人）	生产总值（万元）	第一产业增加值（万元）	农业	林业	牧业
333656	183284	22113	1999572	311847	144398	7929	76902
294919	115086	3207	4651778	367326	176418	4075	135222
10068	2770	19730	530011	6623	2193	65	4295
18135	5131	2489	237283.3979	12558	5006	23	7254
11863	4694	8199	330202	8500	934	148	7326
10723	5502	6900	206380	12653	5049	553	6810
14997	4312	10866	345350	7605	2967	1258	2730
390138	220276	3980	1330026	566754	317749	18222	214559
200635	135657	4395	965633	477469	257970	37001	166717
14035	4369	913	632678	15498	4578	1324	8982
41311	17336	941	571588	30991	13290	13	16588
246857	140863	6456	2263644	237351	91799	4200	104425
228389	152327	1806	2120879	264917	102446	4220	123647
21706	9233	30444	1202631	16926	7482	55	4502
29152	15401	913	2891758	17003	12947	132	2776
187869	110180	5501	2458287	527127	239505	1925	54655
159358	105272	1497	1514640	382280	172324	824	71648
15606	4216	22833	850326	8652	4654	195	3122
29123	16558	565	700188	33052	11873	2543	17432
181801	107103	305	3001439	300374	110102	15974	168690
117727	79397	1800	750376	210158	81883	13241	112015
369128	222349	5684	2521357	680101	299299	13772	356068
34359	17498	1270	1664316	64575	23169	555	40133
221088	125239	2080	4103221	401079	150161	25140	218767
52422	22541	2002	1362213	51313	25052	3973	19300
82994	38179	890	733002	98584	43718	18618	35188
321719	192971	1894	1210246	300146	169426	16792	99116
257579	154085	3695	1748460	291545	143330	45000	95000
213644	108217	876	1018109	273742	201847	12500	55020
212500	116366	3849	1950309	360710	214957	11737	131297
278952	156809	21045	1624096	330818	230535	10800	85965
153628	80398	731	1972412	180435	70674	502	104442
18605	6972	13205	1186365	20000	4484	49	1736
31743	15371	1419	190164	25797	14564	164	10606
281039	197533	730	1227650	324617	139953	2932	89090
289477	145945	1280	612748	133338	63542	4646	60544
203143	119047	5000	1015578	158644	37376	1652	44324

附录7 续表 2

县(市)区名称	渔业	农林牧渔服务业	第二产业增加值(万元)	工业	第三产业增加值(万元)	地方财政一般预算收入(万元)	各项税收(万元)	地方财政一般预算支出(万元)
苏家屯区	4560	3713	1559792	1454609	1000051	200905	160728	205003
东陵区	333	954	3065220	2977948	922784	623219	561987	373002
沈北新区	3754	21653	3144050	3078725	1064029	401537	350168	393029
于洪区	2950	5767	2465695	2325608	1285687	367569	418405	246358
辽中县	45190	38473	1966989	1868696	1027804	200888	139848	263245
康平县	236	8787	885898	828849	454306	108436	71745	172854
法库县	1129	15141	1440309	1401161	466234	181762	132056	244000
新民市	42176	17624	2035468	1922189	935903	217762	152970	291238
甘井子区	73370	6983	6005120	5303120	2113369	453811	1407090	483511
旅顺口区	90900	17400	1375392	1277128	674659	239678	187014	255511
金州区	131589	55680	9381488	7989190	3347870	906264	720937	948803
长海县	378179	29852	74019	61044	164852	33001	15352	57495
瓦房店市	214419	75891	5391413	5134248	2034813	510988	453780	597656
普兰店市	199427	71790	3795919	3464667	1644848	322657	384259	393686
庄河市	540279	45359	3953751	3490411	1695952	370227	357682	461621
千山区	850	693	749903	708873	176156	66993	65367	81602
台安县	15405	2000	1118875	1040377	662416	78099	84798	136352
岫岩县	6779	2300	1002878	946263	585063	83388	50247	173112
海城市	11108	5300	3248182	3040357	3356351	320266	364211	394050
顺城区	8092	2045	752784	394471	976227	135490	116793	97609
抚顺县	9848	6937	365580	325580	168758	60048	57528	105054
新宾县	32232	4071	451487	421397	352448	75188	59882	155357
清原县	30632	4320	703608	670899	329897	100189	146332	186853
平山区	77	570	527252	350682	1259637	99456	90649	96847
溪湖区	78	549	483078	463265	175595	63641	86521	55414
明山区	546	1006	582958	420905	705670	91688	79499	80349
南芬区	1504	1193	358955	345341	103098	45000	32376	54918
本溪县	18745	1925	930591	893519	420254	158001	194448	233254
桓仁县	18914	2362	738014	682300	477444	106547	121418	179227
振安区	2278	1234	453907	406580	180773	55150	46500	60220
宽甸县	59959	6390	894575	802779	581264	141127	106735	231646
东港市	309176	13815	2007190	1842100	1545238	225815	162324	298284
凤城市	24526	8933	2042263	1858441	1334622	221877	146546	336391
太和区	848	777	759912	702723	153861	87500	74574	97812
黑山县	2703	5207	457229	443296	567715	100177	115452	191210
义县	565	2158	569248	562213	202406	82369	79441	157622
凌海市	92490	6902	1282945	1264765	446234	170022	126531	242553
北镇市	5786	4083	422053	401813	379198	83002	62317	168790
鲅鱼圈区	49077	500	2875770	2650770	1687044	389579	416047	325971
老边区	75595	2710	1894390	1811390	373576	232231	454942	185980

				年末金融机构各项存款余额(万元)		年末金融机构各项贷款余额(万元)		农业机械总动力(万千瓦特)
农林水事务支出	科学技术支出	医疗卫生支出	教育支出		居民储蓄存款余额		农业贷款	
17461	494	14010	42563	1747255	1153188	571303	177104	33
13734	31766	12190	33693	1102569	937183	503765	4623	15
26018	1072	9175	55309	1774842	1028040	1510027	316473	32
19805	1194	9802	49804	211207	103478	973521	59832	27
28192	790	16336	60480	1002914	811611	418860	223096	35
19856	435	13158	38894	515818	390637	347267	133568	33
32283	705	13555	43100	688697	487142	444541	414146	48
47471	1172	24727	80547	1151016	928254	501426	384501	91
7073	5304	15763	116946	4209231	3042442	2149390		8
13224	3898	14321	47246	2510325	1464093	1316169	42562	30
35008	50132	43393	109934	11830687	5693431	8326654	1453282	29
5117	553	3924	10211	387418	293178	167353	125286	5
58285	1962	15606	102063	4359777	3042641	2194242	1309541	120
20702	2080	16925	78613	3095901	2163230	1903138	134887	79
35801	3610	19630	92436	2781424	2261125	1699799	1260738	65
6191	350	2642	13201	880198	480264	442249	8692	20
22573	394	10994	20470	672253	525360	461043	321247	37
28924	534	14584	28974	1075633	898998	647562		29
33033	611	30020	60449	3688177	3081041	1474937	866592	60
6558	328	4643	14798	1221282	1125347	567190	19860	5
18543	709	5129	16227	260743	189341	160404	38630	10
35903	1125	9457	20725	706201	524831	239103	201092	24
35921	3078	11310	28048	779632	513385	314171	209064	17
1540	1231	1167	14014	952160	611894	937185	24835	3
3038	613	1524	7128	1120006	77268	796926	15888	4
3272	1165	2025	10707	128665	83495	90236	18636	5
3858	45	1304	5102	75255	50229	220000	10000	3
31405	2409	9975	34013	913502	632962	358660	25000	20
33763	2720	10904	28540	868465	290066	305415	69156	16
10065	303	4496	10344	768800	613200	415300	5862	9
55817	550	14550	45192	964008	816783	429241	338866	48
33473	412	17791	54642	2045328	1632877	1022156	768410	56
41106	470	16206	50937	1507619	1261471	727968	558326	64
10108	1167	4579	15013	454621	437581	236554	66468	10
20260	2925	16673	29186	1007777	826107	481706	478950	72
34218	2106	12734	25144	607810	518466	409568	376312	40
92636	2289	12258	36741	1012834	831618	690043	251678	67
31028	1797	13613	25940	1083947	941178	518587	149450	69
11829	1990	11088	50706	2720549	1284356	4109138	7304	12
15772	2513	4894	27668	400907	289477	347933	73849	19

附录7 续表 3

县(市)区名称	渔业	农林牧渔服务业	第二产业增加值(万元)	工业	第三产业增加值(万元)	地方财政一般预算收入(万元)	各项税收(万元)	地方财政一般预算支出(万元)
盖州市	79025	3593	1003625	920118	684100	140314	172687	274905
大石桥市	50561	1050	2889641	2805641	1394811	335707	381476	411795
海州区		70	202296	112730	321092	41890	34321	62673
新邱区	76	199	152584	129251	72141.39793	30000	20541	49395
太平区	9	83	200023	101026	121679	15252	13867	26972
清河门区		241	129250	80140	64477	16780	21450	23700
细河区	454	196	189282	80812	148463	16377	15219	26480
阜新县	1540	14684	391523	351349	371749	80068	91837	218268
彰武县	3363	12418	195217	205136	292947	66105	50838	166623
弓长岭区	580	34	462628	458139	154552	88000	66539	99590
太子河区	443	657	253309	176431	287288	54143	49467	37900
辽阳县	35527	1400	1666331	1646331	359962	171177	140048	203917
灯塔市	25579	9025	1421862	1395952	434100	216335	317686	233292
双台子区	4700	187	809731	728940	375974	67191	79963	64253
兴隆台区	723	425	1332425	952472	1542330	280031	364000	205906
大洼县	221753	9289	1495380	1376554	435780	271529	267942	369888
盘山县	133656	3828	802706	768196	329654	148871	172570	222299
银州区	479	202	357984	317480	483690	70017	50597	73488
清河区	917	287	466494	437303	200642	50037	41961	65159
铁岭县	4818	790	1921790	1838969	779275	208518	167211	196240
西丰县	2790	229	313535	286555	226683	60080	36982	120238
昌图县	5474	5488	878040	816837	963216	72030	52878	215577
调兵山市	660	58	1153836	1095223	445905	180066	137408	163620
开原市	6465	546	2367946	2261196	1334196	280868	212321	341700
双塔区		2988	564568	374713	746332	50039	43119	77266
龙城区	60	1000	450689	330245	183729	45403	71472	73887
朝阳县	369	14443	557608	499410	352492	100101	136876	191214
建平县	215	8000	982413	915319	474502	185001	257795	272464
喀左县	375	4000	477801	423007	266566	63058	53253	160813
北票市	347	2372	1113035	1012599	476564	153008	119367	306011
凌源市	418	3100	761412	702218	531866	100215	72439	203473
连山区	1080	3737	1290842	1136152	501135	164586	125329	156738
龙港区	13305	426	620203	495057	546162	145007	123900	68200
南票区		463	109034	101534	55333	22007	15954	128028
绥中县	85539	7103	465942	366942	437091	110218	81324	234145
建昌县	566	4040	284934	244024	194476	45800	35542	161018
兴城市	72247	3045	426951	389068	429983	85089	61286	178290

注：本表数据为快报数据。

				年末金融机构各项存款余额（万元）		年末金融机构各项贷款余额（万元）		农业机械总动力（万千瓦特）
农林水事务支出	科学技术支出	医疗卫生支出	教育支出		居民储蓄存款余额		农业贷款	
27404	3581	19665	42900	1270056	1000473	575797	248658	37
27399	4900	52980	68866	2191798	1623818	1374868	136025	43
1548	12	2336	11149	1584161	941622	1068802		2
2100	3	4247	7060	507539	301680	342426		4
1274	1	1805	6390	988234	587404	666742		3
620	55	465	3950	410345	243908	276852		3
1571	56	1566	5091	1043721	620386	704178		2
51672	167	19215	46358	897410	656301	692183	658562	144
38828	232	13745	28759	612607	429200	593762	410568	64
7247	298	1990	10532	561759	423542	171642	2723	2
3393	828	3136	5690	220155	203339	193906	6308	4
22222	9438	14660	35196	1164045	893578	986997	108357	29
22133	2331	16013	35381	1482139	1031712	657046	120433	29
2309	988	2842	5625	2780684	1624416	1669249	43504	4
7623	4900	3089	9900	5005228	2923948	2979609	67281	6
57670	1029	11590	31220	1003036	673199	652103	83670	31
44248	3081	12000	31325	737404	621276	319035	269227	35
1465	197	3354	10375	301926	202686	384949	25802	3
14983	556	1947	8143	253217	208488	391099	4932	5
32737	3958	11491	22263	861572	861000	868324	164080	37
21676	906	7934	24001	469338	338040	325839	218185	40
38039	2656	23180	51399	986140	824205	805570	234279	87
5896	3192	5003	20869	1289084	774525	668393	521382	7
33751	6207	14396	48856	922617	824950	672674	534720	45
7547	914	4940	11606	93970	79520	78720	5790	2
7478	6517	5304	8513	24812	20196	29851	7147	5
32136	1297	19662	24588	248540	152232	235095	181186	33
53118	1145	21727	55102	1402940	1042653	534955	311085	58
25436	1430	12880	34734	639814	525302	387313		22
49620	317	19185	33662	1191860	839800	516072	190000	34
34039	3359	19337	30481	1350622	1042469	868689	728827	22
15500	1056	12967	29490	440763	363701	140007	20194	17
847	549	2427	531	432642	206475	436278	9846	1
9463	777	3188	6957	258329	111103	119016	33089	7
39998	7999	18654	27840	1251771	1040356	843245	450351	68
26557	11333	12876	42840	653687	565698	421209	293796	34
28760	2350	16944	27120	1249791	990606	601083	275624	14

附录7 续表 4

县(市)区名称	有效灌溉面积(公顷)	农作物总播种面积(公顷)	粮食作物播种面积(公顷)				油料播种面积(公顷)	蔬菜播种面积(公顷)
				稻谷	玉米	大豆		
苏家屯区	13714	38715	28375	10745	16564	872	333	6664
东陵区	6414	26865	23343	3626	18214	1158	794	2271
沈北新区	17920	43958	31145	10877	20026	208	103	10917
于洪区	13000	32034	22750	8893	12270	1540	91	7329
辽中县	53033	96273	76280	41227	32116	1923	4450	13951
康平县	9100	101482	71904	4009	58690	3423	24096	4793
法库县	4800	131839	102438	4750	90617	3444	9472	14563
新民市	77593	199608	151178	39789	98944	3419	7384	23985
甘井子区	4	2129	757		651	49	1	1371
旅顺口区	2377	4947	2713	1	2340	133	19	2049
金州区	14050	23894	16747	408	12876	2166	616	5244
长海县	480	560	496		420	26		64
瓦房店市	30540	86902	74155	952	52426	9070	1295	9611
普兰店市	11088	91937	76894	6607	53237	11633	2876	11662
庄河市	31970	103502	94585	18987	58798	10979	763	6631
千山区	3600	9043	7697		7427	214	98	1188
台安县	26020	83626	70315	17135	51688	883	3013	9391
岫岩县	7970	61748	50942	1830	44128	3230	1976	8104
海城市	46300	93559	80234	17625	60808	932	353	12183
顺城区	1780	5264	4301	556	3415	146	74	825
抚顺县	12130	16329	13451	2280	9850	718	304	1668
新宾县	11500	39477	34338	8220	23039	2254	18	1697
清原县	16260	39199	32222	7676	22496	1389	34	1403
平山区	1165	1156	848	8	783			302
溪湖区	146	726	555		549	3		171
明山区		2880	2433	138	2031	112	93	276
南芬区	163	2598	2012	8	1854	114		555
本溪县	1231	23632	20090	1204	15722	1287	147	1267
桓仁县	8637	26179	22789	7618	13155	1190	70	1269
振安区	2650	10720	6733	485	5584	238	61	3264
宽甸县	4700	37582	30367	627	25072	2583	299	2566
东港市	48430	89806	72405	44099	25450	627	1628	9204
凤城市	13060	62717	51919	4071	43047	3329	984	4482
太和区	6850	10796	6735		6314	203	73	3927
黑山县	38200	157930	126901	6374	114411	1822	21654	8484
义县	30633	79902	61140	122	54456	2500	11180	6728
凌海市	39333	98510	77892	13985	52732	3490	5167	10531
北镇市	51897	90298	67538	10115	55306	901	4711	17762
鲅鱼圈区	2970	3759	2908		2534	127	33	641
老边区	8130	7369	6366	3869	2466	26		993

粮食总产量(吨)	稻谷	玉米	大豆	油料产量(吨)	水果产量(吨)	肉类总产量(吨)	奶类总产量(吨)	禽蛋产量(吨)
265000	109622	150369	2853	1267	69076	142413	33342	75051
212262	31310	174438	3662	2589	31815	18352	23476	15156
262847	99041	162900	728	397	10486	99150	139564	111340
205711	81382	121920	1845	501	11330	31581	25309	41847
632692	373344	246966	5510	14391	27049	194659	33367	85453
600025	34484	523251	10494	77850	26989	127351	3652	22416
853049	46860	770931	11250	32293	21815	147747	97487	48532
1029000	305548	650143	8200	18220	13088	155322	93006	291868
4487		3886	178	1	20843	3975	728	81
17134	5	15341	426	48	37169	18733	15147	25870
97646	2906	81997	5931	2005	93943	55752	67801	47538
2406		2198	49		332	769	30	177
440674	7307	332151	24572	3485	678674	207932	10424	46072
431373	43803	335822	30249	8776	405338	253687	22284	84724
570178	128617	383451	28526	2483	348930	178221	2796	73700
50779		50103	455	323	76324	17343	4226	47946
510494	132824	372669	2470	8424	60090	171398	4910	90722
266648	11353	238677	8610	6409	41602	101553	1023	22117
607604	139133	462046	2587	1053	129675	121584	7410	245795
35924	4963	29330	421	187	16685	25654	30338	9250
107952	17802	83193	2149	1163	58435	27178	26045	15590
206220	48286	149087	4652	53	5486	46788	1820	12500
207822	47569	153404	3211	147	5558	45624	740	50251
5064	70	4826			580	7198	580	4146
4042		4001	7		212	3425	2066	1327
14719	878	13146	300	132	2039	9819	5761	11859
12161	50	11651	338		3108	19991	985	9080
123230	8158	104204	2686	359	13576	41252	1537	16034
134350	48206	78327	2637	166	26944	32494		10212
32546	2038	27828	597	149	9313	26001	7557	7063
140283	3058	124849	5888	571	43854	52462	3565	20097
510083	327179	168167	2187	6265	115572	85366	10051	82856
280124	23521	244091	6239	2947	9931	114452	4760	26480
40275		38711	354	169	9183	18339	22444	34453
959157	61286	862264	5350	69091	89091	254449	54350	350896
426201	1195	399988	6538	24077	42842	106989	11801	19197
540000	121287	362663	9582	13810	60037	182738	30249	63786
512921	90371	415680	2009	11040	257523	146332	2921	127444
14682		13401	394	111	111235	9326	564	3910
57122	37589	19419	90		620	29644	3370	8429

附录7 续表 5

县(市)区名称	有效灌溉面积(公顷)	农作物总播种面积(公顷)	粮食作物播种面积(公顷)				油料播种面积(公顷)	蔬菜播种面积(公顷)
				稻谷	玉米	大豆		
盖州市	24830	39289	30950	2917	24646	1460	156	6218
大石桥市	45650	55734	50584	32356	17388	552	15	4515
海州区	197	1539	1539	1326	1	1257		213
新邱区	414	3315	3315	2651	15	2335	314	350
太平区	195	1223	1223	1035	13	943	3	185
清河门区	347	3985	2704		2305	117	436	724
细河区	630	2437	1413		1305	41	816	196
阜新县	27525	343820	213146	164	178193	13740	111712	16896
彰武县	21523	196123	114665	4649	96482	5074	70051	6623
弓长岭区		2295	1857	125	1587	42	21	293
太子河区	2945	7192	5555	1285	4136	134		1394
辽阳县	22083	78983	69875	22083	44904	1188	420	7616
灯塔市	28549	71668	62696	28549	33015	338	648	7221
双台子区	3856	4283	4009	3856		153		274
兴隆台区	7800	8129	7993	7780	160	53		136
大洼县	57002	70152	61024	56989	724	3311		9106
盘山县	45508	62647	55283	39748	13734	1712	143	5908
银州区	14300	4008	3429	877	2522	23	7	444
清河区	528	9961	9653	528	8842	248	3	206
铁岭县	48350	84789	72006	18842	50988	1305	120	12345
西丰县	12780	52712	46317	4872	39402	999	49	4339
昌图县	38853	314590	221102	12293	193381	4681	66719	23515
调兵山市	10001	12376	10865	718	9967	147	2	1579
开原市	40000	95243	76289	24505	46946	4600	985	11629
双塔区	2979	9283	7610		6201	191	250	1282
龙城区	7867	18110	13778	27	11499	132	244	3533
朝阳县	26000	76541	65230	6	53443	1396	1234	9586
建平县	27530	172663	157275	177	92746	6626	5168	3953
喀左县	815	48381	37507		28974	1347	1489	8883
北票市	18155	97881	64980	33	55352	1175	1231	22921
凌源市	14780	53833	32523	34	26724	737	81	18851
连山区	6245	40691	32928		29644	677	2955	4508
龙港区	200	2634	2466		2441	7	25	133
南票区	600	8404	7447		7009	99	17	916
绥中县	23510	79866	58204	7902	38600	3758	5796	15767
建昌县	5799	48054	44742	6	36609	2053	100	3045
兴城市	18636	58977	43462	803	38400	1074	13659	1744

注：本表数据为快报数据。

粮 食 总产量 (吨)				油料产量 (吨)	水果产量 (吨)	肉 类 总产量 (吨)	奶 类 总产量 (吨)	禽蛋产量 (吨)
	稻 谷	玉 米	大 豆					
163329	23880	129744	3079	362	464036	73136	2408	35199
501826	356066	142097	1549	49	42811	104839	6445	112441
213	10783	6	10520		571	3781	5119	6913
350	22412	86	20662	936	4649	10086	6754	5770
185	7860	59	7428	9	1376	7570	2132	300
24040		21731	392	1302	4815	10703	1580	916
11657		11316	123	2448	445	2475	2445	2860
1516909	1030	1374754	33827	335915	185100	233360	159748	99460
906191	44032	803676	15101	217193	126775	156305	109744	74221
14031	1345	11730	164	81	3066	2795	145	1839
40581	9750	30585	246		7468	7824	5653	9750
423229	166986	243369	3216	1807	77439	74421	8018	86759
500179	226251	267822	982	1850	17657	94750	7019	34677
28570	28108		462			3871	180	3515
57010	55029	1301	680		35	3707		3610
559254	541703	6229	11322		9577	115043	6716	30357
500904	386932	108181	5079	383	3018	56427	18775	46858
31445	8168	23141	86	24	4053	14219	31419	802
83985	4347	78793	615	10	24309	19050	31877	3407
586110	168151	407887	3670	313	40328	162418	54431	17352
350450	40170	298734	3459	115	50115	72881	1519	8627
1962265	118284	1729574	16288	245337	84815	352406	45042	176435
84605	6585	77294	474	5	4587	29786	16020	13605
591140	219122	355036	14910	4192	112019	271766	21020	56333
51424		44276	583	510	4254	11219	6785	30619
112000	280	98622	425	461	18063	27140	21565	96078
525000	53	443787	6242	5249	217074	109522	51440	93998
1010000	1378	737755	11100	9078	20012	78782	75005	79155
306024		264437	4756	4729	36509	84249	1725	79253
513269	150	461372	3107	2748	53254	141261	13344	101424
255500	243	232943	1659	102	42239	114782	5252	101787
189994		174447	1502	5386	87814	70526	25333	133896
20293		20196	21	60	1573	982	1274	2800
38708		37104	185	22	17801	5850	1372	15816
354816	49106	243404	8419	11503	668594	189656	2476	42030
339081	43	306355	5798	173	162007	61801	1604	53785
292108	5240	263630	2739	26929	67358	79259	12392	21486

附录7 续表 6

县(市)区名称	蔬菜产量(吨)	水产品产量(吨)	规模以上工业企业数(个)	规模以上工业总产值(现价、万元)	内资企业	港、澳、台商投资企业	外商投资企业	从业人员年平均数(人)
苏家屯区	338260	12200	299	6805096	5662304	434226	708566	44003
东陵区	117883	630	386	10867933	7307700	877800	2682433	76353
沈北新区	653018	6000	428	14312026	11165008	553947	2593071	92164
于洪区	442670	5898	533	10050050	8497115	266572	1286363	61330
辽中县	976815	79534	402	8647088	8533415	1953	111720	40822
康平县	214744	3714	427	4100614	4090844		9770	73720
法库县	368358	1918	296	7541759	7143846	189432	208481	52999
新民市	1518236	66794	380	8617146	8170311	33692	413143	60690
甘井子区	50800	102208	325	3521236	2406630	156848	957758	63193
旅顺口区	108993	180955	125	1513951	909302	57442	547207	29287
金州区	433232	321826	540	20331000	5117000	2419000	12795000	178000
长海县	2507	435026	6	126091	120505	5586		1030
瓦房店市	687772	151944	696	13853874	10938304	823419	2092151	96155
普兰店市	740005	199233	403	8651971	7332271	277900	1041800	124515
庄河市	417376	517000	536	10423953	8440953	795060	1187940	123241
千山区	60349	1246	44	1105564	962792	102727	40045	9200
台安县	659726	25031	167	2937964	2899355	12383	26226	31400
岫岩县	485312	10066	141	2959575	2666149	62626	230800	23400
海城市	993192	19100	513	8207486	7767013	99490	340983	65100
顺城区	42833	859	88	1392436	1070971	112106	209359	15149
抚顺县	74778	1464	93	1886925	1818973	45501	22451	9953
新宾县	87015	4081	163	1475463	1462520	10320	2623	14887
清原县	81714	4552	159	2191000	2139600		51400	16900
平山区	11550	110	27	502425	450271	40103	12051	10683
溪湖区	9000	426	55	987658	987658			13740
明山区	16521	80	61	1035026	994783	25795	14448	11288
南芬区	33645	960	56	676353	676353			6166
本溪县	65575	6051	70	1485200	1441100		44100	13500
桓仁县	47620	8500	48	678463	531594	48509	98360	7914
振安区	180749	2230	111	902585	721720	48917	131948	13863
宽甸县	125446	64369	152	1500380	1422474	12020	65886	18275
东港市	504693	374579	249	3578757	2937915	130495	510347	51615
凤城市	177235	20320	209	1935637	1805052	28571	102014	27617
太和区	600175	350	83	2773752	2363565	268375	141812	25719
黑山县	732987	10850	194	2191985	2180039		11946	31378
义县	374382	1630	115	2011824	1894083		117741	16165
凌海市	783568	163203	177	5394846	5128995	62814	203037	22452
北镇市	1004858	10870	78	1869559	1759942	15489	94128	10665
鲅鱼圈区	27741	106000	168	6082791	3775988	939588	1367215	45477
老边区	81487	84500	189	3285989	3189001	21767	75221	19127

流动资产合计（万元）	固定资产净值（万元）	主营业务收入（万元）	#主营业务税金及附加	本年应交增值税（万元）	利润总额（万元）	境内公路里程（公里）	高等级公路	民用汽车拥有量（辆）
588644	537358	6573048	91472	36616	122078	905	48	12001
5201665	2439216	10805223	70492	202950	639418	590	237	17996
2485720	3045699	14279908	81163	348877	1294724	877	165	6760
1110239	1115727	8743068	63081	86152	551233	1179	171	22710
353275	2328400	8626531	37379	63096	672539	1435	652	17700
902144	1382208	4018761	44239	68268	146954	1741	10	14000
306906	1376100	7475707	81535	220490	517575	1736	74	27000
555918	2360855	8708119	14279	35405	1048132	2600	76	12456
3510159	1099813	3364289	12698	97010	167009	416	111	7320
941669	931940	1526874	4296	26543	102943	293	73	29980
9545000	5683000	19947000	346000	996000	1727000	810	79	169859
55948	11875	113462	83	272	9080	283		2799
1484629	5140892	13368663	59656	118671	413893	3512	492	132998
1761083	817905	5403170	46660	98909	27739	2759	156	85094
1254021	2324491	9286755	42184	118582	645600	3613	822	70099
612293	229838	1092729	8264	43561	180524	282	2	
1083430	901878	2924257	39212	46755	202744	1492	574	25939
391400	383622	2851397	46678	127151	144443	2520	72.7	25305
2344437	1396906	9138146	25881	315193	1191146	2328	138	83348
568230	427965	1230480	5169	14998	19015	160	60	21560
301402	141356	1907574	9955	33234	305029	1048		3805
106088	125573	1368475	5420	25030	49207	1596	11	3910
201100	147200	2109668	6700	29600	106100	1846	84	28948
185799	217158	398901	2974	8511	12965	110	28	10266
603013	242040	1708570	8620	23660	100265	230	60	11486
287025	232600	853409	3413	8512	8432	180	100	24867
133581	102826	604609	4068	8194	16148	346	110	12000
393000	335700	1527000	15300	47400	126100	1294	29	6720
231185	201584	634768	13538	52011	96350	1626	831	7349
373182	206183	982205	3443	23699	40475	640	270	2687
185778	269600	1543104	8479	57750	84055	1950	107	8396
481187	393968	3485630	11902	120320	329901	1852	121	24311
647604	472266	2059477	20098	61428	93707	2042	716	17800
1038326	653015	2737152	11322	73804	78135	262	69	7593
190835	329371	2098998	14507	50894	174320	2021	30	65073
298876	331860	1912807	16420	37067	147239	1564	50	14100
398555	1060751	5374036	101108	111605	667943	1684	246	17681
229577	203622	1827634	1152	33444	94512	1288	68	29588
1415631		6338071	13417	293345	1124889	173	57	8010
1316117		3485160	6129	72259	199830	370	27	3635

附录7 续表 7

县(市)区名称	蔬菜产量(吨)	水产品产量(吨)	规模以上工业企业数(个)	规模以上工业总产值(现价、万元)				从业人员年平均数(人)
					内资企业	港、澳、台商投资企业	外商投资企业	
盖州市	320103	172000	224	2328290	2097967	100708	129615	19899
大石桥市	426603	74500	308	6413338	4997928	256088	1159322	52676
海州区	11386		42	337399	305196		32203	10532
新邱区	23943		36	448763	448763			3803
太平区	8098		42	563778	412311	62652	88815	11391
清河门区	36290		65	270562	258500	8500	3562	4810
细河区	14596		15	547163	537897	7001	2265	8241
阜新县	635885	2310	76	787204	772308	1	14895	8811
彰武县	422392	5000	68	576390	563134	13256		5193
弓长岭区	17910	1020	38	374843	371243		3600	5328
太子河区	97286	425	42	503127	362078	14200	126849	11500
辽阳县	333732	36244	232	5285100	5202400	65000	17700	26200
灯塔市	380213	46400	225	4589900	4430500	124100	35300	26214
双台子区	8492	6215	20	538700	379100	9400	150200	3471
兴隆台区	8885	1560	143	2774661	2557863	5777	211021	19385
大洼县	710394	284025	183	5861131	5809268	51863		40681
盘山县	501511	102000	151	2228591	1949821	52308	226462	13616
银州区	25166	546	108	1124024	1020684	5386	97954	13848
清河区	12358	708	111	1288167	1077646	172165	38356	8516
铁岭县	856222	5277	365	6656661	6443401	33101	180159	42784
西丰县	246692	1196	46	713613	705116	8497		4004
昌图县	1526394	4797	342	4148500	4079900	26800	41800	36700
调兵山市	106849	620	91	2126218	2033937		92281	65053
开原市	821657	5363	502	9501610	9393118	77283	31209	68227
双塔区	97337		42	1092900	1090700	2200		10700
龙城区	156000	100	64	1016600	1016600			10000
朝阳县	780111	650	63	1378600	1328300	2600	47700	13400
建平县	154245	400	146	1394800	1295500	28900	70400	19263
喀左县	820082	976	113	1589200	1550600	38600		14200
北票市	873894	850	147	2137100	2127000	10100		34000
凌源市	1023220	750	67	776300	764000		12300	16239
连山区	285575	4720	53	3705975	3703026	2949		35699
龙港区	10154	36305	30	2271868	2247068		24800	43000
南票区	67795		6	200913	139468		61445	6429
绥中县	1368719	208931	85	1301297	1292664	8633		6701
建昌县	146726	800	44	644638	644638			9157
兴城市	105364	177140	68	835975	755013	23042	57920	21282

注：本表数据为快报数据。

流动资产合计（万元）	固定资产净值（万元）	主营业务收入（万元）	#主营业务税金及附加	本年应交增值税（万元）	利润总额（万元）	境内公路里程（公里）	高等级公路	民用汽车拥有量（辆）
262358		2273800	55734	93112	132000	1670	73	21235
1752143		6428134	44083	379080	748597	1684	385	48772
173297	127131	331262	1332	8818	8666	520	100	6845
280736	58291	315120	2577	9159	13036	98	5	1234
223641	460709	563981	3883	13488	17411	60		25640
99100	296500	251000	2647	12130	9647	62	12	3500
145242	67784	537809	2186	17882	46908	236	6	20112
7241858	3242106	7288468	681381	134800	394741	3275	1863	38658
167489	406800	516267	1212	7202	27006	2421	132	21993
39224	46635	372264	5281	19336	45858	230	60	4200
421154	248000	485132	1350	10281	21144	230	37	4080
1079700	680500	5228700	13100	57900	508400	1186	88	9385
400400	876700	4416700	32700	68700	706800	971	34	25500
481218	105030	576360	1684	4707	23301	755	38	35340
1464901		2954967	15333	55209	309468	920		82633
340311	778100	5310196	35342	59950	63791	1331	265	27261
445442		2361924	9241	26404	104410	1606	101	16196
183615	238287	1126558	842	10125	6529	46	13	38126
336473	616045	1235442	6868	5881	37318	379	98	3355
1436283	2323382	6775616	23797	231170	257464	2167	75	14220
91126	130860	792757	4425	10171	18513	854	156	3875
689100	1375200	3909343	20700	70100	337400	4326	288	11014
1246847	972861	3091834	29829	120695	193436	347	3	13386
1543219	2210853	9000750	45230	210877	508788	2610	55	10500
221700	144300	928400	4700	16800	171200	302		7654
276900	236500	849400	2200	8400	29100	129	68	1200
291500	147500	1356100	4300	25500	216000	1020	114	2967
300800	299900	1274925	34000	78500	307100	3233	91	21602
283900	235800	1596400	10000	37200	141200	752	20	1024
330100	366500	2076264	34700	77600	164100	2852	15	11361
212800	212500	789100	2600	11400	43400	1553	417	9776
1035586	1570270	4043028	473502	144059	-88637	812	20	6100
2923500	894100	1976400	2600	21000	-146000	148		2640
62650		155406	9800	7654	-3624.7	162		1995
182771	1248822	1222905	6653	42988	40335	412	57	14716
208145	99662	529411	31764	13294	17188	1680	40	12239
347132	275004	822614	9023	7716	10273	783	187	23000

附录7 续表 8

县(市)区名称	本地电话年末用户(户)	移动电话年末用户数(户)	互联网宽带接入用户(户)	全年用电量(万千瓦时)	工业用电量	居民生活用电量	社会消费品零售总额(万元)	限额以上批发零售贸易业商品销售总额(万元)
苏家屯区	141001	174399	19986	128700	67356	34452	806672	117218
东陵区	104520	125234	12130	101033	90930	10102	986002	2540696
沈北新区	97637	495572	38841	127063	88987	21521	631991	292732
于洪区	113765	118136	59331	129224	92283	19365	563923	567895
辽中县	134356	100116	46469	100091	62257	18467	641070	418066
康平县	64934	206000	22581	44233	30965	9618	306097	24907
法库县	79816	200000	19825	108284	82632	12887	389454	538109
新民市	172221	251380	59974	129918	91391	23930	795187	518748
甘井子区	141027	280016	91028	314312	140647	83939	3143730	4367097
旅顺口区	108045	371007	45762	100640	55614	15306	463862	345549
金州区	369047	1216071	205452	748620	555872	61197	2603584	2488192
长海县	24500	56700	8500	10926	3201	4736	91250	18354
瓦房店市	460000	860000	175000	230955	158426	35475	1253244	1070993
普兰店市	223402	99977	40018	203207	138879	34503	1210040	98903
庄河市	211998	420706	47695	97049	49685	25297	1192864	126122
千山区							44189.9	39887
台安县	85000	193000	24000	102385	85610	10523	515646	454578.2
岫岩县	124000	229000	30000	92089	69025	15683	704583.8	316289.3
海城市	295000	652000	100500	569545	497974	46334	1718963.3	1195793.4
顺城区	150544	161267	31158	58374	47832	8542	842565	672723
抚顺县	54346	44583	20210	73600	53499	12320	57386	54781
新宾县	69863	160794	25148	29839	17235	7752	232744	82766
清原县	76153	173183	22300	33121	29818	3254	241490	68838
平山区	118367	152667	16995	414686	359466	10400	968404	611795
溪湖区	16896	39420	11328	280046	257845	9770	153486	23588
明山区	118498	180026	7306	194500	20025	10260	489895	73773
南芬区	26000	59800	8800	98800	88600	7560	29916	2986
本溪县	78215	53000	6000	102339	79017	9745	334560	21361
桓仁县	69690	186100	30034	34796	15985	9026	285910	14791
振安区	48625	54987	8635	23906	17588	6318	123256	134317
宽甸县	135855	78221	18543	113983	73616	39427	444911	134736
东港市	171314	215675	40596	94039	53043	21319	790669	98320
凤城市	145000	324000	56000	223173	126197	21414	552695	83358
太和区	45646	74157	7451	286636	173004	1250	150038	115581
黑山县	197013	450259	89051	38112	15579	16667	439451	99135
义县	94050	184682	30100	35412	22751	11917	182588	23539
凌海市	101400	374679	39734	86000	66000	18100	505403	175846
北镇市	111235	100289	43156	58621	37099	16777	391495	399462
鲅鱼圈区	96277	84675	8900	122350	71518	23654	725900	295382
老边区	23672	154202	12088	58532	47059	3832	129140	180594

出口总额（万美元）	当年实际使用外资金额（万美元）	全社会固定资产投资额（万元）	固定资产投资完成额（不含农户）（万元）	新增固定资产（万元）	房地产开发投资完成额（万元）	住宅	普通中学数（所）	小学数（所）
12267	19340	2859989	2819830	1591818	415507	403745	24	12
121200	63173	4780064	4774564	2226198	2260812	1837104	13	14
38442	65034	4758054	4675334	1887768	2473479	2315787	25	21
25047	32179	2748866	2707521	2067884	1218223	991746	15	36
3758	5912	2700068	2399165	2227251	574812	545001	19	22
1123	3327	1430033	1122502	624252	30724	26488	18	19
575	5773	1682748	1328684	915062	54860	40891	21	53
7244	7378	2698143	2355248	1080553	515705	410399	31	8
305470	80000	7966517	7966517	3349047	3061855	1697276	23	67
112592	33000	3772325	3772325	1218238	1271595	820571	14	28
911335	350000	12896276	12696180	5369488	2997530	1987214	24	56
9207	11000	470521	235175	154332	7613	7117	7	12
153560	195000	6278100	4980062	1776174	536592	422297	37	121
112128	40000	4152066	3945693	2067407	382747	316745	45	136
52069	63000	4201823	2877048	2018421	352646	293358	34	152
11284	24047	382091	350846	277425	107104	74752	9	19
1403	3638	1443207	714651	513096	121997	85962	18	94
2894	855	1221198	814081	297690	120026	113758	29	148
43073	6271	5193478	4679742	1736005	490872	381382	49	289
19000	4528	702407	340376	340376	339981	267835	9	15
1230	2724	325419	316541	301860	42221	38507	9	9
1954	2461	837778	689827	501878	48063	39536	16	48
1164	1188	858880	746984	369187	69996	66744	14	47
930	1948	850000	850093	669888	78810	32497	11	20
6850	4441	1308000	1892315	1663469	172798	92159	9	15
2450	8012	916483	910483	196782	329965	218893	9	11
650	6006	456831	456831	231240	27410	15989	4	3
2200	4398	919369	903799	347569	110064	55340	10	14
800	2362	773063	758363	237517	112200	93606	14	10
18396	3749	558790	558790	436946	239675	224306	9	40
3112	8025	1162480	1056358	608945	50642	38654	25	136
57666	10815	1476392	1327490	1164788	227407	187635	30	121
10630	8291	1173122	1023310	643997	75772	48872	29	121
10654	16	464899	331951	212607	132948	96499	9	33
461	730	653763	540331	411721	71100	68790	30	94
1771	10096	676893	581741	472999	47414	32770	20	19
2429	3077	1116426	865981	973621	72540	51663	26	53
695	6038	652708	500706	301583	108555	94090	25	88
157440	38229	2050261	2050261	1248782	780955	611333	15	33
40483	13481	1175679	939126	309218	406869	345603	6	7

附录7 续表 9

县(市)区名称	本地电话年末用户(户)	移动电话年末用户数(户)	互联网宽带接入用户(户)	全年用电量(万千瓦时)			社会消费品零售总额(万元)	限额以上批发零售贸易业商品销售总额(万元)
					工业用电量	居民生活用电量		
盖州市				99100	58213	22421	458688	160010
大石桥市	230007	476554	67530	540764	494838	24999	790642	327044
海州区	45596	395272	20687	9571	5989	1007	913612	1362049
新邱区	26608	126638	9745	9534	4736	4418	44371	11409
太平区	58444	246579	8564	19456	10210	8502	72803	132412
清河门区	11811	102387	5210	20390	13210	6510	29780	146480
细河区	30041	260424	8659	32561	2000	6000	135623	250527
阜新县	179700	203700	25000	118063	72645	45417	297253	10015
彰武县	96584	93204	16021	30287	11702	12704	114903	384323
弓长岭区	23520	55000	2640	38617	30602	4714	140793	19777
太子河区	40856	32972	1865				177114	468511
辽阳县	140801	108708	19395	213505	184030	19004	398000	26712
灯塔市	171936	74502	19026	136660	100239	17793	676726	231818
双台子区	21012	100609	16999	56650	30022	3630	592759	278312
兴隆台区	201502	267683	372011	55647	52344	1020	1058000	747000
大洼县	101360	347281	47614	78861	37846	13782	358103	42261
盘山县	77664	170973	28000	36985	14618	7457	169524	703608
银州区	109386	103862	61468	57289	20541	17594	357197	522920
清河区	12600	29400	2550	19169	13352	3820	116067	12200
铁岭县	60940	239907	14234	53645	41911	5517	323338	117968
西丰县	56490	75236	18494	23380	16138	7232	249819	14472
昌图县	143952	152485	11201	48759	10717	23713	520633	122787
调兵山市	28163	125878	30008	20505	10349	5263	335415	155728
开原市	126229	379600	63623	68233	34953	18851	520142	167383
双塔区	30450	176015	22123	107033	60003	19753	548550	2497680
龙城区	30750	22100	3200				186408	973944
朝阳县	88395	191523	11948	78671	65634	11037	332278	304460
建平县	140000	290000	35000	141262	115062	13175	360425	7689
喀左县	83108	218750	24986	107258	92106	9214	251393	82901
北票市	116000	268342	33000	154674	132156	15225	410279	125407
凌源市	140034	310000	87479	189310	162257	15053	457280	110177
连山区	157634	66300	17201	238017	216624	16100	1027260	203206
龙港区	31483	79631	4068	53086	23014	11466	490306	483547
南票区	23606	31000	6286	30370	24822	5493	64540	
绥中县	119066	183700	45240	47719	18042	18058	474102	244390
建昌县	118586	279885	30110	72556	26891	8601	163977	65244
兴城市	108100	225410	6042	65535	20783	40752	482515	57996

注：本表数据为快报数据。

出口总额（万美元）	当年实际使用外资金额（万美元）	全社会固定资产投资额（万元）	固定资产投资完成额（不含农户）（万元）	新增固定资产（万元）	房地产开发投资完成额（万元）	住宅	普通中学数（所）	小学数（所）
11095	15149	1332030	1118027	761556	171648	110423	29	90
72535	21181	1325030	1062230	895527	67186	56325	26	83
1050	820	268000	175018	123107	68172	53924	9	10
400	140	615000	28900	2500	12088	11084	4	12
3000	3164	568400	187441	158642	165890	157441	7	16
850	700	256950	251400	97000	3542	2800	3	10
3164	800	321210	198687	156974	19909	16861	6	8
1357	2397	945861	637000	171000	22000	21000	49	137
1400	56	3885967	2423512	1835332	37524	24153	29	45
2605	1064	318192	317988	108870	61403	57403	3	3
13425	1908	696415	686849	415619	284265	233058	4	10
9222	300	975570	805291	605640	70727	55887	23	119
2240	1668	1157974	915478	609442	108849	23789	25	83
6227	20055	527900	507900	223200	151400	114400	7	14
11971	60940	1502932	914372	630121	588560	453829	21	27
7663	37025	3474914	3320892	2224998	304359	195334	22	26
7583	23166	1480097	1422600	1042009	52046	36721	18	
6400	629	637720	637720	291295	780882	659213		23
5405	6904	385515	385515	204393	7244	7116	4	6
9610	8500	2534687	2386721	1597758	184422	111899	7	60
1819	1145	244829	205371	143779	45753	35023	19	48
6050	2229	903050	812543	501236	83045	70250	41	184
5389	2300	950752	950752	739212	413811	330195	10	14
7194	3650	1985636	1591213	2529636	422153	287703	28	74
1200	1002	492814	492814	209958	320592	275992	4	44
		716019	48629	48629	160113	118853	8	56
773	2655	753669	672310	330552	81359	80553	36	173
2640	3000	927762	1028591	465620	99602	64383	34	130
6616	2005	738789	592628	462404	69213	54847	8	27
2800	2330	1123899	938627	800620	83942	80902	29	107
		666264	558793	343159	70208	54068	30	163
1833	4714	709431	567545	210942	107000	79146	23	80
15600	4000	680402	680167	346891	280780	220994	6	10
365		79328	77533	464			6	8
2544	5190	1232551	1062933	1418090	240254	167300	33	151
	1110	454980	395839	381408	43087	36867	24	188
6287		790922	727347	4000	118103	102392	31	158

附录7 续表 10

县(市)区名称	普通中学专任教师数(人)	小学专任教师数(人)	普通中学在校学生数(人)	小学在校学生数(人)	专业技术人员数(人)	#农业技术人员	医院、卫生院数(所)
苏家屯区	1566	1466	16384	21253	10109	1011	20
东陵区	1469	1380	10817	26000	9300	4180	16
沈北新区	1673	1169	20432	16710	7726	157	18
于洪区	748	1087	9440	21475	380	301	12
辽中县	1671	2079	11883	24206	848	717	29
康平县	1142	1552	9980	17275	10473	1234	19
法库县	950	1800	20207	26130	9494	1164	21
新民市	2023	2306	23010	37033	10436	541	36
甘井子区	1933	2372	28229	52890	6398	329	26
旅顺口区	982	798	11112	13210	9308	136	12
金州区	1684	2117	22241	46797	11751	504	63
长海县	314	278	3722	4040	2570	1053	8
瓦房店市	3265	2783	26199	42222	32150	1200	37
普兰店市	3292	2752	23206	36634	39900	7798	38
庄河市	3196	2531	41070	34878	16312	1047	38
千山区	719	596	5465	5614	3542	263	5
台安县	1325	1891	16208	21869	5302	295	22
岫岩县	1694	2706	15974	31006	8821	221	30
海城市	4016	5449	51244	72660	16500	2520	51
顺城区	610	1016	6868	12091	4820	170	9
抚顺县	249	451	2608	5304	2075	115	12
新宾县	991	1446	8074	16028	6597	489	18
清原县	719	1213	7936	14528	5790	175	20
平山区	995	1336	7289	12208	3628	21	14
溪湖区	628	708	4396	5790	3516	115	19
明山区	810	1046	8406	11578	7428	216	10
南芬区	198	298	2175	2319	862	24	4
本溪县	1132	1519	13954	14161	8029	180	14
桓仁县	947	1206	14366	13436	6788	136	18
振安区	472	656	2944	5884	2073	86	7
宽甸县	1179	2093	13510	25420	8035	537	28
东港市	1653	1939	23271	32996	10783	423	26
凤城市	1714	2198	26196	30203	10650	642	29
太和区	607	767	5113	7937	4432	372	4
黑山县	1171	1828	13058	26147	8698	415	31
义县	1729	2134	16115	20589	7263	580	21
凌海市	1575	1785	15302	33787	7205	384	24
北镇市	1737	1762	24241	27589	7203	619	22
鲅鱼圈区	1508	1213	23327	26673	4060	54	24
老边区	547	622	4236	8500	2278	101	5

医院、卫生院床位数(床)	医院、卫生院技术人员数(人)		城镇在岗职工年平均人数(人)	城镇在岗职工工资总额(万元)	农村居民人均纯收入(元)	农村居民人均生活消费支出(元)	各种社会福利收养性单位数(个)	各种社会福利收养性单位床位数(床)
		医生						
1698	2023	829	31318	116081	12775	5904	9	1173
800	960	442	62155	266867	13527	7957	24	1020
1434	1060	415	68619	243464	12776	6332	9	1085
650	538	215	24253	99693	14185	8417	4	1908
1479	1698	1185	13934	49538	11062	5270	15	1750
910	1099	468	14427	46754	9251	5894	9	1417
468	712	433	14572	47484	9731	5105	7	1330
1730	2112	821	23869	76534	10953	5393	10	2000
4763	3538	1169	115234	582545	25843	13760	87	8624
1013	625	237	47291	208183	18079	11744	23	3000
3430	3282	1305	196420	957209	19851	9969	15	2102
266	278	114	7709	33269	22192	9467	4	454
4686	4594	2611	55550	242334	11822	6556	33	4000
2774	2142	957	61880	232023	11673	5912	29	3309
3616	3371	1595	40486	142480	11849	6644	29	5482
2002	557	206	12381	34527	13650	7976	26	2240
1235	1286	490	35932	81127	10586	5623	15	1500
1330	1347	526	22566	59395	8830	4469	27	2185
3283	2988	1820	63781	169526	11862	7597	42	4666
338	381	189	45195	155053	10698	6800		1870
361	301	207	7143	22294	9072	6583	8	460
757	1032	495	12000	38026	7985	6204	16	1050
1040	1377	517	21714	64766	8120	6310	14	887
2860	2870	970	138967	489956	12915	7420	4	195
1209	845	300	6258	42530	12680	7310	3	172
3169	3660	1428	35698	112690	12751	7360	5	260
478	455	109	4962	11248	10417	7120	1	166
1152	1074	351	14358	41841	9109	5085	9	530
960	880	351	17330	49803	8304	6180	9	1520
432	239	105	25267	64571	9793	8137	6	680
1780	1275	501	20120	56027	9155	4124	15	1509
2498	1968	873	42265	127775	10884	6286	18	1565
1938	2056	1472	34144	95261	9881	5348	26	1495
861	528	248	16236	48964	10222	5596	5	320
1205	2392	1143	40154	73198	9272	5339	23	1260
1027	915	401	12882	30613	7365	4650	17	1530
1210	1402	813	30524	73993	10592	5756	21	1610
1390	1076	974	13850	33187	10216	5503	18	1330
2631	3500	1136	55638	165373	12020	10527	4	380
250	208	130	9450	25310	11873	7686	6	610

附录7 续表 11

县(市)区名称	普通中学专任教师数(人)	小学专任教师数(人)	普通中学在校学生数(人)	小学在校学生数(人)	专业技术人员数(人)		医院、卫生院数(所)
						#农业技术人员	
盖州市	2536	2858	25984	38812	8548	476	35
大石桥市	2525	2291	31378	39882	17260	965	30
海州区	770	1070	5266	10033	1845	13	11
新邱区	180	325	1549	2623	30	9	4
太平区	492	859	3654	5864	100	89	4
清河门区	194	340	1723	3630	364	31	7
细河区	823	476	16330	7655	1300	18	8
阜新县	2860	3789	38633	39731	11000	800	38
彰武县	1602	1785	16629	22847	7256	331	28
弓长岭区	222	370	1770	3968	1200	20	2
太子河区	182	354	1683	4239	6221	217	4
辽阳县	1857	1525	17580	29725	636	329	20
灯塔市	1430	1631	15797	31000	8421	1074	19
双台子区	640	597	8090	9356	298	102	13
兴隆台区	1655	1199	21114	19756	1099	47	20
大洼县	1700	2581	20637	21523	10448	1003	18
盘山县	2639		24911		5392	320	17
银州区		843		16976	13	1	6
清河区	510	259	2780	4722	1723	11	4
铁岭县	1097	1479	12275	15377	4591	222	22
西丰县	1090	1133	13123	15506	5120	2201	18
昌图县	2690	4725	28305	53923	17015	1352	43
调兵山市	579	765	6323	10254	4043	51	3
开原市	1979	2205	15967	28444	12716	1488	33
双塔区	161	1908	1715	29104	2400	245	1
龙城区	432	1008	4355	8447	1450	29	6
朝阳县	2545	2617	24804	33847	8905	305	33
建平县	2624	2177	31360	33442	8977	717	37
喀左县	1388	2648	14393	24469	8124	676	28
北票市	2474	2176	28106	28852	12390	450	40
凌源市	3291	3141	38101	46399	12000	3346	30
连山区	2093	2081	18181	34778	6715	326	22
龙港区	663	515	8575	13659	1742	28	3
南票区	411	729	3577	8143	1322	11	6
绥中县	2001	2301	30327	39385	6093	339	26
建昌县	2544	2937	29522	39645	8346	344	38
兴城市	2345	2700	19016	35190	7270	320	25

注：本表数据为快报数据。

医院、卫生院床位数(床)	医院、卫生院技术人员数(人)	医生	城镇在岗职工年平均人数(人)	城镇在岗职工工资总额(万元)	农村居民人均纯收入(元)	农村居民人均生活消费支出(元)	各种社会福利收养性单位数(个)	各种社会福利收养性单位床位数(床)
1592	1270	746	23206	63409	9354	5313	25	2042
3293	3430	1896	41698	133529	11579	6485	6	1294
2721	4288	1175	28451	100096	7600	5760	11	431
240	175	64	5838	16516	8256	5700	4	157
280	308	125	16631	369011	6852	5700	10	1075
116	221	131	2184	7310	7610	5700	1	50
412	312	174	38652	109826	9865	5700	9	520
1910	1652	839	26689	66451	7546	5907	34	1368
920	1124	429	16902	43091	7486	4605	19	1083
395	272	14	4613	13091	11105	3949	5	500
210	86	35	22167	87242	11383	4706	1	120
1080	929	590	25674	72479	9358	5561	15	1320
654	590	420	23216	69387	9719	4319	14	833
2203	1863	734	22741	59048	12183	6452	2	420
2441	2427	939	96512	271465	11807	5899	1	222
823	1043	662	20544	49810	11385	6073	13	746
542	527	253	18043	36799	11400	5444	13	1304
350	648	326	46634	161837	10258	5898	6	713
178	214	12	10244	31242	10225	5278	4	470
630	983	345	21239	71564	10205	5478	4	660
678	609	355	13745	29283	7398	5560	20	850
1965	2352	1437	37947	70794	8790	5335	23	1986
960	1186	560	64107	283399	10262	7283	3	240
2120	2161	941	23338	61529	10225	6204	6	2000
1230	89	9	85919	249751	8066	6634	2	345
395	190	116	23259	69501	8192	5454	15	992
1501	1104	538	26424	87846	7394	5049	29	2350
1743	1592	636	24687	74899	7416	4615	15	1395
1105	1096	504	31135	91848	7345	4305	6	812
2245	1807	760	28548	88173	7754	10131	75	3000
3200	3202	2623	51942	153020	7555	4756	25	524
842	853	731	45045	181205	8801	4478	14	719
119	177	154	53545	204415	10300	6711	2	140
630	331	180	10711	27	7080	4686	4	134
1145	1540	480	21161	62527	7905	5311	21	1694
1476	1363	986	16083	47752	7421	3307	13	1350
2919	1603	637	26199	60692	7750	4920	5	870

附录7 续表 12

县(市)区名称	参加基本养老保险的职工数(人)	参加基本医疗保险的职工数(人)	参加失业保险人数(人)	城镇居民最低生活保障人数(人)	农村居民最低生活保障人数(人)	参加农村新型合作医疗人数(人)	参加农村养老保险的人数(人)
苏家屯区	102685	125577	65000	3223	4357	193233	83401
东陵区	51600	87121	81200	5203	4393	110500	5850
沈北新区	43924	120927	66258	2181	2687	164121	44314
于洪区	8087	59606	12436	4539	4276	148360	34525
辽中县	25205	33040	17908	7279	19117	355929	188800
康平县	20946	25957	13569	4808	14667	251679	132777
法库县	27000	35539	15975	5100	16919	345192	199876
新民市	28642	54900	29046	9904	22562	477737	238000
甘井子区	51793	43179	28867	12203			
旅顺口区	101691	149030	32402	5104	3135	67301	42678
金州区	299024	454657	203351	5706	4076	154173	37415
长海县	12755	44722	8186	1813		1663	6100
瓦房店市	92630	243648	51775	11121	16374	617974	104500
普兰店市	80251	163918	38000	9453	19142	610020	127506
庄河市	81014	179779	34194	5254	21434	648585	118871
千山区	45103	22060	11920	825	1766	80027	12109
台安县	34077	44539	4125	2511	11233	295230	152923
岫岩县	88912	86063	10027	5621	18755	397093	144056
海城市	137403	109495	68000	4872	11307	757038	57703
顺城区	138648	83333	39784	19385	2749	47619	21668
抚顺县	19180	16040	8703	689	4488	95336	60261
新宾县	44536	35952	10634	8839	10864	198119	111919
清原县	29000	36821	14583	9568	17464	214826	12932
平山区	136880	77269	130016	14375	660	14410	14005
溪湖区	140815	90237	84269	23996	1310	14698	6220
明山区	5560	7105	147965	12715	1699	31384	2318
南芬区	49000	28000	30528	2480	970	27906	
本溪县	26431	6351	36500	18412	5722	167615	93380
桓仁县	40817	42623	17777	9145	8566	195980	142249
振安区	17880	9070	7010	5694	3192	88327	14043
宽甸县	52531	36952	38271	9588	11360	339615	46634
东港市	84328	80544	32405	3782	12173	485971	132539
凤城市	81107	168000	45939	12800	12352	369877	149987
太和区	13997	33526	4946	3412	3285	81991	38344
黑山县	45091	92360	22080	7418	23339	454856	278580
义县	38983	39890	11920	6907	23150	301462	171029
凌海市	55756	113561	31318	7760	19507	382879	266855
北镇市	40815	52728	32958	3902	16675	370399	94747
鲅鱼圈区	103325	89589	42056	6346	6638	165222	33000
老边区	33809	39342	19583	3012	3125	81070	17846

森林面积（公顷）	常用耕地面积（公顷）	自然保护区个数（个）	自然保护区面积（公顷）	环境污染治理本年完成投资总额(万元)	工业二氧化硫排放量（吨）	工业废水排放达标率（%）	工业烟尘排放达标率（%）	城镇生活污水处理率（%）
13533	42225			3200	3366	98	96	97
12779	20746			7000	3798	99	100	100
17126	50245			101518	6451	90	98	93
7520	27546			5871	8001	100	100	86
21430	102422			5010	1710	100	100	92
90667	123539			3500	4500	100	100	86
66667	155845			91153	8700	87	96	86
60533	179333			7500	2200	96	95	100
19993	2102			2549	34171	95	93	84
19125	6820			5325	3388		100	100
21398	27009			8602	14799	96	100	90
6428	1371			2100	326	80	97	100
131974	106227			13000	3593	100	100	89
90576	129782			1808	11520	96	98	92
169030	133562			108000	4498	100	100	75
9533								
37333	74610			6824	949	90	79	100
316666	47258			489	9114	90	91	80
94359	82749			20600	8600	100	100	90
16375	6273			1489	404	100	100	92
111198	25047			11003	352	100	100	50
338956	57511			5330	587	95	90	95
278733	37001			1800	1728	90	80	100
10305	1252	6	1000	50	690	99	99	90
23194	5130	7	1860	55	2260	98	95	95
27447	2640	7	29699	101	1650	99	99	100
50300	3850	8	2510	4800	2800	99	99	70
193635	27528	8	2524	1000	638	96	98	75
272000	27310	4	15517	8630	874	86	92	80
40694	10772			5775	836	79	87	68
491587	31457			4538	4207	99	95	80
51698	75451			15000	2889	100	100	95
286169	56313			30245	4637	82	65	
6010	10632			993	3064	100	100	100
29867	171940			2000	2900	90	80	100
56020	96087			3300	570	100	100	100
40930	118906			1177	3323	100	100	100
39533	94328			3313	2322	100	100	100
2200	4430			1410	6600	93	94	80
927	8118			47000	543	95	100	

附录7 续表 13

县(市)区名称	参加基本养老保险的职工数(人)	参加基本医疗保险的职工数(人)	参加失业保险人数(人)	城镇居民最低生活保障人数(人)	农村居民最低生活保障人数(人)	参加农村新型合作医疗人数(人)	参加农村养老保险的人数(人)
盖州市	58608	166520	22012	14936	34640	523054	84430
大石桥市	128000	107860	36503	16497	20236	441505	259487
海州区	30100	43105	11805	28704	683	14076	11446
新邱区	11679	1401	9093	11192	594	17127	1105
太平区	3273	1945	8166	38884	610	10914	1580
清河门区	3300	2200	1200	10451	1286	20635	5109
细河区	15036	2898	10772	17674	687	17982	3573
阜新县	335	48310	13909	4140	38443	549399	154559
彰武县	34983	53792	20915	2856	16677	309044	107780
弓长岭区	14450	18920	6665	2635	1947	23900	9355
太子河区	16268	53286	9078	3304	2824	63839	659
辽阳县	72061	59698	22104	12125	27042	412951	20881
灯塔市	79861	75348	16320	5493	21042	373607	11462
双台子区	22585	80540	12639	9350	2978	29479	11260
兴隆台区	49957	199620	48695	3180	1167	516	30503
大洼县	55318	63761	13700	5417	8392	224102	141905
盘山县	78696	34753	6304	3200	7026	191673	59062
银州区	25157		11240	16953	943	20773	2272
清河区	8303	23190	1738	2762	4057	49974	20544
铁岭县	26388	41956	10730	4300	15225	310854	158085
西丰县	22778	47424	12880	12500	15731	250478	160501
昌图县	80518	73479	37937	19135	35786	785987	214342
调兵山市	49864	69000	66235	6113	3409	53491	21639
开原市	79026	145267	51060	10768	18715	394768	148817
双塔区	15130	13160	10072	44460	4300	87612	5216
龙城区	12204	35601	10325	17193	6461	141825	74129
朝阳县	37757	42088	26188	5358	39497	489840	216455
建平县	44695	127010	28031	11797	18579	424687	230733
喀左县	28387	34437	27097	11657	14221	289989	146046
北票市	63163	71892	42007	47806	20059	338341	203710
凌源市	51773	153721	48500	22011	49695	497896	268836
连山区	34200	18030	860	5372	14141	288792	57462
龙港区	42379	76944	17556	2453	1868	33208	16749
南票区	9224	11408	2838	13360	6699	71408	20000
绥中县	41203	100031	15030	7154	24278	474854	222482
建昌县	31081	38413	9626	12245	26042	517184	313666
兴城市	36010	55600	17515	12397	27111	400000	28700

注：本表数据为快报数据。

森林面积（公顷）	常用耕地面积（公顷）	自然保护区个数（个）	自然保护区面积（公顷）	环境污染治理本年完成投资总额(万元)	工业二氧化硫排放量（吨）	工业废水排放达标率(%)	工业烟尘排放达标率(%)	城镇生活污水处理率(%)
163163	36832			1200	1067	78	98	88
54971	67396			23500	6645	100	100	62
719	1361			105	2100	97	100	96
3171	3225			500	18079	100	96	90
2501	1131			4	2501	95	100	93
360	3200				2500	65	85	90
2733				4	130	95	100	100
191000	319245			12631	27542	96	90	100
4	170565			138	6070	75	71	100
17572	2180			1600	7496	100	100	90
995	7762				1132	100	100	100
135500	68271			1000	3150	98	98	80
21752	77935			2860	2026	94	91	
425	4998			8700	232	100	100	100
479	7120			300	767	98	95	100
7266	66238			423	502	100	100	100
8667	55758			1454	1211	92	94	92
648					2552	100	65	96
25333	9961			2875	6965	91	98	
68833	105265			1866	12227	100	100	
97001	80647			200	911	17	9	76
79333	327851			2352	698	31	15	
4401	14149			10000	24308	84	73	97
115784	119034			6785				
13500	7530			620	90	78	77	80
28410	9980			1200	1630	85	85	100
58704	82731			1000		75	85	
216366	183511			1575	4795	80	90	85
84667	63635			6500	3911			85
20000	116740	1	17697	590	4840	80	96	100
179265	50000			200	3421	60	85	100
	41338			5370	2003	99	99	99
3661	2452			1116	815	100	100	100
9667	8492				1415			100
106400	81573			23329	15321	100	100	100
83791	68273	4	22349	7810	3324	98	99	100
84933	53740			5300	1500	100	100	90

附录8 2012年东北三省国民经济主要指标

指 标	单位	三省合计	辽宁	吉林	黑龙江	辽宁省相当于三省%
国民经济核算						
地区生产总值	亿元	45377.5	22226.7	10568.8	12582.0	49.0
第一产业	亿元	4894.5	1915.6	1277.4	1701.5	39.1
第二产业	亿元	24094.2	12152.2	5611.5	6330.5	50.4
第三产业	亿元	16388.9	8159.0	3679.9	4550.0	49.8
人均地区生产总值	元	40679.7	50760.0	38460.0	32819.0	
地区生产总值指数(上年=100)	%		112.2	113.8	112.3	
第一产业	%		106.5	105.1	106.2	
第二产业	%		114.1	117.7	113.2	
第三产业	%		111.0	111.0	113.2	
人口						
年底总人口	万人	10966.4	4255.0	2749.4	3834.0	40.0
自然增长率	‰	0.8	0.3	1.0	1.1	
劳动就业						
年末就业人员	万人	5680.5	2364.9	1337.8	1977.8	41.6
第一产业	万人		699.9	573.9		
第二产业	万人		645.1	270.2		
第三产业	万人		1019.9	493.7		
职工平均工资	元	35471.0	38713.0	34197.0	33503.0	
城镇登记失业人数	万人	96.6	39.4	22.2	35.0	
城镇登记失业率	%	3.9	3.7	3.7	4.4	
投 资						
全社会固定资产投资总额	亿元	32643.4	17726.3	7441.7	7475.4	54.3
#房地产开发	亿元	6910.6	4487.6	1195.4	1227.6	64.9
#国有经济	亿元	8302.5	3718.6	1752.4	2831.5	44.8
集体经济	亿元	578.0	457.9	62.2	57.9	79.2
个体经济	亿元	7942.1	6637.7	1263.2	41.2	83.6
财 政						
财政收入	亿元	11847.2	7853.3	1620.1	2373.8	66.3
#公共财政预算收入	亿元	5113.7	2643.2	850.1	1620.4	51.7
公共财政预算支出	亿元	9505.6	3905.9	2201.7	3398.0	41.1
物价(上年＝100)						
商品零售价格指数	%	104.8	105.0	104.8	104.5	
居民消费价格指数	%	105.4	105.2	105.2	105.8	
人民生活						
城镇居民人均可支配收入	元	17986.7	20467.0	17797.0	15696.0	
农村居民家庭人均纯收入	元	7799.3	8297.0	7510.0	7591.0	
城市人均住宅建筑面积	平方米	27.7	27.3	29.3	26.4	
农村人均住房面积	平方米	26.1	29.0	24.4	24.8	
城市居民的恩格尔系数	%	34.8	35.5	32.7	36.1	
农村居民的恩格尔系数	%	36.5	39.1	35.3	35.1	

附录8　续表

指　　标	单位	三省合计				辽宁省相当于三省%
			辽宁	吉林	黑龙江	
农　业						
播种面积	万公顷	2406.4	435.6	522.2	1448.6	
粮食产量	万吨	10777.1	2035.5	3171.0	5570.6	
工业规模以上工业企业主要指标						
工业总产值	亿元	66211.9	41776.7	12920.6	11514.6	63.1
#国有及国有控股	亿元	27451.5	12420.8	8548.1	6482.6	45.2
利润总额	亿元	5133.9	2511.2	1176.0	1446.7	48.9
#国有及国有控股	亿元	2048.5	253.0	686.2	1109.3	12.4
税金总额	亿元	5618.2	1799.3		1307.7	76.7
#国有及国有控股	亿元	2327.0	950.0		1124.0	
工业产品销售率	%	293.9	98.4	98.3	97.2	
#国有及国有控股	%	196.7	98.9		97.8	50.3
原油产量	万吨	5745.4	1000.0	739.4	4006.0	17.4
天然气	亿立方米	53.2	7.2	15.0	31.0	13.5
发电量	亿千瓦小时	2900.5	1369.9	701.9	828.7	47.2
钢产量	万吨	6948.0	5424.8	925.2	598.0	78.1
水泥产量	万吨	14226.3	5791.1	4221.3	4213.9	40.7
汽车产量	万辆	256.9	75.5	163.2	18.2	29.4
交通运输业						
货运量	万吨	308683.0	190329.0	51905.0	66449.0	61.7
货物周转量	亿吨公里	14030.7	10464.3	1581.7	1984.7	74.6
客运量	万人	219084.4	99328.4	68494.0	51262.0	45.3
旅客周转量	亿人公里	2295.6	1065.4	551.9	678.3	46.4
邮电						
邮电业务总量	亿元	1010.3	472.2	235.3	302.8	46.7
本地固定电话用户数	万户	2726.1	1353.3	579.3	793.5	49.6
移动电话用户数	万户	8414.6	3844.5	2004.1	2566.0	45.7
互联网用户数	万户	1374.1	665.1	310.6	398.4	48.4
国内贸易						
社会消费品零售总额	亿元	16873.5	8003.6	4119.8	4750.1	47.4
进出口						
进出口总额	亿美元	1565.2	959.6	220.5	385.1	61.3
出口总额	亿美元	737.1	510.4	50.0	176.7	69.2
进口总额	亿美元	828.1	449.2	170.5	208.4	54.2
利用外资						
实际利用外商直接投资	亿美元	290.0	242.7	14.8	32.5	83.7
旅　游						
入境旅游人数	万人	716.1	410.3	99.3	206.5	57.3
国际旅游收入	亿美元	40.2	27.1	3.9	9.2	67.6
金　融						
金融机构各项存款余额	亿元	56035.0	30832.4	10874.2	14328.4	55.0
#居民储蓄存款余额	亿元	29512.3	15529.6	5835.3	8147.4	52.6
金融机构各项贷款余额	亿元	39506.6	22831.7	8126.2	8548.7	57.8